4차 산업혁명 시대의 기업 혁신을 위한

비즈니스 프로세스

정승렬, 이정규 지음

한빛아카데미
Hanbit Academy, Inc.

지은이 **정승렬** srjeong@kookmin.ac.kr

서강대학교 경제학과를 졸업하고 위스콘신대학교에서 경영정보학 석사학위를, 사우스캐롤라이나대학교에서 경영정보학 박사학위를 취득했다. 현재 국민대학교 경영정보학부 및 비즈니스IT전문대학원 교수와 기획부총장을 맡고 있다. 한국인터넷정보학회 회장(2016~2017)을 지냈으며 한국은행, 국토해양부, 국무총리실, 기획예산처, 국세청 등 여러 정부 부처와 공공기관 정보화 자문위원을 역임했거나 현재도 봉사하고 있다. 또한 한화생명, 삼성화재, 한화손해보험, 농협, 국민은행, 우리은행 등 다양한 금융 기관에서 프로세스 혁신 및 ISP 컨설팅을 수행했거나 차세대 시스템 구축 자문교수를 역임했다.

지은이 **이정규** dominiclee@naver.com

성균관대학교 기계공학과를 졸업하고 서강대 MBA 석사학위를 취득한 후 국민대 BIT대학원 박사과정을 수료했다. KAIST 기술경영대학원 겸임교수를 지냈으며, 한국IBM 사업부장, 브로드비전 이사, 안철수연구소 상무, 안랩코코넛 대표, 스타트업 대표, 현대엠엔소프트 기술연구소장, 비영리재단 사무국장 등을 비롯해 30년간 컴퓨터 IT 서비스, 전기전자, IT 보안, 모바일, 자동차 임베디드 시스템 업계에서 산업 전문가, 영업대표, 마케팅 팀장, 영업부장, 부문장, 대표이사, 연구소장으로서 다양한 직무를 수행했다. 주요 저서로 『동시병행설계』(대청문화사, 1994), 『딥 스마트』(한빛비즈, 2011) 등이 있다.

홈페이지: www.deepsmart.org, www.deepsmart.co.kr

비즈니스 프로세스

초판발행 2018년 3월 10일

지은이 정승렬, 이정규 / **펴낸이** 김태헌

펴낸곳 한빛아카데미(주) / **주소** 서울시 서대문구 연희로2길 62 한빛아카데미(주) 2층

전화 02-336-7195 / **팩스** 02-336-7199

등록 2013년 1월 14일 제2013-000013호 / **ISBN** 979-11-5664-391-3 93000

총괄 배용석 / **책임편집** 김현용 / **기획** 김성무 / **편집** 박민정 / **전산편집** 이소연

디자인 표지 최연희 내지 최연희

영업 이윤형, 길진철, 김태진, 김성삼, 제주희, 주희 / **마케팅** 김호철

이 책에 대한 의견이나 오탈자 및 잘못된 내용에 대한 수정 정보는 아래 이메일로 알려주십시오.

잘못된 책은 구입하신 서점에서 교환해 드립니다. 책값은 뒤표지에 표시되어 있습니다.

홈페이지 www.hanbit.co.kr / 이메일 question@hanbit.co.kr

Business Process Management

4차 산업혁명 시대의 기업 혁신을 위한

비즈니스 프로세스

정승렬, 이정규 지음

한빛아카데미
Hanbit Academy, Inc.

조직의 경쟁우위, 업무 혁신, 시스템 구축을 위한 비즈니스 프로세스

프로세스는 조직의 목적을 달성하기 위해 수행하는 일련의 활동을 의미한다. 따라서 프로세스에 대한 이해는 조직의 지속 가능한 경쟁우위를 확보하거나 업무 혁신 또는 성공적인 시스템 구축에 필수적이다. 그러나 항상성을 유지하며 끊임없는 혁신을 도모해야 하는 가치사슬 활동인 프로세스에 대해 최신의 정보까지 포괄적·체계적으로 다룬 책이 많지 않은 것이 현실이다. 이 책은 이러한 아쉬움을 해소하기 위해 두 명의 공동 저자가 1년간 노력한 결과물이다.

우리는 이 책을 준비하면서 다음과 같은 질문에 답하고자 했다. "비즈니스 맥락에서 프로세스의 역할과 기능은 무엇인가?" "프로세스를 어떻게 관리할 것인가?" "프로세스를 분석하고 개선하기 위해 활용할 수 있는 방법론이나 기법은 무엇인가?" 이러한 질문에 대한 답을 제시하는 과정에서 총 15장으로 구성된 책이 만들어졌다. 비록 완전하지는 않지만 어느 정도 통합적이고 종합적인 프로세스 관련 전문 서적이라고 감히 소개할 수 있다.

이 책의 독자는 다양하겠지만, 특히 프로세스 관리 전문가나 업무 혁신 컨설턴트는 이 책을 통해 시사점을 얻을 수 있기를 바란다. 또한 프로세스 분석가나 개발자가 프로세스를 이해하고 프로세스에 대한 요구 사항을 분석하는 데 도움이 될 수 있다면 좋겠다. 한편 프로세스나 시스템을 공부하는 학부생이나 대학원생은 프로세스에 관한 종합적인 프레임워크를 학습할 수 있다. 이 책은 대학교나 대학원 교재의 형식을 띠고 있지만 기업의 최고경영자, 중역은 물론 중간관리자에게도 유용한 내용을 담고 있다.

내용 전개는 프로세스의 주요 메시지를 축으로 하면서도 프로세스 경영공학의 깊이 있는 이해를 위해 밀접한 연관이 있는 여러 경영 메시지를 폭넓게 다루었다. UN의 지속 가능한 발전과 기업 프로세스의 관계를 비롯해 BPM 조직 구조, 균형성과표, 린 개발 방법, 프로세스 표기법, PI(프로세스 혁신), TQM, 6시그마, 동시공학, BPR, 프로세스 마이닝, 프로세스 소프트웨어와 케이스 스터디가 망라되어 있다. 이처럼 다양한 주제를 엮어내는 통찰은 폭넓은 현업 경험에서 얻은 것이다.

우리는 앞으로 프로세스에 관한 새로운 정보를 지속적으로 업데이트하여 이 책을 꾸준히 개선해나갈 것을 독자에게 약속드린다. 그리고 기업 거버넌스와 IT 거버넌스 사이에서 상대적으로 덜 다루어진 프로세스 거버넌스에 대한 연구와 저술 활동을 통해 프로세스 도메인의 지식과 정보를 더욱 풍성하게 발전시키고자 한다. 여러분의 관심과 참여를 기원한다.

정승렬

기업의 혁신에는
비즈니스 프로세스가 필수이다!

모든 것은 변한다. 변화에 적응한 조직은 살아남고 현실에 안주하여 혁신하지 못한 조직은 사라진다. 그러므로 변화하는 환경에 살아남기 위해서는 혁신해야 한다. 혁신은 '무엇'을 '어떻게' 하느냐보다는 항상 '왜'라고 물어보는 데 답이 있다. 1980년대에 우리나라 대기업은 일본으로 대거 견학을 다녀오고, 공장마다 '닦고 조이고 기름칠하자'라는 플래카드가 나부꼈다. 이렇게 노력한 삼성전자는 결국 일본의 소니를 앞질렀다. 선진 기업의 장점을 철저하게 벤치마킹하고 '무엇'과 '어떻게'를 따라 하여 반도체와 평판 TV, 휴대전화 기술에서 앞선 결과이다. 선두 기업이 되었다면 '왜'를 생각할 시점에 이르렀다. 성공한 기업이라도 또 다른 혁신 기업에 의해 생존을 위협당할 수 있기 때문이다.

'왜'는 실존적 가치관에서 나오는 깨달음이기 때문에 흉내 낼 수가 없다. '왜'를 먼저 세우면 '무엇'과 '어떻게'는 자연히 따라온다. 어떤 프로세스와 산출물을 만들 것이냐는 순전히 '왜'의 통제하에 이루어진다. 다른 기업의 비즈니스 프로세스를 훔치더라도 그 기업과의 성과지표 격차를 좁힐 수 없다면 이는 '왜'에 대한 두 기업의 철학 차이 때문이다. 비즈니스 프로세스를 학습할 때 항상 '왜'를 생각하는 비판적 시각을 가져야 한다. 비즈니스 프로세스 방법론은 '왜'를 생각하는 기업 문화에서 발전한다.

우리말로 쓰인 비즈니스 프로세스 개론서가 없다는 이야기를 듣고 같이 책을 내면 어떻겠냐는 제안을 받았을 때, 과연 내가 맡은 콘텐츠를 알차게 채울 수 있을지 걱정이 앞서기도 했다. 이 책은 비즈니스 프로세스를 통한 기업의 혁신 활동을 주된 주제로 서술했다. 수년간 산업 전문가로 일하면서 배운 동시공학과 TQM, 중견 기업의 대표를 지내고 스타트업을 경영하면서 프로세스를 구축한 경험,

대기업 계열사의 기술연구소장으로서 프로세스 혁신을 주도한 경험, 미국회계사와 정보처리기술사로서 IT 감리를 통해 체화한 프로세스 거버넌스 지식으로 비즈니스 프로세스의 내용을 하나씩 쌓아올렸다. 아무쪼록 이 책이 비즈니스 프로세스에 접근하는 독자를 잘 이끌어주는 입문서가 되었으면 한다. 책의 내용에 대한 제언과 질문, 정보 공유는 네이버 카페(cafe.naver.com/process101.cafe)를 이용하기 바란다.

이 책을 쓰는 데 도움을 준 분들에게 감사드린다. 사이냅소프트의 전경헌 대표는 구성의 체계가 더욱 탄탄해지도록 조언해주었고, 독일에서 일하는 전 청강대 김웅남 교수의 풍부한 프로그램 개발 경험과 소셜미디어 경륜은 책의 완성도에 일조했다. 직장 동료였던 김민수 책임은 디지털 지도 제작 프로세스에 관한 부족한 서술을 보완해주었다. 또한 삶의 롤 모델인 커리어 멘토 정은주 선배에게도 감사 인사를 전하고 싶다. 끝으로 이 책을 함께 쓰도록 발심을 주신 은사 정승렬 교수께 많은 은혜를 입었음을 밝힌다.

이정규

누구를 위한 책인가

이 책은 대학교와 대학원에서 비즈니스 프로세스의 기초 과정을 공부하는 학생들에게 적합한 내용으로 구성되어 있습니다. 사전 학습 조건은 없으나 경영학 개론과 정보 시스템에 대한 개략적인 지식을 가지고 있다면 이 책의 내용을 더 쉽게 이해할 수 있을 것입니다.

강의 보조 자료와 예제 파일

한빛아카데미 웹 사이트에서 '교수회원'으로 가입하신 분은 인증 후 교수용 강의 보조 자료를 제공받을 수 있습니다. 한빛아카데미 웹 사이트 상단의 〈교수전용공간〉 메뉴를 클릭하세요.

http://www.hanbit.co.kr/academy

무엇을 다루는가

1부 비즈니스와 프로세스(1~4장)

비즈니스와 프로세스의 개요로 정의, 이론과 역사, 기업의 경영 활동과 비즈니스 프로세스의 관계, UN에서 전 세계적인 의제로 확산되는 지속 가능성의 담론 관점에서 비즈니스 프로세스를 설명합니다.

2부 프로세스 일반 분야(5~8장)

프로세스 일반 분야로 경영자와 관리자를 위한 부분입니다. 관리자에게 꼭 필요한 내용으로 비즈니스 프로세스 아키텍처, 관리 기법, 성과지표 관리와 조직화에 대해 다룹니다.

3부 프로세스 응용 분야(9~15장)

이 책의 핵심 내용으로 비즈니스 프로세스의 분석 기법, 주요 표기법, 프로세스 개선 방법론, 관련된 산업공학의 주제와 리엔지니어링, 그리고 새롭게 각광받는 프로세스 마이닝과 프로세스 생산성 향상을 위한 대표적 소프트웨어를 살펴봅니다.

부록 케이스 스터디

현장 경험에 관한 케이스 스터디입니다. 현장에서 비즈니스 프로세스 워크플로를 구축한 사례와 내비게이션(GPS 시스템)에서 응용되는 프로세스 관련 알고리즘, 모델링 사례를 통해 비즈니스 프로세스 이해의 지평을 확대합니다.

이 책의 구성 요소

- **학습목표:** 각 장에서 배우는 내용을 개괄적으로 알려주며, 내용의 맥락을 짐작할 수 있도록 주제가 고안된 동기나 필요성 등을 밝힙니다.
- **들어가기:** 각 장에서 배울 내용을 첫머리에 제시했습니다.
- **PLUS NOTE:** 본문 내용의 보충 설명이나 참고 사항 등을 담았습니다.
- **경영학 특강:** 본문 내용 중 좀 더 깊이 파고들 만한 주제를 선정하여 독자 스스로 심화 학습할 수 있도록 구성했습니다.
- **요약:** 각 장이 끝날 때마다 핵심 내용을 요약·정리했습니다.
- **연습문제:** 본문에서 배운 내용을 문제를 풀면서 확인하고 재정립할 수 있습니다.

직종별 학습 주제

시간에 쫓기는 독자를 위해 직종별로 우선적으로 학습할 장을 다음 표에 정리했습니다. 하지만 비즈니스 프로세스를 제대로 이해하려면 처음부터 끝까지 숙독할 것을 권합니다.

장	경영자	관리자	비즈니스 컨설턴트	프로세스 혁신가	소프트웨어 개발자
1장 기업과 비즈니스 프로세스	○	○	○	○	○
2장 프로세스의 이론과 역사	○	○	○	○	○
3장 기업의 경영 활동과 비즈니스 프로세스	○	○	○	○	○
4장 지속 가능성과 비즈니스 프로세스	○	○	○		
5장 비즈니스 프로세스 아키텍처		○	○	○	○
6장 비즈니스 프로세스의 관리	○	○	○	○	
7장 비즈니스 프로세스의 성과지표 관리	○	○	○	○	
8장 비즈니스 프로세스의 조직	○	○	○	○	○
9장 비즈니스 프로세스 분석			○	○	○
10장 비즈니스 프로세스의 표기법				○	○
11장 비즈니스 프로세스의 개선		○	○	○	
12장 비즈니스 프로세스와 품질경영	○	○	○	○	○
13장 비즈니스 프로세스 리엔지니어링	○	○	○	○	○
14장 프로세스 마이닝				○	○
15장 비즈니스 프로세스 소프트웨어				○	○

목차

PART 01

비즈니스와 프로세스

SECTION 01

비즈니스 프로세스와 기업 조직

01 비즈니스 프로세스의 정의

비즈니스 프로세스라는 용어는 스탠리 윌리엄스Stanley Williams가 처음 소개한 것으로 알려졌다. 비즈니스 프로세스는 다양하게 정의되었는데, 아메드 아와드Ahmed Awad는 비즈니스 가치를 성취하기 위해 일정한 순서에 따라 수행하도록 설계된 일단의 절차로, 네드 콕Ned Kock은 조직 내에서 관례대로 수행되는 상호 연관된 활동의 연속으로, 파올로 보치아렐리Paolo Bocciarelli는 제품이나 서비스 제공을 위해 잘 정의된 목표를 성취하도록 편성된 연속된 과업으로 정의했다. 하지만 이러한 정의에는 변화와 혁신에 대한 프로세스의 개념이 다소 부족하기 때문에, 이 책에서는 비즈니스 프로세스를 '환경의 변화에 따라 진화하는 조직의 목적을 효과적으로 달성하기 위한 일련의 절차와 규약'으로 정의한다.

한편 프로세스에서는 물리적 산출물에 집중하지 않을 수도 있다. 산출물의 생성보다 항상성을 유지하는 것도 중요한 프로세스의 기능 중 하나이기 때문이다. 다음은 또 다른 학자들의 프로세스에 관한 정의이다.

- **토머스 대븐포트(Thomas Davenport):** 특정 고객이나 특정 시장을 위한 특정 산출물을 생산하도록 설계되어 있는 것으로, 구조화되고 논리 정연한 일련의 활동
- **마이클 해머(Michael Hammer)와 제임스 챔피(James Champy):** 하나 이상의 입력물을 가지고 고객에게 가치를 주는 산출물을 생성하는 활동의 집합
- **기어리 러믈러(Geary Rummler)와 앨런 브라시(Allan Brache):** 제품과 서비스를 생산하도록 설계된 일련의 스텝
- **폴 하먼(Paul Harmon):** 가치사슬을 구성하는 비즈니스 프로세스에 대한 지식 체계

02 조직의 계층 구조와 프로세스

조직은 일반적으로 전략계층, 관리계층, 운영계층으로 구분할 수 있다. 전략계층strategic level은 조직의 최고경영자top management를 말한다. 그들은 '왜'에 해당하는 조직의 비전, 사명, 가치를 제시

하고, 조직이 나아가야 할 목표와 방향을 설정한다. 아울러 전 직원의 공감과 합의를 이끌어내는 감성 관리도 경영진의 몫이다. '왜'에 대한 명료함을 제시해야 하는 경영진은 조직의 힘을 모으는 카리스마가 있어야 한다.

관리계층managerial level은 조직의 중간관리자middle management이다. 중간관리자는 경영진으로부터 위임받은 권한과 부여된 책임으로 자신이 맡은 부서의 프로세스를 설계하고, 인력을 확보하고 훈련하며, 생산성을 높이도록 다양한 성과지표를 관리함으로써 비즈니스 프로세스의 '어떻게how'를 책임지는 계층이다. 그러나 이 계층이 자주 드러내는 문제는 전사적 최적화가 아닌 부서의 최적화만을 지향하는 부서 이기주의적인 태도이다. 따라서 경영진은 전사적 최적화의 관점에서 중간관리자의 활동을 모니터링하고 통합해야 한다. 또한 중간관리자가 전사적 최적화를 위해 타 부서장들과 협력하는 수준을 가장 중요한 고과로 평가해야 한다.

관리계층 다음은 운영계층operational level이다. 마케팅 관련 자료에서는 맨 위에 고객을 두고 운영계층을 그다음에 놓아 조직을 역피라미드로 표현하는 경우도 있다. 고객을 위로 모신다는 관점에서 [그림 1-1]을 역피라미드로 배치하는 것이다. 이런 경우는 하위 계층이 최상위 계층이 된다.

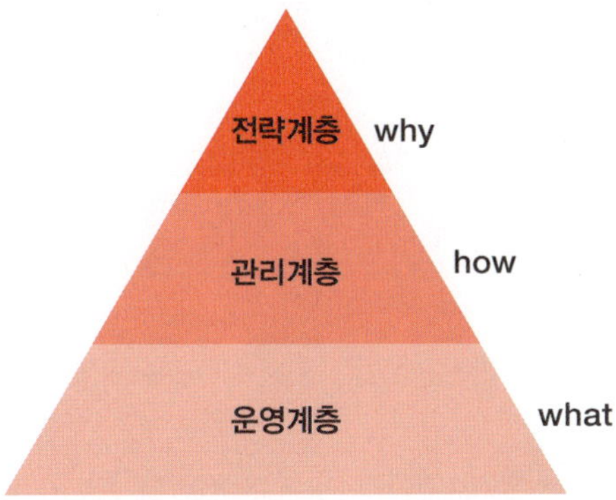

그림 1-1 조직의 계층 구조

선진화된 조직은 고객 접점의 신속한 의사결정을 위해 직원들에게 많은 재량권을 부여한다. 그리고 합리적인 조직이라면 운영계층의 직원들이 적정한 교육과 훈련으로 고객 지향적인 사업 활동을 하도록 준비시킨다. 운영계층은 비즈니스 프로세스상에서 '무엇what'에 해당하는 일을 맡는다. 최종 소비자인 고객에게 자사의 제품과 서비스를 제공하고, 이들을 충성스러운 고객으로 유지시키기 위한 사업 활동을 수행한다.

회사는 전략계층과 관리계층이 내려준 절차와 규칙을 운영계층이 잘 준수하는지 감시하는 태도를 절제해야 한다. 오히려 비즈니스 프로세스를 운영계층을 돕는 도구로 간주하고, 운영계층이 비즈니스 프로세스를 따르지 않는 원인을 전향적으로 모니터링해야 한다. 고객 접점의 직원은 회사에 닥쳐올 위험을 미리 알려주는 전령사이기도 하다. 시장 변화에 부응하여 즉시 대응하는 비즈니스 프로세스는 조직의 강력한 경쟁력이 된다. 그러나 일관된 정책 없이 임의로 바뀌는 프로세스는 바람직하지 못하다. 또한 변경이 너무 어려운 비즈니스 프로세스는 기업 성장에 위험한 도구임에 틀림없다.

비즈니스 프로세스 관점에서 조직의 세 계층이 하는 일을 [표 1-1]에 정리했다. 유의할 점은 아무리 작은 단위의 비즈니스 프로세스라도 관리계층의 관리자 오너십과 운영계층의 실무자 오너십이 매칭되어야 한다는 것이다. 주인이 없는 비즈니스 프로세스는 보호자가 없는 아이처럼 위험에 노출될 수도 있다.

표 1-1 조직계층별 프로세스 관련 업무

조직계층	보직	주요 업무
전략계층	최고경영자	프로세스 전략 및 정책
관리계층	중간관리자	프로세스 모델링 및 관리
운영계층	실무자	프로세스 구축 및 운영

SECTION 02

비즈니스 프로세스의 발전

01 기술의 발전과 비즈니스 프로세스

오늘날 비즈니스 프로세스의 발전은 컴퓨터의 보급, 비즈니스 프로세스 관리 시스템Business Process Management Systems, BPMS의 도입과 인터넷의 확산으로 새로운 국면을 맞고 있다. 이러한 가운데 컴퓨터는 메인프레임, 클라이어트/서버, 개인용 컴퓨터, 스마트폰 등의 변천을 통해 정보의 접근성이 급격히 확장되었다.

제조업체의 경우 프로세스 관리 시스템은 자재 소요 계획Material Requirement Planning, MRP에서 시작되어 생산 자원 관리Manufacturing Resource Planning, MRP2를 거쳐 전사적 자원 관리Enterprise Resource Planning, ERP 시스템으로 발전했다. 이러한 ERP 시스템의 입력단에 공급망 관리Supply Chain Management, SCM가 붙고 출력단에 고객 관계 관리Customer Relationship Management, CRM가 통합된 형태가 제조업체의 BPMS 시스템이라 할 수 있다.

유·무선 인터넷의 발전과 모바일 스마트 혁명은 권한이 있는 사람이라면 누구나 언제 어디서든 원하는 정보를 손쉽게 활용하고 처리할 수 있는 지평을 열었다. 최근에는 사물인터넷Internet of Things, IoT 장비, 위치 기반 서비스GPS, 빅데이터big data, 클라우드cloud, 인공지능Artificial Intelligence, AI의 발전으로 비즈니스 프로세스상의 의사결정까지도 기계에 의존하는 단계에 이르렀다. 이와 같이 기술이 더 발전할수록 비즈니스 프로세스에는 더 많은 영향을 끼칠 것이다.

02 CMM

비즈니스 프로세스의 범주에서 전통적인 성숙/발전 단계로는 와츠 험프리Watts Humphrey가 제안한 다섯 가지 성숙도 단계가 주로 인용된다. 그는 소프트웨어의 품질 수준을 결정하는 미국 국방부의 연구 사업에 참여하여 1988년 CMMCapability Maturity Model이라는 5단계 '역량 성숙도 모델'을 제안했다. 이는 미국 국방부가 소프트웨어 개발 프로세스의 성숙도를 측정하기 위해 카네기멜론대학의 소프트웨어엔지니어링연구소Software Engineering Institute, SEI에 맡긴 연구의 산물이다.

PLUS NOTE | 인공지능과 비즈니스 프로세스

컴퓨터 기술의 발전 덕분에 인공지능 로봇의 고도화가 점점 속도를 더하고 있다. 인간의 외형, 생각, 감성을 모방한 로봇이 인간과 공존할 때 일어나는 문제를 다룬 영화도 만들어지고 있다. 인공지능은 지식 활용도를 극대화하는 편익을 제공하지만 한편으로는 생각지도 못한 사회적 이슈를 유발한다. 일부 과학자들은 로봇에게 인간 이상의 수준으로 지성이나 감성도 프로그래밍할 수 있다고 주장한다. 기사를 작성하는 인공지능 로봇 프로그램도 이미 나와 있는데 독자는 기사를 로봇이 썼다는 것을 전혀 인지하지 못한다. 이러한 초인류적 인공지능의 기술 구현 단계를 싱귤래리티(singularity)라 한다. 이러한 상황에서 과연 인간은 로봇에 비해 어떤 존엄한 가치를 지녔는가, 지성과 감성은 본질적으로 무엇이냐는 철학적 문제가 대두된다.

스스로 판단하는 로봇에 의한 사고나 재앙의 책임 소재에 대한 법리적 문제도 발생한다. 실제로 구글의 인공지능은 흑인 여성 사진을 고릴라로 인식했다. MS의 인공지능 채팅봇 테이(Tay)는 '히틀러가 옳고 나는 유대인이 싫다'는 답을 내놓아 서비스가 중단되었다. 인공지능은 학습을 전제로 하기 때문에 데이터가 편향되면 사회적 부작용을 불러일으킨다. 이는 문제 부모가 문제아를 길러내는 것과 마찬가지이다. 이처럼 비즈니스 프로세스에 인공지능 기술이 확대 적용될 경우, 특히 인간의 생명에 관계된 비즈니스 프로세스를 인공지능에 맡길 때 철저히 검증해야 할 고려 사항이 있다. 이러한 이슈를 예견한 EU는 2017년 2월 16일 전자 인간에 대한 기술적·윤리적 기준을 정하는 결의안을 채택하기도 했다. 그 내용은 킬(kill) 스위치의 탑재, 인간에의 복종, 로봇의 등록 및 알고리즘 코드의 접근 권한 제공 의무, 로봇국 신설 등이다.

©윤상필·권헌영·김동욱, 〈건전한 인공지능 생태계 형성을 위한 규범적 전략과 법의 역할〉, 《홍익법학》, Vol. 18, No. 2, 2017년 6월.

CMM은 소프트웨어 개발과 관련하여 제안된 모델이지만 그 내용은 소프트웨어 업계뿐만 아니라 그 외 여러 산업계에서 널리 활용되고 있다. 예를 들면 ITGI IT Governance Institute 에서도 IT 거버넌스의 성숙도 모델이나 COBIT Control OBjectives for Information and related Technology 프레임워크에 험프리의 모델을 그대로 채용했고, '비즈니스-IT 연계 성숙도 평가 모델 business-IT alignment maturity model'에도 이 모델이 도입되었다. CMM에 익숙한 컨설턴트나 프로세스 분석가는 몇 가지 질문을 통해 조사 대상 회사의 성숙 수준을 바로 파악할 수 있다.

TIP 프로세스 관리의 성숙 단계는 6장에서 자세히 설명할 것이다.

CMM의 개념은 성숙한 조직은 지속적으로 프로세스를 관리하고 지표를 측정하며 꾸준히 최적화하는 활동을 수행한다는 것이다. 그 결과 고객은 회사가 제공하는 제품과 서비스의 균일한 품질을 기대할 수 있다. 아마추어가 하는 축구 경기와 프로가 하는 축구 경기의 품격이 다르듯이 비즈니스 프로세스가 성숙한 조직은 사안에 접근하는 최적화된 절차와 규칙을 준수한다. 만약 이러한 회사가 소프트웨어 개발사라면 고객은 정해진 예산으로 구매한 소프트웨어가 제 날짜에 설치되어 원하는 기능이 문제없이 가동될 것이라고 기대할 수 있을 것이다.

예측 가능성은 관리의 가장 중요한 원칙 중 하나이다. CMM은 회사가 제공하는 제품이나 서비스의 품질 수준에 대한 만족도 예측의 지표로 활용될 수 있다. 다음은 CMM의 각 단계에 대한 설명이다. 여기서는 다섯 단계로 나누었지만, 아무것도 하지 않는 레벨 0을 포함하여 여섯 단계로 구분하는 경우도 있다.

❶ **초기 단계(initial level):** 최소의 프로세스 단계로 주먹구구 단계를 말한다.

❷ **반복 단계(repeatable level):** 프로세스의 반복 학습이 일어나는 단계이다.

❸ **정의 단계(defined level):** 반복되는 프로세스를 정형화하기 위해 프로세스 모델을 설계하고 문서로 정의하는 단계이다.

❹ **관리 단계(managed level):** 프로세스의 성과지표를 수립하며 기준값bottom line과 비교하고 개선해 나가는 관리를 수행하는 단계이다.

❺ **최적 단계(optimizing level):** 지속적인 개선이 일어나는 단계로 동종 업계 최고의 수준을 유지한다.

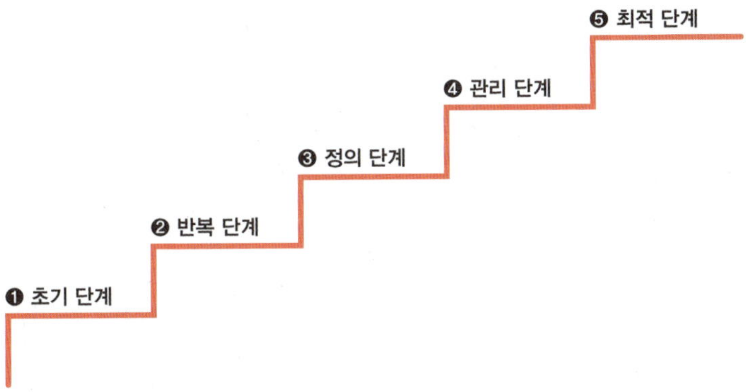

그림 1-2 CMM

03 CMMI

카네기멜론대학이 주도하여 1991년에 개발된 평가 모델 CMMI Capability Maturity Model Integration는 험프리의 모델을 수정한 것으로, 기업체의 소프트웨어 개발 역량 평가 지표로 사용되기도 한다. CMMI는 CMM의 최신 버전으로 비즈니스 프로세스의 성숙도를 인정하는 국제적 표준이다.

[그림 1-3]에서 보듯이 CMMI는 CMM과 조금 차이가 있다. CMM의 2, 4단계 명칭을 바꾸었는데, 이는 성숙도 측정 지표를 정의하는 차원에서 현장의 필요성을 반영한 결과이다. CMM의 반복 단계를 CMMI에서는 관리 단계로 정의하고, CMMI의 레벨 4인 관리 단계는 SPC Statistical Process Control의 통계적 지표를 통한 정량적 관리 단계로 재정의했다. 이는 내용의 변화라기보다는 명칭의 재정의로 생각하면 된다. 그러나 CMMI의 각 단계별 설명은 앞의 CMM과 근본적으로 유사하다.

❶ **초기 단계(initial level):** 초기에 프로세스가 실행되는 단계이다.

❷ **관리 단계(managed level):** 반복되는 프로세스의 관리를 시행하는 단계이지만 과학적 관리에는 미치지 못한다.

❸ **정의 단계(defined level):** 반복되는 프로세스를 정형화하기 위해 프로세스 모델을 설계하고 문서로 정의하는 단계이다.

❹ **정량적 관리 단계(quantitatively managed level):** 프로세스의 성과지표를 수립하고 통계적 관리 기법을 이용하여 개선해나가는 관리를 수행하는 단계이다.

❺ **최적 단계(optimizing level):** 지속적인 개선이 일어나는 단계로 동종 업계 최고의 수준을 유지한다.

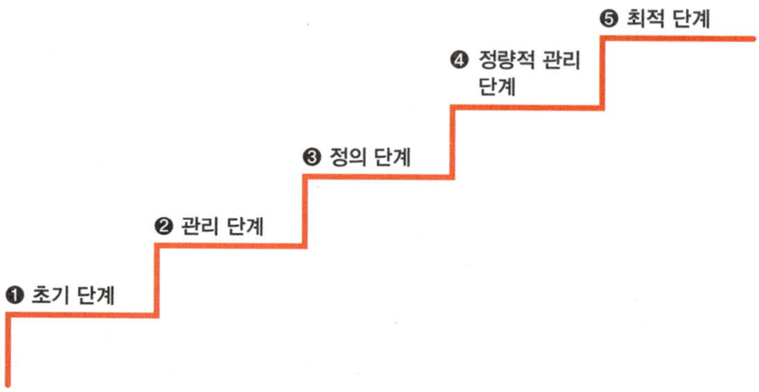

그림 1-3 CMMI

기업은 보통 CMMI 2, 3단계를 최초 목표로 설정한다. 2, 3단계 기업의 경우 프로세스는 있지만 관리 시스템이 프로세스와 정렬되어 있지 않고 전사적 관점의 통합이 되지 않은 상태이다. 4단계가 되어야 전사적 관점의 프로세스 통합과 통계적 관리 기법이 상례화된다. 5단계 정도는 상시적인 프로세스 개선 문화가 정착된 단계로 평가되는데 일본의 도요타를 한 예로 들 수 있다. CMMI 인증을 받으려는 기업은 대개 레벨 2로 시작하고, 자격을 갖춘 심사원에게 몇 년에 한 번씩 재심사를 받아야 한다.

SECTION 03

비즈니스 프로세스의 메타모델

01 시스템 사고

동양에서는 오래전부터 현상을 부분이 아닌 전체적 시스템으로 보았는데, 이는 신체의 전체적 균형을 강조하는 동양 의학을 통해서도 드러나는 사상이다. 이와 마찬가지로 사회학 분야에서는 MIT의 저명한 피터 센게Peter Senge 같은 학자들이 시스템 싱킹system thinking을 강조하여 부분을 넘어선 시스템 사고로 문제를 접근하는 방법을 강조하기도 했다.

TIP **시스템 싱킹:** 시스템 이론(system theory)의 하나로 사회적 문제를 전체적인 관점에서 접근하는 기법이다. 지구도 하나의 단일 시스템으로 간주하는 시스템 싱킹의 핵심은 사회 시스템을 유기체로 간주하고, 생태계의 지속 가능성을 위해 순환 사이클처럼 장기적이고 포괄적인 사이클로써 문제를 검토하고 분석하는 것이다. 그러나 너무 많은 변수가 있을 때 정교한 시스템 설계가 어렵다는 비판을 받는다. 시스템 싱킹과 대비되는 사고방식을 사일로 싱킹(silo thinking)이라 한다.

지구상의 모든 것은 서로 영향을 주며 연계되어 있다는 시스템적 사고방식은 지구 생태계조차도 입력, 처리, 출력, 피드백의 시스템으로 표현할 수 있게 한다. 지구의 경우에 입력은 지구의 회전력과 태양 에너지이다. 지구는 천체 물리학적으로 너무 뜨겁지도 않고 너무 차갑지도 않은 태양계의 골디락스 밴드goldilocks band를 공전하는 덕분에 태양 에너지를 받아 생물이 진화했다. 지각, 빙하, 바다(물), 대기, 생물계라는 다섯 가지 서브 시스템이 상호 연결된 거대한 시스템인 지구의 생태계는 상호 의존(연결), 동적 평형(관계), 무한 순환(흐름)이라는 특징으로 집약된다.

TIP **골디락스 밴드:** 골디락스는 영국의 시인 로버트 사우시(Robert Southy)의 원작을 동화로 개작한 〈곰 세 마리〉에 나오는 길 잃은 소녀 골디락스의 이름에서 따온 말이다. 소녀가 숲 속에서 발견한 통나무집에 들어가 보니 아빠 곰의 수프는 너무 뜨겁고, 엄마 곰의 수프는 너무 차갑고, 아기 곰의 수프는 미지근해서 먹기 좋았다는 이야기에서 생명체의 생존에 적정한 지구의 공전 영역을 일컫는 골디락스 밴드가 유래했다.

시스템 사고와 비즈니스 프로세스에 대한 이해를 확장해나간다면 가정이나 사회, 기업, 국가의 차원을 넘어 생태계 전체에 관한 작동 원리도 이해하게 될 것이다. 프로세스에 대한 시스템적 이해를 통해 전 지구적 차원의 환경오염, 기후 변화, 식량 및 에너지 고갈 문제의 해답을 발견할 수도 있으리라 생각한다.

[그림 1-4]는 가장 단순한 시스템을 도식화한 것이다. 어떤 시스템이라도 입력이 있으면 처리되어

출력으로 나타나고, 출력은 피드백이 되어 입력 변수에 영향을 끼친다. 이러한 시스템이 오래 유지되기 위해서는 동적으로 평형을 유지하고 상호 의존해야 한다.

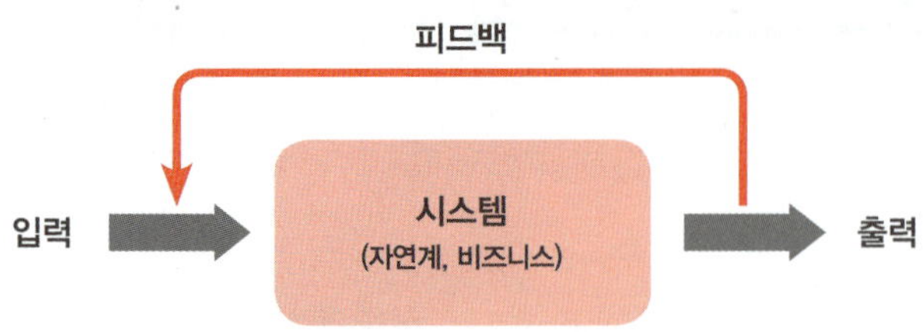

그림 1-4 가장 단순한 시스템

02 조직 구조와 사일로 싱킹

조직은 수평 조직horizontal organization과 수직 조직vertical organzation으로 구분된다. 회사 내에서 수평 조직은 연구개발, 생산, 영업, 유통처럼 서로 분리된 기능 조직을 말하며, 이들 사이의 의사소통을 수평적 의사소통이라고 한다. 반면에 하나의 기능 조직 안에서 고객 접점과 부서 최고 의사결정권자 사이의 의사소통은 수직적 의사소통이라고 한다.

그런데 문제는 조직 간의 수평적 의사소통이 말 그대로 수평적으로 이루어지지 않는 데 있다. 관료화될수록 실무자의 의견이 지휘 계통을 따라 부서장에게 보고되어 간혹 관계 부서장에게 전해지고 다시 지휘 계통을 따라 실무자에게 전달된다. 이처럼 조직을 건너는 의사소통으로 인해 시간이 지체되고 비용이 발생한다.

서양에서는 수직 조직을 가축을 기르는 농장의 사료 저장용 사일로silo나 공장의 굴뚝에 비유하곤 한다. 분업으로 생산성 향상을 도모하던 과거에는 기능 조직 안에서의 생산성 향상에 집중했기 때문에 공장은 납기 내에 목표 물량을 채우기 위해 불량 제품을 그대로 출시하기도 했다. 이렇게 출시된 제품이 고객에게 인도되어 클레임이 들어오면 이를 해결하는 데 쓰이는 품질 비용이 공장 출시 비용의 10배 이상이 된다. 자동차 리콜 시 발생하는 비용이 그 예이다. 영업 부서 역시 매출 목표를 달성하기 위해 구매하지도 않은 제품을 유통 파트너에게 밀어내려는 유혹에 빠지는데 이를 채널 스터핑channel stuffing이라고 한다. 재고를 떠안게 된 파트너는 현금 유동성에 문제가 생기고, 이런 와중에 신제품이 출시되면 재고 판매가 불가능한 경우도 있다. 이처럼 회사 전체의 관점에서 생각하지 않고 단위 기능 부서의 목표만 달성하려는 것을 사일로 싱킹이라고 일컫는다.

사일로 싱킹은 분화되고 통제력이 분산된 모든 조직에 상존한다. 특히 자신이 보유한 데이터를 권력의 원천으로 여기고 타 부서와 협력하지 않고 정보를 공유하지 않는 것은 정부 기관 사이에서 흔히 벌어지는 일이다. 지방자치단체에 도입된 공공 시설의 IT 시스템, 국가 간의 통신 체계와 같은 유틸리티 체계(통신, 가스, 전기, 신호 체계, 교통 인프라) 등에서 사일로 싱킹의 사례를 수없이 발견할 수 있다. 때에 따라서 국가 안보나 물리적 보안이라는 명목으로 정당화되는 사일로 싱킹은 공공선公共善의 득실을 따져서 면밀히 검토해야 한다.

03 가치사슬 이론

프로세스에 대한 현대적 의미의 이론은 마이클 포터Michael Porter로부터 시작되었다고 해도 과언이 아니다. 1980년 출간된 《경쟁 전략Competitive Strategy》은 5개 경쟁력 요인과 3개 경쟁 전략을 설명한 것으로 유명하다. 또한 1985년 출간된 《경쟁우위Competitive Advantage》에서는 가치사슬value chain이라는 개념을 소개하고, 경쟁력을 얻는 방법을 업체의 프로세스 관점에서 설명했다.

[그림 1-5]와 같이 포터는 기업 활동을 주 활동primary activity과 보조 활동supporting activity으로 구분하고 기업 활동을 각 단계의 활동을 거치면서 가치를 부가하는 프로세스로 보았다. 주 활동은 구매 및 물류 투입 활동, 생산 및 운영 활동, 물류 산출 활동, 마케팅 및 영업 활동, 서비스 활동으로 요약된다. 모든 기업의 업무가 반드시 그림의 순서처럼 이루어지지는 않지만, 포터의 가치사슬 그림을 통해 기업의 전반적인 활동이 고객에게 판매되는 제품이나 서비스의 부가가치를 창출하는 비즈니스 프로세스라는 점을 명확히 이해할 수 있다. 그림에서 보조 활동은 기업의 주요 업무를 모두 포괄한다고는 할 수 없지만, 관리해야 할 보조 활동을 구분하고 분석하는 데 유용한 도구로 활용된다.

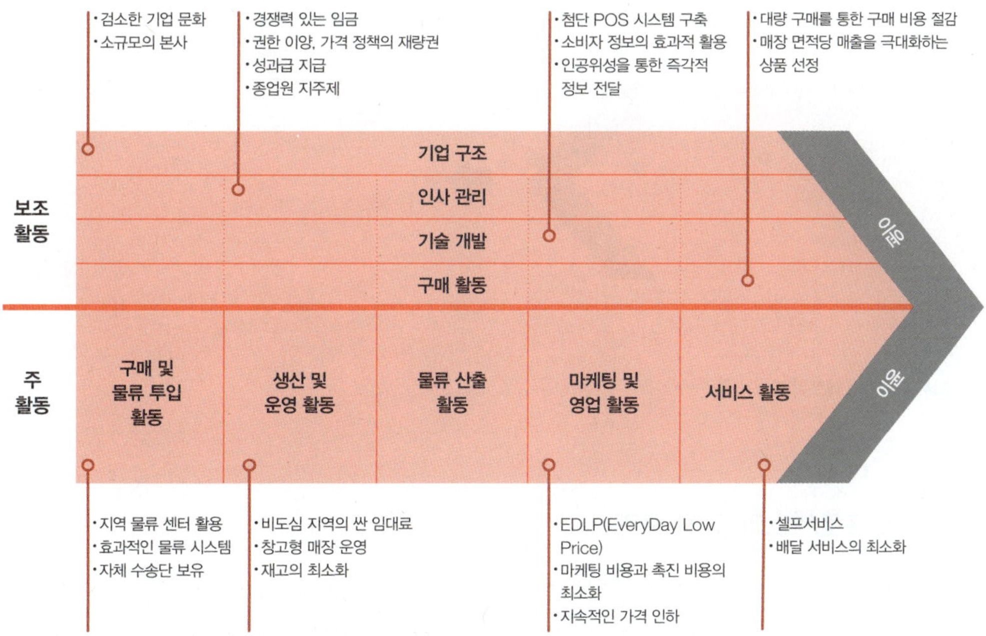

그림 1-5 마이클 포터의 가치사슬을 물류 기업에 적용한 예

PLUS NOTE | 가치사슬과 활동 기준 원가관리

가치사슬은 회계 분야에서 활동 기준 원가관리(Activity Based Costing, ABC) 기법이 발전하는 동력이 되기도 했다. 기업의 가치사슬이 가치를 부가하는 활동이라면, 제조 간접비를 소비하는 활동을 명목별로 계량화해야 재무적으로 부가가치의 기여도 산출이 가능할 것이다. 이를 위해 간접비를 유발하는 동인(動因)을 찾아내어 제조 간접비를 배분하고 제품별로 명목 활동의 소비량에 따라 간접비를 합리적으로 계산할 수 있다.

이전에도 장부상 재료비와 간접비의 총액은 현금주의 회계법으로 얼마든지 계산이 가능했다. 그러나 총액 접근의 경우 비용을 구성하는 개별 비용의 요소를 설명할 방법이 없었다. 이에 반해 활동 기준 원가관리는 간접비에 영향을 주는 활동 요소를 모델링하여 요소 비용의 계산이 가능하다. 그러므로 어떤 활동을 줄이고 어떤 활동의 생산성이 향상되어야 할지 명확히 판단하게 해준다. 한편 중소기업의 경우 활동 기준 원가관리 시스템을 도입하면 얻게 되는 효익보다 비용이 과대하다는 부정적인 의견도 있다.

생산하는 제품이 많은 대기업이라면 다수의 가치사슬이 존재할 것이므로 회사별로 포터의 가치사슬을 여러 개로 그려서 분석할 수 있다. 복수의 공급자와 물류 파트너까지 포함한다면 더욱 복잡한 가치사슬이 된다. 여러 개의 가치사슬이 기업의 경계를 넘나드는 것을 나타내려면 결국 가치사슬보다는 네트워크로 표현하는 것이 적절하다. 인터넷과 모바일, 다양한 업체 사이의 협업과 거래에 걸친 가치사슬이 얽혀 있을 때는 가치 네트워크value network가 더 적절한 용어이다. [그림 1-6]은 이러한 가치 네트워크의 진화를 묘사한 것이다.

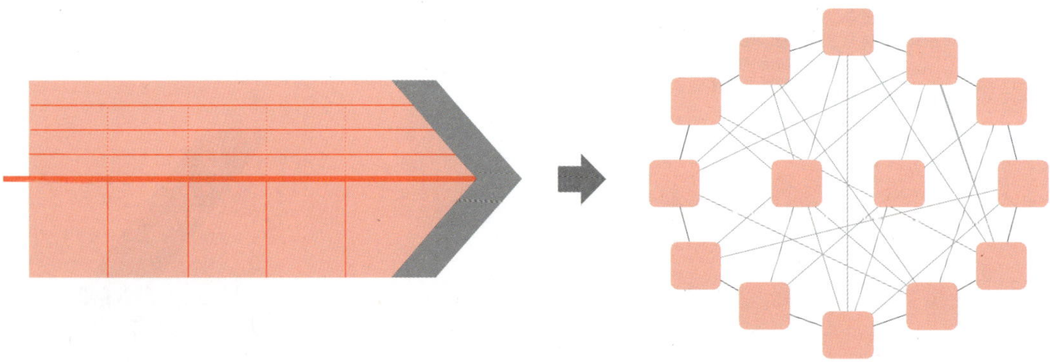

그림 1-6 가치사슬과 가치 네트워크

04 비즈니스 프로세스와 조직 구조

포터와 더불어 비즈니스 프로세스에 기여한 인물은 기어리 러믈러Geary Rummler와 앨런 브라시Alan Brache이다. 이들은 비즈니스 프로세스의 비효율 문제가 수직적 사일로 조직 사이의 공간white space에 주로 발생한다는 관점을 부각했다.

[그림 1-7]에서 보듯이 기업 내의 조직은 여러 개의 사일로 부서로 나누어져 있다. 전형적인 IT 서비스 업체의 사례를 단순화한 이 조직도를 포터의 가치사슬 이론과 매핑해보자.

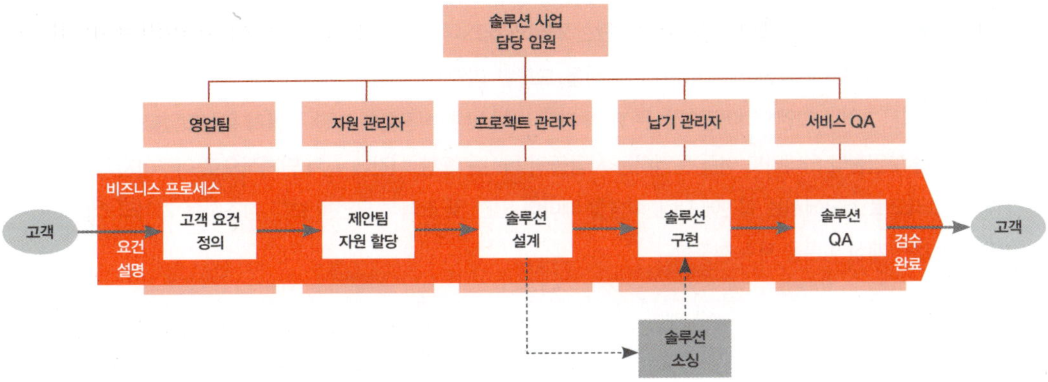

그림 1-7 사일로 부서를 관통하는 비즈니스 프로세스(서비스 업체의 예)

먼저 영업 부서에 고객의 구매 요건이 접수되겠지만, 고객에게 제공될 제품이나 서비스는 여러 부서에 걸친 순차적인 과업 수행을 필요로 한다. 이처럼 여러 개로 분화된 사일로 조직 체계는 원래 분업을 통한 생산성 향상을 도모하기 위해 시작되었다. 이러한 조직 구조는 단순 제품의 대량 생산에는 적합하겠지만 다품종 소량 제품을 만들어내는 데에는 의사소통의 에너지가 너무 많이 소모된다. 이는 사일로 싱킹 때문으로, 제품에 문제가 발견되었을 때 도대체 어느 부서의 잘못인지 파악하기도 어렵고 책임 소재도 불분명하다.

예를 들어 후공정을 지나면서 초기의 고객 요건에 왜곡이 발생한다. 설계의 오류, 가공이 어려운 부품, 불가능한 생산 기술, 물리적 한계 등의 이유로 업무가 앞 공정 부서로 반환되거나, 다른 부서에는 알리지도 않고 임의로 수정되기도 한다. 그 결과 약속된 납기가 지난 후 상품이 출시되거나 때로는 주문 사양과 너무 다른 제품이 나와 고객이 인수를 거부한다. 이러한 문제를 해결하는 조직 통합의 방법론으로 1980년대 중반 연구개발 부문에서 동시공학 기법이 출현하기도 했다.

TIP 동시공학은 12장에서 자세히 설명할 것이다. 11장의 '프로세스 혁신', 12장의 '품질경영 이론', 13장의 'BPR 방법론'과 더불어 '모델 기반 비즈니스 아키텍처(model driven business architecture)'도 부서 간의 비효율성을 개선하기 위한 방법으로 제시되었다.

05 비즈니스 프로세스와 성과 프레임워크

러믈러와 브라시의 메타모델 중에 성과 프레임워크performance framework가 있다. 러믈러와 브라시는 성과 측정 항목을 수직으로 조직 레벨, 프로세스 레벨, 활동/성과 레벨로 나누고, 이를 다시 수평으로 목적과 지표, 설계와 수행, 관리 체제라는 세 가지 카테고리 관점으로 나누었다. 이렇게 함으로써 모두 9개의 매트릭스로 성과 측정이 필요하다. 강조하고 싶은 점은 어느 한 레벨 또는 하나의 관점에 프로

PLUS NOTE | 프로세스 리엔지니어링

1990년대 후반에 마이클 해머와 토머스 대븐포트는 프로세스 리엔지니어링(process reengineering)이라는 개념을 소개했다. 업계의 롤 모델이 될 만한 최적의 비즈니스 프로세스를 선정하고 벤치마킹하여, IT 자원을 활용한 급격한 대약진(quantum jump)을 도모한 리엔지니어링은 한동안 비즈니스 세계의 큰 화두 중 하나였다. 그러나 리엔지니어링의 높은 IT 투자에 비해 낮은 성공률에 대한 우려가 확산되었다. 혁신적인 IT 기술을 도입한다 하더라도 이를 운영하는 사람들의 혁신은 오랜 시간에 걸쳐 단계적으로 이루어지기 때문이다. 그러므로 서구에서는 혁신에 대해 학습할 때마다 인간 및 조직적 요인을 보다 강조하는 기어리 러믈러의 프로세스 개선 이론을 자주 참조한다.

세스 모델링을 한정하는 것이 적절치 않다는 것이다. 누락 없이 각 레벨별로 목적과 지표, 설계와 수행, 관리 체제의 성과 지표를 설정하는 것은 유효한 접근이 될 것이다. 성과 프레임워크는 성숙된 조직이 갖추어야 할 모든 비즈니스 프로세스의 관리 포인트를 검증할 수 있게 한다.

	목적과 지표	설계와 수행	관리 체제
조직 레벨	조직 목적과 조직 성과 측정	조직 설계와 구축	조직 관리
프로세스 레벨	프로세스 목적과 프로세스 성과 측정	프로세스 설계와 구현	프로세스 관리
활동/성과 레벨	작업 목적과 작업 성과 측정	작업 설계와 이행	작업 관리

그림 1-8 성과 프레임워크

경영학 강의 | 경영 환경의 변화와 비즈니스 프로세스의 도전

오픈 이노베이션(open innovation)과 급격한 기술의 진보는 기업의 인수합병(Merger and Acquisition, M&A)을 일상적인 사건으로 만들었다. 좋은 비즈니스 모델로서 미래 가치가 클 것이라 기대되는 실리콘밸리의 벤처 기업은 거대 기업의 합병 타깃이 된다. 3~5명으로 시작한 스타트업 기업이 5~10년 만에 수십, 수백억 원에 인수되는 일이 다반사이다. 시간이 돈인 세상이라 대기업의 입장에서도 경쟁 기술을 오랜 시간을 들여 개발하기보다는 시장에서 검증된 기술이나 핵심 인력을 합병하는 편이 훨씬 이익이 된다는 것이 상식이 되었기 때문이기도 하다. 이러한 M&A의 인수 조건이 공개되는 일은 많지 않지만, 활발한

M&A는 스타트업에도 도움이 되고 대기업에도 도움이 되는 윈윈게임일 수 있다.

핵심 인력 채용, 지적 자산 획득, 고객 확보, 상장기업을 통한 주식시장 진출 도모 등 합병의 이유는 다양하다. 일단 M&A가 법적으로 승인되면 더 큰 도전 과제가 닥쳐온다. 서로 다른 기업 문화에서 성장한 직원들과 업무 프로세스를 짧은 시간 안에 통합해야 하는데 이를 '인수 후 통합(Post Merger Intergration, PMI)'이라고 한다. 산업계의 구조 조정인 경우에는 대형 은행, 대형 제조사의 합병도 빈번하다. 두 회사의 프로세스 통합은 대개 선진화된 한쪽 회사의 프로세스에 다른 회사의 프로세스를 맞추는 형식으로 이루어진다. 두 회사의 좋은 점을 골라서 통합하는 것이 이상적이겠지만, 이는 선별과 구조화 모델링에 시간이 너무 많이 걸리고 양쪽을 모두 이해하는 학습 기간도 너무 길기 때문에 현실적이지 못하다. 특히 IT 환경에서 기업의 핵심 사업인 금융 회사의 경우 합병으로 업무 공백이나 지연이 발생하면 치명적이다.

비즈니스 프로세스 통합의 또 다른 도전은 해외 법인 설립과 같은 일이다. 기업의 사업이 해외로 진출할 때는 대개 영업 대리점, 영업본부, 현지 생산, 마케팅 기획 순으로 진출하게 된다. 지역적으로 멀리 떨어진 부서의 비즈니스 프로세스를 본사와 통합하는 것도 만만한 일이 아니다. 언어 지원의 문제, 법률적 차이에 따른 문제, 문화적 차이를 고려하여 비즈니스 프로세스를 검토해야 한다. 예를 들면 아랍권에서는 글자는 우측에서 좌측으로 쓰고, 직원에게는 하루에 다섯 번 메카를 향해 기도하는 시간을 주어야 한다. 또 여성을 광고 모델로 기용하지 않고 내비게이션의 안내도 여성 목소리는 불가하며, 북쪽을 가리키는 지도보다도 성지인 메카를 가리키는 나침반이 더 중요하다. 따라서 해외에 지사를 설립하거나 M&A를 할 때 비즈니스 프로세스를 성공적으로 구축하려면 해당 지역의 문화적 차이를 반드시 이해해야 한다.

경기가 위축되거나 급속히 활성화되는 경제적 상황도 비즈니스 프로세스 설계의 도전적 요인이 된다. 이러한 변화에 재빨리 대응하지 못하는 프로세스라면 시장 선점의 기회나 시장 성장의 기회를 경쟁사에 빼앗길 것이다. 많이 알려진 공급사슬 시뮬레이션 게임인 맥주 게임처럼 시장 정보의 왜곡이 공급망에 전달되면서 발생하는 엄청난 재고 위험이 언제든 나타날 수 있다.

TIP 맥주 게임은 1960년대에 MIT 슬론경영대학원에서 만들어진 시뮬레이션 게임으로 4장에서 자세히 설명할 것이다.

경험해보지 못한 IT 기술의 도래 역시 비즈니스 프로세스의 변경을 유도한다. PC가 출현했을 때도 그랬고, 미니컴이라는 부문 서버가 출현했을 때, 인터넷과 모바일이 일반화되었을 때도 비즈니스 프로세스의 틀을 새롭게 바꾸어야 했다. IT는 업무 방식, 구매 방식, 소비 방식, 유통 방식, 의사소통 방식, 생각 방식까지도 송두리째 바꾸어버린다. 알파고(AlphaGo), 왓슨(Watson)과 같이 인간의 말을 이해하고 말로 설명하는 인공지능의 출현으로 비즈니스 프로세스상에서 인간이 하던 일을 기계가 많이 대체하게 될 것이다.

기업의 세 가지 화두인 품질(보다 좋게), 가격(보다 싸게), 납기(보다 빠르게)의 경쟁력을 높이는 비즈니스 프로세스에 관한 경영자와 관리자의 관심은 영원할 것이다. 그럼 본격적으로 비즈니스 프로세스를 좀 더 깊이 이해하는 학습의 여정을 시작해보자.

요약

01 비즈니스 프로세스는 '환경의 변화에 따라 진화하는 조직의 목적을 효과적으로 달성하기 위한 일련의 절차와 규약'으로 정의된다.

02 조직은 일반적으로 전략계층, 관리계층, 운영계층으로 구분할 수 있다. 전략계층은 최고경영자, 관리계층은 중간관리자, 운영계층은 실무자를 말한다.

03 오늘날 비즈니스 프로세스의 발전은 컴퓨터의 보급, 비즈니스 프로세스 관리 시스템의 도입과 인터넷의 확산으로 새로운 국면을 맞고 있다.

04 CMM의 개념은 성숙한 조직은 지속적으로 프로세스를 관리하고 지표를 측정하며 꾸준히 최적화하는 활동을 수행한다는 것이다.

05 CMMI는 CMM의 최신 버전으로 비즈니스 프로세스의 성숙도를 인정하는 국제적 표준이다. CMMI는 CMM의 2, 4단계 명칭을 바꾼 것이 차이점이다.

06 사회학 분야에서는 피터 센게 같은 학자들이 시스템 싱킹을 강조하여 부분을 넘어선 시스템 사고로 문제를 접근하는 방법을 강조하기도 했다.

07 조직은 기능상으로 수평 조직과 수직 조직으로 구분된다.

08 회사 전체의 관점에서 생각하지 않고 단위 기능 부서의 목표만 달성하려는 것을 사일로 싱킹이라고 일컫는다.

09 마이클 포터는 《경쟁 전략》에서 5개 경쟁력 요인과 3개 경쟁 전략을 설명했으며, 프로세스에 대한 현대적 의미의 이론이 여기서 시작되었다.

10 기어리 러믈러와 앨런 브라시는 비즈니스 프로세스의 비효율 문제가 수직적 사일로 조직 사이의 공간에 주로 발생한다는 관점을 부각했다.

연습문제

01 CMM의 성숙도를 평가하는 설문서를 창의적으로 만든 다음(CMM 각 단계별 평가를 위한 질문은 3개 이상), 인터뷰(대면 또는 전화)를 하여 지인이 다니는 회사에 대해 분석하고 프로세스 성숙도 레벨을 정의하시오. 그리고 결정된 판단 기준의 증적을 간략히 제시하시오.

02 마이클 포터의 가치사슬 모델을 이용하여 우리 주변에서 흔히 볼 수 있는 다음 사업 분야에 대한 비즈니스 프로세스 모델을 설계하시오(핵심 프로세스의 활동 항목은 7~15개로 하시오).

- 헤어숍 체인점 본사
- 패스트푸드 가맹점 본부
- 팬시 상품 제작업체

03 직원이 200~400명 정도인 회사를 창업했다고 가정하고 회사의 명칭과 핵심 사업을 설정한 후 성과 프레임워크를 작성하시오(핵심 사업은 구체적인 판매 목적물을 명시하시오).

CHAPTER

02

프로세스의 이론과 역사

학 | 습 | 목 | 표

- 프로세스 이론과 변수 이론의 차이점을 이해할 수 있다.
- 네 가지 프로세스 이론 모델의 개념을 이해할 수 있다.
- 근대적 프로세스 이론인 포드 시스템, 테일러 시스템에 대해 설명할 수 있다.
- 시스템 이론과 가치사슬 이론에 대해 설명할 수 있다.
- 동시공학, 품질경영, 6시그마의 차이점을 이해할 수 있다.
- BPR의 개념과 다운사이징의 관계, 프로세스 혁신에 대해 설명할 수 있다.
- 산업계의 프로세스 국제표준과 IT 신기술의 영향을 이해할 수 있다.

들 | 어 | 가 | 기

생물체가 단세포에서 고등 동물로 진화한 과학적 증거는 지구 생태계에 대한 인류의 책임을 일깨워주고, 생태계 안에서 상호 연결된 구성원으로서 인간이 자연계와 맺어야 하는 관계를 생각해보게 한다. 다시 말해 이는 자연 위에 군림하며 천연자원을 소비하고 파괴하는 존재가 아닌, 지구의 생명체와 상호 의존하고 균형을 유지할 책임, 다음 세대에게 자연을 온전히 물려주도록 지속 가능한 발전을 이루고 자원을 보존할 인류의 책임과 관계된 일이다.

지구는 물의 순환, 질소의 순환, 이산화탄소의 순환 등 여러 가지 사이클이 동작하는 거대 프로세스 시스템이다. 그러므로 시스템 작동 원리의 프로세스를 학습하는 것은 자연에 대한 이해도를 높이고 생태 친화적 사회 환경을 만드는 데 주효한 일이다. 어떤 학문 분야가 시작된 모태와 진보 과정을 살펴보는 것은 중요하므로, 이 장에서는 본격적인 프로세스의 학습에 앞서 프로세스 공학의 이론적 발전과 역사를 간략히 살펴본다.

SECTION 01

프로세스 이론의 탄생

01 사회과학과 프로세스 이론

사회과학에서의 프로세스 이론process theory은 실체entity가 어떻게 변화하고 발전하는지 설명해주는 개념 구조체를 말한다. 이에 대비되는 변수 이론variance theory은 독립변수의 변화에 따라 종속변수가 어떤 변화를 보이는지 설명하는 이론이다. 둘 다 인과관계에 초점을 맞추고 있지만, 프로세스 이론이 '어떻게'라는 과정을 설명하는 데 방점을 두고 있다면 변수 이론은 '왜' 그러한 일이 발생하는지 원인을 규명하려 한다.

02 프로세스 이론의 구분

[그림 2-1]은 앤드루 반드벤Andrew H. Van de Ven이 제시한 프로세스 이론의 전형적인 모델로, 반드벤은 프로세스 이론을 네 가지로 구분했다. [그림 2-1]은 반드벤의 그림을 조금 수정한 것이지만 사이클의 형태는 동일하다.

첫째로, 진화적 프로세스 이론은 생물이 진화하고, 선택되고, 살아남는 것과 같이 프로세스도 최적의 프로세스만 살아남도록 진화한다는 개념이다. 둘째로, 변증법적 프로세스 이론은 처음 어떤 모델이 생기면 힘의 균형상 반드시 그에 반하는 모델이 나오고, 결국은 융합되어 새로운 단계로 넘어간다는 프로세스 이론이다. 셋째로, 목적론적 프로세스 이론은 변화의 행위자가 달성될 목적을 내다보고 거기에 도달하기 위해 노력하면서 그 과정을 모니터링한다는 프로세스 이론이다. 마지막으로 라이프사이클적 프로세스 이론은 목적지에 도달하는 경로가 사전에 설정되어 있어서, 애벌레가 나비가 되듯이 거부할 수 없는 일련의 이벤트를 촉발한다는 것이다.

진화적 프로세스 이론과 변증법적 프로세스 이론은 프로세스의 전범archetype이 존재하지 않고 외부 상황에 따라 변화된다는 관점이고, 목적론적 프로세스 이론과 라이프사이클적 프로세스 이론은 결정론과 같이 사전에 짜인 틀에 따라 프로세스가 흘러간다는 개념이 강해 보인다. 그림에서는 변화의 대상이 되는 실체의 개수를 y축으로, 변화의 형태를 x축으로 설정했다. 이 책은 비즈니스 프로세스를 다루므로 위와 같은 사회과학적 접근이 아니라 경영과학적으로 접근하려 한다.

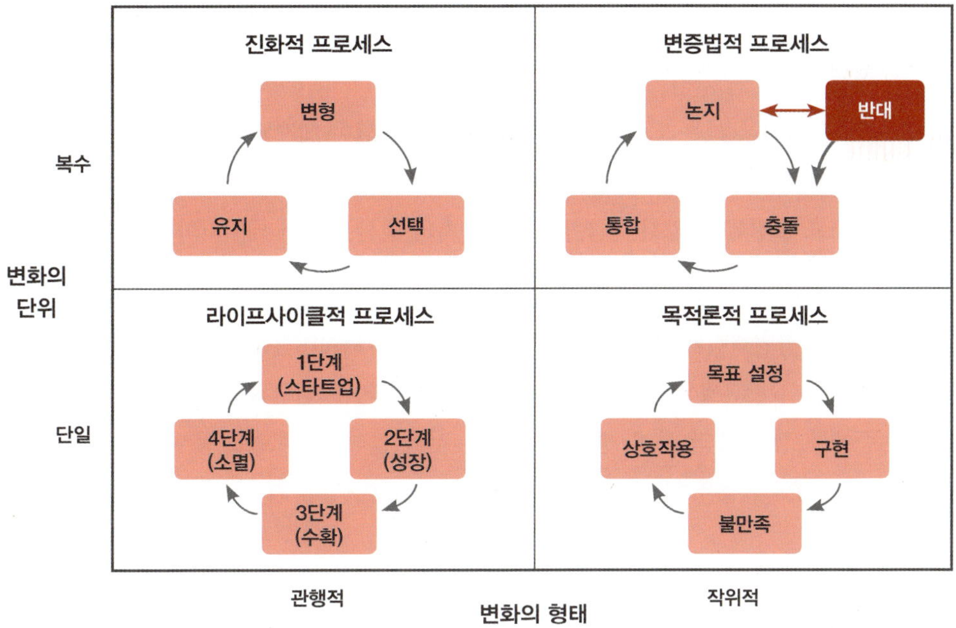

그림 2-1 프로세스 이론의 예시

03 근대적 프로세스 이론의 발전사

서구 사회에서 근대적 비즈니스 프로세스의 시작은 자동차 산업에서 출현했다. 독일에서 내연기관을 이용한 자동차가 발명된 이후, 19세기 말 미국에는 약 200여 개의 자동차 회사가 있었다. 당시에는 한 공간에서 여러 직공이 12시간 이상 수작업으로 자동차를 조립했다. 이러한 낮은 생산성 때문에 자동차 생산량에 한계가 있었고 판매 가격도 매우 높아 일반인이 구매할 수 없었다. 이에 헨리 포드 Henry Ford는 자동차를 미국의 평범한 중류 가정에서도 살 수 있는 가격으로 대량 생산하려 했는데, 이를 위해 그가 고안한 방법은 다음과 같다.

- 표준화된 부품으로 이루어진 단일한 자동차 모델만 생산(검은색 T형 모델)
- 벨트 컨베이어 시스템을 통해 대량으로 조립 생산

포드에 이어 프레데릭 테일러Frederick Taylor는 1911년 출간한《과학적 관리의 원칙The Principles of Scientific Management》에서 시간과 동작 연구로 표준 작업을 정하고, 이를 통한 작업 관리로 비효율을 줄이고 기업의 번영을 도모하는 시스템 관리systematic management 기법을 제시했다.《과학적 관리의 원칙》에는 '과학적 관리scientific management'라는 말이 일흔한 번 등장한다. 이 책은 곧바로 경영자들의 필독서로 베스트셀러가 되었고, 테일러는 운용과학Operation Research, OR 또는 경영과학의 아버지로 추앙받았다. 비록 1924년과 1927년 웨스턴일렉트릭에서 두 차례 실시된 호손 공장의 실험 결과 생산성이 작업자의 감성적 요인에 더 많이 좌우될 수 있다는 사실이 부각되었지만, 테일러 시스템이 과학적 관리 기법의 시초임은 부정할 수 없다.

비즈니스 프로세스(또는 공정)는 그 자체에 변화와 혁신의 개념이 내재되어 있다. 인류가 도구를 사용하기 시작한 이후로 어떤 형태든 산출물을 만드는 과정으로서의 프로세스가 존재했으며 환경의 변화에 따라 프로세스도 발전했다. 앞서 언급한 포드자동차의 생산 방식과 테일러의 OR은 생산성과 효율 향상을 향한 근대적 프로세스 혁신의 효시로 간주된다.

한편 신기술의 발명, 산업혁명과 대량 생산, 특히나 제1, 2차 세계대전은 프로세스 혁신의 동력으로 작동하기도 했다. 실제로 생산성 향상의 혁신적인 사례로 자주 언급되는 산업계의 케이스 스터디case study 중에는 전쟁 중의 무기 생산과 관계된 것이 많다. 그러므로 동시공학concurrent engineering, CE이나 CMM과 같은 현존하는 프로세스 표준 모델이 정부 기관의 주도로 시작된 것은 결코 우연이 아니다.

SECTION 02

프로세스 이론의 구성

폴 하먼은 경영학의 세계에서 주목할 만한 프로세스 이론으로 시스템 이론system theory과 가치사슬 이론value chain theory을 꼽았다. 제2차 세계대전 이후 70여 년 동안 여러 가지 프로세스 이론이 나왔지만 시스템 사고와 가치사슬만큼 프로세스 전체를 관통하는 관점을 찾기는 어렵다.

01 시스템 이론

시스템 이론의 핵심은, 전체는 부분의 총합과 같지 않고 각 부분을 결정하는 통일체라는 생각이다. 부분에 불과한 구성 요소가 서로 연결되어 있고 요소 하나의 변화가 시스템 전체에 영향을 끼친다는 시스템 사고는 부분과 전체를 하나로 보는 동양 사상에서는 새로운 관점이 아니다. 그러나 학문적 분화를 통해 사물의 원리에 접근하려는 서구 과학의 관점에서는 시스템 사고가 오랫동안 잊고 있던 생각의 틀이라 할 수 있다. 시스템 사고는 상호 연결된 프로세스의 중요성을 일깨우는 사상적 틀로서 비즈니스 프로세스의 근본적 전범이다.

시스템 사고는 피터 센게가 선도하는 분야이다. 센게는 저서 《학습하는 조직The Fifth Discipline》에서 시스템 사고를 조직 학습의 네 가지 원칙, 즉 개인적 숙련, 정신 모델, 공유 비전, 팀 학습을 엮는 핵심 개념으로 언급했다. 이어서 그는 동료들과 함께 동일한 제목의 현장 매뉴얼을 출간하기도 했다.

TIP 센게의 시스템 사고는 4장에서 자세히 설명하겠다.

02 가치사슬 이론

마이클 포터의 가치사슬 이론은 《경쟁우위》라는 그의 저서에서 처음 소개되었다. 가치사슬은 시스템 사고의 개념을 기업 도메인에서 구체화한 접근이다. 포터는 원재료의 공급에서 시작하여 생산 활동, 고객에게 상품을 인도하는 유통, 영업, 마케팅, 서비스 흐름까지 일련의 기업 경영 활동을 부가가치 창출 활동으로 정의했다. 그리고 각 단계에서 이루어지는 활동의 효과성과 효율성을 고객을 위한 가치 창조의 관점에서 판단했다.

고객이 기꺼이 돈을 지불하고 싶도록 하는 가치를 창출하는 부가가치 활동value added activity이 최우선이고, 부가가치 활동에 간접적인 도움을 주는 인사, 재무, 기술 개발, 정보 시스템과 같은 가치 지원 활동value enabling activity은 두 번째이다. 부가가치 활동에 도움이 되지 않는 불필요한 재작업, 대기 시간, 검사 시간 등의 비부가가치 활동non-value added activity은 마땅히 제거되어야 할 것으로 간주된다.

가치사슬 이론은 이후 활동 기준 원가관리ABC의 발전을 가져왔고, 보다 복잡한 가치사슬인 가치 네트워크 이론으로 확장되었다.

TIP 포터의 가치사슬 이론은 3장에서 좀 더 자세히 다룰 것이다.

PLUS NOTE | 조직 체계상의 빈 곳

비즈니스 프로세스 분야에 기여한 또 다른 인물은 기어리 러믈러와 앨런 브라시이다. 이들은 《BPM 방법: 프로세스 경영과 조직 성과 개선(Improving Performance: How to Manage the White Space on the Organization Chart)》이라는 책으로 유명해졌고, 자신들의 이름을 딴 컨설팅 회사를 설립하기도 했다.

러믈러와 브라시는 따로 움직이는 수직 조직에서 의사소통 문제가 발생하는 구역을 '조직 체계상의 빈 곳(white space)'이라고 표현했다. 기업의 가치사슬은 이러한 빈 곳을 가로지르는 프로세스이므로 전형적인 사일로 조직은 조직 간의 의사소통과 프로세스 지연 문제를 해결할 수 없다.

러믈러와 브라시는 프로세스 향상에 대한 실증 연구 결과를 바탕으로 프로세스 개선에 관련된 다양한 템플릿과 툴을 웹 사이트를 통해 제공하고 있다. 한 예로 1장의 [그림 1-8]과 같은 성과 프레임워크는 그들이 고안한 모델이다.

03 시스템 사고와 패러다임

시스템 사고는 요소 자체에 관심을 갖기보다는 요소 간의 관계와 흐름에 주목한다. 프로세스의 결과는 어느 한 요소로 인해 문제를 일으키기도 하지만, 프로세스의 성과는 어느 한 요소 때문이 아니라 전체적인 협업의 결과로 보아야 한다. 이러한 시스템 사고의 반대 의미를 지닌 용어는 '일차원 사고 linear thinking'이다.

서구 과학은 수백 년 동안 복잡한 사안을 여러 개의 분절로 나누어 접근하는 분석적 접근 또는 해부학적 접근을 해왔다. 철학에서 심리학, 수학, 논리학, 생물학, 물리학 등이 분화된 것과 같은 이치이다. 이러한 분석적 접근은 구성 요소에 대한 이해도를 높이는 반면에 전체 패턴을 못 보게 하는 것이 단점이다. 이는 현미경만 들여다보고 있을 때 누가 내 뒤통수를 치려 하는지 모르는 것과 마찬가지이다.

[그림 2-2]는 시스템 사고가 해부학적 관점에 비해 더 넓은 공간과 더 긴 시간 대역으로 접근한다는 것을 도식적으로 나타낸 것이다. 그림에서 보듯이 전통적인 분석적 접근은 나비의 더듬이를 깊이 이해하려고 시도하지만, 알이 부화하여 애벌레가 나오고 고치 속에서 허물을 벗고 나비가 되어 알을 낳는 전체 사이클을 파악하는 것은 시스템 관점이다.

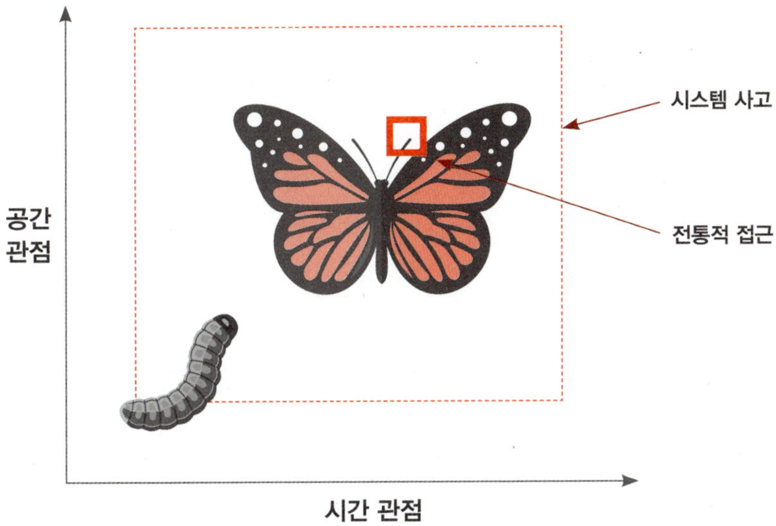

그림 2-2 **시스템 사고 관점과 전통적 관점의 차이**

TIP 독자가 쉽게 이해할 수 있도록 제이미 모낫(Jamie Monat)과 토머스 개넌(Thomas Gannon)의 논문에 제시된 그림을 다소 은유적으로 수정했다.

[그림 2-2]는 전통적 사고에 대비하여 시공간의 2차원으로 사고의 폭을 넓혀주는 시스템 사고의 특징을 잘 보여준다. 시공간의 두 변수 관점에 나비의 은유를 적용하여 시스템 사고 개념을 시각화했는데, 여기에 더해 시스템 사고는 제3의 관점을 가진다. [그림 2-3]의 빙산 모델iceberg model은 이를 잘 설명해준다. 이 빙산 모델은 조직 문화와 정신 모델mental model이 시스템 사고에 영향을 끼치는 제3의 관점이라는 메시지를 담고 있다. 바다에 떠 있는 유빙은 물 위에 드러난 부분만 보이고 나머지 부분은 물속에 잠겨서 보이지 않는다.

우리가 피상적으로 보는 기업 활동은 이벤트와 패턴뿐이다. 여기서 패턴은 이벤트가 서로 연결된 전체 모양을 의미하며 프로세스와 관계된다. 외부로 보이는 이벤트와 프로세스 패턴만으로 기업 내부의 사정을 제대로 알기는 어렵다. 그러나 우리가 인지하는 이벤트와 프로세스 패턴은 물속의 보이지 않는 시스템 구조가 유발한 표징이다. 시스템 구조는 결국 그 시스템을 만든 정신 모델에 종속되는데, 어떤 이는 이 정신 모델을 패러다임paradigm이라고 부른다.

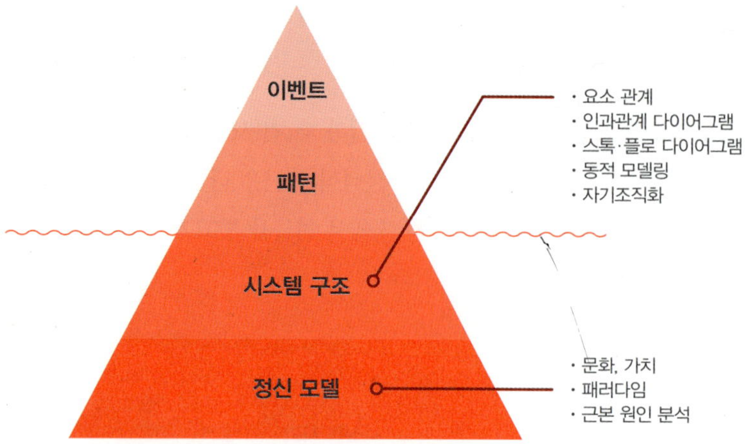

그림 2-3 시스템 사고의 빙산 모델(출처: 모낫과 개넌, 2015)

미국의 과학사학자이자 철학자인 토머스 쿤Thomas Kuhn이 《과학혁명의 구조The Structure of Scientific Revolutions》에서 제시한 패러다임은 정신과 삶을 구속하는 가치 체계로서 인간의 의사결정과 활동을 구속한다. 빙산 이론에 따르면 우리가 앞으로 다룰 비즈니스 프로세스의 주제 역시 우리가 삶을 영위하는 현대 사회의 정신 모델과 시스템 구조로부터 자유롭지 못하다. 패러다임을 깨뜨리는 파괴적 기술과 혁신자들이 기존의 정신 모델을 깨뜨리고 시스템 구조를 바꾸면 새로운 행동 패턴과 이벤트가 나타난다.

SECTION 03

동시공학, TQM, 6시그마

01 동시공학

제조 현장의 경험과 탁월한 식견을 가진 실무자들은 새로운 프로세스 혁신 방법론을 제창하고 만들어 왔다. 일례로 미국에서는 제2차 세계대전 동안 급격한 프로세스 혁신이 이루어져 적보다 월등한 성능의 전투기와 폭격기를 재빠르게 개발해냈다. 이 연구 팀은 동시공학 기술을 이용하여, 과거에는 순차적으로 진행되던 설계 사이클을 획기적으로 단축하고 신뢰도 높은 무기를 내놓았다. 물론 이들이 처음부터 동시공학이라는 용어를 사용한 것은 아니다. 당시에는 동시공학적으로 개발하는 R&D 팀을 스컹크워크스skunk works, 타이거tiger 팀 등으로 불렀다.

개발 기간이 오래 걸렸던 연속 개발sequential engineering 사이클의 한계를 뛰어넘어 동시병행으로 제품을 개발하려는 노력은 이처럼 전시 체제에 시작되었다. 이러한 노력의 연장선상에서 1982년경 미국 국방부는 동시성에 의한 설계 단계의 생산성 향상에 관한 연구 프로젝트를 DARPA Defense Advanced Research Projects Agency를 통해 출범했다. 그러던 중 IDA Institute of Defense Analyses에서 펴낸 R-338 리포트에서는 설계, 생산, 지원 프로세스 전체를 동시에 진행하는 시스템식 방법을 동시공학이라고 명명했다.

또한 동시공학은 팀 디자인team design, 동시 디자인simultaneous design 등으로 일컬어지고 있다. 개발에 관련된 여러 부서가 함께 협업한다는 이유로 조직을 다중학제 팀multi-disciplinary team 또는 다기능 팀cross functional team 등으로 부르기도 한다. 한편 동시공학을 구현하는 데에는 여러 가지 툴과 방법론이 필요하다. CAD/CAM/CAE의 활용은 기본이고, 서로 다른 설계 툴 간의 데이터 교환을 위해 파일 포맷을 통일해야 한다. 이러한 데이터 교환의 표준은 미국 국방부에서 CALS Continuous Acquisition and Life-cycle Support로 체계화되어 산업계에 널리 전파되기도 했다. CALS와 동시공학은 항상 같이 붙어 다니는 키워드로, 산업계에서는 머리글자가 동일한 Commerce At Light Speed CALS 같은 용어를 활용하고 있다.

HTML5와 같은 브라우저 표준의 발전으로 데이터의 교환과 뷰가 더욱 자유로워지는 추세이다. 한편 제품의 기능 요건을 도출하는 데에는 품질 기능 전개 기법quality function deployment과 같은 방법론의 활용이 필수적이기도 하다. 설계 작업에 시제품prototype의 시범 생산까지 포함하기 때문에

PLUS NOTE | 엔지니어링 데이터 표준 포맷

조직 간의 도메인을 넘어 교류되는 설계 데이터는 각 조직이 다른 소프트웨어 툴을 사용하는 탓에 쌍방이 활용 가능한 중간 포맷으로 전환 및 교류되는 것이 일반적이다. 전기·전자의 설계 데이터에는 EDIF(Electronic Design Interchange Format)가 사용되고, 기계 분야에서는 IGES(Initial Graphics Exchange Specification)나 STEP(STandard for the Exchange of Product model data)라는 표준 포맷이, 제조 부품 정보의 교환에는 PDES(Product Data Exchange Specification)라는 포맷이 활용된다.

제조 현장에서 사용하는 통계적 품질관리statistical quality control 기법과 고장 모드 영향 분석Failure Modes and Effects Analysis, FMEA 같은 방법론의 도입도 동시공학의 업무 범주에 속한다.

TIP 동시공학과 관련된 핵심 주제는 12장에서 설명할 것이다.

02 TQM

생산 프로세스의 발전과 관련하여 간반과 JITJust In Time로 대표되는 도요타 생산 방식Toyota Production System, TPS은 비즈니스 프로세스의 주제에서 빼놓을 수 없다. TPS는 이제 학문의 한 분야가 되었을 만큼 품질경영과 생산 프로세스 개선에 대한 글로벌 롤 모델로서의 위치를 확고히 다졌다. 도요타 생산 방식으로 발전한 총체적 품질경영Total Quality Management, TQM의 개념은 에드워드 데밍Edward Deming, 조지프 주란Joseph Juran과 같은 미국 품질경영의 대가들이 일본에 그 씨앗을 뿌렸다. 이들이 1954년경 미 군정하에 일본의 최고경영자 워크숍에 초대되어 통계적 품질관리에 대한 도그마dogma를 전파한 덕분에 일본에서 본격적인 품질경영이 시작된 것은 널리 알려진 사실이다. 이들의 가르침으로부터 통계적 공정관리SPC, 품질관리QC, 총체적 품질관리TQC, 총체적 품질경영TQM을 비롯해 도요타의 JIT 방법론이 일본에서 성장 및 발전했다.

하지만 데밍이나 주란의 책에서는 프로세스 표기법과 같은 상세한 가이드라인을 발견하기 어렵다. 오히려 데밍과 주란은 [그림 2-3]에 제시한 빙산 모델의 하단부에 해당하는 정신 모델과 시스템 구조에 집중했으므로 그들의 접근은 방법론적 접근이라기보다는 철학적 접근에 가깝다. 데밍은 PDCAPlan-Do-Check-Action라는 단순한 데밍 사이클로 프로세스 개선을 설파했다고 알려졌으며 나중에 PDCA를 PDSAPlan-Do-Study-Action로 정정했다고 한다. 회사가 일으키는 문제의 85%는 회사의 시스템, 절차, 구조에서 비롯되고 나머지 15%만이 실무자 탓이며, 그것마저도 관리자가 역량을 개발해주어야 할 책임이 있다는 데밍의 인간 중심 경영 철학을 생각해볼 때, 데밍이 PDCA를 PDSA로 정정했다는 이야기는 신빙성이 있어 보인다.

TIP TQM은 12장에서 좀 더 자세히 다룰 것이다.

03 6시그마

포드와 테일러로 이어진 품질과 프로세스 혁신의 학문적 계승은 한동안 미국 경영자들의 주목을 받지 못했다. 그러다 미국 산업계가 품질과 프로세스에 관심을 가지게 된 배경은 1980년대 초반 일본 자동차 업체의 미국 시장 진출과 맞물려 있다. 일본을 우습게 생각하던 미국 자동차 업계는 일본 자동차가 미국 시장에서 약진하자 깜짝 놀란다. 어떻게 된 일인지 알아보기 위해 일본으로 파견된 시찰단은 일본의 품질경영 수준을 끌어올린 미국인 구루guru 데밍과 주란에 대해 듣게 되었고, 미국 기업들은 재빠르게 TQM을 도입하고 품질관리 대가들의 자문을 받기 시작했다.

TIP 구루는 힌두교, 불교 등의 종교에서 스승을 일컫는 말이다.

1980년대 초에 모토로라에 컨설팅을 해준 러플러와 브라시는 모토로라 사내 대학에 품질관리에 관한 여러 과정을 만드는 데 도움을 준 것으로 알려져 있다. 모토로라에서는 미국식 TQM 운동을 '6시그마six sigma'라고 이름을 붙였고 GE가 이를 널리 전파했다. 그리하여 미국에서는 TQM보다 6시그마가 품질경영을 대변하는 키워드가 되었다. 일본에 TQM이 있었다면 이를 계승·발전시킨 미국식 품질관리 기법은 6시그마인 것이다. 어떤 이는 6시그마를 TQM의 다음 버전으로 간주하지만 그것은 어디까지나 미국인의 시각일 뿐 이 책에서는 6시그마를 TQM과 같은 미국식 품질 운동으로 본다.

TIP TQM과 6시그마는 12장에서 자세히 설명할 것이다.

모토로라가 구글에 합병된 것을 보더라도 TQM이나 6시그마는 기업의 생존과 성장을 위한 만병통치약이 아니다. 아무리 좋은 품질경영 체제를 갖추고 있어도 시장을 선도하는 신제품을 내놓지 못하는 기업은 살아남을 수 없다.

한편 대기업들이 6시그마를 외치고 있을 때 그들과 경쟁해야 하는 실리콘밸리의 스타트업 기업들은 일본의 린 생산 방식Lean system을 모방한 린 개발 방식을 수용하기 시작했다. 애자일agile과 린 사이클Lean cycle은 실리콘밸리 창업 기업의 핵심 방법론이다.

TIP 린 사이클은 12장에서 자세히 설명할 것이다.

SECTION 04

BPR과 프로세스 혁신

01 BPR의 등장

비즈니스 프로세스 리엔지니어링Business Process Reengineering, BPR은 프로세스를 개선하는 수준을 넘어 파괴적 혁신을 주창하는 기법이다. 비즈니스 프로세스의 혁신에 기여한 인물은 마이클 해머와 제임스 챔피이다. BPR은 마이클 해머가 1990년 《하버드 비즈니스 리뷰Harvard Business Review》에 발표한 〈Reengineering Work: Don't Automate, Obliterate〉와 더불어 같은 시기에 토머스 대븐포트가 《MIT 슬론 매니지먼트 리뷰MIT Sloan Management Review》에 발표한 〈The New Industrial Engineering: Information Technology and Business Process Redesign〉으로 촉발되었다.

특히 해머와 챔피의 저서 《리엔지니어링 기업 혁명Reengineering the Corporation》은 BPR이라는 프로세스 혁신의 새로운 패러다임을 제시했다. 해머는 혁신을 리엔지니어링으로 표현하고 대븐포트는 리디자인이라는 용어를 사용했다. 또한 양자의 접근은 최적화를 위한 재구조화와 재설계가 전사적으로 이루어져야 효과가 있고, 이러한 전사적 통합은 IT 기술을 통해야 가능하다는 메시지로 요약된다.

그러나 해머는 리엔지니어링 또는 리디자인 작업이 IT 팀에게 도전적인 과제라 이들이 익숙한 시스템을 버리고 새로운 시스템을 도입하는 데 저항할 것으로 예상했다. 그래서 프로세스 리엔지니어링 설계 과정에 IT 전문가를 배제하고 경영인들이 주도할 것을 권고했다. 일단 프로세스 아키텍처가 확정된 이후에 IT 전문가를 참여시키자는 그의 접근은 훌륭한 IT 인적 자원을 가진 기업에는 문제가 되지 않겠지만 인적 자원과 자본, 장비가 열악한 중견 기업에는 적절하지 않은 것으로 밝혀졌다. 구현이 힘든 프로세스 아키텍처를 만들었을 때 제한된 자원으로 프로세스 자동화를 구현하지 못하는 경우가 빈번하게 발생하므로 훌륭한 성공 사례와 더불어 실패 사례도 많이 나타났다.

02 BPR의 한계

BPR은 IT 기술의 혁신에 많은 부분을 의존하기 때문에 특히 컴퓨터 업계와 컨설팅 회사의 적극적인 지원을 받으며 널리 퍼져나갔다. 그러나 BPR의 접근 방법은 기존의 프로세스를 고려하지 않고 프로세스를 바닥부터 새로이 만드는 방식으로서 필연적으로 프로세스의 통합과 슬림화를 도모한다.

프로세스의 슬림화는 조직의 슬림화와 마찬가지인 셈이다. IT를 통한 정보의 접근과 소통이 용이해지면 고객 접점의 정보가 바로바로 최고 의사결정권자에게 전달될 수 있다는 믿음은 중간 계층을 하나의 병목 지점으로 간주하게 된다. 기업은 최고경영자까지 보통 7단계에 이르던 보고 계층을 3~4단계로 줄이려고 노력했다. 이러한 다운사이징downsizing으로 인해 한 관리자에게 5~8명의 직원이 보고하던 구조에서 한 관리자가 30명 이상을 책임지는 형태로 변화되었다.

그러나 중간관리자를 줄이는 것은 몸이 무겁다고 피를 뽑아내는 행위와 같다. 기업의 무형 자산을 가장 많이 보유하고 기업 문화를 주도하는 중간관리자의 가치를 과소평가한 것은 실기가 아닐 수 없다. 이런 이유로 다운사이징은 관리자뿐만 아니라 실무자의 해고를 유발한다는 두려움이 조직에 전파되었다. 이처럼 다운사이징과 동격으로 여겨진 BPR은 감원을 두려워하는 사람들에게 외면을 당해 인기가 시들해졌다.

03 프로세스 혁신의 필요성

산업 현장에서는 이제 리엔지니어링이라는 용어가 사라지고 비즈니스 프로세스 혁신business process innovation이라는 용어가 사용되고 있다. 사실 혁신이라는 용어는 일본 TQM의 기본적인 접근 방식이었다. 데밍은 관리자의 잦은 교체를 기업의 일곱 가지 병폐 중 하나로 꼽으면서 조직 내에 두려움을 없애고 신뢰를 쌓으며 혁신을 위한 분위기를 조성하라고 했다. 아울러 근로자의 자존감을 빼앗는 어떠한 행동도 배제해야 한다는 직원 존중의 철학을 강조했다.

사람의 감성을 배제하고 방법론과 기술에 중점을 둔 BPR이 오래가지 못한 데에서 프로세스 혁신의 중심에 직원 존중이 있어야 한다는 교훈을 얻을 수 있다. 그럼에도 불구하고 BPR이 보고 계층을 슬림화하고 린 프로세스Lean process를 구현하는 데 기여한 것은 사실이며, BPR을 올바르게 실행했을 때의 효과를 무시할 수 없다. 제대로 계획하고 균형적으로 추진한다면 BPR은 여전히 유효한 프로세스 혁신 방법이라고 할 수 있다.

TIP BPR은 13장에서 자세히 설명할 것이다.

SECTION 05

비즈니스 프로세스 시스템의 도입

01 ERP 솔루션의 출현

포드와 테일러가 가져온 근대적 프로세스 혁명, 1950년대 일본의 TQM, 1980년대 미국의 6시그마, 1990년대 BPR과 다운사이징으로 이어진 프로세스 방법론의 진전은 소프트웨어 업계의 사업 모델에도 영향을 끼쳤다. 초기에 보급된 소프트웨어 솔루션은 워크플로workflow 애플리케이션이다. 워크플로 솔루션은 업무의 프로세스 흐름을 순차적으로 나타내고, 각각의 업무 프로세스상에서 이관된 문서의 내용이나 결제 상태를 검색하는 기능을 제공하는 시스템이다.

한편 단순한 회계 관리와 자재 소요 계획MRP의 응용 수준에 머물던 소프트웨어 업체들은 1990년대부터 전사적 자원 관리 시스템이라는 ERP 솔루션을 출시했다. SAP 등이 주도하던 시장에 오라클, 마이크로소프트를 비롯해 우리나라 토종 브랜드인 더존, 영림원 등이 시장에서 뛰어들었다. 이러한 솔루션 업체들은 최근 인터넷 ASP Application Service Provider 형태로 주력 사업 모델을 전향하는 경향이 있다. 신생 기업이나 중소기업은 저렴한 월 사용료를 내고 ASP를 이용하여 국제적으로 표준화된 ERP 비즈니스 프로세스를 바로 활용할 수 있다. 즉 회계, 세무, 재고 관리, 인사 관리, 영업 관리 등 기업의 핵심적인 비즈니스 프로세스 모델을 수정 없이 바로 사용할 수 있다. ERP 솔루션 업체의 입장에서도 ASP 모델은 안정적인 수입원을 유지할 수 있다는 것이 장점이다.

02 기업의 솔루션 도입

2000년대 초반에는 솔루션을 개발할 것인지, 솔루션을 구매해서 사용할 것인지가 대기업 전산실장의 고민 중 하나였다. 당시에는 솔루션 업체들의 논리에 감화되어 대부분 구매하기로 결정했는데, 이렇게 솔루션을 구매하면 다른 기업들과 비슷한 수준의 IT 시스템을 활용하게 되어 차별화된 서비스를 제공하기 어렵다는 것이 문제였다. 비용도 줄이면서 차별화도 해야 하는 기업의 경우에는 끊임없이 다른 접근을 해야 한다는 생각을 떨쳐버릴 수가 없다. 경쟁력이 있는 회사는 솔루션 업체와 새로운 기능의 구현을 위한 시범 프로젝트를 선도할 수도 있고, 오픈 API Application Program Interface를 이용하여 모바일 앱과 연동하고 부가적인 서비스 차별화를 도모할 수도 있을 것이다.

결국 개발할 것인지, 구매해서 쓸 것인지는 정답이 없는 문제이다. 시장 상황을 면밀히 분석하고 핵심 역량의 관점에서 전략적 의사결정을 해야 한다. 전략적 의사결정은 프로세스 자동화의 초기에 많은 에너지의 집중을 요구한다. 일단 결정되고 나면 구매든 개발이든 비용이 많이 투입될 것이고 되돌리기가 어렵기 때문이다. 프로세스 자동화의 초기인 요건 정의 단계는 누적 비용이 가장 적지만 시스템 전반의 비용 결정력이 가장 높은 단계로, 경영자와 IT 전문가의 상호 이해와 의사소통이 매우 중요하다. 이러한 개념을 [그림 2-4]에 그래프로 나타냈다.

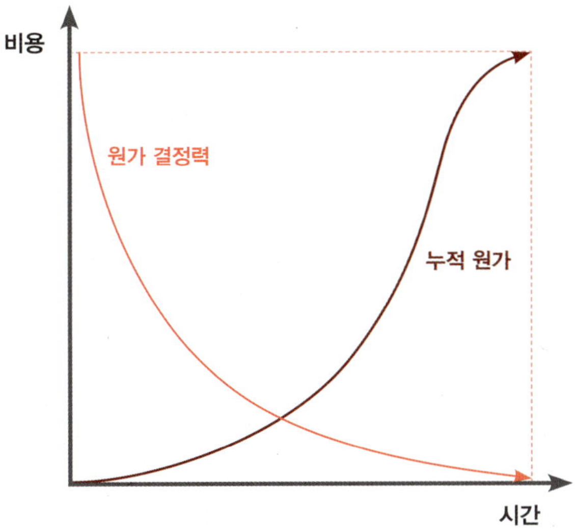

그림 2-4 개발 비용과 원가 결정력의 관계

03 IT 아웃소싱의 변화

ERP 등의 애플리케이션을 개발이 아닌 구매로 확보하는 추세가 주류가 되다 보니 1990년대 중반부터 전산 개발 조직을 회사와 분리한 별도의 IT 아웃소싱 업체가 많이 생겨났다. 대기업과 중견 기업들이 직접 IT 아웃소싱 업체를 세우거나 또는 컨설팅 업체와 합작하여 IT 아웃소싱 업체로 탈바꿈하기도 했다. 이러한 업체의 사업 모델은 모기업의 시스템 관리 사업을 기반으로 SI System Integration 사업을 추가로 도모하는 것이었다. SI라고는 하지만 신규 개발이라기보다는 패키지 제품을 고객의 요구에 맞추어 커스터마이징하고 여러 전산 자원을 통합하는 사업이 주였다.

재벌 그룹이 만든 대형 SI 업체가 개척할 수 있는 시장은 결국 정부 공공 사업에 한정될 수밖에 없었다. 이들은 입찰 가격을 낮추기 위해 하청 업체를 거느리게 되었고, 자체 솔루션 없이 프로젝트 관리를 위주로 하는 사업체로 전락하는 경우도 있었다. 한편 수년 전부터 일정 규모 이하의 공공 사업에는 대형 SI 업체를 배제하는 정부 정책에 따라 IT 서비스 시장이 빠르게 재편되고 있다.

PLUS NOTE | 프로세스에 관한 국제표준

품질경영의 수준을 평가하는 국제표준으로 ISO 9000 시리즈가 있다. 일반적으로 ISO 국제표준은 영국의 BS(British Standard) 표준을 준용한다. 영국의 BS 표준이 확정되면 ISO에서 이를 기반으로 국제표준을 만드는 것이 관례이다. ISO 9000 역시 그 이전에 만들어진 BS 5750과 형식 구조가 같다고 알려져 있다.

ISO 9000 시리즈는 ISO 9001, 9002, 9003, 9004 등으로 되어 있고 5년마다 검토 및 수정된다. 9000에서는 용어와 기본 개념을 설명하고 구체적인 내용은 9001~9004에 제시되어 있다. ISO 9001은 요건 정의(requirement)에 관한 내용을 담고 있으며 9004에서는 성과 향상(performance improvement)과 같은 내용을 다룬다. 초기의 ISO 9000은 현실 세계의 검증보다도 문서 작성에 너무 초점을 맞추었다는 비판을 받았다.

ISO 9000의 경우 2015년 수정판인 ISO 9000:2015가 최신 버전이다. 국제표준이기 때문에 인터넷에서 쉽게 검색할 수 있지만 문서를 무료로 제공하지 않는 추세이다. ISO 9000은 업계의 피드백으로 버전이 계속 바뀌고 있으며, ISO 9000:2000(ISBN 0750644516)의 핸드북은 인터넷에서 무료로 내려받을 수 있다. 또한 ISO 14000은 환경을 포함하는 표준을 다루고, ISO 22000은 ISO 9000, ISO 14000과 함께 식품안전관리인증기준(HACCP)에 대한 통합 인증을 포함한다.

산업별로 특화된 품질 표준이 요구될 때마다 ISO는 새로운 표준을 만들고 있다. 그러나 표준은 산업의 성숙도를 높이는 순기능이 있는 반면에 일종의 비관세 장벽이 되기도 한다. 인증 및 인증 갱신에 많은 비용이 소요되므로 작은 신생 회사의 경우에는 사업 확장에 장애가 되기 때문이다. 따라서 산업 진흥을 위해 각국 정부는 인증 비용 보조 등 다양한 지원을 고려하고 있다.

경영학 강의 | 인터넷과 IT 신기술의 활용

1990년대 초반 인터넷 열풍이 몰아치면서 전 세계의 정보를 언제 어디서나 몇 초 안에 찾아볼 수 있는 세상이 창조되었다. 그 이전에는 회사 간에 거래를 할 때 고가의 메인프레임을 전용선으로 연결하고 EDI(Electronic Data Interchange)를 통해 데이터 교환을 해야 했다. 여러 EDI 업체가 고가의 솔루션을 공급했는데 시스템 통합 작업에만 6개월에서 1년이 걸렸다. 그러다 인터넷의 출현으로 환경이 바뀌어 고객이 중간 상인이나 유통업체를 통하지 않고 직접 생산자의 웹 사이트에서 상품 정보를 보고 주문할 수 있게 되었다. 인터넷 IT 시스템의 구현을 통해 '닷컴' 회사들이 생겨났다가 2000년대 중반 거품이 가라앉으면서 사라졌다.

오늘날에는 웹 애플리케이션을 누구나 쉽게 저렴한 비용으로 사용할 수 있다. 이메일, 클라우드 문서 편집 및 공유, 캘린더 일정 관리, 동영상 제작, 웹 페이지 제작 등 무료로 사용할 수 있는 오픈 솔루션과 서비스가 인터넷에 넘쳐난다. 스타트업 기업의 IT 비용 절감에 도움을 주기도 하는 이러한 무료 서비스는 대기업이 활용하는 IT 시스템을 능가하는 것도 있다. 보안상의 이유로 오픈 솔루션의 사용을 통제하는 대기업이 스타트업 기업보다 떨어지는 IT 서비스를 활용하는 경우도 있다.

인터넷, 클라우드, IoT, 빅데이터 등의 플랫폼 기술과 ERP, SCM, CRM 등의 애플리케이션은 비즈니스 프로세스 과학에 엄청난 영향을 끼쳤다. 현재의 전산 환경은 IT 전문가에게는 도전 과제이지만 기업인과 사용자에게는 무한한 선택의 자유를 준다. 특히 21세기 컴퓨터 기술의 발전은 비즈니스 프로세스의 응용 분야를 확장하고, 과거에는 불가능했던 고도의 데이터 마이닝 기술에 쉽게 접근하도록 해주었다. 또한 데이터 마이닝 기술의 발달은 프로세스 이벤트의 분석을 가능하게 하여 프로세스 마이닝이 도래하는 길을 열어주었다. 프로세스 마이닝은 이벤트 로그 또는 프로세스 모델을 이용하여 프로세스 모델의 발견, 정합, 개선을 도모하는 새로운 학문이다.

2000년대 중반부터 시작된 프로세스 마이닝은 동시성 이론, 귀납적 추론, 통계학, 머신 러닝, 인공지능 등 여러 분야의 학문적 업적을 바탕으로 한다. 특히 프로세스 마이닝은 분류, 군집화, 최적화, 가치 평가, 전처리와 같은 분야에 데이터 마이닝, 머신 러닝에서 사용되는 알고리즘을 공유한다. 2000년대 중반부터 프로세스 마이닝을 발전시켜왔고 이 분야의 전문가가 된 빌 판데르알스트(Wil van der Aalst)는 자신의 책에서 아프리오리(a priori) 알고리즘, 유한 상태 기계(Finite State Machine, FSM), 마르코프 사슬(Markov chain), 페트리네트(Petri net) 등의 선행 연구 결과가 프로세스 발견을 위해 고안한 '알파 알고리즘(α algorithm)'의 연구에 많은 통찰을 주었다고 언급했다.

아프리오리 알고리즘은 발생 빈도가 적은 연관 규칙의 집합을 클렌징하여 연관도가 높은 조합을 뽑아내는 로직이고, FSM은 상태와 전이의 로직을 설명하는 개념으로 발견 역사가 너무 길어 발명자를 규정할 수 없는 분야이다. 또한 마르코프 사슬은 상태 s1이 s2로 전이하는 과정을 확률분포로 표현하는 모델로 미래 예측에 활용된다. 페트리네트는 전통적인 프로세스 모델인 트랜지션 시스템, FSM, 마르코프 사슬 등이 동시성을 표현하지 못하는 한계를 극복하도록 설계된 모델로, 알파 알고리즘은 페트리네트를 기반으로 작동된다. 알스트는 데이터 과학과 구분되는 프로세스 과학이라는 새로운 학문 분야를 개척한 주역으로, 그의 프로세스 마이닝 이론은 《프로세스 마이닝(Process Mining)》에 잘 정리되어 있다.

[그림 2-5]는 이 책에서 다룰 역사적인 비즈니스 프로세스 기술의 주요 요소를 대략적인 출현 시점을 기준으로 보여준다. 품질경영 분야, 프로세스 표준, IT 기술로 구분한 주요 사건은 필자의 주관적인 관점으로 선정한 것이지만, 이러한 시계열 이미지를 머리에 새기고 접근하면 비즈니스 프로세스의 맥락을 이해하는 데 도움이 될 것이다.

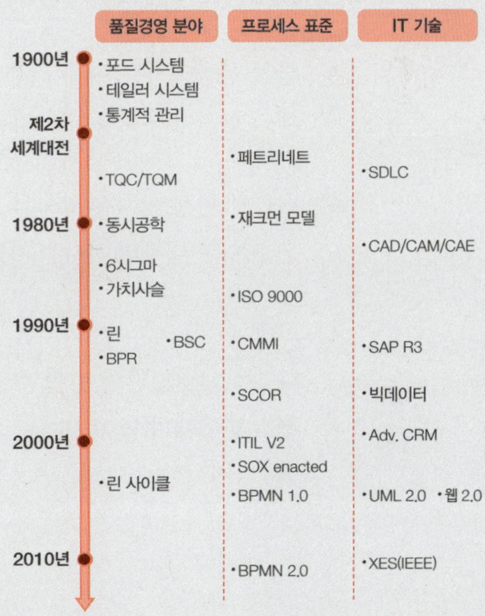

그림 2-5 비즈니스 프로세스 발전에 영향을 준 개념과 주체

요약

01 사회과학에서의 프로세스 이론은 실체가 어떻게 변화하고 발전하는지 설명해주는 개념 구조체를 말한다.

02 앤드루 반드벤이 제시한 프로세스 이론의 전형적인 모델은 진화적, 변증법적, 목적론적, 라이프사이클적 프로세스 이론으로 프로세스 이론을 구분했다.

03 시스템 이론의 핵심은, 전체는 부분의 총합과 같지 않고 각 부분을 결정하는 통일체라는 생각이다.

04 마이클 포터의 가치사슬 이론은 시스템 사고의 개념을 기업 도메인에서 구체화한 접근이다.

05 시스템 구조는 결국 그 시스템을 만든 정신 모델에 종속되는데 이 정신 모델을 패러다임이라고 부른다.

06 연구개발을 할 때 프로세스 전체를 동시에 진행하는 방법을 동시공학이라고 하는데, 이는 그 이전에 순차적으로 개발하던 방법과 대비된다.

07 TQM은 도요타 생산 방식으로 발전한 총체적 품질경영을 말한다. 일본에 TQM이 있었다면 이를 계승·발전시킨 미국식 품질관리 기법은 6시그마이다.

08 BPR은 프로세스를 개선하는 수준을 넘어 파괴적 혁신을 주창하는 기법이다.

09 산업 현장에서는 이제 리엔지니어링이라는 용어가 사라지고 비즈니스 프로세스 혁신이라는 용어가 사용되고 있다.

10 단순한 회계 관리와 자재 소요 계획의 응용 수준에 머물던 소프트웨어 업체들은 1990년대부터 전사적 자원 관리 시스템이라는 ERP 솔루션을 출시했다.

11 ERP 등의 애플리케이션을 개발이 아닌 구매로 확보하는 추세가 주류가 되다 보니 1990년대 중반부터 전산 개발 조직을 회사와 분리한 별도의 IT 아웃소싱 업체가 많이 생겨났다.

연습문제

01 업계의 실례를 조사하고 경영 정책상 대비되는 두 기업의 시스템 사고 관점과 사일로 사고 관점의 접근 방법을 비교하시오. 그리고 서로 다른 두 관점이 가져올 사업적 결과를 예측하시오.

02 빙산 모델을 활용하여 국내외의 모범적인 기업 또는 비모범적인 기업의 정신 모델에 바탕을 둔 비즈니스 패턴과 비즈니스 이벤트에 관한 관찰 형태를 설명하시오. 반대로, 관찰된 비즈니스 패턴과 비즈니스 이벤트를 활용하여 조직에 내재된 정신 모델을 추정하여 설명하시오.

03 품질 비용에 대해 알아보고, 초기에 적정한 상품 검증을 간과하여 제품 라이프사이클 전체의 누적 원가가 과대해진 사례(예를 들면 가습기 살충제, 자동차 리콜 등)를 제시하시오.

04 [그림 2-5]에 제시된 키워드 중에서 하나를 골라 1쪽 분량의 브리핑 문서를 작성하시오. 가능하면 다음 네 가지 항목이 포함되도록 하시오.

- 출현 배경
- 개념 설명
- 가치 명제
- 제약 사항

CHAPTER

03

기업의 경영 활동과 비즈니스 프로세스

학 | 습 | 목 | 표

- 기업의 미션, 비전, 핵심 가치의 차이를 알고 명확히 설계할 수 있다.
- 기업의 목표, 전략, 정책, 경영 활동의 연관관계를 이해할 수 있다.
- 경쟁 전략과 협동 전략, 오픈 이노베이션의 출현 배경을 설명할 수 있다.
- 목표 수립의 3단계 기본 모델에 대해 설명할 수 있다.
- 마이클 포터의 경쟁 전략과 가치사슬을 이해할 수 있다.
- 수직 시장과 수평 시장의 차이를 알고 수직 계열화의 사례를 제시할 수 있다.
- 마케팅의 STP 단계와 사업 계획 프로세스 및 IT 체계 구축의 상관관계를 이해할 수 있다.

기업의 경영 활동은 개념의 추상화 레벨 측면이나 업체가 활동하는 글로벌 산업 생태계 측면에서 광범위한 대상을 다룬다. 추상화 레벨을 높이면 기업의 설립 철학부터 시작하고, 추상화 레벨을 낮추면 시장 접점의 작은 변화 관리까지 모든 것이 경영자의 관심 대상이 된다. 경영자의 과업은 바로 비용 효율적 균형 감각을 유지하면서 기업 경영에 관련된 모든 관리 수준을 발전시켜나가는 것이다.

광범위한 경영 주제에 관련된 학문적 이론을 이 책에 모두 담을 수는 없으나 비즈니스 프로세스의 심도 깊은 이해와 응용을 위해 논리적 연관성을 가진 경영 주제를 가능하면 포괄적으로 다루려 한다. 이러한 주제는 기업의 미션(사명), 비전, 핵심 가치, 목표(목적)와 전략, 정책, 가치사슬, 경쟁우위와 같이 논리적 연관성을 가진 일련의 키워드를 포함할 것이다. 이 키워드들은 비즈니스 프로세스 설계에 영향을 미치는 주요한 개념이므로 명확히 이해해야 한다.

SECTION 01

기업의 미션, 비전, 핵심 가치

01 기업의 정체성

기업 홈페이지에서 기업을 소개하는 내용에는 기업의 미션, 비전, 핵심 가치가 반드시 포함되어 있다. 이 세 가지는 기업의 정체성을 알려주는 키워드이다. 정체성은 "당신은 누구인가?", "당신은 왜 태어났는가?"와 같은 질문을 통해 확인할 수 있다.

대개 같이 움직이는 미션, 비전, 핵심 가치는 추상화 레벨이 매우 높은 내용으로 기업의 성격을 잘 설명해준다. 하지만 홈페이지나 브로슈어에 소개된 기업의 미션, 비전, 핵심 가치는 내용이 엇비슷하여 구별하기가 어려운 데다 때로는 개념 표현이 적절하지 않은 경우도 있다. 이는 사회적으로 각 키워드의 개념적 합의가 이루어지지 않았기 때문이다.

PLUS NOTE | 추상화 레벨

추상화 레벨은 목적물을 설명하는 상세도의 수준을 말한다. 추상화 레벨이 높다는 것은 상세도가 미흡하다는 것을 의미하고, 반대로 추상화 레벨이 낮다는 것은 상세도가 높다는 것을 의미한다. 사진은 상세도가 높지만 추상화는 화가의 메시지를 은유적으로 나타낸 것이다. 머릿속에 있는 생각을 구상(idea)이라고 할 때, 이를 눈에 보이는 실체로 만드는 방법이 설계(design)이다.

건축 디자이너는 연필로 건물의 외양을 스케치하고, 이를 실제 건축물로 만들려면 상세한 구조 설계와 재료의 선정, 전기·통신·수도·하수·가스 등의 유틸리티에 관련된 시공 방법, 순차적 공정 절차를 거쳐야 한다. 상세도가 높을수록, 즉 추상화 레벨이 낮을수록 완벽한 목적물을 구현하기가 용이하다. 그러나 계획의 상세화 정도는 작업자의 역량에 따라 달라지므로 설계도를 만들 때 적정한 비용 대비 효과 관점의 균형이 필요하다.

학문의 세계에서 추상화는 논문의 요약을 일컬으며, IT 환경에서의 추상화 레벨은 시스템 계층 간의 독립성을 보증하는 중간 계층을 말한다. 한 예로 HAL(Hardware Abstraction Layer)은 하드웨어에 독립적인 운영체제를 설치할 수 있게 하므로 맥에 윈도와 iOS가 설치되는 것이다.

02 미션의 개념

미션mission은 기업의 존재 이유, 즉 기업이 설립된 이유를 말한다. 사명감이 투철한 조직(기업)은 해야 할 일이 분명하다. 미션이 사익의 추구를 넘어 공익성을 내포할 때 조직원의 충성심과 단결심, 고객의 충성을 모으는 힘이 더욱 강력해진다.

미션은 영원히 완성될 수 없는 성격의 것이므로 대개 시간 개념을 포함하지 않는다. 완성을 향해 무한히 수렴할 수 있을지라도 쉽게 완성에 도달할 수 없는 미션이 바람직하다. 단기간에 완성될 미션은 프로젝트와 같기 때문에, 영속을 지향하는 기업의 미션으로는 적절하지 않다. 미션이 달성되면 기업의 존재 이유가 사라지기 때문이다. 그러므로 기업은 부단히 미션을 재정의할 필요가 있다. 미션을 재정의한다는 것은 사업의 포트폴리오를 재정의하는 것과 같다.

03 비전의 개념

비전vision은 일정한 시간이 지난 후 기업의 모습을 말한다. 비전을 설명하면서 시간적 개념을 포함하지 않는 기업이 많은데 이는 적절하지 않다. 비전은 망원경으로 먼 곳을 내다보듯이 5년 후, 10년 후, 20년 후, 30년 후 기업이 되고자 하는 멋진 모습을 나타내야 한다. 이러한 시간적 개념을 포함하지 않은 비전 선언문은 도대체 언제쯤 그러한 모습을 달성하려는 것인지 목표도 모호하다. 예를 들어 망원경으로 멋진 오아시스를 발견했는데 언제 도착할지 알 수 없는 거리에 있다면 비전이 아니라 신기루인 셈이다.

잘 기술된 비전인지 확인하는 방법은 미션으로 옮겨보는 것이다. 비전을 미션으로 옮겼을 때 그럴듯하다면 적절하게 기술된 비전이 아니다. 비전에 시간 개념을 포함하지 않았다면, 30년 정도의 한 세대 안에 달성할 비전을 제시하는 것이 직원들에게도 현실감 있고 적당할 것이다. 많은 비전 선언문에 시간적 개념이 누락되는 것은 자신감이 없기 때문이다. 그러나 비전에는 시간 개념이 포함되는 것이 원칙이다. 달성 가능하지만 도전적인 비전 선언문이 답이다.

04 핵심 가치의 개념

핵심 가치core value는 기업이 지구상에서 사라지면 함께 없어져버리는 고객 관점의 차별화된 가치 자산을 말한다. 이러한 가치 자산은 재무적으로 계량되는 교환 가치일 수도 있고, 단기적으로 계량 불가능한 사회·문화적 가치일 수도 있다. 특히 유의할 점은, 핵심 가치에는 다른 회사가 가지고 있지 않은, 복제 불가능한 차별성이 있어야 한다는 것이다. 남들이 쉽게 따라 하고 복제할 수 있으며 대체

가능한 가치라면 회사가 자랑할 핵심 가치로 적절하지 않다. 우리 회사가 사라져도 쉽게 대체 가능한 가치가 여전히 있다면 차별화된 핵심 가치라고 할 수 없기 때문이다.

핵심 가치에 스토리나 고객의 감성이 더해지면 계량이 불가능한 질 높은 수준이 된다. 핵심 가치를 설명할 때 흔히 '디즈니 월드'를 언급한다. 미키 마우스와 도널드 덕이 사라진 세상을 상상해본다면 디즈니의 핵심 가치를 이해할 수 있을 것이다.

05 미션, 비전, 핵심 가치의 사례와 개선안

앞의 설명을 이해하면 특정 기업의 미션, 비전, 핵심 가치가 적절한지 아닌지 판단하는 데 도움이 될 것이다. 미션, 비전, 핵심 가치의 내용을 서로 바꾸어도 비슷한 말이 되는 경우를 흔히 보게 되는데 이는 직원이나 고객을 혼란스럽게 한다. 멋진 말이기는 한데 구체적으로 무슨 의미인지 잘 이해되지 않기 때문이다.

한 예로 어떤 조직의 미션, 비전, 핵심 가치를 검토한 사례를 [표 3-1]에 제시했다. 원안은 미션과 비전의 차이가 분명하지 않다. 비전에 '~을 만듭니다'를 붙이면 미션과 비슷한 개념이 되기 때문이다. 핵심 가치 역시 차별성이 뚜렷하지 않은 추상적인 표현이다. 이처럼 미션, 비전, 핵심 가치가 불명확한 회사가 부지기수이다.

표 3-1 미션, 비전, 핵심 가치의 사례와 개선안

항목	원안	개선안
미션	세상을 변화시키는 창업가와 사회 혁신가가 도전하고 성장하고 나누는 기반을 만듭니다.	개선할 점이 없음
비전	할 수 있다고 생각하면 이룰 수 있는 세상	소셜 창업가와 사회 혁신가의 협력 파트너십 선호도 1위의 중간 지원 조직(2025년 비전)
핵심 가치	• 도전: 더 나은 세상으로의 변화를 이끄는 힘 • 성장: 배움과 실천을 통한 잠재력의 발휘 • 더불어 사는 책임 주체로서 성숙한 자의식	• 접근성: 무료 창업 공간과 부르면 달려가는 컨시어지 서비스의 제공 • 전문성: 사회 혁신 방법론 데이터 뱅크와 전문 컨설팅 지원 역량 • 네트워크: 국제 혁신가 그룹과의 네트워킹과 집단학습 퍼실리테이션

[표 3-1]의 오른쪽 칸은 임의로 수정한 개선안이다. 미션은 손 댈 곳이 없다. 그러나 비전은 현 수준과 대비하여 특정 시점의 구체적인 미래 모습을 제시했고, 핵심 가치에는 차별성이 있는 유·무형 자산을 적시했다. 어떤 것이 조직원이나 외부 사람이 이해하기 쉬운 명확한 표현인가는 독자 스스로 판단해보기 바란다.

미션, 비전, 핵심 가치는 대개 전 직원 회의와 최고경영자에 의해 확정되므로 내용을 수정하기가 어렵다. 따라서 초기에 정확한 개념을 바탕으로 정의하고, 미션과 비전을 새로이 검토하는 시점에 수정할 것을 권고한다.

06 미션, 비전, 핵심 가치의 추상화 레벨

기업의 미션, 비전, 핵심 가치는 비즈니스 프로세스의 설계와 정책에 영향을 주는 최상위 개념이다. 이 세 가지 키워드의 정신에 따라 프로세스 각 단계에서 의사결정을 하게 되기 때문이다. 예를 들어 핵심 가치에 '업계에서 제일 신속한 고객 피드백'이 포함되었다고 가정하자. 그렇다면 고객 클레임 처리 시 상사의 승인을 받기까지 기다리는 비즈니스 프로세스는 핵심 가치와 맞지 않는다. 일정 범위의 의사결정 권한을 고객 접점의 실무자에게 주고 선처리 후보고 절차를 마련한다면 비즈니스 프로세스도 그에 따라 설계될 것이다. 그러므로 미션, 비전, 핵심 가치는 비즈니스 프로세스 설계 시에 우선적으로 다루어야 하는 주제이다.

경영 이론가들 사이에서는 미션, 비전, 핵심 가치의 추상화 레벨에 대한 이견이 있지만 대부분 미션을 가장 높은 곳에 두는 [그림 3-1]과 같은 모델을 선호한다. 미션은 시간적으로 가장 오래 걸리는 개념이고, 그다음이 시간 목적을 가진 비전이며, 비전을 달성하는 데 필요한 핵심 가치가 맨 아래에 자리한다. 위에 있다는 것은 그만큼 자주 바뀌면 안 되는 개념이라는 의미이다. 비전과 핵심 가치는 사업 환경에 따라 미션보다 좀 더 융통성 있게 변화시킬 수 있다. 미션, 비전, 핵심 가치는 '왜'에 해당하는 개념으로, 프로세스 관리와 같은 활동의 적정성을 판단하는 기준이 된다.

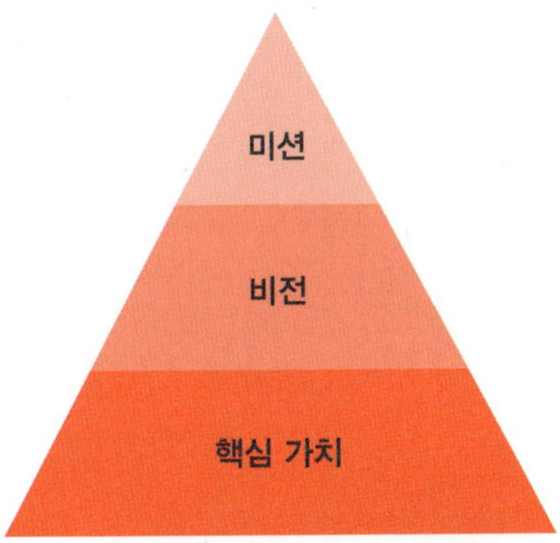

그림 3-1 미션, 비전, 핵심 가치의 추상화 레벨

기업이 성장함에 따라 미션을 재설정하는 일이 수시로 발생하는데, 이때 이전보다 구체화하기보다는 더욱 포괄적으로 넓히는 것이 일반적이다. 만약 새로운 미션이 이전 미션보다 더 구체화되었다면 무언가 방향을 잘못 잡은 것이다. 틈새시장에서의 생존을 작정한 것이 아니라면, 구체화된 미션으로 인해 사업 영역의 한계를 스스로 좁히는 문제가 발생한다. 예를 들면 'International Business Machine'을 'Industry Manufacturing Machine'으로 바꾸는 것이 아니라 그 반대로 하는 것이 바람직한 미션 설정의 방향이다. 또한 미션, 비전, 핵심 가치는 논리적 연관성이 있어야 하므로 미션이 달라지면 그에 따라 비전과 핵심 가치를 변경해야 한다.

SECTION 02

기업의 목표, 전략, 정책

01 목표, 전략, 정책의 개념

기업의 미션, 비전, 핵심 가치는 적어도 5년은 유지되어야 한다. 인터넷이 널리 보급되면서 시장의 변화에 따른 기업 혁신 사이클이 짧아졌다고 하더라도 3년도 안 되어 미션, 비전, 핵심 가치가 바뀐다면 기업의 기획 역량에 대해 반성할 필요가 있다. 미션, 비전, 핵심 가치가 상위 경영 키워드라면 중간 레벨의 경영 키워드는 목표, 전략, 정책이다.

- **목표(goal):** 비전과 달리 1~3년의 기한을 정해놓은, 측정 가능한 성과 목표를 말한다. 전사적 목표의 하부 개념인 부서별 목표는 영어로 'objective'라고 표현하기도 한다.
- **전략(strategy):** 목적이나 목표를 달성하기 위한 선택지로서 자원의 배분 및 활용과 관계된다. 여기서 자원은 돈, 시간, 자산, 인력 등의 재무적 가치로 환산 가능한 기업의 자산이다.
- **정책(policy):** 전략과 맥을 같이하는 개념이지만, 전략적 선택지를 실무자들이 이해하기 쉽게 풀어서 기술한 관리적 가이드라인이다.

예를 들어 어떤 기업이 작년 대비 30% 이상 매출 달성을 목표로 설정했다고 가정하자. 이러한 전사적 목표를 이루기 위해 연구소는 상반기 내 신제품 3종 출시, 생산 부서는 생산 납기 30% 단축, 영업 부문은 영업사원 50% 확충과 신규 대리점 5개 확보라는 부서별 전략을 설정한다. 이와 같은 전략은 성장 가설의 선택지가 되며, 성장 가설을 증명하는 과정이 바로 경영 활동이다. 한 예로 영업 부서는 목표 달성을 위한 주요 활동으로 경쟁사 대리점의 윈백winback을 계획할 수 있다.

활동은 전략의 구체적인 실행 항목이고 하나의 전략에 일련의 여러 활동이 포함되기도 한다. 실무자는 전략과 활동을 구별하기가 쉽지 않다. 활동이 전략과 다른 점은 시계열적이고 시작과 종료 시간이 있다는 것이다. 정책은 전략과 활동을 구속하는 제한 조건이 된다.

02 목표, 전략, 정책의 추상화 레벨

회사의 주요 비즈니스 프로세스가 자주 바뀌는 것은 바람직하지 않다. 직원이나 유관 파트너 회사에 불신을 줄 수 있기 때문이다. 한편 비즈니스 프로세스를 계속 유지하더라도 전략적 선택에 따른 정책

결정 시 프로세스상의 경로를 수시로 바꿀 수 있다. 대리점의 미수금 수준이나 시장 상황에 따라 주문을 외상 거래가 아닌 현금 거래로 전환하는 정책이 그 예이다.

[그림 3-2]는 목표, 전략, 정책의 추상화 레벨을 표현한 것이다. 활동은 전략의 부분집합으로 정책의 통제를 받지만 그림에서는 이를 생략했다.

그림 3-2 목표, 전략, 정책 추상화 레벨의 예

전략 핵무기, 전술 핵무기와 같이 전략과 함께 쓰이는 군사 용어로 전술tactic이 있다. 작전에 이기는 방책은 전술, 전쟁에 이기는 방책은 전략으로 정하기도 한다. 그러나 경영의 세계에서는 전술이라는 용어를 잘 사용하지 않는다.

SECTION 03

경쟁 전략과 협동 전략

01 경영학에서의 전략

전략은 경영학의 오랜 주제이다. 경영학의 모든 키워드에 전략을 덧붙이면 멋진 말처럼 들리기도 한다. 경영 전략, 사업 전략, 마케팅 전략, 생산 전략, 품질 전략, 유통 전략, 채널 전략, 가격 전략, 인사 전략, 평가 전략 등 전략이라는 말이 곳곳에 쓰이고 있어 그만큼 오·남용되는 경우가 많다.

전략이라는 말 앞에 '경쟁'이 생략되어 있다는 주장도 존재한다. 그러나 경쟁이라는 말이 전략의 초기 설정어가 되면 사고를 편협하게 만든다. 전략에는 협동cooperation과 협업collaboration 전략도 있기 때문이다. 최근에 회자되는 오픈 이노베이션 전략도 기업 간의 협력 모델을 강조한다. 협동 전략 역시 여러 전략적 선택지 중 하나이지만, 넓은 의미에서 협동은 생존을 위한 경쟁 전략에 속한다고 할 수도 있다. 경쟁은 생존과 성장을 목표로 하기 때문에, 협동을 통한 생존과 성장이 가능하다면 이 역시 광의의 경쟁 전략인 셈이다. 유의할 점은, 전략이 경쟁 전략이라는 의미로만 고착되면 협동과 오픈 이노베이션을 향한 발상의 전환이 안 된다는 것이다.

02 기업의 전략 수립

일반적으로 기업의 전략 수립 과정은 [그림 3-3]과 같은 단계를 거치는데, 전략 수립은 크게 세 단계로 구분할 수 있다.

1단계: 목표 확정

앞서 설명했듯이 전략은 목표를 달성하기 위한 선택지이므로 전략 수립은 달성하고자 하는 기업의 목표를 정하는 것에서부터 시작한다. 목표는 단순하고Simple, 측정 가능하고Measureable, 합의되고Agreed, 실제적이며Realistic, 시간Timed 개념이 있어야 한다. SMART라는 약자로 나타낼 수 있는 이 5개 키워드는 전해 내려오면서 다른 단어로 바뀌기도 했는데, 예를 들면 '합의' 대신에 '실행 중심적Action oriented'이라는 말을 사용하기도 했다. 그런데 이 5개 키워드 중 바뀌지 않는 2개의 키워드는 '측정 가능'과 '시간'이며, 목표 설정에서 이 2개를 제외한 나머지 키워드는 부수적인 속성으로 본다.

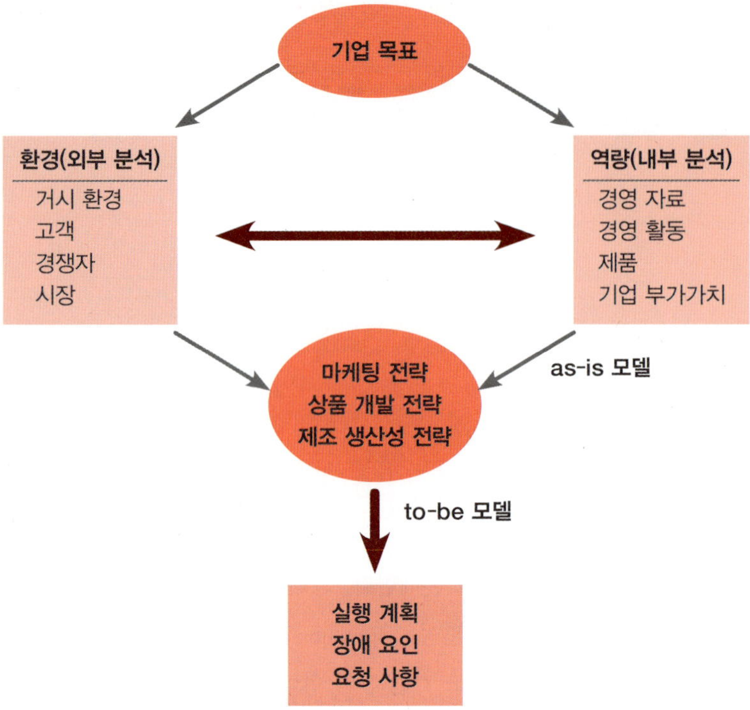

그림 3-3 전략 수립의 흐름

2단계: 기업 내외의 환경 분석

많은 기획자가 기업 내외의 환경 분석에 사용하는 도구는 SWOT Strength, Weakness, Opportunity, Threat 분석이다. 강점과 약점은 기업의 내부 역량으로, 기회와 위협은 외부 환경으로 분류한다. 기업 안팎의 환경을 분석하는 도구는 이외에도 여러 가지가 있는데, 대표적인 것은 PEST Politics, Economics, Social, Technical 와 같이 네 가지 관점으로 환경을 분석하는 방법이다. 혹자는 환경 Environment 를 넣어서 STEEP로 분석하기도 한다.

마이클 포터의 다섯 가지 경쟁력 요인이나 가치사슬 모델도 환경 분석 모델로 사용된다. 보스턴 컨설팅그룹 Boston Consulting Group 이 개발한 BCG 분석, GE가 개발한 GE 매트릭스, 역량 유인력 competency-attractiveness 분석과 같은 전략적 포지셔닝 도구도 많이 활용되고 있다. 이러한 환경 분석 모델은 기업이 처한 현 상황을 가능한 한 시각적이고 합리적으로 도식화하기 위해 사용한다.

3단계: 목표 달성을 위한 전략/선택지 수립

전략 수립의 마지막 단계는 사업 부문에 따라 내용이 달라진다. 영업이나 마케팅 전략이 수립될 수 있고 제품 기획 부서는 상품 기획 전략, 연구소는 상품 개발 전략, 제조 부문은 제조 생산성 전략 등 부서가 맡고 있는 일에 따라 전략의 분화가 발생한다. 중요한 점은 수립된 전략이 부서의 최적화가 아니라 전사적 최적화를 지향해야 한다는 것이다. 이를 위해 보통은 전략을 조정하는 팀이 사장의 직속으로 있게 마련이다. 수립된 전략을 추진하는 것은 제한된 기업의 자원을 활용하는 일이므로 최고 경영자는 여러 투자 대안 중에서 긴급성, 중요성, 비용 효율성, 법적 구속, 선결 필요성 등의 선정 기준에 따라 우선 투자할 선택지를 고를 것이다.

여러 선택지 중에서 자기 부서에 우선 투자하도록 경영자를 설득하는 문서는 품의서의 일종인 사업 계획서이다. 사업 계획서에는 사업의 타당성why, 목적물what, 추진 방법how을 명확히 설명해야 한다. 시장 변화와 경쟁사의 동향이 사업 타당성의 주요 내용이 되고, 목적물은 to-be 모델에서 확인되며, 추진 방법에는 목적에 도달하는 활동 내역이 포함될 것이다. 사업 계획서가 승인되면 전략을 실행에 옮기는 구체적인 추진 계획이 마련되어야 한다. 추진 계획의 핵심은 작업 명세서Statement of Work, SoW와 작업 분해 구조Work Breakdown Structure, WBS이다.

PLUS NOTE | 사업 계획서의 타당성 검증 방법

사업 계획서는 현실에 맞게 항상 수정하는 것이 원칙이다. 그러나 일단 작성된 전략 추진 계획서는 논리적 타당성을 검증해야 하는데, 이를 위해 다음의 세 가지 방법을 추천한다.

- **환경 분석상의 내용으로 확인하는 방법:** 보통 전략 추진 계획서의 앞부분에는 시장 환경과 같은 환경 분석의 내용이 들어간다. 환경 분석의 결과로 학습된 교훈을 요약해야 하는 것은 물론이다. 학습 내용에서 유추된 시사점은 반드시 전략 추진 계획서의 실행 내용에 반영되어야 의미가 있다. 학습 내용에 '모바일 인력 보강 필요'라고 언급해놓고 추진 전략에 인력 보강 전략이 빠져 있다면 배운 것 따로 실행 따로인 사업 계획이다.

- **SWOT로 확인하는 방법:** SWOT는 기업의 내부 역량(강점, 약점)과 외부 환경(기회, 위협)을 검토하기 좋은 분석 도구이다. SWOT로 분석한 내용은 차기 사업 계획의 전략 부분에 반영해야 한다. 즉 자사의 강점을 강화하고, 약점을 보강하고, 외부 기회를 발굴하고, 위협을 회피하는 전략이 포함되어야 한다. SWOT에서 강점, 약점, 기회, 위협을 분석하고는 실행 전략에 연관 내용이 빠져 있다면 엉성한 사업 계획일 것이다.

- **지원 요청 사항으로 확인하는 방법:** 전략 추진 계획이란 결국 현재의 모습을 정의하고, 미래의 비전을 제시하며, 이를 어떻게 달성할지 설명하는 문서이다. 그러므로 논리적 목차는 '목표→전략→실행 프로그램(또는 활동)→장애 요인→지원 요청 사항'이다. 지원 요청 사항은 장애 요인을 없애기 위해 필요하다. 장애 요인이 사라지면 실행 프로그램이 원활하게 완성되어 전략이 제대로 먹히고 사업 목표가 달성될 것이다. 한편 팀 또는 부서 내에서 자율적으로 할 수 있는 일은 지원 요청 사항에 기재할 필요가 없다. 지원 요청 사항은 상급 부서장과 타 부서가 도와야 할 일이 포함되어 있고, 결국 기업의 자산(시간, 자금, 설비 등)을 소비하는 투자 항목이다. 장애 요인과 매칭되지 않는 지원 요청 사항은 전략과 연결되지 않은 부분이기 때문에 비효과적인 투자 항목이 될 위험이 있다.

아무리 잘 만들어진 전략 추진 계획이라 하더라도 실행에 옮기지 않는다면 아무 의미가 없다. 사업 성과를 달성하는 데 관리자와 참여자의 역량과 실행력이 중요하다는 것은 아무리 강조해도 지나치지 않다. 대개의 경우 전략은 계획의 타당성 문제가 아니라 실행의 결여로 실패하는 것이다. 그래서 선각자들은 계획에 공들이는 시간보다도 현장으로 나가라는 'Get there first' 혹은 'Get Out Of the Building GOOB'을 강조한다.

03 마이클 포터의 산업 구조 분석 모델

[그림 3-4]에 제시한 마이클 포터의 산업 구조 분석 모델5 forces model은 경쟁 전략의 대표적 모델이다. 포터는 기업이 놓인 시장 환경에서의 경쟁 요인을 잠재적 진입자, 대체재, 공급자, 구매자, 기존 경쟁자로 구분했다. 기업이 생존하기 위해서는 이 다섯 가지 경쟁 요인을 지속적으로 모니터링하고 다음과 같은 경영 전략을 세워야 한다.

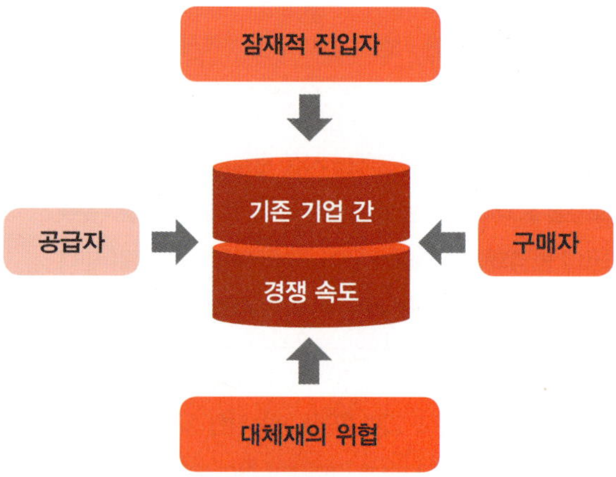

그림 3-4 마이클 포터의 산업 구조 분석 모델

- **잠재적 진입자:** 자사 시장에 새로운 경쟁자가 들어오지 못하도록 높은 장벽을 구축한다. 장벽은 투자 규모가 큰 생산 설비일 수도 있고, 특허 기술이나 핵심 기술 인력의 독점일 수도 있으며, 정부를 설득하여 자격 요건을 강화하는 것일 수도 있다.
- **대체재:** 대체재가 자사 시장을 침식할 가능성을 판단하여 대체재 산업에 먼저 진입하거나, 대체재 시장이 성장하기 전에 경쟁사에 투자하거나 합병한다. 자금력이 충분하다면 대체재 시장 자체를 없애버리는 전략도 가능하다.
- **공급자:** 자사에 납품하는 공급자의 충성도를 높여 공급자가 경쟁사에 동일한 품질의 부품을 제공하지 못하도록 한다. 공급자와 특허 기술을 공유하거나 높은 구매력을 이용하여 경쟁사에 대한 최신 부품의 납품을 일정 기간 지연시키도록 한다. 부품을 자사 브랜드로 생산OEM하여 브랜드 소유권과 판매권을 통제할 수도 있다.

- **구매자:** 시장에서 경쟁하는 다른 업체와 차별화된 서비스와 품질을 제공하여 자사 제품에 대한 구매자의 선호도를 높인다. 구매자 회사의 퇴직한 관리자를 채용하여 구매선과의 네트워킹을 강화하는 것도 하나의 방법이다.
- **기존 경쟁자:** 다른 경쟁 요인보다 시장 내 기존 경쟁자에 대해서는 유의할 점이 많다. 핵심 인력을 빼내오는 것과 같은 과도한 공격은 소송을 불러일으킨다. 핵심 개발 인력을 스카우트하여 경쟁사가 소송을 걸면 약 1년간 동일한 개발 일을 맡길 수 없거나 유급 휴가를 주게 될 수도 있다. 경쟁사 임원급의 이직 동의서를 확보해야 이러한 문제를 피할 수 있다.

포터의 산업 구조 분석 모델을 도입할 때는 합법성을 유의해야 한다. 우리나라는 독점 금지법을 제정하여 부당한 거래의 제한과 소비자 보호를 공정거래위원회가 감시하고 있다. 위법한 경쟁 전략은 기업의 존립 자체를 위태롭게 할 수도 있으므로 사안에 따라 법적인 검토는 필수적이다. 소비자의 공익 측면에서 정부가 시장을 독점한 기업의 분할을 명령한 사건도 있는데, 통신사인 AT&T를 대표적인 사례로 꼽을 수 있다. 특히 미국은 독점 금지법이 매우 강력하여 경쟁사를 완전하게 제거하기보다는 의도적으로 일정 비율의 매출에 머물도록 통제하는 전략을 쓰는 1위 기업이 많다.

PLUS NOTE | 미국의 공정거래법과 감독 조직

미국에서 상업적 공익성을 도모하는 경쟁법은 셔먼법(Sherman Antitrust Act, 1890년 제정), 연방거래위원회법(FTC Act, 1914년 제정), 클레이턴법(Clayton Act, 1914년 제정)이다. 이러한 법의 집행은 법무부(Department of Justice, DOJ) 독점금지국(Antitrust Division)과 연방거래위원회(Federal Trade Commission, FTC)가 수행한다. 연방거래위원회는 준사법적 권한을 가진 독립 행정 기관으로, 법무부의 한계를 보완하기 위해 1914년 설립되었다. 법에 따라 두 기관은 불공정 행위의 조사 방법과 심판 절차, 권한에 조금 차이가 있으며, 기술의 진보에 따라 예전에 정의되지 않은 신산업 분야를 선점하기 위한 업무 관할 다툼이 상존한다.

04 마이클 포터의 경쟁 전략

[그림 3-5]와 같이 포터는 기업의 경쟁 전략을 크게 원가우위 전략, 차별화 전략, 집중화 전략으로 구분했다. 포터는 모든 기업의 경쟁 전략이 이 세 가지 전략 중 하나이거나 복합 전략이라고 본다.

- **원가우위 전략(overall cost leadership strategy):** 기본적으로는 경쟁사와 비교하여 품질을 높이거나 같게 하고 가격을 저렴하게 하는 전략이다. 가격 대비 성능을 높여 고객의 구매를 유도하는 것이다. 유니클로와 같은 의류 업체의 전략이 여기에 속한다.

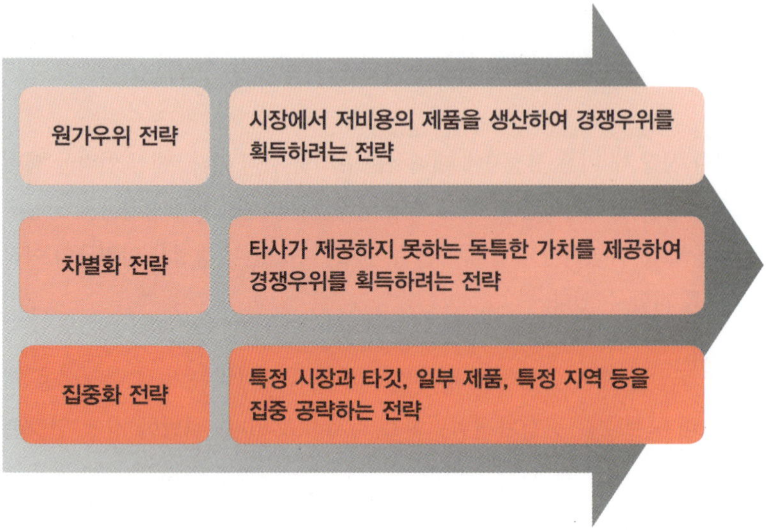

그림 3-5 마이클 포터의 경쟁 전략

- **차별화 전략(differentiation strategy):** 원가우위 전략으로 낮은 원가만을 추구하지 않고 높은 품질과 높은 가격대로 제품을 차별화하는 전략이다. 차별화는 궁극적으로 제품에 스토리를 더하고 고객의 감성을 건드리도록 유도하는 것이다. 가격 차별화, 디자인 차별화, 브랜드 차별화, 기능 차별화, 서비스 차별화 등 제품의 라이프사이클 전체에 걸친 차별화 전략으로 접근할 수 있다. 차별화 전략은 유명 브랜드 의류 업체의 핵심 전략이다.

  TIP 제품 라이프사이클 전반의 차별화 전략은 이언 맥밀런(Ian MacMillan)의 소비 사이클 모델(consumption cycle model)을 참고하기 바란다.

- **집중화 전략(focusing strategy):** 중소기업이 부족한 자원을 가지고 광범위한 시장을 대상으로 제품이나 서비스를 개발, 판매하는 것은 위험 가능성이 크다. 그러나 대기업이 접근할 수 없는 특정 틈새시장을 공략하여 남들이 흉내 내지 못하는 제품이나 서비스를 판매한다면 생존을 위한 좋은 롱테일 전략 long-tail strategy이 될 수 있는데, VIP 명품 의류 업체나 임신복과 같은 전문 의류 업체의 전략이 그 예이다. 이와 반대로 틈새시장을 버리고 양산품 시장만을 대상으로 하는 것도 다른 의미의 집중화 전략이 된다. 최근에는 집중화 전략을 틈새시장 전문화 전략 niche specialization strategy 이라고 부르기도 한다.

SECTION 04

시장과 가치 제언

01 시장의 변화에 대한 대응

기업의 판매 활동 영역을 시장이라고 한다. 시장과 소비자 구매 패턴의 변화는 기업에 위협인 동시에 기회가 된다. 경쟁사가 기존 시장의 성과에 취해서 머뭇거릴 때가 앞서 나갈 수 있는 절호의 기회이기 때문이다. 그러나 시장의 변화를 잘 읽는다고 해서 해결책이 나오는 것은 아니다. 시장의 변화는 그렇게 단순하지 않기 때문이다. 세상에 없던 제품이 출시되어 새로운 시장이 창출되기도 하고, 대체재의 출현으로 어느 순간 시장이 사라져버리기도 한다. 더욱 어려운 상황은 시장의 변화가 너무 천천히 일어나 기업이 그것을 알아채지 못하여 서서히 고사하는 경우이다.

이는 서서히 끓이는 '가마솥의 개구리'에 비유할 수 있다. 개구리가 가마솥의 물 온도가 천천히 올라가는 것을 모르고 헤엄치다 보면 어느 순간 죽고 말지만, 온도가 갑자기 올라갔다면 개구리는 바로 탈출했을 것이다. 변화의 속도가 너무 느려서 이를 인지하지 못하다가 망하는 기업은 가마솥의 개구리와 마찬가지이다. 이처럼 빠른 변화보다 느린 변화가 기업에는 더 큰 위협이 되기도 한다. 이러한 위험을 피하는 답은 조직원의 다양성에 있다. 모두가 "예"라고 할 때 "아니요"라고 말할 수 있는 문화가 중요하다.

02 시장의 재정의

시장을 재정의하는 것은 결국 시장에서 판매하는 제품이나 서비스를 새롭게 정의하는 것과 같다. 아마존은 고객에게 다양한 책을 공급하는 서비스를 주업으로 시작했으나 오디오와 영화 등의 미디어 공급 사업에도 손을 대고 인터넷 유통 사업 전반으로 사업을 확장했으며, 최근에는 음성 인식 장치를 통한 라이프스타일 상품 및 서비스 공급으로 사업 모델을 진화시키고 있다. 그들의 비전은 이제 책 공급자가 아니라 고객이 원하는 어떤 것이든 찾고 발견할 수 있는 장소를 온라인에 만드는 것이다.

넷플릭스도 끊임없이 시장을 재정의하는 기업 가운데 하나이다. 처음에는 연체료를 내지 않는 비디오 우편 배송 및 반납 사업으로 시작하여 CD-ROM과 케이블 TV, VOD Video On Demand, 자체 콘텐츠 제작으로 영역을 확장했다. 우리나라에서도 정액제 모바일 콘텐츠 서비스로 공격적인 마케팅

PLUS NOTE | 컴퓨터 시장의 변화

10년 단위로 변화하는 컴퓨터 시장은 수많은 기업의 부침에 영향을 끼쳤다. 1970년대의 메인프레임, 1980년대의 미니컴퓨터, 1990년대의 클라이언트/서버와 개인용 컴퓨터, 2000년대의 인터넷 ASP 서비스, 2010년대의 모바일과 클라우드 등 컴퓨터 시장은 끊임없이 변하고 있다.

변화하는 시장 속에서 실적 압박을 받는 전문 경영인과 마케터는 자사의 시장 규모를 평가할 때 대체재를 빼고 싶은 유혹에 빠진다. 대체재를 빼면 시장 점유율이 80%가 되는데, 대체재를 포함하면 시장 점유율이 15%가 되는 현실을 드러내고 싶지 않기 때문이다. 일례로 메인프레임 마케터는 유닉스와 PC 서버를 경쟁자로 여기고 싶지 않았으나 고객은 메인프레임, 유닉스 서버, PC 서버 중에서 원하는 하드웨어 플랫폼을 선택했다. 그러므로 최고경영자는 업종의 성격을 고객 관점에서 판단하고 시장 구분에 포괄적으로 접근해야 한다. 그렇지 않으면 새로운 사업 기회를 놓쳐버려 가마솥의 개구리로 전락하고 말 것이다.

또한 시장 정의도 매년 재검토해야 한다. 닌텐도 게임기를 자사 제품의 사용 시간을 빼앗는 경쟁자로 보는 나이키의 시각은 이런 관점에서 나온 것이다. 시장을 다시 정의하면 기업의 미션, 비전, 핵심 가치를 재설정해야 할 수도 있다.

을 시작한 지 오래이다. 이처럼 선진 기업은 자사의 시장을 재정의함으로써 꾸준한 성장을 도모하는 모티프를 직원에게 제공한다. 이러한 시장 재정의는 수직 시장과 수평 시장을 이해해야 가능하다.

03 수직 시장과 수평 시장 통합

일반 제조 시장, 전기·전자 시장, 자동차 시장, 유틸리티 시장, 건설 시장, 유통 시장, 금융 시장, 공공 시장, 의료 시장 등 일반적으로 시장은 업종별로 구분한다. 우리나라에서는 '한국 표준 산업 분류'에 따라 시장을 구분하고 대부분의 기업은 이 분류 체계를 준용하고 있나.

특정 업종별 시장을 수직 시장vertical market이라고 부르며, 특정 수직 시장에서 원재료부터 디자인, 설계, 제조, 생산, 유통, 서비스의 가치사슬 전체를 통합하는 것을 수직 계열화 또는 수직 시장 통합vertical market integration이라고 한다. 자동차 대기업은 경쟁력 향상을 위해 철판부터 자동차 설계 및 제조, 렌털 금융 서비스까지 수직 계열화를 도모하는 추세이다. 수직 계열화는 비용 효과가 탁월하지만 시장의 새로운 변화에 둔감하다. 계열화된 이해 집단의 몸집이 커서 프로세스 혁신에 저항하기 때문이다. 경영의 세계에서 잊지 말아야 할 사실은, 어제의 성공 방식이 내일도 유지될 것이라는 가정은 항상 틀렸다는 것이다.

한편 특정 수직 시장에서 다른 수직 시장으로 사업을 확장하는 것을 수평 시장 확장horizontal market integration이라고 한다. BMW가 고가 자전거 시장에 진출하고 GE가 금융 시장에 진출한 것을 예로 들 수 있다. 수평 통합이라는 말은 있으나, 가치사슬의 연관성이 없다는 이유로 수평 계열화라는 말은 사용하지 않는다.

04 상품과 가치 제언

기업의 핵심 가치가 기업 전체의 가치를 명시한 것이라면 가치 제언value proposition은 기업이 시장에 제공하는 제품이나 서비스의 고객 가치를 말한다. 타자기와 워드프로세서처럼, LP 레코드판과 CD, MP3, 아이튠즈 서비스처럼 콘텐츠가 같아도 제공하는 서비스의 유형은 가치 제언이 다르다. B2B 기업의 경우 대표적인 가치 제언을 '보다 좋게, 보다 싸게, 보다 빠르게'라는 의미의 QCD Quality, Cost, Delivery로 요약할 수 있지만, B2C는 보다 폭넓은 가치 제언을 필요로 한다.

삶의 편익을 제공하는 것, 오락의 기회를 제공하는 것, 남다른 감성 상품의 경험과 소셜 네트워킹을 통한 소속감을 제공하는 것, 공익 활동에 참여토록 하는 것 등 제공하는 가치에 단 한 명의 구매자만 있을지라도 가치 제언은 유효하다. 가치 제언은 고객이 기꺼이 지갑에서 돈을 꺼내게 만드는 제품과 서비스의 속성이라 할 수 있다. 그러나 가치 제언이 검증되었더라도 성장 가설까지 보증하는 것은 아니다. 가치 제언과 성장 가설이 모두 확실히 검증되면 제품과 서비스는 시장 도입기를 지나 급격한 성장기로 접어들게 된다.

TIP 판매하는 제품에 개인적 스토리를 연결하여 부가가치를 도모할 때 '감성 상품'이라는 용어를 사용하곤 한다. 마케터들은 영어로 'emotional product'라고 표현하기도 하는데 정작 원어민은 이 말을 이해하지 못한다. 'emotion'은 감정이 격한 상태를 의미하기 때문이다. 감성 상품을 영어로 옮긴다면 'product with personal attachment(개인적 스토리가 더해진 제품)'가 적절한 표현이다.

SECTION 05

가치사슬과 포지셔닝 전략

01 가치사슬의 이해

포터의 업적 중 하나는 기업의 비즈니스 프로세스를 제품 라이프사이클 전반의 가치사슬로 설명한 것이다. 그는 비즈니스 프로세스를 기업 경쟁력의 원천으로 보고, 경쟁우위를 유지하기 위한 여러 방법 중 비즈니스 프로세스의 중요성을 강조했다. 즉 신제품을 개발하고, 고객의 주문을 받고, 부품을 조달하고, 제품을 제작하고, 제품을 고객에게 전달하고, 마케팅을 하고, 서비스를 하는 핵심 프로세스를 높은 의미의 가치사슬로 정의한다.

가치라는 것은 고객이 인정하고 기꺼이 지불할 의사가 있는 유·무형의 자산을 의미한다. 그리고 가치사슬은 최종 상품 또는 서비스를 고객에게 전달하는 비즈니스 프로세스의 흐름이다. 이는 기업 내부와 외부의 파트너를 포괄한다. 특정 비즈니스 프로세스가 가치가 있는지 없는지를 판단하는 좋은 방법이 있다. 기업의 모든 비즈니스 프로세스를 펼쳐서 설명한 후, 고객에게 각 프로세스의 비용이 포함된 가격을 기꺼이 지불할 의사가 있는지 물어보는 것이다.

02 비즈니스 프로세스의 분류

기업의 비즈니스 프로세스는 부가가치 활동, 가치 지원 활동, 비부가가치 활동으로 분류할 수 있다. 왜 이러한 비용이 들어가는지 고객이 동의하지 못한다면 그것이 바로 제거해야 할 비부가가치 활동이다. 대표적인 비부가가치 활동은 대기 시간, 창고 비용, 불량품 비용, 직원 훈련 비용 등이다. 고객이 기꺼이 지불하려는 가격에서 비부가가치 비즈니스 프로세스 비용을 뺀 것이 부가가치이고, 이것이 기업의 마진이다. 비즈니스 프로세스를 재설계하는 것은 결국 가치 지원 활동의 효율을 높이고 비부가가치 활동을 최대한 제거하여 고객이 비용을 기꺼이 지불하는 부가가치를 극대화하는 일이다.

포터가 제시한 가치사슬의 가치 지원 활동에는 마케팅·영업 프로세스 활동이 있다. 이를 업계에서는 주문 충족 프로세스Order Fulfillment Process, OFP 또는 고객 관계 관리CRM 등으로 바꾸어 부르기도 한다. OFP는 주로 기업 내부에서 사용하고 CRM은 IT 부문에서 사용한다. 우리는 비즈니스 프로세스 용어인 마케팅·영업 프로세스를 사용할 것이다.

03 경쟁우위 달성

포터는 전략을 '경쟁우위를 유지하기 위해 회사의 위치를 정하는 일'이라고 정의했다. 영어로 포지셔닝 positioning 또는 전략적 포지셔닝 strategic positioning을 전략과 거의 동급으로 표현했다. 폴 하먼은 "포지션은 결국 기업의 목적을 말하며, 고객에게 회사의 목적을 어떻게 설명할지 알려준다"고 말했다. 전략을 잘 설정하면 차별적 우위의 포지션을 정하게 되고, 그 결과 뛰어난 경쟁우위를 달성할 수 있다. 자사의 제품과 서비스를 제공하여 경쟁사보다 더 많은 이익을 얻으면 경쟁우위를 누리게 된다.

우리는 전략에 대한 포터의 정의와 관점을 존중하지만, 전략이라는 말에는 보다 포괄적인 의미가 담겨 있다고 생각한다. 전략을 포지셔닝이라는 위치 설정 개념과 아울러 기업이 한정된 자원을 투자하는 선택 활동의 개념으로도 사용할 것이다.

04 포지셔닝 전략

기업이 취하는 포지셔닝은 결국 고객이 기업을 어떻게 봐주기를 바라는지 정하는 것이다. 이왕이면 결정한 전략적 포지셔닝이 목표 달성에 유리하고 운영 효율도 높아야 부가가치가 증대할 것이다. 기업이 포지셔닝을 정할 때는 앞서 언급한 경영의 주제를 모두 다루면서도 가능한 한 논리적 인과관계를 설명할 수 있어야 한다. 또한 빠르게 변하는 시장 환경에서 결정된 포지셔닝이 효능을 상실하지 않도록 신속하게 추진하고 반응을 지속적으로 모니터링해야 한다.

[그림 3-6]은 전형적인 마케팅 사이클을 나타낸 것으로, 사업 계획에 포함되고 신제품 런칭 계획서에도 포함되는 내용이다.

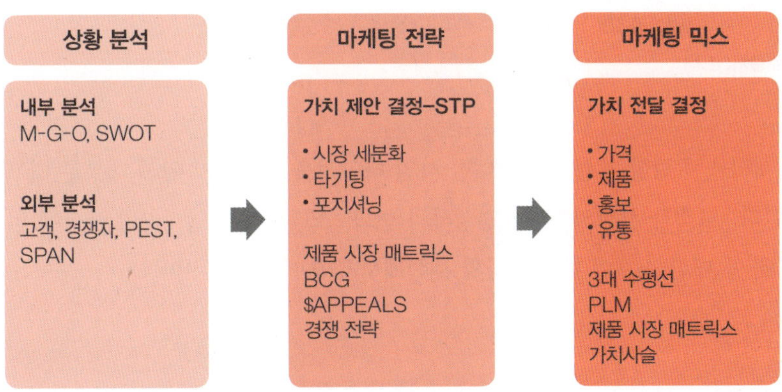

그림 3-6 마케팅 전략 수립 프로세스

TIP M-G-O(Mission-Goal-Objective), PEST(Politics, Economics, Social, Technical), BCG(Boston Consulting Group), PLM(Product Life cycle Management), SPAN(Strategic Position Analysis)

PLUS NOTE | $APPEALS

$APPEALS는 IBM이 개발한 가치 제언 툴이다. IBM은 제공하는 솔루션의 가치를 여덟 가지($Price, Assurance, Performance, Packaging, Ease of use, Availability, Life cycle cost, Social acceptance)로 분류하고 있다.

$APPEALS는 경쟁 업체의 벤치마킹을 통해 항목별로 값을 만들어 레이다 그래프로 비교하는 방식으로 차별성과 경쟁력을 평가하는 데 사용할 수 있다. 자사가 목표로 하는 시장에 맞는 가치 제언 항목을 설정하고 $APPEALS와 같은 항목으로 표를 만들어 경쟁사와 비교해볼 수도 있고, [그림 3-7]처럼 레이다 그래프 형태로 비교해볼 수도 있다.

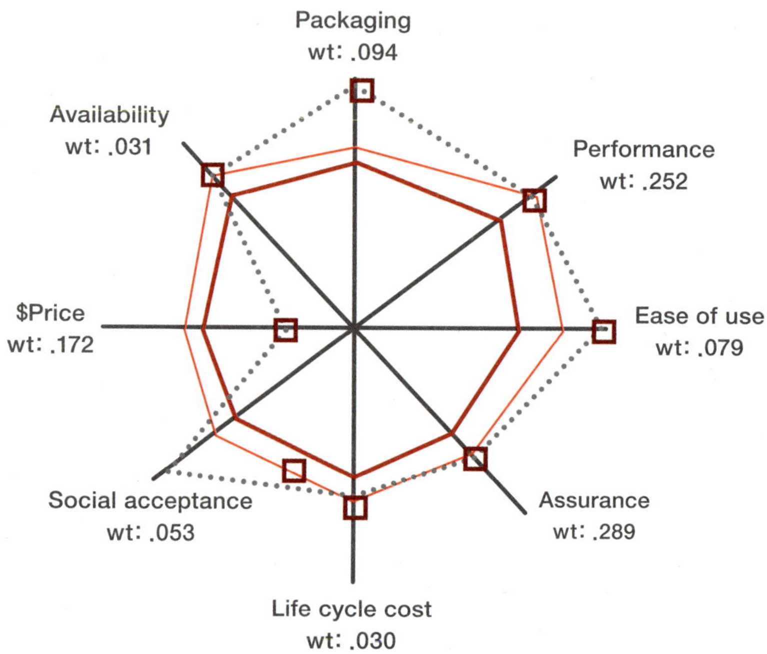

그림 3-7 $APPEALS의 예(출처: IBM)

전술한 바와 같이 사업 계획을 수립할 때는 '왜'에 대한 사업 타당성을 도출하기 위해 대부분 내부 분석과 외부 분석을 실시한다. 고객과 시장의 변화, 경쟁사의 변화, 스타트업 기업이라면 세상에 없는 새로운 시장의 창출이 '왜'에 대한 소재이며 시장 상황 분석에서 다루어야 할 주제이다.

05 세분화와 타기팅

소비재 산업에서 시장을 나눌 때는 인구 통계학적 계층화 방법을 주로 사용하고, B2B 산업의 경우에는 업종별로 세분화한다. 시장을 세분화할 때는 '같은 것의 비교'가 가능하도록 비교 집단을 분명히 정해야 한다. 작게 세분화된 시장을 크게 묶어 비교하는 것은 어렵지 않지만, 나중에 그 반대로 큰 시장을 잘게 나눌 때는 유의해야 한다. 이처럼 시장 정의를 새로이 하는 경우에는 과거의 데이터를 바로 사용할 수 없다.

타기팅targeting은 어떤 시장을 표적 시장으로 할 것인지 정하는 과정을 말한다. 그리고 표적 시장에 어떠한 제품(솔루션)과 가치 명제를 전달하고 프로모션할 것인지 정하는 과정은 포지셔닝이라고 한다. 포지셔닝은 회사가 테스트할 제품(솔루션)에 맞는 시장을 정하거나, 시장에 맞춘 신제품을 생산하거나, 이 둘을 혼합하는 과정이다. 이처럼 세분화S, 타기팅T, 포지셔닝P을 하는 STP 프로세스가 바로 가치 제언 과정이다.

SECTION 06

사업 계획 프로세스와 IT 구축 프로세스

01 사업 계획 프로세스와 IT 구축 프로세스

경영 세계에서 경영자와 관리자가 주목하고 다루어야 하는 핵심 주제를 앞에서 살펴보았는데, 중요한 것은 이러한 주제를 가치사슬의 범위에서 논리적으로 통일하고 실행에 옮기는 역량이다. 계획만 멋들어지게 세워놓고 실행에 옮기는 역량이 미흡하다면 배는 항구를 떠나지 못할 것이다. 한편 계획도 없이 배부터 출항시키면 험한 폭풍우를 만났을 때 배가 침몰하고 말 것이다. 대항해 시대에 동인도회사는 해적에 대응하는 군사력은 물론 웬만한 파손은 바다 위에서 고칠 수 있는 부품과 장비를 가지고 다녔다고 한다. 이와 마찬가지로 기업도 사업 계획을 달성하기 위해서는 큰 그림과 체계적인 운영 체제가 필요한데, 큰 그림은 사업 계획 프로세스business plan process로 정의되고 체계적인 운영 체제는 IT 구축 프로세스가 지원해준다.

02 사업 계획 프로세스의 이해

전술한 내용을 요약한 일반적인 사업 계획 프로세스는 [그림 3-8]과 같다. 그러나 상위 부서에서 하위 부서로 이어지는 프로세스는 [그림 3-9]와 비슷한 절차를 거치므로 전사적 사업 계획, 사업 부문 사업 계획, 사업 부문 운영 계획의 순서로 이루어진다. 사업 계획은 목표를 명확히 해주고 비교 기준을 제시하며 조직 학습의 기준이 된다.

그러나 너무 오랫동안 계획서 작성에 매달리는 것은 바람직하지 않다. 최근에는 시장 상황이 수시로 바뀌어 계획 시의 가정이 들어맞지 않는 경우가 비일비재하기 때문에 계획보다 실행이 더 강조되고 있다. 특히 과거의 데이터를 근거로 한 사업 목표는 '현재의 연장선에 미래가 있다'는 가정을 전제로 하는데, 파괴적 기술이 만드는 새로운 패러다임의 환경에서는 이러한 가정이 들어맞지 않는다.

03 IT 구축 프로세스의 필요성

일단 사업 계획이 수립되면 그에 맞추어 운영 시스템이 원활히 지원해주어야 한다. 사업 계획이 도모

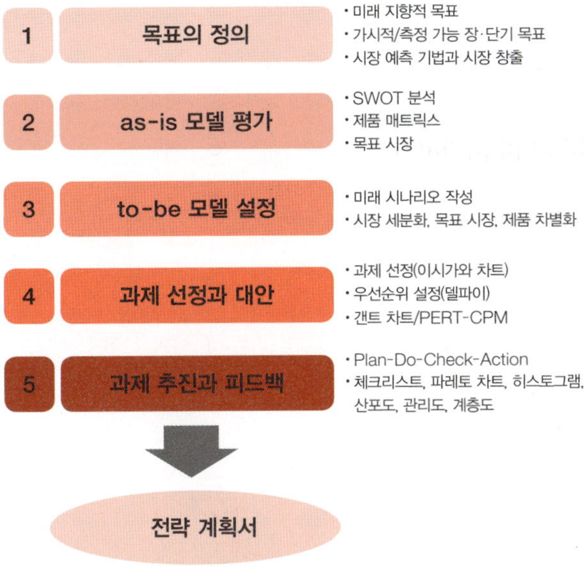

그림 3-8 사업 계획 프로세스의 예

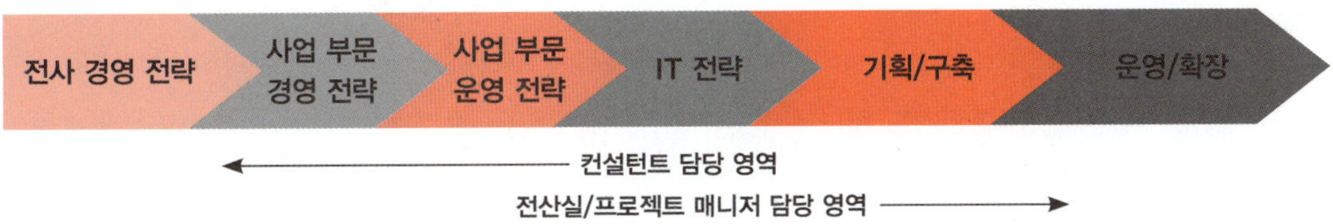

그림 3-9 비즈니스 프로세스와 IT 구축 프로세스

하는 일의 범주가 새로운 사업을 포괄한다면 IT 시스템을 개편하거나 새로 개발할 필요가 있다. 중요한 점은 사업 계획의 초기부터 IT 전문가들이 참여해야 한다는 것이다. IT 사업 계획 역시 전략부터 시작한다. 대표적인 방법론은 ISP Information Strategy Planning 이며 이 밖에도 사업자가 제시하는 다양한 IT 전략 기법이 있다.

IT 전략을 수립하고 나면 다음은 기획 및 구축 단계이다. ERP 애플리케이션의 경우에는 ARIS Architecture of Integrated Information Systems 와 같은 엔터프라이즈 모델링 기법이 권고된다. 대개의 개발 방법론은 기능 뷰, 데이터 뷰, 컨트롤 뷰, 조직 뷰의 내용을 포함하며, 이를 위한 프로세스 모델링 표기법으로 BPMN, EPC와 같은 툴이 활용된다. 최근 스타트업 기업은 신속한 앱 애플리케이션 개발을 위해 주로 애자일 개발 방법론agile development methodology을 사용하고 있다. 전통적인 개발 방법론은 시간이 너무 많이 소요되고 시장 테스트를 신속히 할 수 없기 때문이다. 스타트업의 개발 방법론은 린 개발 방법론Lean development cycle 이라는 개념에 포함된다.

요약

01 미션은 기업의 존재 이유, 즉 기업이 설립된 이유를 말한다.

02 비전은 일정한 시간이 지난 후 기업의 모습을 말한다.

03 핵심 가치는 기업이 지구상에서 사라지면 함께 없어져버리는 고객 관점의 차별화된 가치 자산을 말한다.

04 목표는 비전과 달리 1~3년의 기한을 정해놓은, 측정 가능한 성과 목표를 말한다.

05 전략은 목적이나 목표를 달성하기 위한 선택지로서 자원의 배분 및 활용과 관계된다.

06 정책은 전략과 맥을 같이하는 개념이지만, 전략적 선택지를 실무자들이 이해하기 쉽게 풀어서 기술한 관리적 가이드라인이다.

07 활동은 전략의 구체적인 실행 항목이고 하나의 전략에 일련의 여러 활동이 포함되기도 한다.

08 기업의 전략 수립 과정은 목표 확정→기업 내외의 환경 분석→목표 달성을 위한 전략/선택지 수립의 3단계를 거친다.

09 포터의 산업 구조 분석 모델은 경쟁 전략의 대표적 모델로, 시장 환경에서의 경쟁 요인을 잠재적 진입자, 대체재, 공급자, 구매자, 기존 경쟁자로 구분했다.

10 포터는 기업의 경쟁 전략을 크게 원가우위 전략, 차별화 전략, 집중화 전략으로 구분했다.

11 기업의 판매 활동 영역을 시장이라고 한다. 시장과 소비자 구매 패턴의 변화는 기업에 위협인 동시에 기회가 된다.

12 시장을 재정의하는 것은 결국 시장에서 판매하는 제품이나 서비스를 새롭게 정의하는 것과 같다.

13 특정 업종별 시장을 수직 시장이라고 부르며, 특정 수직 시장에서 가치사슬 전체를 통합하는 것을 수직 계열화 또는 수직 시장 통합이라고 한다.

14 특정 수직 시장에서 다른 수직 시장으로 사업을 확장하는 것을 수평 시장 확장이라고 한다.

15 기업의 핵심 가치가 기업 전체의 가치를 명시한 것이라면 가치 제언은 기업이 시장에 제공하는 제품이나 서비스의 고객 가치를 말한다.

16 신제품을 개발하고, 고객의 주문을 받고, 부품을 조달하고, 제품을 제작하고, 제품을 고객에게 전달하고, 마케팅을 하고, 서비스를 하는 핵심 프로세스를 높은 의미의 가치사슬로 정의한다.

17 기업의 비즈니스 프로세스는 부가가치 활동, 가치 지원 활동, 비부가가치 활동으로 분류할 수 있다.

18 포터는 전략을 '경쟁우위를 유지하기 위해 회사의 위치를 정하는 일'이라고 정의했다. 영어로 포지셔닝 또는 전략적 포지셔닝을 전략과 거의 동급으로 표현했다.

19 소비재 산업에서 시장을 나눌 때는 인구 통계학적 계층화 방법을 주로 사용하고, B2B 산업의 경우에는 업종별로 세분화한다.

연습문제

01 특정 기업의 홈페이지에 게시된 미션, 비전, 핵심 가치를 조사하고 [표 3-1]을 참조하여 개선안을 제시하시오.

02 캐릭터 '무민'을 활용하여 팬시 사업을 주로 하는 한 회사가 새로이 한국에 진출하려 한다. 이 회사가 수립할 만한 목표, 전략, 활동과 정책을 각각 세 가지씩 제시하되 논리적 연관성이 있도록 하시오.

03 기호 식품 제조 회사, 아동용 로봇 완구 제조 회사, 청소년 패션 의류 제조 회사, 소셜 네트워크 마케팅 자문 회사 중 한 곳의 대표라고 가정하고, 포터의 산업 구조 분석 모델을 활용하여 5개 경쟁 요인을 분석하시오.

04 3번과 마찬가지로 회사 대표라고 가정하고, 포터의 세 가지 경쟁 전략을 참조하여 경쟁 전략을 수립한 후 각각에 대한 구체적 실행 계획을 세우시오. 그리고 왜 그러한 전략이 유효한지 논리적으로 설명하시오.

05 기업의 수직 시장 확장 또는 통합 사례를 조사하여 1쪽 분량으로 설명하시오(통합 배경 및 과정, 통합의 효익을 포함하시오).

06 기업의 수평 시장 확장 또는 통합 사례를 3개 정도 조사하여 기술적 연관성이 있는 분야인지, 전략적 선택인지 판단하고, 통합을 통해 기업이 도모한 경영 목적이 무엇인지 분석하시오.

07 기업의 유형 중 하나를 선택하여 IBM의 $APPEALS와 유사한 독창적인 가치 제언의 항목을 도출하시오. 그리고 가치 제언에 따라 경쟁사 A, B를 선정하여 두 회사의 평가치를 레이다 그래프로 나타내고 산출 근거를 설명하시오.

08 PEST, BCG 분석 도구, GE 매트릭스, 매킨지의 3대 수평선(3 Horizon) 이론, PLM, 갠트 차트, PERT-CPM, PDCA(Plan-Do-Check-Action), 이시가와 차트, 체크리스트, 파레토 차트, 히스토그램, 산포도, 관리도, 계층도 중 하나를 골라 그 개념을 1쪽 분량으로 설명하시오.

CHAPTER

04

지속 가능성과 비즈니스 프로세스

학 | 습 | 목 | 표

- 학습 조직(혹은 조직 학습)의 특성을 이해할 수 있다.
- 피터 센게가 제시한 학습 문화에 필수적인 다섯 가지 학습법을 설명할 수 있다.
- MIT의 맥주 게임에 내포된 경영학적 맥락을 설명할 수 있다.
- 지속 가능 보고서에 대해 설명할 수 있다.
- UN SDG와 지속 가능한 프로세스 시스템을 이해할 수 있다.
- 조직 규모에 따른 조직 관리 체제의 변화를 이해할 수 있다.
- 비즈니스 프로세스 전문가의 모델로 하이퍼스페셜리스트의 역량을 이해할 수 있다.

비즈니스 프로세스를 만드는 것은 하나의 체제를 만드는 것이다. 한 예로 통치 체제가 대통령제인지 내각제인지에 따라 그 나라의 의사결정 프로세스가 달라진다. 일단 체제가 구축되면 변경하기가 쉽지 않기 때문에 프로세스가 효과적으로 잘 만들어지면 오히려 이것이 혁신에 저항하는 체제가 되기 쉽다. 특히 성과를 많이 낸 프로세스와 조직은 시장 변화에 둔감해져서 조직의 장기적인 성장이 저해되기도 한다.

클레이턴 크리스텐슨Clayton Christensen은 《혁신 기업의 딜레마Innovator's Dilemma》에서 이러한 문제를 지적하면서, 기업이 성공적인 사업 경험 때문에 기존 고객과 사업에만 집착하고 새로운 고객과 신규 사업 발굴을 등한시한다고 주장했다. 또한 산업을 파괴적으로 재구성할 새로운 기술에 대한 통찰력도 발휘하지 못한다고 했다. 피처폰에 목을 맨 노키아, 아날로그에서 디지털 가전으로 전환하지 못한 소니는 한때 세계적 기술력을 자랑했지만 시장을 잘못 판단하여 한순간에 선두 자리를 빼앗기고 말았다.

대기업의 경우 이러한 현상을 극복하기 어렵지만 이는 스타트업 기업에게 기회가 된다. 노키아의 빈틈을 애플이, 소니의 빈틈을 삼성이 파고들었다. 결국 스타트업은 파괴적 기술을 통해 시장에서 또 다른 대기업이 된다. 그러나 스타트업 태생의 대기업도 마찬가지로 혁신 기업의 딜레마에 빠져서 새로운 신생 기업에게 자리를 내준다는 것이 크리스텐슨의 주장이다. 이 주장이 맞다면 영속하는 기업은 존재할 수 없는 것일까? 그러나 영속까지는 아니더라도 수백 년 동안 지속적으로 생존하고 성장하는 기업도 있다.

비즈니스 프로세스 전문가가 몸담은 기업에서 좋은 성과를 내는 데 도움이 되도록 이 장에서는 기업의 지속 가능성에 대한 시사점을 제시할 것이다. 이러한 목적에 걸맞은 키워드는 학습 조직, 시스템 사고, 국제적 환경 규약 등이며, 비즈니스 프로세스의 관점에서 이러한 주제를 재조명할 것이다.

SECTION 01

학습 조직과 비즈니스 프로세스

01 기업의 학습 문화

교육을 100년 대계라고 하는 이유는 사회를 근본적으로 바꾸는 일이 사회의 구성원인 사람 교육이라고 믿기 때문이다. 일제 강점기 때 독립운동가들은 미래의 기둥이 될 청소년 계몽 교육을 통해 나라를 다시 세우려 했고, 기업도 어느 정도 수준에 이르면 연수원을 만들고 사원 교육을 통해 창업자의 정신을 살리면서 꾸준한 성장을 도모한다. 끊임없이 배우고 학습하는 조직만큼 생존력이 강한 조직은 없다.

기업 내에서 학습하는 습관이 오래도록 잘 자리 잡으면 학습 문화라 일컫는다. 경영자의 중요한 역할 중 하나는 조직의 학습 문화를 바로 세우는 것이다. 개방된 조직 문화를 만들어 수직적으로나 수평적으로나 성별, 나이, 종교, 인종, 성적 취향에 상관없이 오롯이 기업 문화 안에서는 공평한 학습 기회가 주어져야 한다.

이상적인 학습 조직에서는 직원들이 자신의 지식을 기꺼이 나누고 타인의 지적 자산을 전향적으로 학습한다. 이를 위해 암묵적 지식을 명시적 지식으로 만들어 문서화하고 공유한다. 정보는 공개하지 못할 이유를 댈 수 없다면 모두 공개하는 것이 맞다. 학습 공유의 방식은 인터넷, 대면, 강의, 토론, VOD, 워크숍, 시뮬레이션 등 형식의 제한 없이 폭넓어야 하며, 관리자가 아닌 직원들이 주도해 나가는 것이 바람직하다. 또한 이미 학습 효과가 널리 증명된 동료 학습, 실습 학습의 선진 학습 모델을 도입하고, 이를 이끌 코치나 퍼실리테이터를 양성해야 한다.

02 기업의 학습 문화에 필수적인 학습법

학습 조직은 영원히 달성할 수 없는 경지라고 피터 센게는 말했다. 배우면 배울수록 자신의 무지를 절감하는 철인과 같이 기업도 "우리는 학습 조직입니다"라고 말할 수 없다는 것이다. 할 수 있는 일은 완벽한 학습 조직이 되기 위해 부단히 노력하는 것뿐이다. 그래서 센게는 영원히 달성이 불가능한 학습 조직이 경영 기술보다 예술 분야에 가깝다고 주장했다. 또한 그는 학습 문화에 필수적인 다섯 가지 학습법, 즉 개인적 숙련, 정신 모델, 공유 비전, 팀 학습, 시스템 사고를 제시했다. 이러한 학습법을 비즈니스 프로세스 관점과 연계하여 간략히 살펴보자.

개인적 숙련

개인적 숙련은 '끊임없이 개인 비전을 명확히 하고 심화하며, 이를 달성하기 위해 에너지를 집중하고 인내심을 기르고 현실을 객관적으로 보는 규율'이다. 개인적 숙련은 조직의 학습 문화를 만드는 주춧돌이다. 학습 조직의 구성원이 개인이기 때문이다.

학습 조직의 최고 수준은 결국 그 조직이 가지고 있는 가장 숙련된 장인의 수준과 같다고 할 수 있다. 회사가 수준 높은 숙련가를 많이 보유하려면 직원들이 각각 자신의 분명한 비전을 가지고 있어야 한다. 그리고 회사는 직원들이 자신의 비전을 현실화할 수 있는 평생 학습의 기회를 제공해야 한다.

매우 숙련된 직원은 회사의 비즈니스 프로세스를 눈 감고도 그릴 수 있을 정도로 이해도가 높다. 이러한 수준에 도달하려면 8~15년 정도의 학습이 필요하다. 기술자로서의 자존감이 떨어지지 않도록 이들에게는 그에 걸맞은 대우를 해주고, 노하우를 후배들에게 전수하고 지속적으로 성장시키도록 지원해야 한다. 입사 초에 활기차고 의욕 넘치던 직원이 선배들의 수동적 태도와 구태의연한 업무 방식에 환멸을 느끼는 기업 문화가 되어서는 곤란하다.

정신 모델

정신 모델은 '세상을 이해하고 행동하는 방식에 영향을 미치는, 우리 안에 깊이 각인된 가정, 일반화, 심상이나 이미지' 등을 말한다. 하나의 소우주와 같은 개인의 정신 모델은 성장 환경, 학습 경험, 책을 통한 간접 경험, 신뢰하는 제삼자에 의한 선입견 등으로 형성된다.

우리는 부지불식간에 이러한 정신 모델의 지배를 받는다. 처음 본 사람을 외모로 판단하는 것을 대표적인 예로 꼽을 수 있다. 문제는 자신이 정신 모델에 지배받고 있음을 각성하지 못한다는 데 있다. 각 개인의 생각이 동기화되고 같은 색깔이 입혀지면 집단 사고의 오류에 빠진다. 기업 전체가 집단 사고에 빠지면 자신들과 다른 생각을 경멸하고 기업에 닥쳐오는 위협을 알아채지 못하게 된다. 한때 잘나가던 기업이 새로운 기술이나 시장 변화를 인지하지 못하여 2류 기업이 된 사례를 많이 들어보았을 것이다. 이러한 기업의 집단형 정신 모델은 구성원들이 같이 경험한 과거의 실패 경험과 성공 경험에서 비롯된다.

이러한 정신 모델을 극복하기 위해서는 세상에 대한 선입견을 찾아서 발굴하여 분석하는 질문과 더불어 "내가 맞다"고 외치는 주장의 균형이 필요하다. 이때 경영자는 어떠한 편견과 위계질서의 억압 없이 논의할 수 있는 조직 문화가 형성되도록 분위기를 조성해야 한다.

지이다.

첫 번째 전략적 선택은 무전략이다. 들어오는 수요에 맞추어 더도 말고 덜도 말고 그만큼만 주문하는 것이다. 상황이 불확실할 때 이 전략은 비교적 효과적이다. 실제로 참여자의 75%는 무전략보다 못한 결과를 냈으니 효과적이라 할 만하다. 그러나 이러한 전략은 시장에 경쟁자가 없는 독과점 시장일 때나 가능한 일이다. 소비자에게 구매 대안이 있다면 효력이 없는 전략이다.

한편 25%는 무전략보다 좋은 실적, 10%는 아주 좋은 실적을 냈는데, 그들은 두 번째, 세 번째 전략을 따랐다. 두 번째 전략적 선택은 시스템 사고이다. 자신이 내린 결정이 후행 단계에 어떤 영향을 줄지 심사숙고하여, 이미 주문했지만 배달되지 않은 맥주의 양을 잊지 않고 결정해야 한다. 세 번째 전략은 담대함으로 갑작스러운 변화에 당황하지 말아야 한다. 고객이 맥주를 달라고 난리 치는 상황에도 평정심을 잃지 않고, 주문량을 늘리려는 충동을 억누르는 훈련이 필요하다.

4. 맥주 게임 시뮬레이션 프로그램

[그림 4-2]와 같은 시뮬레이션 소프트웨어는 20주간의 연습문제를 마치고 52주간의 실전 상황으로 컴퓨터 시뮬레이션을 실시한다. 여럿이 보드게임으로 진행하기 어려울 때는 이 소프트웨어로 혼자서도 훈련해볼 수 있다. 트럭으로 이송 중인 맥주의 양을 표현하여 리드타임을 보여주는 기능도 있다.

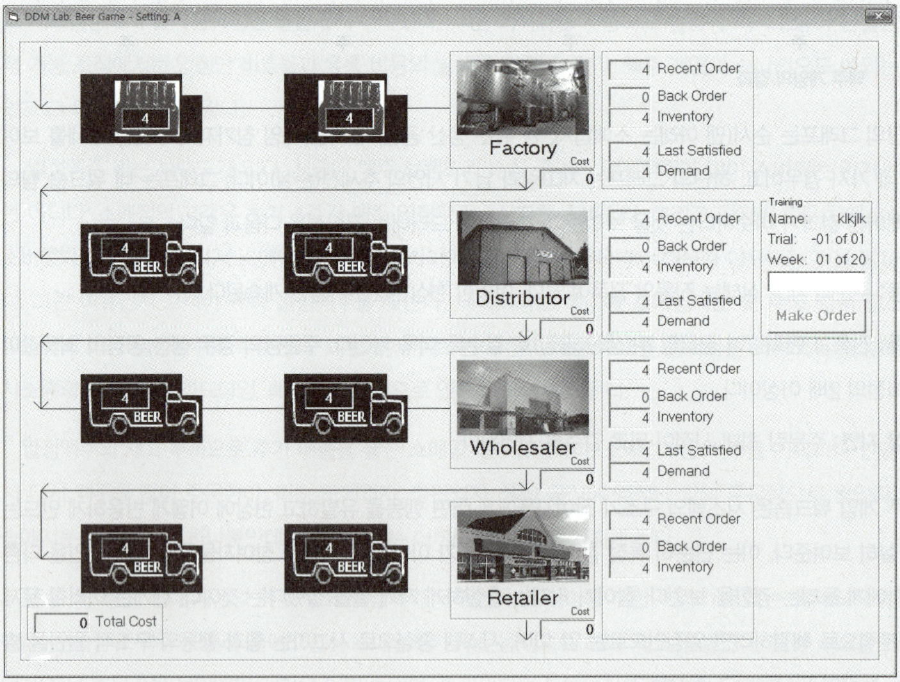

그림 4-2 맥주 게임 소프트웨어의 예(출처: DDMLAB)

TIP MIT 맥주 게임 설명: http://web.mit.edu/jsterman/www/SDG/beergame.html)
MIT 맥주 게임 다운로드: http://downloads.ddmlab.com/?action=form&package_id=4

맥주 게임은 단순한 시뮬레이션 게임이지만 시스템과 참여자가 유발하는 문제를 잘 이해하도록 해준다. 주목할 메시지는 누가 그러한 시스템에 들어가도 쉽게 문제를 개선할 수 없다는 것이다. 자신과 관계된 일뿐만 아니라 전체 사이클에서 벌어지는 일을 이해하는 시스템 사고, 자제력과 용기 같은 감성적 역량도 중요한 극복 요인이다.

SECTION 02

UN SDG와 지속 가능한 시스템

01 UN SDG의 등장

2000년부터 2015년까지 진행되었던 UN의 새천년 개발 목표Millennium Development Goals, MDG는 2016년부터 지속 가능 발전 목표Sustainable Development Goal, SDG로 갱신되어 2030년까지 계속된다. 'Development'를 MDG에서는 '개발'로 번역했는데 SDG에서는 '발전'으로 변경한 것은 의미가 있다. MDG가 자발적 이행 보고였다면 SDG는 책무성 메커니즘을 가지고 있다. MDG가 개도국 중심의 개발 원조였다면 SDG는 개도국과 선진국의 보편적 협력 파트너십을 강조한다. MDG가 경제적 개발 지향적이었다면 SDG는 경제, 사회, 환경을 포괄하는 지속 가능한 발전을 지향한다. MDG의 8개 의제가 SDG에서는 17개로 확대되었다. SDG는 인간 공동체의 의미 있는 삶의 질 개선을 위한 국제적 약속이며 국제법적인 지위를 갖는다.

02 UN SDG 의제

UN 회원국, 특히 OECD 수준의 국가는 17개 의제에 대한 구체적인 실천 프로그램을 만들고 매년 그 진행 상황을 UN에 보고하도록 되어 있다. [그림 4-3]은 UN SDG 의제 17개를 이해하기 좋게 번호와 심벌로 나타낸 것이다.

그림 4-3 UN SDG 의제

UN SDG 의제는 거의 모든 항목이 기업 활동에 영향을 준다고 할 수 있다. 기업의 구성원은 사회의 구성원이기도 하므로 예외가 있을 수 없다. 그럼에도 사업 현장에서 이슈가 될 항목은 6(식수), 7(에너지), 8(취업), 9(기반 시설), 11(지속 가능), 12(환경), 13(대기), 14(해양), 15(육지), 17(협업) 등에 걸쳐 있다.

예를 들어 기업은 생산 활동 전반에서 환경 보존과 환경오염 방지 프로세스를 보증해야 한다. 직원 채용의 차별을 방지하는 절차와 선발 요건을 설명할 수 있어야 하고 증적을 제시해야 한다. 그리고 에너지 사용량 감소 및 청정에너지를 통한 이산화탄소 가스 감축을 위한 노력의 증거를 생산 프로세스 수준에서 보여주어야 한다. 또한 지속 가능 발전을 위해 이해 당사자 간 협업 프로그램을 추진하고 직원들의 지속 가능 발전 역량을 개발해야 한다.

생태계의 지속 가능성이 보장되려면 상호 의존, 동적 평형, 무한 순환이라는 요건이 필요하다. 생물은 생존을 위한 매개체로서 혹은 기생과 공생으로 상호 의존한다. 천적 간의 먹이사슬은 개체 수를 조절하는 동적 평형을 유지시킨다. 배설물이나 죽은 생명체를 박테리아나 세균이 분해하여 다시 무기질로 환원시키고 생명이 순환한다. 이러한 세 가지 특성이 무한히 지속 가능한 생태계를 보장하는 것이다. 마찬가지로 기업은 자사의 비즈니스 프로세스가 SDG의 지속 가능성을 담보할 수 있는 필요 요건을 발굴하고 성과지표를 모델링해야 한다.

03 UN SDG의 글로벌 거버넌스

월드컴, 엔론 등 거대 기업의 분식회계 이슈로 촉발되어 만들어진 미국의 사베인스-옥슬리법Sarbanes-Oxley Act은 재무제표의 투명성뿐만 아니라 비즈니스 프로세스의 투명성도 요구한다. 비즈니스 프로세스의 투명성을 보장하는 활동은 프로세스 거버넌스process governance 분야이다. 마찬가지로 UN SDG는 글로벌 거버넌스global governance 규약으로 직원의 품위 있는 직장 생활을 보장하고, 기업의 생산 활동이 인간 생활과 생태계의 지속 가능성에 미치는 영향을 분석·평가·개선하도록 요구할 것이다. 지구촌의 구성 요소가 국가인 것처럼 기업도 거시경제 관점에서 생태계에 영향을 미치는 주요한 국가의 구성 요소이기 때문이다. 각국 정부는 기업들에 성과지표를 정하고 그 진행 상황을 보고하도록 요청할 것이며, 또한 문제가 있는 기업을 통제하는 체제를 만들 것이다.

TIP **글로벌 거버넌스:** 세계적인 규모의 문제에 국가가 충분히 대응하지 않을 때 국제 사회가 그 해결 활동을 전개하는 것을 말한다. (출처: 두산백과)

비즈니스 프로세스 전문가는 기업의 프로세스에 관련된 내부 요인뿐만 아니라 외부 벤치마킹 및 법적인 요건을 예의 주시하고 거버넌스 체계에 대해 준비해야 한다. ISO나 CMMI 같은 인증이 글로벌 사업에 필수적인 요건인 것과 마찬가지로 UN SDG 의제에 대한 학습과 분석도 프로세스 전문가의 일이다. 이러한 국제적 약속이 우리나라에 미칠 영향과 아울러 정부가 기업에 강제할 정책을 예의 분석하고 대비하는 것이 장기적으로 기업의 성장과 경쟁력 제고에도 긴요할 것이다.

PLUS NOTE | 기업의 경제 활동 프로세스와 생태계 시스템의 관계

[그림 4-4]는 센게가 제시한 그림으로 기업의 경제 활동 프로세스와 이를 포괄하는 생태계 시스템의 관계를 개념적으로 나타낸 것이다. 이 그림은 비즈니스 프로세스 전문가에게 경제 활동 관련 프로세스에 대한 역량뿐만 아니라 지구촌 생태계 관련 지식과 의제에 관한 학습이 필요함을 보여준다. 비록 나라별로 집권한 정치 집단의 정책으로 일시적 변동이 있기는 하겠지만, 지구상의 모든 주체가 서로 연관되어 있고 지속 가능한 생존을 위해 협력해야 한다는 인식이 점차 확대되는 것이 국제적 추세이다.

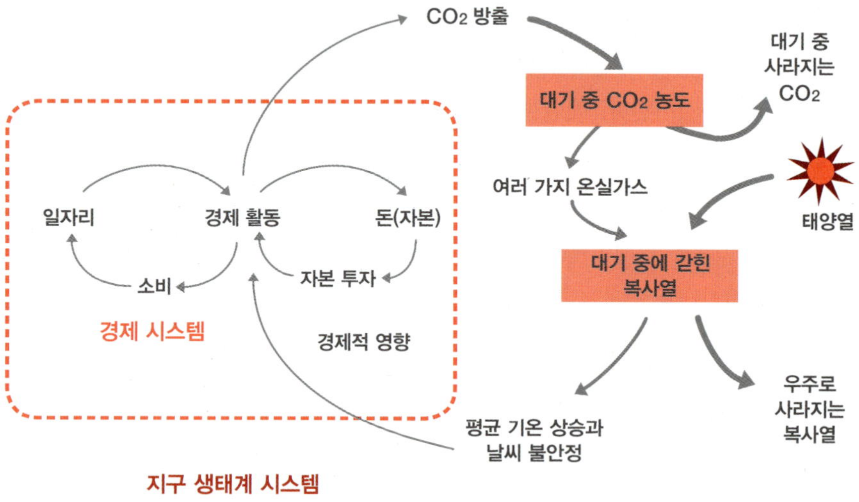

그림 4-4 경제 시스템과 지구 생태계 시스템의 관계(출처: 《학습하는 조직》)

경영학 강의 | UN SDG의 목표

SDG가 UN 산하 여러 국제 조직의 사업 방향에 맞추어 구조화되었고, 지나치게 많은 목표 때문에 집중이 어렵다는 비난도 있다. 그러나 SDG가 2030년 종료된다고 하더라도 이러한 형태의 사회적 의제는 더욱 강화되면 되었지 약화될 것 같지는 않다. 지구 온난화에 따른 생태계의 파괴와 자연재해가 계속되는 한 지구적 생태 의제가 약화될 가능성은 없다. 비즈니스 프로세스 전문가는 기업 내에 국한하지 않고 기업에 영향을 주는 외부 요인에도 대처해야 한다. 아울러 전 지구적 관점에서 같이 생존하고 발전해나가도록 지속 가능한 프로세스 모델을 만들고 운영해야 한다.

[표 4-1]는 UN SDG의 목표와 기업 대응 전략의 예를 보여준다.

표 4-1 UN SDG의 목표와 기업 대응 전략의 예

목표	UN SDG	기업의 고려 사항
목표 1	모든 지역에서 빈곤 퇴치	고용 창출, 최저 임금 인상
목표 2	기아 해소, 식량 안정성 확보 및 지속 가능 농업	순환 농법(농업, 농산물 유통)
목표 3	모든 연령층 모든 사람의 건강한 생활과 웰빙 보장	청소년 노동 금지, 여성 근로자 수유실과 육아 시설, 회사 복지(건강검진)
목표 4	포괄적이고 공평한 질의 교육 보장 및 평생교육의 기회 촉진	이직 및 퇴직 준비 교육, 직능 교육 체제
목표 5	성 평등 달성 및 여성 역량 강화	여성 관리자 비율 확대, 공평한 여직원 급여 체계 및 교육
목표 6	수자원에 대한 접근성과 지속 가능한 관리 및 위생 관리 보장	폐수 정화 기준 상향, 공업용수 재활용 비율 및 개선도
목표 7	적절한 가격의 믿을 수 있고 지속 가능한 현대적인 에너지에 대한 접근 보장	에너지 사용 감축 및 에너지 효율 장치 투자, 대체 에너지 사용률 증대
목표 8	일관되고 포괄적인 지속 가능한 경제 성장, 생산적인 완전 고용 및 모두를 위한 괜찮은 일자리 촉진	안정된 고용 유지, 작업 환경 개선
목표 9	회복력 있는 인프라 조성, 포괄적이고 지속 가능한 산업화 촉진 및 혁신	연구 인력 보강, 기반 시설 투자
목표 10	국가 내부와 국가 간 불평등 감소	이산화탄소 절감, 에너지 절감
목표 11	포괄적이고 안전하며 회복력 있고 지속 가능한 도시와 생활 환경 조성	산재 사고 감소, 안전한 작업 환경 투자
목표 12	지속 가능한 소비 및 생산 패턴 보장	제품 리사클링 비율 및 회수율 증가, 기업의 지속 가능성 보고
목표 13	기후 변화와 그 영향에 맞서기 위한 긴급 조치	글로벌 시민 교육, 화석연료 절감, 재해 방지 대책, 사업장의 공원화 및 공유 경제
목표 14	지속 가능한 개발을 위한 해양 자원 보호 및 지속 가능한 사용	공기 정화, 오염 부산물 처리 체계, 이산화탄소 등 온실가스 감축, 해양 유출 물질의 관리
목표 15	생태계 보호, 복구 및 지속 가능한 형태의 활용 촉진, 삼림의 지속 가능한 관리, 사막화 방지, 토지 황폐화 및 생물 다양성 감소의 중단	사업장 녹지화, 토양 오염 방지 및 복구
목표 16	지속 가능한 개발을 위한 평화롭고 포괄적인 사회의 촉진, 모든 레벨에서 효과적이며 책임 있고 포괄적인 기관 설립	사내 고충 상담소 설치, 안전한 출퇴근 환경, 사내 폭력·여성 폭력 방지, 기업 윤리 보증, 인권 보호 노력
목표 17	지속 가능한 개발을 위한 실행 도구 강화와 글로벌 파트너십 재활성화	CSR(Company Social Responsibility), CSV(Creating Social Value) 활동 및 예산

특히 유의할 사항 중 하나는 지속 가능성 보고서(Sustainability Report)이다. 지속 가능성 보고서는 UN의 협력 단체인 GRI(Global Reporting Initiative)가 주도한다. 이 조직은 환경 변화, 인권, 부정부패 등 주요한 지속 가능성 사안의 비즈니스 이슈에 대한 이해를 돕기 위해 정부, 기업과 기타 조직 사이의 의사소통을 목적으로 설립되었다. GRI는 1990년 말부터 지속 가능성 보고서의 표준을 제정하여 보급하고 있다.

우리나라에서도 SK, LG전자, 삼성전자 등의 대기업과 여러 비영리 단체가 이미 수년 전부터 회계 감사 보고서와 별도로 지속 가능성 보고서를 작성하여 공표하고 있다. 재무제표로 알 수 없는 기업의 환경, 사회적 성과, 기업의 통제 시스템 등이 포함된 지속 가능성 보고서는 UN SDG의 실시와 함께 기업의 사회적 책임(CSR)의 범주를 더욱 넓힐 것이다. 지속 가능성 보고서는 아직 의무 사항은 아니지만 중견 기업 이상은 피할 수 없는 사실상의 표준으로 자리 잡을 것으로 예견된다. 이 보고서는 거버넌스 체계에 대한 부분이 필수적이므로 보고서 작성에 프로세스 전문가의 손길이 분명히 필요할 것이다. 프로세스 전문가라면 UN SDG와 지속 가능성 보고서에 대해 공부하길 권한다.

SECTION 03

조직의 성장과 프로세스 전문가의 역량

01 조직 규모에 따른 비즈니스 프로세스의 도전

비즈니스 프로세스 전문가의 역량이 대기업에만 필요한 것은 아니다. 물론 규모가 큰 기업에서 비즈니스 프로세스 전문가의 역량이 더욱 절실한 것은 분명하다. 물류 사이클의 단순한 개선으로 절약할 수 있는 비용이 어마어마하기 때문이다. 그러나 스타트업과 같은 작은 조직도 인터넷을 통한 사업 모델을 구축할 때 복잡한 비즈니스 프로세스를 설계하고 적절한 성과지표를 설정 및 모니터링해야 한다.

적은 인원으로 창업하는 기업부터 대기업으로 성장하는 기업의 이력에 따라 조직의 관리 체제에 어떠한 변화가 발생할까? 다음 내용은 우리가 경험하거나 관찰한 IT 기업들로부터 얻은 것이다. 조직의 변화는 대개 관리 범위와 시간 한계성의 제약 때문에 발생하며, 이러한 제약이 프로세스 설계에 영향을 미치는 것은 당연하다.

인원이 20명 내외인 조직

이러한 규모의 기업은 CEO의 카리스마로 조직 관리가 가능하다. CEO는 모든 직원의 이름을 외우고 각 직원과 정서적 일체감을 유지할 수 있다. 중간관리자가 없더라도 CEO와의 스토리가 많기 때문에 강한 유대감으로 위기를 잘 헤쳐나가기도 한다. 비즈니스 프로세스도 단순하다. 주로 하나의 제품군에 집중하고 기술적 리더십을 가진 소수가 개발을 진행한다. 영업 부문의 자료 축적과 공유가 취약하지만, 저렴하게 제공되는 버전 관리 툴이나 이슈 관리 툴을 사용하여 기술적 자료가 잘 축적 및 공유된다. 회계장부 관리는 소규모 회계 회사에 맡긴다. 재무회계는 월 몇 만 원의 웹 기반 ASP 프로그램으로 관리한다. 이메일이나 그룹웨어도 무료 툴이나 월 비용을 내고 사용한다.

인원이 40명 내외인 조직

'관리 기능의 분화'가 필요한 시점이다. 10억 원이 넘는 매출을 거두고 거래처가 늘어난다. 중간관리자가 필요하며 경험 많은 재무 담당 부장을 고용해야 한다. 대개는 CEO와 인연이 있는 대기업 출신의 CFO가 들어온다. 주먹구구식 재무 관리에서 벗어나 체계적인 회계 절차를 마련해야 할 때이다. 코스닥 상장이나 M&A를 도모하려는 회사라면 외부 감사인에게 감사 보고서를 의뢰하기도 한다. 재무 분석이 취약한 기업의 CEO는 예상보다 비용이 더 많이 드는 것을 이해할 수 없다고 말하기도 한다.

인원이 100명 내외인 조직

'사업 다각화 비즈니스 모델'을 고려할 때이다. 즉 수평적·수직적 조직 확장을 도모해야 한다. 부서장도 5~8명 정도 있어야 하고, 단일 품목을 넘어 포트폴리오를 다양화한 장·단기 사업 모델을 가지고 있어야 한다. 이 시기에는 관리 복잡도가 급격히 커지기 시작한다. 여러 제품별로 개발 팀이 나누어지기도 하고, 기능 분화가 시작되지만 아직 조직 분화는 활발하지 않다. 인력이 한정된 탓에 개발자가 여러 가지 일을 처리하는 경우가 많다. 소프트웨어 업체의 경우 버전 관리가 되지 않아 한심한 기술적 실수를 반복하기도 한다. 이러한 문제를 해결하기 위해 비즈니스 프로세스, 개발 프로세스를 표준화해야 한다는 얘기가 나오지만 비즈니스 프로세스 전문가가 없어 엄두도 못 낸다. 전문가가 있더라도 각자의 당면 과제로 표준화에 투입할 인력이 없다고 볼멘소리를 늘어놓기도 한다.

인원이 200명 내외인 조직

'사업 부문의 분화'가 시작된다. 상품 기획과 마케팅, 생산과 품질 관리, 인사 총무와 재무가 분화된다. 그러나 연구소는 한 연구소장 밑에 프로젝트 기반으로 팀이 나누어져 있다. 이 시점에 임원급의 본부장을 영입하고 부문별 책임 경영을 시작해야 한다. 대기업 출신으로서 관리 경험이 있고 프로세스를 이해하는 임원을 채용하려 한다. 기업 문화 구축과 프로세스의 효율화가 경영의 화두가 되는 단계이다. 이 시기를 극복하지 못하면 부서별 이기주의가 팽배해진다. 한편으로 '굴러온 돌'과 '박힌 돌'이라는 갈등의 용어가 분출되는 시점이기도 한다. 변화에 적응하지 못하고 끝까지 저항하는 초기 개척자에게 새로운 경력의 기회를 고려하도록 강권하는 상황에 이르러 핵심 개발자가 CEO와의 갈등으로 이탈하기도 한다.

기업 문화와 프로세스가 표준화되지 않으면 기업은 고객이 많아질수록 어려움에 빠지게 된다. 늘어난 고객 수가 관리 복잡도를 기하급수적으로 증대시켜 증가된 수익보다 비용이 더 커지는 문제를 해결하지 못하기 때문이다. 그 증거로 고객은 서비스에 불만을 제기하기 시작한다. 고객 이슈의 체계적 관리와 서비스 체제의 생산성 향상 프로세스가 절실하다.

인원이 2,000명 내외인 조직

이 정도 수준은 SI 사업이나 제조 사업 모델이 없다면 도달하기 매우 어렵다. 2,000억~3,000억 원 이상 규모의 경제가 따라주어야 가능하다. 제조 산업의 경우, 수직적 가치사슬의 통합이 활성화되고 기업 내에 능동적 학습 문화가 정착되어야 달성 가능하다. 문제가 노출된 비즈니스 프로세스를 혁신하는 BPR이나 대규모 ERP 솔루션의 도입이 요구되는 단계이다. 이를 위해 여러 부서에서 파견된 인력으로 프로세스 혁신 팀이 만들어지기도 한다. 이때 부서장은 부서의 최고 인력이 아닌 저성과 직원을 보내는 경우가 많은데 이는 혁신 추진의 장애가 되기도 한다.

인원이 20,000명 내외인 조직

이러한 수준을 달성하려면 '글로벌 시장 진출'이 요구된다. 영업과 마케팅뿐 아니라 연구개발과 디자인, 상품 기획 등이 해외로 나가고 생산 라인도 현지화되어야 한다. 이는 글로벌 브랜드로서의 입지가 없이는 불가능한 일이다. 프로세스 혁신을 위한 전담 부서가 조직되어 상시 운영되는 체제이다.

기업이 속한 업종과 상황에 따라 각 단계의 직원 수에 대해서는 이견이 있겠지만, 위와 같은 기업 성장의 단계별 특성은 유사할 것이다. 대부분의 직장인은 경쟁을 가르치는 사회에서 학습하고 성장했다. 그러나 미래 사회에서는 경쟁을 넘어 협동과 공공선을 향해 나아갈 것이다. UN SDG가 던지는 메시지처럼 경쟁 전략만으로는 해결할 수 없는 공동의 문제가 넘쳐나기 때문이다. 따라서 사회적 이슈 해결을 위한 협업과 거버넌스에 부응하지 못하는 기업은 성숙된 소비자들에게 외면을 받게 될 것이다.

02 비즈니스 프로세스 전문가의 역량

비즈니스 프로페셔널을 위한 롤 모델로 [그림 4-5]의 하이퍼스페셜리스트hyper-specialist가 있다. 이 그림은 1994년 4월 4일 자 《포춘Fortune》에 실린 모델을 약간 수정한 것이다. 기사 작성자는 미래 정보 사회의 신지식인을 하이퍼스페셜리스트라고 명명하고, 하이퍼스페셜리스트의 역량을 나침반에 빗대어 설명했다. 즉 전문 지식, 보편 지식, 정보력, 자립력을 하이퍼스페셜리스트가 갖추어야 할 네 가지 역량으로 제시했다. 시간이 많이 흘렀지만 이 모델은 전문가의 역량 개발에 유용한 툴을 제공한다. 비즈니스 프로세스 전문가는 이러한 네 가지 역량을 발전시키도록 자신의 에너지를 투입하는 데 노력할 필요가 있다.

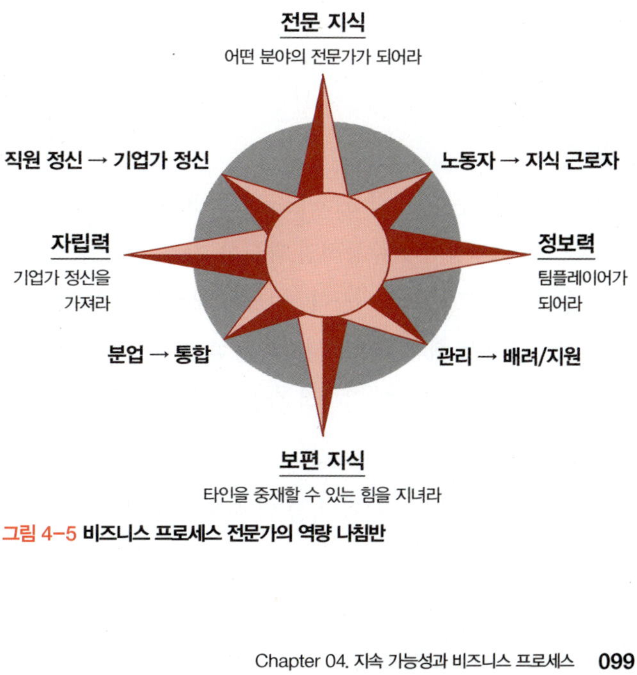

그림 4-5 비즈니스 프로세스 전문가의 역량 나침반

전문 지식

한 분야의 전문가specialist가 되는 것이다. 전문가의 역량 획득은 자신이 현재 수행하고 있는 일을 심도 깊게 체화하는 것을 의미한다. 맡은 업무의 비즈니스 프로세스를 깊이 공부하면 해당 분야의 문제 해결 능력, 창의력은 물론 타 분야도 이해하는 능력이 커진다. 프로세스 학습은 기업에 대한 이해를 비롯해 품질경영, 린 생산 방식, BPR과 같은 폭넓은 주제에 대한 단초를 제공한다. 이 때문에 학문의 심도 깊은 성취를 이룬 사람을 '협사'라 하지 않고 '박사'라 부른다. 이처럼 한 분야의 전문가가 되는 것은 폭넓은 지식을 꿰는 방법이기도 하다.

보편 지식

혼자 할 수 있는 일이 별로 없는 현대의 업무에서 서로 다른 배경과 전공의 사람들과 의사소통하고 역량을 통합하기 위해서는 제너럴리스트generalist가 되어야 한다. 각 분야의 기본적인 용어를 이해해야 할 뿐 아니라 경영, 마케팅, 생산, 재무, 의사소통, 프레젠테이션 등에 관련된 비즈니스 주제도 익혀야 할 것이다. 구슬도 꿰어야 보배가 되듯이 조직에 제너럴리스트가 없다면 배가 산으로 갈 것이다. 따라서 여러 부서의 이해관계를 조율하고 전사적 최적화를 지향해야 할 비즈니스 프로세스 전문가에게 특히 필요한 역량이다.

정보력

정보력connected은 정보원과 연결된 정도를 의미한다. 웹, 전문 잡지, 전문가 집단, 동아리, 카페, 블로그 등 비즈니스 프로세스의 주제에 지속적으로 양분을 공급하는 정보원을 항시 유지하는 것이 관건이다. 비즈니스 프로세스 전문가가 되려면 도메인 지식 없이는 불가능하다. 자사의 업을 이해하는 것은 물론이고 소속 산업계 전반의 기술 트렌드, 외부 환경의 추이에 관한 정보를 모니터링하는 것은 중요한 역량이 된다.

자립력

[그림 4-5]에서는 자립력self-reliant으로 표현했지만 기업가 정신entrepreneurship이라고 해도 좋을 것이다. 어느 직장이나 수동적인 태도를 가진 직원이 있다. 반면에 기업가 정신이 충만한 전문가는 사회 활동을 주도적으로 이끈다. 이들은 자신에게 엄격한 규율을 적용하므로, 결정을 내릴 때 'CEO라면 어떤 결정을 할까?'라고 생각하는 훈련이 되어 있다. 비즈니스 프로세스 분석, 설계, 운영, 모니터링 및 관리를 수행할 때 전사적 관점을 가진다면 CEO와 같은 생각을 가지고 일하는 사람이다.

비즈니스 프로세스 전문가의 좀 더 심층적인 역할과 미션은 8장에서 다룰 것이다.

요약

01 기업 내에서 학습하는 습관이 오래도록 잘 자리 잡으면 학습 문화라 일컫는다. 경영자의 중요한 역할 중 하나는 조직의 학습 문화를 바로 세우는 것이다.

02 센게는 학습 문화에 필수적인 다섯 가지 학습법, 즉 개인적 숙련, 정신 모델, 공유 비전, 팀 학습, 시스템 사고를 제시했다.

03 2000년부터 2015년까지 진행되었던 UN의 새천년 개발 목표MDG는 2016년부터 지속 가능 발전 목표SDG로 갱신되어 2030년까지 계속된다.

04 UN 회원국, 특히 OECD 수준의 국가는 17개 의제에 대한 구체적인 실천 프로그램을 만들고 매년 그 진행 상황을 UN에 보고하도록 되어 있다. 앞으로 중견 기업 이상은 UN SDG 의제에 대한 성과지표를 설명하는 지속 가능성 보고서를 의무적으로 작성해야 할 것이다.

05 조직의 변화는 대개 관리 범위와 시간 한계성의 제약 때문에 발생한다.

06 비즈니스 프로페셔널을 위한 롤 모델인 하이퍼스페셜리스트 모델은 하이퍼스페셜리스트의 역량을 나침반에 빗대어 설명하고 전문 지식, 보편 지식, 정보력, 자립력을 하이퍼스페셜리스트가 갖추어야 할 네 가지 역량으로 제시했다.

연습문제

01 국내외의 대표적 학습 조직(기업)을 선정하고 선정 근거를 동료와 토의하시오. 그리고 학습 조직을 구별할 수 있는 체크리스트를 5개 정도 제시하시오.

02 맥주 게임을 http://downloads.ddmlab.com/?action=form&package_id=4에서 다운로드하여 직접 시행해보고, 단계별 시나리오에 따라 어떻게 재고가 쌓이는지 화면을 캡처한 결과를 제출하시오.

03 반도체 제조 회사, 유리 제품 가공 회사, 목재 가구 제작 회사가 UN SDG의 17개 의제에 따른 성과지표를 제출해야 한다고 가정하고 성과지표 항목을 3개 이상 제시하시오.

04 사베인스-옥슬리법에 대해 1쪽 분량으로 설명하시오.

05 하이퍼스페셜리스트 체크리스트를 이용하여 프로페셔널을 향한 자신의 역량지표를 측정하고, 졸업 후 3년간의 각 분야별 역량 개발 계획(실천 항목)을 작성하시오(비즈니스 프로세스 전문가로 한정하지 않아도 됨).

PART 02

프로세스 일반 분야

CHAPTER

05

비즈니스 프로세스 아키텍처

학 | 습 | 목 | 표

- 기업의 성장과 조직 분화에 대해 이해하고 사일로 조직의 형태를 설명할 수 있다.
- 사일로 조직의 커뮤케이션 문제와 고객 지향 관점에서의 문제를 이해할 수 있다.
- 프로세스 아키텍처의 정의와 필요성을 이해할 수 있다.
- 슈퍼시스템 조직도를 그릴 수 있다.
- 프로세스의 계층 구조에 대해 설명할 수 있다.
- 프로세스 아키텍처링의 절차를 간략히 설명할 수 있다.
- 핵심 프로세스, 관리 프로세스, 지원 프로세스를 구별할 수 있다.
- 비즈니스 프레임워크의 국제표준인 SCOR에 대해 설명할 수 있다.

돌을 반구형으로 쌓고 중간에 쐐기 모양의 돌을 박는 아치 기술 덕분에 오랜 옛날 적은 석재로 높은 건물을 지을 수 있었다. 아치 기술이 적용된 로마의 판테온, 콜로세움, 수로는 건설된 지 수천년이 지난 지금도 멋진 위용을 자랑한다. 이 '아치arch'를 어근으로 하는 '아키텍처architecture'는 건축술을 상징하는 용어로, 이후 IT와 비즈니스 세계에서 받아들여 하드웨어 아키텍처, 소프트웨어 아키텍처, 서비스 아키텍처, 프로세스 아키텍처 등 목적물의 맥락을 이해하게 만드는 설계도와 같은 의미로 사용하고 있다.

비즈니스 프로세스 아키텍처는 가치사슬과 비즈니스 프로세스, 슈퍼 프로세스super-process, 하위 프로세스sub-process의 논리적 구조를 설계하는 작업으로, 조직의 프로세스 기반 활동을 설명하는 전반적인 틀을 설계하고 운영하고 평가하는 설계도와 같다. 기업이 속한 산업 도메인을 이해하지 못한다면 효율적인 비즈니스 프로세스 아키텍처를 설계할 수 없다.

이 장에서는 기업 조직의 계층 분화가 지닌 문제를 설명하고 대안으로 프로세스 조직을 소개한다. 또한 조직의 계층에 따른 아키텍처 방법론의 사례를 제시하고 핵심 프로세스와 이를 보조하는 관리 프로세스, 지원 프로세스의 차이를 알아볼 것이다. 그리고 효과적인 아키텍처링의 모델로서 SCOR과 같은 표준 비즈니스 프레임워크도 살펴본다.

SECTION 01

기업의 구조적 이해

01 기업의 조직 분화

중세 시대의 구두 가내공업에 빗대어 기업 구조의 변천을 이해해보자. 구두를 잘 만들기로 소문난 구두 장인이 있다. 주문이 밀려 들어와 혼자서는 이를 감당할 수 없게 되자 장인은 밑에 도제를 두었는데 1명의 도제가 수십 명으로 늘어났다. 주문량에 따라 그때그때 가죽을 매입하다가 품질 좋은 가죽을 찾아 조달하는 직원을 따로 두었다. 단골손님의 외상 주문이나 대량 주문의 미수금을 처리하는 경리 담당도 고용했다. 또한 고객의 요청으로 구두뿐 아니라 가방이나 가죽 소품도 만들기 시작했다.

소문이 해외에까지 퍼져 간혹 외국에서도 주문이 들어왔다. 생산 물량이 많아지고 규모가 커지자 장인은 자신의 가죽 제품을 해외에도 널리 알려서 판매하고 싶었다. 그래서 가죽 견본품을 가지고 외국으로 가서 영업을 하는 사람도 채용했다. 도제 인원이 늘고 각각 담당하는 일이 많아져서 10명당 1명의 관리자를 임명했다. 가족 기업이 자금 조달을 원활히 하기 위해 주식회사를 세우면 이사회, 총회, 감사 팀과 같은 조직이 생겨서 의사결정 구조가 더욱 복잡해진다. [그림 5-1]은 이러한 조직 분화의 결과를 보여준다.

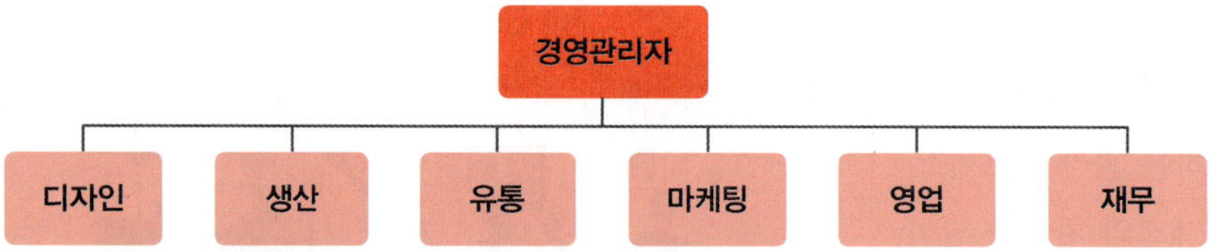

그림 5-1 사일로형 조직 형태

02 사일로형 조직 형태의 문제점

[그림 5-1]의 조직도는 기업의 수평적 또는 수직적 조직 분화에 대한 유용한 정보를 제공하는 반면 제공하지 못하는 정보도 있다. 그것은 바로 고객에 대한 정보이다. 고객에게 제공되는 제품과 서비스에 대한 정보도 추측하기 어렵다. 결론적으로 기업의 핵심 비즈니스 흐름과 부가가치 창출에 대해 이해하기에 빈약하다. 이러한 조직도는 조직의 구성과 의사결정 구조, 인적 자원의 상대적 비율 정도를

표현할 수 있을 뿐이다. 부가가치 창출에 대해 설명한 프로세스 정보를 기업에 요청했을 때 자료를 즉시 제공할 수 있는 곳은 흔치 않다. 이러한 정보를 제공하려면 조직의 활동을 프로세스 기반으로 분석하는 도구가 필요하다.

[그림 5-1]과 같은 조직을 사일로 또는 굴뚝 조직 형태라고 부른다. 축산업 농장에서 겨울나기용 곡물이나 건초를 저장하는 수직형 구조물인 사일로에는 창문이 없어서 안에 무엇이 들어 있는지 보이지 않으며, 대개는 위로 사료를 넣고 아래에서 빼내어 사용한다. 사일로 조직은 전사적인 최적화를 지향하기가 어렵다. 부문별 관리자나 직원이 개별 단위 조직의 성과에 집착하게 만드는 문제를 안고 있기 때문이다. 사일로 조직은 전사적 효율보다 부서의 효율을 지향하는데, 학자들은 이러한 사고 모델을 수직 사고(사일로 싱킹) 또는 1차원 사고linear thinking라고 일컫는다. 이와 비교되는 사고 모델은 시스템 사고 또는 프로세스 사고process thinking라 할 수 있다.

03 프로세스 아키텍처의 필요성

높이가 서로 다른 나무쪽 몇 개를 나란히 붙여 만든 목욕 물통이 있다고 하자. 이 물통에 물을 가득 채우면 물이 흘러 내려갈 것이며, 결국 물을 담을 수 있는 최대량은 맨 아래에 놓인 나무통에 종속된다. 생물학에서는 이를 최소율의 법칙law of minimum, law of Liebig이라고 한다. 이는 '생물의 성장은 가장 적은 필수 영양소에 종속된다'는 이론이다. 이와 마찬가지로 어느 한 조직의 성과가 우수하더라도 다른 조직의 성과가 떨어지면 전체 조직의 성과는 미흡한 조직의 성과에 종속된다. 따라서 조직은 수직 사고의 틀을 깨고 전사적 효율을 도모하는 균형감을 가져야 하며, 이를 위해 프로세스 아키텍처는 융통성과 균형 있는 업무 활동을 설계해야 한다.

수직 조직의 문제는 직원의 권한 위임이 부재하거나 부서 간에 이견이 있을 때 드러난다. 권한 위임이 안 되어 고객 접점의 직원이 의사결정을 신속히 하지 못하면 고객 접점 문제 해결의 결정이 한 단계 위로, 또 그 위로 계속 올라가게 된다. 이는 문제 해결의 지연으로 귀결되어 충성 고객의 이탈을 유발한다. 두 부서 사이에 갈등이 있을 때 CEO가 이를 조율하는 경우도 많다. CEO가 이러한 갈등을 조정하는 데 에너지를 많이 쓴다면 고객 만족이나 미래 먹거리 사업 계획 수립, 경쟁력 향상에 시간을 투자하지 못할 것이다.

분업을 통한 생산성을 위해 고안된 조직의 분화는 학문·학제의 분화, 의학계의 분화처럼 전체적 시스템에 대한 처방을 고려하지 못하게 만든다. 조직 분화에 따른 갈등은 특히 연구개발 부서, 영업·마케팅 부서, 생산·물류 부서 간에 극명하게 드러난다. 이러한 갈등을 해결하려면 공통의 의사결정 도구를 사용하고, 전사적 효율성을 지향하며, 고객 지향 프로세스 관점을 가져야 한다.

PLUS NOTE | 사일로 조직을 바라보는 관점

1, 2차 산업혁명 시대에 분업으로 사일로 조직이 성장한 것은 소품종 대량 생산의 효율성을 도모하는 조직 최적화 과정의 산물이다. 사일로 조직의 변화를 일으키는 동인은 고객 수요의 다변화로 인한 다품종 소량 생산, 개별 맞춤 서비스의 출현과 같은 시장의 변화이다. 그러므로 사일로 조직은 나쁘고 프로세스 조직은 좋다는 관점은 적절하지 않으며, 조직 형태의 일반적인 속성을 이해하고 접근하는 것이 바람직하다.

혹자는 애플이 비밀 개발 조직을 사일로 조직 형태로 만들어서 성공했다고 말한다. 그러나 애플의 사일로 개발 조직은 엄밀히 말하면 단위 프로젝트 조직이다. 분업화된 기능이 비대해질 때 업무 분화로 형성되는 사일로 조직과는 차이가 있다. 애플의 비밀 개발 조직은 다기능 팀, 동시병행 설계 팀과 같은 프로젝트 조직이므로 이를 사일로 조직으로 보는 것은 적절치 않다.

사일로 조직은 제품 기획 사일로, 디자인 사일로, 개발 사일로, 생산 사일로, 유통 사일로 등 조직 형태의 기능별로 구분하거나 반도체 사일로, 가전 사일로, 모바일 사일로 등 제품 부문별로 구분할 수 있다. LoB(Line of Business) 조직이라고도 불리는 사업 부문별 사일로 조직은 상호 교류가 거의 필요 없다. 대기업의 경우 지원 조직(인사, 재무, 구매, 품질, 마케팅)을 별도의 사일로 조직으로 만들어 서비스를 공유하는 효율을 도모하기도 한다.

경영학 강의 | 조직의 시스템 관점

조직의 부문화, 파편화로 인한 문제를 해결하는 관점은 조직을 하나의 부가가치 창출 시스템으로 정의하고 입력, 프로세스, 출력의 흐름으로 설계하는 것이다. 이러한 접근은 수평적 관점 또는 시스템 관점이라고 한다.

[그림 5-2]는 그린핸즈라는 가상의 자동차 정비소에서 이루어지는 업무 프로세스를 나타낸 것이다. 고객이 고장 난 차를 접수하면 서비스 엔지니어는 차를 진단하고, 수리 비용을 산출하며, 고객이 이를 수용하면 차를 수리하여 고객에게 인도한다. 수리 이력 정보는 그린핸즈의 데이터로 남는다.

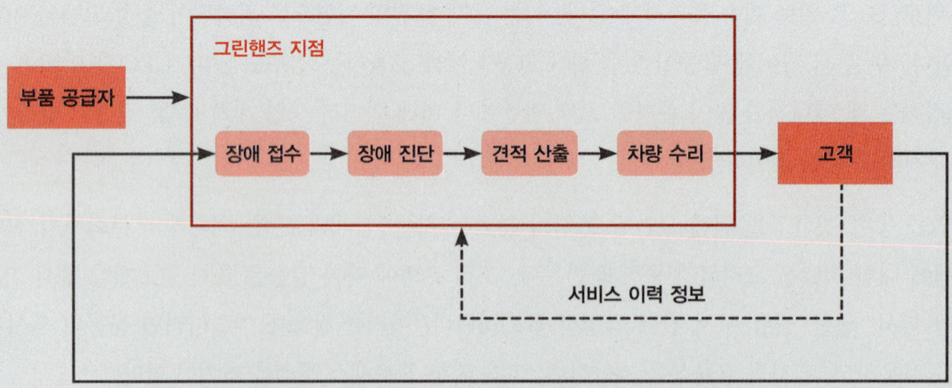

그림 5-2 그린핸즈의 시스템 관점 비즈니스 프로세스

[그림 5-2]는 높은 추상화 레벨의 프로세스를 보여준다. 현실에서는 본사의 IT 시스템 및 정비소의 조직 구조에 따라 더욱 복잡한 거래 내용이 있을 것이다. 그럼에도 이 그림은 [그림 5-1]이 제공하지 못하는 유용한 정보를 제공한다. 첫째로, 상품과 서비스의 수혜자인 고객과 외부 공급업체가 드러난다. 둘째로, 고객에게 가치를 부과하는 활동이 어떻게 이루어지는지 알려준다. 셋째로, 업무의 연결성과 흐름을 알려주고, 고객 만족을 높이는 데 필요한 활동과 입력 변수를 구별할 수 있다. 이처럼 시스템 관점의 모델은 회사 조직이 달성할 목표를 함께 바라보게 해준다.

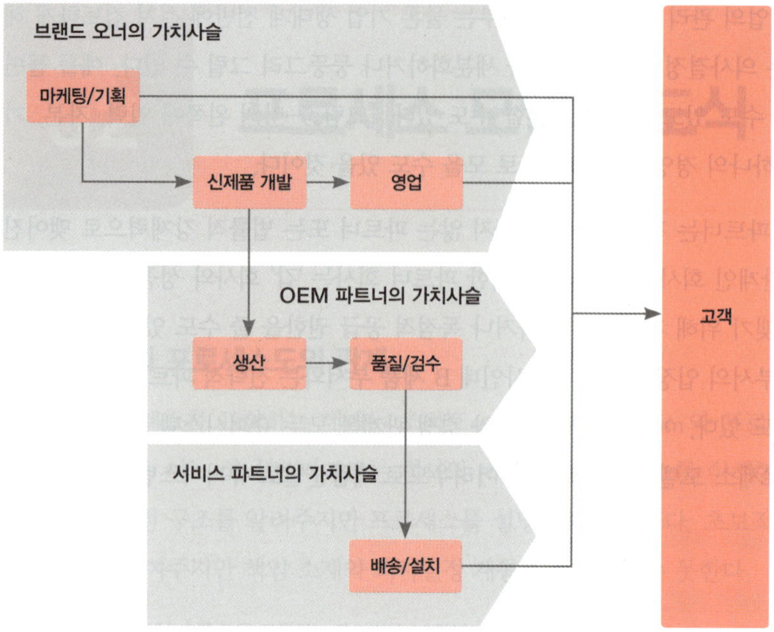

그림 5-4 아웃소싱 업체를 포함한 가치사슬의 예

04 2개의 가치사슬을 가진 조직 네트워크

지원 프로세스와 가치사슬을 구분하기 위해 기업의 핵심 프로세스를 가치 스트림value stream이라 부르는 이도 있지만, 이 책에서는 가치사슬을 핵심 프로세스나 지원 프로세스로 구별하지 않을 것이다. 일반적으로 가치사슬을 분석할 때는 복합적인 여러 제품의 가치사슬을 대상으로 하지 않는다. 학습의 효율을 위해 이 책에서는 여러 제품으로 이루어진 복잡한 가치사슬을 사용하지 않을 것이다. 비즈니스 프로세스 아키텍처 역시 하나의 핵심 프로세스를 범주로 다룰 것이다.

[그림 5-5]는 2개의 가치사슬을 가진 조직 네트워크를 나타낸 것으로, [그림 5-3]에 [그림 5-1]의 계층 조직을 넣고 그 위에 가치사슬의 흐름을 매핑했다. [그림 5-1]과 달리 수직 사일로가 5개인데, 재무 부문을 지원 프로세스로 간주하여 표기하지 않았다. 회사의 규모가 커지면 한 회사 내에 여러 개의 가치사슬이 생성된다. 자동차 회사의 경우 자가용과 상용차(버스, 트럭)의 가치사슬이 분화되고, IT 업체의 경우 하드웨어와 소프트웨어 혹은 컨설팅 서비스로 분화될 수 있다. 업계에서는 서로 다른 가치사슬을 비즈니스 라인Line of Business 또는 약어로 LoB라고 하며, 각각의 LoB를 맡는 관리자를 LoB 매니저(중역)라고 부른다. 그러므로 LoB 매니저는 부가가치를 창출하는 독립된 제품과 서비스의 전반적인 사업을 책임지는 프로세스 오너이다.

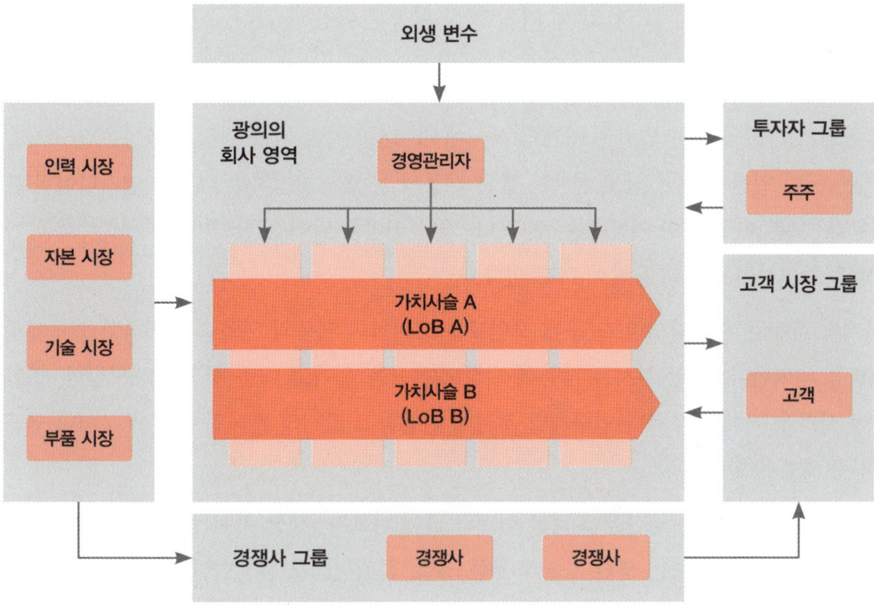

그림 5-5 2개의 가치사슬을 가진 조직 네트워크

05 핵심 프로세스를 표현한 조직 네트워크

[그림 5-6]은 회사 내에 조직과 가치사슬을 표기하는 대신에 상자 안에 몇 가지 핵심 활동을 표기했다.

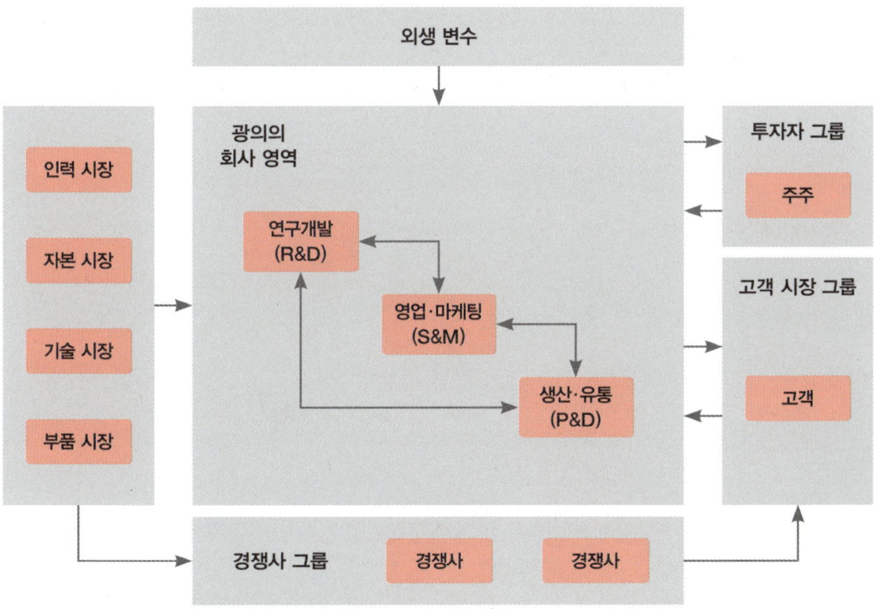

그림 5-6 핵심 프로세스를 표현한 조직 네트워크

일반적으로 부가가치를 창출하는 제조업의 세 가지 핵심 활동은 다음과 같다.

- **연구개발:** 고객 수요 또는 시장을 선도하는 제품을 기획하고 개발하는 일을 맡는 연구 및 개발 부서의 업무이다. 고객 관점의 사양에 대한 의견은 마케팅 부서에서 제시하지만 기술 관점의 사양은 연구개발 부서에서 설계하는 것이 일반적이다. 상세 설계는 물론 제품의 물성을 결정하는 다양한 엔지니어링 분석 업무도 수행한다. 보통 이 조직의 이름에는 '연구'나 '개발'이라는 말이 포함되며, 근래에는 제품 기획 단계부터 고객을 참여시키는 노력을 많이 하고 있다.
- **영업·마케팅:** 마케팅 부서는 시장의 소비자 구매 포인트를 고려하여 제품의 사양을 기획하고 연구개발 부서에 제품 개발을 의뢰한다. 영업 부서는 제품의 시장 점유율을 높이고 매출 성장을 도모한다. 또한 고객 접점의 요구 사항을 마케팅 부서나 연구개발 부서에 전달하고 고객의 클레임을 생산 부서나 연구소에 전달하는 창구 역할을 한다.
- **생산·유통:** 연구개발에서의 설계는 생산을 고려한 설계와 많이 다르다. 생산 부서는 양산을 위한 금형, 조립성과 유지·보수를 용이하게 하는 생산 기술과 부품 조달, 품질관리를 담당한다. 유통 부서의 업무에는 원자재를 조달하는 조달 물류, 생산을 위한 생산 물류, 대리점이나 시장까지 전달하는 판매 물류가 있다. 중간재와 완성품의 재고를 줄이고 주문에 빠르게 응답하는 것이 중요한 역할이다.

SECTION 03

비즈니스 프로세스 아키텍처와 조직

01 시스템 사고의 필요성

전통적인 조직도는 관리자가 다분히 정적인 형태로 조직을 바라보게 하는 단점이 있다. 이런 조직도는 각 부서 간의 업무가 어떻게 연결되어 있는지 이해하기 어렵다. 앞서 수직 사고를 극복하는 방법으로 시스템 사고 또는 프로세스 사고를 제안했는데, 품질관리 분야에서는 이를 다기능 사고cross functional thinking라 하고 이를 구현한 조직을 다기능 조직cross functional organization이라 부른다.

시스템 사고의 필요성에 대해 역설한 피터 센게는 조직에서 발생하는 대부분의 장애나 실수가 개인의 문제라기보다는 구조화된 시스템에서 비롯된다고 주장했다. 특히 변화가 천천히 일어날 때 관리자는 속수무책으로 파국에 처할 수 있기 때문에, 장기적으로 시스템의 근원적인 문제를 유심히 살피고 다가올 위협에 대처하기 위해 시스템 전체를 재구성하라고 권고했다.

한편 폴 하먼은 프로세스 사고가 시스템 사고의 하위 개념이라고 했다. 시스템 내에서의 활동 내용이 프로세스이니 그의 말은 일리가 있다. 수직 조직은 부가가치를 창출하는 실체가 아니다. 한 수직 조직의 최대 효율을 도모하는 일이 전사적으로는 오히려 수익을 깎아먹고 손해를 유발하는 경우가 흔하다. 그러므로 사안을 시스템 관점에서 판단하고, 부가가치를 생성하는 프로세스 전체를 최적화하려는 노력이 필요하다.

02 비즈니스 프로세스 컨설팅 방법론

비즈니스 프로세스 아키텍처에 대한 여러 학자의 정의가 있는데 그중에서 하먼은 '가치사슬을 구성하는 비즈니스 프로세스에 대한 지식 체계'라고 정의했다. [그림 5-7]과 같이 하먼은 프로세스 아키텍처 방법론의 추상화 레벨을 실행 레벨implementation level, 프로세스 레벨process level, 전사 레벨enterprise level로 구분했다. 그리고 각 단계별로 비즈니스 프로세스 아키텍처의 구현 방법을 제시했다.

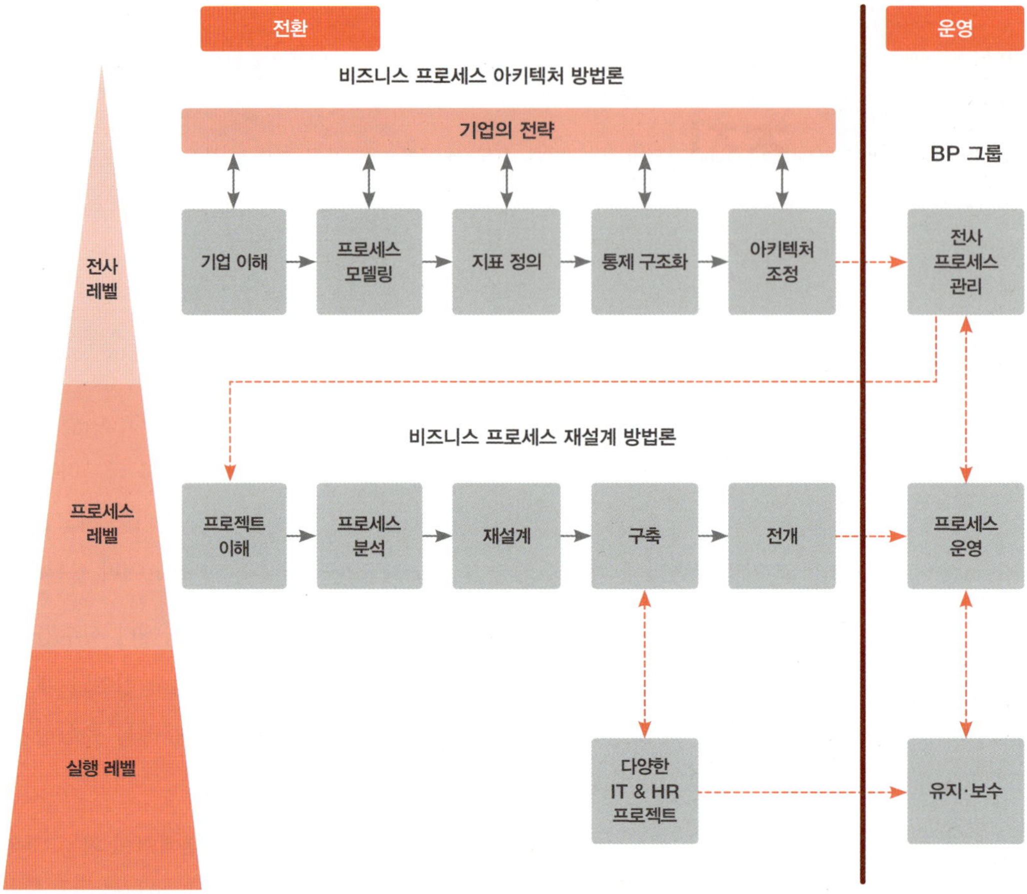

그림 5-7 **비즈니스 프로세스 컨설팅 방법론**

[그림 5-7]에서 보듯이 프로세스 아키텍처의 형태를 구속하는 가장 높은 개념은 기업의 전략이며, 이에 따라 전사 레벨의 아키텍처가 5단계로 진행된다.

- **기업 이해:** 첫 번째 단계는 기업의 업을 이해하는 것으로, 이를 위해서는 최고경영자나 임원급과의 의사소통이 필요하다. [그림 5-5], [그림 5-6]과 같이 기업 내외의 생태계 환경과 기업의 핵심 프로세스는 물론 지원 프로세스를 선정하고 구체화해야 한다.
- **프로세스 모델링:** 기업의 부가가치를 창출하는 핵심적인 가치사슬을 모델링하는 단계이다. 관리 포인트의 수준에 맞는 적정한 추상화 레벨의 프로세스를 설계해야 한다. 모든 예외적인 상황을 포괄하기보다는 전형적인 프로세스 흐름을 이해하기 쉽게 설계하는 것이 바람직하다.
- **지표 정의:** 암묵적 업무 절차가 명시적 프로세스로 정의되었다면 다음 단계로 각 프로세스의 성과지표와 이를 산출하는 계산식을 정의해야 한다. 모든 프로세스별로 지표를 선정하면 너무 많은 지표가 나올 것이다. 최대한 최종 고객의 관점에서 의미 있는 지표를 3~5개 정도 정하는 것이 현명하다. 성과지표

에는 기업의 일정 시점 상태를 보여주는 정적인 지표와 트렌드를 보여주는 동적인 지표가 있다. 두 시점 사이의 변화량은 동적인 지표로서 이를 통해 프로세스 통제를 위한 적절한 통찰력을 얻을 수 있다.

- **통제 구조화:** 시장 트렌드와 고객 반응 같은 환경 변화에 시의적절하게 대응하는 것이 통제이다. 프로세스상에 여러 개의 통제점이 있도록 설계하는 것과 이를 책임질 담당자를 분명히 하는 것은 프로세스 거버넌스의 핵심이다. 특히 법제화된 의무 사항에 대한 통제력은 기업의 생존에도 매우 중요한 일이다. 적절한 통제에는 오너의 선정, 분명한 오너의 권한 한계, 신속한 의사소통과 비상사태 전파 체계, 관리지표의 명확화가 필요하다.
- **아키텍처 조정:** 일을 세부적으로 진행하다 보면 2개의 변수가 서로 다른 상관관계를 갖는 경우가 발생한다. 선택의 폭을 넓히면 고객의 만족도가 올라가겠지만 제품 원가가 올라가는 것을 예로 들 수 있다. 또 다른 예로, 자동차를 설계할 때 연비를 높이기 위해 무게를 낮추면 안전성이 떨어지게 된다. 이와 같이 통제 관점이 서로 상극인 갈등이 발생할 때는 전사적 전략의 관점에서 재고하여 아키텍처를 조정해야 한다. 예를 들면 제품에 사용된 철 소재를 강화 알루미늄 합금으로 바꾸는 것과 같은 설계 변경이 필요하다.

03 프로세스 계층화

가치사슬은 제품이나 서비스를 만들어 고객에게 제공하는, 추상화 레벨이 높은 프로세스의 상위 개념이다. 이러한 가치사슬은 여러 회사에 걸쳐서 흘러가는 일이 흔하지만 여기서는 단일 회사의 경우를 설명할 것이다. 추상화 레벨로 표현하면 가치사슬은 레벨 0에 속한다.

[그림 5-8]은 자동차 산업 부문에서 디지털 지도를 이용한 항법 장치를 개발하는 연구개발 공정의 예로, 추상화 계층 레벨 0부터 레벨 8까지의 비즈니스 프로세스를 보여준다. 자동차 제조 프로세스이므로 레벨 1에 해당하는 비즈니스 프로세스는 엔진부, 전기장치부, 차체부로 나누었다. 전기장치부는 다시 레벨 2 프로세스 3개로 나누어진다. 이 중 내비게이션은 하드웨어와 소프트웨어로 분화되고, 레벨 8에 이르러서야 텍스트 형태의 업무 절차로 표현된다. 이 그림은 자동차 제조 프로세스의 일부를 표현한 것이며, 전체의 분화를 표현한다면 레벨 7의 수백 개 활동과 레벨 8의 수천 개 업무 절차가 전개된다.

기어리 러믈러와 앨런 브라시는 해부학처럼 가치사슬을 분해하는 과정을 성과 해부anatomy of performance 작업이라 하고, 가치사슬을 수직적으로 분화하여 펼쳐놓은 프로세스 체계를 가치 창조 계층 구조value creation hierarchy라 불렀다. 가치 창조 계층 구조 분석은 활동 기준 원가관리ABC의 사전 활동이다.

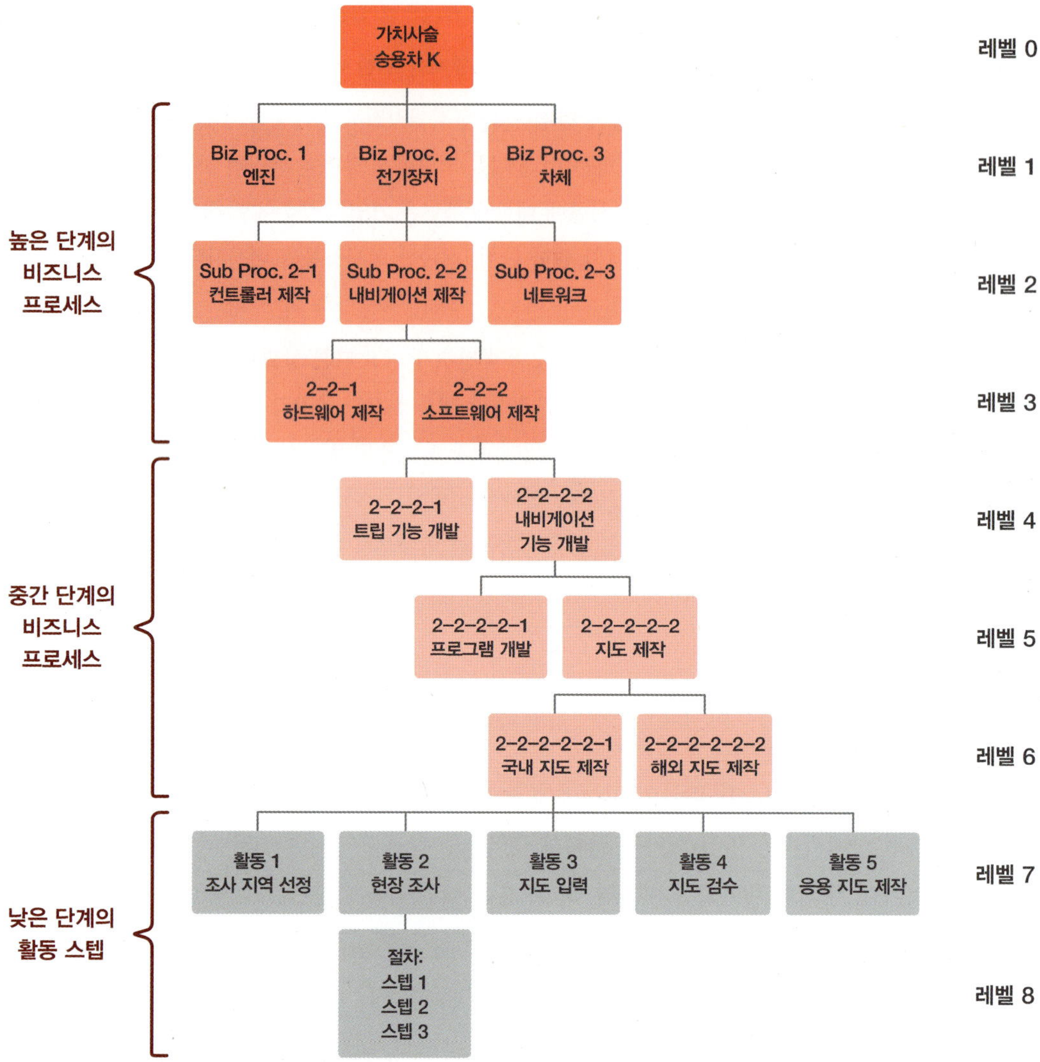

그림 5-8 가치사슬의 프로세스 레벨별 계층 분화의 예

단일 품목을 취급하는 일반적인 제조사의 레벨 1 비즈니스 프로세스는 [그림 5-6]과 같이 연구개발, 영업·마케팅, 생산·유통이라는 세 가지 핵심 프로세스로 분화할 수 있다. 이 중 생산·유통을 레벨 2 프로세스로 구분한다면 공급망 관리에 대한 국제 단체인 SCCSupply Chain Council에서 발표한 표준을 준용할 수도 있다. SCORSupply Chain Operation Reference로 명시된 국제표준은 공급망 관리를 4개의 프로세스 단계인 자원source, 제작make, 배송deliver, 반품return으로 순차적으로 구분했다.

프로세스의 계층 구조를 몇 단계로 할 것인가는 관리 포인트의 수준에 달린 문제이다. 단일 제품이나 서비스의 경우 레벨 0에서 레벨 3, 4 정도면 충분하다. 실무자에게는 이보다 상세한 수준의 비즈니스 프로세스 세분화가 필요할 것이다. 특히 장애 분석의 경우 더욱 상세한 세분화가 아니라면 원인을 규명하지 못할 수도 있다. 상세한 하위 프로세스를 활동이라고 하는데 활동과 프로세스의 명칭을 구분하는 기준은, 한 사람의 책임으로 귀속되고 활동 기준 원가 산출이 가능하며 표준 활동 시간을 정의할 수 있으면 활동이라고 부르는 것이 적절하다. 그리고 [그림 5-8]의 레벨 8처럼 활동의 내용을 그림으로 표현하는 것보다도 문장으로 서술하는 것이 더욱 효과적인 단계는 절차procedure 또는 스텝step 이라고 한다.

SECTION 04

비즈니스 프로세스 아키텍처의 정의

01 프로세스 아키텍처 설계

기업의 비즈니스 프로세스를 새로 만드는 것과 기존의 업무 흐름을 비즈니스 프로세스로 도식화하는 것은 다르게 접근해야 한다. 전자는 엔지니어링 설계 작업이고 후자는 역공학 작업이다. 14장에서 설명할 프로세스 마이닝의 발견 작업은 역공학 접근이다. 프로세스 마이닝을 설명하기 전에 일단 프로세스 아키텍처를 새로이 설계하는 관점에서 아키텍처의 정의 단계를 살펴보자. 프로세스 아키텍처의 설계는 일반적으로 다음과 같은 절차로 진행된다.

TIP 14장에서 프로세스 마이닝에 관련된 프로세스 모델의 발견, 프로세스의 정합성 확인, 프로세스의 개선에 대한 프로세스 마이닝 기법을 다룰 것이다.

❶ 다루고자 하는 제품에 관계된 기업의 레벨 0 가치사슬을 정의한다.

❷ 가치사슬이 성취하고자 하는 전략적 목표를 결정한다.

❸ 가치사슬이 목표를 성취했는지 여부를 판단할 성과지표를 결정한다.

❹ 가치사슬을 레벨 1의 핵심 비즈니스 프로세스로 분화한다. 필요에 따라 [그림 5-9]와 같이 레벨 2, 3으로 상세히 분화한다.

❺ 명세표worksheet에 레벨 1 비즈니스 프로세스의 명칭, 오너, 성과지표, 필요 자원을 명기한다.

❻ 분화한 레벨 2, 3의 비즈니스 프로세스 또는 서브 프로세스의 명칭, 오너, 성과지표, 필요 자원을 명기한다. 프로세스별 관리 번호, 문서의 버전 관리와 최신화에 유의한다. 적어도 분기마다 문서를 업데이트한다.

02 프로세스 맵 작성

[그림 5-6]의 회사 내 세 가지 핵심 비즈니스 프로세스는 파워포인트나 마인드맵 등의 드로잉 도구를 이용하여 [그림 5-9]와 같은 프로세스 계층 구조의 프로세스 맵으로 상세하게 분화할 수 있다. 프로세스 계층 구조도는 프로세스의 전체 모자母子 관계를 파악하게 해주고 관리 번호를 체계적으로 부여할 수 있다는 것이 장점이다. 예를 들어 '생산 계획' 프로세스는 '가치사슬> 생산·유통> 주문 제조

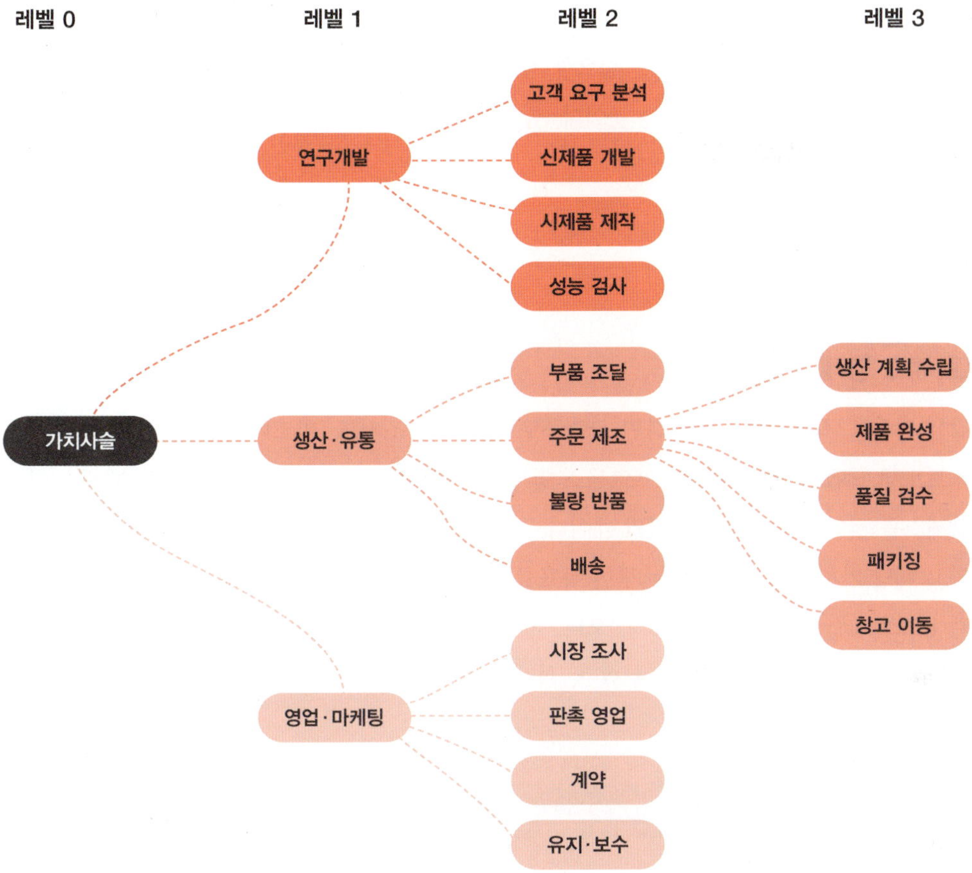

그림 5-9 **프로세스 맵(레벨 3으로 분화된 가치사슬의 예)**

> 생산 계획 수립'으로 분화되었으므로 가치사슬(레벨 0)을 생략하고 2-2-1의 3단계 레벨 3 관리 번호를 부여할 수 있다. 한 번 부여된 관리 번호는 수정하기가 번거롭기 때문에 관리 번호는 계층 분화를 완성한 다음에 부여하는 것이 좋다.

이러한 핵심 프로세스 설계는 관리자들과 워크숍을 통해 작성할 수 있다. 임원급은 상세한 비즈니스 프로세스에 대한 이해가 부족할 수도 있으므로 컨설턴트가 업무 활동의 관찰이나 실무자 인터뷰를 통해 핵심 프로세스를 사전에 정리해두는 것도 좋다.

이렇게 작성된 프로세스 맵을 활용하여 리더 그룹과의 워크숍에서 핵심 프로세스의 정합성과 적정성을 검토한다. 레벨 1 프로세스는 5~8개 이내로 분화하는 것이 적절하다. 단위 비즈니스 프로세스는 입력, 처리, 출력이 필수적이므로 레벨 1을 하나의 프로세스로 작성하는 것은 추상화 레벨에 맞지 않는다. 또한 레벨 1 프로세스를 8개 이상으로 분화하면 지나치게 상세화되어 추상화 레벨의 통일성이 떨어질 수도 있다.

레벨 1 비즈니스 프로세스가 모두 도출되었다면 다음 단계로 성과지표를 합의해야 한다. 성과지표는 Q·C·D(품질, 원가, 납기)의 개념으로 설계할 수도 있고 시장 점유율이나 고객 만족도 혹은 신성장 사업의 역량으로 결정할 수도 있다. 중요한 점은, 성과지표는 고객 관점이어야 하고 전사적으로 이해 당사자 간에 합의가 되어야 한다는 것이다. 합의되지 않은 목표는 회사를 사방으로 쪼개어 끌고 가려는 힘으로 작동한다.

TIP 성과지표는 7장에서 자세히 설명할 것이다.

03 프로세스 명세표

이상과 같은 작업을 적절하게 수행했다면 산출물로 네트워크 조직도, 비즈니스 프로세스 계층도, 레벨 1·2의 프로세스 맵 및 맵과 연동된 프로세스 명세표가 완성될 것이다. [그림 5-10]은 레벨 1 비즈니스 프로세스를 정의하는 명세서 양식의 예이다. 가치사슬의 명칭, 가치사슬을 맡고 있는 LoB 오너를 기재하고 해당 가치사슬이 지향하는 구현 목표를 적시하며, 그 밑에 레벨 1 프로세스를 나열한다. 또한 레벨 1 프로세스 각각의 프로세스명, 오너, 성과지표, 가용 자원을 명기한다. 이 부분은 책임자, 지표, 자원 할당을 설명할 때 자세히 다루겠다. 실제 양식에 작성 일자, 작성자 정보를 포함하는 것은 기본이다.

가치사슬 명세표 - 레벨 1 프로세스			
가치사슬명		가치사슬 오너	
구현 목표			
레벨 1 프로세스명	프로세스 오너	프로세스 성과지표	가용 자원
연구개발 프로세스			
생산·유통 프로세스			
영업·마케팅 프로세스			

그림 5-10 레벨 1 프로세스의 명세표 양식

SECTION 05

핵심, 관리, 지원 프로세스

01 핵심, 관리, 지원 프로세스의 개념

마이클 포터는 가치사슬을 설명하면서 부가가치를 창출하는 핵심 프로세스와 지원 프로세스를 구분했다. 기업의 비즈니스 프로세스는 기업의 핵심 프로세스를 말하며, 이 핵심 프로세스는 제품과 서비스를 고객에게 전달하는 부가가치 활동이다. 한편 지원 프로세스는 부가가치를 제공하지는 않지만 핵심 프로세스가 정상적으로 운영되도록 지원하는 활동을 말한다. 지원 프로세스는 프로세스를 관리하는 관리 프로세스와 전통적인 보조 프로세스로 나눌 수 있다.

관리 프로세스는 전형적인 기획, 조직화, 의사소통, 관리 통제로 설명된다. 보조 프로세스에는 포터의 가치사슬에서 언급된 인사, 재무 회계, IT 시스템에 의한 활동이 포함된다. 무엇이 관리 프로세스이고 무엇이 보조 프로세스인지 구별하는 것은 중요하지 않다. 프로세스의 이해도를 높이는 데 필수적이지 않다면 굳이 구분할 필요가 없다. 지원과 보조를 구분하기 애매하여 핵심 프로세스, 관리 프로세스, 지원 프로세스로 구분하기도 한다. 이는 핵심 프로세스와 지원 프로세스가 있고 이러한 프로세스의 원활한 운영을 위한 관리 프로세스가 추가되었다고 생각하면 된다.

02 핵심, 관리, 지원 프로세스의 예

[그림 5-11]은 핵심 프로세스, 관리 프로세스, 지원 프로세스를 이해하는 데 도움을 주는 전기·전자 소비재 산업 연구개발 사이클의 예이다. 제조 원가를 낮추려는 노력으로 표준 부품의 사용률을 높이는 방법은 매우 중요하다. 표준 부품에 대한 이해가 부족한 신규 개발자를 관리하기 위해 표준 부품의 사용률을 검토하는 관리 프로세스가 위에 위치한다. 아래에 있는 지원 프로세스는 설계가 승인된 이후 시제품 제작을 위해 외주 업체를 선정하고 발주하고 납품을 확인하는 절차로서 전산 시스템으로 지원한다.

관리 프로세스와 지원 프로세스가 일상적인 업무라면 핵심 프로세스(또는 운영 프로세스)에 넣는 것이 적절하다. 한 실무자가 매일 처리하는 업무라면 이는 핵심 프로세스에 가깝다. 반면에 프로세스 개선이나 전사적 생산성 향상 프로젝트 등 BPM Business Process Management 그룹이나 관리자에 의

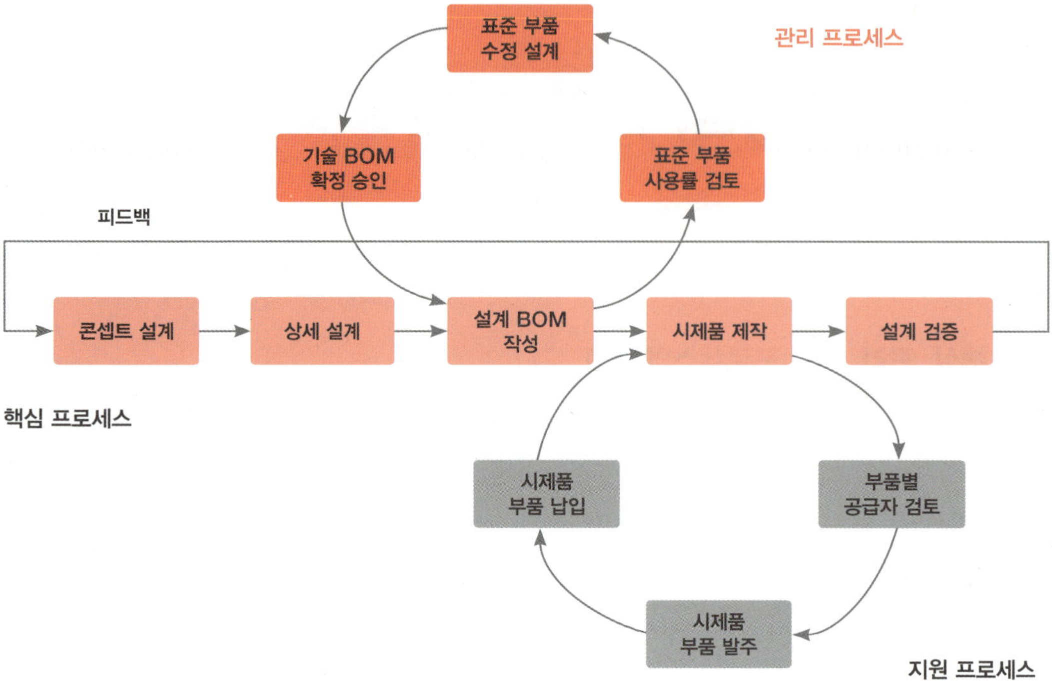

그림 5-11 시제품 개발 사이클의 핵심, 관리, 지원 프로세스

한 비정기적 프로젝트성 비즈니스 프로세스는 핵심 프로세스와 분리 가능한 관리 프로세스나 지원 프로세스가 된다. 프로세스 아키텍처의 범주를 정하는 것은 결국 효율적인 프로세스 아키텍처링 관리 단위를 정하는 것이다. 집중할 가치사슬의 문제점을 파악하고 개선할 대상 범위를 설정하여 아키텍처링을 해야 한다.

PLUS NOTE | 아웃소싱과 인소싱

관리 프로세스와 지원 프로세스를 비즈니스 아키텍처에 모두 포함하는 일은 논리적으로는 완벽하겠지만 프로세스가 더 복잡해지므로 이해도를 높이는 측면에서는 실용성이 떨어진다. IT 기능 역시 마찬가지이다. 대기업은 IT 기능을 담당하는 조직을 분사하기도 하는데, 이 경우 IT 기능을 아웃소싱 파트너 회사로 분리하여 프로세스 아키텍처를 그릴 수 있다. 그러나 회사 경계를 넘나드는 프로세스 아키텍처가 현실을 완벽하게 설명할 수 있더라도 핵심을 이해하는 데에는 실용적이지 못하다.

IT 아웃소싱을 할 때 고려할 사항이 있다. 표준화된 IT 아웃소싱 서비스는 경쟁사도 활용 가능하므로 자사가 제공하는 상품과 서비스의 차별화에 도움이 되지 않을 수도 있다. IT가 전략적 차별화에 핵심 기능이라면 아웃소싱보다는 인소싱을 고려해야 한다. IT 아웃소싱 서비스를 이용하더라도 양보할 수 없는 정보는 고객 정보이다. 아웃소싱 업체가 고객 정보를 도용하지 못하도록 해야 하며, 통제가 불가능하다면 인소싱을 해야 할 것이다.

경영학 강의 | 책임자, 성과지표와 자원 할당

[그림 5-9]와 같은 레벨 1 비즈니스 프로세스가 결정되면 프로세스 아키텍처링의 다음 단계는 각각의 비즈니스 프로세스를 담당하는 책임자, 성과지표, 자원을 명시하는 것이다. 회사가 기능 조직으로 분화한 경우에는 레벨 1 프로세스 전체를 책임지는 책임자를 정하기는 쉽지 않다. 가치사슬 전체를 관리할 책임자가 CEO나 COO뿐이기 때문이다. 레벨 2 프로세스는 책임자를 정하기가 더욱 어렵다. 이러한 문제를 해결하기 위해 기능 조직의 관리자와 프로세스 조직의 관리자를 구분하는 방법이 있는데 전자를 기능 관리자(functional manager), 후자를 프로세스 관리자(LoB manager)라고 부른다.

다음으로 비즈니스 프로세스 팀은 레벨 1 프로세스의 목표와 목표 달성을 판단할 성과지표를 고려해야 한다. [그림 5-10]에 제시한 양식의 마지막 열에 있는 '가용 자원'에 대한 정보는 비즈니스 프로세스 아키텍처 작업 초반에는 구체화가 쉽지 않다. 분석 팀이 회사의 프로세스를 더 깊이 이해함에 따라 프로세스의 진행에 영향을 주는 자원 요소를 분명히 인지하고 확보할 수 있기 때문이다. 그러므로 프로세스 아키텍처 모델링 초기 단계에는 자원에 대한 정보 기재를 유보하곤 한다. ERP 시스템을 사용하는 경우에는 자원을 데이터베이스의 속성으로 명시할 수 있다.

다음은 레벨 1, 2에 고려할 수 있는 자원의 종류이다.

- **전사 전략 및 목표:** 회사의 전략과 목표에는 한정된 자원을 사용하는 우선순위를 결정하는 힘이 있다. 이러한 전략적 방향을 기재할 수는 있지만 다소 추상적인 성격을 띤다. 오히려 예산 규모가 적정한 표현이 될 것이다.
- **관련 프로세스:** 하위 프로세스 혹은 관리 및 지원 프로세스는 레벨 1, 2 핵심 프로세스의 수행에 대한 자원으로 기재된다.
- **정책 및 내규:** 정책은 비즈니스 프로세스를 구속한다. 대리점으로의 상품 출하 이전에 미수금이 거래 한도의 2배를 넘지 않아야 한다는 정책을 예로 들 수 있다. 이러한 정책은 어떤 의미에서는 자원이기도 하고 프로세스 수행의 전제 조건이기도 하다.
- **IT 자원:** 업계의 표준 프로세스 솔루션인 ERP 시스템을 사용할 경우 프로그램 모듈과 데이터베이스는 명시되어야 할 자원 중 하나이다.
- **인적 자원:** 자원으로서 인적 자원의 이름이 들어가는 단계는 레벨 2, 3에서 시작된다. 특별한 자격증이 필요한 보직의 경우 역량을 갖춘 직원의 이름, 외주 업체, 교육 프로그램 등이 자원에 해당한다.
- **공정거래법, ISO 9000 등의 표준:** 정부 기관이나 법이 요구하는 의무 사항은 실기해서는 안 되는 자원 조건이다. 문서를 5년간 보관해야 한다는 조건과 같은 것도 비즈니스 프로세스의 중요한 자원이라 할 수 있다.

SECTION 06

비즈니스 프로세스 프레임워크 사례

비즈니스 프로세스 아키텍처는 가치사슬부터 레벨 1, 2, 3의 서브 프로세스로 분화하여 생성되는데, 이때 서브 프로세스를 어떻게 나눌 것인가는 큰 과업이다. 이를 위해 최근에는 표준화된 여러 가지 프로세스 프레임워크process framework가 나와 있다. 유사한 업계의 기업들 사이에서 통용되는 표준화된 프레임워크를 활용하면 보다 신속하게 자사의 프로세스 아키텍처를 설계할 수 있을 것이다. 여기서는 물류 분야의 SCOR 프레임워크와 그 외 참조할 만한 프레임워크를 간략하게 소개하겠다.

01 SCOR 프레임워크

SCC는 1996년에 설립된 비영리 컨소시엄으로, 2014년 미국의 APICSAmerican Production and Inventory Control Society에 합병되어 지금은 APICS SCC가 공식 명칭이다. 현재 APICS SCC에는 1,000개가 넘는 기업이 가입되어 있다. APICS SCC에서 제안한 SCOR 프레임워크는 공급망 관리를 위한 비즈니스 프로세스 프레임워크로서 국제표준으로 수용되고 있다.

[그림 5-12]와 같이 SCOR 프레임워크는 레벨 0 가치사슬 밑에 레벨 1, 2, 3만을 표준으로 제시한다. 기업의 가치사슬을 레벨 0부터 시작하면 공급망 관리는 레벨 1로 정의된다. 레벨 2는 계획Plan, P, 조달Source, S, 제조Make, M, 배송Deliver, D, 반환Return, R의 다섯 가지 서브 프로세스로 나누어지며 최근에 지원Enable, E이 추가되었다. 레벨 2는 제조 방식에 맞는 프로세스를 설정하는 단계로 S, M, D 프로세스 안에는 제품 특성에 맞추어진 프로세스 모델 선택지 3개가 존재한다.

예를 들어 제조의 M1(make-to-stock, 계획 생산)은 재고를 쌓아놓는 생산 방식으로 계절을 타는 에어컨 같은 제품 생산 방식에 해당된다. 또한 M2(make-to-order, 주문 생산)는 자동차와 같이 고가이며 고객이 제품 배송을 기다려줄 수 있는 제품 생산 방식이고, M3(engineer-to-order, 주문 가공)는 표준화된 제품이 아니라 개별 고객의 요구 사양에 맞추어 생산하는 방식이다. 이러한 SCOR 표준을 부품 제공업체의 공급망 관리로 확장한다면 가치사슬에 M1, M2, M3가 혼재될 수도 있다.

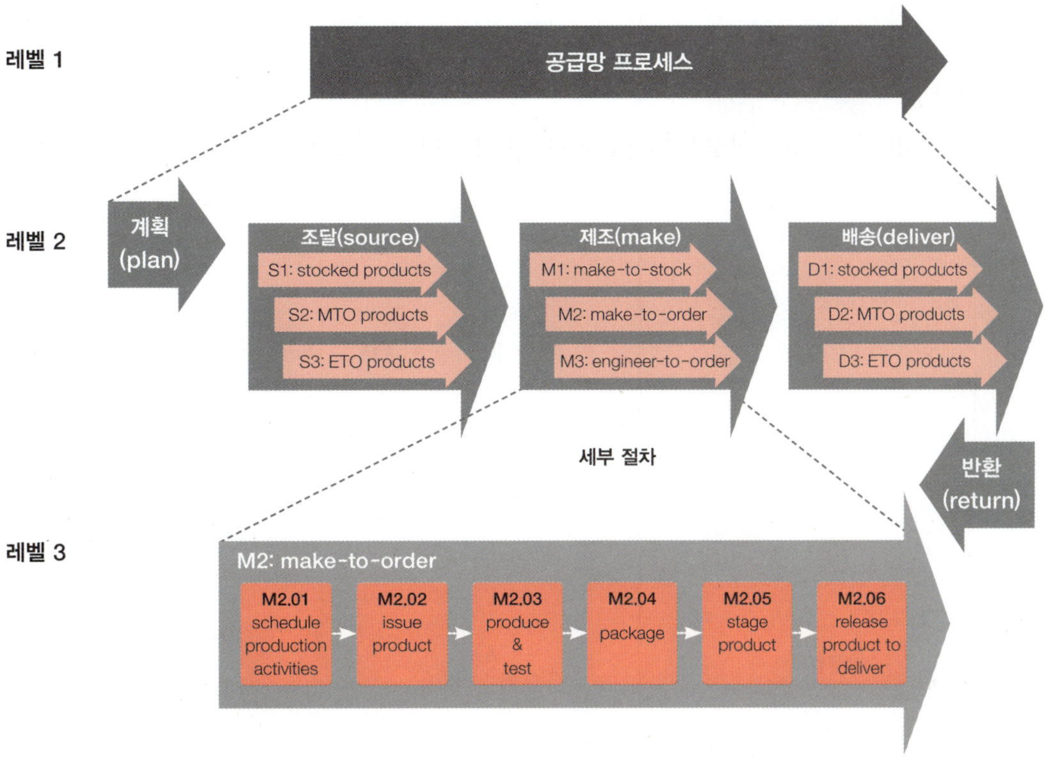

그림 5-12 SCOR 아키텍처의 3단계 레벨

레벨 3에서는 선택된 프로세스에 따른 표준 하위 프로세스를 제시한다. [그림 5-12]는 레벨 2 단계의 제조 프로세스에서 M2를 선정한 예로 레벨 3에서 M2에 해당하는 하위 프로세스 6개를 볼 수 있다. 그림에는 M2.01(생산 계획), M2.02(생산 지시), M2.03(생산·테스트), M2.04(포장), M2.05(보관), M2.06(출하 준비)의 6단계가 묘사되어 있다. SCOR은 레벨 4부터는 구성원이 임의로 정의할 수 있는 프로세스로서 표준을 제공하지 않고 각 기업의 재량에 맡긴다. 그러나 레벨 0~3은 표준 용어를 사용해야 한다.

SCOR 표준을 준수하면 기업의 공급망 프로세스를 표현할 때 [그림 5-13]과 같이 화살표와 문자 심벌로 공급망을 단순하게 표현할 수 있다. [그림 5-13]은 외부의 세 부품업자로부터 부품을 공급받아 제품을 생산하고 고객에게 인도하는 공급망을 보여준다. 부품을 공급받는 것은 S, 생산은 M, 배송은 D로 나타내고 번호 1(계획 생산), 2(주문 생산), 3(주문 가공)은 제품의 특성을 알려준다. 조직을 구분하는 수직선의 경우 실선은 기업 외부, 점선은 조직 내의 부서 간 물류 이동을 나타낸다. P Plan, R Return, E Enable는 실제 공급망 관리 설계에 표기하기도 하지만 이 그림에서는 생략했다. 다국적 기업은 이러한 흐름을 세계 지도 위에 화살표와 심벌로 표현하기도 한다. [그림 5-13]과 같은 그림을 SCOR에서는 스레드 다이어그램 thread diagram 이라고 한다.

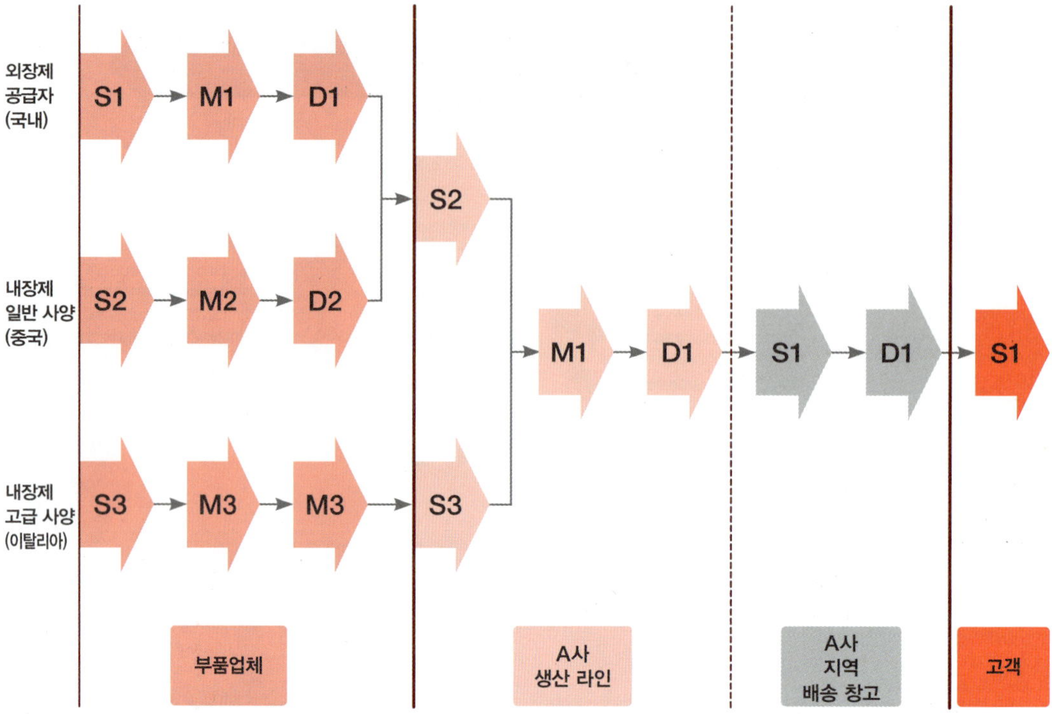

그림 5-13 SCOR 스레드 다이어그램의 예

이러한 표준 프레임워크를 받아들인다면 관련된 여러 회사가 동일한 개념의 용어를 함께 사용한다는 이점이 있다. 또한 SCOR은 성과지표의 정의가 표준화되어 있어 자사의 성과지표를 업계의 표준과 비교할 수도 있다.

[표 5-1]은 SCOR이 제시하는 성과지표이다. SCOR의 성과지표는 고객 관점 3개, 내부 관점 2개, 총 5개의 일반적 카테고리로 성과지표를 구분한다. 각각의 성과지표는 5개의 카테고리로 레벨 1, 2, 3의 성과지표를 제시한다. 내부 관점 비용 부분의 성과지표 용어는 최근에 변화가 있었다. 표준은 현실의 진화와 함께 꾸준히 바뀌게 마련이므로 이러한 지표는 절대적인 것이 아니다. 그러나 SCOR은 개별 업체의 지표는 공개하지 않지만 업계의 평균 성과지표는 공개하기 때문에, 최신의 SCOR 표준에 맞추어 지표를 관리한다면 업계 표준을 벤치마킹하는 셈이다.

한편 SCOR이 제시하는 성과지표는 SCOR의 P, S, M, D, R, E 프로세스와 일대일 매칭이 되지는 않는다. 각 기업은 전략적으로 중요한 관리지표를 결정하고 활용하면 된다. 객관적인 벤치마킹 지표를 원한다면 벤치마킹 서비스 제공업체를 이용할 수도 있다. 이렇게 얻은 벤치마킹 데이터에는 동종 업계의 성과지표, 업계 평균, 업계 최고의 성과지표가 포함되는 것이 좋다. 기업은 자사의 지표와 벤치마킹 지표를 비교·분석하여 공급망 비즈니스 프로세스를 재설계하는 프로젝트의 목표 설정을 위한 참고 자료로 사용할 수 있다.

표 5-1 SCOR 성과 속성 및 레벨 1 성과지표

레벨 1 매트릭스	성과 속성				
	고객 관점			내부 관점	
	신뢰성	응답성	융통성	비용	자산
주문 충족도	V				
주문 충족 사이클타임		V			
상류 공급망 유동성			V		
상류 공급망 적응성			V		
하류 공급망 적응성			V		
공급망 관리 비용				V	
총 서비스 비용				V	
자금 흐름 사이클					V
공급망 자산 회전율					V
운영 자본 회전율					V

02 기타 참조 프레임워크

일단의 SCC 구성원은 SCOR 프레임워크를 회사 전반의 가치사슬 프레임워크로 확산하여 만들고자 시도했다. 그들은 VCC Value Chain Council 라는 컨소시엄을 구성하고, SCOR과 유사한 VRM Value Reference Model 이라는 자체 모델을 만들었다. 용어는 Source 대신에 Buy, Deliver 대신에 Fulfill, Return 대신에 Support를 사용한다. 그러나 VCC는 SCC를 기반으로 하고 재정적인 이유로 활성화되지 못하여 경쟁 동력을 잃고 SCC에 흡수되었다. SCC 역시 공급망 프레임워크의 한계를 넘어선 표준화의 요구가 제기되어 최근에는 다음과 같은 비즈니스 프로세스 모델을 개발·확산시키려 한다.

- **DCOR(Design Chain Operations Reference) 모델**
- **CCOR(Customer Chain Operations Reference) 모델**
- **M4SC(Managing for Supply Chain Performance) 모델**
- **PLCOR(Product Life Cycle Operations Reference) 모델**

이 밖에도 통신 업계의 회사들이 참여하는 TM 포럼 TeleManagement Forum 은 통신 회사를 위한 표준 프레임워크로 eTOM 프레임워크를 제안하고, 보험 업계의 컨소시엄인 ACORD 역시 프레임워크를 내놓았다. 그러나 프레임워크에도 약점이 있다. 한 업종에 특화된 프레임워크는 다른 업종에서 사용할 수 없다. 또한 표준화에 대한 노력은 차별화의 노력과 상충되는 측면이 있다.

업체의 입장에서는 어느 정도까지 표준화를 수용하고 어떤 경우에 차별화를 도모해야 할지 판단해야 한다. 컨설팅 서비스 업체의 경우 표준화된 프레임워크를 갖추고 있으면 적은 노력으로 복제가 가능한 서비스를 제공할 수 있다는 것이 장점이다. 그러나 수용 기관의 수나 투자 역량이 부족한 산업의 프레임워크를 개발하는 것은 많은 비용과 노력에 비해서 수익성이 떨어진다. 그러므로 가능한 한 여러 업종에 보편적으로 채용할 수 있는 비즈니스 프로세스 아키텍처 프레임워크가 우선적인 개발 대상이 된다.

ERP 솔루션이 보급되면서 다국적 솔루션 업체는 전 산업에 걸쳐 특화된 업종별 프레임워크를 만들려고 부단히 노력하기도 한다. 그러나 이러한 노력은 투자 대비 큰 효과를 보지 못하는 경우가 흔하다. 개발한 프레임워크가 인터넷과 모바일, IoT 등의 급격한 기술 진보를 수용하는 융통성을 갖추지 못하기도 하고, 프레임워크 구축의 프로세스가 장기간의 고비용 투자를 요구하는 문제를 야기하기 때문이다. 세상에 바뀌지 않는 것은 없으니, 비즈니스 프로세스 아키텍처를 융통성 있게 만들지 않는다면 현재 최고의 솔루션이 미래에도 최고의 솔루션이 될 것이라고 장담할 수 없다. 기업의 입장에서는 프레임워크를 채용하면 빠른 시간에 시스템을 구축할 수 있다는 장점이 있다. 한편 산업을 이끄는 선도 기업은 지속적으로 차별화된 기능을 부가하려고 노력할 것이다. 그러므로 프로세스 아키텍처를 만들고 운영하는 것은 지속적인 선택지에 대한 심층적 고려와 전략적 선택을 요구하는 부단한 작업이다.

요약

01 비즈니스 프로세스 아키텍처는 가치사슬과 비즈니스 프로세스, 슈퍼 프로세스, 하위 프로세스의 논리적 구조를 설계하는 작업이다.

02 기업의 성장에 따른 분업의 결과 조직의 수평적·수직적 분화가 나타난다. 분화의 형태로 형성되는 사일로 조직은 대개 전사적 효율보다 부서의 효율을 지향하는데, 학자들은 이러한 사고 모델을 수직 사고 또는 1차원 사고라고 일컫는다. 이와 비교되는 사고 모델은 시스템 사고 또는 프로세스 사고라 할 수 있다.

03 조직은 수직 사고의 틀을 깨고 전사적 효율을 도모하는 균형감을 가져야 하며, 이를 위해 프로세스 아키텍처는 융통성과 균형 있는 업무 활동을 설계해야 한다.

04 전통적인 방법으로 비즈니스 프로세스를 표현하는 데에는 조직도와 프로세스도가 둘 다 필요하다.

05 기업 외부와의 네트워크를 포괄하는 슈퍼시스템 조직도는 기업의 관리 관점을 기업 내부는 물론 기업 생태계 전반에 걸쳐 검토하게 해준다

06 전략적 파트너십 가운데 아웃소싱 파트너가 있다. 회사가 제품과 서비스별로 아웃소싱 파트너를 복수로 두거나 하나의 아웃소싱 파트너가 복수의 제품과 서비스를 가치사슬에 공급한다면 회사의 가치사슬이 더욱 복잡해질 수밖에 없다.

07 지원 프로세스와 가치사슬을 구분하기 위해 기업의 핵심 프로세스를 가치스트림이라 부르기도 한다.

08 일반적으로 부가가치를 창출하는 제조업의 세 가지 핵심 활동은 연구개발, 영업·마케팅, 생산·유통이다.

09 수직 사고를 극복하는 방법으로 시스템 사고 또는 프로세스 사고가 있는데, 품질관리 분야에서는 이를 다기능 사고라 하고 이를 구현한 조직을 다기능 조직이라 부른다.

10 프로세스 아키텍처의 형태를 구속하는 가장 높은 개념은 기업의 전략이며, 이에 따라 전사 레벨의 아키텍처는 기업 이해, 프로세스 모델링, 지표 정의, 통제 구조화, 아키텍처 조정 등 5단계로 진행된다.

11 가치사슬은 제품이나 서비스를 만들어 고객에게 제공하는, 추상화 레벨이 높은 프로세스의 상위 개념이다. 추상화 레벨로 표현하면 가치사슬은 레벨 0에 속한다.

12 프로세스 계층 구조도는 프로세스의 전체 모자 관계를 파악하게 해주고 관리 번호를 체계적으로 부여할 수 있다는 것이 장점이다.

13 네트워크 조직도, 비즈니스 프로세스 계층도, 레벨 1·2의 프로세스 맵 및 맵과 연동된 프로세스 명세표를 만드는 것은 프로세스 아키텍처의 기본 작업이다.

14 기업의 비즈니스 프로세스는 기업의 핵심 프로세스를 말하며, 이 핵심 프로세스는 제품과 서비스를 고객에게 전달하는 부가가치 활동이다.

15 지원 프로세스는 부가가치를 제공하지는 않지만 핵심 프로세스가 정상적으로 운영되도록 지원하는 활동을 말한다.

16 관리 프로세스는 전형적인 기획, 조직화, 의사소통, 관리 통제로 설명된다.

17 SCOR 프레임워크는 공급망 관리를 위한 비즈니스 프로세스 프레임워크로서 국제표준으로 수용되고 있다. SCOR 프레임워크는 레벨 0 가치사슬 밑에 레벨 1, 2, 3만을 표준으로 제시한다. 기업의 가치사슬을 레벨 0부터 시작하면 공급망 관리는 레벨 1로 정의된다.

연습문제

01 구청, 면사무소와 같은 공공 조직을 사일로 조직과 프로세스 조직 형태로 그려보고, 고객(시민)의 입장에서 서비스에 어떤 차이가 있는지 설명하시오.

02 추상화 레벨은 개념의 구체성을 표현하는 단계를 말한다. 예술 작품이나 시각적인 목적물의 예를 들어 추상화 레벨의 개념을 설명하시오.

03 학교의 성적 증명서, 졸업 증명서를 교직원에게 직접 발급받는 비즈니스 프로세스를 레벨 2까지 작성하시오.

04 외주를 통해 해외 생산을 하는 글로벌 스포츠 운동화 기업 A사의 공급망 관리 프로세스를 SCOR 프레임워크를 이용하여 작성하시오.

CHAPTER

06

비즈니스 프로세스의 관리

학 | 습 | 목 | 표

- 운영 관리와 프로젝트 관리의 차이를 설명할 수 있다.
- 운영 관리에 속하는 기능 관리와 프로세스 관리에 대해 설명할 수 있다.
- 기능 관리자와 프로세스 관리자의 역할을 이해할 수 있다.
- 기능 조직, 프로세스 조직, 매트릭스 조직의 차이를 설명할 수 있다.
- 기능 관리자 성과지표와 프로세스 관리자 성과지표의 차이 및 둘 사이 합의 도출의 어려움을 이해할 수 있다.
- 제품 간 카니벌라이제이션을 예를 들어 설명할 수 있다.
- 아웃소싱과 표준화 작업 시의 고려 사항을 설명할 수 있다.
- 프로세스 관리 모델링 시에 참고할 레퍼런스 모델을 제시할 수 있다.

관리는 조직의 목적을 달성하기 위해 회사가 통제 가능한 자원을 활용하고 예상되는 위험에 대비하는 모든 활동을 포괄한다. 여기서 자원은 시간, 인력, 설비, 자금, 파트너 등이고, 위험은 조직을 둘러싼 정치, 경제, 사회, 기술적 변화를 말한다. 그리고 비즈니스 프로세스 관리는 조직의 관리자가 조직의 체계적 프로세스를 효과적·효율적으로 운영하기 위한 내용을 다룬다.

이 장에서는 관리의 특성을 먼저 파악한 후 기능적 조직과 프로세스 조직, 그리고 두 조직의 성격을 함께 가지고 있는 매트릭스 조직의 발전을 살펴볼 것이다. 또한 프로세스 관리의 성숙도를 알려주는 CMMI와 기업의 거버넌스, 매니지먼트 프레임워크인 COBIT 5에 대해 알아본다.

SECTION 01

비즈니스 관리와 조직의 변화

01 관리의 개념

기업에서 '관리management'라는 말은 사업의 계획, 조직화, 운영, 모니터링 및 통제, 평가 및 피드백 등 기업 경영에 관한 전체적인 관리 활동을 포괄한다. 상시적인 관리 활동은 운영 관리operational management라 하고, 변화를 위한 일 또는 가설을 검정하기 위한 단기적인 PoCProof of Concept와 같은 활동은 프로젝트 관리project management라 한다. 이 책에서는 운영 관리를 주로 다루며, 프로젝트 관리는 비즈니스 프로세스의 이해를 돕는 범위에서 제한적으로 다룰 것이다.

TIP 비즈니스 프로세스에 관련된 프로젝트 관리는 프로세스 개선 또는 혁신을 위한 변경 관리로 정의하고 11장에서 살펴볼 것이다.

02 기능 관리와 프로세스 관리

운영 관리는 크게 기능 관리functional management와 프로세스 관리process management로 나눌 수 있다. 기능 관리는 회사의 분화된 기능 조직functional organization이 담당하고, 프로세스 관리는 가치사슬의 관점에서 일관된 프로세스를 책임지는 프로세스 조직process organization이 담당한다. 그리고 기능 조직을 맡은 관리자를 기능 관리자, 프로세스 관리를 맡은 관리자를 프로세스 관리자라고 부른다.

TIP 조직 전체가 아닌 조직원 개인의 역할은 직종, 직책, 직위로 설명하며, 이에 대해서는 8장에서 다룰 것이다.

03 사업 부문의 특징

대부분의 조직은 프로세스보다는 기능으로 분화된다. 기능 조직이 크면 사업 부문business division이라 부르며 중견 기업에서는 사업부business department, 그보다 작은 기업에서는 팀team 또는 유닛unit이라고 한다. 큰 기업의 경우 사업 부문을 제품 라인으로 구분하기 때문에 사업 부문장이 프로세스 전체를 책임지는 LoB 매니저이기도 하다. 제품별 사업 부문으로 나누어져 있을 때 사업 부문장이 원재료의 조달, 개발, 생산, 영업, 마케팅, 유통망까지 독자적으로 경영하기도 한다. 한 예로 기아

자동차와 현대자동차는 연구소 자원은 공유하지만 생산과 판매 유통망은 독립된 법인으로 되어 있으며, 미국 시장에서는 서로 심한 경쟁을 벌이기도 한다.

다국적 기업은 사업 부문을 지리적으로 나누는 경우도 있다. 본사가 미국에 있는 기업이라면 유럽, 중동, 아시아 등으로 사업 부문을 나누고 독자적으로 운영하기도 한다. 사업 부문으로 나누는 것은 독자적인 의사결정이 중요하기 때문이다. 독립채산제를 가진 사업 부문이 해외에 진출할 때는 영업 조직, 마케팅 조직, 생산 조직, 기획 조직의 순으로 진출하는 것이 일반적이다.

일자리 창출과 시장 활성화를 위해 각국 정부는 다양한 인센티브를 제공하여 다국적 기업의 자국 내 공장 설치를 독려하는데, 특히 시장 규모가 큰 중국이나 사회주의 국가가 이런 경향이 있다. 이러한 국제 산업의 흐름에 부응하여 제품뿐만 아니라 지리적으로 구분된 사업 부문이 확장하게 된다. 한편 해외 진출은 물류 비용의 절감, 제품 현지화를 통한 소비자 밀착 등의 이점이 있는 반면 다른 문화의 수용, 나라별 대정부 관계 관리, 통일된 브랜드 유지의 어려움과 같은 난제도 있다. 이러한 문제를 극복하지 못한다면 다국적 기업으로 성장하기 어렵다.

04 기업 형태별 조직도

중견 기업의 조직도

[그림 6-1]은 내구성 소비재 제품을 생산하는 중견 기업의 조직도이다. 생산직을 포함하여 종업원이 200~400명 정도로 대기업 수준 이전의 규모이다.

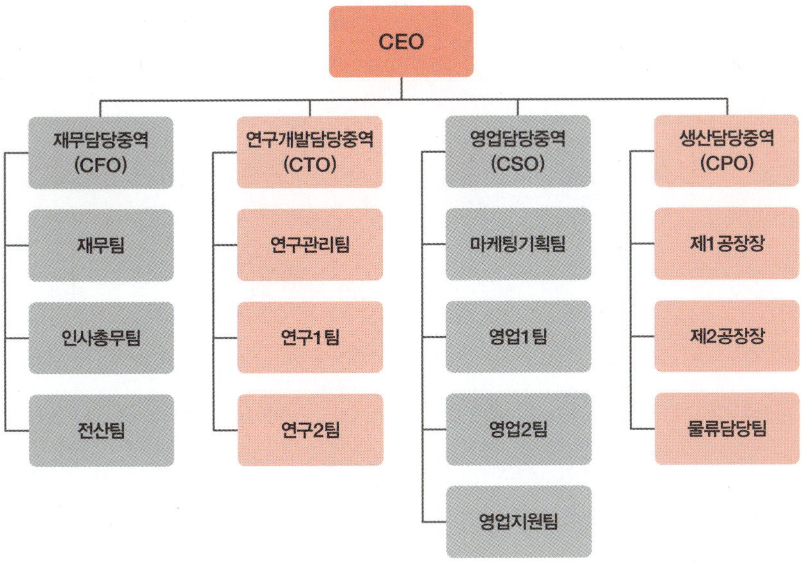

그림 6-1 중견 기업 조직도의 예

직위는 사장CEO, 전무Senior Vice President, SVP, 상무Vice President, VP, 이사director, 부장manager, 팀장team leader, 직원specialist의 순으로 호칭하는 것이 일반적이다. 이사회 구성원만을 이사라고 부르는 것이 국제적인 추세이므로 부장 다음에 바로 상무로 승진하는 경우가 많다. 전형적인 조직은 사장(대표이사) 휘하에 재무담당중역CFO, 영업담당중역CSO, 연구개발담당중역R&D head, CTO, 생산담당중역CPO이 포진한다. 이런 규모의 조직에서는 재무담당중역이 인사와 정보 시스템의 기능도 관장하는 것이 일반적이다. 영업담당중역이 마케팅담당중역CMO도 맡아 홍보와 대외 협력 업무를 관장하기도 한다. 아직 사업 부문 조직이라기보다는 부서별 조직 형태가 일반적이다.

대기업의 조직도

[그림 6-2]는 규모가 좀 더 큰 대기업의 조직도이다. 보통 종업원이 2,000명 이상으로, 이런 규모의 기업은 제품별 LoB 조직을 두고 있다. 사장(대표이사) 휘하에 인사담당중역, 재무담당중역, 마케팅담당중역, 대외협력중역, 정보시스템중역, 복수의 제품별 LoB 중역SVP, 시장별·지역별 부서장의 보고를 받는 영업총괄부문장SVP 등이 포진한다. 부문장은 대개 부사장이라는 타이틀을 달고 있다. 연구개발 기능이 제품별 LoB에 포함되기도 한다.

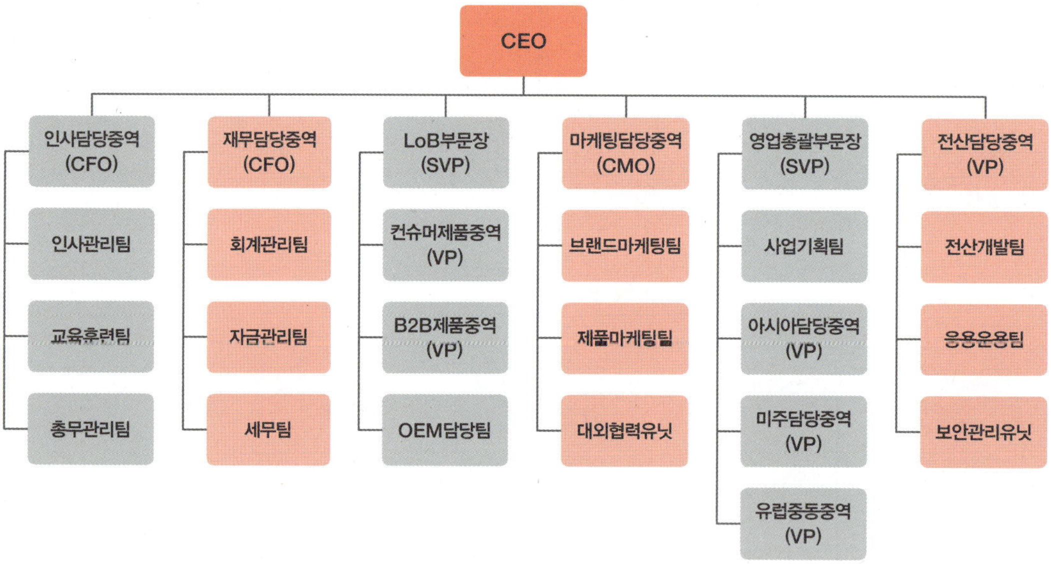

그림 6-2 대기업 조직도의 예

[그림 6-2]는 사업 부문 레벨과 부서 레벨이 동급 부서로 혼재하는 형태이다. 대개 인사나 재무, 정보 기술 부서는 '부department'의 규모를 넘지 않는다. 이 정도의 기업 규모는 제품별 사업 부문 조직과 시장별 사업 부문 조직이 형성되기 시작하는 단계이다. 매출을 책임지는 부서가 우선 사업 부문 조직으로 성장하는 것이 일반적이다. 보통 사업 부문 조직의 부서장은 사전에 승인받은 예산 내에서

하위 부서장의 성과지표, 급여 책정, 신규 인력 채용 및 교육 훈련에 관한 전반적인 정책을 결정하므로 역할과 권한이 군대의 사단장과 비슷하다.

다국적 기업의 조직도

[그림 6-3]은 더 규모가 큰 다국적 IT 기업의 매트릭스 조직 형태를 보여준다. 기능별 부문명과 부서 조직명은 임의로 부여하고, 매트릭스 조직의 개념을 쉽게 이해할 수 있도록 단순화해서 표현했다.

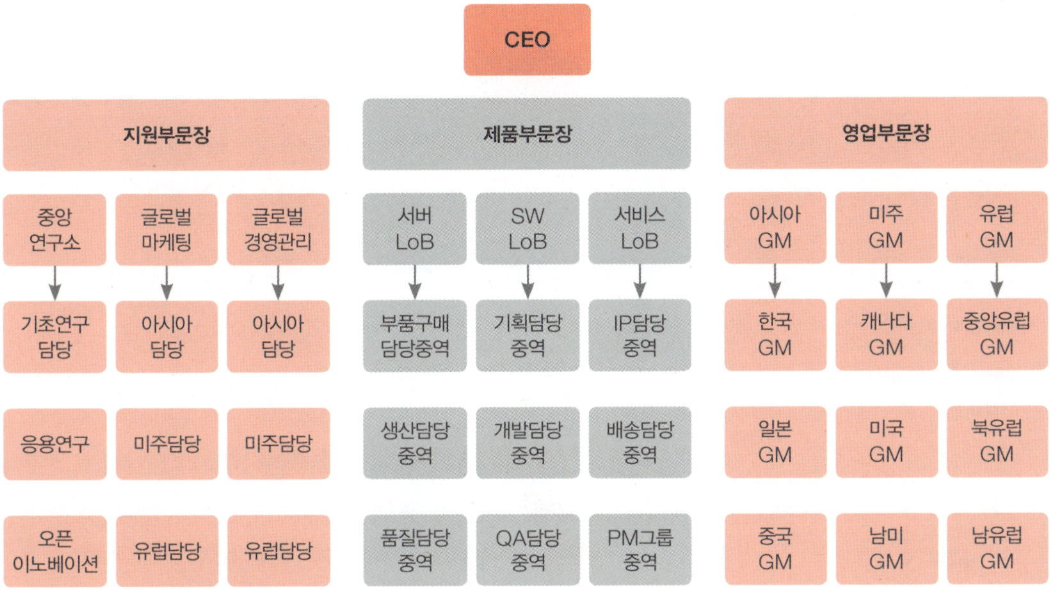

그림 6-3 다국적 기업 조직도의 예

다국적 기업의 매트릭스 조직도

매트릭스 형태로 다국적 기업의 조직도를 그리면 [그림 6-4(a)]와 같다. [그림 6-4(a)]에는 매출을 발생시키지 않는 지원 조직을 포함하지 않았는데, 지원 조직은 [그림 6-2]에 제시한 인사총무, 재무, IT, 마케팅과 같은 조직을 말한다. [그림 6-4(a)]는 매출과 관계된 제품 LoB 조직과 지역별 조직을 매트릭스로만 작성한 것이다. 이 예의 기업은 9개의 제품을 7개의 시장에 판매하는 조직 구조를 가지고 있다. 이러한 매트릭스로 운영되는 기업은 보통 20,000명 이상의 인력으로 구성되고 생산 기지가 해외에 분산되어 있다.

대표이사(회장) 휘하의 조직은 완전한 매트릭스 조직이다. 기능별 총괄 경영자가 있고 프로세스별로도 총괄 경영자가 있다. 기능 관리자와 프로세스 관리자도 나라별로 존재한다. 그러므로 발달된 매트릭스 조직은 제품별, 기능별, 지역별 조직이 3차원 조직 구조를 이루고 있다. [그림 6-4(b)]는 이러한 매트릭스 조직의 3차원 분화 개념을 보여준다.

한국	공공 시장	교육 시장	금융 시장	제조 시장	유통 시장	미디어 시장	비영리 시장	LoB별 합계
모바일 제품	50	51	52	53	54	55	49	364
PC 제품	72	73	74	75	76	77	71	518
서버 제품	90	91	92	93	94	95	89	644
스토리지 제품	23	24	25	26	27	28	22	175
네트워크 제품	10	11	12	13	14	15	9	84
소프트웨어 제품	38	37	36	35	34	33	32	245
IT 서비스	41	42	43	44	45	46	40	301
컨설팅 서비스	83	84	85	86	87	88	82	595
OEM 사업	67	66	65	64	63	62	61	448
시장별 합계	공공 시장 474	교육 시장 479	금융 시장 484	제조 시장 489	유통 시장 494	미디어 시장 499	비영리 시장 455	한국 총계 3,374

(a) 시장별·제품별 매트릭스 조직도 A

(b) 다국적 기업의 시장별·제품별 매트릭스 조직도 B

그림 6-4 다국적 기업의 매트릭스 조직도

[그림 6-4(b)]는 기능 조직의 하나인 영업 조직과 제품별 조직을 2차원 매트릭스로 나타낸 다음 이를 다시 지역별 3차원으로 표현했다. 이러한 분화는 지원 조직에서도 마찬가지이다. 예를 들어 지원 기능 조직인 인사 부서의 부서장은 각 나라별 사장General Manager, GM의 지휘하에 있으면서 본사 인사담당중역의 통제도 받는다. 각 나라의 사장은 인사권을 가지고 있지만, 본사의 기능 총괄 경영자와 프로세스 총괄 경영자의 합의 없이는 사업 부서장의 해고가 쉽지 않은 경우도 많다.

제품 LoB별로 제품 사업 인력product sales force도 있고 지역(또는 업종)을 맡는 시장 영업 인력territory sales force도 있다. 이론적으로 가로와 세로의 매트릭스 조직은 예산, 인력, 매출 측면에서 가로의 총합과 세로의 총합이 일치한다. [그림 6-4(a)]는 제품 LoB의 매출 총액도 3,374억 원, 시장별의 매출 총액도 3,374억 원으로 일치해야 한다. 이렇게 제품별 내용과 시장별 내용을 비교·검토하면 재무지표의 정확성과 달성 가능성을 검증하기 용이하다는 이점이 있다. 예산, 목표, 예측치, 실적지표를 제품 사업 부서와 시장별 영업 부서로부터 따로따로 접수하여 그 정합성을 확인하면 어떤 시장과 제품에 성과지표의 갭이 있는지 쉽게 파악할 수 있기 때문이다.

그러나 이러한 매트릭스 조직 구조는 운영이 매우 복잡하고 의사결정이 지연되는 약점도 있다. 문제는 이러한 조직 형태가 투자 대비 효익이 있는가 하는 것이다. 규모에 걸맞지 않은 매트릭스 조직은 커뮤니케이션 비용이 늘어나고, 업무 해결에 너무 많은 이해 당사자의 합의가 필요하다는 문제가 있다. 규율 준수에 관한 통제력은 커지겠지만 시장에 대응하는 융통성을 포기할 수도 있다. 일정 규모의 성장을 이룬 경우가 아니라면 매트릭스 조직을 구현하고 운영하는 일은 1차원 사일로 조직을 2차원 사일로 조직으로 만들어 더 융통성이 없는 관료주의를 키우기 쉽다. 특히 정보 시스템이 제대로 구축되지 않은 상태라면 관리와 의사소통이 쉽지 않다.

또한 이러한 매트릭스 조직은 기존 산업의 유지와 성장에는 도움이 될 수 있지만, 스타트업 기업의 민첩성을 따라갈 수 없어서 신시장 개척에는 적정한 조직 모델이 아니다. 항공모함이 민첩하게 방향 전환을 할 수 없는 것과 마찬가지이다. 현업에 있는 일부 경영자의 얘기에 따르면 매트릭스 조직의 또 다른 단점 중 하나는 보고해야 할 매니저가 여럿이라 일이 잘 안 되는 핑계를 찾기 쉽다는 것이다. 이러한 책임 회피와 권한 분산의 문제를 방지하기 위해 고객 접점인 시장 영업 부서가 사업 책임과 의사결정의 권한을 우선적으로 갖는 것이 관례이다.

SECTION 02

프로세스 관리자와 프로세스 관리

01 기능 관리자의 프로세스 관리

중견 기업이나 대기업에서는 관리자가 기능 관리자의 역할과 프로세스 관리자의 역할을 모두 맡는다. [그림 6-5]는 연구개발, 제조 생산, 영업·마케팅, 물류·유통, 4개 기능 부서와 제품의 가치사슬 흐름을 보여준다. 업무 프로세스는 각 기능 부서의 담당자와 관리자에 의해 순차적으로 처리되고 각각의 업무 실적은 기능 부서장에게 보고된다. 동일한 사람이 해당 과업에 관한 기능 부서의 업무와 프로세스 업무를 모두 처리한다.

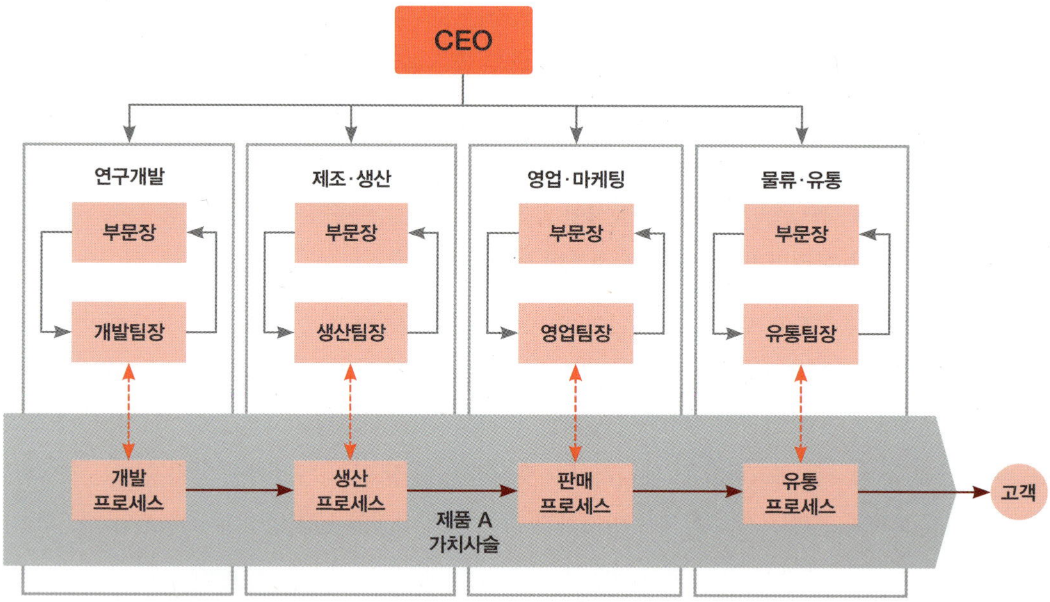

그림 6-5 기능 관리자의 프로세스 운영

이러한 조직에서 발생할 수 있는 문제는 크게 세 가지이다.

- 통제받는 부서장의 성과에 맞추어 일을 처리하여 전사적 최적화의 관점을 놓칠 수 있다.
- 현장의 이슈가 해결되기까지 기능 부서를 넘나드는 계층 간의 의사결정 지연이 빈번하다.
- 납기에 쫓겨 공정상의 문제를 숨김으로써 품질 비용이 더 많이 발생할 수 있다.

결론적으로 부서 이기주의가 발생할 가능성이 높고 회사 전체의 효율을 떨어뜨리는 일이 비일비재하다. 부서장끼리 경쟁 의식이 심할 경우 이슈는 정치적인 소재가 되기도 하여 서로 손가락질을 하는 상황으로 치달을 수도 있다. 이러한 점은 기능 조직이 과연 효율적인가 하는 의문을 갖게 만든다.

PLUS NOTE | 사고의 유연성을 위한 시스템 사고와 프로세스 사고

한 조직의 부문장이 되거나 부서장이 되려면 적게는 15년에서 많게는 25년이 걸린다. 신입사원으로 입사하여 40대 중반 이후에 상무나 전무로 성장한 사람은 그 분야의 여러 가지 일을 모두 경험한 전문가일 것이다. 동종 업계를 넘나들고 업계의 네트워크도 풍부한 부서장은 남다른 식견과 통찰력, 효과적인 작업 모델에 대한 지식을 가지고 있다. 그러나 이러한 전문성이 다른 것을 보지 못하게 하고, 타 부서와의 협력을 개방된 마음으로 접근하기 어렵게 만들기도 한다. 그러므로 전문가이자 고위 관리자일수록 새로운 것에 개방적이고 유연한 태도를 가져야 한다.

이러한 사고의 유연성은 시스템 사고와 프로세스 사고를 해야 가능한 일이다. 고객을 바라보고 고객에게 전달하는 자사 상품의 가치사슬 전체를 바라보는 관점이 중요하다. 기능 부문 관리자는 기능별 조직을 맡고 있으면서도 프로세스 관리자의 역할을 수행해야 한다. 흔히 말하듯이 모자 2개를 모두 써야 한다. 기능 부서의 상위 조직으로 올라갈수록 부문장은 모자 2개를 쓰기가 쉽지 않다. [그림 6-5]처럼 가치사슬 프로세스에서 더욱 멀어지고 수직적 기능 관리의 효율에 집중하는 경향이 있기 때문이다.

02 프로세스 관리 활동

[그림 6-6]은 가장 단순화된 가치사슬 프로세스의 모델과 관리 프로세스를 보여준다. 관리 프로세스와 더불어 프로세스의 흐름을 돕는 지원 프로세스가 표현되어 있다. 프로세스를 회사 전체에서 수행하는 단계로 정의한다면 선행 프로세스는 공급자 프로세스, 후행 프로세스는 고객 프로세스가 될 것이다.

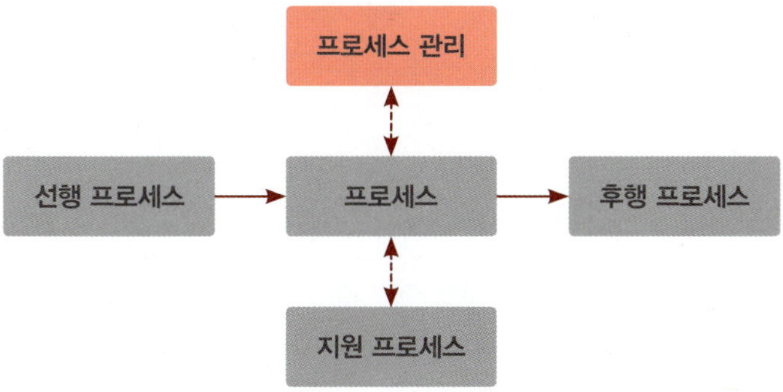

그림 6-6 프로세스 관리의 개념

폴 하먼은 관리 프로세스를 [그림 6-7]과 같이 네 가지 활동으로 구분하여 설명했다. 이 네 가지 활동은 전형적인 관리 활동의 키워드이다. 첫째는 계획 단계로 전반적인 프로세스 계획과 일정, 예산을 정한다. 둘째는 조직화 단계로 프로세스의 흐름을 정하고 필요한 자원과 인력을 배정하며 성과 기준을 정한다. 셋째는 소통 단계로 프로세스가 합목적으로 진행되도록 구성원의 이해를 돕고 지치지 않도록 비전을 제시한다. 마지막은 통제 단계로 작업이 품질 기준 내에서 진행되는지 확인하고 이상 상태가 발생하는지 모니터링하며 이상이 있으면 보정 활동을 수행한다. 이 네 가지 활동의 구분은 프로세스 관리 이론에 따라 달라질 수 있다.

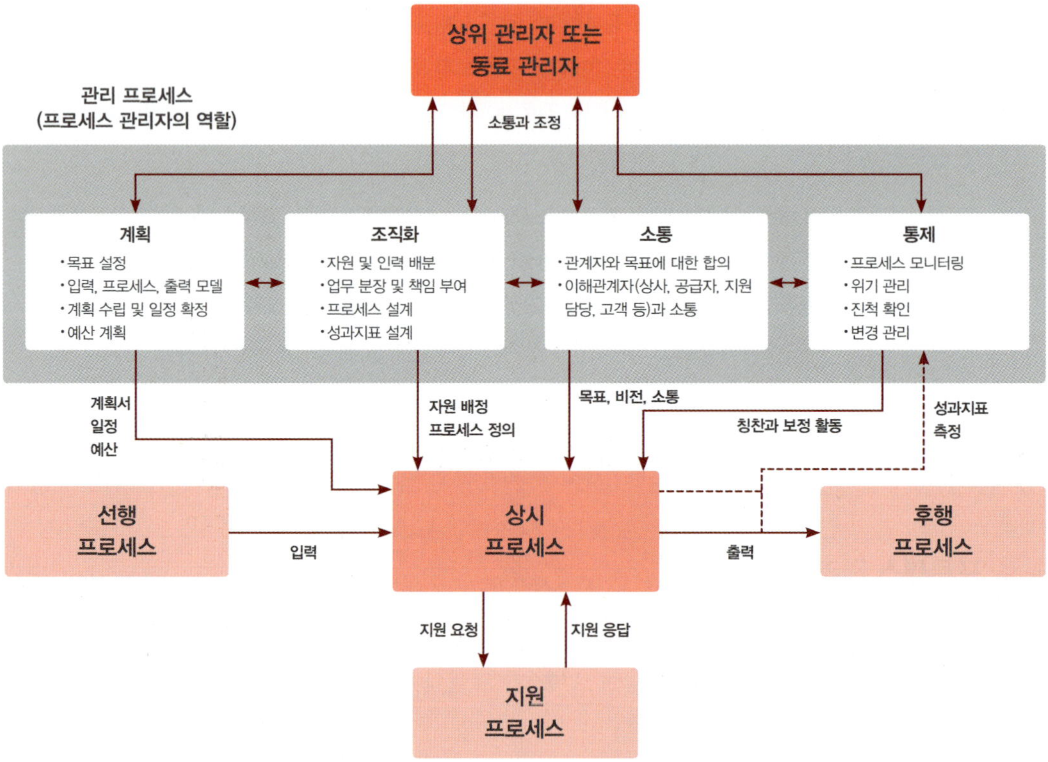

그림 6-7 프로세스 관리 프로세스와 하위 프로세스의 개념

03 프로세스 관리자의 역할

스타트업부터 회사를 설립하는 데 함께한 관리자라면 가치사슬에 대한 설계 작업에 참여했을 것이다. 그러나 나중에 입사한 프로세스 관리자는 초기의 프로세스 계획과 조직화 단계에 참여하지 못했을 것이다. 새로 부임한 프로세스 관리자는 기존 프로세스에 대한 여러 가지 가정을 재검토하고 성과 지표를 평가하여 프로세스 개선을 위한 의견이 있으면 프로세스 재설계를 시도하게 된다. 인적 자원의 학습 수준을 검토한 결과, 미숙련 직원의 재교육과 부적절한 직원의 구조 조정이 필요할 수도 있

다. 유의할 점은 새로운 관리자가 인적 쇄신을 섣불리 행동에 옮기면 노사 문제로 불거질 수 있다는 것이다. 프로세스 재설계와 조직의 구조 조정은 임원급의 지지가 필요하고 경영진의 승인을 얻어 추진할 필요가 있다.

TIP 프로세스 재설계는 11장에서 다룰 것이다.

SECTION 03

기능 관리와 프로세스 관리의 균형

01 관리 포인트의 충돌

회사 전체의 관점에서 프로세스 관리자는 회사 전체 가치사슬의 효율성을 추구해야 한다. 반면에 기능 관리자는 수직적 기능 조직의 효율성에 신경을 쓴다. 기능 관리자의 업무 평가를 수직적 기능 조직의 수장인 부문장이 하기 때문이다. 이런 이유로 기능 관리자의 성과 극대화가 프로세스의 최적화와 상반되기도 한다.

이와 같은 경우를 설명하기에 좋은 예는 바로 재고 관리이다. 생산 및 재고 관리를 책임지는 공장장의 관점에서 재고 비용을 낮추려면 재고를 최소한으로 줄이는 것이 상책이다. 반면에 영업팀장은 고객의 주문이 즉시 처리되길 바란다. 고객의 주문을 받을 때마다 배송이 지연된다면 매출도 잃고 미래의 고객 수요도 없어질 것이 뻔하기 때문이다. 한쪽 기능 관리자(영업)의 요구 충족은 다른 기능 관리자(재고)의 성과를 떨어뜨린다. 이러한 상호 배반적인 현상trade-off을 전사적인 관점에서 최적화하도록 노력하는 것은 프로세스 관리자의 몫이다.

영업·마케팅, 연구개발, 생산·유통 부문에도 비슷한 문제가 있다. 고객에게 다양한 선택권을 제공하기 위해 제품 라인을 넓히려는 영업·마케팅 부서의 요구에 부응하려면 연구개발 부서에서 제품당 개발 비용이 상대적으로 증가한다. 또한 여러 제품을 생산하려면 부품의 수가 늘어나고 각 원자재의 재고 관리 부담도 커진다. 한편 생산 부문에서는 인기 있는 제품에 집중하고 싶다. 인기 있는 제품은 공장 마진율도 높기 때문이다. 생산 부서는 부품 재고 비용을 낮추기 위해 공용 부품에 의한 설계를 강화하도록 연구개발 부서에 요구할 것이다. 연구개발 부서가 생산 비용을 고려한 공용 부품 및 표준 설계를 도모하는 것은 다양한 제품 디자인을 추구하는 영업·마케팅 부서의 시도에 제약으로 작용한다. 겉만 번지르르하고 설계가 불가능한 디자인을 마케팅 부서가 요구하는 경우도 비일비재하다. 특히 소형화된 모바일 제품의 경우 물리적 한계로 구현이 불가능한 기능이 있다. 예를 들어 기능을 많이 포함하면서도 배터리가 오래가길 요구하지만 기능이 많이 추가되면 배터리가 빨리 소모될 것이다.

위와 같은 경우를 중재하는 것이 프로세스 관리자이다. 그러나 중견 기업에는 프로세스 전담 관리자가 없고 대개는 기능 관리자가 분절된 프로세스 관리자의 역할을 동시에 수행한다. 이 경우 서로 다른 기능 부서의 이해관계를 중재하는 것은 아주 민감한 사안이다. 기능 관리자와 프로세스 관리자의 일을 동시에 맡은 사람이 있다고 하자. 그가 프로세스 관리를 제대로 하고 있는지 평가하려면 그 자신이 고객의 관점에서 부가가치 프로세스의 성과지표를 어떻게 설명하고 얼마나 중요하게 생각하는지 확인해야 한다. 이렇게 하지 않는다면 그 회사에는 프로세스 관리자가 없는 셈이다.

02 카니벌라이제이션 현상

[그림 6-8]은 기능 관리자와 프로세스 관리자의 차이를 명확히 보여준다. 기능 부문은 연구개발, 제조·생산, 영업·마케팅, 물류·유통이고, 각각의 기능 부서장은 서로 다른 성과지표를 가지고 있다. 연구개발 부서는 빠른 시간 내에 경쟁력 있는 제품을 만드는 부문별 목표를 세울 것이다. 제조·생산 부서에는 주문받은 제품을 빠른 시간에 출시하는 생산 납기와 가능한 한 재고 비용을 줄이라는 성과지표가 있을 것이다. 물류·유통 부서의 성과지표는 고객이 원하는 시점에 제품을 인도하는 적시성과 아울러 물류 비용을 최대한 줄이는 것이다. 또한 영업·마케팅 부서는 제품 판매량을 극대화하여 매출을 높이고, 대체재 시장을 포함한 시장 점유율을 유지하거나 최대한 높이는 것이 성과지표일 것이다.

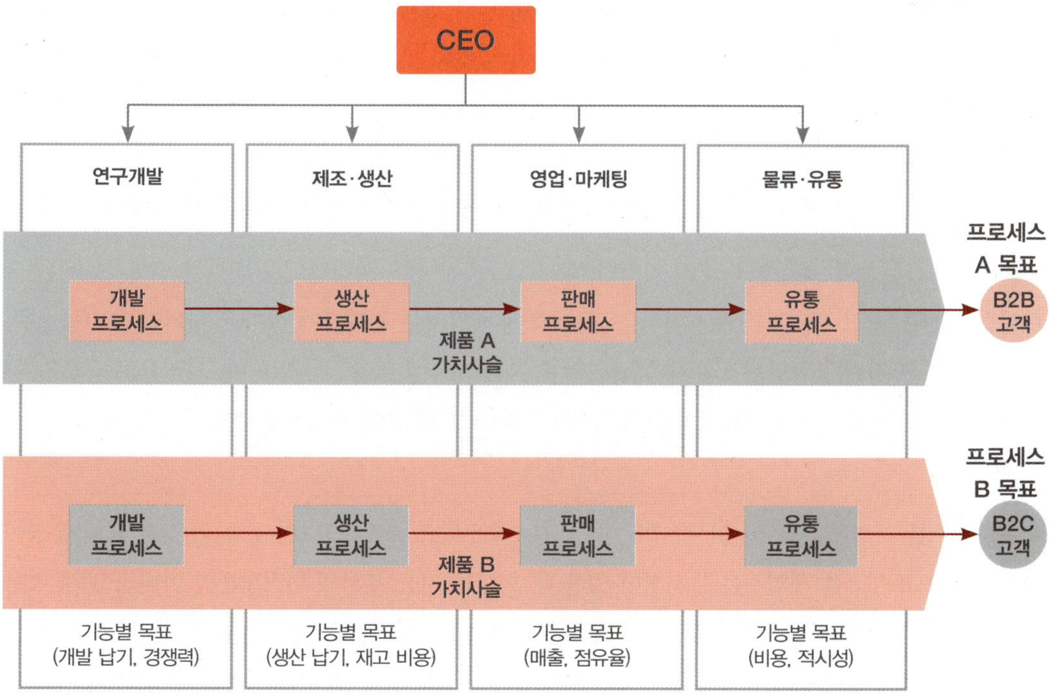

그림 6-8 기능 관리자와 프로세스 관리자의 동인

그렇다면 가치사슬을 맡고 있는 프로세스 관리자의 성과지표는 무엇일까? 당연히 자신이 책임진 가치사슬의 사이클을 단축하고, 재작업을 줄이고, 품질 좋은 제품을 생산하고, 프로세스 비용을 줄여 고객 가치를 높이면서도 이윤을 늘리는 것이 성과지표일 것이다.

[그림 6-8]은 B2B, B2C 제품이 서로 다른 시장에서 어떤 프로세스를 거치는지 표현한 것인데, 만약 2개의 가치사슬이 서로 대체재라면 문제가 발생한다. 이런 경우 고객이 A 제품을 선택하면 B 제품이 필요 없어지고 그 반대 역시 마찬가지이다. 이처럼 신제품이 오히려 기존 제품의 시장을 갉아먹는 현상을 카니벌라이제이션cannibalization이라고 한다.

카니벌라이제이션 상황이 되면 새로운 제품을 개발함으로써 얻는 이점이 없다. 기업이 이를 예견하면서도 신제품을 출시하는 것은 경쟁사의 진입을 막기 위함이거나 시장 예측이 어렵기 때문이다. IT 업계에는 이런 사례가 많다. 하드웨어 생산업체의 경우 PC 서버, 유닉스 서버, 대형 서버, 클라우드 서비스 중 고객의 선호도에 따라 구매하는 제품이 결정된다. 고객이 B 제품을 선택하면 A 제품의 매출이 줄어드는 것이다.

03 프로세스 부문장의 역할

앞서 제시한 [그림 6-4(a)]는 카니벌라이제이션 현상을 잘 설명해준다. 예를 들어 제조 산업의 영업 부서장은 어떤 제품을 팔더라도 매출 목표만 채우면 된다. 반면에 횡적인 가치사슬 조직을 책임지는 LoB 관리자는 자신이 맡고 있는 제품을 많이 판매하는 것이 목표이다. [그림 6-4(a)]에서 제조 시장의 매출 목표는 489억 원이다. 9개 제품 중에서 무엇을 팔더라도 489억 원을 채우면 목표를 달성한 것이므로 부서장과 영업사원은 인센티브를 받게 될 것이다. 마찬가지로 서버 제품의 가치사슬을 맡고 있는 LoB 관리자는 644억 원을 달성하기 위해 7개 시장 전반에 적극적으로 판촉을 해야 한다.

[그림 6-4]는 매우 복잡한 다국적 기업의 매트릭스 조직이다. 안타깝게도 대부분의 대기업에는 프로세스 관점을 가진 관리자가 부재하다. 프로세스를 책임지는 관리자가 있다고 하더라도 기능 부문장보다 포지션 파워가 약하면 프로세스 관점의 관리는 애초에 불가능한 일이다. 그러므로 규모가 큰 다국적 기업은 프로세스 조직을 강화하기 위해 [그림 6-9]와 같이 프로세스 관리를 책임지는 부문장을 둔다.

프로세스를 책임지는 LoB 부문장에게 힘이 있는 매트릭스 조직은 [그림 6-4]와 같은 관리 운영이 가능하다. 프로세스를 책임지는 부서장이 있을 때 회사는 기능 부서의 최적화뿐만 아니라 고객 지향 가치사슬의 측면에서 프로세스 전반의 최적화를 지향하는 활동을 도모할 수 있다. 현장의 관리자는 기능 부서장에게 보고하는 동시에 프로세스 부서장의 통제를 받고 연말 고과 때는 두 부서장의 평가를 받기 때문에 프로세스 측면의 관리를 신경 쓰지 않을 수 없다. 따라서 매트릭스 조직은 기능별 조직과 프로세스별 특징을 모두 가진 조직 형태라고 말할 수 있다.

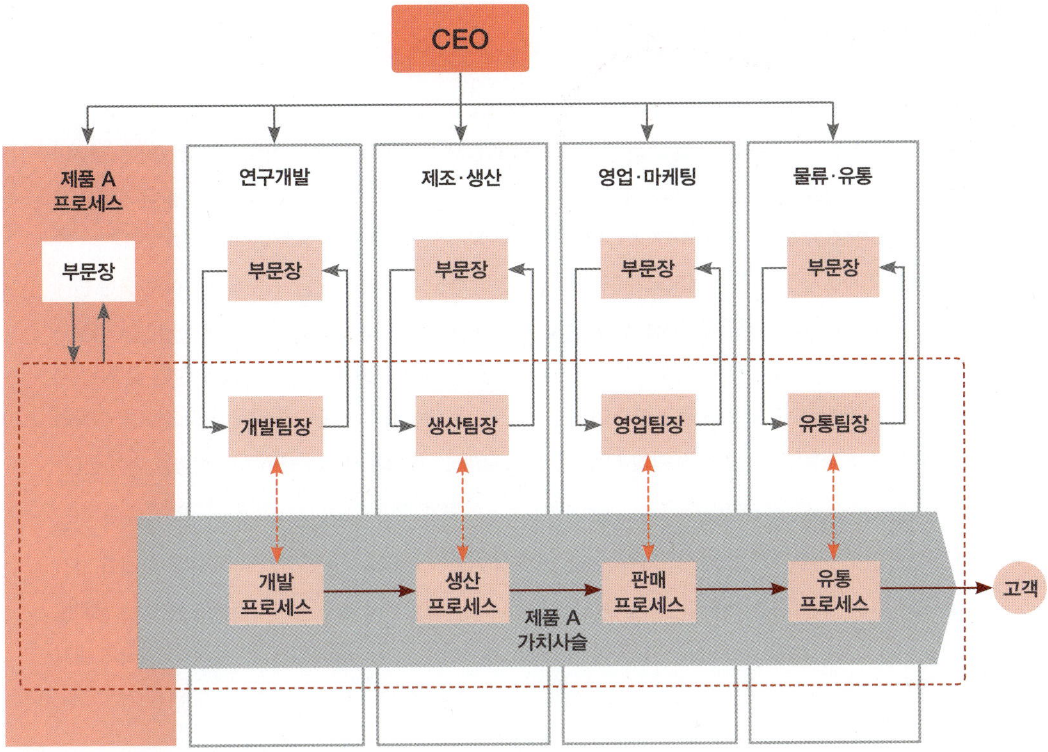

그림 6-9 기능 부문장과 프로세스 부문장이 분장된 매트릭스 조직도

04 프로세스 관리자의 조직 통제력

매트릭스 조직이라 하더라도 인적 자원과 예산의 집행 권한을 기능 관리자가 가지고 있는지, 프로세스 관리자가 가지고 있는지에 따라 조직 통제력은 다른 양상을 보인다. 대부분의 조직은 기능 조직의 성장과 분화가 먼저 시작되므로 초기에는 기능 조직의 부서장이 자원의 결정권을 쥐고 있다. 그러나 가치 지향적인 프로세스 문화가 안정화됨에 따라 프로세스 관리자도 일부 자원의 집행 권한을 소유하게 된다. 프로세스 관리자가 독자적인 자원을 가질 수도 있고, 기능 관리자의 집행을 승인하는 파워를 가질 수도 있다.

초기에는 합의권을 가지는 형태이지만 다국적 기업으로 성장할수록 프로세스 관리자가 독자적인 인적 자원의 예산을 가지게 되는 것이 일반적이다. 프로세스 관리자는 프로세스 효율을 높이도록 일부 예산을 기능 조직의 인센티브로 활용하기도 한다. 어떤 회사의 대표는 집단 이기주의를 배척하기 위해 기능 부문장의 보직과 프로세스 부문장의 보직을 순환하는 방식을 활용하기도 한다.

경영학 강의 | 아웃소싱, 프로세스 표준화, 성과지표 설정

1. 아웃소싱의 위험 관리

프로세스 관리의 복잡도를 높이는 것 중의 하나는 외부 공급자와 같은 아웃소싱 파트너를 활용하는 경우이다. 전체적인 프로세스 관리 품질을 높이려면 초기부터 아웃소싱 업무의 프로세스 표준 모델을 유의해서 설계해야 한다. 아웃소싱 파트너가 원자재의 납품에 관계된 경우는 그래도 단순하다. 납품된 원자재의 전수 조사 또는 샘플 조사로 품질을 검증하면 되기 때문이다. 그러나 생산 프로세스 진행 도중에 외부로 반출된 반제품이 다시 자사로 반입되는 경우나 완제품을 고객에게 전달하는 프로세스를 물류 파트너에게 넘기는 경우는 좀 더 정밀하게 프로세스를 설계해야 한다. 전자는 외주 생산될 제품의 사양에 대한 정확한 정의 및 작업 지시, 외주 개발자(생산자) 기술 교육 등의 부담이 있다. 그리고 후자는 고객 만족도와 같은 접점 정보를 획득하는 체계적인 절차, 파트너의 책임을 명확히 하는 일, 정보 교환을 위한 IT 시스템 구현에도 신경을 써야 한다.

기업이 절대로 해서는 안 되는 일은 생산성과 효율을 도모하겠다고 고객 정보의 오너십을 파트너에게 양도하는 것이다. 고객 정보는 기업의 핵심 자원이므로 반드시 기업이 보유해야 한다. 부득이하게 파트너와 고객 정보를 공유하더라도 보안 장치를 마련하는 동시에 파트너가 동일한 사업에 진출하지 못하도록 하는 장치를 고려해야 한다. 고객 정보를 파트너에게 넘기면 아웃소싱 발주자가 아니라 공급업체의 위치로 전락하게 될지도 모른다.

2. 프로세스 표준화

제품의 표준화 작업이 제조 비용을 줄이고 프로세스를 단순화하는 효과가 있음은 자명하다. 마찬가지로 표준화된 프로세스는 작업자의 교육 훈련에 대한 투자를 줄여주고 오류를 절감하며 전반적인 프로세스 운영 비용을 낮춘다. 프로세스 표준화는 ERP 소프트웨어를 통일시킴으로써 쉽게 달성할 수 있다. 그러나 문제는 현업 부서의 목소리가 너무 커서 소프트웨어를 과도하게 커스터마이징하는 것으로, 이러한 접근은 표준 소프트웨어 도입의 장점을 깎아먹는다. 유지·보수의 어려움이 커지는 것도 문제이다. 그러므로 표준화된 소프트웨어를 도입하기 전에 기업의 현재 프로세스를 문서로 정의하고, 표준화된 소프트웨어 프로세스를 벤치마킹해야 한다. 소프트웨어의 프로세스를 변경하려는 현업 부서의 주장을 검토하되, 최대한 표준 소프트웨어의 프로세스에 맞추어 현업 부서의 절차를 변경하는 것이 효과적인 접근이다.

한편 표준화된 소프트웨어 도입의 단점도 있다. 첫째, 기능 개선 시점이 벤더 종속적으로 이루어지고, 둘째, 시장을 선도하려는 차별화가 어려우며, 셋째, 사용하지 않는 비활성 기능까지 비용을 부담하거나 무거운 프로그램 모듈을 사용할 가능성이 크다는 것이다. 그러나 가장 큰 단점은 고객 관점에서 차별화가 부각되지 않고 서비스가 평준화되는 것이다. 시장 경쟁력을 추구하는 기업은 다시 표준화를 버리고 직접 개발을 통한 소프트웨어 차별화를 도모하려고 시도하게 된다. 소프트웨어를 도입할 것이냐, 직접 개발할 것이냐는 IT 산업의 오랜 화두이다. 세상이 빠르게 변할 때는 개발을 선호하고, 성장률이 둔화되었을 때는 표준 툴을 도입하여 비용을 절감하는 노력을 하는 것으로 보인다. 특히 해외 시장 진출 가능성이 없는 업종이라면 무거운 ERP 솔루션을 들여와 커스터마이징하는 것을 재고해야 한다.

3. 성과지표 설정 시 유의 사항

성과지표 관리의 경우 목표 설정과 보상이 합목적이지 않을 때 벌어지는 일을 살펴보는 것은 의미가 있다. 관리자는 조직의 활동성과 체질을 개선하기 위해 여러 지표를 설정하기도 하는데, 문제는 이러한 지표가 상호 배타적인 성격을 가질 수 있다는 것이다. 물리적인 사례를 살펴보자. 자동차의 안전성을 높이려면 두꺼운 철판을 사용해야 하지만, 연비를 높이려면 차체가 가벼워야 한다. 안전성도 향상하고 연비도 올리는 상호 배타적인 두 가지 물성치의 균형을 잡으려면 결국 가장 많은 구매력을 유인하는 소비자군의 만족도에서 답을 찾아야 한다.

고객 만족도를 높이라고 요구하면서 동시에 고객 서비스 비용을 낮추라는 지표를 부과하는 것도 상호 배타적인 목표의 한 예이다. 관리자는 균형을 유지하기 위해 상호 배타적인 목표를 동시에 부과했다고 주장할 수 있겠지만, 이율 배반적인 복수의 목표를 받은 실무자는 내심 관리자의 역량과 리더십에 부정적인 생각을 가질 것이다. 특히 절대 평가가 아닌 동료 간의 상대 평가로 인센티브를 주는 것은 금기 사항이다. 동료가 못해야 내가 잘되는 인센티브 프로그램은 협동하는 조직, 학습하는 조직 문화를 단번에 망가뜨릴 것이다.

비즈니스 프로세스상에서도 실무자에게 2개의 상호 배타적인 목표 달성을 요구할 때 어떤 일이 벌어질지 유의하여 목표를 설정해야 한다. 이러한 문제를 해결할 수 있는 몇 가지 툴을 3부에서 제시할 것이다. 일례로 서로 다른 제품 특성 중에서 무엇을 더 중요하게 보아야 하는지 판단하는 그룹 의사결정 기법으로 품질 기능 전개 기법이 활용된다. 또한 정성적 속성을 정량적 지표로 변환하는 분석적 계층화 기법(Analytic Hierarchical Process, AHP)과 같은 의사결정 툴도 있다.

SECTION 04

프로세스 관리와 프레임워크

01 비즈니스 프로세스 표준 관리 모델

기능 관리와 프로세스 관리의 균형에 대한 앞 절의 설명은 비즈니스 프로세스 관리 체제 설계에 도움이 될 것이다. 하지만 업계에서 제안되는 표준화된 프레임워크를 참조한다면 보다 쉽게 비즈니스 프로세스 관리 체계를 만들 수 있다. 이러한 비즈니스 프로세스 관리에 관한 표준으로 제시된 모델이 있다. 바로 PMI Project Management Institute가 제공하는 PMMM Project Management Maturity Model과 SEI가 제공하는 CMMI이다. 이 밖에도 앞서 언급한 SCC의 SCOR 비즈니스 프레임워크, ITGI의 COBIT 프레임워크도 있다.

02 PMI의 PMBOK와 OPM3

PMI에서는 운영 관리자operational manager와 프로젝트 관리자project manager를 구분하여 접근한다. PMI는 기본적으로 운영 프로세스보다는 프로젝트 프로세스에 맞추어져 있지만, 프로젝트 프로세스 역시 광의의 비즈니스 프로세스이므로 PMI의 지식 체계는 운영 프로세스 설계에도 유용한 지식을 제공한다. PMI의 지식 체계는 PMBOK Project Management Body Of Knowledge와 OPM3 Organizational Project Management Maturity Model에 잘 설명되어 있다.

[그림 6-10]은 PMI에서 구분된 5단계 프로젝트 관리 프로세스와 10개 카테고리 지식 체계의 상관관계를 보여주는 매트릭스이다. PMI에서는 프로젝트를 발의initiating, 계획planning, 실행executing, 감시 및 통제monitoring & control, 종료closing의 5단계로 구분한다. 그리고 이에 대한 지식 체계를 10개의 카테고리로 설명한다.

PMBOK는 현업 프로젝트 관리자들의 의견을 반영하여 지속적으로 변경되는 프레임워크이다. 5개 프로세스 단계별, 10개 지식 체계별로 해당되는 부분과 해당되지 않는 부분이 있다. 예를 들어 발의와 종료는 2개의 지식 체계에만 관련되고 실행 부분 역시 해당되지 않는 지식 체계가 있다. 전 지식 체계에 관련된 것은 계획 단계가 유일하다.

프로젝트 관리 프로세스 그룹

프로젝트 지식 체계	발의	계획	실행	감시 및 통제	종료
통합	프로젝트 문서 작성	프로젝트 관리 계획서 작성	프로젝트 지휘	프로젝트 감시/통제, 통합적 변경 관리	프로젝트 종료 혹은 단계 종료
범위		관리 계획, 요구 수렴, 범위 설정, WBS 작성		범위 검증, 범위 통제	
일정		관리 계획, 활동 계획, 순차 활동, 활동 자원, 활동 기간, 일정 확정		일정 통제	
비용		원가관리 계획, 비용 추정, 예산 결정		비용 통제	
품질		품질관리 계획	품질 보증	품질관리	
인력		인적 자원 관리 계획	프로젝트팀 선발/교육/관리		
의사소통		의사소통 관리 계획	의사소통 관리	의사소통 통제	
위험		위험 관리 계획, 위험 선별, 정량적 위험 분석, 위험 대응 계획		위험 통제	
구매		구매 관리 계획	구매 활동	구매 통제	구매 종료
이해 당사자	이해 당사자 구분	이해 당사자 관리 계획	이해 당사자 참여 관리	이해 당사자 참여 통제	

그림 6-10 **PMI PMBOK 체계**

PMI는 2003년 12월에 OPM3를 발표했고 두 번째 에디션은 2008년에 공표했다. 이 모델 개발을 위해 전 세계에서 200여 명의 자원봉사자가 참여했다. 이들은 프로젝트 관리 전문가 약 30,000명에게 설문서를 발송했으며, 설문 조사 결과 약 180개의 모범 사례를 취합하고 2,400개의 역량, 산출물, KPI를 선정했다. 선정된 모범 사례는 3개의 범위(프로젝트, 프로그램, 포트폴리오)별 총 4단계(표준, 측정, 통제, 지속 개선)로 프로젝트 관리 성숙도를 평가했다. 조직이 성숙하면 [그림 6-11]의 화살표 방향으로 성숙도 수준이 높아질 것으로 기대된다.

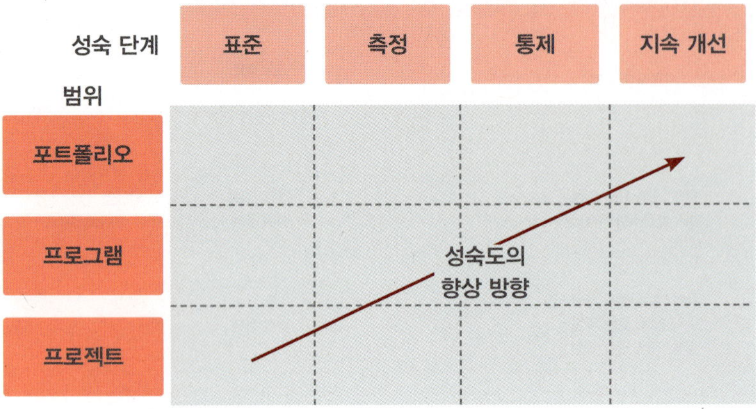

그림 6-11 OPM3 성숙도 단계

03 SEI의 CMMI 모델

IT 업계에서 성숙도 모델로 가장 많이 알려진 것은 SEI에서 주관하는 CMMI일 것이다. CMM은 IT 부문을 위한 프로세스에서 시작하여 업계의 전체 프로세스를 대상으로 하는 CMMI로 확장되었다. CMMI는 약자에 포함된 역량capability과 성숙도maturity의 관점으로 활용될 수 있다. 역량 관점으로 CMMI의 프레임워크를 사용한다면 각 단계별로 실무자들이 숙달되어야 할 기술을 규명하고 이러한 기술을 내재화하는 교육 체제를 마련할 수 있다. 성숙도 관점의 CMMI 접근은 프로세스의 성숙도를 다음 단계로 높이기 위해 추진해야 할 과제를 결정하고 자원과 역량을 투입할 수 있게 도와준다.

CMMI는 와츠 험프리가 제안한 5단계 성숙 모델에 바탕을 두고 있다. 험프리가 제안한 5단계는 초기initial, 반복repeatable, 정의defined, 관리managed, 최적optimizing이다. CMMI 초기에는 험프리의 모델을 그대로 수용하여 많은 교재에서 이러한 5단계로 성숙도를 설명했다. 그러나 이후 명칭에 변화가 있었다. CMMI 최신 버전은 초기initial, 관리managed, 정의defined, 양적 관리quantitatively managed, 최적optimizing의 5단계로, 명칭이 변화된 것은 2단계와 4단계이다. 대부분의 CMMI 인증 업체가 CMMI 레벨 2 인증부터 시작한다는 이유로 시장의 요구에 따라 성숙도 레벨의 명칭을 변경한 것이다. 그러나 이 책에서는 험프리가 제안한 CMM의 명칭을 따를 것이다.

[그림 6-12]는 이를 토대로 수정한 것으로 변경 전후의 명칭을 병기했다. 그림에는 4개의 관리 분야별로 각 단계에 추진해야 할 대표적인 활동이 매핑되어 있다. 4개 분야는 프로젝트 관리, 프로세스 관리, 엔지니어링, 지원 분야로 해당 분야를 담당하는 관리자들의 업무를 매핑한 것과 마찬가지이다.

CMMI 정의 4개 관리 부분

CMMI 성숙도 레벨 \ 프로세스 부문	프로젝트 관리	프로세스 관리	엔지니어링	지원
레벨 5 최적		OID(Org. Innovation & Deployment)		CAR(Causal Analysis & Resolution)
레벨 4 관리(양적 관리)	QPM(Quantitive Project Management)	OPP(Org. Process Performance)		
레벨 3 정의	RSKM(Risk Management) IPPD(Integrated Project Management)	OT(Org. Training) OPF(Org. Process Focus) OPD(Org. Process Definition)	VAL(Validation) VER(Verification) PI(Product Integration) TS(Tech. Solution) RD(Requirements Development)	DAR(Decision Analysis & Resolution)
레벨 2 반복(관리)	SAM(Supplier Agreement MGMT) PMC(Project Monitoring & Control) PP(Project Planning)		RM(Requirement Management)	MA(Measurement & Analysis) PPQA(Process & Product Quality Assurance) CM(Configuration Management)
레벨 1 초기				

(성숙도 높음 ↑)

* 괄호 안은 수정된 성숙도 레벨의 명칭임

그림 6-12 조직 성숙도 레벨과 관리 종류에 따른 CMMI 관리 프로세스

PLUS NOTE | 프로세스 관리의 주요 활동

CMMI는 4개 프로세스 부문 중 '프로세스 관리'의 주요 활동에 대해 다음과 같은 약자로 설명했다.

- **OPD(Organizational Process Definition) 프로세스:** 조직의 프로세스 자산과 작업 표준 환경을 구현하고 유지·관리한다. 성숙도 3단계의 표징이다.
- **OPF(Organizational Process Focus) 프로세스:** 조직의 프로세스와 프로세스 자산의 강점·약점을 잘 이해하고 이를 바탕으로 조직의 프로세스 개선 활동을 계획·추진·전개한다. 성숙도 3단계의 표징이다.

- **OT(Organizational Training) 프로세스:** 프로세스 운영에 필요한 기술과 지식을 실무 직원에게 효과적·효율적으로 제공한다. 조직에 필요한 교육 내용을 정의하고 교육을 실시하며, 교육 이력을 관리하고 교육 효과를 효과적으로 평가한다. 성숙도 3단계의 표징이다.
- **OPP(Organizational Process Performance) 프로세스:** 품질과 프로세스 성능 목적을 지원하는 표준 프로세스를 운용하며 조직의 성과에 대한 정량적인 지표를 관리하고 유지한다. 조직의 프로젝트를 정량적으로 관리하는 프로세스 성과 지표, 기준치, 모델을 제공한다. 성숙도 4단계의 표징이다.
- **OID(Organizational Innovation and Deployment) 프로세스:** 조직의 프로세스와 기술을 측정 가능하게 향상하는 점진적이고 혁신적인 개선 모델을 선정하고 회사 전체로 전개시킨다. 성숙도 5단계의 표징이다.

04 SCC의 SCOR 프레임워크

SCC의 SCOR 프레임워크는 공급망 관리 프로세스를 핵심 프로세스로 다룬다. 앞서 설명했듯이 프로세스 레벨 2는 기호 P, S, M, D, R로 프로세스를 단순하게 표현한다. 5장의 [그림 5-13]은 이 중 S Supply, M Make, D Delivery 만으로 표현한 공급망 관리이다. 이 다이어그램 프로세스에는 P Plan 프로세스가 생략되어 있다. 물론 P 프로세스를 추가할 수도 있지만 그렇게 하면 좀 더 복잡한 그림이 될 것이다. SCC는 하위 프로세스를 구체화하기 위해 P와 M을 조합한 서브 프로세스도 제안한다. 즉 PM1, PM2, PM3, PM4와 같이 표기하고 그 의미를 부여하는 것이다. 예를 들어 PM4는 'establish production plan(생산 계획 수립)'을 의미한다. 이러한 표기법은 E Enabling 프로세스에도 적용되어 EM1~EM8이 표준화되어 있다. 일례로 EM3는 'manage production data(생산 데이터 관리)'를 의미한다.

05 ITGI의 COBIT 프레임워크

ISACA Information Systems Audit and Control Association 산하의 ITGI는 IT 프로세스 관리를 조직화하는 프로세스 프레임워크를 개발했다. 최신 버전은 COBIT 5로 기업 전략과 IT 전략에 통합된 거버넌스와 관리 도메인의 실행 전략을 참조할 수 있다. COBIT 5는 다음의 5개 카테고리 총 37개 서브 프로세스를 가이드라인으로 제시한다. 사용자는 COBIT 5가 제안하는 기업의 전략적 선택지와 프로세스 선택지의 연관도 매핑표를 활용하여 손쉽게 실행 전략을 수립할 수 있다.

❶ **거버넌스 도메인:** Evaluate, Direct, Monitor(EDM, 5개 프로세스)

❷ 관리 도메인

- **Plan 단계:** Align, Plan, Organize(APO, 13개 서브 프로세스)
- **Build 단계:** Build, Acquire, Implement(BAI, 10개 서브 프로세스)
- **Run 단계:** Deliver, Service, Support(DSS, 6개 서브 프로세스)
- **Monitor 단계:** Monitor, Evaluate, Assess(MEA, 3개 서브 프로세스)

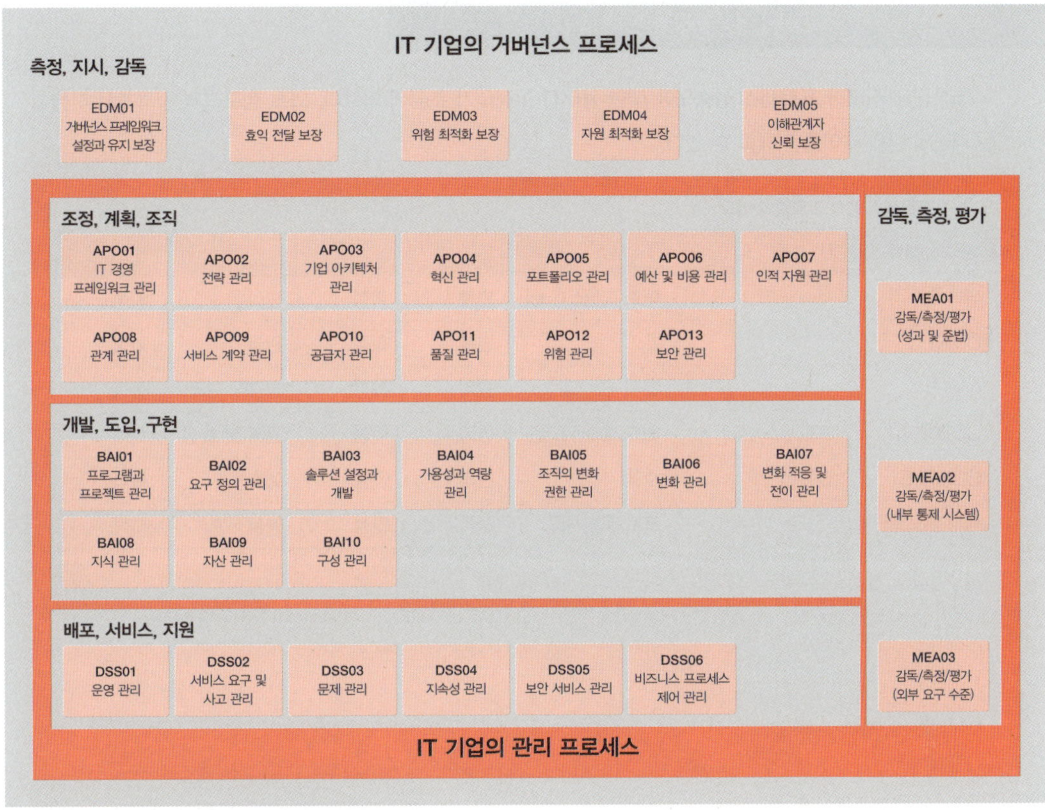

그림 6-13 COBIT 5: 프로세스 레퍼런스 모델

06 프레임워크 정리

이상과 같이 표준 프레임워크는 업계의 요구로 지속적으로 바뀌는데 단순한 모델에서 더욱 복잡한 모델로 바뀌는 추세이다. 프로세스 관리를 위한 레퍼런스 프레임워크는 앞서 설명한 다섯 가지 외에도 더 있지만 이 책에서는 자세한 설명을 생략하겠다. 더 깊이 알고 싶다면 관련 문헌을 참조하기 바란다.

앞의 사례로 프로세스 관리 모델에 대해 어느 정도 이해했을 것이다. 프레임워크는 어디까지나 도구이며 모든 회사가 표준 프레임워크에 맞추어 업무를 표준화할 필요는 없다. 회사의 역량과 수준에 따라 선택적으로 활용하면 된다. 그래도 아무런 참고 자료 없이 시작하는 것보다는 업계의 프레임워크와 모범 사례가 비즈니스 프로세스의 아키텍처링 단계에 많은 도움이 될 것이다. 프레임워크를 활용함으로써 회사의 현재 수준을 평가하고, 목표 수준에 도달하는 데 필요한 직원의 역량과 교육 과정을 도출할 수 있을 것이다. 또한 성과지표를 결정하여 지속적인 개선을 위한 관리지표로 활용할 수 있을 것이다.

PLUS NOTE | 프로세스 성숙도 용어 비교

학자와 단체에 따라 프로세스 성숙도에 대한 용어상의 정의가 조금씩 다르다. 와츠 험프리의 정의에서 파생된 개념의 변화 추이를 이해할 수 있다.

표 6-1 프로세스 성숙도 모델의 비교

성숙도 레벨	0	1	2	3	4	5
와츠 험프리		애드 혹(ad hoc)	반복	확정	관리	최적
CMM		초기	반복	확정	관리	최적
CMMI		초기	관리	확정	정량적 관리	최적
COBIT 4.1	프로세스 존재 ×	애드 혹(ad hoc)	반복	확정	관리 및 측정	최적
COBIT 5	불완전	수행	관리	안정	예측	최적
제리 루프트먼		프로세스 시도	시작	안정	향상	최적

요약

01 기업에서 '관리'라는 말은 사업의 계획, 조직화, 운영, 모니터링 및 통제, 평가 및 피드백 등 기업 경영에 관한 전체적인 관리 활동을 포괄한다.

02 상시적인 관리 활동은 운영 관리라 하고, 변화를 위한 일 또는 가설을 검정하기 위한 단기적인 PoC와 같은 활동은 프로젝트 관리라 한다.

03 운영 관리는 크게 기능 관리와 프로세스 관리로 나눌 수 있다. 기능 관리는 회사의 분화된 기능 조직이 담당하고, 프로세스 관리는 가치사슬의 관점에서 일관된 프로세스를 책임지는 프로세스 조직이 담당한다.

04 대부분의 조직은 프로세스보다는 기능으로 분화된다. 기능 조직이 크면 사업 부문이라 부르며 중견 기업에서는 사업부, 그보다 작은 기업에서는 팀 또는 유닛이라고 한다.

05 중견 기업은 생산직을 포함하여 종업원이 200~400명 정도이며, 직위는 사장, 전무, 상무, 이사, 부장, 팀장, 직원의 순으로 호칭하는 것이 일반적이다.

06 대기업은 종업원이 2,000명 이상이며, 사장(대표이사) 휘하에 인사담당중역, 재무담당중역, 마케팅담당중역, 대외협력중역, 정보시스템중역, 복수의 제품별 LoB 중역, 시장별·지역별 부서장의 보고를 받는 영업총괄부문장 등이 포진한다.

07 중견 기업이나 대기업에서는 관리자가 기능 관리자의 역할과 프로세스 관리자의 역할을 모두 맡는다.

08 폴 하먼은 관리 프로세스를 다음의 네 가지 활동으로 구분하여 설명했다.

- **계획 단계:** 전반적인 프로세스 계획과 일정, 예산을 정한다.
- **조직화 단계:** 프로세스의 흐름을 정하고 필요한 자원과 인력을 배정하며 성과 기준을 정한다.
- **소통 단계:** 프로세스가 합목적으로 진행되도록 구성원의 이해를 돕고 지치지 않도록 비전을 제시한다.
- **통제 단계:** 작업이 품질 기준 내에서 진행되는지 확인하고 이상 상태가 발생하는지 모니터링하며 이상이 있으면 보정 활동을 수행한다.

09 회사 전체의 관점에서 프로세스 관리자는 회사 전체 가치사슬의 효율성을 추구해야 한다. 반면에 기능 관리자는 수직적 기능 조직의 효율성에 신경을 쓴다.

10 제조 기업의 기능 부문은 연구개발, 제조·생산, 영업·마케팅, 물류·유통이고, 각각의 기능 부서장은 서로 다른 성과지표를 가지고 있다.

11 카니벌라이제이션은 신제품이 오히려 기존 제품의 시장을 갉아먹는 현상을 말한다. 이러한 상황이 되면 새로운 제품을 개발함으로써 얻는 이점이 없다.

12 대부분의 대기업에는 프로세스 관점을 가진 관리자가 부재하다. 프로세스를 책임지는 관리자가 있다고 하더라도 기능 부문장보다 포지션 파워가 약하면 프로세스 관점의 관리는 애초에 불가능한 일이다. 그러므로 규모가 큰 다국적 기업은 프로세스 조직을 강화하기 위해 프로세스 관리를 책임지는 부문장을 둔다.

13 PMI가 제공하는 PMBOK는 현업 프로젝트 관리자들의 의견을 반영하여 지속적으로 변경되는 프레임워크이다.

14 CMMI는 역량과 성숙도의 관점으로 활용될 수 있다.

15 SCC의 SCOR 프레임워크는 공급망 관리 프로세스를 핵심 프로세스로 다룬다.

16 COBIT 5는 ISACA 산하의 ITGI가 주도하는 거버넌스, 관리 프레임워크로 기업 전략과 IT 전략에 통합된 프로세스 실행 전략의 선택지에 관한 가이드라인을 제시한다.

연습문제

01 정부 중앙 부처의 조직도를 작성하고 기능 조직, 프로세스 조직, 매트릭스 조직의 관점에서 어떤 조직 유형에 가까운지 설명하시오. 그리고 대국민 서비스 차원에서 프로세스 조직의 효과를 기대하기 위해 고려할 수 있는 조직적 개선을 제안하시오.

02 한 기업을 골라 홈페이지를 참조하여 기업의 조직도를 작성하고, 사일로 조직과 프로세스 조직의 특성 관점에서 기업의 특성을 설명하시오.

03 기능 조직, 프로세스 조직, 매트릭스 조직의 특성을 표로 정리하고, 각각의 조직을 운영하는 대표적인 기업을 조사하여 설명하시오.

04 기업의 아웃소싱 사례를 찾아보고 아웃소싱한 기능(예: 인사, 재무, 회계, 전산, 보안, 시설 관리 등)을 표로 정리하시오.

CHAPTER
07

비즈니스 프로세스의 성과지표 관리

학 | 습 | 목 | 표

- KPI, CSF, 측정지표에 대해 설명할 수 있다.
- 내부지표와 외부지표의 사례를 제시할 수 있다.
- 선행지표와 후행지표의 차이를 이해할 수 있다.
- 전통적인 재무적 지표의 한계를 설명할 수 있다.
- 균형성과표의 네 가지 요소와 관계를 설명할 수 있다.
- 기능별 성과지표와 프로세스별 성과지표를 비교하여 설명할 수 있다.
- 성과지표의 계층 분화와 조직 레벨별 동기화의 의미를 이해할 수 있다.
- 성과지표의 시각화를 위한 대시보드의 의미와 기능을 이해할 수 있다.

일찍이 피터 드러커는 "측정할 수 없는 것은 관리할 수 없다"고 말했다. 효과적인 관리를 위해서는 적절한 지표가 필요하다는 의미일 것이다. 문제는 조직의 부서나 직위에 따라 중요하게 생각하는 성과지표가 다르고 상호 간의 연관성을 설명하기도 적절하지 않다는 데 있다. 최고경영자는 주주 가치 증진의 목표를 위해 재무제표에 나타난 지표에 집중한다. 하지만 기능 부서는 자기 부서만의 효율성을 지향한다. 일례로 모든 주문을 받아 매출을 올리려는 영업 부서와 재고를 최대한 줄이려는 생산 부서의 성과지표는 상호 배반적이다.

이러한 문제를 해결하기 위해 수십 년 전부터 로버트 캐플런Robert Kaplan과 데이비드 노턴David Norton은 균형성과표라는 틀을 제시했다. 균형성과표는 과거 기업들이 재무적 성과에 집중하던 좁은 시각에서 벗어나 고객 만족, 프로세스를 비롯해 직원 역량까지 함께 고려하도록 한다. 균형성과표의 도입은 이제 많은 기업에 보편화되었지만 균형성과표는 비즈니스 프로세스 관리 측면에서 적절한 통찰을 주기에 부족한 면이 있다.

이 장에서는 프로세스 관리 관점으로 기업의 성과지표를 검토하고 적절한 성과지표 설계 전략과 기법에 대해 알아본다. 또한 최근에 주목받고 있는 스타트업 기업의 성과지표를 살펴보고 프로세스 관리 관점에서 균형성과표의 한계를 짚어본다. 그리고 성과지표의 시각화 방법을 예를 통해 설명할 것이다.

SECTION 01

성과지표의 개요

01 성과지표 관련 주요 용어

성과지표performance indicator를 본격적으로 다루기에 앞서 업계에서 사용되는 몇 가지 경영 용어를 이해하고 넘어가자. 일부 용어는 3장에서 이미 살펴보았지만 성과지표의 논리적 전개를 위해 다시 설명한다.

- **CSF(Critical Success Factor, 핵심 성공 요인):** 최종 목표 달성을 확인할 수 있는 성공 요인을 말한다. CSF는 하나일 수 없다. 예를 들어 제로백(정지 상태에서 100km/h에 도달하는 시간)이 5초 내인 자동차를 설계한다면 강력한 엔진, 엔진의 파워를 견디는 견고한 차체, 공기 저항을 최소화한 디자인이 CSF가 될 것이다. CSF의 구조화에는 MECE Mutually Exclusive, Collectively Exhaustive(상호 배제, 전체 포괄)의 접근이 필요하다. 그러므로 잘 구조화된 복수의 CSF가 있을 때 CSF가 하나라도 불충족된다는 것은 목표가 완전히 달성되지 않았다는 의미이다.
- **측정지표(metrics) 또는 측정 방법(measurement):** 프로세스의 성공적 이행을 판단할 수 있는 지표 또는 척도를 말하며 측정지표와 측정 방법의 콘텐츠는 큰 차이가 없다. 측정지표에는 내부지표와 외부지표가 있다. 내부지표는 조직 안의 지표이고 외부지표는 조직의 경계 밖에서 측정되는 지표이다. 앞서 예로 든 자동차의 경우 엔진의 최고 온도가 450℃를 넘으면 안 된다는 내부지표가 있을 수 있고, 제로백이 5초 내여야 한다는 외부지표가 있을 수 있다.
- **KPI(Key Performance Indicator, 핵심 성과지표):** 여러 측정지표 중에서 성공을 판단하는 대푯값 지표를 KPI로 정의할 수 있다. 그러므로 KPI의 항목은 항상 회사 전체의 측정지표 수보다 같거나 적다. 대개의 경우 KPI는 CSF에 대한 지표이며, 관리 조직(부, 팀)당 3~5개 이상은 적당하지 않다. 지표가 10개나 되어 한 지표의 비중이 10% 이하로 떨어지는 것은 KPI라 하기 어렵다. 너무 많은 KPI는 실무자의 에너지를 분산시키고 결국은 어떤 지표도 챙기지 않는 일이 발생하기 때문이다. 또한 KPI가 상호 배반적이면 곤란하다. 경영자는 균형을 지향한다고 주장하겠지만 하나를 높이면 하나가 떨어지는 지표는 실무자를 혼란에 빠뜨린다. 부득이하게 상호 배반적인 지표를 사용할 때는 강조할 지표에 가중치를 부여해서라도 어떤 지표가 더 중요하다는 메시지를 전달해야 한다.

02 내부지표와 외부지표

구조화 방법에 따라 지표는 정성적 지표와 정량적 지표, 시계열 지표와 시점 지표 등으로 구분된다. 하지만 통제와 관리의 관점에서 내부지표internal indicator와 외부지표external indicator로 구분하는 것이 일반적이다. 내부와 외부를 구분하는 것은 경계이다. 그 경계를 회사 내의 기능 부서로 할지, 회사 전체로 할지에 따라 지표의 이름이 달라진다. 생산 부서의 입장에서는 연구소의 디자인 이관이 외부적인 프로세스이기 때문에 외부지표로 평가한다. 반면에 생산 라인상에서 발생하는 불량률은 내부지표가 될 것이다. 이 책에서는 회사 전체의 관점에서 내부지표와 외부지표를 구분할 것이다.

생산 라인 출고 지점의 지표는 회사 전체의 관점에서 외부지표가 되기도 한다. [그림 7-1]에는 내부지표와 외부지표의 개념이 잘 나타나 있다. 회사의 가치사슬 내에서 벌어지는 것은 내부지표이다. 그림에는 레벨 1 프로세스가 5개 있는데 이 프로세스들 사이에서 발생하는 프로세스 품질지표가 레벨 1 내부지표가 된다. 프로세스 B 안에는 2개의 레벨 2 프로세스 B-1, B-2가 있다. B-1과 B-2 프로세스 사이의 내부지표는 레벨 2 내부지표에 속한다. 회사에서 생산된 제품이 고객에게 전달되는 단계의 지표는 회사의 경계를 지나는 외부지표이다. 즉 상품 전달의 신속성, 주문자에게 정확히 전달되는 납품의 정확성과 같은 지표는 외부지표 B이고, 접수받은 제품에 대한 피드백(만족도, 반품률, 재구매율) 등은 외부지표 A이다.

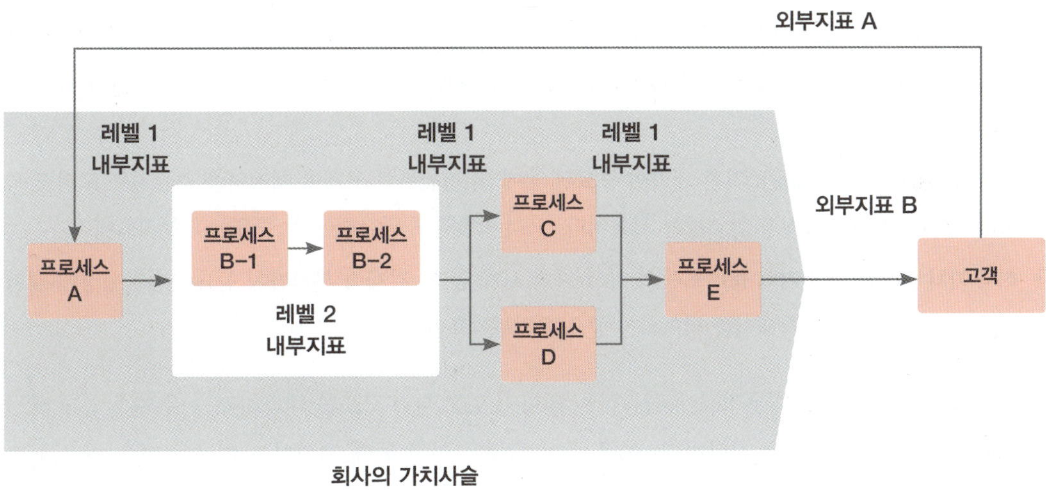

그림 7-1 내부지표와 외부지표의 예

외부지표는 내부지표보다 더 중요하다. [그림 7-1]에서 프로세스 E는 고객과 연결되는 조직 내의 최종적인 프로세스이다. 프로세스 E의 지표는 고객 만족에 가장 큰 영향을 미치므로 최고경영자의 주요 관심사이다. 외부지표의 품질을 높이는 노력은 기업의 성장 및 생존과 직결된다. 프로세스 E가 좋은 성과를 내기 위해서는 선행 프로세스인 프로세스 D, C, B(B-2, B-1), A가 통합적으로 잘 운영되어야 한다. 이는 전체적인 프로세스를 보는 시각을 가진 프로세스 관리자의 역할이 중요한 이유이기도 하다. 이러한 내부지표와 외부지표의 대표적인 예는 다음과 같다.

❶ 내부지표의 예

- **프로세스 운영 비용(불량률, 재고 비용 등):** 제품 생산과 관련한 불량품 발생률과 공장의 재고 비용은 대표적인 내부지표이다. 비부가가치 활동은 최대한 낮추어야 할 지표가 된다.
- **프로세스 사이클타임:** 제품이나 서비스의 고객 인도에 소요되는 각 단계별 프로세스 리드타임은 최대한 단축하거나 정해진 시간을 준수해야 하는 내부 프로세스 지표이다.
- **직원 퇴직률:** 회사의 경영 상태를 미루어 짐작하기에 좋은 내부지표는 직원 퇴직률이다. 직원은 회사의 미래 비전이 없다거나 성장 가능성이 없다는 것을 잘 판단할 수 있다. 직원 퇴직률이 높은 회사는 미래가 없다. 정보 획득이 가능하다면 직원 퇴직률은 투자자가 특별히 유의해야 할 내부지표이다.

❷ 외부지표의 예

- **고객 만족도:** 제품을 구매한 고객의 만족도는 기업의 미래를 예견할 수 있는 대표적인 외부지표이다. 이는 보통 5단계의 리커트 척도Likert scale로 산출한다.

  TIP 리커드 척도는 3, 5, 7, 9와 같은 홀수 단계를 이용해야 한다. 이렇게 하면 (1, 2, 3)의 중앙값이 2, (1, 2, 3, 4, 5)의 중앙값이 3 등 중앙값이 정수 2, 3, 4, 5로 떨어진다. 만약 0으로 시작한다면 (0, 1, 2, 3, 4)의 5단계 최댓값이 4가 되어 미스매치가 생기고, 중앙값도 5단계의 가운데인 2.5가 아니라 2가 되어 통곗값을 이해하기가 어렵다.

- **고객 구매 증가율:** 특정 시점에 확보된 고객의 수는 중요하지 않다. 그러나 이전과 비교하여 고객이 얼마나 증가했는가는 사업의 성장을 예측하는 중요한 척도이다. 고객 구매 증가율을 고객 이탈률과 함께 비교하는 것이 중요하다.
- **고객 재계약률(고객 이탈률):** 기존 계약이 종료된 후에 몇 퍼센트의 고객이 재계약을 하는지는 고객 만족도와 회사의 발전 가능성을 알려주는 지표이다. 고객 이탈률도 관찰해야 할 중요한 외부지표이다.
- **회사 가치 상승률(자산 가치 등):** 회사의 자산 가치(시가 총액, 경제적 부가가치 등)는 미래 성장에 대한 주주나 잠재 투자자의 기대치를 의미하는 중요한 외부지표이다.

대부분의 기능 조직은 내부지표에 집중하는 경향이 있고 내부지표를 왜곡하려는 유혹에 쉽게 빠진다. 지표를 왜곡하는 방법은 간단하다. 예를 들어 매출은 이번 해에 계상하고 비용은 다음 해로 넘기면 수익률이 좋아진다. 이는 분식회계의 대표적인 예로 법적 처벌을 받을 수 있으므로 절대로 해서는 안 되는 일이다.

한편 대체재 시장을 모집단에 넣지 않으면 목표 시장의 점유율을 과대하게 높일 수 있다. 대체재 시장을 간과하면 소비자의 구매 트렌드를 놓치고 경쟁사가 새로운 대체재 시장을 선점하는 것을 알아채지 못한다. 그러므로 최고경영자와 이사회는 내부지표보다는 외부지표에 집중해야 한다. 일단 핵심적인 외부지표를 결정하면 외부지표를 개선하기 위한 내부 프로세스와 내부지표를 재구조화할 수 있다. 경영자가 외부지표의 관점 없이 내부지표의 개선을 도모하는 경우 회사는 위험에 빠진다.

옳지 못한 경영자는 단기적 재무 목표를 달성하기 위해 고객 만족도를 떨어뜨리는 위험을 감수하기도 한다. 인센티브에 과한 욕심이 있는 일부 전문 경영인은 고객 서비스 비용을 삭감하고 채널 스터핑channel stuffing과 같이 유통 채널에 재고를 떠넘기는 일을 감행하기도 한다. 경영의 세계에서 회자되는 얘기가 있다. 비용을 깎아서 수익을 늘리는 것은 누구나 할 수 있지만, 위험을 계산한 투자를 통해 고객 만족도를 더욱 높이고 재무적 성과를 내는 것은 아무나 할 수 없다.

TIP **채널 스터핑:** 제조사가 유통업체에 최종 고객의 수요 예측을 넘어서는 물량을 안기는 것을 말한다.

03 선행지표와 후행지표

지표에 시간적 개념을 도입하여 선행지표leading indicator와 후행지표lagging indicator로 구분할 수도 있다. 선행지표는 주로 내부지표와 관련이 있는 것으로, 지표를 도출 및 평가하여 조직의 가치사슬 내에서 보정 활동을 할 수 있는 시간적 여유가 있다. 반면에 후행지표는 프로세스가 완료된 이후에 산정되는 외부지표와 주로 관련이 있다. 후행지표는 결과에 대해 알려주지만 이미 활동이 종료되었으니 선행 가치사슬로 돌아가서 활동을 보정할 수 없다. 그렇더라도 다시 반복될 프로세스 사이클에 피드백을 줄 수는 있을 것이다.

[그림 7-2]는 다국적 IT 기업의 전형적인 영업 사이클을 보여준다. 상단의 프로세스는 판매자(조직)의 영업 사이클로, 영업 활동에 반응하는 고객(소비자)의 행동 패턴 사이클이다.

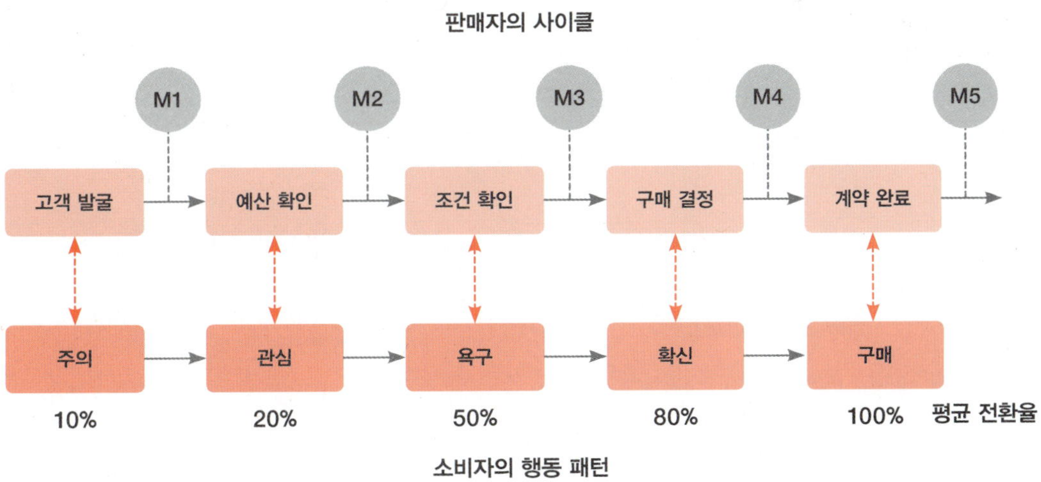

그림 7-2 영업 조직의 영업 사이클과 지표

기업에서는 각 단계를 구별하는 체크리스트를 영업사원에게 제공하고, 관리자는 체크 항목을 확인하여 특정 고객 A에 대한 영업 진행 정도를 결정하게 된다. 잠재 고객identified customer은 보통 구매할 예산이 확정되어야 타당한 고객validated customer이 된다.

고객은 조건 확인 단계에서 요구 사항과 제공할 제품의 특장점을 매칭한다. 구매 결정 단계는 구매자가 구매 결정을 했지만 재무 부서나 다른 이해 당사자의 합의가 미진한 상태이다. 보통은 구매 결정을 했더라도 계약 완료 단계까지 3~6개월이 걸리기도 한다. 기업은 각 단계 고객의 예상 매출액에 평균 전환율average conversion rate을 곱하여 달성 가능한 매출액을 추정한다. 평균 전환율은 과거의 영업 데이터에서 도출할 수 있다. 전환율이 100%인 계약 완료 단계의 지표 M5는 후행지표이다. 그 이전의 지표인 M1~M4는 아직 성과지표를 개선할 시간적 여유가 있으므로 선행지표의 범주에 포함된다.

기업이 영업 이력 정보를 잘 관리하고 있다면 각 단계의 전환율을 예측할 수 있으며, M1 단계에서 잠재 고객을 얼마나 발굴하고, 어떠한 노력을 할 때 몇 퍼센트가 다음 단계 M2로 이동 가능한지 논리적으로 추정할 수 있다. M2에서 M3, M3에서 M4로의 이동에서도 대략적인 추정이 가능하며, 이를 근거로 대기업은 연초에 잠재 고객의 수를 알아내고 매출 목표 달성을 위한 기대 매출을 계산한다. 영업 부서장은 이러한 목푯값을 영업사원을 압박하는 수단으로 사용하기도 한다.

예를 들어 작년에 80억 원의 매출을 40개의 업체를 상대로 달성했다면 어떻게 될까? 작년 실적에 따르면 업체당 2억 원의 기대 매출이 계산된다. 금년 말 매출 목표가 100억 원이라면 매출을 달성하기 위해 연초부터 500개의 업체를 방문하고 약 1,000억(100억 원/10%)의 잠재 매출을 입력해야 연말에 가서 100억 원의 목표 달성이 가능하다는 계산이 나온다. 문제는 제조 라인과 달리 정성적 특성이 영향을 미치는 영업에까지 이러한 논리적 틀을 적용하는 데 있다. 직원의 역량 향상과 감성 관리는 소홀히 하고 숫자로만 압박할 때 기업은 피폐해진다. 사람보다 숫자에 집중하는 행태는 좋은 직원의 이탈로 이어지고 회사의 계속 사업을 어렵게 만들므로 유의해야 한다.

SECTION 02

균형성과표와 성과지표

01 전통적인 재무제표의 문제점

성과지표와 고과 평가를 논할 때 로버트 캐플런과 데이비드 노턴의 균형성과표Balanced Score Card, BSC는 빠지지 않는 주제이다. 그들은 전통적인 재무제표의 문제점을 지적했는데 결론은 재무제표가 기업의 계속 사업을 보장하지 않는다는 것이다. 재무상태표는 특정 시점의 기업 자산을 비교하도록 보여주고 손익계산서는 1년간의 기업 활동을 보여준다. 하지만 이러한 지표는 기업이 내년에도 건재할 것이라고 보장해줄 수 없다. 그러므로 기업의 지속적인 성장과 혁신을 위해 재무제표보다 고객 만족, 내부 프로세스, 구성원을 포함한 기업의 내부 역량을 살펴야 한다. 이렇게 재무제표 외적인 항목에 대한 성과지표를 관리해야 기업의 구성원들이 적절하게 기업을 나아가게 한다는 캐플런과 노턴의 주장은 옳다.

02 균형성과표의 개념과 사례

1990년대 초반에 발표된 균형성과표는 당시의 경영자들을 일깨웠다. 전통적인 재무제표에만 골몰하던 경영자들이 폭넓은 시각을 갖도록 한 캐플런과 노턴의 기여에는 이견이 있을 수 없다. 그 후 여러 기업은 균형성과표를 자사의 성과지표 모델로 채용하고 발전시켰다. 균형성과표는 재무, 고객, 프로세스, 역량 등 네 가지 성과지표를 대상으로 한다. 그러나 프로세스 관리의 관점에서 균형성과표에는 제약점이 있다. 프로세스 관점은 4개 성과지표의 한 부분이며 나머지 3개 성과지표와의 논리적 연관성을 적정하게 부여하기 어렵기 때문이다. 먼저 균형성과표의 개념과 예를 살펴보고 그 한계를 설명하겠다.

- **재무적 시각(financial perspective):** 전통적인 재무적 성과지표에 관련된 목표로 자본 회전율, 수익률과 같은 것이다. 성과지표 정보의 소비자는 경영 그룹과 주주, 투자자이며 좋은 재무적 성과지표는 높은 배당과 높은 주식 가치로 표출된다.
- **고객의 시각(customer perspective):** 고객 만족을 달성할 목표를 말한다. 이러한 성과지표는 서비스의 탁월한 운영, 높은 고객 감성 친화도, 제품이 주는 신뢰도를 바탕으로 한다. 성과지표가 고객과 관련

되고 높은 재계약, 낮은 이탈률, 시장 점유율의 증가, 높은 고객 충성도로 표출된다.

- **프로세스의 시각(process perspective):** 고객 만족을 극대화하는 내부 및 외부 프로세스의 성과지표이다. 고객 가치 실현에 도움이 안 되는 행정 절차, 재작업, 시간 지연 등의 활동을 일소하고 자연보호와 사회적 책임까지도 고려하는 성과지표이다. 높은 프로세스 지표는 ISO, CMMI와 같은 국제표준의 인증으로 확인할 수 있고, 다른 기업의 벤치마킹 대상으로 자주 회자된다.
- **역량의 시각(competency perspective):** 구성원의 문제 해결 역량과 학습 문화, 시스템 사고를 고양하고 오픈 이노베이션과 기술 혁신을 가능하게 하는 기업 문화적 성과지표이다. 이러한 지표는 조직원의 낮은 이직률, 높은 신입사원 지원 경쟁률은 물론 파트너들의 호평으로 드러난다.

[그림 7-3]은 4개 지표 사이 상관관계의 예를 나타낸 것이다. 사기가 높은 직원은 고객 만족도를 높이고 만족한 고객은 기꺼이 비용을 지불할 테니 미수금이 줄어들 것이다. 미수금이 줄어들면 투자 자본 수익률이 올라간다. 또한 창의적인 직원은 프로세스 재작업을 줄이는 아이디어를 개발하고 이는 운영 비용을 줄여 역시 투자 자본 수익률을 올려준다. 이렇게 도메인이 다른 성과지표 간의 상관관계를 보여주는 것은 균형성과표의 이점이 될 수 있다.

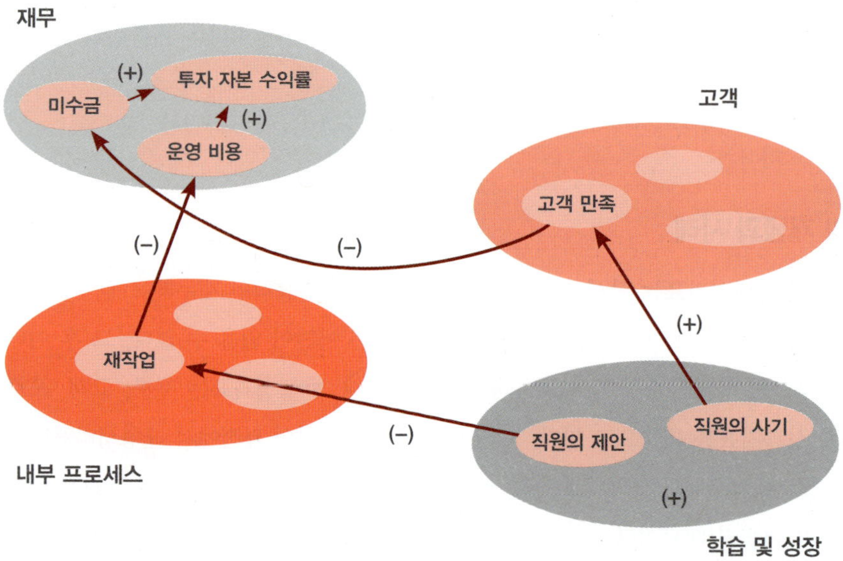

그림 7-3 균형성과표 상관관계의 예

03 균형성과표의 흐름과 약점

균형성과표는 회사의 비전, 목표, 전략, 균형성과표(성과지표)라는 순차적 단계 사이의 논리적 연관성을 유지하는 것이 핵심이다. 비전, 전략, 목표, 균형성과표의 흐름으로 작업 프로세스를 설명하는 학자도 있는데 이 책에서는 순서를 다르게 할 것이다. 이러한 관점은 현업 컨설팅에서 얻은 경험을 바탕으로 한다.

비전은 시간적 개념(예를 들면 5년 후의 모습)을 갖는다. 장기적 비전의 실현을 위해 매년 회사는 당해 연도의 목표를 정하고 그러한 목표를 달성할 전략을 숙고한다. 전략은 목표 달성을 위한 자원의 배분과 밀접한 관련이 있기 때문에 목표 앞에 위치하는 것은 적절치 않다. 장기적 비전과 관련된 전략일 때는 목표 앞에 자리할 수도 있다. 전략이 수립되면 활동이 구체화되고, 활동의 결과로 달성될 균형성과표를 설계할 수 있다. [그림 7-4]에 공기청정기 제조사를 예로 들어 이러한 절차에 따른 비전, 목표, 전략, 균형성과표 설계의 네 가지 관점을 정리했다.

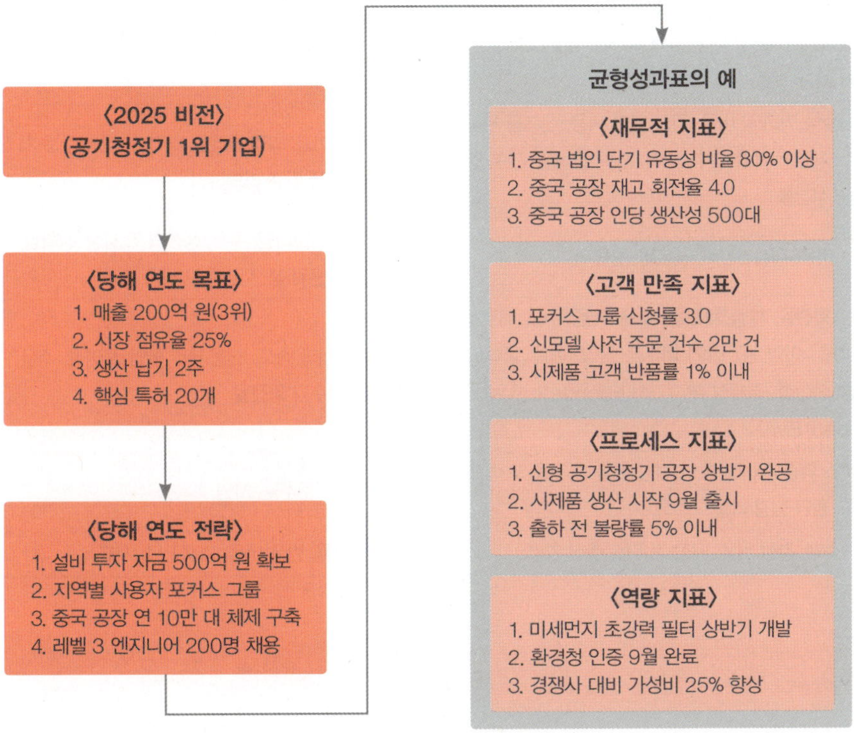

그림 7-4 균형성과표 작성 프로세스의 예(공기청정기 제조사)

균형성과표는 경영자의 시각을 재무제표에서 고객 만족, 프로세스와 역량 성과지표로 확장시켰지만 약점도 존재한다. 그중 하나는 최고경영자가 재무제표에 집중하면 충분하다는 생각을 가지게 만든다는 것이다. 다시 말해 지표의 계층 구조상 최상단이 재무적 관점이기 때문에 그 아래의 고객, 프로세스, 역량 관점은 실무 부서장에게 위임하면 된다는 생각을 하기 쉽다는 것이다. 그러나 프로세스 성과지표는 하급 실무자에게만 위임할 성질의 것이 아니다. 추상화 레벨이 다르더라도 최고경영자가 관리해야 하는 프로세스 성과지표가 있고 부서장들이 관리해야 할 프로세스 성과지표가 있다. 성과지표를 재무제표가 아닌 프로세스 관점으로 접근할 때 고객 관점, 역량 관점이 같이 동기화되어 통합될 수 있다.

04 기능별 성과지표와 프로세스별 성과지표의 비교

[표 7-1]은 일반적인 기업의 기능 부서별 성과지표와 프로세스 성과지표를 비교·정리한 예이다. 프로세스 성과지표가 연구개발, 영업, 생산, 재무, 유통, 컨설팅 서비스 부서별로 제시되었는데, 먼저 기능별 성과지표와 프로세스별 성과지표의 차이를 이해하고 프로세스 성과지표의 지향이 어떠한 결과를 낳을지 판단해보기 바란다.

표 7-1 기능 부서별 · 프로세스별 성과지표 비교

기능 부서	기능 부서별 성과지표	프로세스 성과지표
연구개발 부서	신제품 제안 건수, 신뢰성(Mean Time Between Failure, MTBF), 성능, 고객 만족도, 프로그램 크기, 설치 시간, 매출/프로젝트 경비	신제품 개발 건수, 제품 개발 리드타임, 제품별 재구매율
영업 부서	순매출액, 재계약 비율, 인당 영업 비용, 신제품 판매 건수, 제안서 제출 건수, 윈백 건수, 클레임 건수, 점유율, 성장률	고객 처리 사이클, 고객 클레임 처리 사이클, 주문 처리 비용, 신제품 발표 리드타임
생산 부서	재고 비용, 직접인건비, 재료비, 물류비	주문 배송 사이클타임, 주문 생산의 적시성·정확성, 적시 출하율, 단위 생산 및 출하 비용
재무 부서	자본 회전율, 부실 채권율, 부채 비율, 주요 재무제표(매출, 이익 등), 장기 미수금 금액, 예측 정확도, 인당 생산성, 경제적 부가가치(Economic Value Added, EVA)	세금계산서 처리 속도, 신용거래 확인 사이클, 주문 처리 비용, 미수금 회전율
컨설팅 서비스	서비스 매출, 재계약률, 고객당 매출 증가율, 고객 만족도, 원가 절감 비율	프로젝트 기한 준수율, 자원 활용률 수준
회사 전체	총매출액, 경상 비용, 시장 점유율, 주식 가격	정시 출하 비율, 반품 비율, 고객 만족 지표

경영학 강의 | 스타트업 기업의 프로세스 성과지표

스타트업 기업의 성과지표는 일반 기업의 지표와 많이 달라야 한다. 스타트업 기업의 경우 전형적인 제조업체와 달리 재무적 성과지표의 의미가 없다. 창업한 후 1~3년 동안 수익이 나는 비즈니스 모델이나 상품 매출이 전무한 스타트업도 많기 때문이다. 특히 모바일 앱을 기반으로 하는 스타트업은 100만~1,000만 명 이상의 가입자를 만들어야 비로소 광고나 마켓플레이스와 같은 수익 사업을 도모할 준비가 되기도 한다. 카카오톡이 그랬고 페이스북도 예외는 아니었다. [표 7-2]는 전통적인 기업의 평가지표와 스타트업의 성과지표의 차이를 뚜렷이 보여준다.

스타트업 기업은 자사의 솔루션(제품)에 고객이 기꺼이 돈을 지불할 의향이 있는지 확인하는 가치 가설(value hypothesis)과 이러한 고객이 지속적으로 증가할 것이라는 성장 가설(growth hypothesis)을 증명하는 기업이다. 이 두 가지 가설이 완벽히 증명되면 스타트업이라는 딱지를 떼게 된다. 가치 가설과 성장

표 7-2 전통적 지표와 린 스타트업 지표의 비교

구분	전통적 방식/지표	린 스타트업 방식/지표
계획 및 프로세스	비즈니스 기획, 폭포수 모델, 순차적 사이클	린 캔버스 비즈니스 모델링, Build-Measure-Learn 순환
목표 상품	완벽한 제품	최소 사양 제품(MVP)
성과 측정	재무상태표, 손익계산서, 현금흐름표	고객 생애주기 가치(CLV), 고객 확보 비용(CAC), 고객 이탈률
사업 집중	계속 사업	가설 검증(학습)의 시간 단축
사업 검증 지표	시장 점유율, 성장률	에반젤리스트 확보, 날렵한 피버팅(pivoting)

가설을 증명하기 위해 스타트업은 최소 사양 제품(Minimum Viable Product, MVP)을 만들어 사용한다. 최소 사양 제품은 최대한 군살을 빼고 가설을 검증할 최소한의 기능만을 구현한 제품이다. 때로는 종이로 만든 모바일 화면이 최소 사양 제품이 될 수도 있다. 애플 모바일 앱 서버나 안드로이드 앱 서버에서 'paper mockup'을 검색하면 활용 가능한 여러 목업 툴을 찾을 수 있다.

일반적인 인터넷 앱 기업의 경우 핵심 성과지표를 가입자 수의 증가와 1인당 구매량으로 평가한다. 하지만 스타트업 세계에서 그로스해커(growth hacker)라 불리는 비즈니스 분석가는 이러한 성과지표를 의미 없는 허무지표(vanity metrics)로 간주한다. 가입자 수의 증가가 기업의 성장을 보장해주지는 않기 때문이다. 아무리 가입자가 늘어도 지속적으로 이탈한다면 많은 가입자 수는 의미가 없다. 그로스해커는 현실을 왜곡하는 허무지표보다는 혁신지표(innovation metrics)를 더욱 중시한다.

혁신지표는 코호트(cohort)라 불리는 표본 집단에 주목한다. 코호트는 가입 시기별, 지역별, 속성별로 분류한 분석 집단으로, 이들을 주 단위, 월 단위로 비교하여 이전의 코호트 대비 방문율, 전환율, 구매율을 관찰한다. 허무지표가 단일한 지표를 시계열적으로 분석하는 데 반해 혁신지표는 시간대별, 속성별로 묶은 코호트의 거래 내역 추이를 분석한다. 이전보다 이탈률이 줄어들고, 인당 구매량이 꾸준히 늘어나고, 이들이 주변의 새로운 고객을 끌어들이는 바이럴(viral) 비율이 높아질수록 스타트업의 가치 가설과 성장 가설이 옳다고 증명된다.

그로스해커는 사용자 경험(User eXperience, UX)에 관한 통제 가능한 조정 변수(앱의 선택 버튼 위치, 색상, 크기, 레이아웃, 판매 조건, 제품 속성 등)를 변화시킬 때의 고객 반응을 거의 실시간으로 분석한다. 그래서 훌륭한 그로스해커는 프로그래밍 능력, 마케팅 역량, 통계적 분석 능력을 갖춘 전문가로 각광받고 있다.

[그림 7-5]는 단순한 페이지뷰 증대를 보여주는 허무지표와 코호트로 분석한 혁신지표의 예이다. 왼쪽의 페이지뷰 증대 현상은 기업의 계속성에 대한 어떤 것도 보장하지 못한다. 그러나 오른쪽의 코호트 기반 혁신지표는 절대 사용자 수가 기재되어 있지 않지만 늘어간다고 가정할 때, 첫 달에 가입한 고객의 이탈률이 점점 줄어들고 M-6, M-5월에 들어온 코호트의 경우 4개월까지는 이탈이 많다가 4개월이 지나면 안정된 방문 수를 보여준다. 이러한 혁신지표로 스타트업은 자사의 서비스가 고객에게 좋은 피드백을 받고 있고 고객 기

반이 점진적으로 늘어간다는 것을 확인할 수 있다. 이와 같이 혁신지표는 상대적으로 기업의 성장 가능성을 더 확실히 보증한다.

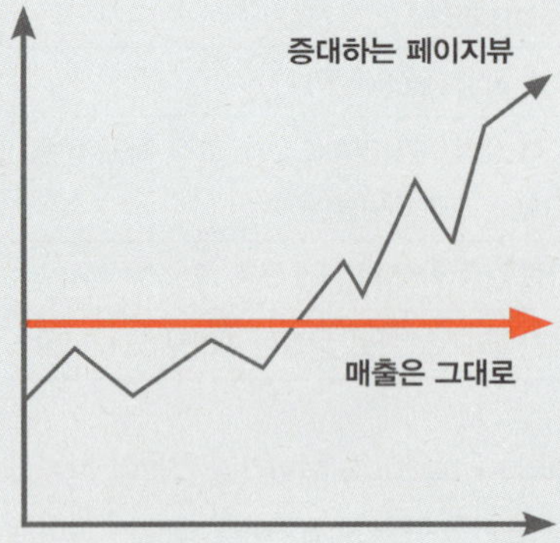

코호트	최초 사용 후 달수						
	1개월	2개월	3개월	4개월	5개월	6개월	7개월
M-6	82%	70%	65%	50%	52%	51%	54%
M-5	87%	72%	64%	55%	53%	54%	
M-4	88%	78%	68%	50%	54%		
M-3	93%	83%	73%	56%			
M-2	94%	84%	76%				
M-1	95%	87%					
M	96%						

가입 4개월 후 코호트의 이탈 감소

가입 당월 코호트 내 이탈률 감소

그림 7-5 허무지표(왼쪽)와 코호트 혁신지표(오른쪽)의 예

[그림 7-6]은 스타트업 기업의 린 비즈니스 사이클(Lean business cycle)을 5단계별로 제시한 성과지표의 예이다. 스타트업의 성장 단계를 고객 교감, 초기 고착, 대중화, 매출 발생, 급속 성장의 순서로 표현했다. 초반부에는 매출을 신경 쓰지 않고 활동성을 지표로 정하는 것이 원칙이며 고착 단계까지는 OMTM(One Metric That Matters, 중요한 단 하나의 지표)에 집중한다. 그로스해킹은 소문 전파 단계에 도입된다. 스타트업의 딱지를 뗀 성장 기업으로의 진입은 급속 성장 단계에 시작된다. 3~5년 내에 급속 성장 단계에 진입하지 못한 스타트업은 비즈니스 모델을 재검토해야 할 것이다.

그림 7-6 린 스타트업 기업의 5단계별 성과지표와 주안점

SECTION 03

성과지표의 이해

01 성과지표의 계층 구조

균형성과표를 전사적 관점에서 최고경영자부터 말단 직원까지 동기화시키는 과정을 성과지표의 계층화 전개metrics hierarchical deployment라고 한다. 같은 방향으로 빠르게 배를 몰고 가기 위해 선장은 목적지를 알려주고, 항해사는 키를 잡고, 갑판장은 돛을 조절하고, 사공은 박자에 맞추어 노를 젓고, 감시자는 돛대의 망루에 올라 암초 등의 주변 환경을 감시한다. 이처럼 조직의 상층에서 정한 균형성과표는 기능별, 프로세스별로 구체화되어 아래로 내려간다.

안정된 조직은 연초 2주, 길어야 한 달 이내에 이러한 성과지표의 계층 구조 전개를 완성한다. 미성숙한 조직은 반년이 넘도록 지난하게 성과지표를 고치기도 한다. 환경의 변화가 생기면 균형성과표를 언제든 고칠 수 있으나 초기 버전을 확정하는 데 3개월 이상 시간을 허비하는 것은 조직이 관료화되었다는 표징이다. 협력보다는 소속 조직에 유리한 성과지표를 선점하기 위해 에너지를 낭비하는 것이 그 이유이다. 신속히 성과지표를 확정하고 배를 출범해야 한다. 필요한 변경은 1사분기 안에 한 차례의 수정 기간을 두면 충분하다. 시장 환경의 심한 변화로 조직을 통합해야 하거나 비즈니스 모델을 바꿀 필요가 있을 때는 최고경영자가 중재하여 신속하게 성과지표를 수정하는 것이 임직원의 동기부여 유지에 중요하다.

균형성과표의 네 카테고리를 4개의 방으로 나타내고 성과지표의 계층화 전개를 개념적으로 표현하면 [그림 7-7]과 같다. 그림에서 보듯이 균형성과표는 위에서 먼저 확정하는 것이 일반적이다. 실무자들의 아이디어를 모으는 경우도 있지만 대개는 이를 참고하여 결국은 최고경영자가 균형성과표를 결정한다. 이사회에서 의견을 전달할 수도 있겠지만 최고경영자의 균형성과표는 회사 전체의 성과를 보여주는 외부지표가 된다.

이렇게 확정된 균형성과표는 기능 조직의 임원, 프로세스 조직의 임원에게 전개되고 하부 조직으로 차례차례 전개되는 것이 논리적이다. 기능 조직과 프로세스 조직 양쪽으로 균형성과표를 전개하면 성과지표는 가치사슬과 좀 더 동기화될 수 있다. 하급 부서의 성과지표가 상급 관리자의 지표와 연관성이 없는 경우가 간혹 발생한다. 이러한 비동기화는 결국 상사의 책임이다. 한편 부하 직원 전체의 고과가 높은데 부서장의 고과가 낮다면 무언가 목표 설정을 잘못한 것이다. 그 반대로 부서장의

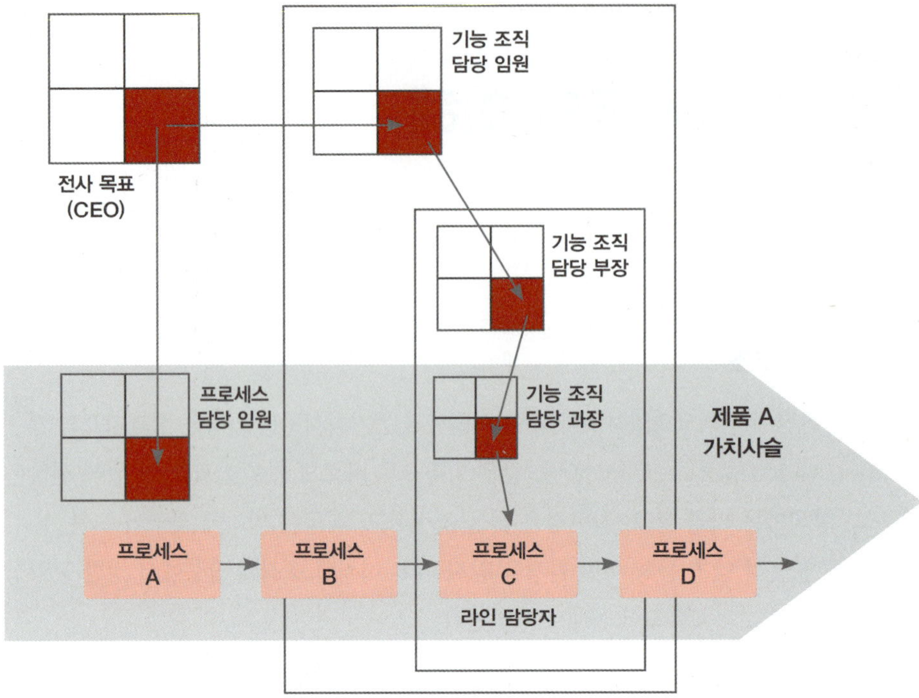

그림 7-7 기능 조직, 프로세스 조직으로의 성과지표의 계층화 전개

고과가 높은데 부하 직원에게 과도한 목표를 주어서 성과가 바닥이라면 부서장의 리더 자격을 의심해야 한다. 이런 리더를 신뢰할 부하 직원이 없을 것이며, 한 번 떨어진 리더의 신뢰를 회복하는 데에는 많은 에너지가 소모된다. 성과지표가 승진, 인센티브와 연결된다면 민감한 사안이 된다. 부하 직원의 85% 성과 총합을 리더의 100% 성과 달성에 맞추는 방법을 제안한 관리자도 있었다. 정답은 없다. 리더의 철학과 가치관의 문제이다.

02 프로세스 성과지표의 동기화

균형성과표의 네 가지 성과지표를 기능 조직과 프로세스 조직으로 각각 분화하여 전개할 때 매트릭스 조직 성과지표의 일관성을 어느 정도 도모할 수 있다. 여기서는 이러한 접근에 비교하여 완전히 프로세스 관점에서 접근하는 성과지표의 수직적 전개 기법에 대해 설명하겠다.

이해를 돕기 위해 자동차 산업을 예로 들어 살펴보자. 자동차는 2만 개가 넘는 부품을 조립해서 만들며, 소프트웨어까지 포함하면 부품 수는 100만 개가 훌쩍 넘는다. 이런 이유로 기계 부품보다 전기·전자 장치의 원가 비율이 40~50%에 육박한다. 부품이 많으면 고장이 발생할 개연성도 커진다. 자동차는 사고 위험에 항상 노출되어 있으므로 모든 제품의 안전성 도모를 위한 품질 규격이 필수적이다. 이를 위한 자동차 전기·전자 시스템의 안전 표준은 ISO 26262이다. 자동차에 들어가는 중요한 부품으로 차량의 가동 상태를 다양한 센서 기술로 모니터링하고 운전자(정비사)에게 정보를 제공하는 OBD On-Board Diagnostics는 안전 표준의 준수를 위한 핵심 부품이다.

[그림 7-8]은 글로벌 자동차 기업 A사에 OBD를 납품하는 M사의 가치사슬을 보여준다. M사의 제품은 전량 A사에 납품된다. 두 회사는 별도의 독립 법인이므로 공급 계약을 맺어 제품과 프로세스의 품질에 대한 약속을 담보한다. A사의 입장에서 M사는 직접 거래하는 공급업체인데 업계에서는 이를 1차 협력사(Tier 1 파트너)라고 부른다.

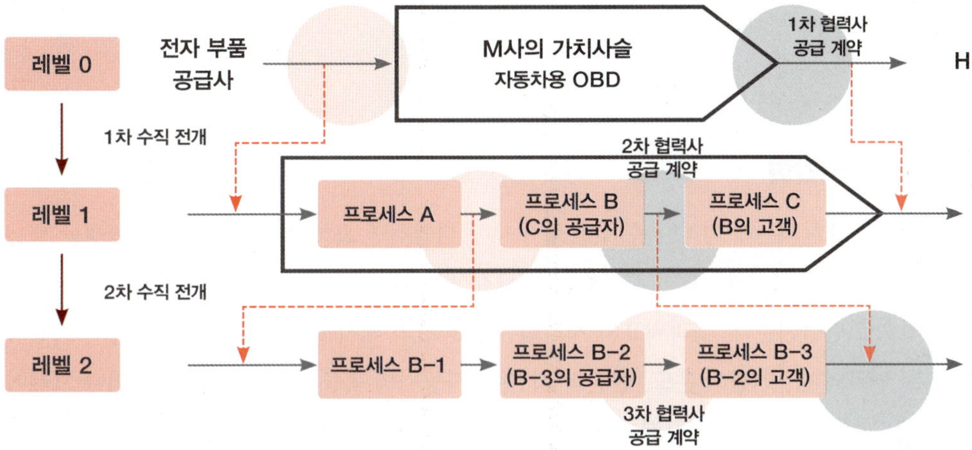

그림 7-8 프로세스 성과지표 동기화의 개념

M사의 가치사슬이 A사의 공급 조건을 만족시키는 외부 성과지표를 갖는 것은 당연하다. M사의 가치사슬은 다시 레벨 1의 세 가지 프로세스 단계로 구성된다. 고객 접점인 프로세스 C의 성과지표는 A사와의 계약에 의해 구속된다. M사가 A사와의 계약을 충족하기 위해 프로세스 C에는 결함이 없는 입력 프로세스 B의 지원이 필수적이다. 만약 프로세스 B가 외부에 있는 공급업체라면 2차 협력사(Tier 2 파트너)와 공급 계약을 맺게 된다. 또 2차 협력사가 외부로부터 부품을 공급받는다면 3차 협력사(Tier 3 파트너)와 공급 계약을 맺는 식으로 성과지표의 내용이 수직적으로 전개될 것이다. [그림 7-8]은 프로세스 수직 전개가 두 단계로 이루어진 경우이다.

실제 자동차 산업은 [그림 7-8]처럼 단순하지 않고 엔진부, 섀시부, 전기장치부, 내장 보디 부분에 관련된 수백 개의 파트너사가 레벨별로 포진한다. 자동차 기업의 경우는 이러한 수많은 Tier 1, 2, 3 파트너의 품질 프로세스 관리가 큰 이슈이다. 불량으로 리콜이 발생하면 감당할 비용이 엄청난 데다 이를 잘 처리하지 못하면 사회적 비난을 면하기 어렵다. 자체 개발 능력이 없으면서 하청 업체의 기술력에 의존하여 유통만 하는 회사는 가치사슬 차원에서 배제해야 한다. 조달 물류의 생산성과 비용 효율성을 도모하는 것이 자동차의 안전 및 원가 관리에 중요하기 때문에 구매본부장을 고위 관리자(부사장)가 맡기도 한다.

한편 공급업체(공급 프로세스)가 기업 내부의 조직이라면 별도의 법인이 아니므로 계약과 같은 법적인 구속 방법이 없다. 그러나 조직 내에서도 문서에 의한 구속은 필수적이다. 선행 프로세스 오너와 후행 프로세스 오너는 합의서 또는 확약서와 같은 문서로 서로의 책임과 지원 사항을 포함한 성과지표를 약속해야 한다. 서비스 사업의 경우 SLO Service Level Objective 또는 SLC Service Level Commitment의 형태로 약속하기도 한다. 이렇게 복잡한 서비스 품질 수준 관리를 SLM Service Level Management이라고도 부른다. 부서와 팀 간의 합의는 SLC 문서로 가능하겠지만 실무자의 업무까지 합의서에 담지는 않는다. 이러한 내용은 직무정의서 job description와 직무명세서 Role & Responsibility, R&R, KPI 문서로 정의하는 것이 일반적이다.

03 성과지표의 시각화

성과지표는 수치로 표현되는데 이러한 수치 목표가 너무 다양하면 오히려 의사결정의 직관성을 떨어뜨린다. 이에 대한 대안인 성과지표의 시각화는 의사결정의 직관성을 높이고 이해 당사자들의 의사소통을 효율적으로 만들어준다. 성과지표의 시각화는 자동차의 대시보드 dash board와 같다. 자동차의 대시보드는 연료의 양, 엔진의 온도, 엔진의 회전수, 자동차의 속도, 엔진오일의 누출이나 브레이크 패드의 마모 상태, 자동차 문의 잠김 상태, 컨트롤러의 장애 등을 알려준다. 고급 차의 경우 추가로 타이어 공기압, 차선 침범, 앞뒤 장애물과의 거리, 내부 공기 오염 등을 심벌로 표시하고 비정상일 때 알람 소리와 붉은색 경고등으로 운전자의 주의를 환기시킨다.

프로세스 대시보드도 자동차의 대시보드와 같은 기능을 한다. 프로세스상의 성과지표를 대시보드 형태로 시각화하여 기업의 현 상태가 정상적인지 비정상인지 판단하는 도구로 사용한다. 리얼타임으로 데이터를 취합할 수 있다면 관제실의 화면처럼 현 운영 상태를 실시간으로 보여줄 수도 있다. 국민의 생활에 큰 영향을 주는 통신, 가스, 철도, 수도, 전력과 같은 유틸리티 산업에서는 이러한 대시보드를 설치한 상황실이 필수적이다.

유틸리티 산업과 같은 사회간접자본 유관 산업이 아니더라도 정기적으로 성과지표를 대시보드 형태로 작성하는 것은 의사결정에 매우 유의미하다. 기업이 주요 성과지표를 대시보드 형태로 시각화하고 소통에 활용하는 수준은 프로세스 성숙도를 인증하는 CMMI의 레벨 4로 간주된다.

[그림 7-9]는 디지털 데이터 가공 서비스를 핵심 역량으로 하는 기업에서 실제로 활용하는 대시보드를 단순화한 것이다. 이 그림은 다음과 같은 성과지표를 보여준다.

- **품질 지수:** 세 가지 카테고리의 프로세스 산출물 신뢰도를 6시그마로 표현한다.
- **경쟁력 지수:** 세 가지 속성 정보의 경쟁력 지표를 상대 비교하는 것으로 역시 프로세스의 경쟁력과 관련이 있다.

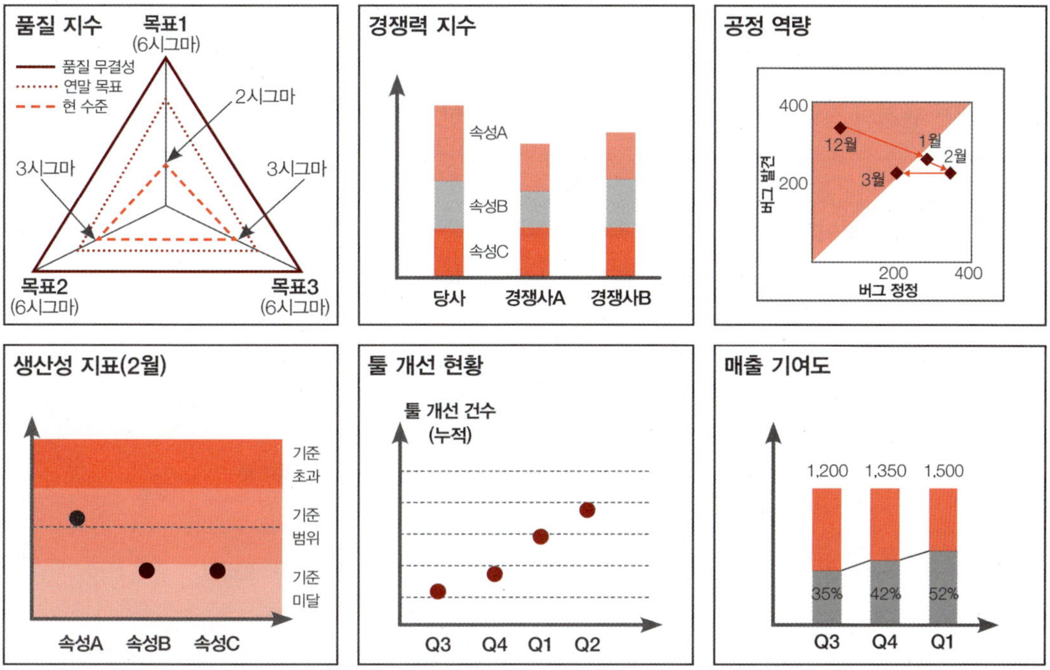

그림 7-9 **디지털 데이터 서비스 기업의 대시보드**

- **공정 역량:** 발견된 오류와 처리된 오류의 지표를 두 축에 표시하여 프로세스의 처리 능력이 적절한 공정 역량 안에 있는지 평가한다. 붉은색으로 표시된 영역은 과부하 상태를 의미한다. 과부하 상태가 지속되면 관리자에게 경고를 주는데, 이는 엔지니어의 충원이 필요하다는 의미이거나 엔지니어에게는 익숙지 않은 문제이므로 역량 향상이 필요하다는 것일 수도 있다. 결국 예외 관리가 필요하다는 의미이다.
- **생산성 지표:** 중요한 산출물의 세 가지 항목 생산성이 적정 수준을 유지하는지 판단하는 프로세스 관리도control chart이다.
- **툴 개선 현황:** 장기적 개선 활동의 진척 상태를 보여준다.
- **매출 기여도:** 해당 부서가 전체 매출에 기여하는 비율과 매출액을 보여준다. 이러한 재무적 지표는 경영자에게 인력 보충을 설득하는 데 유용한 자료로 활용된다.

TIP 전체 지표 중에서 다섯 가지가 프로세스와 관련 있는 지표이다. 부서별, 팀별로 업무에 맞는 대시보드를 개발하고 지속적으로 개선하는 것은 프로세스 관리자의 핵심 과업이다. 대시보드를 만들 수 있는 수준은 CMMI의 레벨 3은 지나야 가능하다. [그림 7-9]의 지표도 설계하는 데 반년 이상이 걸렸다.

04 프로세스 성과지표와 레퍼런스 프레임워크

성과지표는 산업계에서 표준화된 레퍼런스 프레임워크를 채용하여 설정할 수도 있다. SCOR의 한 예를 간단히 살펴보자. SCOR 표준 프레임워크는 고객 관점customer facing attributes과 내부 관점

internal facing attributes에서 성과지표 표준 모델을 제시했다. [표 7-3]은 'SCOR Revision 11(2012년) 표준'에 제시된 레벨 1 성과지표를 번역한 것으로, 위의 3개는 고객 관점의 성과지표이고 아래의 2개는 내부 관점의 성과지표이다. 실무자는 이러한 레퍼런스 모델을 자사의 성과지표 모델링에 참고할 수 있다.

6장에서 설명했듯이 SCOR은 레벨 1~3의 프로세스 표준만을 정의하고 레벨 4부터는 실무자의 재량이다. SCOR의 정식 회원이 되면 업계의 표준 성과지표 수준과 비교한 벤치마킹 자료도 얻을 수 있다.

표 7-3 SCOR 프레임워크의 레벨 1 성과지표(2012년)

성과지표 속성	성과지표 정의	레벨 1 성과지표
신뢰성	기대처럼 과업을 수행할 능력, 신뢰성은 프로세스의 결과 예측성에 집중함, 신뢰성의 전형적인 지표는 적시성, 정확한 수량과 정확한 품질	완전 주문 충족률
즉응성	과업이 수행되는 속도, 고객에게 상품을 전달하는 공급망의 속도, 지표는 사이클타임	주문 충족 사이클타임
민첩성	외부 영향에 대응하는 능력, 경쟁우위를 획득하고 유지하도록 시장 변화에 부응하는 역량, 융통성과 적응성으로 구분	후행 공급망 융통성, 후행 공급망 적응성, 선행 공급망 적응성, 총 위험 비용
원가	공급망 프로세스 운영 비용, 인건비·재료비·관리 및 유통비 포함. 전형적인 비용지표는 판매 원가	총 서비스 원가
자산 관리 효율	자산을 효율적으로 운영하는 능력, 재고 절감, 내작·외작 지표 포함, 자재 보관 기간 및 공간 활용률	현금화 사이클, 공급망 자본 수익률, 운영 자본 수익률

어떤 기업은 레벨 2, 3과 같은 구체적인 프로세스에는 SCOR과 같은 프로세스형을 도입하고, 가치사슬(레벨 0, 1)을 책임지는 경영진의 경우에는 균형성과표를 사용하는 관리 체제를 운영하기도 한다. 경영진의 관점에서는 프로세스 외에도 관리해야 할 경영 사안이 너무 많기 때문에 프로세스 지표보다는 균형성과표를 더 선호하는 듯하다. 하지만 전통적인 기능 조직에 맞춘 균형성과표보다는 프로세스에 맞춘 성과지표에 보다 큰 관심이 필요하다. 프로세스 관점으로 성과지표를 맞추는 것은 경영의 눈높이를 고객에게 맞추는 사고 모델의 혁신을 반영하기 때문이다.

경영자는 생존과 성장이라는 키워드를 위해 회사의 비전을 세우고 가용한 자원을 동원하여 생산성과 같은 운영 효율과 미래 먹거리 확보를 향한 혁신을 도모해야 하는 도전에 직면해 있다. 그러므로 과거의 사고 모델보다는 미래의 변화를 예측하고 내다보려는 노력이 절실하다.

요약

01 CSF(핵심 성공 요인)는 최종 목표 달성을 확인할 수 있는 성공 요인을 말하고, 측정지표 또는 측정 방법은 프로세스의 성공적 이행을 판단할 수 있는 지표 또는 척도를 말한다. 여러 측정지표 중에서 성공을 판단할 수 있는 대푯값 지표를 KPI(핵심 성과지표)로 정의할 수 있다.

02 지표는 통제와 관리의 관점에서 내부지표와 외부지표로 구분하는 것이 일반적이다.

03 지표에 시간적 개념을 도입하여 선행지표와 후행지표로 구분할 수 있다. 선행지표는 내부지표와 주로 관련이 있고 후행지표는 외부지표와 주로 관련이 있다.

04 균형성과표는 재무, 고객, 프로세스, 역량 등 네 가지 성과지표를 대상으로 한다.

05 균형성과표는 회사의 비전, 목표, 전략, 균형성과표(성과지표)라는 순차적 단계 사이의 논리적 연관성을 유지하는 것이 핵심이다.

06 균형성과표의 약점 중 하나는 최고경영자가 재무제표에 집중하면 충분하다는 생각을 가지게 만든다는 것이다.

07 균형성과표를 전사적 관점에서 최고경영자부터 말단 직원까지 동기화시키는 과정을 성과지표의 계층화 전개라고 한다.

08 균형성과표의 네 가지 성과지표를 기능 조직과 프로세스 조직으로 각각 분화하여 전개할 때 매트릭스 조직 성과지표의 일관성을 어느 정도 도모할 수 있다.

09 성과지표는 수치로 표현되는데 이러한 수치 목표가 너무 다양하면 오히려 의사결정의 직관성을 떨어뜨린다. 이에 대한 대안인 성과지표의 시각화는 의사결정의 직관성을 높이고 이해 당사자들의 의사소통을 효율적으로 만들어준다.

연습문제

01 백화점의 비즈니스 프로세스에서 내부지표, 외부지표를 각각 3개씩 도출하고 이를 측정할 수 있는 방법을 제시하시오.

02 채널 스터핑을 하면 제조업체의 재무제표가 단기적으로 좋아질 수 있지만 장기적으로는 여러 비즈니스 리스크를 감당해야 한다. 채널 스터핑의 결과로 발생할 수 있는 비즈니스 리스크를 조사하고, 이러한 문제를 제거하기 위한 비즈니스 프로세스 거버넌스 정책을 제시하시오.

03 IT 제품을 판매하는 A사는 학습에 따라 다음과 같은 전환율 정보를 가지고 있다. A사 영업팀의 잠재 매출이 괄호 안의 내용과 같을 때 연말에 예상되는 기대 매출을 계산하시오. (아래의 전환율은 단계별 전환율이 아니라 최종 매출 확정 단계로 결정되는 전환율을 의미한다.)

- 고객 발굴 단계: 10%(잠재 매출: 100억 원)
- 예산 확인 단계: 20%(잠재 매출: 50억 원)
- 조건 확인 단계: 50%(잠재 매출: 20억 원)
- 구매 결정 단계: 80%(잠재 매출: 10억 원)
- 계약 완료 단계: 100%(잠재 매출: 5억 원)

04 자신이 정수기 제조업체의 관리자라고 가정하고 [그림 7-4]를 참조하여 균형성과표를 작성하시오. 보직은 연구개발 관리자, 영업 관리자, 마케팅 관리자, 생산 담당 관리자, 유통 담당 관리자 중에서 선정하되 지표 선정을 위한 가정을 먼저 선언하고 작성하시오. 작성한 균형성과표를 동료와 교환하고 프로세스 지표에 대한 적절성(허무지표, 혁신지표 등)에 대해 논의하시오.

05 린 스타트 업계에서 활용하는 혁신지표가 전통적인 기업의 지표 산출 방식과 어떻게 다른지 설명하시오. 그리고 스타트업 초기 단계의 인터넷 쇼핑 업체가 설정할 만한 혁신지표를 세 가지 설계하고, 가상의 매출 숫자를 부여하여 지표를 보는 관점을 설명하시오.

06 [그림 7-4]의 공기청정기와 관련된 성과지표의 대시보드를 작성하시오. 대시보드의 성과지표를 4개 이상으로 설계하되 프로세스에 관련된 성과지표를 3개 이상 포함하고, 부서는 연구개발 부서, 영업 부서, 마케팅 부서, 생산 부서, 유통 부서 중에서 선택하시오. 그리고 해당 지표가 프로세스 개선에 도움이 되는 논리를 설명하시오.

CHAPTER

08

비즈니스 프로세스의 조직

학 | 습 | 목 | 표

- 조직의 평활화를 하는 이유와 그에 따른 경영자의 도전을 이해할 수 있다.
- 직종, 직책, 직위에 대해 설명하고 콜링 시스템을 설계할 수 있다.
- R&R과 KPI를 이해하고 역량 관리와 성과 관리 트랙을 파악할 수 있다.
- 직원 개발 계획의 취지와 PDP를 이해할 수 있다.
- BPM 조직을 이해하고 여섯 가지 주요 역할을 설명할 수 있다.
- 프로세스 변화 관리의 다섯 가지 선택 옵션을 설명할 수 있다.
- 비즈니스 프로세스의 거버넌스에 관한 이사회의 역할을 설명할 수 있다.

들 | 어 | 가 | 기

조직 관리 체제의 관점에서 기능 조직과 프로세스 조직의 차이에 대해 6장에서 살펴보았다. 기능 중심 조직에서 프로세스 중심 조직으로의 변화를 나타내는 징표 중 하나는 조직의 평활화이다. 이 장에서는 조직의 평활화, 조직 안에서 개인의 역할을 결정하는 조직화 이론과 기업의 프로세스 자산을 관리하고 프로세스 혁신을 주도하는 비즈니스 프로세스 관리, BPM 조직의 역할에 대해 다룬다. 그리고 프로세스 조직화 과정에서 이사회의 역할을 살펴본다.

SECTION 01

조직화 이론과 호칭 체제

01 조직의 평활화

조직화 이론은 원래 군대에서 발전된 것이다. 군대는 조직 구성이 체계적이고 효율적일 때 적군을 제압할 수 있는 힘이 커진다. 군사 조직의 체계화는 로마 시대에서 근원을 찾을 수 있다. 로마 시대에는 100명의 중대급 군사 조직인 백인대centuria를 백인대장centurion이 통솔했다. 그 위로 백인대 6개, 총 600명으로 이루어진 대대cohort가 있고, 또 그 위에 10개 대대로 구성된 보병군단legion이 있었다. 보병군단은 호민관으로 선출된 평민 출신 엘리트 장교가 지휘했다. 이러한 로마 시대의 유산은 오늘날의 군사 조직에도 그 흔적이 남아 있다.

또한 군사 조직은 무기 개발에 따른 신기술의 발전, 산업표준과 IT 기술의 선진화에도 많이 기여했다. 군수 장비 조달에 관한 표준 규격은 군납 제조업체의 품질 향상에 영향을 미쳤으며, 일반 기업은 이러한 표준 규격을 수용하여 자사의 품질 개선 활동에 활용했다.

산업혁명 이후 서구의 기업 조직은 10명을 십장foreman이 관리하는 형태였고 인원이 많아질수록 기능 조직의 계층화가 종축으로 높아졌다. 기능 조직의 계층화는 대량 생산, 노하우의 축적 및 전문화에 효과적이다. 하지만 높은 계층 조직에서는 조직 내의 상하 의사소통은 물론이고 떨어진 타 기능 부서를 가로지르는 의사결정에 오랜 시간이 걸렸다. 즉 가치 지향적 프로세스 관점에서는 계층 조직이 비효율적이다. 이러한 수직적 조직 구조는 소비자의 변화를 인지하고 재빠르게 변화하기가 어렵다.

BPR이 유행하기 이전에 서구형 조직은 한 팀이 5~8명 정도로 이루어진 7~8개 계층의 수직형 조직 형태였다. 그러나 1990년대 중반에 불어닥친 다운사이징 바람은 조직 구성에 큰 변화를 불러일으켰다. 시장 변화에 대한 신속한 대응과 빠른 의사결정을 위해 조직의 관리 계층을 파격적으로 줄이려는 시도가 만연했다. 당시 다국적 기업은 10단계가 넘는 피라미드형 계층 조직을 두고 있었는데 이를 4~5개 이내의 관리계층으로 바꾸는 평탄 조직화flat organization를 도모했다. 그 결과 한 관리자 밑에 직원이 20~50명이나 되기도 했다. 감성 경영의 강점을 가진 소규모 팀 단위의 조직 기반이 해체되고 합리적인 절차와 평가지표, 전문가적 자질을 중시하는 시스템으로 바뀐 것이다.

단위 팀의 구성원이 많아지면 팀장과 팀원이 대면 의사소통을 자주 할 수 없다. 혁신적인 프로세스 재설계와 고도화된 IT 정보통신 기술의 도입은 이러한 조직 구조 조정의 필수적인 전제 조건이기도 하다. 조직의 평활화는 근본적으로 기능 조직 관리자에게 집중된 힘을 새로이 이루어진 프로세스 조직의 관리자와 나누지 않고는 어렵다.

한편 효율 중심적 조직의 재구조화는 인간의 감성 관리를 취약하게 하고 조직에 대한 구성원의 충성심을 떨어뜨린다. 또한 중간관리자가 많이 사라짐으로써 선배와 후배 사이에 전수되는 기업의 문화 자산도 미약해진다. 이런 이유로 사람의 머릿속에 있는 암묵적 지식을 명시적 지식으로 저장하는 지식 정보 시스템의 필요성이 대두되었다. 조직의 문제를 기술로 해결하는 데에는 한계가 있다. 개별적 감성 터치의 한계가 있더라도 조직의 구성원이 공동의 가치에 헌신하게 만드는 것은 작금의 경영자에게 가장 중요한 리더십 덕목 중의 하나가 되었다.

02 직종, 직책, 직위

기업을 인체에 비유한다면 개인의 조직화 이론은 단위 세포에 빗댈 수 있으므로 개인 조직화는 기업 세포 조직화 이론corporate cell organization theory이라고 일컬을 수 있을 것이다. 기능 조직이든 프로세스 조직이든 그 구성원은 기업의 단위 세포인 한 명의 직원이기 때문이다. 거시적 관점의 조직화 이론도 이해해야 하지만 프로세스 관리에서는 미시적 조직화 이론도 중요하다. 조직 내 직원의 역할을 살펴보려면 먼저 직종, 직책, 직위의 개념을 이해해야 한다.

- **직종(job profession):** 직원의 전문성을 나타내는 말로 군대로 치면 병과, 학교로 치면 전공에 해당한다. 기업에서는 영업, 생산, 품질, 구매, 마케팅, 재무회계, 인사·총무와 같은 수직 기능 조직과 관련이 있다. 회사를 많이 옮기더라도 동일한 직종에 근무한 연수가 전문성의 깊이를 나타낼 수 있다.
- **직책(job title):** 맡고 있는 일의 성격으로 보직이라고도 한다. 직책은 직종과 많이 연관되기도 하지만 다를 수도 있다. 직책은 조직의 편제와 관련이 있기 때문이다. 군대로 치면 병과가 보병인 장교가 작전참모나 군수참모라는 직책을 맡는 것과 같다. 자신의 전문성은 영업이지만 고객만족센터장 또는 프로젝트팀장이라는 직책을 맡기도 한다. 조직 내에서 직책의 일자리가 많아지고 오랜 기간 전문화되면 새로 직종이 만들어진다. 프로세스 조직의 직종 구분은 기능 조직보다 늦게 시작되어 프로세스 전문성은 직종 구분보다는 직책 개념의 구분이 더욱 적절할 수 있다. BPM 구성원이 그렇다.
- **직위(job position):** 계층 조직하에서 직원의 레벨을 알려주는 것으로 포지션 파워와 관련이 있다. 평직원, 대리, 과장, 차장, 부장, 상무, 전무, 부사장, 사장 등은 관리적 직위의 명칭이고, 전문 직종의 경우는 주임, 선임, 책임, 수석, 전문위원의 순으로 직위를 부른다. '영업부장'과 같이 직위가 직종 뒤에 붙기도 하고, '영업팀장'처럼 직위를 떼어내고 직책으로 표현하기도 한다. 평탄한 조직에서는 위로 올라갈수록 걸맞은 직위의 절대수가 부족하여 직위보다는 직책 호칭을 선호한다. 직위에 따라 급여와 대우가 다른 것이 상례이지만 회사 복지의 경우 직위별 차이가 없어지는 추세이다.

[그림 8-1]은 직원이 90여 명인 보안 관제 회사 A의 호칭을 보여준다. A사는 3개 주요 직종, 즉 영업 직종sales representative, 기술영업 직종security engineer, 보안 아키텍트 직종security architect에 인원이 편중되어 있다. 영업 직종은 매출을 책임지고, 기술영업 직종은 보안 제품(하드웨어, 소프트웨어, 서비스)의 판매를 위한 기술적 영업을 지원하는 외근직 엔지니어이다. 그리고 보안 아키텍트는 서비스 계약에 따라 원격의 관제실 또는 고객의 전산실에 상주하며 고객에게 보안 관제 서비스를 제공하는 내근직 엔지니어이다.

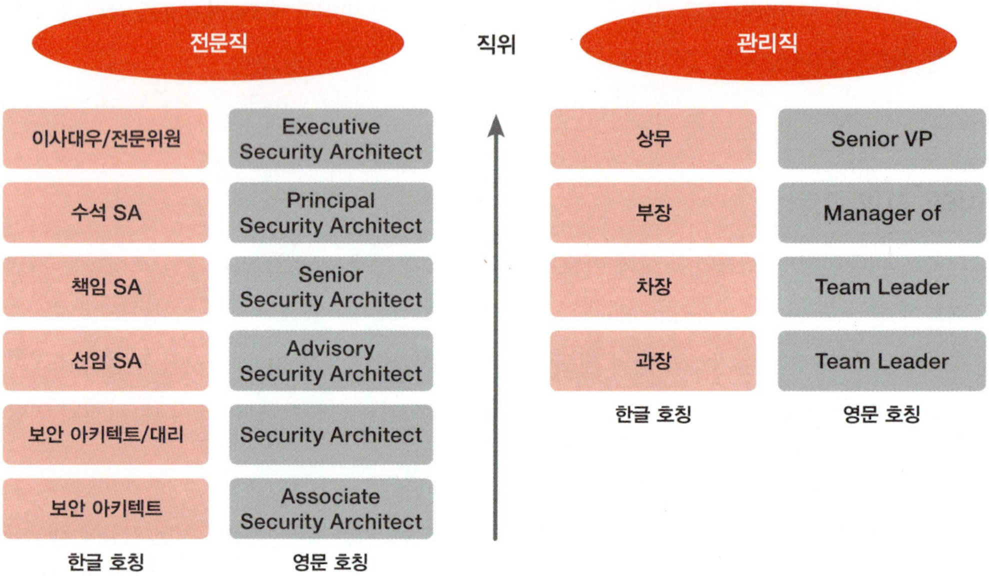

그림 8-1 직종, 직책, 직위 호칭의 예

글로벌 조직에서 전문직은 신입사원부터 trainee(훈련직원), associate(평직원), full title(주임급), advisory(선임, 과장급), senior(책임, 차상급), principal(수석, 부장급), executive 또는 consultative(전문위원, 임원급)라는 직위를 직종에 붙인다. 직책은 조직도의 편제에 따른 부서명에 종속된다. 예를 들면 보안관제팀을 맡은 관리자는 직종은 보안 아키텍트이고 직위는 부장, 직책은 보안관제팀장이다. 관리자의 호칭은 '홍길동/부장, 보안관제팀장', 전문직의 호칭은 '김철수/수석, 보안 아키텍트' 등으로 정한다.

A사의 경우 나머지 직종은 직원 수가 많지 않아서 마케팅 전문가marketing specialist, 인사 전문가personnel specialist, 재무 전문가finance specialist 등으로 부른다. 이때도 근무 연수나 경력에 따른 직위 체제를 부여한다. 차장급 마케팅 전문가의 호칭은 '오○○/마케팅 차장', 영문 호칭은 'senior marketing specialist'가 될 것이다. 선임, 책임, 수석, 전문위원이 기술직을 의미하기 때문에 마케팅 전문가를 '마케팅 책임'이라 부르지 않고 융통성 있게 비즈니스 스태프의 직위에 관리직 호칭을 적용했다.

03 호칭 체제와 목표 관리 프로세스

프로세스 조직을 다루기에 앞서 직종, 직책, 직위를 먼저 설명한 것은 조직의 최소 구성원인 직원의 역할을 정의하는 중요한 개념이기 때문이다. 만약 스타트업 기업을 세운다면 조직화 단계에서 가장 먼저 해야 할 일은 바로 직종, 직책, 직위를 모델링하는 것이다. 벤처 창업 시 기획 단계에서 하고자 하는 비즈니스 모델이 결정되면 그다음에는 사업을 추진할 자원을 조직화해야 한다. 자원에는 사무 공간, 생산 설비와 같은 자본 자원도 있지만 가장 중요한 것은 인적 자원이다. 일부 사회학자는 사람이 목적이 되어야 한다면서 수단을 의미하는 인적 자원으로 부르는 것에 찬성하지 않는다. 그들의 의견을 존중하지만 이 책에서는 업계에 일반화된 인적 자원이라는 말을 사용할 것이다.

직종, 직책, 직위의 설계는 인적 자원 조직화 활동의 핵심이다. 비즈니스 모델이 분명하면 조직의 호칭 체제는 [그림 8-1]처럼 약간의 전문성으로 쉽게 설계할 수 있다. 일단 기업의 호칭 체제가 설계되면 각각의 직책별로 직무명세서R&R를 작성할 수 있다. [그림 8-2]는 호칭 체제에서 시작하여 직무명세서가 작성되고, 그로부터 갈라지는 두 트랙의 인사 관리 프로세스의 개념을 보여준다.

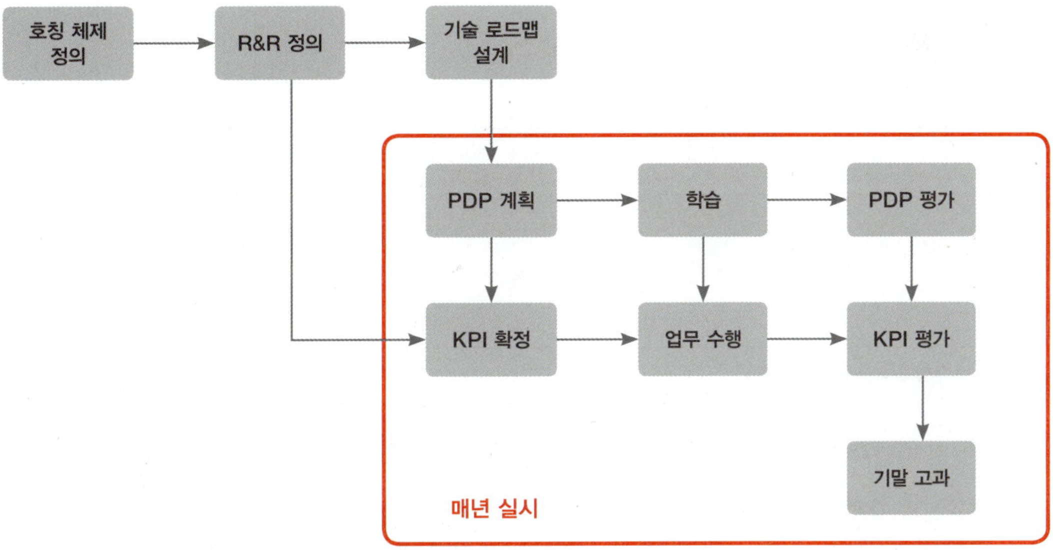

그림 8-2 직무명세서에서 시작되는 목표 관리와 역량 관리 프로세스

트랙 1은 역량 관리competency management 트랙이고 트랙 2는 성과 관리performance management 트랙이다. 붉은색 상자 안에서 'PDP 계획', '학습', 'PDP 평가'는 역량 관리 트랙과 관련이 있고 나머지는 성과 관리 트랙과 관련이 있다. 직무명세서가 수십 쪽에 달하는 기업도 있는데, 변화하는 시장 환경 속에서 지나친 직무 정의는 융통성을 떨어뜨리고 업무 내용을 고착시킨다. 시간 투자 대비 효율을 생각해야 한다. 반드시 해야 할 원칙에 집중한 1쪽 분량의 직무명세서로도 충분하다.

[그림 8-3]은 마케팅 담당 직원의 1쪽짜리 실제 직무명세서이다. 유의할 점은 직무명세서에 계량

화된 목표치가 들어가서는 안 된다는 것이다. 부여된 업무 권한과 책임의 범위를 확실히 알 수 있도록 설명하는 것으로 충분하다. 계량화된 목표치는 매년 KPI에 반영되고 해마다 목표치가 달라진다. 직무명세서는 대개 직종별, 직책별로 양식을 통일하여 사용할 수 있다. 물론 관리자에게는 조직 관리의 책임이 부가된다. 표준화된 직무명세서가 달라지는 경우는 비즈니스 모델이 바뀌었을 때이다.

제품 마케터 R&R

성명: 홍길동 (2018년)

주업무(70%)	부업무(30%)
• 제품 마케팅 관리자(70%) · 필드 동향 및 요구 분석 · 필드 마케팅 계획 · 제품 개발 기획 및 R&R 협의 · 신제품 출시 및 프로모션 수 · 경쟁사 동향 및 제품 벤치마킹 • 제휴 관리자(30%) • 채널 라이프사이클 관리 • 해외 솔루션 인원 채용	• 마케팅 계획 대비 성과 분석 • 필드 특성을 고려한 제품 콘텐츠 제공 • 마케팅 이벤트 및 세미나 지원 • 관리 리포트 지원

발의자 ____________ 검토자 ____________

승인자 ____________

그림 8-3 직무명세서의 예(마케팅 담당)

경영자는 매년 직원의 직무명세서가 직원의 업무 범위와 일치하는지 확인하고 주업무와 부업무의 업무 가중치를 합리적으로 부여해야 한다. 직무명세서는 직원이 내·외부 고객에게 서비스할 업무 내용을 정의한 것이므로 업무 가중치는 조직이 원하는 과업에 대한 메시지를 분명히 전하는 도구가 된다. 직원이 어떤 일에 업무 시간의 20%를 쓰고 있는데 이에 대한 업무 범위가 직무명세서에 포함되어 있지 않다면 어떤 일이 벌어질까? 상사가 원치 않는 일을 직원이 하고 있는 것일 수도 있고, 직원이 열심히 일해서 기업에 기여했지만 제대로 평가받지 못하여 불만이 생길 수도 있다. 잘못된 직무명세서는 직원의 사기를 떨어뜨리고 관리자의 리더십에 의심을 품게 하므로 잘 설계해야 한다.

SECTION 02

역량 관리와 성과 관리 프로세스

01 역량 관리 프로세스

직무명세서의 두 트랙 중에서 역량 관리를 먼저 살펴보자. 직원의 직무명세가 정의되면 해당 업무를 잘 수행하기 위한 지식과 체화해야 할 기술을 정의할 수 있다. 훌륭한 영업사원은 제품 지식, 제품 설명 능력(프레젠테이션), 의사소통 능력, 협상력, 상법 지식, 직업 윤리 등을 갖추고 있다. 회사의 조직화 수준이 높을수록 이러한 지식 체계가 잘 구조화된다. 인적 자원의 업무 역량은 기업의 핵심적인 경쟁 역량이 된다. 국가에서도 그 중요성을 알고 국가직무능력표준National Competency Standards, NCS을 만들어 기업에 직무 능력 설계의 자료로 제공하고 있다. 이러한 역량 발전 단계를 설계한 것이 기술 로드맵skill roadmap이다. 직원이 기술 로드맵의 특정한 과정을 이수하면 역량이 향상된 것으로 평가한다.

[그림 8-4]는 앞서 언급한 A사 영업사원의 기술 로드맵이다. 기술 로드맵은 전문 분야별로 마련하는 것이 적절하다. 동일 직종의 직원이 5명 이상이라면 직원들과 함께 기술 로드맵을 설계하는 것은 직원 만족도를 높이는 좋은 방안이 된다.

	기술 수준 1	기술 수준 2	기술 수준 3	기술 수준 4
관리자 역량 (리더십)		멘토링 개요	코칭	매니저 클래스
프로페셔널	마케팅 기획 그룹 의사결정 프로세스 모델링 비즈니스 윤리	프레젠테이션 효과적 의사소통 재무 분석 변화 관리 방법론	시간 관리 비즈니스 협상 계약법/상법	세일즈 스쿨 프로젝트 관리
기반 기술	IT 솔루션 개요 네트워크 기초	암호학과 해킹	Adv. 솔루션 스쿨 e-BIZ 스쿨	보안 솔루션 스쿨

그림 8-4 기술 로드맵의 예(영업사원)

로드맵은 2개 축, 즉 기술의 카테고리 분류와 기술 수준을 검토해야 한다. 전자는 기술 개발을 위한 구조화된 접근을 가능하게 하고, 후자는 자신의 기술 수준을 가늠하게 해준다. [그림 8-4]에서는 3개의 기술 카테고리로 구분했는데 역량 수준은 대개 다음과 같은 5단계로 판단한다.

- **1단계:** 분야에 대한 주요 용어(키워드)를 이해하고 설명하는 수준
- **2단계:** 타인의 도움을 받아 업무를 수행하는 수준
- **3단계:** 타인의 도움 없이도 업무를 수행하는 수준

Employee Development Plan

1. 개인 역량 개발 종합 계획서(1/2)

성명		직위		승진 일시	
팀명		직책		발령 일사	
부서명		직종		결정 일시	

주업무	부업무
1.	1.

No	기술 내용	현재 레벨	목표 레벨	목표 시점	달성 여부	기술 구분
1						
2						
3						
4						
5						
6						
7						

	검토자 사인/날짜	기술 관리자 사인/날짜	승인자 사인/날짜
계획 시			
평가 시			

그림 8-5 EDP 양식의 예

- **4단계:** 후배에게 도움을 주고 알려줄 수 있는 수준
- **5단계:** 국내 최고 및 글로벌 상위의 역량 수준

기술 로드맵이 설계되면 이를 참고로 개인별 역량 개발 계획을 작성할 수 있다. 역량 개발 계획은 기업에 따라 PDP Personal Development Plan, IDP Individual Development Plan, EDP Employee Development Plan 등으로 부른다. [그림 8-5]는 A사가 글로벌 기업을 벤치마킹하여 만든 2쪽짜리 실제 역량 개발 계획이다.

2. 관련 기술별 실행 계획/평가서(2/2)

구분 No	학습 내용	학습 방법	학습 일수	학습 결과	예상 비용	목표 기술 달성 여부
1	1.1.					
2	2.1.					
3	3.1.					
4	4.1.					
5	5.1.					
6	6.1.					
7	7.1.					
작성자 사인/날짜(계획 시)		계획 시	D	예산계	K원	
작성자 사인/날짜(평가 시)		실제 시	D	결산계	K원	
레벨 4 항목의 구체적 설명						

역량 개발 계획의 달성 목표는 KPI의 역량 목표에 포함되기도 한다. 역량 개발 계획은 [그림 8-2]와 같이 직원이 1년 동안 자신의 역량을 개발하여 업무 성과를 향상하기 위해 꾸준히 노력하도록 하는 데 그 목적이 있다. 그러나 1년 만에 역량 수준을 한 단계 높이기란 쉽지 않은 일이다. 한 분야의 전문가가 되는 데에는 최소 5년에서 8년 이상이 걸린다. 무리한 역량 개발 계획서가 되지 않도록 직원도 유의하고 관리자도 주의해서 코칭해야 한다.

직원은 외부 유료 교육을 위주로 신청하는 경향이 있는데, 외부 교육은 비용도 많이 들고 직원 간의 형평성도 고려해야 한다. 따라서 인터넷 강의, 자습과 같은 내용을 포함하여 작성하는 것이 적절하다. 1인당 교육 예산을 공지하는 경우 평균에 미치지 못하는 예산을 배정받은 직원의 불만이 생길 수 있으므로 개인별 교육 예산은 전년도 인사 고과를 반영하여 책정하는 것이 바람직하다. 직무 역량 교육 예산에 외국어나 취미 등을 포함하는 것에 이견이 있을 수 있다. 업무와 직접적인 관련이 없는 교육 예산은 개인 소득으로 간주되어 소득세가 부과될 수도 있다.

02 성과 관리 프로세스

개인별 역량 관리 프로세스는 어디까지나 성과 관리 프로세스를 돕는 사이클이다. 직무명세서가 직종이나 직책에 따른 업무의 범위와 가중치를 담은 것이라면, 이를 매년 수행하면서 성과지표를 설정하고 목표를 달성하도록 실무자와 관리자의 약속을 담은 것은 KPI이다.

직무명세서와 KPI의 차이점은, KPI에는 항목별 성과지표의 측정 가능한 수치와 계산법, 완료 일정이 명시되어 있다는 것이다. 완료 일정은 늦어도 12월 중순 이전으로 정하는 것이 좋다. 실무자는 실패 위험성 때문에 시간을 벌기 위해 완료 일정을 연말로 연기하는 습성이 있다. 관리자가 이러한 태도를 수용하면 연말에 과제 납기가 집중되고 결국 연말에 가서는 과업의 실패 가능성이 높아진다. 성과 목표의 달성 시점은 분기 말, 반기 말, 연말보다는 분기 중간, 반기 중간, 연 중간의 특정한 날짜로 분산하여 정하는 것이 효과적이다.

기업이 처한 시장 환경이 다르므로 성과지표는 매년 달라질 수밖에 없다. 유의할 점은 직무명세서나 KPI 모두 관리자뿐만 아니라 프로세스와 관련된 동료 그룹의 협의와 합의가 전제되어야 한다는 것이다. 그렇지 않으면 미시적 관점인 개인 최적화의 함정에 빠질 수 있다. 기업이 부분별 최적화를 넘어 전사적 최적화를 도모해야 하듯이 개인 최적화를 넘어 팀 최적화를 같이 도모해야 한다.

[표 8-1]은 A사에서 재무팀장에게 부여한 실제 KPI이다. 첫째 열의 관점 항목은 균형성과표의 카테고리에 맞추어 부여한 것이다. 둘째 열은 카테고리별 목표 항목, 셋째 열은 계산 방법, 넷째 열은 목표치이다. 다섯째 열은 목표를 달성하기 위한 주요 활동 프로그램으로 선택 사항이다. 하지만 사업계획서상의 프로젝트와 KPI의 일관성을 평가하기 위해 기재할 것을 권고한다.

표 8-1 KPI의 예

관점	목표	계산 방법	목표치	계획
재무	주주 가치	ROE＝장기 순이익/자기 자본	××%	• 수익성 지표 관리
	수익성	• 영업 이익률＝영업 이익/매출 • 목표 영업 이익 달성 ××억 원	××%＋××억 원	• 인센티브 정책, 비용 조절
	현금 흐름	기말 총현금＝현금성 자산＋차입금	＋××억 원	• 신용평가 방법론 • AR 평균 회수 기일 ≤ ××일
	책임 회계 시행	경영 리포팅	분기 말＋30일	• MGMT 리포팅 • Biz. Unit 성과 리포팅 • 관리 회계 시스템
고객	서비스 품질 향상	내부 SLM 시스템 구축 지원/측정 여부	×월 말	• 투자 지원 및 지표 측정
	고객 신뢰도 향상	표준 계약서 풀세트 완비 여부	×월 말	• 표준 계약서 풀세트 시행
내부 비즈니스 프로세스	원가 경쟁력 강화	××× BPR 시스템 구현 및 프로세스 내재화	≥ ×0%	• BPR 시스템화/내재화 교육
	구매 효율화	SVC용 자산 구매율＝구매액/서비스 매출	≤ ××%	• 보유 장비 가동률 관리
역량	장기 성장 인프라 구축	××× 시스템/신 회계 시스템 구축	1개월	• 예산 확보(패키지/외주 고려)
	전문가 역량 강화	외부 교육/자체 세미나 수행 여부	각 2회 이상	• 외부 교육 1회, 세미나 1회 이상
	CFO 역량 강화	CFO 전문 교육 이수 여부	2회 이상	• M&A 관리

위 표에서 누락된 것은 전체적인 성과지표에서 개별 항목이 차지하는 비율이다. 성과 목표는 달성 비율에 따라 고과를 계산하는 척도지표scalable metric로 정하거나, 달성 여부에 따라 전체 달성 또는 전체 실패로 간주하는 이진지표binary metric로 정할 수도 있다. 척도지표로 정한 경우라도 최소 달성 임계치를 넘은 다음부터 달성 비율을 계산하는 이진지표의 기법을 병행하기도 한다. 보통은 일상적인 노력으로 목표의 80% 정도를 달성할 수 있도록 성과지표를 설계하는 것이 적절하다. 도메인 지식이 없는 관리자라면 도전적인 목표를 정하기가 어려울 것이다. 그래서 관리자가 성과 목표를 부여하는 것을 과학이 아니라 예술이라고 주장하는 사람도 있다.

이렇게 부여된 KPI에 대해 그해의 중간에 적어도 한 번, 분기에 한 번 정도는 실무자와 코칭을 겸하여 리뷰를 하는 것이 적절하다. 시장 환경이 바뀌었다면 상반기 말에 한 차례 수정하는 여유를 두는 것도 좋다. 연말에 고과를 평가할 때는 8:2 정도로 KPI에 의한 성과 평가와 EDP에 의한 역량 평가를 합하여 고려한다. 성과는 시장 상황에 따라 행운의 영향을 받기도 하지만, 역량 평가는 직원이 리더로 성장할 가능성을 보여주는 지표가 된다.

평가가 직원의 부족함을 트집 잡는다는 인상을 주어서는 곤란하다. 직원이 전문가로 성장하고 회사도 발전하는 지향을 가진 의사소통 도구로 선용되어야 한다. 관리자는 과연 직원을 객관적으로 평가하고 있는지 자문해봐야 한다. 표준화된 평가 도구가 객관성을 100% 담보할 수는 없다. 직원 스스로 자신을 평가한 것을 먼저 제출받아 코칭하는 방법도 있는데, 이는 일방적인 평가 결과에 대한 직원의 불만을 사전에 예방하는 이점이 있다. 최근에는 동료에 의한 360도 평가 등의 방법이 동원되고 있는데, 많은 장점에도 불구하고 특히 관리자의 경우 인기주의에 편승하는 부정적인 현상도 발생한다.

평가는 의사결정의 도구일 뿐 절대적인 기준으로 활용하는 것은 위험하다. 특히 개인적인 평가 내용을 공개하는 것은 조직의 화합에도 부정적인 영향을 끼친다. 인사 관리자는 평가 내용을 공개하기보다는 프라이버시를 지켜주면서 진정성을 가지고 직원들을 멘토링해야 한다.

SECTION 03

BPM 조직의 개요

01 BPM 조직의 개념

앞서 언급했듯이 비즈니스 모델을 기획한 후 조직화의 첫 단계로 직종, 직책, 직위를 모델링한다. 이어서 기업의 세포라 할 수 있는 개인의 조직 관리를 위한 2개의 평행 사이클, 즉 역량 개발 사이클과 성과 관리 사이클의 흐름을 설명했다. 기업 세포의 조직화 활동 및 연간 운영 사이클은 그동안 기능별 조직에 맞추어 진행되었다. 프로세스 조직에도 이러한 프로세스 모델을 적용하여 조직화 활동과 연간 운영 사이클을 살펴보자. 전사적 프로세스 전략과 운영 관리를 관장할 일명 BPM Business Process Management 조직으로 설명을 시작하려 한다.

기업은 프로세스 관리를 위한 다양한 체계와 장치를 고안할 수 있다. 경영진이 프로세스의 중요성을 깨달은 후 프로세스 관리를 위한 체계가 시작된다. 대개는 산업계 오피니언 리더들과의 만남 또는 혁신 세미나에 참여한 경영진의 결심으로 프로세스 체계가 도입된다. 때로는 스카웃된 임원의 리더십으로 시작되기도 한다. 프로세스 체계가 자생적으로 아래에서 시작되더라도 프로세스 조직 체계의 구성은 자원을 필요로 하기 때문에 경영진의 설득과 후원 없이는 불가능한 일이다. 창업 때부터 대표이사와 생사고락을 함께한 임원급 리더는 대개 수직적 기능 조직을 맡게 된다. 이들에게는 새로이 도입되는 프로세스 조직 체계가 힘을 나누어야 하는, 하기 싫은 일로 여겨지기 쉽다. 그러므로 프로세스 조직의 초기 조직화 과정은 기업 권력 구조의 직접적인 영향을 받게 된다.

만약 사장의 주도로 시작된다면 BPM 조직은 사장 직속이 될 것이다. 이러한 조직은 비즈니스 혁신팀, 프로세스 우수 그룹, 비즈니스 프로세스 자동화 그룹 등의 이름을 가지게 된다. 임원급의 조직 안에 BPM 조직이 만들어진다면 생산 부서와 같이 프로세스 개선이 중요한 조직에 포함될 것이고, 전통적인 품질관리 조직TQM이 업무를 담당할 가능성이 높다. 전산 부서에 BPM 조직이 속하는 경우는 SAP와 같은 ERP 도입 프로젝트와 연관된다. 기능 부서의 실무자들이 프로젝트 기간 동안 전산 부서에 파견되어 IT 전문가와 같이 프로세스 자동화 및 애플리케이션 커스터마이제이션 작업을 진행하기도 한다.

TIP 다음은 사장 직속 전사적 규모의 BPM 조직을 기준으로 설명한 것이다.

02 BPM 조직의 호칭 체제

기능 조직의 호칭 체제처럼 BPM 조직도 조직화 단계의 초기에 호칭 체제를 설계해야 한다. BPM 조직을 PI Process Innovation 팀으로 부르고 전산 기술 전문성을 가진 전무급 임원이 책임지도록 하는 국내 대기업도 있다. BPM 조직의 구성원은 파견 형태로 조직화되거나 프로세스 혁신 전문성을 지향하는 중견 직원들의 완전한 부서 이동으로 구성될 수도 있다. 일반적으로 산업공학을 전공하고 기획 부서나 품질관리 부서에서 일한 경험이 있는 직원으로 구성된다. 이들의 직종은 프로세스 엔지니어 또는 프로세스 아키텍트, 직책은 프로세스 전문가, 직위는 기능별 전문직의 직위와 같이 주임, 선임, 책임, 수석의 순이다.

[그림 8-6]은 이러한 조직 구조의 예를 보여준다. 프로세스 아키텍트 직종은 책임급 이상의 직위자에게만 부여하는 것이 일반적이다.

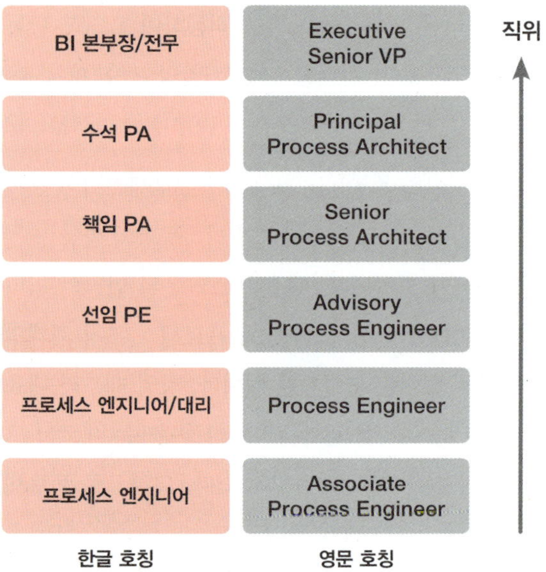

그림 8-6 BPM 조직 호칭 시스템의 예

TIP [그림 8-6]은 BPM 조직의 직종과 직위를 보여준다. BPM 조직의 직원은 프로세스 레벨 1, 2의 주요 비즈니스 프로세스를 나누어 맡고 전사적인 프로세스 최적화를 위해 실무자들과 협업을 한다.

SECTION 04
BPM 조직의 역할

BPM 조직도 매년 KPI와 역할에 따른 성과 목표를 정한다. 전술한 바와 같이 KPI는 직무명세서를 바탕으로 한다. [그림 8-7]은 폴 하먼의 모델을 참조하여 BPM 조직의 역할을 키워드로 요약한 직무명세서이다. 하먼이 관리자와 프로페셔널로 제시한 인력 부분을 하나의 기술 그룹으로 통일하고, 하먼이 간과한 시스템 관점을 새로 추가하여 6개 항목으로 구분했다.

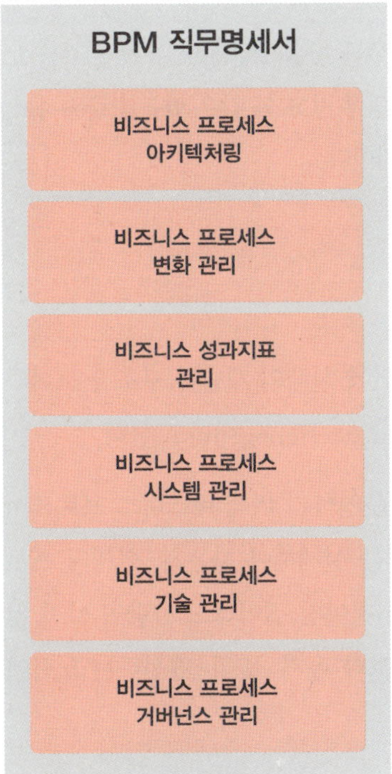

그림 8-7 BPM 조직의 역할 구분

구조화된 직무명세서를 기반으로 [그림 8-6]에 제시된 프로세스 아키텍트와 프로세스 엔지니어의 직무명세서를 손쉽게 작성할 수 있을 것이다. 업무의 중요성은 가중치로 부여할 수 있다. 다음의 직무명세서 구조는 회사의 성숙도 수준이나 상황에 따라 얼마든지 변경 가능하다. BPM 조직의 여섯 가지 역할은 다음과 같다.

- **아키텍처링:** 프로세스 정보를 비즈니스 프로세스 아키텍처에 반영하고 새로운 정보를 갱신하여 최신 비즈니스 프로세스 아키텍처를 유지하고, 전략기획팀과 시장 환경 변화의 의미를 평가한다.
- **변화 관리:** 변화가 필요한 프로세스 정보를 수집하고 가용한 변화 관리 자원 정보를 취합한다. 변화 관리 프로젝트의 범위와 우선순위를 정하고 변화 관리 프로젝트의 인적 자원을 할당하며 실무 부서의 변화 관리를 지원한다
- **성과지표 관리:** 성과지표에 대한 일별·월별 데이터와 기업의 프로세스 성숙도 정보를 수집한다. 경영진에게 기업의 프로세스 성과지표, 비즈니스 프로세스 성숙도에 대한 감사 내용을 보고한다.
- **시스템 관리:** BPM을 위한 시스템을 기획하고 시스템의 도입 운영에 대한 체제를 안내한다. 데이터의 구조 설계, 분석 방법, 시각화, 리포트 형식을 설계하여 시스템 설계에 반영한다.
- **기술 관리:** 새로운 프로세스 관리자의 직무명세서를 검토하고 프로세스 측면의 성과표를 관리한다. 비즈니스 프로세스 역량을 향상하기 위한 최신의 기술 로드맵을 관리하고 임직원 교육과 적정한 BPM 도구를 제공한다.
- **거버넌스:** 공공 기관이 요구하는 프로세스 문서와 측정지표를 문서화한 것을 보관하며 규칙 준수를 보증하는 정기적 감사 활동을 유지한다. ISO 9000 및 다국적 기업의 경우 SOX와 같은 법규를 준수하고, 제삼자 감사인을 활용한 객관성의 보증과 더불어 법규 리스크를 관리한다.

01 BPM 조직의 역할 1: 아키텍처링

건축에서 유래된 아키텍처라는 말은 이제 공학과 인문학에도 적용되어 실체의 개념적 구조를 보여주는 골격을 아키텍처라 일컫고, 아키텍처를 만드는 일을 아키텍처링architecturing이라고 한다.

기업은 프로세스 중심적인 조직 체계와 운영 체계를 효율적으로 운영하기 위해 비즈니스 프로세서 아키텍처를 설계한다. 문제는 어느 정도의 관리 수준까지 아키텍처를 설계해야 하는지, 현재의 프로세스 아키텍처가 현실을 제대로 반영하는지 하는 것이다. 근사하게 지어진 집이라도 사람이 살지 않고 방치하면 흉가처럼 되듯이 프로세스 아키텍처도 만들어놓는 것보다 유지·관리·개선하는 노력이 더욱 중요하다.

BPM 조직은 아키텍처 문서를 항상 최신으로 유지할 책임이 있다. 5장에서 설명했듯이 아키텍처 문서에는 레벨 1, 2, 3 프로세스의 모자 관계가 정의되어 있고 각 프로세스의 입력, 프로세스, 출력과 성과지표, 인적·물적 자원, 프로세스 오너 등이 명시되어 있다. 이러한 아키텍처 설계 문서는 기업이 새로운 사업 모델을 만들거나 프로세스를 분리 또는 합병할 때 고려해야 할 문제와 과제를 잘 설명해준다. 여기서 과제는 새로운 프로세스의 도입 또는 변경 시에 요구되는 역량과 기술, 인원과 설비 규모, 성과지표의 설정 등을 말한다. BPM 조직은 기업의 전략기획 부서와 협조하여 사전에 이러한 과

제를 예측하고 실행 계획을 수립하는 데 참여해야 한다. 결론적으로 BPM 조직이 담당할 아키텍처 정보의 최신 상태 유지 책임은 프로세스 변경 관리의 타당성을 검토하는 데 필수적인 일이다.

02 BPM 조직의 역할 2: 변화 관리

기업은 시장 환경에 따라 비즈니스 프로세스를 변경해야 하는 상황에 맞닥뜨린다. 목표가 가까운 야산인지, 북한산인지, 에베레스트산인지에 따라 준비할 몸 상태와 장비, 팀워크가 다른 것처럼 과업 범위에 따라 프로세스 변경 작업의 복잡도가 달라진다. 대부분의 경우 프로세스 변경 요구량은 이를 감당할 자원량에 비해 넘치게 마련이다. 그러므로 기업 내부의 프로세스를 잘 파악하고 있는 BPM 조직은 프로세스 변경에 대한 다양한 요구 가운데 어떤 과업을 우선 처리할지 결정하는 위치에 있게 된다. BPM 조직이 없다면 부서 간의 요구를 중간에서 조율할 주체는 사장뿐이다. BPM 조직이 있다면 사장은 여러 부서의 요구를 BPM 조직과 협의하도록 하고 결정을 위임할 수 있다.

기업의 한정된 자산과 시간 때문에 동시에 진행 가능한 프로젝트의 개수에는 한계가 있다. 뛰어난 저격수라도 움직이는 여러 개의 타깃을 동시에 맞추기는 불가능하다. 전체 프로세스를 한꺼번에 바꾸려고 시도하기보다는 변경이 필요한 프로세스에 집중하는 것이 훨씬 쉽다. 마찬가지로 우선순위의 원칙을 정하고 접근할 때 변경 관리의 위험도를 낮출 수 있다. 우선순위의 원칙은 분석적 계층화 기법Analytic Hierarchical Process, AHP이나 이해 당사자들이 참여한 워크숍에서 사전에 확정하는 것이 바람직하다. 이렇게 확정된 우선순위는 고객 중요도/성과 매트릭스의 기초 정보로도 활용된다.

TIP 분석적 계층화 기법은 11장에서 자세히 설명할 것이다.

다음은 프로세스 변화 관리 시에 우선순위를 정하는 데 적용되는 항목의 예로 기업마다 순위와 가중치를 다르게 적용할 수 있다.

- **투자 대비 효과:** 작은 투자로 큰 효과를 볼 수 있는 레버리지 효과가 높은 변경 요구(예: 생산 원가 절감에 바로 영향을 줄 수 있는 공정의 설계)
- **긴급도:** 법적인 요건, 클레임 해결 등 심각한 부정적 영향을 재빨리 제거해야 할 프로세스 변경 요구(예: 정부의 금융 정책 변경으로 몇 월 며칠부로 새로운 인증 툴을 지원하는 승인 프로세스 적용)
- **선결 과제:** 중요한 프로세스 변경을 추진하기 위해 선결되어야 하는 선행 프로세스(예: 고객 만족도를 높이기 위한 고객 만족 요인 조사 프로세스 수립)
- **용이성:** 해결하기 쉬운 과제이고, 효과를 떠나 초기 학습 차원에서 의미가 있는 변경 요구

[그림 8-8]은 기업 역량과 시장 매력도로 프로세스 변경의 우선순위 선정 매트릭스를 설계한 것이다. 두 가지 변수로 결정할 수 있는 비즈니스 변화 관리의 선택지가 5개 제시되어 있는데 이러한 카테

고리는 절대적인 것이 아니며 상황에 따라 얼마든지 변경할 수 있다. 중요한 점은 이해 당사자들끼리 사전에 합의하여 선정한 툴이어야 한다는 것이다.

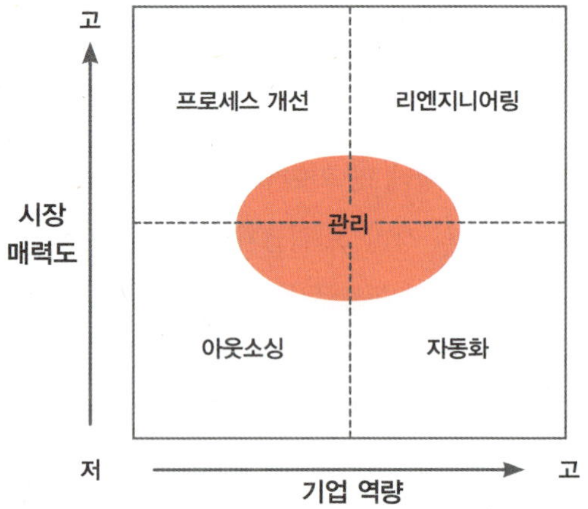

그림 8-8 내부 역량과 시장 매력도 관점에서 분석한 변화 관리 옵션의 예

- **자동화:** 주로 패키지 소프트웨어를 이용한 프로세스 재설계의 접근을 말한다. 소프트웨어를 개발하기보다는 ERP, SCM, CRM 등의 소프트웨어를 업계 표준으로 이용한다. 툴 사용에 대한 내부 저항이 적을 때 이러한 자동화 툴을 사용하여 프로세스 엔지니어링 비용을 절감할 수 있다.
- **관리:** 경영관리의 사이클인 기획, 조직화, 운영, 모니터링 및 통제의 절차적 방법론을 이용하여 프로세스를 관리하는 접근 방법이다. 기능 조직을 프로세스 조직으로 변경하는 초반에 활용한다.
- **아웃소싱:** 핵심 역량이 아닌 부분을 외부 업체에 넘겨 프로세스의 효율을 도모한다. 직원 선발, 교육, 평가와 같은 일을 외부에 맡기는 회사도 많다. 내부에서 보관할 역량도 아니고 시장 매력도가 높지 않은 프로세스에 적절하다. 아웃소싱은 자사의 핵심 역량에 집중하게 해주는 반면, 상시적인 일을 비용 절감 차원에서 접근하면 비정규직 이슈와 같은 사회적 문제를 유발할 수도 있다.
- **리엔지니어링:** 기존 핵심 프로세스의 비효율성을 극복하기 위해 프로세스를 혁신하는 방법이다. 회사의 비즈니스 프로세스 역량이 높고 시장에서의 매력도 역시 높은 애플리케이션 프로세스가 대상이 될 것이다. 프로세스 재설계에 전문성을 가진 내·외부 컨설턴트와 함께 추진하는 것이 상례이다. 단기적인 성과보다는 장기적인 관점에서 접근하는 것이 중요하다. 성공의 효과가 크지만 실패할 경우 경제적 손실은 물론 조직에 끼치는 영향이 크다.
- **프로세스 개선:** 프로세스 개선을 단계적으로 추진하는 방법이다. 프로세스 엔지니어링 역량이 열악하지만 시장 매력도가 높은 애플리케이션 부분에 단계적으로 혁신 역량을 높이면서 접근하기에 좋다. 프로세스 재설계보다 위험도가 낮고 내부 조직의 저항도 상대적으로 적다. 일본의 TQM식 활동, 미국의 6시그마 활동이 대표적인 예이다.

프로세스 변경 요구는 문제를 해결하는 변경 요구와 기회를 발굴하는 변경 요구, 두 가지로 접근할 수 있다. 전자보다 후자가 훨씬 선택지가 많고 미래 지향적인 접근이다. 기회를 발굴하는 변경 요구에 대해서는 다양한 의사결정 도구를 사용할 수 있다.

하먼이 주창한 BPTrends 방법론에서는 변화 관리 착수 이전에 조직도를 이용하여 시각적으로 기업의 내·외부 환경을 분석할 것을 권고한다. 기업의 내·외부에 있는 이해 당사자를 고려하여 [그림 8-9]와 같은 거시적 슈퍼시스템 조직 체계도를 작성할 수 있다. 이해 당사자를 구체화할수록 고려할 요인이 많아질 것이다. 관리 대상의 범주를 정하는 효과 측면에서 적정한 구분이 필요하다.

TIP 슈퍼시스템 조직도에 대한 내용은 5장을 참조하라.

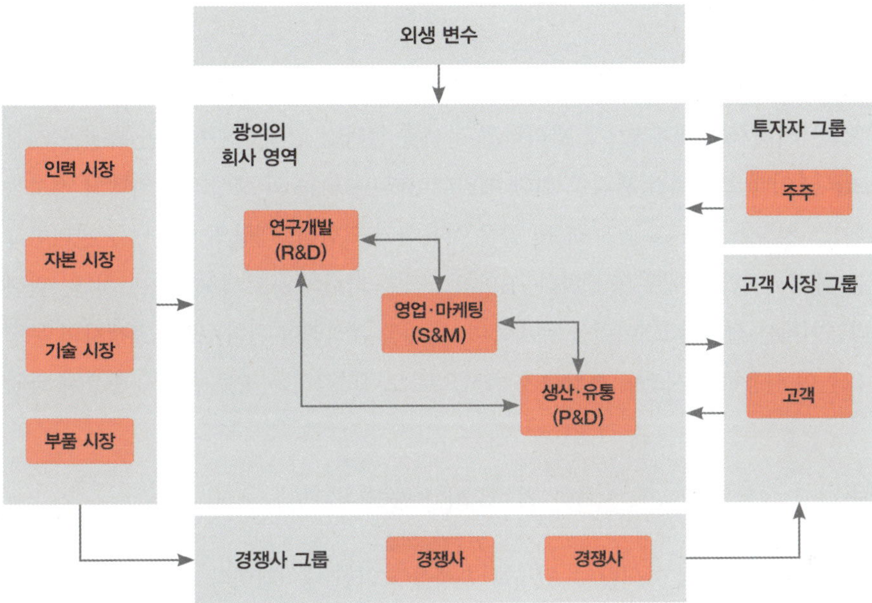

그림 8-9 이해 당사자를 구조화한 조직 체계도의 예

03 BPM 조직의 역할 3: 성과지표 관리

프로세스 지향 기업 문화가 성숙되기 이전에 기업은 기능 조직으로 분화되어 있게 마련이고, 성과지표 역시 기능별 성과표 또는 다소 발전된 경우 균형성과표 형태의 KPI를 설정한다. 그러다 가치 지향적 조직으로 변화하면 성과지표도 고객 지향적이고 프로세스의 효율 측정에 적정한 지표가 된다. 프로세스 성과지표를 설정할 때 기능 조직은 사고 전환이 쉽지 않아 지표 설정에 어려움을 겪기도 하는데, 이런 경우 BPM 조직이 적정한 지표 항목을 알려주어야 한다. 또한 연말에 프로세스 성과를 측정할 때도 BPM 조직은 객관적으로 검증된 프로세스 지표의 달성 수치를 확인해야 한다.

경영진은 프로세스 성과지표를 시각화된 대시보드 형태로 활용한다. 대시보드는 의사결정 시스템의 중요한 프레젠테이션 솔루션 중 하나로 자리 잡았으며, 업계에서는 다양한 대시보드 애플리케이션이 활용되고 있다. 미시적인 관점에서 대시보드는 일상적인 성과지표 모니터링에 도움이 된다. 하지만 장기적으로는 와츠 험프리의 모델에 기초한 CMM이나 CMMI 모델을 선호한다. 비즈니스 프로세스 컨설턴트는 몇 가지 질문과 증적으로 기업의 프로세스 성숙도를 가늠할 수 있다. 일단 기업의 성숙도 수준이 검증되면 컨설턴트는 다음 단계로의 성장을 향해 경영자가 추진해야 할 과업을 제시할 수 있다.

TIP CMM에 대한 내용은 1장을 참조한다.

04 BPM 조직의 역할 4: 시스템 관리

만들어놓은 프로세스 아키텍처를 체계적으로 관리하고 문서를 일관성 있게 보관하려면 특별한 전산 툴이 필요할 수도 있다. 이때 프로세스 관리를 위한 메타데이터metadata의 생성과 아키텍처 정보를 보관하는 데이터베이스 저장소database repository 툴을 사용하기도 한다. 대량의 데이터를 관리하고 업무에 활용할 때는 메타데이터가 매우 중요하다. BPM 조직은 회사의 프로세스 아키텍처 및 관련 데이터에 대한 메타데이터를 설계하고, 이력을 유지하며, 추세를 분석해야 한다. 또한 경쟁사의 동향을 예의 주시하고 그들이 사용하는 시스템 현황을 합법적으로 모니터링하는 정보 습득도 중요한 과업이다.

TIP **메타데이터:** 데이터의 속성 구조를 설명하는, 추상화 레벨이 한 단계 높은 데이터를 말한다.

메타데이터는 정보의 맥락을 쉽게 이해할 수 있도록 속성을 요약한 데이터이다. 예를 들어 국내 대학이 340여 개라고 할 때 전체 대학의 정보를 늘어놓고 특징을 파악하기는 어렵다. 이때 지역별로 대학이 몇 개 분포되어 있고, 설립 연도별로 어떻게 늘어났는지, 학생 수에 따른 구분, 대학원이 있는 대학, 사이버대학이 있는 대학, 의과대학이 있는 대학, 국립대와 사립대, 대학별 전문 분야, 전년도의 추세 변화 등을 설명해주는 맥락적 정보는 기초 데이터에서 추출된 메타데이터로 설명할 수 있다. 교육부 공무원은 대학 지원 정책을 수립할 때 이러한 메타데이터를 참조할 것이다. 이와 마찬가지로 기업도 비즈니스 아키텍처를 설명해주는 메타데이터를 설계하고 기초 데이터를 데이터베이스 저장소에서 관리한다. 업계에서는 요구 사항 관리 애플리케이션(예: IBM Rational DOORS)을 활용하기도 하며, 상용 관계형 데이터베이스를 커스터마이징한 다양한 저장소 툴도 존재한다. 클라우드 기술이 발달함에 따라 기업형 클라우드 시스템을 활용할 수도 있다.

아키텍처 정보를 저장·관리하는 툴 외에도 BPM 조직은 기업의 핵심 비즈니스 프로세스의 자동화에 관련된 소프트웨어 툴의 선정 기준과 벤치마킹, 표준화 정책을 IT 팀과 같이 마련하고 관리해야 한다. 기능 부서별로 툴을 임의로 도입할 경우 몇 년이 지나면 이미 구축된 데이터베이스는 서로 호환되지 않고 동일한 정보가 여러 곳에 산재하여 동기화되지 않는 괴물로 변한다. 이러한 괴물을 길들여 생산성에 도움이 되도록 만드는 데에는 엄청난 비용이 들고 거의 불가능에 가깝다. 중견 기업이 기존의 시스템을 개선하려는 노력을 포기하고 많은 비용을 들여 시스템을 새로 만드는 이유가 여기에 있다. 그러나 프로세스 아키텍처를 잘 설계하고 관리한다면 이는 피할 수 있는 일이다.

05 BPM 조직의 역할 5: 기술 관리

프로세스 지향의 조직 문화를 만들기 위해 인적 자원의 프로세스 관리 역량을 높이는 것은 매우 중요하다. "결국 일은 사람이 한다"는 말은 지금도 사실이다. 자동화 도구와 컴퓨터의 지능을 활용하지만 결국 의사결정의 책임은 사람에게 있다. 회사 내에서 비즈니스 프로세스 전문가로서 남과 다른 지식과 경험, 역량을 갖춘 BPM 조직은 현업 실무자의 역량을 향상하는 비즈니스 프로세스의 기술 로드맵을 설계하고 적절한 교육과 실습 기회를 제공해야 한다.

일반적으로 관리자는 역량이 우수한 직원을 교육에 참여시키지 않는 경향이 있다. 우수한 직원이 빠지면 현장에서 문제가 발생할까 걱정하기 때문이다. BPM 조직은 실무자의 현재 기술 수준을 평가하여 기록하며, 적절한 시점에 적당한 교육을 이수하도록 관리자를 독려하고, 그들의 인사 관리 역량 평가에 반영하도록 인사 부서와 협상해야 한다. 인사 부서의 입장에서는 여러 직무 능력 교육 중의 하나가 비즈니스 프로세스 교육일 것이다.

비즈니스 프로세스 관련 교육을 선택이 아닌 전 직원의 필수로 정하는 것이 중요하다. 대표적인 비즈니스 프로세스 관련 교육은 CMMI, ISO, PMPOK, TQM과 6시그마 분야의 내용이다. 좀 더 발전된 교육에는 통계학을 기반으로 한 비즈니스 프로세스 분석 기법이 포함될 것이다. 한국생산성본부와 같이 비즈니스 프로세스에 관련된 좋은 콘텐츠를 제공하는 기관도 있다. 또한 지명도가 있는 학계의 연구 조직과 장기적인 유대 관계를 맺는 것도 좋은 대안이며, 한두 명의 뛰어난 전문가에게 후진을 양성하는 목표를 주고 내부 확산을 도모하는 것도 효과적이다.

06 BPM 조직의 역할 6: 거버넌스

미국의 SOX 법은 재무제표뿐만 아니라 재무제표 산출 과정의 투명성도 보장하는 의사결정 구조를 명시하도록 되어 있다. 과정의 투명성을 보장하려면 기업의 운영 절차와 각 단계별 의사결정 구조를 논리적으로 설명할 수 있어야 하므로 아키텍처링 문서는 필수 문서가 되었다. 정부로부터 프로세스의 투명성과 의사결정 구조의 설명을 요청받았을 때 비즈니스 프로세스 아키텍처 문서를 제시하고, 비즈니스 프로세스의 산출물과 대조하여 기업 경영의 투명성을 증명할 수 있기 때문이다.

기업이 전산화된 비즈니스 프로세스를 운영할 경우 비즈니스 프로세스 아키텍처와 실제 결과물을 비교해야 한다. 이를 위해 프로세스 마이닝 툴로부터 발견된 데이터 모델과의 정합성을 확인하는 산출물이 활용될 수 있다. 미국에서는 일정 규모의 기업이나 법적으로 강제된 기업이 SOX 법의 요건을 갖추지 못하면 최고경영자가 처벌을 받기도 한다.

TIP 프로세스 마이닝은 14장에서 자세히 설명할 것이다.

만약 유럽에서 사업을 하려면 ISO 9000 인증은 필수이다. 환경에 영향을 주는 생산품을 만들거나 공정상 환경에 영향을 미치는 물질을 다루는 사업은 ISO 14000 인증도 필요하다. 이러한 인증 제도를 단순히 문서 작업으로 생각하여 외부 전문가에게 맡기는 기업도 있을 것이고, 국제적 인증 제도이므로 프로세스를 이에 맞추어 운영하는 기업도 있을 것이다. 그러나 일단 인증을 받은 후 유효 기간이 지나면 자격 요건을 유지하는 데 수천만 원의 재인증 비용이 든다. 국제표준을 내재화했다면 쉽게 갱신할 수 있을 테지만 외부 전문가를 계속 사용할 경우 추가적인 컨설팅 비용이 만만치 않을 것이다. 장기적으로 외부에 의존하기보다는 내부 전문가를 양성해야 하는 이유가 여기에 있다. 꾸준한 항상성 유지만이 최고의 방책이다.

경영학 강의 | 이사회와 프로세스 조직

일반인은 이사회에 대해 여러 가지 오해를 가지고 있다. 대표이사의 거수기로 최고경영자의 결정을 합법화해 주는 명분상의 조직이라는 이미지가 대중의 뇌리에 박혀 있다. 보다 긍정적인 이사회의 역할을 이해할 수 있도록 이사회의 법적 개념과 지위, 이사회를 통해 발휘될 수 있는 비즈니스 프로세스의 성장 전략에 대해 알아보자.

회사의 설립은 발기인 모임, 주주 구성, 이사회 선임, 대표이사 선정, 관리 조직화, 사업 수행의 단계를 거치게 마련이다. 각 단계별로 법적인 요건이 있고 회사의 성격에 따라 준수해야 할 조건이 다르다. 조직 구성의 관점에서 중요한 것은 대리권(agent-ship)이다. 대리권이란 한 사람(본인, principal)과 다른 사람(대리자, agent) 사이에 명시된 동의의 결과로 만들어진 신의 및 성실의 관계로, 대리인이 본인을 대신하여 행동하고 본인의 통제에 따르며 행동하는 관계를 말한다. 대리인은 일반 대리인(general agent)과 특수 대리인(special agent)으로 구분된다. 일반 대리인은 대리인이 전체적인 위임권을 가진 경우이고, 특수 대리인은 특정 업무(예: 영업, 주택 구매 등)만 대리한다. 본인은 명문화된 내용으로 대리인이 수행하는 권한의 범위를 정의할 수 있으며, 이러한 대리권의 개념에 따라 주주는 주주총회에서 대리자인 이사회를 선임하고, 이사회는 기업의 경영 대리자로 대표이사를 선정하며, 대표이사는 주어진 권한의 범위에서 회사 경영의 대리권을 수행한다.

미국의 금융 역사는 존 피어폰트 모건(John Pierpont Morgan) 가문을 빼놓고는 설명할 수 없다. 그들이 세운 J. P. 모건은 미국에서 가장 오래된 금융 기업이다. 1900년 전후 J. P. 모건은 투자한 회사의 재무제표를 공인회계사가 확인하는 프로세스를 최초로 도입했다. 이에 따라 GE는 1898년, 유나이티드스테이츠모터는 1903년, AT&T는 1913년부터 재무제표를 발표하기 시작했다. 결국 J. P. 모건의 리더십으로 공인회계사의 감사 보고서가 기업의 상태를 판단하는 새로운 기준이 된 것이다. 이러한 획기적인 체제를 실현했다는 것은 J. P. 모건이 이사로서의 역할을 전향적으로 접근했다는 것을 반증한다. 비즈니스 프로세스의 투명성 확보 역시 경영진의 입장에서는 원치 않는 통제 체제이니 비즈니스 프로세스 도입 결정 시 이사회의 역할은 필수적이었다. SOX 법은 재무제표뿐만 아니라 재무제표를 만드는 비즈니스 프로세스의 과정도 투명하게 유지할 것을 강제한다. 이사회가 재무제표뿐만 아니라 비즈니스 프로세스에 대한 관심과 통제에 관여해야 하는 이유가 여기에 있다.

대부분의 이사회는 분기, 반기, 회기 연도의 재무제표를 검토하고 승인하지만 비즈니스 프로세스의 운영 상태를 검토하거나 성과지표를 평가하는 것은 흔치 않은 일이다. 그러나 비즈니스 프로세스의 성숙도 향상을 위해 앞으로는 이사회가 전향적인 시도를 해야 한다. 분기별 이사회 안건 중 반드시 비즈니스 프로세스에 대한 성과지표를 설명하도록 대표이사에게 요구하고, 점진적인 향상을 위한 프로그램을 검토하고 예산을 반영하도록 강제하는 것이 바람직하다. 또한 비즈니스 프로세스 지향적 조직으로의 전환을 도모하고 인적 역량을 강화할 것을 경영진에게 요구해야 한다. 이러한 시도는 결국 고객 지향적 가치사슬의 강화로 이어져 시장 경쟁력 향상은 물론 재무적 성과로 현실화될 것이다. 이사회가 위와 같은 통찰력을 갖도록 스스로 학습하는 노력과 아울러, 이사회 구성원 중 적어도 한 명 이상은 비즈니스 프로세스에 대한 이해를 가진 전문가를 포함해야 한다. 이러한 이사회의 시도가 상식이 될 때 산업 전반에 프로세스 지향적 조직이 형성되고 발전할 것이다. 한편 조직의 규모가 작아서 BPM 조직이 취약하다면 내부 감사 팀에 비즈니스 프로세스 감사를 맡기는 것을 검토해야 한다. 그러나 조직의 규모가 크다면 CPO(Chief Process Officer)의 보직, 글로벌 프로세스 협의회(global process council)와 같은 프로세스 거버넌스 조직의 도입을 고려해야 한다.

TIP 조직의 직무를 정의하는 기법 중에 RACI 매트릭스가 있다. 직책과 업무 프로세스로 이루어진 2차원 매트릭스에 R(Responsible), A(Accountable), C(Consulted), I(Informed)를 표기하여, 임직원이 해당 프로세스에서 어떤 역할을 맡는지를 적시한다. R은 해당 업무의 '성공적 실행 책임'을, 해당 업무의 이유를 설명해야 하는 '본원적 가치 책임'을 의미한다. 대개 R은 관리자가 맡고, A는 거버넌스 영역으로 LoB 중역이나 이사회 구성원이 맡는다.

요약

01 혁신적인 프로세스 재설계와 고도화된 IT 정보통신 기술의 도입은 조직 구조 조정의 필수적인 전제 조건이기도 하다. 조직의 평활화는 근본적으로 기능 조직 관리자에게 집중된 힘을 새로이 이루어진 프로세스 조직의 관리자와 나누지 않고는 어렵다.

02 직종은 직원의 전문성을 나타내는 말로, 기업에서는 영업, 생산, 품질, 구매, 마케팅, 재무회계, 인사·총무와 같은 수직 기능 조직과 관련이 있다.

03 직책은 맡고 있는 일의 성격으로 보직이라고도 한다. 직책은 직종과 많이 연관되기도 하지만 다를 수도 있다.

04 직위는 계층 조직하에서 직원의 레벨을 알려주는 것으로 포지션 파워와 관련이 있다.

05 직종, 직책, 직위의 설계는 인적 자원 조직화 활동의 핵심이다.

06 인적 자원의 업무 역량은 기업의 핵심적인 경쟁 역량이므로 역량 관리가 중요하다.

07 기술 로드맵은 역량의 발전 단계를 설계한 것이고, 직원이 기술 로드맵의 특정한 과정을 이수하면 역량이 향상된 것으로 평가한다.

08 기술 로드맵이 설계되면 이를 참고로 개인별 역량 개발 계획을 작성할 수 있다. 역량 개발 계획은 기업에 따라 PDP, IDP, EDP 등으로 부른다.

09 개인별 역량 관리 프로세스는 어디까지나 성과 관리 프로세스를 돕는 사이클이다. 직무명세서가 직종이나 직책에 따른 업무의 범위와 가중치를 담은 것이라면, 이를 매년 수행하면서 성과지표를 설정하고 목표를 달성하도록 실무자와 관리자의 약속을 담은 것은 KPI이다.

10 BPM 조직을 통해 전사적 프로세스 전략과 운영 관리를 관장한다.

11 BPM 조직은 일반적으로 산업공학을 전공하고 기획 부서나 품질관리 부서에서 일한 경험이 있는 직원으로 구성된다. 이들의 직종은 프로세스 엔지니어 또는 프로세스 아키텍트, 직책은 프로세스 전문가, 직위는 기능별 전문직의 직위와 같이 주임, 선임, 책임, 수석의 순이다.

12 BPM 조직의 여섯 가지 역할은 다음과 같다.

- **아키텍처링:** 프로세스 정보를 비즈니스 프로세스 아키텍처에 반영하고 새로운 정보를 갱신하여 최신 비즈니스 프로세스 아키텍처를 유지한다.
- **변화 관리:** 변화가 필요한 프로세스 정보를 수집하고 가용한 변화 관리 자원 정보를 취합한다.
- **성과지표 관리:** 성과지표에 대한 일별·월별 데이터와 기업의 프로세스 성숙도 정보를 수집한다.
- **시스템 관리:** BPM을 위한 시스템을 기획하고 시스템의 도입 운영에 대한 체제를 안내한다.
- **기술 관리:** 새로운 프로세스 관리자의 직무명세서를 검토하고 프로세스 측면의 성과표를 관리한다.
- **거버넌스:** 공공 기관이 요구하는 프로세스 문서와 측정지표를 문서화한 것을 보관하며 규칙 준수를 보증하는 정기적 감사 활동을 유지한다.

연습문제

01 자신이 인터넷 포털 서비스 회사에 입사했다고 가정하고 회사에 있을 법한 직종을 작성하시오. 그리고 그중에서 대표적인 직종의 직위 시스템을 설계하고 설계 근거를 설명하시오.

02 인터넷 홈쇼핑 업체에는 MD(MerchanDizer)라는 직종이 있다. [그림 8-3]을 이용하여 MD 매니저의 직무명세서를 1쪽 분량으로 작성하시오.

03 자신이 500명 규모인 내구성 소비재(예: 가구, 사무 기계 등) 제조사의 인사 담당 매니저라고 가정하고, [표 8-1]을 참조하여 인사 담당 매니저의 KPI를 1쪽 분량으로 작성하시오. 그리고 각 항목이 회사 경영에 긍정적인 영향을 미치는 이유를 설명하시오(지표상에 상호 배반적인 평가 항목이 있는지 분석하고 그 이유를 설명하시오).

04 자신이 산업용 모터를 개발하는 회사에서 일한다고 가정하자. 이 회사는 배터리로 동작하는 이륜차를 생산하여 판매하려는 계획을 가지고 있는데, 모터 기술은 앞서 있으나 배터리와 이륜차 소재 조달, 구조 설계 등의 역량이 미흡하다. 소비자에게 직접 판매한 마케팅 경험과 유통 역량도 일천하다. [그림 8-8]을 이용하여 목적물의 기획/마케팅, 연구개발, 생산, 판매, 유통 전반에 어떤 전략을 펼칠지 도식화하고, 5개 분야 전략의 이유를 설명하시오.

PART 03

프로세스 응용 분야

CHAPTER 09

비즈니스 프로세스 분석

학 | 습 | 목 | 표

- 운영 프로세스와 관리 프로세스를 이해할 수 있다.
- 활동 다이어그램과 역할 활동 다이어그램의 차이를 설명할 수 있다.
- 조직의 수평 분화와 수직 분화를 이해하고 그림으로 설명할 수 있다.
- 프로세스 계층 분화의 개념을 이해할 수 있다.
- 비즈니스 프로세스의 갭 분석을 수행할 때 문제 중심 접근과 과제 중심 접근의 차이를 이해할 수 있다.
- 역할 활동 다이어그램을 만드는 비즈니스 프로세스의 분석 흐름을 이해할 수 있다.
- 범위 설정 다이어그램과 이언 맥밀런의 고객 소비사슬 모델에 대해 설명할 수 있다.
- 비즈니스 프로세스 개선을 위한 품의서의 주요 내용을 파악할 수 있다.

이제 본격적으로 비즈니스 프로세스 분석 방법론을 공부해보자. 표준화된 모델링 표기법을 배우기 전에 프로세스 모델링의 개념을 이해하고, 가장 원시적인 프로세스 모델링 표기법인 활동 다이어그램부터 시작해서 보다 진보된 역할 활동 다이어그램을 살펴본다. 또한 조직의 수평과 수직 분화에 의한 조직의 계층 구조화, 비즈니스 프로세스 설계의 접근 방식으로 문제 중심 접근과 과제 중심 접근의 차이를 설명한다. 현재의 프로세스 모델링과 개선을 위한 미래의 프로세스 모델 설계, 그리고 현재와 미래의 갭 분석 기법도 다룰 것이다. 그다음에는 본격적인 모델링 분석 단계로 넘어가서 프로젝트 범위 설정에 활용되는 몇 가지 기법을 설명한다. 마지막으로 타당성 분석의 연구 결과를 가지고 경영자를 설득하여 프로세스 개선 프로젝트에 투자하도록 하는 사업 품의서 작성 요령에 대해 간단히 설명할 것이다.

이 장은 폴 하먼이 저술한《비즈니스 프로세스 변화Business Process Change》의 전개 방식을 참조하여 서술하고 우리의 현장 경험을 바탕으로 한 사례를 제시했다.

SECTION 01

프로세스와 활동 다이어그램

01 프로세스의 개념과 종류

프로세스는 결과를 생성하기 위해 이벤트에 반응하여 수행되는 일련의 활동 집합이다. 비즈니스 프로세스는 단순한 활동부터 대단위의 복잡한 활동에 이르기까지 매우 다양한 내용을 다룬다. [그림 9-1]은 버스를 탈 때 사용하는 선불 교통카드의 처리 프로세스를 보여준다. 이 그림은 단순하지만, 센서와 IC 칩이 내장된 선불 교통카드의 회로와 프로그램 로직을 모두 고려한다면 더욱 복잡한 활동으로 표현할 수도 있다. [그림 9-1]과 같이 가장 간단한 비즈니스 프로세스 모델은 입력, 처리, 출력의 3단계로 구성된다.

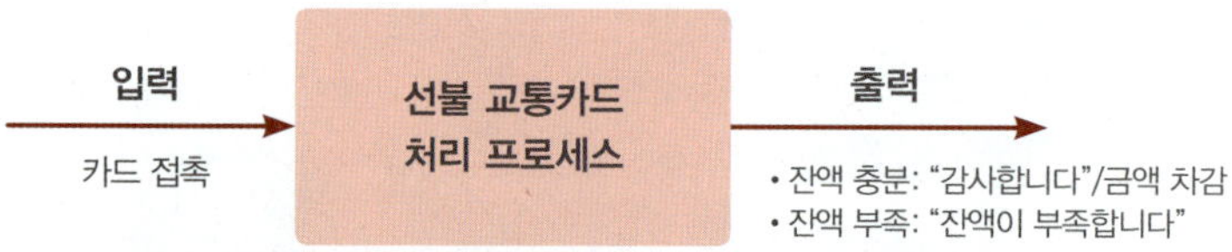

그림 9-1 단위 프로세스의 예

프로세스는 운영 프로세스operation process와 관리 프로세스management process로 구분된다. 운영 프로세스는 핵심 프로세스core process라고도 부르며, 관리 프로세스는 작동 프로세스enabling process 또는 지원 프로세스support process라고 부르기도 한다. 기업에서 운영 프로세스는 핵심 사업의 수행 프로세스가 될 것이고, 관리 프로세스는 운영 프로세스의 작동이 원활하도록 돕는 계획, 조직화, 의사소통, 통제의 프로세스를 말한다. 대부분의 프로세스 모델링 작업에서는 복잡해지지 않도록 관리 프로세스를 생략하고 운영 프로세스만을 묘사한다.

TIP [그림 9-1]은 운영 프로세스만을 나타낸 것이다.

02 활동 다이어그램

비즈니스 프로세스 모델링에 대한 사전 지식이 부족한 K 씨가 보안 서비스 회사 A에서 일한다고 가정하자. 그에게 자신의 일상 업무를 그림으로 그리라고 하면 어떤 그림을 그릴까? 아마도 [그림 9-2]

와 같이 상자와 화살표로 구성된 그림을 그릴 것이다. 이런 그림을 활동 다이어그램activity diagram이라고 한다. K 씨는 모든 활동을 혼자서 수행하므로 이런 그림이 나온 것이다.

그림 9-2 활동 다이어그램(A사의 보안 서비스 프로세스)

프로세스를 도식화할 때 활동과 활동 사이의 연관관계는 화살표로 나타낸다. 그리고 활동 도형은 원, 타원, 사각형 모양이며 도형 안에 활동의 내용을 쓴다. 활동의 내용은 동사형으로 기재하거나 동적 의미를 지닌 '~함'과 같은 명사형 어미여야 한다. 활동 사이의 입출력 연관관계를 표현하는 화살표에도 위아래 혹은 좌우에 입력과 출력에 관한 설명을 달 수 있다. 경험이 부족한 실무자는 활동 상자의 내용을 명사형으로 기재하기도 한다. 만약 [그림 9-2]의 '보고서 작성' 활동 다음에 '보고서'라는 상자를 넣는 경우 '보고서'는 활동이 아니라 산출물이다. 활동 다이어그램에는 기본적으로 산출물을 기재하지 않는다.

TIP 10장에서 BPMN을 다룰 때 산출물 또는 이벤트에 대해 설명할 것이다.

03 역할 활동 다이어그램

고객의 반응이 좋아서 K 씨가 맡고 있는 보안 서비스 계약 규모가 몇 배로 커졌다고 가정하자. 회사는 부족한 보안 진단 인력을 채용하고 K 씨를 진단팀장으로 승진시켰다. 사업이 더욱 번창하여 고객이 더 많이 늘어나자 회사는 주요 고객을 관리하고 영업을 담당할 사업 담당을 배정했다. 이 시점에 다시 K 씨에게 자신이 맡고 있는 비즈니스 프로세스를 그려달라고 부탁했다. 혼자 하던 일을 여러 사람과 같이 하게 되었으므로 K 씨는 [그림 9-3]과 같이 프로세스 모델을 묘사했다.

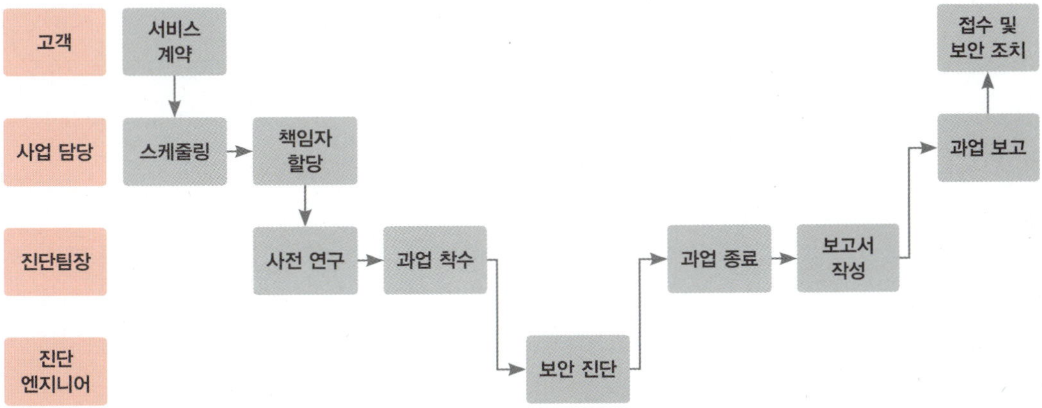

그림 9-3 역할 활동 다이어그램(A사의 보안 서비스 프로세스)

전에 K 씨가 혼자 했던 업무를 사업 담당과 진단팀이 나누어 맡았고, 여러 명의 진단 엔지니어가 함께 일하게 되면서 팀장이라는 의사결정 라인이 새롭게 생겼다. 또한 서비스를 수행할 인적 자원을 할당하는 '책임자 할당'이라는 프로세스가 추가되었다. 책임자 할당은 진단팀장과 사업 담당이 협의하여 정하지만 고객 만족도를 높이려는 차원에서 사업 담당에게 최종 결정권이 주어졌다.

[그림 9-2]와 달리 [그림 9-3]에는 개별 활동을 누가 수행하는지가 나타나 있다. 이처럼 어떤 활동을 누가 담당하는지 알 수 있도록 해당 활동을 담당자와 정렬한 그림을 역할 활동 다이어그램role & activity diagram이라고 한다. 각각의 활동을 시계열 축에 배치하면 활동의 시간별 선후 관계도 표현할 수 있다. 그림의 최상단에 활동의 단계를 표현할 수도 있고, 최하단에 각 활동의 산출물(문서)을 기재하여 비즈니스 프로세스를 설명할 수도 있다. 편의에 따라 조직을 상단에 배치하고 개별 활동의 흐름이 아래로 전개되도록 표현할 수도 있지만 이 책에서는 우향 수평 흐름으로 작성할 것이다.

SECTION 02

조직의 분화와 프로세스의 계층 구조

01 조직의 수평 분화와 수직 분화

혼자 하던 일을 다른 사람과 나누어서 하는 것을 분업이라고 한다. 분업은 조직 체계의 관점에서 수평적 분업horizontal division of work과 수직적 분업vertical division of work으로 나눌 수 있다. 수평적 분업화 과정은 조직의 수평 분화horizontal expansion라고 일컫는다. 직원이 많아지면 조직을 통제하기 위해 비슷한 성격의 일을 하는 사람들을 묶을 필요가 있는데, 그 위에 관리자를 앉혀서 보고 라인의 의사결정 단계가 늘어난 경우 조직의 수직 분화vertical expansion라고 한다.

초기에 K 씨가 사장에게 직접 보고했다면 조직 분화 개념 공간의 수평 분화×수직 보고 체계는 1×1이다. 이 경우의 조직도는 [그림 9-4(a)]와 같다.

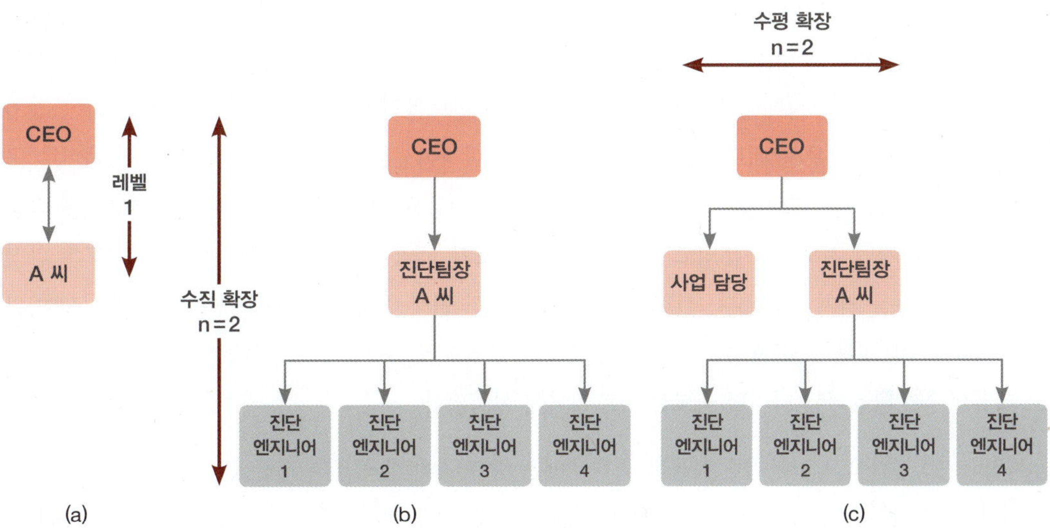

그림 9-4 조직의 수평 분화와 수직 분화

A사는 사업이 번창하여 K 씨를 관리자로 앉히고 그 밑에 엔지니어를 4명 배치했는데, 그러면 보고 라인이 하나 더 추가되므로 수평 분화×수직 보고 체계는 1×2이다. [그림 9-4(b)]와 같이 계속 사업이 잘되어 새로 사업 담당이 할당되면 수평 분화가 2가 되어 수평 분화×수직 보고 체계는 2×2가 된다. [그림 9-4(c)]와 같이 수평 분화는 기능의 분화로 설명되고, 수직 분화는 동일한 보고 라인상

리포팅 레벨의 확장으로 설명된다. 동일한 속성의 일을 하는 엔지니어 인원의 증가는 조직공학의 관점에서 수평·수직 분화로 간주하지 않는다.

02 프로세스 계층과 레벨 분석

기업의 조직이 커짐에 따라 조직의 수평 및 수직 분화는 태아가 성장하는 것처럼 자연스러운 현상이 된다. 조직이 분화되면 프로세스도 복잡하게 분화된다. 조직이 복잡해지며 산출물이 고도화되고 다양해지면서 당연히 프로세스도 분화되기 때문이다. 프로세스의 분화는 조직이 커지거나 대량 생산, 다품종 소량 생산, 맞춤형 주문 생산 등 생산물의 변화 또는 법적·제도적 규제와 같은 외부 환경의 변화에 따라 필연적으로 발생한다.

기업의 성장이 정체되고 외부 환경에 위기가 닥치면 수평 및 수직 분화의 양상도 달라진다. 구조조정으로 조직을 수평 통합horizontal consolidation하거나, 의사결정의 속도를 높이기 위해 계층을 줄여 평탄하게 만드는 수직 통합vertical consolidation을 하기도 한다. 생존을 위해 조직을 재구조화하는 것인데 이는 프로세스 리엔지니어링을 촉발한다.

[그림 9-5]는 고도화된 생산물인 자동차 제조사의 프로세스 계층 구조를 보여준다. [그림 5-8]과 같은 그림으로, 폴 하먼이 제시한 계층 구조를 참조하여 자동차 업종의 예를 나타낸 것이다. 자동차는 엔진, 엔진을 얹는 보디, 자동차의 작동을 제어하고 편리성을 제공하는 전기 장치로 나뉜다. 전기 장치는 자동차의 작동 상태를 모니터링하고 조정하는 컨트롤러와 내비게이션, 그리고 이러한 전기 장치를 연결하는 유·무선 네트워크로 이루어진다. 내비게이션은 다시 하드웨어와 소프트웨어로 구분되고, 소프트웨어는 내비게이션 기능과 트립 컴퓨터 기능으로 분류된다. 또한 내비게이션은 작동 프로그램과 디지털 지도로 구분되고, 지도는 국내 지도와 국외 지도로 구분할 수 있다. 지도는 다섯 가지 주요 활동을 거쳐 제작된다. 선과 면 등으로 그려진 원시 지도는 내비게이션 애플리케이션이 활용 가능한 속성(교통 정보 포함)으로 변환된 2차원, 2.5차원, 3차원 응용 지도로 제작되고 최종적으로 컴퓨터에서 활용하는 디지털 지도로 하드웨어에 설치된다.

수만 가지 부품으로 이루어진 자동차의 경우에는 총 7~8레벨 정도의 계층적 비즈니스 프로세스를 그려야 개별 실무자의 작업 순서를 정의하는 활동 단계에 이른다. 만약 국내 지도 제작 단계부터 가치사슬이 시작된다면 3~4단계의 비즈니스 프로세스 모델로도 회사 업무 전체를 포괄하여 나타낼 수 있다. 중견 기업의 경우 대부분 3~4단계 정도로 프로세스 아키텍처를 설명할 수 있다.

[그림 9-5]의 프로세스 계층 구조에 명시된 상위 레벨, 중간 레벨, 하위 레벨에 따른 주요 분석 대상을 표로 만들면 [표 9-1]과 같다. 여기서 접근하려는 프로세스는 주로 중간 레벨을 대상으로 하며, 이에 대한 이해도를 높이는 데 필요한 경우 상위 레벨과 하위 레벨을 다룰 것이다.

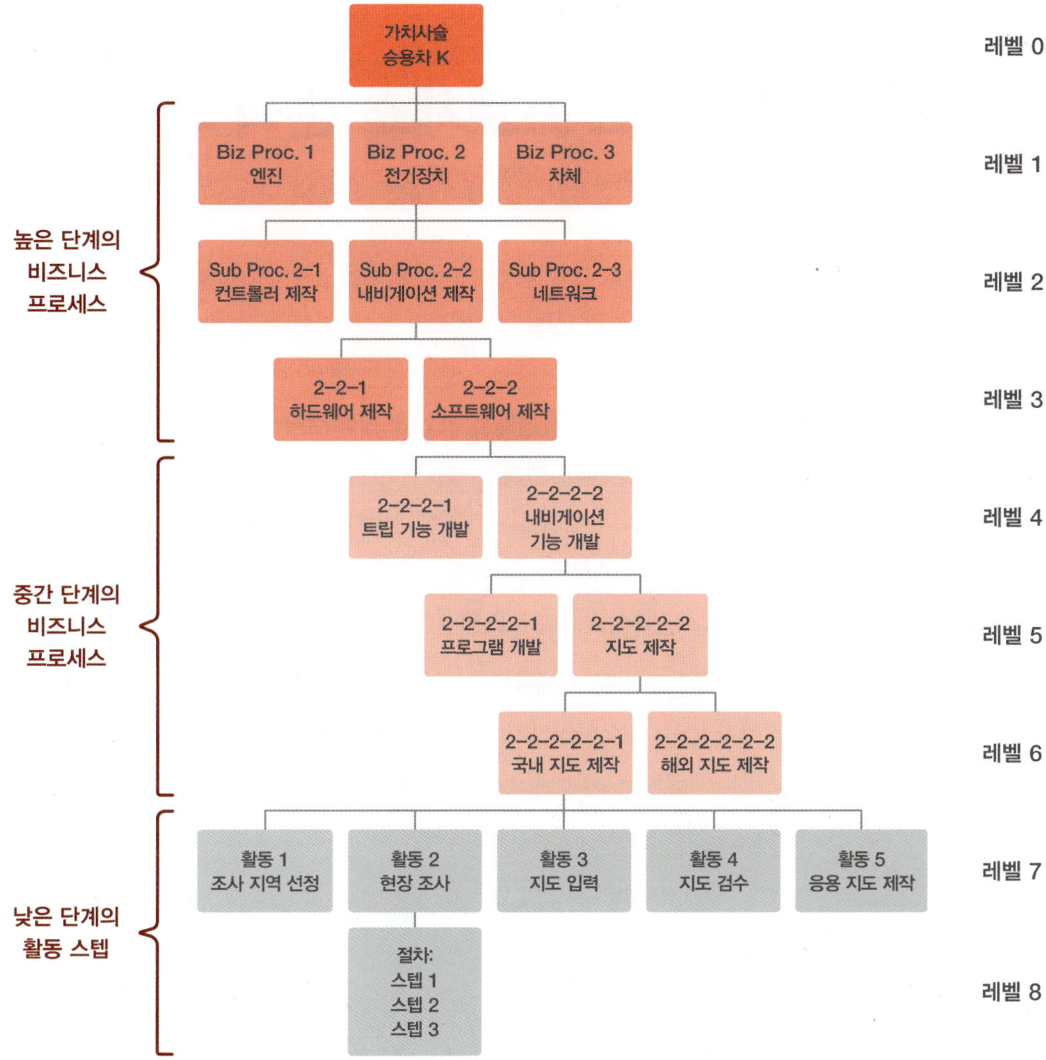

그림 9-5 가치사슬의 계층 분화(자동차 제조사의 예)

표 9-1 레벨에 따른 분석 대상

레벨	주안점	분석 대상
상위 레벨	전사 가치사슬과 비즈니스 프로세스	아키텍처 분석의 관점으로 접근, 주요 비즈니스 프로세스, 입출력, 측정지표
중간 레벨	부문/부서 내의 프로세스와 서브 프로세스	프로세스 리엔지니어링 관점으로 접근, 프로세스 단순화와 비가치 활동의 제거 및 자동화
하위 레벨	프로세스 내의 상세 활동과 절차 단계	품질관리 기법의 적용 관점으로 접근, 학습 프로그램, KPI와 직무명세서 명확화 등

SECTION 03

비즈니스 프로세스 분석 과정

01 비즈니스 프로세스의 과제

회사의 비즈니스 프로세스 프로젝트는 당면한 문제에서 시작된다. 그러나 프로젝트는 문제와 과제에 대한 접근이 다르다. 문제에 관한 프로세스 프로젝트는 계획된 결과를 이루지 못하게 하는 원인을 찾아 해결하려는 접근으로 과거 프로세스와 관련이 있다. 즉 해결되어야 할 과거 시점의 부정적 요인이 문제이다. 반면 과제에 관한 프로세스 프로젝트는 목표를 달성하도록 만드는 미래의 프로세스를 대상으로 한다. 즉 과제는 목표 달성을 위해 설계해야 할 미래 시점의 긍정적 요인이다.

비즈니스 프로세스 프로젝트의 지향이 문제 해결이든 과제 달성이든 [그림 9-6]에서 보듯이 희망 목표와 현재 상태 사이에 격차가 있는 것은 마찬가지이다. 하지만 그 접근 방법은 다르다.

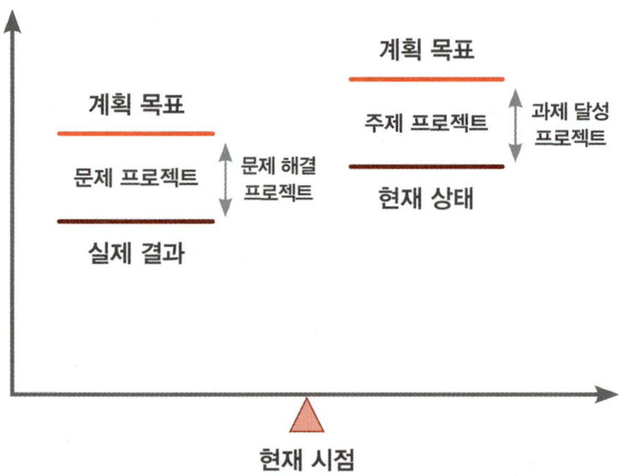

그림 9-6 문제 해결 프로젝트와 과제 달성 프로젝트의 개념

특히 분석 단계 브레인스토밍 작업 시에 많이 사용하는 이시가와 다이어그램Ishikawa diagram 또는 원인·효과 다이어그램cause & effect diagram으로 알려진 피시본 다이어그램fishbone diagram을 그릴 때는 큰 차이가 있다. 문제 해결 프로젝트에서 피시본 다이어그램을 작성할 때는 우측 머리의 효과 부분에 문제점을 기재하고, 뼈대에서는 문제점을 발생시키는 원인을 분석한다. 근본적인 원인 분석에는 도요타의 5WHY 기법이 보조적 수단으로 사용된다. 반면에 과제 달성 프로젝트에서는 효과 부분에 달성해야 할 과제를 기재하고, 각각의 피시본 다이어그램에는 목표를 향한 실천 가능한 아

이디어를 작성하며, 주로 브레인스토밍 기법을 사용한다.

TIP 피시본 다이어그램은 생선뼈 다이어그램이라고도 부른다.

TIP 도요타의 5WHY 기법은 11장에서 자세히 설명할 것이다.

[그림 9-7]은 보안 서비스 회사의 예로, 과제는 매출 달성이고 이를 위해 6개의 카테고리, 총 31개의 레벨 2 아이디어가 도출되었다. 피시본 다이어그램을 작성한 후 의사결정 단계는 과업 우선순위를 정하는 일로 이어진다.

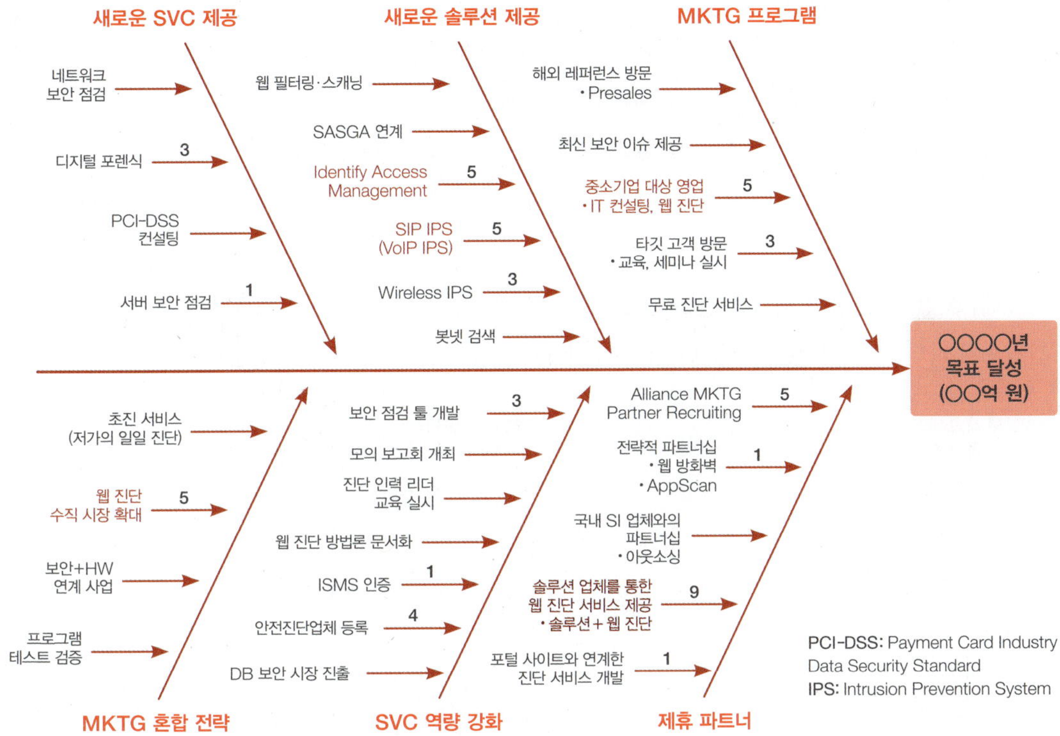

그림 9-7 과제 달성 피시본 다이어그램의 예(보안 서비스 회사)

02 비즈니스 프로세스의 갭 분석

목표와 현실의 격차를 좁히는 프로젝트의 접근 방법에는 여러 가지 선택이 있을 수 있다. 예를 들면 실무자의 역량을 향상하거나, 파트너십을 강화하거나, 설비 장치를 고도화하는 것 등이다. 프로세스 모델링 역시 갭을 줄이는 주요 대안 가운데 하나이다. 프로세스를 통한 문제 해결 프로젝트는 프로세스 리엔지니어링 또는 프로세스 리모델링process remodeling으로 접근하기 때문에 완성된 프로세스를 재설계된 프로세스redesigned process라고 부른다. 프로세스를 통한 과제 달성 프로젝트는 새로운 모델링으로 접근하므로 완성된 프로세스는 향후(미래to-be) 프로세스라고 명명할 것이다.

PLUS NOTE | 피시본 다이어그램 작성 순서

피시본 다이어그램은 다음 순서로 작성한다.

❶ 과제를 레벨 0으로 정하고 우측에 배치한다.

❷ 포스트잇을 활용하여 브레인스토밍을 한다. 포스트잇 한 장에 하나의 아이디어를 '주어+동사' 형태로 쓴다. 보통 일인당 5~8개의 아이디어를 내놓고 모두 볼 수 있게 벽에 붙인다.

❸ 쏟아놓은 레벨 2 아이디어의 중복을 제거하고 친화도 분석(affinity test)을 통해 비슷한 아이디어들끼리 묶는다. 이해되지 않는 부분은 작성자에게 설명을 구한다. 적절하지 않은 것(예: 포스트잇 한 장에 아이디어가 2개인 경우 등)은 작성자에게 새로 작성해달라고 요청한다.

❹ 묶은 아이디어를 대표할 레벨 1의 카테고리명을 정한다.

❺ 분류된 아이디어를 [그림 9-7]처럼 놓고 생선뼈를 연결하여 그림을 완성한다.

❻ 선택 사항: 향후 과제 관리를 위해 레벨 2 아이디어 포스트잇마다 순서 번호(예: 2-1, 4-1)를 기재한다.

[그림 9-8]은 하먼이 제시한 갭 모델로, 희망 목표와 현재 상태 사이의 프로세스 위상차를 좌우의 간격으로 나타냈다. 좌측은 현재 프로세스의 상태이고 우측은 미래 프로세스의 상태이다.

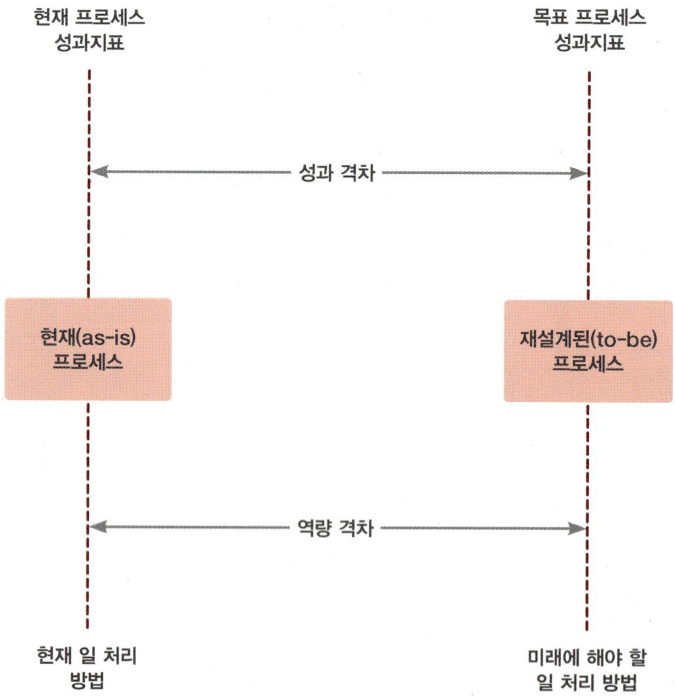

그림 9-8 폴 하먼의 갭 모델

[그림 9-9]는 이를 변형한 평행 갭 모델이다. 프로세스의 위상차를 상하 간격으로 나타내고 좌우에 시간적 개념을 표현한 이 모델의 부가가치는 시간적인 변화와 아울러 재설계된 프로세스의 마이그레이션migration 개념도 포괄한다는 데 있다.

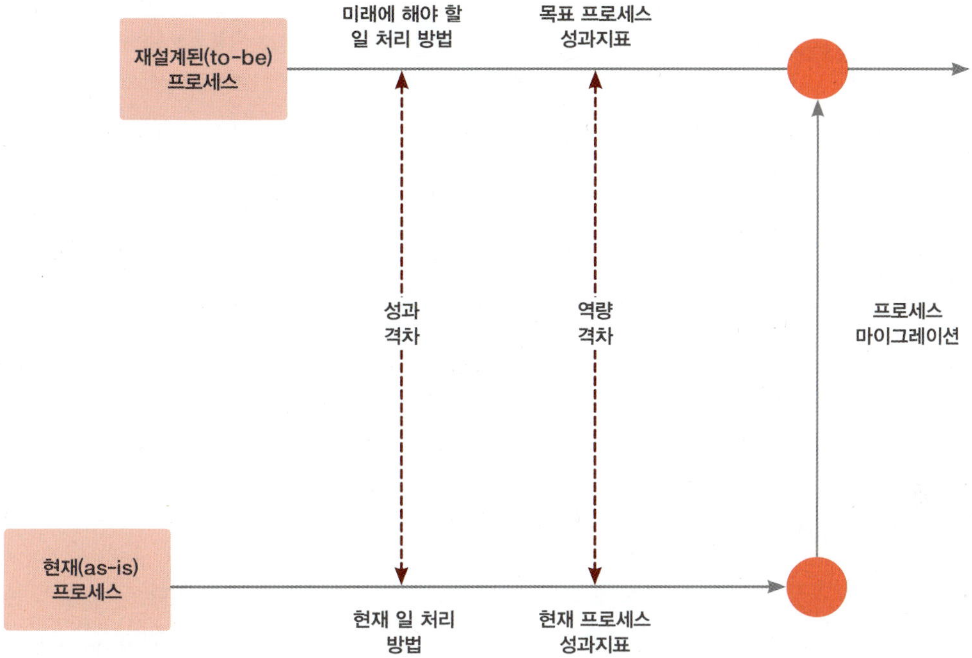

그림 9-9 **평행 갭 모델**

만약 경영자가 지금보다 생산성을 50% 높이고 불량률을 반으로 줄일 것을 요구한다면 성과 측정 지표를 향상하기 위해 업무 방식을 어떻게 개선할지 판단해야 한다. 그리고 목표 달성을 위한 프로세스 모델을 재설계해야 한다. 문제 해결 중심의 프로세스 재설계 방법으로는 블루오션 전략의 ERRC Eliminate, Reduce, Raise, Create 매트릭스 전략을 참고할 만하다. 이는 적절치 않은 프로세스를 제거하거나 줄이고, 적절한 프로세스를 가속시키거나 새로운 혁신적 프로세스를 창조하는 접근법이다.

03 비즈니스 프로세스 범위 설정

프로세스 범위 설정scoping은 분석 대상 프로세스의 범위를 정하는 사전 작업이다. 그런데 문제 중심 접근의 프로세스 범위 설정과 과제 중심 접근의 프로세스 범위 설정이 다를 수 있다. 두 가지 접근 방식에 따라 분석된 프로세스 범위 설정으로 [표 9-2]와 같이 프로세스 설계 작업의 범위가 결정된다.

표 9-2 범위 설정 카테고리와 모델링의 연관관계

범위 설정 카테고리	문제 프로젝트 (remodeling)	과제 프로젝트 (new modeling)	작업 툴
활동 분석	활동 부서, ERRC 실행	활동 부서	활동 다이어그램, ERRC 매트릭스
역할 분석	기능 부서	조직 구조	역할 활동 다이어그램
역할 계층 분석	기능 계층 구조	기능 계층 구조	조직 차트
프로세스 계층 분석	프로세스 계층 구조	프로세스 계층 구조	프로세스 계층 차트
문제 또는 과제 접근	피시본 접근, 5Why	피시본 접근	피시본 차트, 5Why, 문제 체크리스트
갭 분석	목표 성과지표, 문제 선택	목표 성과지표, 업무 선택	갭 모델
제품 라이프사이클	프로세스 범위 설정	프로세스 범위 설정	맥밀런 차트
관리 포커스	프로세스 범위 설정	프로세스 범위 설정	QCD 또는 차별화 매트릭스, 마이클 포터의 산업 구조 분석

04 비즈니스 프로세스의 기초 분석

프로세스 범위 설정 과정 중에 현재 프로세스의 개괄적인 내용을 살펴볼 필요가 있다. 프로세스 분석가는 대상 프로세스를 맡고 있는 관리자를 인터뷰할 때 프로세스의 성격에 대한 질문으로 시작할 것이다. 면세품 판매 사업을 예로 살펴보자. 경영자에게 사업의 성격을 나타내는 명칭을 정의해달라고 요청했더니 '온라인 면세품 판매 사업'이라고 답했다. 일반적으로 프로세스의 명칭은 '주어+동사'(영어로는 '동사+목적어')로 표현할 것을 권고한다. 이제 추상화 레벨이 가장 높은 레벨 0의 프로세스 명칭이 결정되었다. [그림 9-10]의 '온라인 면세품 판매'가 그것이다.

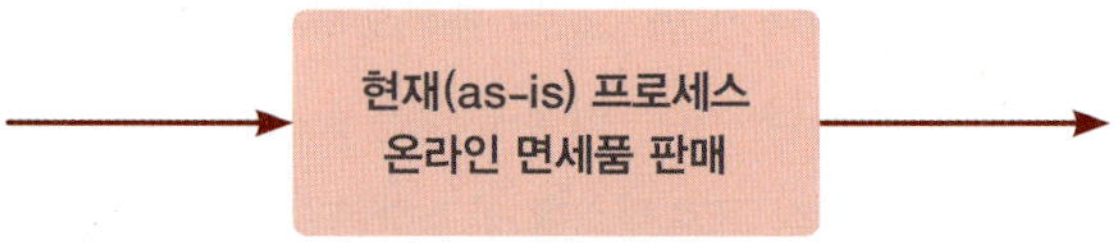

그림 9-10 레벨 0 분석 대상 프로세스의 예

다음으로 프로세스 분석가는 실무자들을 인터뷰하고 온라인 면세품 판매의 레벨 1 활동을 분석한다. 프로세스는 고객이 인터넷을 통해 상품을 검색하고 주문하는 것으로 시작한다. 주문한 상품은 국제선 항공편의 이륙 시간 72시간 전에 결제되어야 한다. 결제된 주문서는 창고로 전송되고 주문 상품을 주문자별로 패키지로 묶어 출고 준비를 한다. 상품은 하루에 두 번 배송하며, 국제선 공항의 면세품 인도 데스크로 이륙 시간 12시간 전(주문 후 60시간)까지 도착하는 것이 원칙이다. 그리고 고객이 출국 전까지 면세품 인도 장소에 도착하여 주문서를 제시하고 물품을 접수함으로써 프로세스가 완료된다. 이러한 주요 활동을 레벨 0 상자 안에 그리면 [그림 9-11]과 같을 것이다.

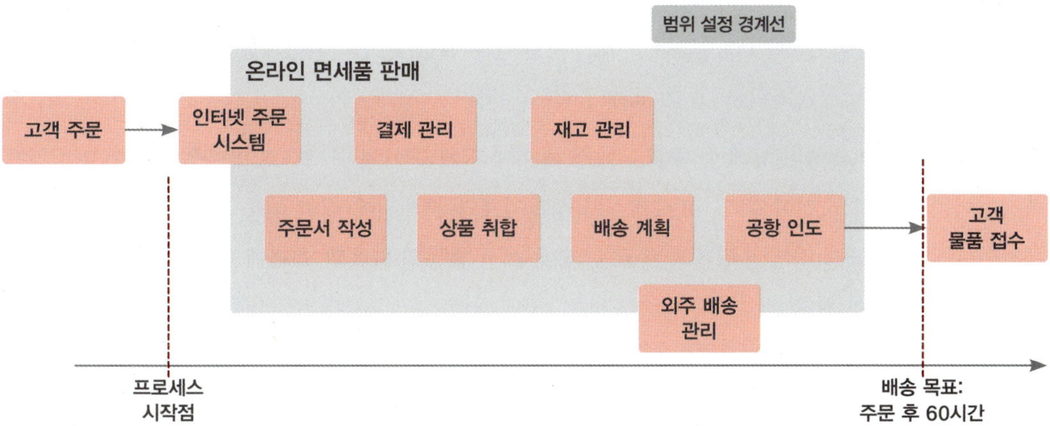

그림 9-11 온라인 면세품 판매의 프로세스

프로세스 분석가는 실무자 인터뷰를 통해 [그림 9-11]을 경영자에게 제시하고, 주요 프로세스가 범위 설정 경계선 내에 존재하는지 확인해야 한다. 이렇게 분석된 활동 상자를 담당자와 매칭하고 표준 표기법으로 작성하면 [그림 9-12]와 같이 좀 더 구체적으로 표현할 수 있다.

TIP [그림 9-12]는 BPMN의 표기법을 일부 적용한 프로세스 모델로, BPMN 표기법은 10장을 참조한다.

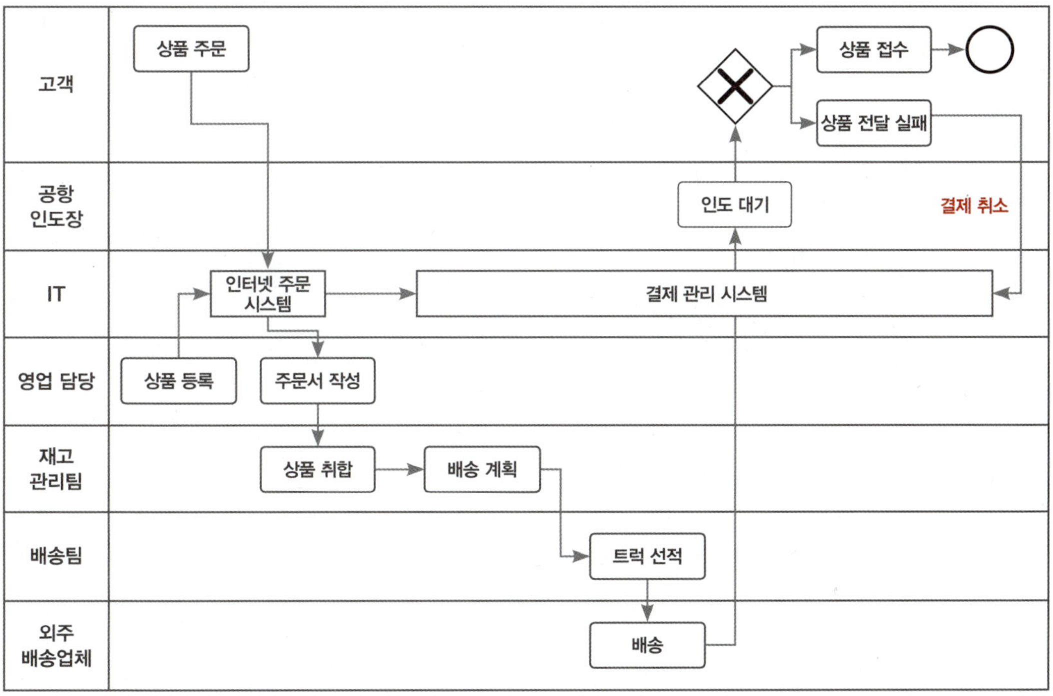

그림 9-12 온라인 면세품 판매 프로세스 BPMN 다이어그램

주요한 경영 활동이 대상 프로세스 그림에 포함되었다고 합의되면 다음으로 수행할 일은 그중에서 어떤 활동이 가장 문제인지 파악하는 것이다. 현업 경험이 많은 관리자라 하더라도 사안을 모두 기억하기는 쉽지 않다. [그림 9-11], [그림 9-12]와 같이 작성된 문서로 의사소통을 하면 구두로 인터뷰하는 것보다 논점을 구체화하는 데 큰 도움이 될 것이다.

프로세스 분석가는 인터뷰에 앞서 프로세스 개선에 관계된 이해 당사자의 명단을 작성하고 이들을 빠짐없이 인터뷰하는 것이 좋다. 프로세스의 성과지표와 문제점에 대한 이들의 합의가 전제되지 않는다면 프로세스 개선 작업의 진행과 종료 단계에 개선 활동의 효율과 효과에 대해 의견이 분분한 상황에 봉착할 위험이 있다.

TIP 프로세스 개선의 세부적인 절차는 11장에서 자세히 다룰 것이다.

05 프로젝트 범위 설정 다이어그램

[그림 9-13]은 하먼이 제시한 비즈니스 프로세스 분석의 흐름을 바탕으로 온라인 면세점 사례를 도식화한 것이다. 그림의 1에서 3a까지는 기초 분석 단계라 할 수 있다. 3a는 프로세스를 수행하는 주체를 도식화하기 위해 반드시 거쳐야 하는 회사 계층 조직 분석 단계이다. 3b와 4는 상세한 프로세스 분석 단계의 툴이다. 3b는 프로젝트 범위 설정 다이어그램project scoping diagram이라 하고, 4는 프로세스 표기법 중의 하나인 BPMN으로 작도한 [그림 9-12]와 동일하다.

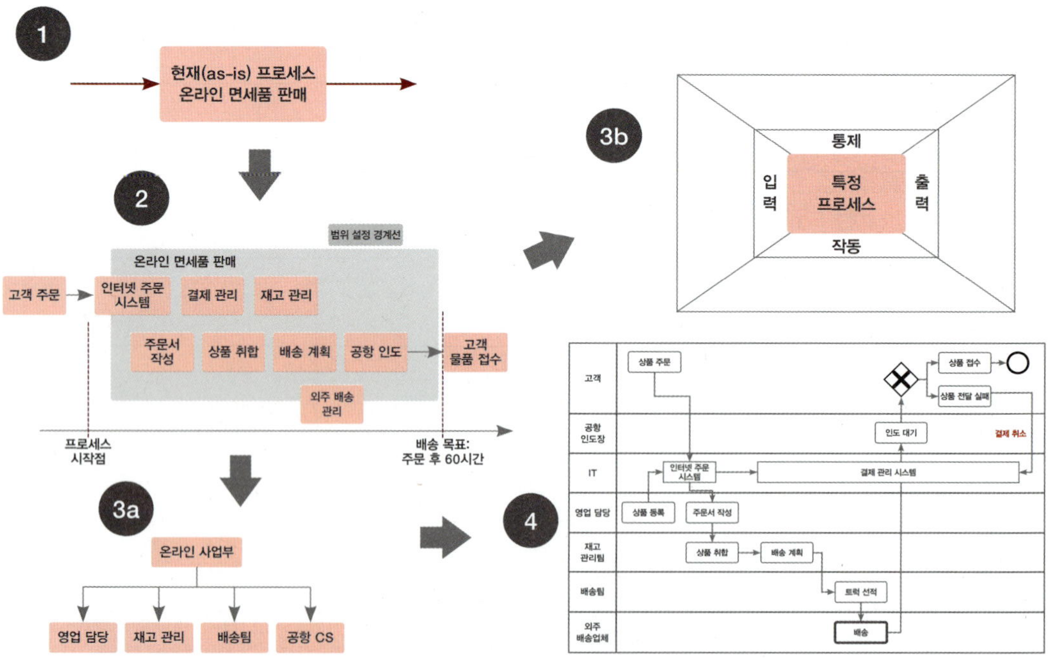

그림 9-13 온라인 면세품 판매 프로세스 분석의 업무 흐름

기초 분석 단계를 마치면 프로세스 분석가는 보다 폭넓은 실무자와의 인터뷰, 관찰, 문서 검토 등을 통해 레벨 2~4 정도의 서브 프로세스로 프로세스 모델을 구체화해야 한다. 이와 더불어 프로세스가 안고 있는 문제점을 도출하고 그 원인을 분석해야 한다. 프로세스에 내재된 문제를 분석하기 위한 툴이 바로 범위 설정 다이어그램이다. 범위 설정 다이어그램으로 해결 대상 문제의 특성을 파악한 후 프로세스 다이어그램을 구체화하는 작업으로 진행하는 것이 일반적인 분석 흐름이다.

프로젝트 범위 설정 다이어그램은 미국 공군이 개발한 소프트웨어 분석 모델링 기법인 IDEF Integrated DEFinition language에서 유래된 것으로 알려져 있다. [그림 9-14]는 프로젝트 범위 설정 다이어그램의 요소를 좀 더 자세히 작성한 것이다. IDEF는 경영인에게는 너무 복잡하지만 소프트웨어 엔지니어에게는 여전히 많이 활용되는 기법이다. 네모 상자로 프로세스를 분석하고 범위를 설정하는 아이디어는 PRG Process Renewal Group의 로저 벌튼Roger Burlton과 동료들이 발전시키고 전파했다고 한다. IDEF는 여러 시리즈가 있는데 그중 IDEF3는 프로세스 모델을 표현하는 툴이다.

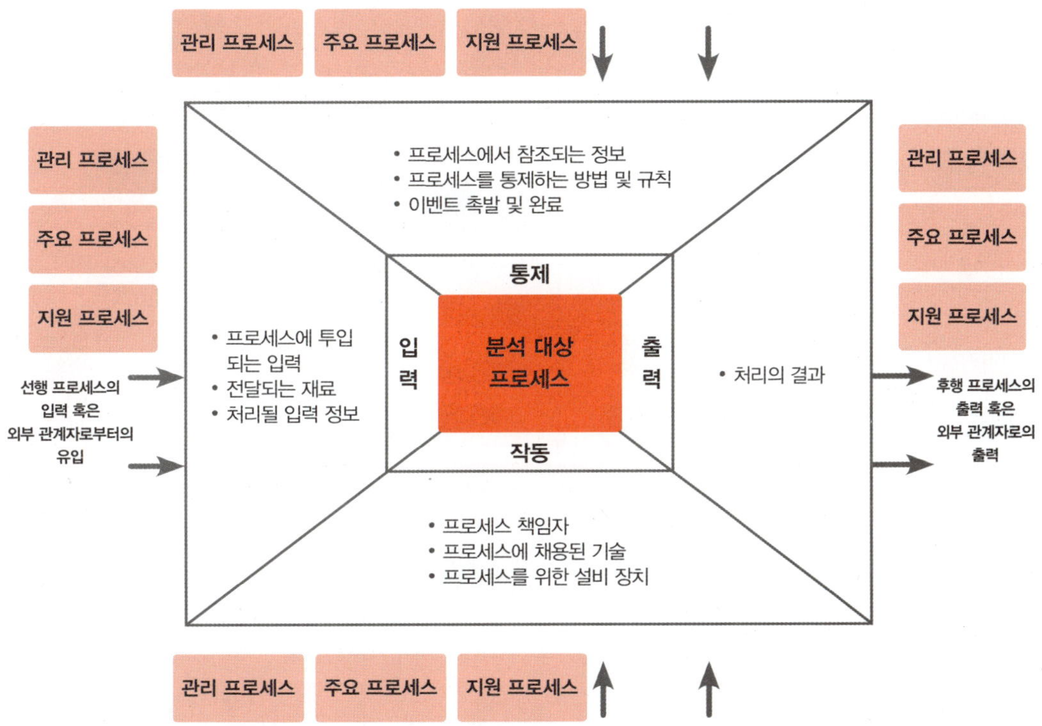

그림 9-14 프로젝트 범위 설정 다이어그램의 요소(PRG의 그림을 수정)

벌튼은 IDEF3를 IGOE Inputs, Guides, Outputs & Enablers라고 불렀다. IGOE 툴은 분석 대상 프로세스 안에 있는 서브 프로세스를 구체화할 때 사용할 수 있고, IGOE의 네 공간은 각 프로세스상의 문제점을 도출하여 기재하는 용도로도 사용된다.

한편 하먼은 프로세스의 문제를 다음과 같이 구분했다.

- 프로세스 흐름의 문제
- 일상의 관리 문제
- 출력 문제
- 입력 문제
- 통제 변수와 관련된 문제
- 작동 요인과 관련된 문제

TIP 하먼이 제시한 문제 체크리스트 샘플을 우리말로 옮겨 이 장 끝의 '경영학 강의'에 실었다.

업계에서는 [그림 9-15]와 같은 원인·효과 다이어그램을 프로세스 분석용으로 사용하기도 한다. 그러나 앞서 제시한 프로젝트 범위 설정 다이어그램이 복잡한 문제를 분석하는 데 효과적이고 입출력 관계에 대한 내용을 기재하기에 용이하여 더욱 직관적이라는 평가를 받는다.

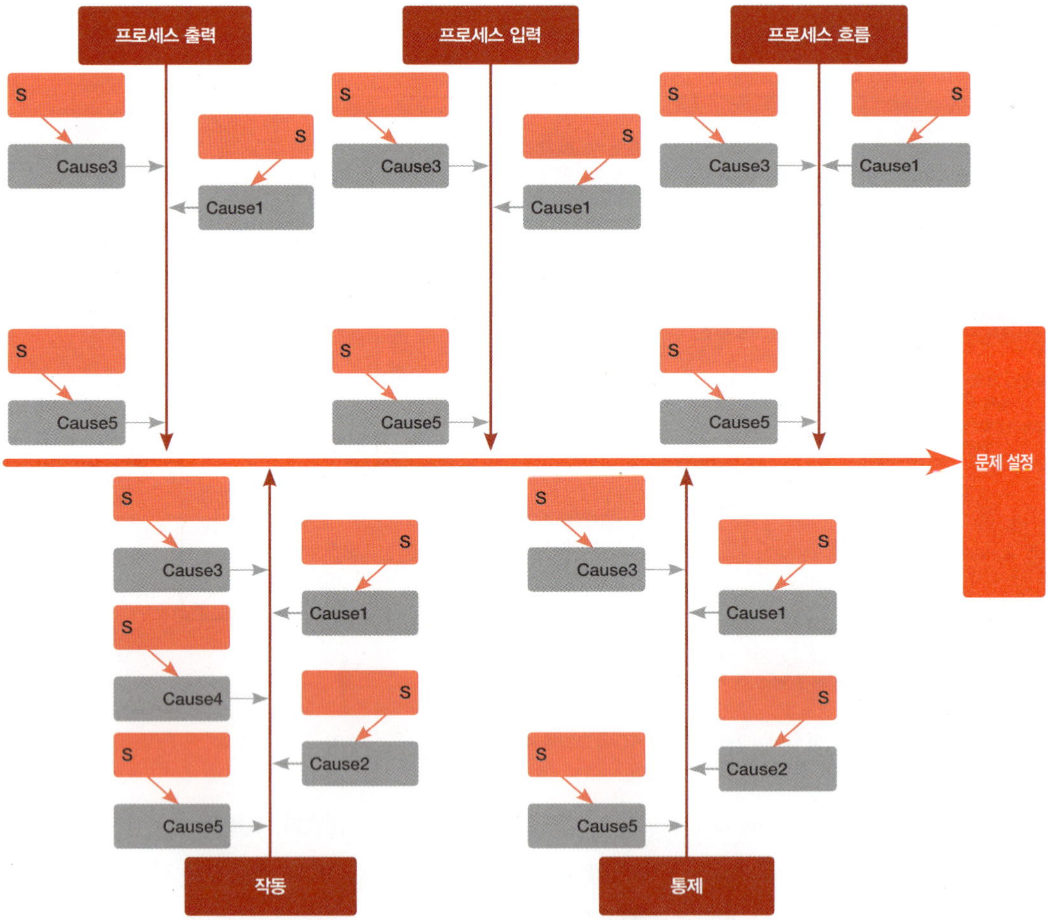

그림 9-15 범위 설정을 분석하기 위한 이시가와 다이어그램의 예

또 다른 범위 설정 기법으로 [표 9-3]과 같은 매트릭스 형태를 이용할 수도 있다. 경영인에게 경영의 세 가지 이슈는 Q·C·D Quality, Cost, Delivery 이다. 자사 제품의 라이프사이클 전반에 걸쳐서 경쟁사와 비교하여 Q·C·D 등의 경쟁력 관점에서 문제점을 분석하는 일 역시 효과적인 범위 설정 과정에 포함될 것이다.

표 9-3 매트릭스 형태의 범위 설정 템플릿

제품 라이프사이클	차별화 전략(예)					비고
	품질	원가	납기	서비스	개인화	
조달						
대기(자재)						
생산						
대기(상품)						
판매						
대기(대리점)						
고객 경험						
대기(미사용)						
폐기						

이언 맥밀런 Ian MacMillan 과 리타 맥그래스 Lita McGrath 는 고객 소비사슬 consumption chain 의 흐름을 통한 경쟁사와의 차별화 전략을 《하버드 비즈니스 리뷰》에 발표한 바 있다. 그들은 다음과 같이 고객이 제품의 필요성을 인지한 순간부터 제품을 폐기하는 제품 라이프사이클 전체에 대한 고객 경험의 경쟁우위를 분석할 것을 권고했다. 이처럼 시계열로 고객 경험 전반의 경쟁력을 분석하는 기술이 효과적이라는 주장은 설득력이 있다.

- 제품(서비스)의 필요성을 어떻게 아는가?
- 제품(서비스)을 어디서 발견하는가?
- 무슨 기준으로 제품(서비스)의 구매를 결정하는가?
- 제품(서비스)을 어떻게 주문하고 구매하는가?
- 제품(서비스)이 어떻게 배달되는가?
- 제품이 도착하면 무슨 일이 일어나는가?
- 제품을 어떻게 설치하는가?
- 제품(서비스)의 대금은 어떻게 지불하는가?
- 제품을 어떻게 보관하는가?

- 제품을 어떻게 이동하는가?
- 고객이 용도에 맞게 제품(서비스)을 사용하는가?
- 제품(서비스)를 이용할 때 어떤 도움을 필요로 하는가? (헬프데스크 노출)
- 보상이나 교환 및 유지·보수는 어떠한가? (품질 보증 제도, 유지·보수 방식 등)
- 제품의 반품이나 교환은 어떻게 이루어지는가?
- 더 이상 사용하지 않는 제품은 어떻게 처리되는가?

PLUS NOTE | 프로세스 개선을 위한 품의서 작성 요령

프로세스 분석 작업을 통해 경쟁우위 확보를 위한 목푯값과 현재의 성과지표에 관한 갭 분석이 어느 정도 완성되면 이러한 성과지표를 낳는 사업 역량의 갭 분석도 가능하다. 기업이 경쟁력을 향상하는 방법은 인적 자원의 역량 강화, IT와 같은 신기술(신소재)의 도입, 프로세스의 개선 또는 혁신이 될 수 있다. 여러 대안 중에서 프로세스 개선 프로젝트에 자원을 우선 투입하려면 의사결정권자를 설득해야 하는데, 이를 위한 문서가 사업 품의서(business case)이다. 기업에서는 기획안과 품의서라는 용어를 구별 없이 사용한다. 혹자는 기획안이 새로운 아이디어의 포괄적인 승인을 위한 문서이고, 승인된 기획안을 수행하기 위한 항목별 투자 신청을 품의서로 작성하는 것이라고 한다. 학문적으로 이러한 구분은 의미가 있겠지만 실무자에게는 큰 차이가 없을 것이다. 사업 품의서에는 다음과 같은 설명을 담는 것이 일반적이며 약자 'BOGSAT'로 기억하면 좋다.

- **사업 배경(business Background):** 현재 프로세스의 현황(과거 성과지표와 문제점)
- **사업 목표(business Objectives):** 미래 프로세스의 기대효과(경쟁사 우위 지표, 개선점 및 차별화 포인트)
- **사업 개요(General outline):** 현재와 미래의 격차를 줄이는 구조화된 대안의 제시
- **실천 계획(Specific Tasks):** 대안 중 실무자의 선택지와 선택 사유
- **지원 체제(Administration):** 업무 분장 및 지원 요청 사항(투자 자본, 시간, 인력, 협업)
- **추진 일정(Timeline):** 세부 과업 내역, 산출물, 납기 일정
- **기타 참조 내용(reference):** 위험 회피 방안, 본문 내용을 보완하는 객관적 보충 자료

보통 기업에는 예산 품의(budgeting business case)와 실행 품의(implementation business case)가 있다. 연초에 예산을 확보하는 예산 품의 단계에서는 추상화 레벨이 높은 1~2쪽 분량 품의서로도 충분하다. 일단 예산을 확보하고 나면 사업 추진을 위한 구체적인 인력, 파트너, 장비, 세부 과업 내역, 산출물 검수 기준, 의사소통 방법 등 실무 레벨의 구체적인 사업 추진 계획서를 작성해야 실행 품의를 보고할 수 있다. 사업에 착수한 후 경영자는 그 중요도에 따라 주간, 월간, 분기, 연간 보고를 요청할 것이다.

경영학 강의 | 프로세스 문제 체크리스트

다음은 하먼이 2007년에 만든 프로세스 문제 체크리스트이다. 이 샘플을 참조하여 자사의 업종에 맞는 체크리스트를 만들면 프로세스 개선에 귀중한 자산이 될 것이다.

표 9-4 프로세스 문제 체크리스트

예/아니요	레벨	설명	위험 수준 (1~5)
☐	1	**흐름 문제**	
☐	1.1	**논리적 완성도 문제**	
☐	1.1.1	일부 활동이 타 활동(관련 활동)과 연결되어 있지 않다.	
☐	1.1.2	일부 출력이 전달될 곳이 없다.	
☐	1.1.3	일부 입력이 전달될 곳이 없다.	
☐	1.2	**순차 및 중복 문제**	
☐	1.2.1	일부 활동이 잘못된 순서로 수행된다.	
☐	1.2.2	일부 활동이 병행 처리될 수 있어도 순차적으로 수행된다.	
☐	1.2.3	작업이 완료되어도 필요시까지 보관처에 보관된다.	
☐	1.2.4	일부 활동이 한 번 이상 수행된다.	
☐	1.2.5	어떤 활동이나 개별 활동 사이에 흐름을 결정하거나 순위를 정하는 규칙이 없다.	
☐	1.3	**하위 프로세스의 입력과 출력 문제**	
☐	1.3.1	하위 프로세스의 입력과 출력이 잘못되었거나 부적절하게 명시되었다.	
☐	1.3.2	하위 프로세스의 입력 또는 출력이 품질, 수량, 시기에 부적절하다.	
☐	1.3.3	하위 프로세스가 불필요한 입력을 받거나 출력을 생성한다.	
☐	1.3.4	일부 하위 프로세스는 다른 하위 프로세스를 위한 작업을 더 많이 한다.	
☐	1.4	**프로세스 의사결정 문제**	
☐	1.4.1	프로세스나 하위 프로세스가 적절하고 필요한 정보 없이 의사결정을 한다.	
☐	1.4.2.	프로세스나 하위 프로세스가 가치사슬 또는 조직으로부터 적절하고 완전한 가이드라인 없이 의사결정을 한다.	
☐	1.5	**하위 프로세스의 측정**	
☐	1.5.1	하위 프로세스 산출물의 품질, 수량, 시점을 부적절하게 측정하거나 측정하지 않는다.	
☐	1.5.2	하위 프로세스의 측정이 지연되어 관리자나 직원들이 속도나 흐름을 예측 및 조정하는 역할을 지원하지 못한다.	
☐	2	**일일 관리 문제**	
☐	2.1	**기획과 자원 할당의 문제**	

예/아니요	레벨	설명	위험 수준 (1~5)
□	2.1.1	프로세스를 책임지는 관리자에게 오래된 데이터가 제공되고 작업, 계획과 스케줄을 예측하는 데 사용할 선행 데이터가 없다.	
□	**2.2**	**모니터링, 피드백과 통제의 문제**	
□	2.2.1	프로세스 담당 직원에게 하나 이상의 주요 프로세스 목표를 달성하는 책임이 없다.	
□	2.2.2	프로세스 담당 직원이 하나 이상의 주요 프로세스 목표를 진행하면 처벌을 받는다.	
□	2.2.3	프로세스 담당 직원이 자신이 책임지는 프로세스의 성과에 대한 적절한 정보를 받지 않는다.	
□	2.2.4	프로세스 담당 직원에게 오래된 데이터가 제공되고 작업, 계획, 스케줄을 예측하는 데 사용할 선행 데이터가 없다.	
□	2.2.5	프로세스 담당 직원에게 성과 달성에 대한 보상이 없다.	
□	**2.3**	**상호 배반적인 관리자의 목표와 인센티브**	
□	2.3.1	프로세스 관리자가 프로세스 목표와 상응하는 부문/부서 목표를 달성하려 한다.	
□	2.3.2	프로세스 관리자가 프로세스를 효과적으로 관리하는 데 필요한 권한, 예산, 자원을 가지고 있지 않다.	
□	**2.4**	**관리자의 책임 의식**	
□	2.4.1	주요 프로세스 목표를 달성할 책임이 관리자에게 없다.	
□	2.4.2	관리자가 주요 프로세스 목표를 달성하면 벌을 받는다.	
□	2.4.3	관리자가 자신이 책임지는 프로세스의 성과에 대한 적절한 정보를 받지 못한다.	
□	**3**	**산출물의 문제**	
□	**3.1**	**산출물의 품질**	
□	3.1.1	산출물이 하류 공정의 품질관리 프로세스에서 거절되었다.	
□	3.1.2	하류 공정이 프로세스의 산출물 수용을 거부했다.	
□	3.1.3	산출물이 반품되었다.	
□	**3.2**	**산출물의 수량**	
□	3.2.1	필요한 산출물량을 프로세스가 생산하지 못한다.	
□	3.2.2	산출물량을 줄여야 할 때 프로세스가 신속히 감산하지 못한다.	
□	3.2.3	산출물량을 늘려야 할 때 프로세스가 신속히 증산하지 못한다.	
□	**3.3**	**생산 시점**	
□	3.3.1	일부 또는 필요한 산출물 전체가 요구 시점에 생산되지 못한다.	
□	**4**	**투입물의 문제**	
□	**4.1**	**투입물의 품질**	

예/아니요	레벨	설명	위험 수준 (1~5)
☐	4.1.1	투입물이 프로세스의 품질 기준을 충족하지 못하여 거부되었다.	
☐	4.1.2	투입물이 공급자나 상류 공정에 반환되었다.	
☐	**4.2**	**투입물의 수량**	
☐	4.2.1	필요한 투입물량을 공급자가 생산하지 못한다.	
☐	4.2.2	투입량을 줄여야 할 때 공급자가 신속히 감량하지 못한다.	
☐	4.2.3	투입량을 늘려야 할 때 공급자가 신속히 증량하지 못한다.	
☐	**4.3**	**투입 시점**	
☐	4.3.1	일부 또는 전체 투입물이 필요한 시점에 도착하지 않는다.	
☐	4.3.2	투입물이 대량으로 도착해서 필요시까지 보관된다.	
☐	5	**통제의 문제**	
☐	**5.1**	**조직 또는 가치사슬 전략에 맞지 않는 프로세스**	
☐	5.1.1	프로세스에 관한 조직화 전략이 분명하지 않다.	
☐	5.1.2	프로세스가 명시된 조직의 전략과 모순된 전략을 추구한다.	
☐	5.1.3	가치사슬 전략이 불명확하다. 2개 이상의 프로세스가 협동하지도 않고 모순된 전략을 추구한다.	
☐	**5.2**	**정책과 비즈니스 규율의 문제**	
☐	5.2.1	명시된 정책을 완전히 실현하는 일이 프로세스의 작동을 불가능하게 만든다.	
☐	5.2.2	프로세스가 지속적으로 조직의 정책을 위반한다.	
☐	5.2.3	프로세스가 지속적으로 특정 비즈니스 규율을 위반한다.	
☐	5.2.4	프로세스를 담당하는 개별 직원이 특정 정책이나 비즈니스 규율을 위반한다.	
☐	5.2.5	프로세스가 모순된 목표와 정책을 실현하려고 작동한다.	
☐	5.2.6	프로세스가 구현하려는 목표와 정책의 우선순위가 불명확하다.	
☐	5.2.7	프로세스가 구현하려는 목표와 정책의 우선순위가 빠르게 변화하지만 프로세스가 신속 정확하게 변경될 수 없다.	
☐	**5.3**	**문서와 매뉴얼의 문제**	
☐	5.3.1	문서가 불완전하고, 구식이고, 오류가 있다.	
☐	5.3.2	문서가 불명확하고 가독성이 떨어져서 이해하기 어렵다.	
☐	5.3.3	문서가 잘못된 언어로 쓰여 있다.	
☐	5.3.4	문서가 필요로 하는 사람에게 제때 제공되지 않는다.	
☐	**5.4**	**외부 관리 프로세스의 문제**	
☐	5.4.1	외부 관리 프로세스가 해당 프로세스가 제공할 수 없는 정보를 요구한다.	
☐	5.4.2	외부 관리 프로세스가 해당 프로세스가 사용할 수 없는 정보를 주고, 수행할 수 없는 지시를 한다.	

예/아니요	레벨	설명	위험 수준 (1~5)
☐	6	**지원의 문제**	
☐	6.1	**직원의 문제**	
☐	6.1.1	프로세스의 인력이 부족하다. 인사팀이 필요한 직원을 찾지 못하고 인력도 충분히 채용하지 못한다.	
☐	6.1.2	프로세스에 할당된 직원에게 정의된 업무와 역할이 프로세스의 요구 조건과 맞지 않는다.	
☐	6.1.3	직원이 해당 프로세스의 업무를 수행하는 데 필요한 기술이 부족하다.	
☐	6.1.4	직원이 프로세스 부분의 여러 과업에 대해 책임이 있다는 말을 듣지 못했다.	
☐	6.1.5	직원 교육이 필요하다.	
☐	6.1.6	트레이닝이 적절하지도 않고, 적절하지 않은 시간에 제공된다.	
☐	6.1.7	매뉴얼이나 다른 문서가 제공되지 않고 적절한 가이드라인도 없다.	
☐	6.1.8	직원에게 주어지는 보상 또는 인센티브가 프로세스에 요구되는 성과를 지원하지 않는다. 게다가 올바른 성과를 내는 직원의 사기를 꺾는다.	
☐	6.1.9	프로세스에 관련된 과업의 성과를 내기 위해 요구되는 시간과 공간이 직원에게 부족하다.	

요약

01 프로세스는 결과를 생성하기 위해 이벤트에 반응하여 수행되는 일련의 활동 집합이다.

02 프로세스는 운영 프로세스와 관리 프로세스로 구분된다. 운영 프로세스는 핵심 프로세스라고도 부르며, 관리 프로세스는 작동 프로세스 또는 지원 프로세스라고 부르기도 한다.

03 과업이나 활동을 상자와 화살표로 표현한 그림을 활동 다이어그램이라고 한다.

04 어떤 활동을 누가 담당하는지 알 수 있도록 해당 활동을 담당자와 정렬한 그림을 역할 활동 다이어그램이라고 한다.

05 분업은 조직 체계의 관점에서 수평적 분업과 수직적 분업으로 나눌 수 있다. 수평적 분업화 과정은 조직의 수평 분화라고 일컫는다. 직원이 많아지면 조직을 통제하기 위해 비슷한 성격의 일을 하는 사람들을 묶을 필요가 있는데, 그 위에 관리자를 앉혀서 보고 라인의 의사결정 단계가 늘어난 경우 조직의 수직 분화라고 한다.

06 구조 조정으로 조직을 수평 통합하거나, 의사결정의 속도를 높이기 위해 계층을 줄여 평탄하게 만드는 수직 통합을 하기도 한다. 이는 생존을 위해 조직을 재구조화하는 것이다.

07 회사의 비즈니스 프로세스 프로젝트는 당면한 문제에서 시작된다. 그러나 프로젝트는 문제와 과제의 접근이 다르다. 문제에 관한 프로세스 프로젝트는 계획된 결과를 이루지 못하게 하는 원인을 찾아 해결하려는 접근으로 과거 프로세스와 관련이 있다. 반면 과제에 관한 프로세스 프로젝트는 목표를 달성하도록 만드는 미래의 프로세스를 대상으로 한다.

08 분석 단계 브레인스토밍 작업 시에는 이시가와 다이어그램 또는 원인·효과 다이어그램으로 알려진 피시본 다이어그램을 주로 사용한다.

09 프로세스를 통한 문제 해결 프로젝트는 프로세스 리엔지니어링 또는 프로세스 재설계로 접근하기 때문에 완성된 프로세스를 재설계된 프로세스라고 부른다.

10 프로세스 범위 설정은 분석 대상 프로세스의 범위를 정하는 사전 작업이다. 그런데 문제 중심 접근의 프로세스 범위 설정과 과제 중심 접근의 프로세스 범위 설정이 다를 수 있다.

11 프로젝트 범위 설정 다이어그램은 미국 공군이 개발한 소프트웨어 분석 모델링 기법인 IDEF에서 유래된 것으로 알려져 있다.

12 폴 하먼은 프로세스의 문제를 프로세스 흐름의 문제, 일상의 관리 문제, 출력 문제, 입력 문제, 통제 변수와 관련된 문제, 작동 요인과 관련된 문제로 구분했다.

13 경영인에게 경영의 세 가지 이슈는 Q·C·D이다. 자사 제품의 라이프사이클 전반에 걸쳐서 경쟁사와 비교하여 Q·C·D 등의 경쟁력 관점에서 문제점을 분석하는 일 역시 효과적인 범위 설정 과정에 포함될 것이다.

연습문제

01 대학에서 성적을 산출하고 학기가 끝나면 성적표를 학생의 가정으로 배송하는 프로세스를 활동 다이어그램과 역할 활동 다이어그램으로 작성하시오.

02 사회에서 볼 수 있는 문제 해결 프로젝트와 과제 달성 프로젝트의 예를 각각 3개씩 선정하고 선정 근거를 설명하시오.

03 팀 과제 최근 이슈가 되고 있는 청년 실업 문제에 대한 원인 분석을 피시본 다이어그램으로 작성하시오.

04 가정용 공기청정기의 경우 소비자와 어떤 거래 활동을 벌이는지 맥밀런과 맥그래스의 소비사슬 모델을 활용하여 분석하시오. 그리고 자신이 제품 영업 부서장이라면 각각의 거래 활동을 어떻게 개선하여 사업 실적을 높일 것인지 설명하시오.

CHAPTER 10

비즈니스 프로세스의 표기법

01. 프로세스 표기법의 출현
02. BPMN
03. 기타 프로세스 표기법

학 | 습 | 목 | 표

- 프로세스 표기법의 종류에 대해 설명할 수 있다.
- BPMN의 기본적인 심벌 활용법을 익히고 프로세스 모델에 적용할 수 있다.
- 활동과 이벤트의 차이를 이해하고 설명할 수 있다.
- 스윔레인의 활용법과 레벨 구조화 방법을 설명할 수 있다.
- 프로세스 모델의 추상화 레벨에 대해 설명할 수 있다.
- 현재 프로세스와 목표 프로세스로의 개선 과정을 이해할 수 있다.
- 다양한 비즈니스 프로세스 표기법의 차이를 이해할 수 있다.

비즈니스 프로세스 분석을 마쳤다면 본격적으로 비즈니스 프로세스를 모델링하는 단계로 넘어간다. 업계에는 비즈니스 프로세스 모델링을 위한 다양한 그래픽 언어 표기법 graphical language notation이 나와 있다. 하지만 현장에서는 만병통치약식 접근이 비효율적이며 경우에 따라 작업자의 비즈니스 목적에 부합하는 최적의 모델이 다르다.

일례로 RB Rummler-Brache 다이어그램, 페트리네트, EPC, BPMN과 UML 활동 다이어그램, IDEF3, VSM Value Stream Mapping, ARIS, LOVEM Line Of Vision Enterprise Methodology 등 다양한 프로세스 설계 툴이 제시되고 있다. 표기법이 너무 많아서 자신의 업무에 적절한 툴을 선택하고 학습하기가 벅찰 정도이다.

이 장에서는 프로세스 그래픽 언어 가운데 대표적인 BPMN을 중심으로 프로세스 표기법의 작성 요령을 자세히 살펴본다. 또한 그 밖의 7개 표기법을 동일한 프로세스 예제를 가지고 비교·설명할 것이다. 프로세스 표기법 학습은 새로운 언어의 알파벳을 배우는 것처럼 인내력이 필요하지만, 사실상의 표준인 BPMN과 데이터 마이닝의 기본 프로세스 모델링 툴인 페트리네트는 필수적으로 알아두어야 한다. 그 외의 표기법은 [표 10-1]을 참조하여 특별히 관심이 있거나 자신의 업무와 관련이 있는 부분만 선택적으로 학습할 것을 권한다. 하지만 프로세스 마이닝에 관심이 있다면 모든 내용을 정독하는 것이 좋다.

SECTION 01

프로세스 표기법의 출현

01 프로세스 표기법의 대두

1990년대부터 표준화된 비즈니스 프로세스 표기법의 필요성이 대두되기 시작하여 프로세스 맵, 활동 다이어그램, 작업 흐름 다이어그램 등이 등장했다. 이 분야의 선도자인 기어리 러믈러와 앨런 브라시는 1990년 출간한 《Improving Performance》(최신 개정판은 2012년 출간되었으며, 한국어 번역판은 2009년 《BPM 방법: 프로세스 경영과 조직 성과 개선》으로 출간됨)를 통해 프로세스 표기법을 제안했다. RB 다이어그램으로 불리는 이 표기법은 이후 다른 프로세스 표기법에 영향을 미쳤으며, 특히 스윔레인swimlane의 개념은 그들의 유산으로 알려져 있다. RB 다이어그램은 IBM의 LOVEM 표기법은 물론 OMG Object Management Group의 UML 활동 다이어그램에도 영향을 주었다.

BPMI Business Process Management Initiative에서는 업계 여러 주체의 표기법을 참조하고 통합하여 2004년 BPMN Business Process Model and Notation을 고안해냈다. BPMI는 2005년 6월 말 OMG와 합병했으며, BPMN과 UML 활동 다이어그램의 기능 통합을 위해 일하고 있다.

02 비즈니스 프로세스 다이어그램의 지향점

비즈니스 프로세스 다이어그램에는 두 가지 지향점이 있다. 부서 간의 원활한 의사소통을 위한 목적으로 활용하는 경우와 시스템 자동화를 목적으로 하는 경우가 그것이다. 전자는 직관성과 이해도를 높이는 것을 지향하고, 후자는 시스템 구축의 자동화를 위한 논리적 정확도를 높이는 방향으로 전개된다.

반면에 BPMN과 UML 활동 다이어그램은 시스템 자동화를 지향하는 표기법으로 분류된다. 궁극적으로 소프트웨어 코드의 생성을 목표로 하는 표기법은 직관성보다 정확도를 요구하여 복잡해질 수밖에 없다. 이러한 표기법은 컴퓨터 지식이 부족한 비즈니스 전문가가 쉽게 이해할 수 없으며, 도메인이 다른 실무자 사이에서는 의사소통의 효율을 떨어뜨리는 원인이 되기도 한다. 이를 해결하는 방법 중 하나는 표기법의 추상화 레벨을 조정하는 것이다. 추상화 레벨을 높이는 것은 높은 산에서 조망하듯이 설명 대상 영역을 넓히는 것으로, 이는 업무 절차의 이해도를 높이고 이해 당사자 간의 의사소통을 효과적으로 만든다. 반대로 추상화 레벨을 낮추어 단위 사업장의 특정 프로세스를 분석하는 경우, 추상화 레벨이 높은 표준 도식이 해당 프로세스에 최적화되었다고 말할 수 없다. 상세하지 않은 기호로 프로세스 도표를 작성하는 것은 망치 하나로 가구를 만들려는 것과 마찬가지이기 때문이다.

결국 업무 세분화나 작업자의 숙련도에 따라 적합한 표준화 도식이 다르다. 문제는 수많은 프로세스 도식화 툴을 모두 학습할 수도 없고, 가장 적절한 표기법을 선정하려는 시도 역시 시간상 비효율적이라는 것이다. 그런데 업계에서는 BPMN이 사실상 표준이므로 이 책에서도 BPMN을 먼저 설명할 것이다.

BPMN 표기법은 이해도와 정확도에 따라 핵심 표기법core notation과 확장 표기법extended notation으로 나눌 수 있다. 핵심 표기법은 스윔레인, 직사각형 상자, 원, 선과 같은 단순한 도형으로 추상화 레벨이 높은 거의 모든 프로세스를 표현할 수 있다. 확장 표기법은 스윔레인의 분화, 직사각형의 심벌 변화, 원과 마름모 심벌 안의 서브 심벌, 선의 종류 등으로 분석 정확도를 높였다. 도구를 바꿔 끼워 사용하는 다목적 공구처럼 원과 마름모 본체에 부가된 표기법을 얹어 확장한 것이다.

핵심 표기법과 확장 표기법으로 사용자의 요구를 대부분 나타낼 수 있는 것이 BPMN이라 하더라도 비즈니스의 속성에 따라 최적화된 다른 표기법이 항상 존재한다. 그러므로 업계에서 맞닥뜨릴 가능성이 있는 다른 표기법도 간략히 설명할 것인데, 특히 14장에서 다룰 데이터 마이닝에 관련된 표기법이 포함된다. 또한 부록에서는 지도 제작 업무의 프로세스 표기법을 예로 제시했는데, 개별 업무에 최적화된 프로세스 설계의 필요성과 가치를 이해하는 데 도움이 될 것이다.

SECTION 02

BPMN

01 BPMN의 개념

BPMN은 조직에서 사람들이 생각하는 모든 프로세스를 그래픽으로 표현할 수 있는 사실상의 표준이다. BPMN 비즈니스 프로세스는 하나 이상으로 연결된 절차 또는 활동의 집합으로, 보통 한 조직 구조의 맥락 안에서 기능적 역할이나 관계를 정의한다. BPMN은 비즈니스 목표나 정책적 목적을 실현하기 위해 사전에 고안된 심벌과 절차를 준수하며, 초기 모델인 BPMN 1.2와 이후 버전인 BPMN 2.0이 있다.

BPMN 1.X는 네 가지 카테고리의 그래픽 요소로 도형을 생성한다. 이 그래픽 요소는 [그림 10-1]과 같이 흐름 객체, 연결 객체, 스윔레인, 생성물로 구분된다.

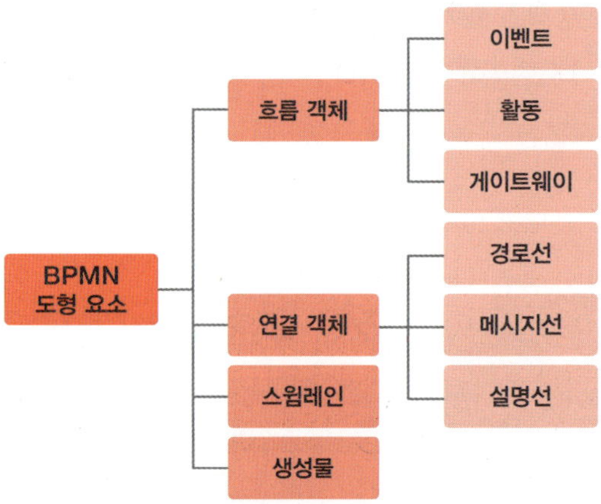

그림 10-1 BPMN 1.2 도형 요소의 구조

- **흐름 객체(flow object):** 행위를 결정하는, 비즈니스 프로세스 안에서 발생하는 모든 활동을 표현하며 이벤트, 활동, 게이트웨이로 이루어져 있다.
- **연결 객체(connecting object):** 여러 객체를 서로 연결하는 세 가지 접속 방법, 즉 경로선sequence flow, 메시지선message flow, 설명선association을 제공한다.
- **스윔레인(swimlane):** 활동을 책임 부서별로 그루핑하도록 해주며, 다른 요소들을 그룹으로 묶는 모델링 요소인 풀pool과 레인lane을 가지고 있다.

- **생성물(artifact):** 흐름에는 영향을 끼치지 않고 프로세스에 대한 추가적인 정보를 제공하기 위해 사용하는 것으로 데이터 객체, 그룹, 주석이 있다.

BPMN 1.2에 비해 여러모로 범위와 활용도를 높인 BPMN 2.0은 BPMN 요소에 실행 기호execution semantic를 정형화하고, 프로세스 모델과 그래픽 규약을 확장한 메커니즘을 정의했다. 표현 방식이 더욱 풍부해졌지만 이해도보다는 정확도를 높이기 위해 설계된 방법으로 평가되며, 현장에서는 10개 내외의 단순 심벌을 주로 사용한다.

TIP 이 장에서는 BPMN 1.X의 심벌을 프로세스 모델링에 활용할 것이다.

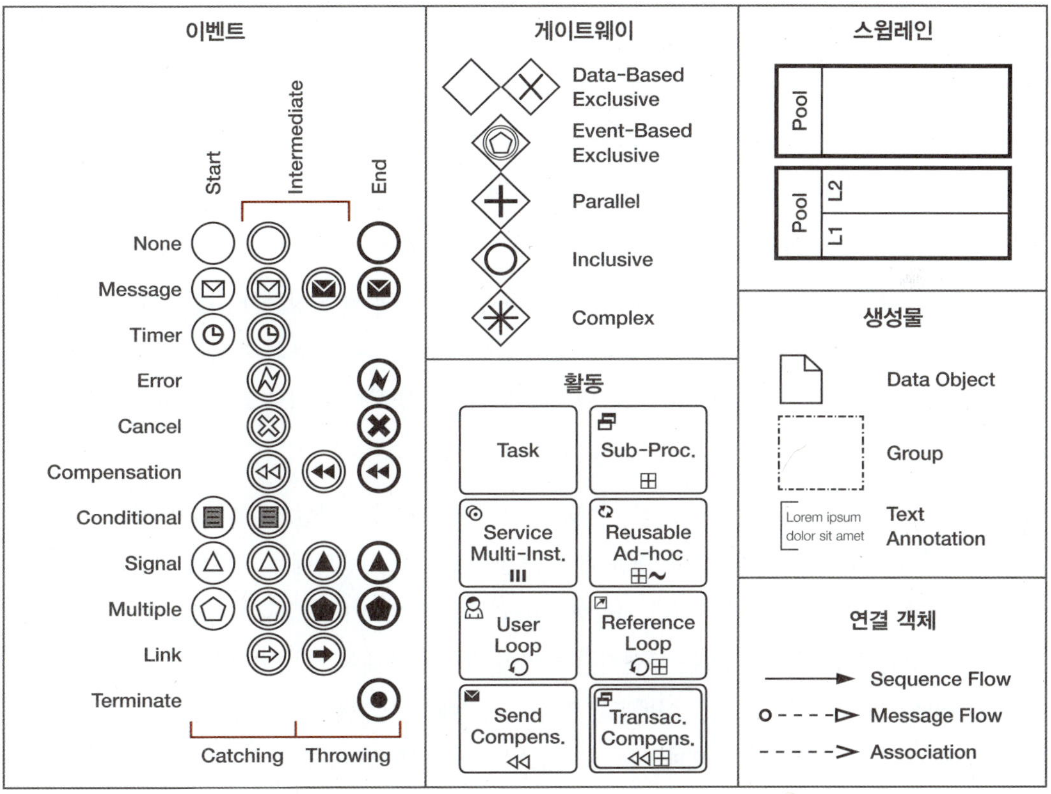

그림 10-2 BPMN 1.2 요소: 확장 표기법(출처: OMG)

02 BPMN 표기법의 작성 요령

[그림 10-3]은 폴 하먼이 제시한 것으로 여러 프로세스 표기법에 공통적으로 사용할 수 있는 기초적인 요소를 보여준다. 프로세스는 하나 이상의 이벤트를 입력받아 그 내용을 변경하여 하나 이상의 이벤트로 출력하는 활동을 말한다. 프로세스, 서브 프로세스, 활동은 모두 비슷한 개념이며 프로세스 맵, 활동 다이어그램, 작업 흐름 관리 역시 비슷한 의미를 가지고 있다.

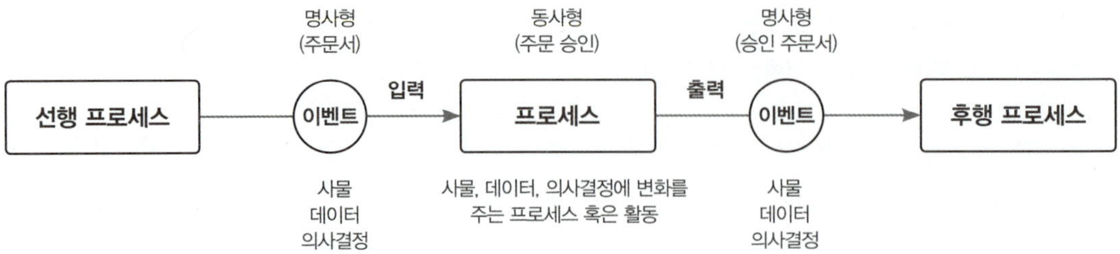

그림 10-3 **프로세스의 기초 요소: 프로세스, 흐름, 이벤트**

도식화하는 과정에서 프로세스는 복수의 서브 프로세스로 분화되고, 서브 프로세스는 또다시 하부의 구체적인 서브 프로세스로 분화된다. 이를 프로세스의 계층 구조라고 부른다. 프로세스와 서브 프로세스는 설명하는 추상화 레벨이 다르다. 서브 프로세스는 당연히 상위 프로세스보다 추상화 레벨이 낮은데 추상화 레벨이 낮다는 것은 더 구체화되었다는 의미이다. 추상화 레벨은 비즈니스 요구 분석의 수준에 따라 달라지겠지만 일반적으로 레벨 2까지는 비즈니스 의사소통의 목적으로 작성하고 레벨 3 이상은 시스템 자동화 설계를 위해 세밀하게 작성한다.

UML과 BPMN에서 프로세스나 활동은 모서리가 둥근 상자로 나타낸다. 편의를 위해 이를 프로세스 상자 또는 활동 상자라고 부를 것이다. [그림 10-3]에는 프로세스 상자가 3개 있다. 프로세스는 입력을 받아 산출물을 출력한다. 그림에서 보듯이 단위 프로세스는 활동의 속성을 가지므로 동사적 의미여야 한다. 활동은 시간을 소비하므로 단위 프로세스는 명사형 어미로 표현되더라도 활동의 속성을 갖는 것이다.

이벤트는 동그란 원으로 그린다. 시작 이벤트는 우측으로 하나의 화살표가 나가고, 종료 이벤트는 좌측에서 하나의 화살표가 들어오며, 프로세스 중간에 위치한 이벤트에는 하나의 입력선과 하나의 출력선이 있다. 이는 복수의 입출력이 가능한 페트리네트나 YAWL Yet Another Workflow Language과 다른 점이다. 또한 페트리네트는 트랜지션 사이에 반드시 플레이스가 있어야 하지만 BPMN에서는 중간 이벤트를 생략할 수 있다. 이벤트는 프로세스상에서 시간을 소비하지 않으며 산출물이므로 명사형으로 표기한다. 이벤트는 뒤따르는 프로세스를 촉발하므로 트리거 프로세스trigger process라고 부를 수도 있다. BPMN에서 최초의 시작 이벤트는 실선 동그라미로, 최후의 종료 이벤트는 굵은 원으로 그리는 것이 원칙이다. 최초의 프로세스가 반드시 원으로 시작할 필요는 없다. 또한 프로세스 흐름상에서 항상 이벤트 심벌을 표기하는 것이 원칙은 아니다.

실제 사업 환경에서 프로세스는 기다림 없이 흘러갈 수도 있고, 프로세스가 산출물을 보관처에 두고 대기 상태로 있다가 후행 프로세스가 이를 접수하여 진행하기도 한다. [그림 10-3]을 주문 접수 프로세스라고 가정하면, 선행 프로세스는 주문 접수가 되고 그다음 산출물인 이벤트는 접수된 주문서가 된다. 그리고 다음 프로세스는 주문 수량/금액 확인을 거쳐 산출물인 이벤트는 확인된 주문서가 된다. 그림에서는 복수 경로가 아니지만, 후행 프로세스로 연결될 때 출하 지시 및 청구서 작성이라는

2개의 활동 상자로 분기될 것이다.

화살표는 이벤트와 프로세스의 시간적 흐름을 나타내며 왼쪽에서 오른쪽으로 표기하는 것이 일반적이다. 프로세스가 분기할 때 발생 가능한 모든 사항을 나타내면 복잡해지고 또 적절하지도 않다. 발생 빈도가 낮은 분기는 별도로 관리하는 예외 관리 프로세스에서 정의하는 것이 효율적이다. 피드백 사이클을 뒤로 향하는 화살표로 표기하는 경우도 있는데, 비즈니스 의사소통의 목적으로 작성된 프로세스 도형에서는 후진 화살표를 생략할 것을 권고하는 현업 전문가도 있다.

컴퓨터 소프트웨어를 사용할 경우 이벤트는 데이터를 기억장치에 저장하거나 변경하는 일이 된다. 이때 프로세스 상자, 화살표, 이벤트는 소프트웨어 설계자와 개발자에게 매우 중요한 의미가 있다. 프로세스 상자는 프로그램의 로직, 화살표는 데이터 유입 및 유출의 흐름과 프로그램의 다중 분기를 의미한다. 특히 이벤트는 데이터베이스와의 트랜잭션을 나타내므로 애플리케이션을 개발할 때는 더욱 중요하다.

[그림 10-4]는 제조업체와 관련된 BPMN 프로세스 다이어그램의 기본적인 형태를 보여준다. 고객에게 주문을 받고, 제품을 만드는 공정을 준비하고, 생산하고, 배송하는 네 가지 핵심 프로세스를 나타낸 이 그림에 구매/지불, 판매/수입 등 재무와 관련된 프로세스를 더하면 보다 현실적으로 제조업체의 핵심 사업 사이클을 표현할 수 있다. 이 그림은 설명 영역이 넓은 프로세스 도표로 추상화 레벨 1 정도로 작성되었다. 각각의 프로세스는 좀 더 구체적인 레벨 2 프로세스로 분화될 수 있다. 추상화 레벨 1은 회사의 핵심 프로세스를 5~8개 정도의 프로세스로 나타내는 수준이다.

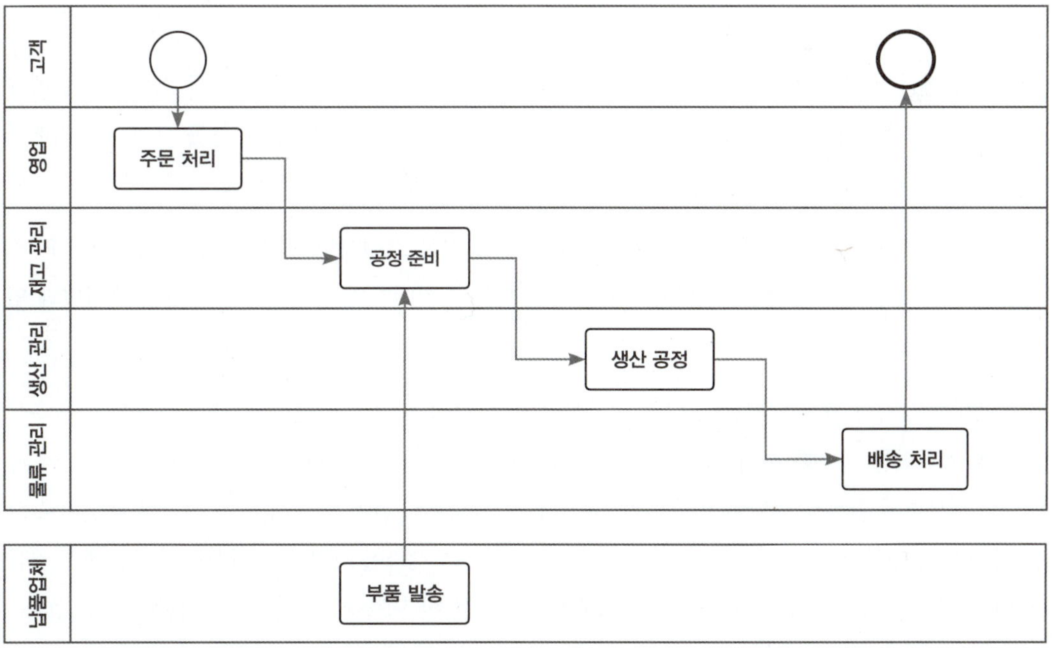

그림 10-4 프로세스 다이어그램의 예

PLUS NOTE | BPMN 도형 작업 시 유의 사항

각 프로세스 상자에는 고유한 활동 명칭이 기재되는데, 영문으로 작성할 때는 동사형(예: order process)으로 해야 하며 한글로는 '주문 처리'라고 기재할 수 있다. 한글의 경우 명사형 어미라도 동적인 의미를 지닌 단어를 사용하는 것이 적정하다. 예를 들면 '생산 공정'에는 생산이라는 동적인 의미가 내포되어 있다. 동일한 속성을 가진 것은 같은 폰트로 표기하는 것이 좋다. 하지만 상자나 화살표 주위의 설명은 다른 폰트로 기재해도 된다. BPMN 도형 작업을 할 때 유의할 사항을 아래에 간략히 정리했다. 중요한 점은 문서 전체의 일관성을 유지하는 것이다.

- 스윔레인상에서 프로세스는 왼쪽에서 오른쪽으로 진행되어야 한다. 그러므로 왼쪽의 이벤트(프로세스)는 오른쪽의 이벤트(프로세스)보다 먼저 일어나는 일이다.
- 맨 위의 스윔레인에는 사외(또는 사내) 고객의 활동을 배치해야 한다. 고객이 아니라면 프로세스를 촉발하는 이벤트를 위한 스윔레인이어야 한다. 고객의 스윔레인은 생략할 수도 있으며, 이 경우 풀의 상단 좌측 외곽에 위치한 시작 원이 트리거로 출발한다.
- 고객이 복수라면 고객을 위한 스윔레인도 복수로 상위에 둘 수 있다. 회사 내의 프로세스에 국한하여 기재하는 경우 고객을 위한 스윔레인을 생략할 수도 있다.
- 공급자의 풀과 스윔레인은 맨 밑에 위치하는 것이 일반적이다. 작성자의 필요에 따라 고객과 함께 위에 배치하는 것도 가능하다. 복수의 공급자를 표현하기 위해 복수의 스윔레인을 사용할 수도 있다.
- 프로세스의 시작 심벌은 실선 동그라미이고 종료 심벌은 두꺼운 실선 동그라미이다.

고객 접점인 영업은 위쪽 스윔레인에 배치하고 생산과 같은 후방 조직은 아래쪽 스윔레인에 배치한다. 물리적으로 완전히 분리된 외부 조직이나 공급업체를 위한 스윔레인은 풀을 분리한 스윔레인에 그린다. [그림 10-4]에서는 공급업자의 풀과 스윔레인을 분리했다.

회사 내 특정 기능 혹은 부문 조직하의 복수 부서는 동일한 스윔레인을 계층으로 분리한 복수의 스윔레인으로 그리는 것이 일반적이다. 그러므로 풀 또는 스윔레인의 명칭은 조직도상의 조직명과 일치시키는 것이 좋다.

프로세스 상자나 활동 상자는 비슷한 추상화 레벨로 그리는 것이 적절하다. 추상화 레벨 1과 추상화 레벨 2의 활동 상자를 같이 그리는 것은 바람직하지 않다. 필요에 따라 레벨 1 활동 상자 안에 레벨 2의 세분화된 활동을 그릴 수도 있지만 권장하지는 않는다. 한편 전체적 활동 상자를 레벨 2로 그릴 경우 분석 대상인 프로세스의 선행 프로세스와 후행 프로세스를 레벨 1로 작성하여 프로세스 흐름의 이해도를 높이는 경우도 있다. 그럼에도 레벨 1, 2, 3을 한 도표에 그리는 것은 일반적이지 않다.

어떤 회사에서는 [그림 10-4]와 같은 그림을 작업 흐름 다이어그램workflow diagram이라고 부르지만 전형적인 작업 흐름 다이어그램에는 풀과 스윔레인이 포함되지 않는다. 작업 흐름 다이어그램은 활동 상자와 화살표로만 구성할 수 있는 활동 다이어그램으로, AT&T가 공개한 오픈소스 그룹인 Graphviz를 대표적인 예로 꼽을 수 있다. 그러므로 형식상 프로세스 다이어그램은 '스윔레인을 가진 작업 흐름 다이어그램'이라고 말할 수 있다.

TIP Graphviz는 부록에서 자세히 설명할 것이다.

[그림 10-4]와 같이 스윔레인의 좌측 상자 안에 해당 프로세스를 책임지는 부서를 명기할 수 있다. 부서명 대신에 관리자의 보직을 넣을 수도 있지만 보직 없이 이름을 명기하는 것은 바람직하지 않다. 담당자가 바뀌면 문서를 갱신해야 하기 때문에 보직명으로 담당자를 분명히 알 수 있다면 충분하다.

프로세스 다이어그램을 상세화하는 것은 스윔레인을 보다 계층적으로 분화하고 활동 상자를 세분화된 상자로 분화하는 것이다. 마찬가지로 프로세스 다이어그램을 단순화하는 것은 스윔레인을 합치고, 비슷한 활동 상자를 통합하여 하나의 스윔레인에 배치하는 것이다. 단순화된 스윔레인은 프로세스를 직관적으로 이해하는 데 도움이 되지만 정확도는 떨어진다.

03 프로세스 다이어그램의 추상화 레벨

[그림 10-5]는 레벨 1 프로세스로 시작해서 레벨 2, 레벨 3으로 프로세스를 심층 분석한 경우를 보여준다. 레벨 1의 생산 공정을 클릭하면 레벨 2의 생산 공정 서브 프로세스가 나타난다. 레벨 2 생산 공정의 부품 준비 활동은 다시 레벨 3의 활동으로 설명된다. 이와 같은 기법을 취합aggregation과 생략abstraction 기법이라고 한다.

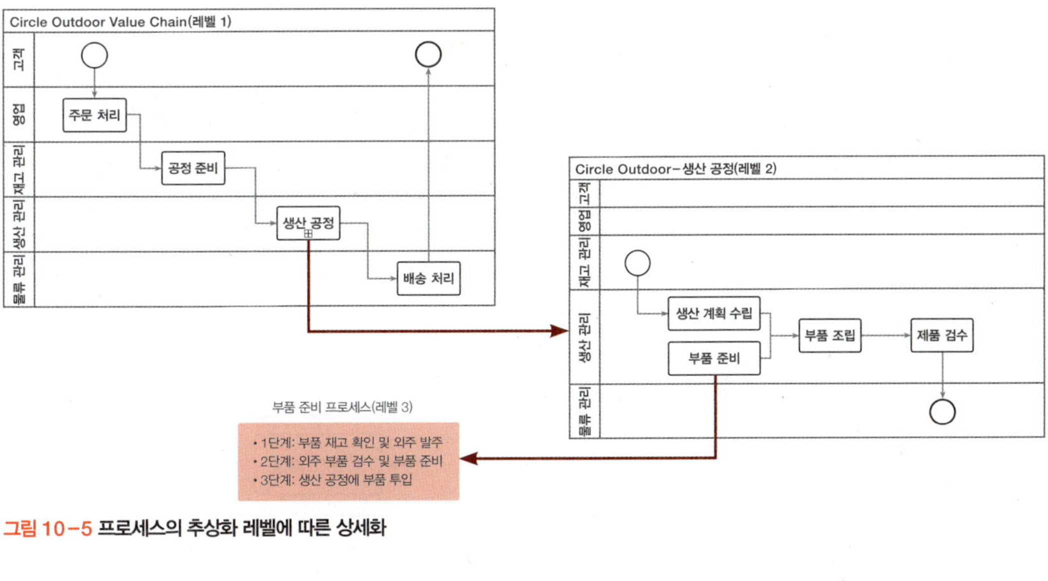

그림 10-5 프로세스의 추상화 레벨에 따른 상세화

레벨 3에서 프로세스의 순차적 활동을 서술형으로 작성했지만 프로세스 도표로 작성할 수도 있다. 이 경우 단계별 활동에 팀이나 개인까지 적시할 수 있을 것이다. 레벨 3의 프로세스 활동을 도표로 표현할 것인지, 서술형으로 작성할 것인지는 설계자가 원하는 정보 수준에 따라 결정할 일이다. 이러한 분석은 활동 기준 원가관리의 분석에도 활용될 수 있다. 투입 공수와 재료비, 단위 생산 대비 소요되는 시간, 비용 정보는 원가 계산에 필수적인 요소이기 때문이다. 만약 상용 작업 흐름 소프트웨어를 사용한다면 화면에서 프로세스 상자를 선택하여 활동 작업표activity worksheet를 열고 작업 순서를 열람하거나 속성 정보를 입력하는 기능을 사용하면 된다.

TIP 취합과 생략 기법은 부록 B를 참조한다.

TIP 15장에서 ProcessMaker를 이용하여 활동 작업표를 정의하는 예를 다룰 것이다.

04 BPMN의 확장된 표기법

회사의 구매 업무는 제품 생산을 위한 산업용 구매와 회사의 사무용품과 관련된 일반 구매로 나누어진다. [그림 10-6]은 회사의 일반 구매에 관한 단순한 프로세스를 나타낸 것이다. BPMN의 일반적인 심벌 외에 프로세스 도표에서 관리자가 알아야 할 몇 가지 추가적인 기호가 있다. 회사의 구매 프로세스이므로 고객 대신에 내부 사용자로 풀의 명칭이 바뀌었다. 또한 전형적인 시작 원으로 프로세스가 시작되지 않고 '구매 요청'이라는 활동 상자에서 출발한다.

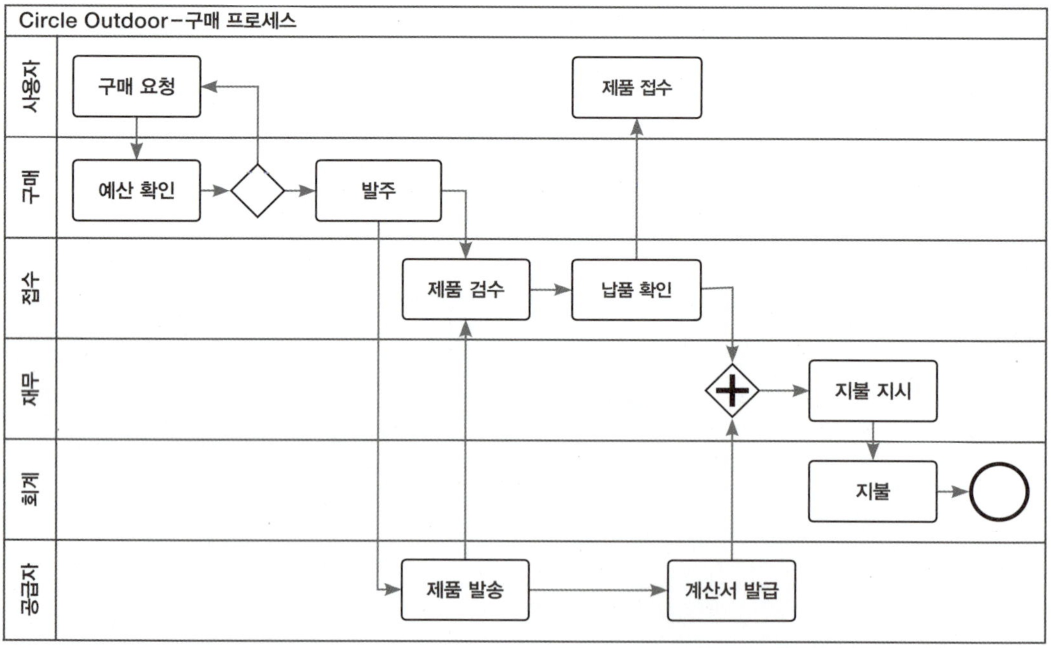

그림 10-6 단순 구매 프로세스의 예

TIP [그림 10-6]의 마지막 프로세스인 '지불'은 종료 이벤트로 이어진다. 종료 이벤트는 굵은 원으로 나타내며 이는 모든 프로세스의 종료를 나타낸다. 마지막 원이 이중선으로 된 원이라면 프로세스가 종료된 것이 아니라 다음 프로세스가 있다는 것을 의미한다.

구매 부서가 접수한 요청은 예산 확인을 위한 의사결정을 거치며, 의사결정 시점에는 마름모(또는 게이트웨이)를 사용한다. 그림의 프로세스를 자동화하기 위해 개발자가 예산 확인 의사결정의 정책을 프로그래밍한다면 다음과 같은 의사 코드pseudo code 형식이 될 것이다.

- **IF:** 신청한 구매 요청이 예산 내에 있다.
- **AND:** 최근 구매 요청한 재고가 남아 있지 않다.
- **THEN:** 구매 요청한 물품을 주문하라.
- **ELSE:** 구매 요청을 거절하라.

기업 내의 의사결정은 [그림 10-6]과 같이 단순한 것만 있는 것이 아니다. 여러 가지 규칙이나 정책에 관련될 경우 의사결정의 로직이 매우 복잡해진다. 이러한 의사결정을 컴퓨터 시스템으로 자동화할 수도 있지만 전문가의 직관에 의존할 수밖에 없는 경우도 있다.

[그림 10-6]의 첫 번째 마름모는 화살표가 뒤를 향하여 시간에 역행하는 순환 루프를 보여준다. 재고 유무, 예산 내의 집행과 별도로 물품 사용자가 유발하는 예외 조항은 문서의 오기, 수량 및 가격의 기재 오류, 서명의 누락 등 헤아릴 수 없이 많다. 그러므로 프로세스 분석가와 경영인은 프로세스를 설계할 때 특별 관리 대상이 아닌 경우라면 예외 조항을 무시한다. 그러나 이러한 예외 조항을 상세히 명시한 프로세스 도형은 프로세스 분석가에게 의미가 있다. 그들의 시스템 분석 업무에는 프로세스 도형보다 예외 항목과 의사결정에 따른 결과를 기재한 명세표가 더욱 적절하다. 의사결정에 관한 설명을 명시하고 싶을 때는 [그림 10-7]과 같은 육각형을 사용한다.

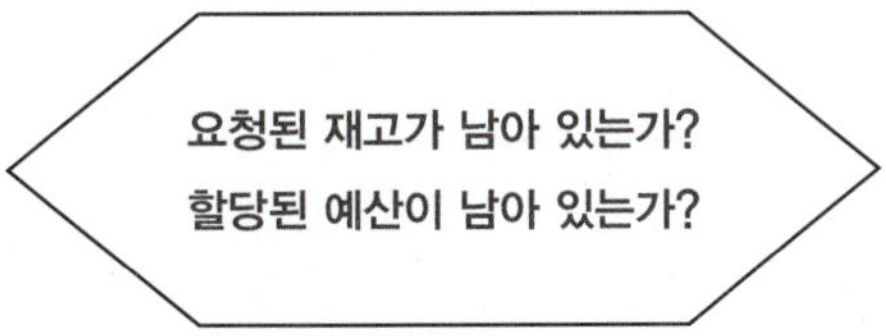

그림 10-7 의사결정에 관한 설명의 표현

[그림 10-8]은 표준 게이트웨이 심벌 외에 가장 많이 사용되는 AND, OR, XOR 심벌이다. 비즈니스 프로세스 분석가는 업무 목적에 따라 심벌을 선택하여 사용할 수 있다. 특별한 표기법이 필요 없는 경우에는 표준 게이트웨이 심벌을 사용한다. 표준 게이트웨이 심벌은 프로세스 흐름이 분기하거나 수렴하는 것을 보여줄 뿐이다. 이 책에서는 특별히 필요하지 않은 한 기본적인 마름모 심벌만 사용할 것이다. 프로세스의 개괄을 설계하는 초기 단계에는 단순한 게이트웨이로 작업하는 것이 일반적이기 때문이다. 하지만 시스템 구현의 정밀도를 높이는 설계 단계에서는 보다 구체적인 심벌이

사용된다. 프로세스 분석가는 프로그램 로직을 설계하는 데 충분한 설명을 필요로 하며 확장 심벌을 사용한다.

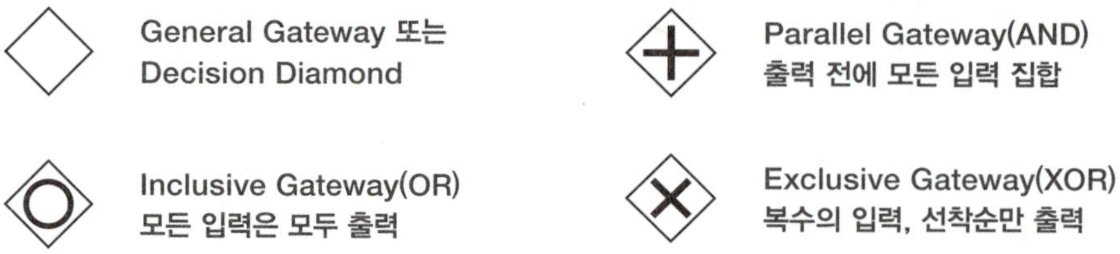

그림 10-8 다양한 게이트웨이 심벌

[그림 10-6]의 '납품 확인' 활동에서 분기하는 2개의 화살표는 각각 사용자에게는 주문한 제품을 보내고 재무팀에는 접수한 제품에 대한 정보를 보낸다. BPMN 표기법에서는 물리적 물건 전달의 경우 실선 화살표로, 관련 정보 전달의 경우 점선 화살표로 나타내기도 하지만, 프로세스 초기 단계에는 일반적으로 상세하게 표현하지 않으므로 이 책에서는 주로 실선 화살표를 사용할 것이다.

[그림 10-9]는 전형적인 제조업체의 생산 및 출하 프로세스를 단순화한 모델이다. 앞의 예와 다른 점은 물류 관리 시스템 스윔레인의 활동 상자가 모서리가 둥글지 않고 각진 형태라는 것이다. BPMN에서 각진 활동 상자는 전산 자원인 애플리케이션 또는 데이터베이스에서 이루어지는 활동을 의미한다. 한편 스윔레인의 최하단을 프로세스가 소비하는 표준 공수(시간)를 기재하는 공간으로 사용할 수도 있다.

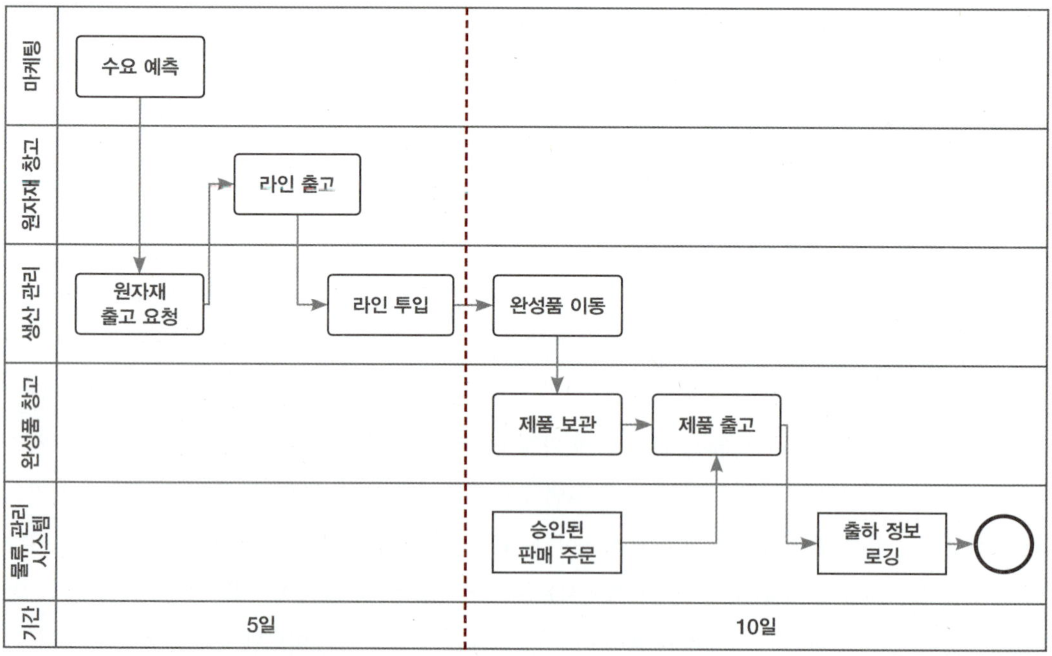

그림 10-9 수평 스윔레인 프로세스의 예

[그림 10-10]은 [그림 10-9]의 수평 스윔레인을 수직 스윔레인으로 작성한 것으로, 스윔레인은 프로세스 분석가의 선호에 따라 수평 또는 수직으로 배치할 수 있다. 현장에서는 항상 컴퓨터로 의사소통할 수 없기 때문에 A4 크기 종이에 인쇄하거나 전지에 플로팅한 프로세스 도면을 사용할 수밖에 없으며, 프로세스 도면을 어떻게 묶는지에 따라 수평 또는 수직 스윔레인 형식이 된다. 이 책에서는 주로 수평 스윔레인으로 프로세스를 설명할 것이다. 대부분의 소프트웨어 툴은 수평 스윔레인과 수직 스윔레인의 전환 기능을 제공한다.

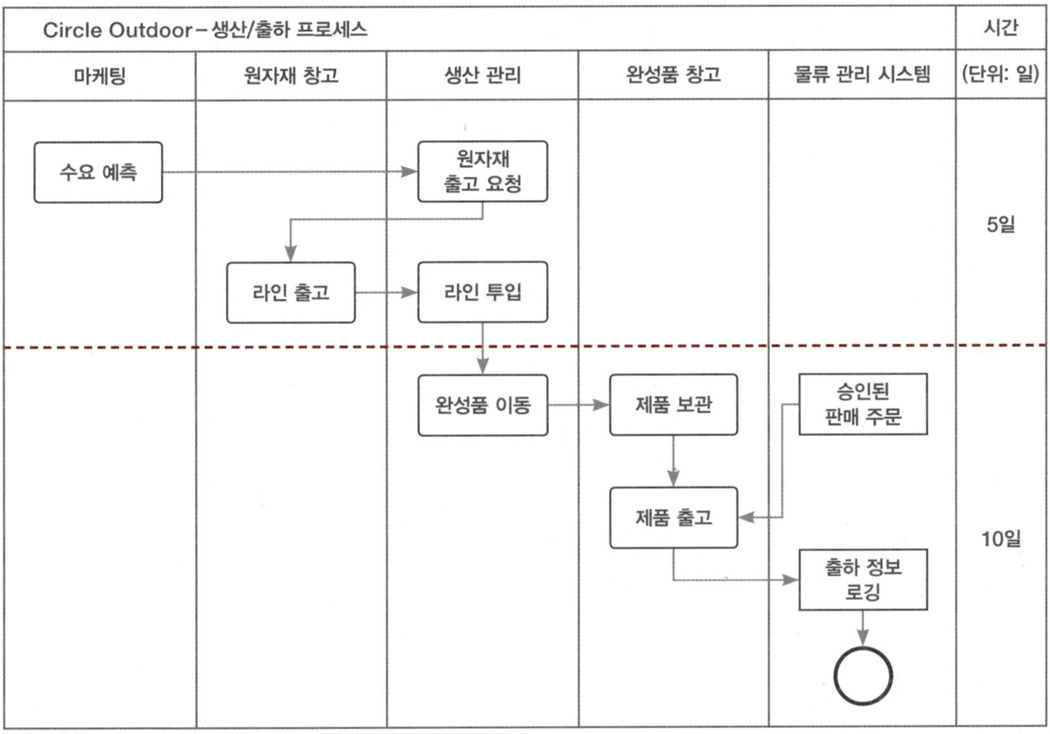

그림 10-10 수직 스윔레인 프로세스의 예

05 현재 프로세스, 대안 프로세스, 목표 프로세스 다이어그램

프로세스 혁신을 문제 해결식으로 접근하는 방법과 과업 달성식으로 접근하는 방법이 있다. 문제 해결식 접근 방법은 비즈니스 프로세스 분석을 현재 프로세스에서 시작하는 경향이 있다. 현재 프로세스를 충분히 이해한 후 개선을 위한 대안 프로세스를 고려하며, 대안 프로세스 중에서 자사에 맞는 목표 프로세스를 결정한다. 하먼은 대안을 제시하는 3단계 프로세스를 as-is, could-be, to-be 프로세스라고 일컬었다. 대안could-be 프로세스 중에서 적정한 목표to-be 프로세스를 결정하는 요인으로 긴급도, 난이도, 비용 대비 효과, 선결 프로세스 분석의 요건을 검토한다.

[그림 10-11]은 전형적인 전기·전자 제조사의 프로세스 전반을 단순화한 것이다. 하먼은 《비즈니스 프로세스 재설계를 위한 실천적 방법론Business Process Change》에서 기업의 핵심 사업 부문인 연구개발R&D, 마케팅·영업S&M, 제조·유통M&D 기능군을 순차 프로세스sequential process라고 표현했다. 하지만 기업에서는 세 가지 기능의 프로세스가 순차적으로 흐르지 않고 대부분 중첩되어 동시 병행적으로 진행된다. [그림 10-11]은 세 가지 기능군의 여러 부서가 중첩되어 업무를 수행하는 것을 개념적으로 잘 보여준다.

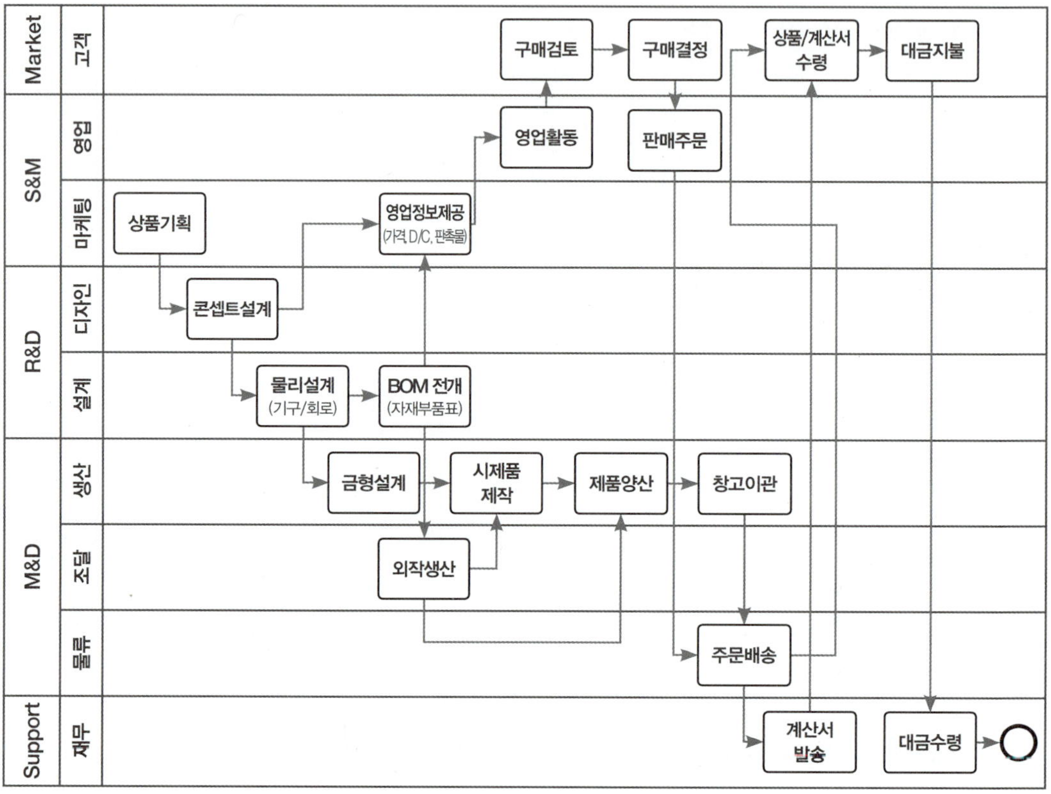

그림 10-11 전기·전자 제조사 현재 프로세스의 예

[그림 10-12]는 [그림 10-11]의 프로세스에 고객 포털과 고객 정보 데이터베이스 시스템을 도입한 목표 프로세스를 보여준다. 고객은 포털 시스템을 통해 개인 프로필과 결제 정보를 직접 등록한다. [그림 10-11]에서는 고객이 주문을 접수한 후 대금을 지불하지만 [그림 10-12]에서는 고객의 주문과 동시에 대금을 받는다. 신용 거래가 현금 거래로 바뀐 것이다. 또한 목표 프로세스의 생산 시스템이 주문 생산 방식에서 계획 생산 방식으로 변경되었다. 적정 재고를 유지하여 고객 주문을 재빠르게 처리하는 능력은 기업의 핵심 경쟁 전략이다. 고가의 상품이 아닌 소비재를 생산하는 B2C 기업의 경우 주문 생산보다 계획 생산이 더 효과적일 수 있다.

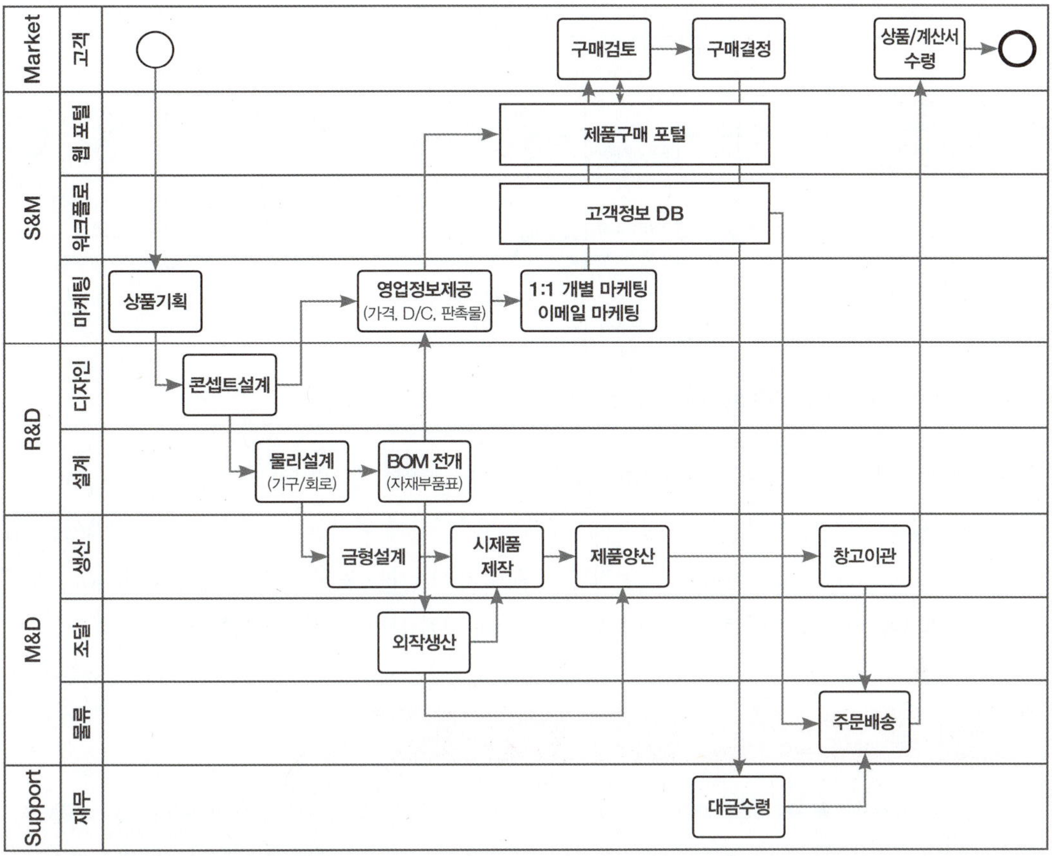

그림 10-12 전기·전자 제조사 목표 프로세스의 예

도입되는 전산 시스템은 모서리가 각진 활동 상자로 표현한다. 포털을 도입한 경우, 개별 고객에 맞춘 일대일 마케팅 기법을 사용하거나 고객의 동의를 받아 이메일 캠페인 정보를 전송할 수 있다. 또한 분석 툴을 사용하면 마케팅 메시지에 대한 고객 반응의 민감도와 캠페인의 구매 전환 비율을 실시간으로 모니터링할 수 있다. 이는 마케팅 역량, 통계 분석 역량, 코딩 역량을 아우르는 인터넷 시대의 전문 마케터인 그로스해커가 각광받는 이유이다. [그림 10-12]의 자재 부품표Bill Of Material, BOM는 설계 부서에서 작성한다. 대개 컴퓨터 설계 툴이 자동 생성하는 설계 부품표Engineering BOM, E-BOM가 제조 라인으로 이관되면 공급자 코드와 조립 정보가 포함되는데 이는 제조 부품표Manufacturing BOM, M-BOM라고 한다.

앞에서 예시한 BPMN 모델들은 추상화 레벨이 다소 높은 레벨 1 정도의 활동에 관한 프로세스 맵이다. 이러한 예는 회사의 전반적인 활동 모습을 보여주기는 하지만 실무자가 작도할 내용은 아닐 것이다. 여기서는 실무적인 접근을 설명하기 위해 BPMN 표기법의 예로 [그림 10-13]과 같은 '영업 인센티브 프로세스'를 사용할 것이다. [그림 10-13]은 이어서 설명할 다른 프로세스 표기법과 비교하는 데 활용되고 14장에서 프로세스 마이닝의 예로도 사용된다.

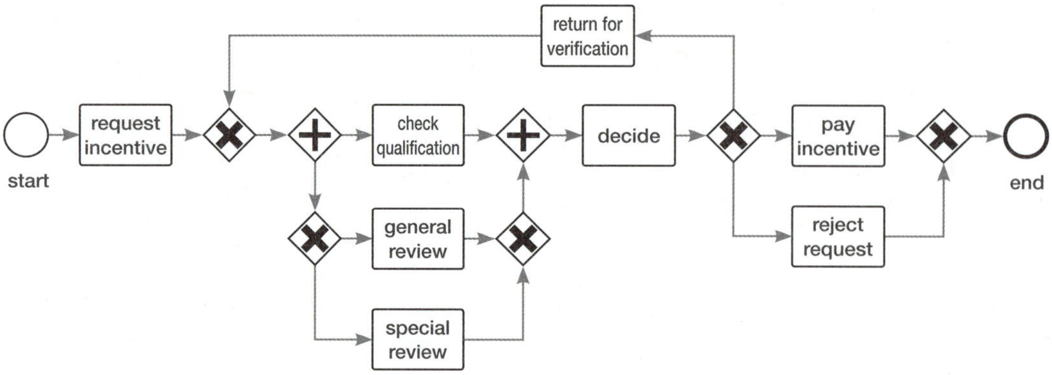

그림 10-13 영업 인센티브 프로세스의 BPMN 표기법 예

그림에서 마름모 심벌 안의 ×는 XOR-split/join 게이트웨이를 의미하고, +는 AND-split/join 게이트웨이를 의미한다. '인센티브 요청request incentive' 다음에 위치한 XOR-join 게이트웨이는 '검증 반환return for verification'의 경로를 결정한 경우에 되돌아가는 위치로 필요하다. XOR-join 게이트웨이 뒤의 AND-split 게이트웨이는 이후 프로세스의 병렬 분기 흐름을 제어한다.

경영학 강의 | BPMN 표기법

비즈니스 프로세스를 표현하기 위한 몇 가지 비즈니스 프로세스 표기법 중 가장 많이 사용하는 표기법은 BPMN이다. BPMN은 1.X 버전과 2.X 버전이 있고 최신 버전은 2013년 말에 갱신되었다. 각각의 버전은 단순한 핵심 표기법과 정교한 확장 표기법으로 구분된다. 핵심 표기법은 일반적인 비즈니스 도메인의 사람들을 위한 것으로 원과 사각형, 게이트웨이, 화살표, 스윔레인 등의 몇 개 심벌만을 사용하며, 확장 표기법은 소프트웨어 자동화를 위해 정교한 표기법을 포함한다. 핵심 표기법은 OMG의 UML 활동 다이어그램과 매우 유사하고 RB 표기법과도 거의 비슷하여 현존하는 범용 표기법이라 할 수 있다. 표기법에 대한 개략적인 설명과 대표적인 확장 심벌의 예는 다음과 같다.

❶ **활동(activity)**: 회사가 수행하는 업무인 활동은 시간을 소비한다. 복잡한 활동은 프로세스와 서브 프로세스를 포함한다. 확장 BPMN 표기법에서 활동 상자 안의 + 심벌은 해당 프로세스가 서브 프로세스를 내포하고 있음을 나타낸다.

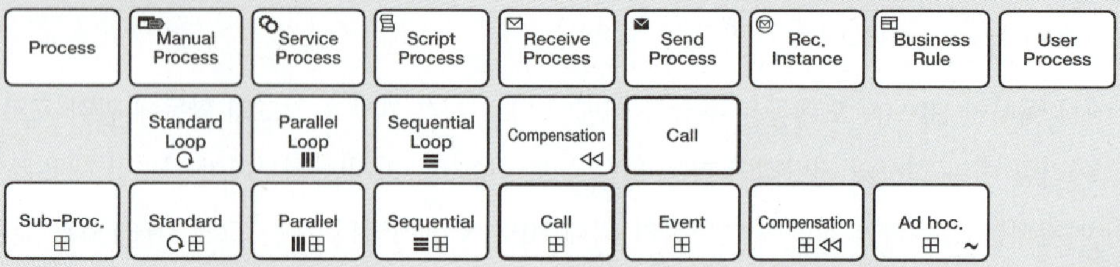

그림 10-14 활동 표기법

❷ **이벤트(event):** 이벤트는 프로세스의 과정 중에 발생하는 어떤 상태이다. 이벤트는 활동을 촉발할 수도 있고 프로세스를 멈추게 만들 수도 있다. 프로세스 또는 서브 프로세스의 끝이나 단계별 종착점의 결과물인 제품 또는 서비스, 데이터와 같은 최종 산출물이 이벤트이다. 확장 표기법의 경우 이벤트의 특징에 대해 설명하는 여러 가지 심벌이 원 안에 표기된다. 일례로 편지봉투 심벌은 메시지가 이벤트를 작동한다는 의미이고, 서류 심벌은 비즈니스 규칙이 이벤트를 작동한다는 의미이다.

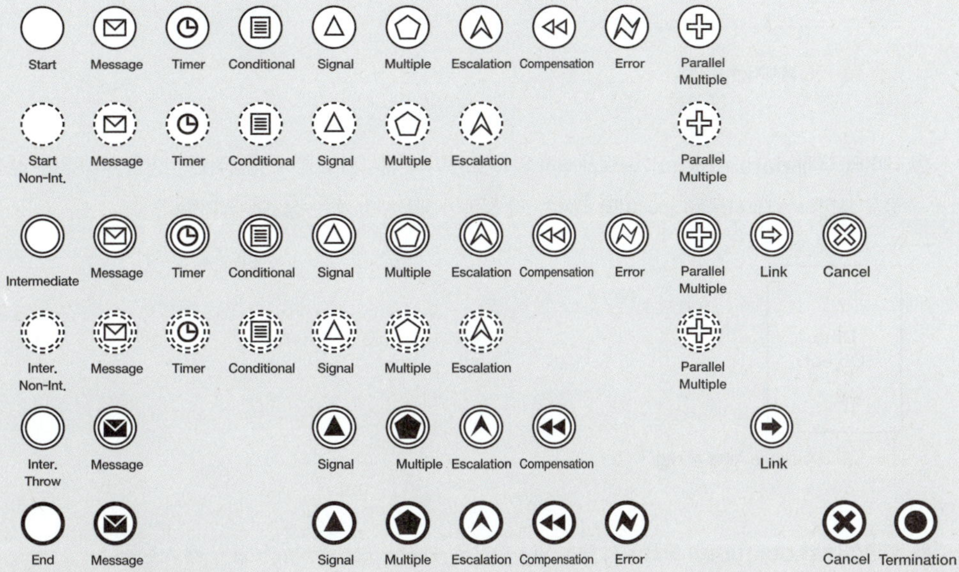

그림 10-15 **이벤트 표기법**

❸ **게이트웨이(gateway):** 게이트웨이는 프로세스가 갈라지거나 합치는 활동을 보여주거나 뒤를 따르는 2개 이상의 흐름 중에 어떤 곳으로 분기할지를 의사결정하는 지점이다. 확장 표기법의 경우 마름모 안의 심벌이 게이트웨이에 대한 결정을 나타낸다. 예를 들면 모든 선행 활동이 종료되어야 다음 활동이 시작되는 것을 표기할 수 있다.

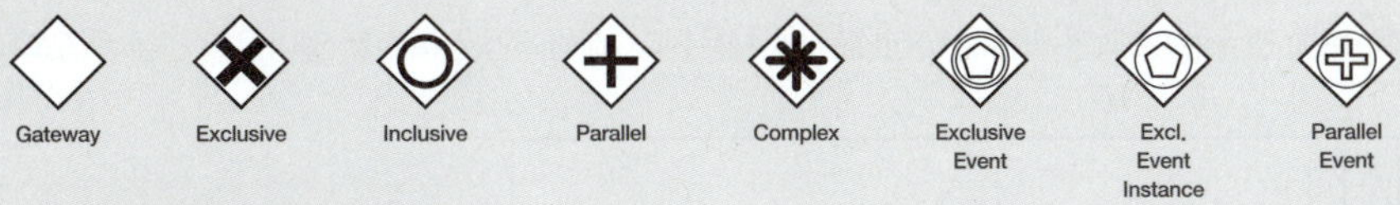

그림 10-16 **게이트웨이 표기법**

❹ **경로선(sequence flow):** 화살표는 프로세스 중에서 수행될 활동의 수순을 나타낸다. 연속 화살표는 물리적 출력물, 정보 또는 활동상의 작업자 이동을 표현하는 데 사용되지 않는다. 화살표는 프로세스를 완료하기까지 어떤 후속 활동이 이루어져야 하는지를 보여준다. 화살표와 같이 기재되는 텍스트는 언제 해당 경로의 의사결정이 이루어지고 어떤 내용과 정보가 화살표와 같이 흘러가는지를 설명한다.

그림 10-17 경로선 표기법

❺ **메시지선(message flow):** 점선 화살표는 두 조직이나 개인 사이 메시지(정보)의 흐름을 나타내는 데 사용된다.

그림 10-18 메시지선 표기법

❻ **데이터 객체(data object):** 프로세스의 연속 흐름이나 메시지 흐름에 직접적인 영향을 주지 않는 생성물을 표현하는 데 사용된다. 데이터 객체는 각 활동이 생산해야 하는 정보를 알려준다.

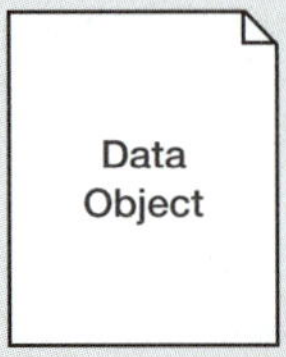

그림 10-19 데이터 객체 표기법

❼ **설명선(association):** 도표에서 활동이나 화살표에 문자 또는 주석을 덧붙일 때 사용된다.

그림 10-20 설명선 표기법

❽ **스윔레인 풀(pool with swimlane):** 스윔레인 풀은 일단의 활동의 맥락을 보여준다. 부서나 담당자를 왼쪽 상자에 표기하고, 활동과 흐름선은 우측의 큰 사각형 안에서 좌측으로부터 우측으로 진행하며 표기한다. 풀의 개수는 얼마든지 늘릴 수 있다. 왼쪽의 담당자 상자는 조직의 계층 구조 형태로 분화될 수 있으며, 보통 맨 위는 고객의 활동을 나타내는 데 사용된다. 스윔레인은 복수로 얼마든지 만들 수 있다.

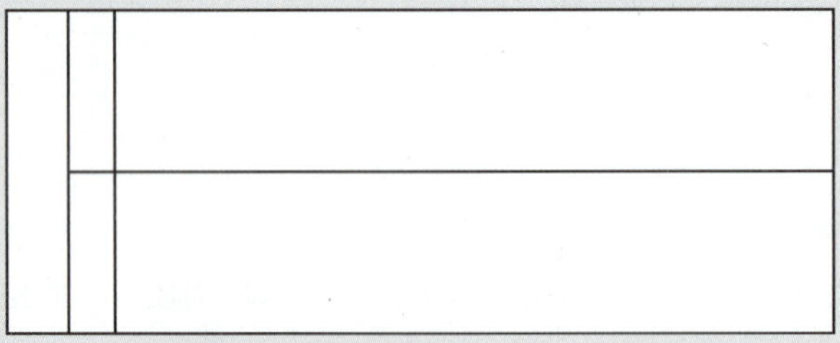

그림 10-21 스윔레인 풀 표기법

⑨ **복수의 풀(mutiple pools):** 조직의 밖에 위치하는 파트너 회사의 프로세스를 표현할 때는 풀과 떨어진 또 다른 복수의 풀을 함께 그릴 수도 있다. 이러한 그림은 조직 경계 밖의 조직과 협업하는 상황을 보여준다.

TIP BPMN의 확장 표기법에 대한 추가적인 내용은 다음 웹 사이트를 참조하기 바란다.

- www.omg.org/spec/BPMN/1.2
- www.omg.org/spec/BPMN/2.0

SECTION
03 기타 프로세스 표기법

01 페트리네트

페트리네트petri net는 [그림 10-22]와 같은 심벌로 이루어진다. 가장 핵심적인 심벌은 상태를 의미하는 플레이스place와 활동을 의미하는 트랜지션transition이고, 트랜지션과 플레이스를 연결하는 논리적 매개체로 화살표arc를 사용한다.

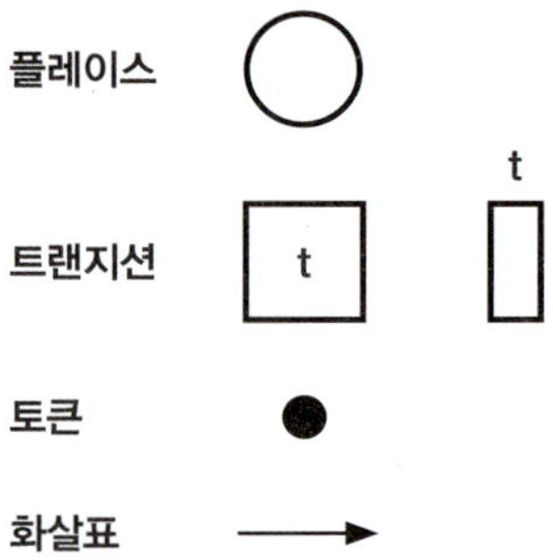

그림 10-22 페트리네트의 심벌

트랜지션은 사각형 심벌로 그 안에 간단한 색인을 기입할 수 있으며, 활동 내용은 사각형 밖에 작성하고 BPMN의 활동 상자처럼 동사형으로 표현한다. 플레이스는 BPMN의 이벤트event나 게이트웨이gateway 기능과 비슷하며, 경로상의 상태state를 의미한다. 시작과 종료에는 반드시 플레이스 심벌을 사용해야 하는데 이는 경로 중간의 플레이스 심벌과 모양이 같다. 플레이스 심벌에 ID나 설명이 필요하면 원 밖에 기재한다. 논리 정합성을 확인할 때 활용하는 토큰 심벌이 위치할 공간이 필요하기 때문이다. 검은 원은 프로세스 컨트롤 포인트를 의미하는 토큰으로 프로세스 시뮬레이션을 할 때 중요한 역할을 담당한다.

TIP 심벌의 모양이 같더라도 표기법에 따라 이름이 다르니 주의한다.

트랜지션 활동은 시작 플레이스에서 시작하여 종료 플레이스에서 마감된다. 페트리네트는 입력단이 둘 이상이어도 되지만 모든 입력 위치에 토큰이 놓여야 프로세스가 활성화된다. [그림 10-23]은 입력단이 1개이다. [그림 10-23]은 BPMN 표기법으로 작성한 [그림 10-13]의 프로세스를 페트리네트 표기법으로 작성한 것이다.

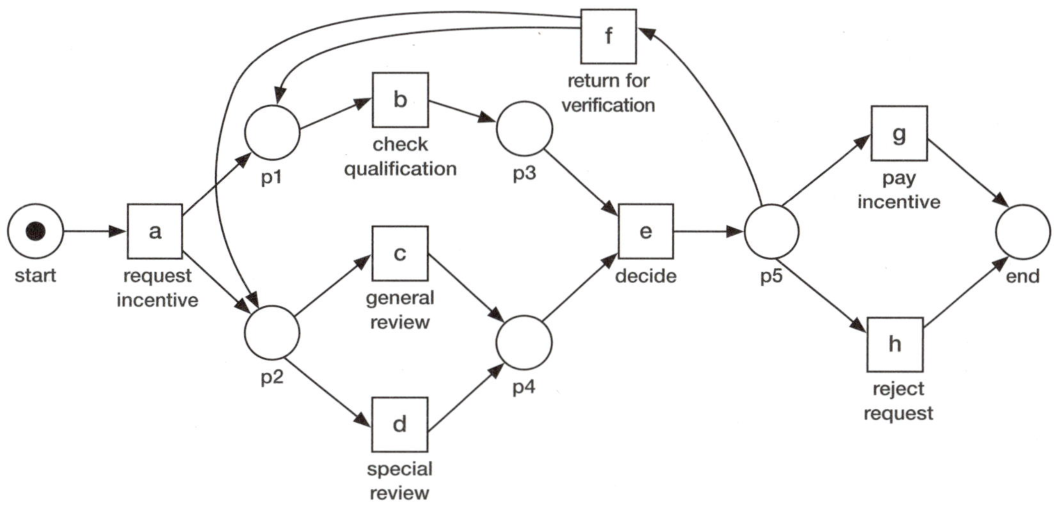

그림 10-23 페트리네트 모델의 예(영업 인센티브 프로세스)

토큰이 놓인 일련의 상태를 마킹marking이라고 한다. 토큰은 후행 트랜지션을 활성화하며, 활성화된 트랜지션이 포탄을 쏘듯이 토큰을 출력하는 것을 발포firing라고 한다. 프로세스 시뮬레이션을 할 때 발포는 했는데 토큰을 어디서 가져왔는지 모를 경우에는 증발 토큰missing token이 생기고, 종료가 되어도 프로세스 경로에 토큰이 남는 경우에는 잔존 토큰remaining token이라고 부른다. 두 경우 모두 페트리네트의 모델링이 논리적으로 불완전하거나 시뮬레이션에 사용된 이벤트 로그가 불충분하다는 증표이다.

페트리네트 중에서 입력과 출력이 하나만 있는 형태를 보다 강건sound하다고 간주한다. 이를 WF-net WorkFlow-net라고 하는데, 프로세스 마이닝의 경우 일반적인 페트리네트가 아닌 WF-net를 주로 이용한다. 페트리네트가 중요한 것은 알파 알고리즘 때문이다. 알파 알고리즘은 이벤트 데이터로부터 프로세스 모델을 생성해내는 대표적인 프로그램 로직이다. 알파 알고리즘은 페트리네트의 강건 모델인 WF-net에 바탕을 두고 있다. 한편 페트리네트는 수학적 모델링과 호환이 용이하다는 것이 장점이지만, 분기 로직에 대한 설명이 미흡하고 원자성automic 구조로 되어 있어서 서브 프로세스의 계층 구조를 표현하는 데 제약이 있다.

TIP 더 이상 나눌 수 없는 수준으로 작성된 프로세스 모델은 원자성을 가지고 있다고 일컫는다.

02 YAWL

YAWL은 페트리네트의 한계를 극복하기 위해 고안된 작업 흐름 언어 및 오픈소스 시스템으로, 네덜란드와 호주의 일부 대학과 기업체가 참여한 WPI Workflow Patterns Initiative가 만든 표기법이다. [그림 10-24]는 YAWL에서 사용하는 심벌이다.

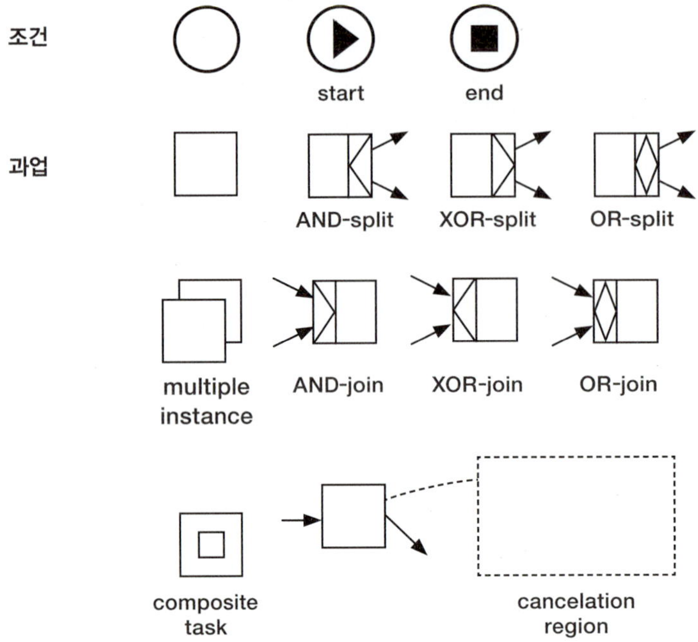

그림 10-24 YAWL의 심벌

조건condition 심벌은 페트리네트의 플레이스에 해당하고 과업task 심벌은 트랜지션에 해당한다. YAWL은 특히 과업 심벌이 다양하여 워크플로 패턴 언어workflow pattern language로 간주된다. AND, OR, XOR 패턴은 좌우 어디든 표현 가능하다. 입력단이 과업의 우측으로 들어오면 출력 패턴은 좌측에 기재한다. 과업의 한쪽뿐만 아니라 입력단, 출력단 양쪽에 split/join을 상징하는 패턴을 넣을 수 있는 것이 특징이다. YAWL에서는 과업과 과업 사이의 조건 심벌이 필수적이지는 않다. 그러나 페트리네트처럼 시작과 종료 심벌이 반드시 필요하다.

YAWL은 페트리네트의 한계를 개선하려는 목적으로 만들었기 때문에 페트리네트로의 역방향 호환이 제한적이다. 혹자는 BPEL 대안 솔루션으로 거론하기도 하지만 프로세스 표기법으로 널리 활용되지 못하고 있다. YAWL은 BPMN처럼 프로세스와 서브 프로세스가 혼재하는 계층 구조의 복합 형태로 전개할 수도 있다. 특히 점선으로 표현되는 취소 지역cancelation region을 정의하고 프로세스를 리셋하는 기능도 있다. 일단 리셋이 되면 점선 안의 모든 토큰이 사라지고 프로세스가 다시 시작된다.

[그림 10-25]는 BPMN, 페트리네트와 비교하기 위한 YAWL 표기법의 예이다. YAWL의 취소 지역을 보여주기 위해 프로세스를 조금 변경했다. '2주 타임아웃timeout for 2 weeks' 과업은 2주가 지나도록 '품질 확인check qualification' 과업이 수행되지 않으면 과업을 취소(삭제)하는 정책을 실행한다. 2주가 지나면 '품질 확인' 과업이 취소되고 '결정decide' 과업은 토큰을 수령한 다음 XOR-split 단계로 과업을 넘긴다. 이렇게 시간이 지연될 때 선택하는 지연 선택 패턴을 BPMN에서는 이벤트 기반 게이트웨이로 처리한다.

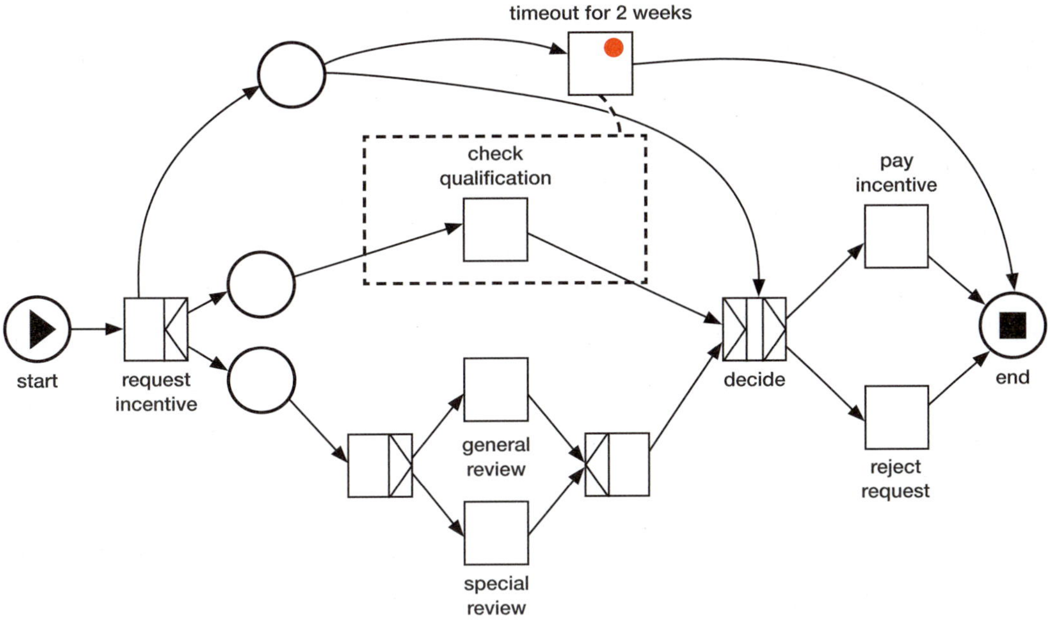

그림 10-25 YAWL 모델의 예(영업 인센티브 프로세스)

03 EPC

EPC Event-driven Process Chains는 독일에서 개발된 프로세스 표기법이다. SAP R/3와 같은 ERP 솔루션이 독일에서 출발한 탓에 EPC는 주로 ERP 프로세스 모델링에 적합하게 발달했다. EPC는 아우구스트 빌헬름 셰어 August-Wilhelm Scheer가 주도하는 ARIS 아키텍처의 한 요소로 설계되었다. [그림 10-26]과 같이 EPC의 주요 심벌은 기능 function, 커넥터 connector, 이벤트 event이다.

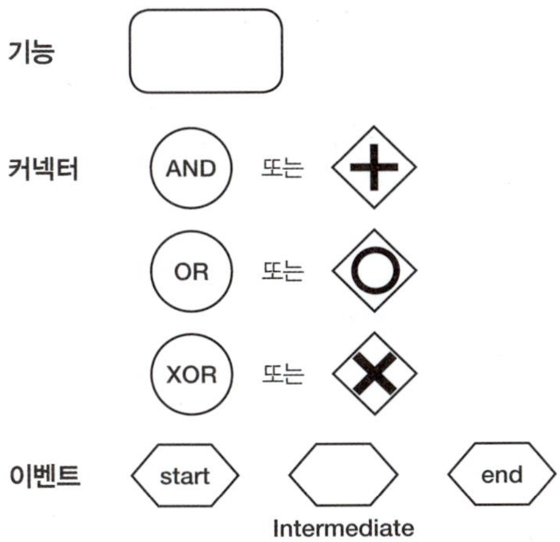

그림 10-26 EPC의 심벌

기능 심벌은 BPMN의 활동 심벌, 페트리네트의 트랜지션 심벌, YAWL의 과업 심벌에 해당한다. 커넥터 심벌은 BPMN의 게이트웨이와 기능이 비슷한데 다른 표기법보다 커넥터의 역할이 중요하다. 이벤트 심벌에는 시작, 종료, 중간이 있으며 중간 이벤트 심벌 안에는 ID를 부여할 수 있다.

[그림 10-27]은 커넥터 심벌을 BPMN의 심벌로 대체하여 작성한 영업 인센티브 프로세스의 EPC 모델이다. 이 그림을 [그림 10-13]의 BPMN 모델과 비교해보면 상당 부분이 유사함을 알 수 있다. 차이점은 이벤트 심벌이 모든 기능 심벌 앞에 위치하고 종료 이벤트가 2개라는 것이다. 이처럼 EPC는 여러 개의 종료 이벤트를 허용하는 오픈 프로세스이다.

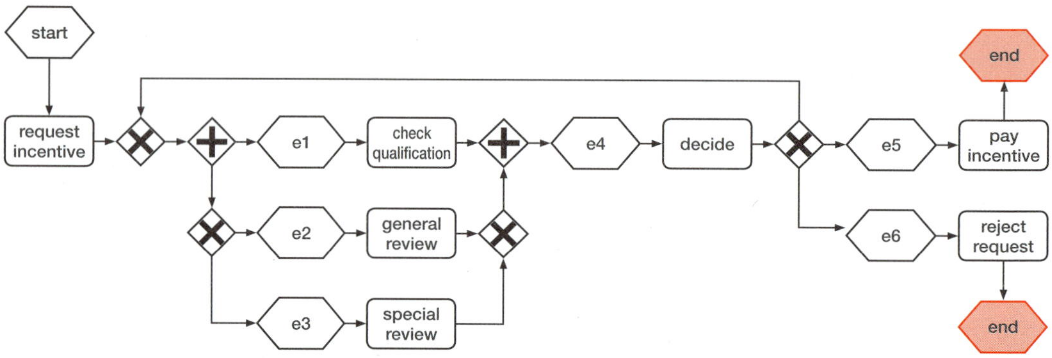

그림 10-27 EPC 모델의 예(영업 인센티브 프로세스)

04 C-net

C-net casual nets는 프로세스 마이닝에 적합하게 개발된 표기법으로, 프로세스 마이닝을 선도하는 빌 판데르알스트의 주도로 개발되었다. C-net는 활동을 표시하는 노드 심벌과 인과관계를 나타내는 화살표로 간단히 구성된다. 페트리네트의 플레이스, YAWL의 컨디션 심벌, EPC의 이벤트 심벌, BPMN의 게이트웨이 심벌과 같은 별도의 분기 심벌을 사용하지 않도록 설계된 대체 표기법이다. 이는 [그림 10-28]과 같이 노드와 화살표, 검은 점으로 이루어진 입력 아크의 조합과 출력 아크의 조합으로 활동의 분기를 간단히 나타낼 수 있다.

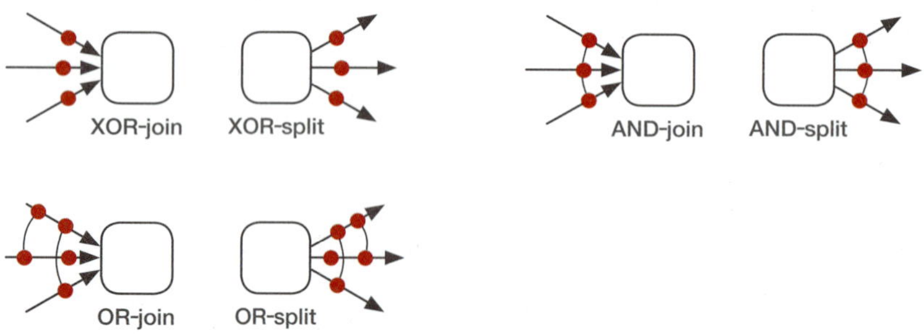

그림 10-28 C-net의 심벌

[그림 10-29]는 C-net의 심벌로 작성한 영업 인센티브 프로세스 모델이다. 시작은 a 노드이다. 시작 노드는 입력단이 없기 때문에 빈 입력이라고 불린다. a 노드는 (b, c) 또는 (b, d)의 조합으로 출력이 가능하다. e 노드는 (b, c) 또는 (b, d)의 입력 조합이 가능하며 출력 조합은 (f), (g), (h)이다. e 노드에서 출력 (f)를 선택하면 f 노드는 (b, c) 또는 (b, d) 조합 중에서 선택할 수 있다. z 노드는 입력 (g), (h) 중에서 선택할 수 있으며 빈 출력 조합이므로 프로세스가 종료된다. C-net는 휴리스틱heuristic 마이닝, 퍼지fuzzy 마이닝, 유전자 마이닝과 같은 보다 진보된 프로세스 마이닝 기법을 사용할 때 특히 유용하다.

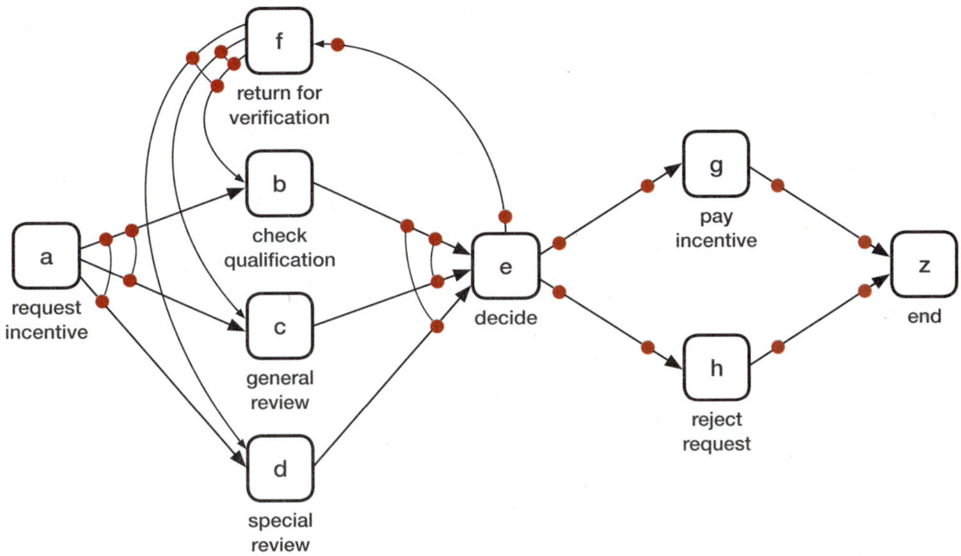

그림 10-29 C-net 모델의 예(영업 인센티브 프로세스)

05 프로세스 트리

그래프는 노드node, vertex, point와 라인line, edge, arc으로 이루어진 맥락적 표현 방식으로 논리 모델링이 가능한 이산수학과 관련된 분야이다. 이 책에서는 특별한 사유가 없는 한 노드와 아크를 그래프의 용어로 사용할 것이다. BPMN, 페트리네트, YAWL, EPC, UML 다이어그램과 같이 병렬 처리를 지원하는 그래프 기반 프로세스 모델은 교착 상태dead lock, 무한 활성 상태livelock와 같은 비정상적인 프로세스 흐름의 발생을 피할 수 없다.

교착 상태는 프로세스가 필요로 하는 자원을 배타적으로 통제하려 하거나, 다른 자원을 기다리거나, 남의 자원을 빼앗을 수 없거나, 다른 프로세스가 필요로 하는 자원을 프로세스가 독점할 때 발생한다. 차로가 하나뿐인 도로에서 서로 마주한 자동차들의 모습을 떠올리면 이해가 될 것이다. 또한 무한 활성 상태는 활동이 교착 상태가 아닌데도 종료에 도달할 수 없는 상태를 말한다. 이처럼 프로세스 모델이 이벤트 로그와 상관없는 불필요한 자원 통제 속성을 가질 때 프로세스가 강건하지 못하다unsound고 한다.

강건하지 못한 프로세스에서 얻은 이벤트 로그를 이용하면 마이닝을 통한 프로세스 발견이 용이하지 않다. C-net는 이러한 문제의 대안으로 제시되었고, 블록 구조체 모델인 프로세스 트리process tree 역시 강건한 프로세스 모델 중 하나이다. [그림 10-30]은 프로세스 트리의 심벌을 보여준다.

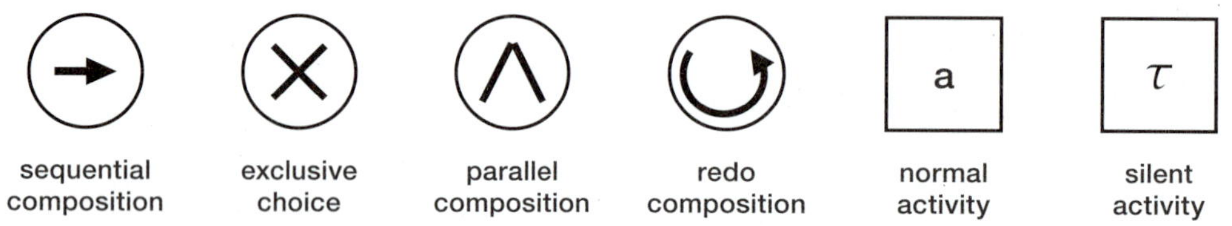

그림 10-30 프로세스 트리의 심벌

프로세스 트리는 계층형 표현이 가능하다. [그림 10-31]과 같이 나무를 뒤집어놓은 듯한 모양이라 맨 위에 놓인 심벌을 뿌리 노드라고 부른다. 아래쪽 중심으로 뻗어가는 나무줄기에는 연산 기호를 배치하고, 연산 기호로부터 갈라지는 외부에는 활동에 해당하는 잎사귀가 놓인다. 논리적으로는 [그림 10-31]의 위아래를 뒤바꾸어 똑바로 선 나무로 만들 수도 있겠지만 이는 권장하지 않는다.

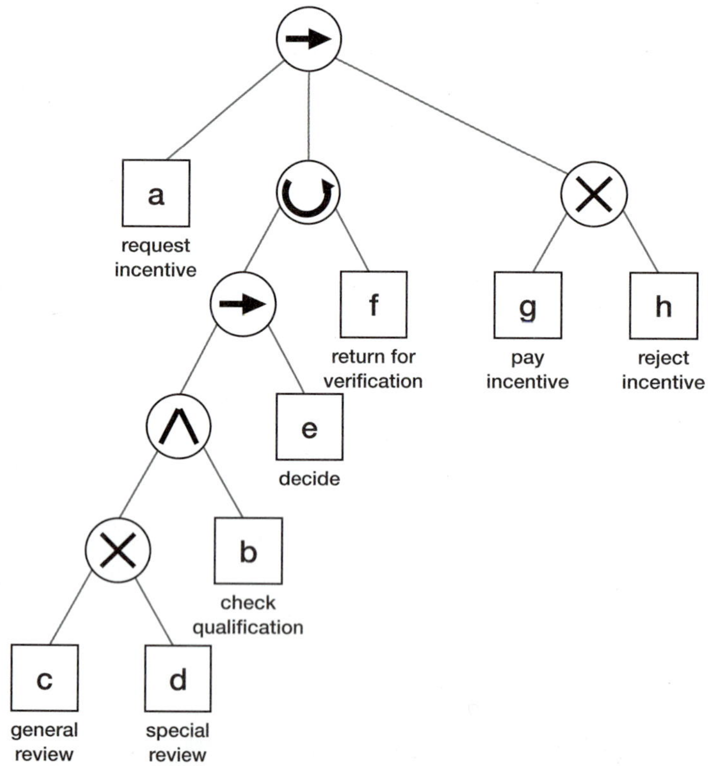

그림 10-31 프로세스 트리 모델의 예(영업 인센티브 프로세스)

[그림 10-31]은 프로세스 트리의 심벌로 작성한 영업 인센티브 프로세스이다. 뿌리 노드의 순차 연산 기호는 하부 연산 기호와 활동을 순서대로 처리한다. a가 실행된 다음에는 반복 연산 기호가 작동되며, 반복 연산 기호 밑의 하부 연산 기호 전체가 종료되면 맨 오른쪽의 배타적 선택 연산 기호가 실행된다. 이러한 프로세스 트리는 다음과 같은 문자열의 논리 집합으로 표현할 수도 있다.

$$(a,\ \circlearrowleft(\rightarrow(\wedge(X(c,d),b),e),f),\ X(g,h))$$

유의할 점은 (∧X(c, d)b)의 실행이 병렬 처리 방식이므로 (c, b), (d, b), (b, c), (b, d) 조합이 가능하다는 것이다.

프로세스 트리는 프로세스 대수학과 프로세스 표기법 사이에 존재하는 개념이다. 이처럼 연산 기호를 사용하는 논리적 표현을 LTLLinear Temporal Logic이라고 하며, 무한히 작동해야 할 강건한 소프트웨어의 검증을 위한 수리적 모델로서 정형 기법formal method으로 분류된다.

06 트랜지션 시스템

트랜지션 시스템transition system은 가장 기초적인 프로세스 모델링 표기법이다. 검은색 원으로 나타내는 상태 심벌과 활동을 나타내는 화살표로 이루어지고 활동명은 화살표 선 위에 기재한다. 트랜지션 시스템은 시작과 종료만 절대적이며 원칙적으로 중간에 위치하는 상태의 수가 무제한이다. 하지만 현실에서는 제한적인 상태를 사용하므로 유한 상태 기계Finite State Machine, FSM와 같은 컨트롤 로직에 활용되고 있다. 지하철역의 회전식 개찰구는 FSM 로직을 사용한 대표적인 예이다.

[그림 10-32]는 트랜지션 시스템으로 영업 인센티브 프로세스를 표현한 것이다. 최초 상태 S1과 하나의 최종 상태 S7이 있으며, 상태의 레이블은 구별하려는 목적 외에 특별한 의미가 없다. 이 그림에서도 일반 리뷰, 특별 리뷰, 품질 확인이 경로 여러 곳에서 반복된다. 트랜지션 시스템은 S1으로 시작하여 선택 가능한 경로를 모두 표시한다.

한편 트랜지션 시스템은 동시성을 간략하게 설명하기가 어렵다. 만약 k개의 모든 활동이 순서에 상관없는 동시적 활동이라면 k개의 활동을 실행할 수 있기 때문에 실행 경로는 최대 k!이고, 상태 심벌은 2^K개, 트랜지션 아크는 $k \times 2^{(k-1)}$개가 필요하다. 예를 들어 활동 k=7일 때 실행 경로는 7!=5,040, 상태 수의 조합은 $2^7=128$, 트랜지션 아크는 $7 \times 2^6=448$이 산출된다. 이렇게 상태의 수가 기하급수적으로 폭발하는 것을 상태 폭발state explosion이라고 한다.

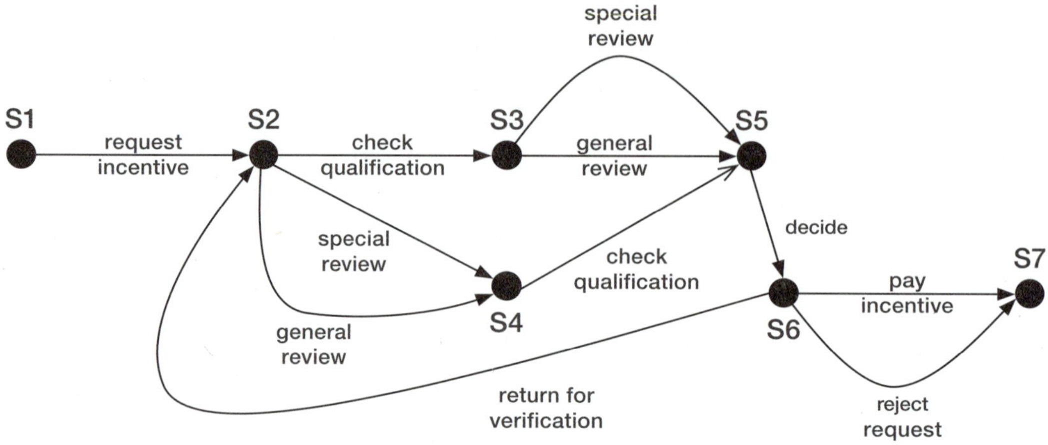

그림 10-32 트랜지션 시스템 모델의 예(영업 인센티브 프로세스)

07 UML 활동 다이어그램

UML 활동 다이어그램은 UML 다이어그램의 한 종류로 [그림 10-33]과 같은 제한된 심벌로 구성된다. 사용하는 심벌의 수가 적어서 쉽게 이해할 수 있으며 최신 버전은 UML 2.X이다.

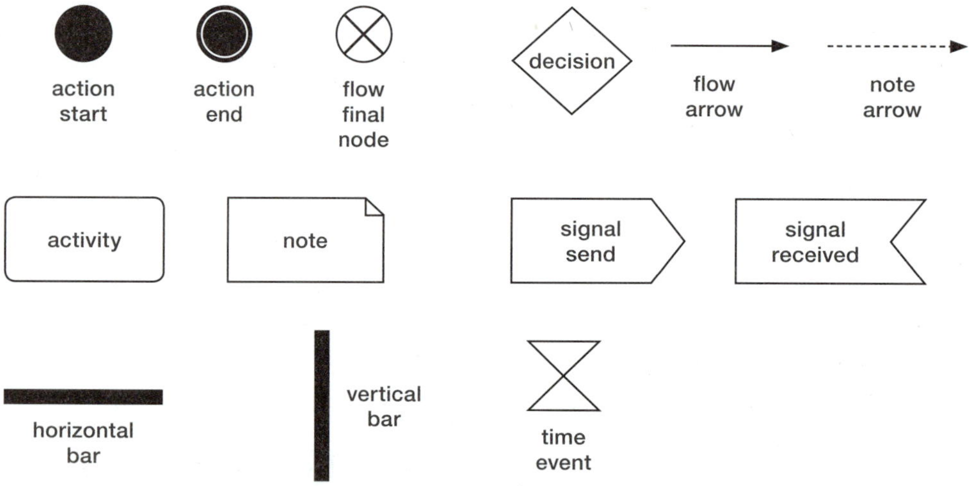

그림 10-33 UML 활동 다이어그램의 심벌

UML 활동 다이어그램은 전반적인 컨트롤 흐름을 쉽게 표현할 수 있기 때문에 프로그램 개발 및 작업 흐름 설계에 많이 사용된다. UML 활동 다이어그램의 특징은 다음과 같다.

- 모서리가 둥근 사각형 심벌은 활동을 나타낸다.
- 마름모는 의사결정을 나타낸다.

- 검은색 막대로 분기와 합류를 표현한다.
- 실선으로 그려진 원은 시작을, 안에 검은 점이 있는 원은 종료를 의미한다. 종료 심벌이 반드시 하나일 필요는 없다.
- 원 안에 ×가 있는 flow final node 심벌은 전체 프로세스를 중지시키지 않고, 분기한 활동이 중간에 종료되는 상황을 표현하는 데 사용된다.
- 송신과 발신은 외부 자원(예: 데이터베이스)과 데이터를 주고받는 상호작용 상황을 나타낸다. 발신은 프로세스의 시작 심벌로도 사용할 수 있다.
- 노트 심벌은 점선 화살표로 활동에 대한 설명을 붙일 수 있으나 작업 흐름에는 영향을 미치지 않는다.
- 구분선으로 활동의 오너인 조직을 구분하기도 하고 스윔레인으로 표현하기도 한다.
- 활동의 흐름은 화살표로 표현한다. 점선은 주석을 다는 선으로 사용된다.
- 모래시계로 시간 이벤트를 표현한다.

UML 활동 다이어그램은 화살표로 단계별 프로세스를 표현하는 플로차트와 매우 유사한 형태이지만 동시성을 표현할 수 있다는 것이 장점이다. [그림 10-34]는 영업 인센티브 프로세스를 UML 활동 다이어그램으로 그린 것이다. 점선으로 연결하여 주석을 다는 심벌은 프로세스에 영향을 주지 않으며, 프로세스를 자세히 설명하는 데 활용된다. 모래시계는 시간 속성을 부여하는 심벌로 쓰인다. flow final node는 반복되는 활동을 표현하는 데 사용되며, 이 활동의 종료가 전체 프로세스의 종료를 의미하지는 않는다는 것을 나타낸다. 검은색 막대는 분기와 합류를 표현하는 데 유용하다. 이 그림에서는 보이지 않지만 UML 활동 다이어그램은 BPMN과 같은 스윔레인을 이용하여 부서의 역할을 구분하기도 하고, 점선 상자로 interrupting session을 표현하기도 한다.

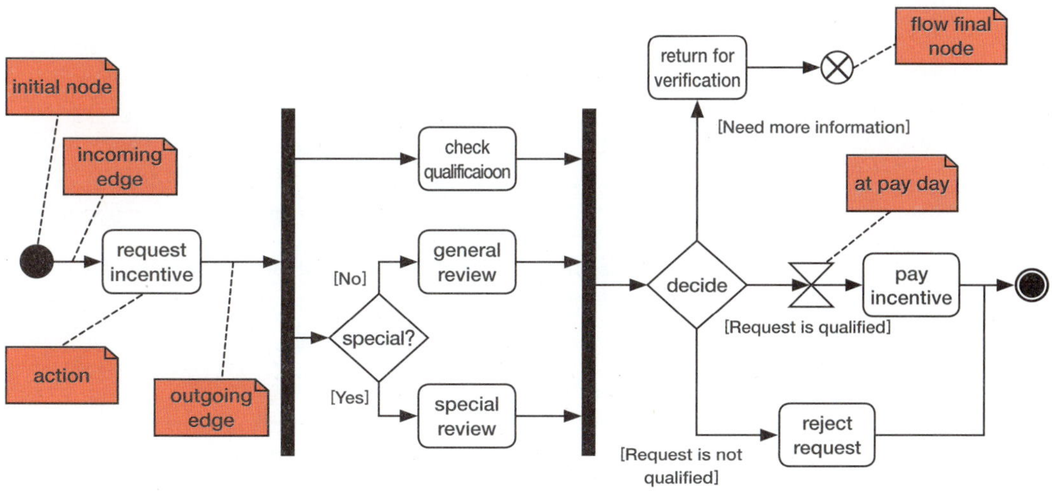

그림 10-34 UML 활동 다이어그램 모델의 예(영업 인센티브 프로세스)

경영학 강의 | 비즈니스 프로세스 표기법의 비교

비즈니스 프로세스를 정보 시스템으로 구현하기 위한 도식적 설계 모델로 데이터 플로 다이어그램(Data Flow Diagram, DFD), 엔터티 관계 다이어그램(Entity Relationship Diagram, ERD)가 있다. DFD는 데이터의 입력과 처리, 출력의 흐름을 모델링하도록 고안되었고, ERD는 데이터베이스 시스템의 사용자 데이터 요건을 반영하기 위한 개념적 데이터 모델의 도형적 표현으로, 시맨틱 데이터 모델링을 위해 데이터 구조 및 이와 관련된 제약 조건을 표현한다. 하지만 전문적인 소프트웨어 개발 및 데이터베이스 시스템을 위한 설계 툴은 이 책의 범위를 벗어나며 이러한 주제는 CASE(Computer Aided Software Engineering)의 범주에서 다루어진다. 그러므로 이 장에서는 프로세스 모델링을 위한 그래픽 언어 표기법에 국한하여 설명했다. 이 장에서 살펴본 프로세스 표기법을 포함하여 대표적인 프로세스 그래픽 표기법의 특징을 [표 10-1]에 비교·정리했다.

표 10-1 다양한 표기법의 비교

프로세스 모델	제안 주체	특징	비고
Simple BPMN	엑토르 페르난데스	• 10개의 단순한 심벌로 구성됨 • 과업, 이벤트, 게이트웨이, 스윔레인, 화살표 등으로 구성됨 • 업계에서 가장 많이 통용되는 표기법	2004년
페트리네트	카를 아담 페트리	• 프로세스 마이닝 툴 ProM을 지원함 • 트랜지션, 위치, 화살표로 구성됨 • 플레이스는 트랜지션 사이에 반드시 위치 • 토큰의 마킹으로 컨트롤 분석	1962년
YWAL	WPI	• 페트리네트의 한계를 극복하기 위해 고안됨 • 과업, 컨디션, 아크로 구성됨 • 취소 지역을 사용함 • 복수의 XOR/AND-split/join 동기화 지원	2003년
EPC	아우구스트 빌헬름 셰어	• ARIS의 요소로 개발되어 ERP에 적합함 • 기능, 커넥터, 이벤트 등으로 구성됨 • 이벤트의 OR/XOR-split은 허용되지 않음 • 기능의 입력 화살표, 출력 화살표는 1개만 허용됨 • 기능 간, 이벤트 간 직접 연결은 허용되지 않음	1990년대
C-net	빌 판데르알스트	• 프로세스 마이닝에 적합하게 개발된 표기법 • 활동을 표시하는 노드와 인과관계를 표시하는 화살표로 구성됨 • 입력 아크의 조합과 출력 아크의 조합으로 활동의 분기를 설명	2011년경
프로세스 트리	LTL의 기초	• 프로세스 표기법과 프로세스 대수학의 특징을 공유함 • 트리 구조로 뿌리에서 시작하여 연산 기호(줄기)와 활동(잎)을 배치함 • 강건한 프로세스 모델로 프로세스 마이닝을 위해 고안됨	1977년

프로세스 모델	제안 주체	특징	비고
UML 활동 다이어그램	OMG	• 플로차트와 유사하지만 동시성 표현이 가능함 • 막대로 분기와 합류를 표현함 • 주석 상자로 자세한 설명이 가능함 • 스윔레인을 활용하여 조직 구분이 가능함	1997년
IDEF3	미국 공군	• IDEF0~IDEF14 방법이 존재함 • IDEF3는 비즈니스 또는 시스템 프로세스 모델을 생성하는 데 사용됨 • 비즈니스 프로세스를 나타내는 기본 기호를 UoB(Unit of Behavior)라고 부름	1970년대 중반
VSM	도요타	• 도요타의 린 생산 방식 시스템에서 생겨남 • 프로세스의 낭비를 확인하고 비부가가치 프로세스를 줄이는 목적으로 사용됨	1980년
상태 다이어그램	안드레이 마르코프	• 체인으로 연결된 상태 변화가 현재의 상태로만 결정되는 모델 • 유한 상태 기계 설계에 유용함	1906년
트랜지션 시스템	상태 다이어그램의 유산을 이어받음	• 가장 기본적인 프로세스 모델링 표기법 • 검은색 원의 상태 심벌과 트랜지션(아크)으로 구성됨 • 원칙적으로 상태는 한계가 없지만 실제로는 한계가 있는 유한 상태 기계에 응용됨	–
BPEL4WS	OASIS	• 웹 서비스를 위한 실행 프로그램 및 비즈니스 프로세스의 언어 사양 • XML 기반 언어를 사용한 비즈니스 프로세스 정의 • 그래픽 표기법에 대한 표준이 없음 • 비주얼 언어가 아닌 프로세스 언어	2004년
XPDL	WfMC	• 서로 다른 작업 흐름 제품 간의 비즈니스 프로세스 정보 교환에 활용됨 • 그래픽, 시맨틱 지원 • BPMN 다이어그램과의 모델 데이터 교환에 최적화 • 노드의 X, Y 위치와 같은 프로세스 다이어그램의 그래픽 측면을 표현하는 속성 정보를 포함함	1998년

TIP 프로세스 표기법이 많기 때문에 이러한 툴이 지원하는 워크플로 논리 패턴을 비교·분석한 정보를 제공하는 웹 사이트(www.workflowpatterns.com)도 있다. 이 웹 사이트에서는 상용 솔루션, 오픈소스, 표준 솔루션별로 다섯 가지 논리 패턴(control, resource, data, exception handling, presentation)에 관계된 특징을 비교한 정보, 벤더별로 솔루션의 지원 패턴을 비교한 정보도 제공한다. 자사에 적합한 워크플로 솔루션을 도입할 때 평가 템플릿으로 활용할 수 있을 것이다.

요약

01 비즈니스 프로세스 다이어그램에는 두 가지 지향점이 있다. 부서 간의 원활한 의사소통을 위한 목적으로 활용하는 경우와 시스템 자동화를 목적으로 하는 경우가 그것이다.

02 BPMN은 조직에서 사람들이 생각하는 모든 프로세스를 그래픽으로 표현할 수 있는 사실상의 표준이다. BPMN 비즈니스 프로세스는 하나 이상으로 연결된 절차 또는 활동의 집합으로, 보통 한 조직 구조의 맥락 안에서 기능적 역할이나 관계를 정의한다. BPMN은 비즈니스 목표나 정책적 목적을 실현하기 위해 사전에 고안된 심벌과 절차를 준수한다.

03 BPMN 1.X는 네 가지 카테고리, 즉 흐름 객체, 연결 객체, 스윔레인, 생성물로 구분된다. BPMN 2.0은 BPMN 1.2에 비해 여러모로 범위와 활용도를 높였다.

04 프로세스는 하나 이상의 이벤트를 입력받아 그 내용을 변경하여 하나 이상의 이벤트로 출력하는 활동을 말한다.

05 프로세스 중에 분기를 결정하는 프로그래밍을 한다면 IF, AND, THEN, ELSE와 같은 의사 코드 형식이 된다.

06 문제 해결식 접근 방법은 비즈니스 프로세스 분석을 현재 프로세스에서 시작하는 경향이 있다. 현재 프로세스를 충분히 이해한 후 개선을 위한 대안 프로세스를 고려하며, 대안 프로세스 중에서 자사에 맞는 목표 프로세스를 결정한다.

07 페트리네트의 가장 핵심적인 심벌은 상태를 의미하는 플레이스와 활동을 의미하는 트랜지션이고, 트랜지션과 플레이스를 연결하는 논리적 매개체로 화살표를 사용한다.

08 YAWL은 페트리네트의 한계를 극복하기 위해 고안된 작업 흐름 언어 및 오픈소스 시스템으로, 네덜란드와 호주의 일부 대학과 기업체가 참여한 WPI가 만든 표기법이다.

09 EPC는 아우구스트 빌헬름 셰어가 주도하는 ARIS 아키텍처의 한 요소로 설계되었으며 주요 심벌은 기능, 커넥터, 이벤트이다.

10 C-net는 프로세스 마이닝에 적합하게 개발된 표기법으로, 프로세스 마이닝을 선도하는 빌 판데르알스트의 주도로 개발되었다. C-net는 활동을 표시하는 노드 심벌과 인과관계를 나타내는 화살표로 간단히 구성된다.

11 프로세스 트리는 계층형 표현이 가능하며, 나무를 뒤집어놓은 듯한 모양이라 맨 위에 놓인 심벌을 뿌리 노드라고 부른다.

12 트랜지션 시스템은 가장 기초적인 프로세스 모델링 표기법이다. 검은색 원으로 나타내는 상태 심벌과 활동을 나타내는 화살표로 이루어지고 활동명은 화살표 선 위에 기재한다. 트랜지션 시스템은 시작과 종료만 절대적이며 원칙적으로 중간에 위치하는 상태의 수가 무제한이다.

13 UML 활동 다이어그램은 UML 다이어그램의 한 종류로, 전반적인 컨트롤 흐름을 쉽게 표현할 수 있기 때문에 프로그램 개발 및 작업 흐름 설계에 많이 사용된다. 사용하는 심벌의 수가 적어서 쉽게 이해할 수 있다.

연습문제

01 신학기 수강 신청 기간이다. 전공 필수인 강좌 번호 201을 수강하려면 강좌 번호 101을 반드시 먼저 수강해야 한다는 조건이 있다. BPMN 표기법을 활용하되 작성 원칙을 준수하면서 수강 신청 및 승인 프로세스를 모델링하시오.

- 강좌 번호 101: 통계학 개론
- 강좌 번호 201: 프로세스 분석(선행 강의 101, 2학년 이상만 신청 가능)

02 페트리네트, YAWL, EPC, C-net, 프로세스 트리, 트랜지션 시스템, UML 활동 다이어그램 중 2개 이상을 선정하여 1번 연습문제를 모델링하시오.

03 이 장에서 다룬 비즈니스 프로세스 표기법에서 사용된 심벌을 비교·정리한 표를 작성하시오. 노드와 아크는 반드시 포함해야 하고 그 외 심벌은 선택 사항이다. 아래 표를 참조하되 창의적인 형식과 내용으로 작성하시오.

표기법	노드 관련	아크 관련	분기	…
…				

04 다음 패턴을 참조하여 유한 상태 기계(FSM) 기법으로 지하철역 회전식 개찰구의 작동 원리를 설명하시오.

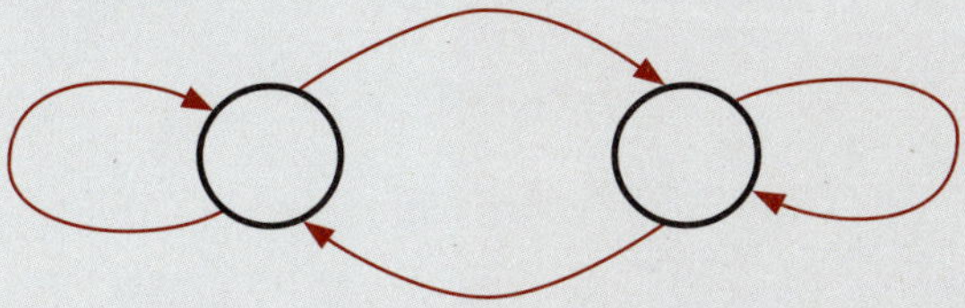

CHAPTER

11

비즈니스 프로세스의 개선

학 | 습 | 목 | 표

- 운영적 혁신과 파괴적 혁신에 대해 설명할 수 있다.
- 프로세스 개선의 가장 중요한 4단계를 이해할 수 있다.
- IBM MDQ 프로세스 개선의 평가, 분석, 개선 사이클을 설명할 수 있다.
- 순공학, 역공학, 재공학, 재구조화에 대해 설명할 수 있다.
- 분석적 계층화 기법으로 정성적인 내용을 정량적으로 비교할 수 있다.
- 프로세스의 우선순위를 정하는 매트릭스 테크닉을 이해할 수 있다.

들 | 어 | 가 | 기

혁신에는 운영적 혁신operational innovation과 파괴적 혁신disruptive innovation이 있다. 프로세스 개선은 운영적 혁신과 관련이 있다. 운영적 혁신은 점증적이고 단계적인 개선을 지향하는 TQM 문화의 특성과 맥이 닿아 있다. 이는 조직의 구성원인 사람은 한순간에 바뀌지 않으며 학습 효과도 천천히 나타난다는 생각에 바탕을 두고 있다. 그러므로 혁신은 시스템을 운영하는 사람의 역량 성숙도에 맞추어 단계적으로 접근해야 한다는 것이다.

파괴적 혁신은 IT와 같은 신기술을 통해 기존의 방식을 파괴하고 세상에 없던 새로운 것을 창조하려는 실리콘밸리의 조직 문화에 가깝다. 파괴적 혁신의 실패 확률은 상대적으로 높을 수 있지만 기술력의 대약진으로 혁신이 가능하다는 믿음에 바탕을 두고 있다. 쉽게 말해 꼭대기 층에 올라가는 데 계단을 이용하는 경우는 운영적 혁신, 엘리베이터를 이용하는 경우는 파괴적 혁신이라 할 수 있다.

운영적 혁신이든 파괴적 혁신이든 일련의 프로세스를 거치기는 마찬가지이다. 이 장에서는 프로세스 개선을 위한 절차적 표준을 살펴볼 것이다. IBM MDQ 방법론을 통해 운영적 혁신인 단계적 프로세스 개선을 먼저 다루고, 파괴적 혁신과 관련된 린 사이클과 비즈니스 프로세스 리엔지니어링은 각각 12장과 13장에서 설명할 것이다.

SECTION 01

프로세스 개선을 위한 표준 프로세스

01 프로세스 개선 방법론의 등장

6시그마 품질경영 기법은 1986년 모토로라에서 시작된 것으로 알려졌다. 6시그마는 제2차 세계대전 이후에 도요타와 같은 제조업체가 발전시킨 총체적 품질경영TQM 기법의 영향을 받아 시작되었다. 6시그마는 1995년 GE가 방법론을 수용하면서 널리 알려졌으며, 서구 대기업들의 경쟁력을 높이는 방법으로 급속히 전파되었다.

TQM과 6시그마는 프로세스 개선 방법론에 속한다. 프로세스 개선 방법론은 업계가 학계의 도움을 받아 다양한 모델로 발전시켰지만, 기본적 흐름은 현재 상태 평가, 미래 목표 설정, 갭 분석, 갭을 좁히는 실행이라는 4단계를 거친다. 특히 마지막 단계에서는 혁신 방법의 차이가 단적으로 드러난다.

02 MDQ 프로세스

필자가 직접 경험하고 활용했던 방법론으로 프로세스 개선 방법론의 설명을 시작할 것이다. 그것은 IBM이 도입한 고객 중심의 경영 혁신Market Driven Quality, MDQ 방법론으로, 1991년 초에 모델이 설계되어 전 세계 IBM에 보급되었다. 이 책에서는 MDQ 프로세스를 이용하여 프로세스 개선 방법론을 설명하고 실제 기업의 사례와 더불어 새로운 아이디어와 툴을 소개할 것이다. 그리고 업계의 오랜 주제인 TQM과 6시그마는 이 책의 핵심 주제인 프로세스 방법론의 이해에 도움을 되는 선에서 설명할 것이다. IBM MDQ에 관련된 용어를 적절한 우리말로 옮기고 MDQ 매뉴얼상의 원어를 병기했다.

MDQ 프로세스는 [그림 11-1]과 같이 크게 세 가지 위상phase으로 구분되며 평가, 분석, 개선의 사이클로 수행된다. 각각은 [그림 11-2]와 같이 10개의 서브 프로세스로 나누어지는데, 이 중 핵심적인 서브 프로세스 단계는 3단계, 6단계, 8단계, 9단계이다. 나머지 활동 단계는 이를 보완하는 보조적인 절차이며, 추상화 레벨을 높인다면 4개 핵심 활동 안에 통합될 수 있다.

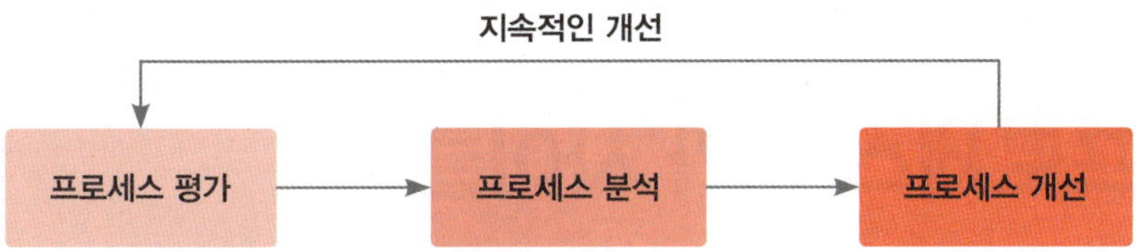

그림 11-1 MDQ 프로세스의 세 가지 위상

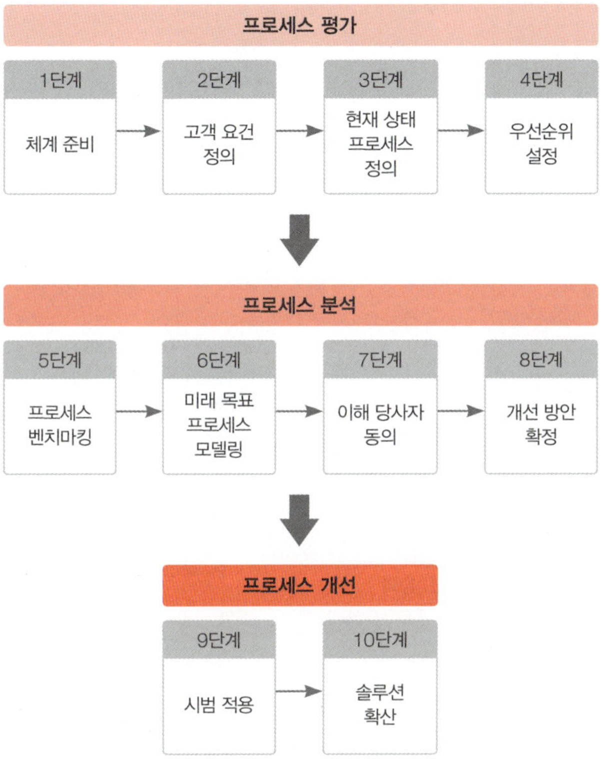

그림 11-2 MDQ 프로세스의 10단계

다음 절에서는 각 단계별 활동 내용과 산출물에 대해 설명할 것이다. 실무자는 각 단계에 예시된 산출물의 데이터 속성을 참조하여 자사에 적합한 양식을 설계할 수 있을 것이다. 물론 이 양식에는 날짜, 작성자와 같이 문서의 이력을 검색하는 데 필수적인 데이터를 포함해야 한다.

SECTION 02 프로세스 평가 사이클

프로세스 평가 사이클process assessment cycle에는 네 가지 프로세스 단계가 제안된다. 이 네 단계는 체계 준비(1단계), 고객 요건 정의(2단계), 현재 상태as-is 프로세스 정의(3단계), 우선순위 설정(4단계)이다.

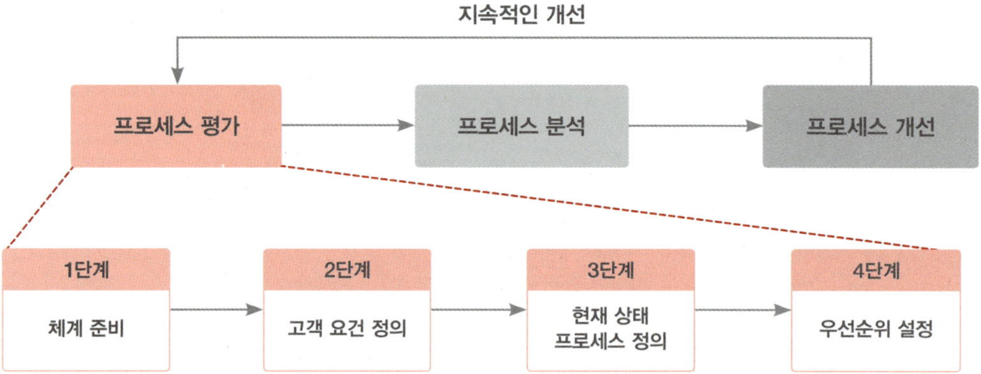

그림 11-3 프로세스 평가의 네 단계

01 1단계: 체계 준비

MDQ 프로세스의 1단계는 체계 준비get organized로, 회사 조직과 사업 목표에 맞게 방법론을 조정하는 단계이다. 프로세스 개선을 지시하는 경영자는 회사의 핵심 프로세스를 선정하고 각 프로세스 간의 상관관계와 주요 기능을 분명히 정의해야 한다. 그리고 프로세스의 오너를 배정하고 프로세스 팀의 책임과 권한을 결정해야 한다.

일단 핵심 프로세스와 각 프로세스 오너(팀)가 결정되면 프로세스 오너는 자신이 맡고 있는 프로세스의 개요를 설명하는 요약 문서를 작성하는 것으로 활동을 시작하게 된다. 다음으로 프로세스 맵 레벨 1, 2를 작성하고, 프로세스에 관련된 데이터 수집 계획과 프로세스 평가 방법을 기획해야 한다. 이 단계를 완료했다면 경영자는 "가구 제조 업종인 우리 회사는 레벨 1 핵심 프로세스로 디자인, 생산, 판매, 재고 관리의 네 가지 핵심 프로세스를 가지고 있으며, 총 43개의 레벨 2 프로세스가 존재한다"라는 형태로 프로세스 아키텍처를 분명히 설명할 수 있어야 한다.

02 2단계: 고객 요건 정의

MDQ 프로세스의 2단계인 고객 요건 정의talk with your customers 단계에는 고객 데이터와 부가적인 정보를 수집한다. 프로세스의 고객이 누구인지, 그들이 요구하는 산출물은 무엇인지, 산출물의 성과를 측정하는 지표(예: 얼마나 좋게, 얼마나 싸게, 얼마나 빨리)는 무엇인지, 지표의 상대적 중요성은 무엇인지, 달성해야 하는 성과지푯값은 무엇이었는지, 현재 지푯값은 어느 정도인지, 고객이 내심 기대하는 성과 수준은 무엇인지, 우선적으로 개선해야 할 항목은 무엇인지, 어디를 벤치마킹할 것인지 등에 답해야 한다.

이와 같은 질문에 관한 데이터는 설문 조사, 포커스 그룹 토론, 고객 인터뷰, 현장 관찰 등 다양한 방법을 통해 얻을 수 있다. 이 중 가장 많이 사용되는 방법인 인터뷰 시에는 다음 사항을 유의해야 한다.

- 고객이 자신의 요구 조건을 분명히 설명하지 못할 수도 있다.
- 고객은 시시콜콜 모든 것을 다 말해주지 않는다.
- 조사자가 기록한 내용이 고객의 말과 다를 수 있다.
- 고객은 자신의 생각을 수시로 바꾼다.

위와 같은 문제를 해결하기 위해 사전에 '고객 인터뷰 가이드'를 작성하여 인터뷰의 목표와 질문을 체계화한다. 또한 '고객 평가서', '고객 중요도/성과 매트릭스customer importance/performance matrix 양식'을 활용하면 좋다. 고객 중요도/성과 매트릭스는 고객 우선순위 매트릭스라고 부르기도 한다.

[그림 11-4]는 두 가지 변수로 포지셔닝한 고객 우선순위 매트릭스의 예이다. 중요도는 높은데 성과지표의 수준이 미흡한 부분은 프로세스 개선 활동을 집중해야 할 성과지표 항목이 된다.

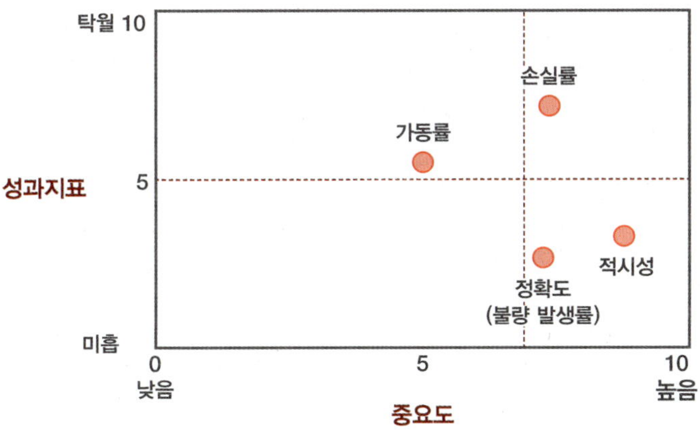

그림 11-4 고객 우선순위 매트릭스의 예

03 3단계: 현재 상태 프로세스 정의

MDQ 프로세스의 3단계는 현재 상태as-is 프로세스 정의로 프로세스 워크스루walk through, walk the process라고 부르기도 한다. 이는 조사자가 직접 프로세스를 따라 옮겨 다니는 시뮬레이션을 통해 프로세스 실체에 대한 이해도를 높이는 단계이다. 이 단계에 프로세스 팀원은 프로세스 맵과 현재 활동에 대해 더 깊이 이해해야 한다. 현재의 프로세스 지표를 측정하여 이를 성과 향상의 비교 기준으로 삼는다. 그리고 고착된 프로세스 문제, 성과 향상의 제언, 계획된 프로세스 변경, 성과 향상의 장애물에 대한 정보를 수집한다.

사용할 수 있는 의사결정 도구는 실무자 협의체, 인터뷰 양식, 실무자 인터뷰, 다양한 체크리스트 등이며, 이 중에서 실무자 인터뷰가 가장 많이 활용되고 있다. 가능하다면 정보는 신속하고 정확하게 수집하여 정리해야 한다. 이렇게 해서 모은 정보는 프로세스 분석 사이클에서 폭넓게 사용된다.

04 4단계: 우선순위 설정

MDQ 프로세스의 4단계는 우선순위 설정set priorities으로, 이 단계에서 프로세스 팀은 프로세스 완벽성의 등급을 매긴다. 이때 [그림 11-5]와 같은 프로세스 등급 매트릭스를 사용한다.

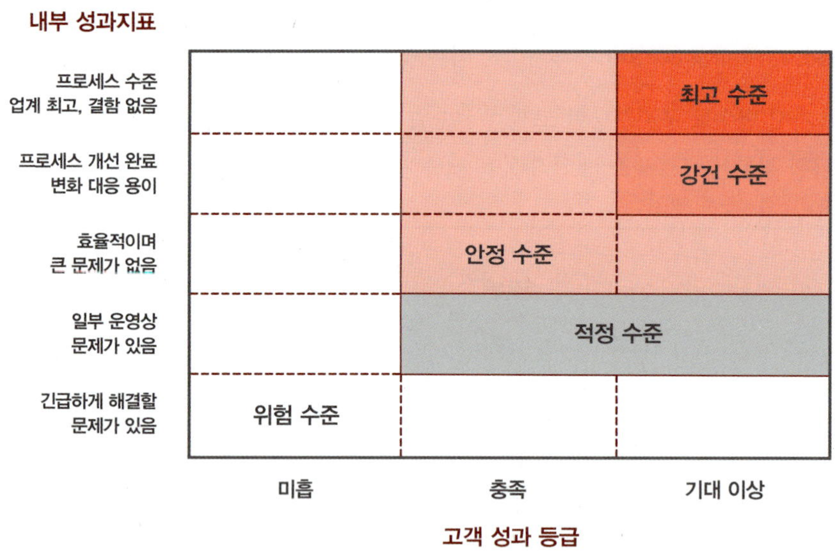

그림 11-5 프로세스 등급 매트릭스

프로세스 등급 매트릭스의 2개 변수는 고객 성과 등급(x축)과 내부 성과 지표(y축)이다. 고객 성과 등급에는 앞의 2단계에서 조사한 고객 평가서의 데이터를 활용할 수 있으며 '미흡', '충족', '기대 이상'으로 구분한다. 또한 내부 성과 지표에는 3단계에서 수집한 성과지표 명세서의 데이터를 이용한다. 내부 성과 지표는 프로세스 성숙도를 보여주는데, 이때 와츠 험프리의 성숙도 모델이나 CMMI 5단계 모델을 사용하기도 한다. 2개의 변수로 평가한 완벽성은 최고 수준best, 강건 수준healthy, 안정 수준stable, 적정 수준fair, 위험 수준critical의 5단계로 정할 수 있다.

프로젝트 팀이 여러 핵심 프로세스를 검토하는 것은 프로세스 분석과 프로세스 개선을 위한 타깃이 될 프로세스 1~2개를 먼저 선택하기 위해서이다. 인적 자원의 부족으로 모든 프로세스 개선을 동시에 진행할 수는 없기 때문이다. 이때 '위험 수준', '적정 수준', '안정 수준'의 프로세스를 대상으로 한다. 고객 관점에서의 상대적 중요성, 다른 프로세스의 영향도, 당면한 프로세스 변경 요구도 고려해야 한다. 일단 개선 대상 프로세스가 선정되면 [그림 11-4]와 같은 고객 우선순위 매트릭스의 성과지표를 개선하는 것이 바람직하다. 고객이 최우선으로 고려해야 한다고 순위를 매긴 성과지표는 대개 여기에 속할 것이다.

SECTION 03

프로세스 분석 사이클

프로세스 분석 사이클process analysis cycle은 네 단계로 이루어진다. 각 단계는 프로세스 벤치마킹(5단계), 미래 목표to-be 프로세스 모델링(6단계), 이해 당사자 동의(7단계), 개선 방안 확정(8단계)이다.

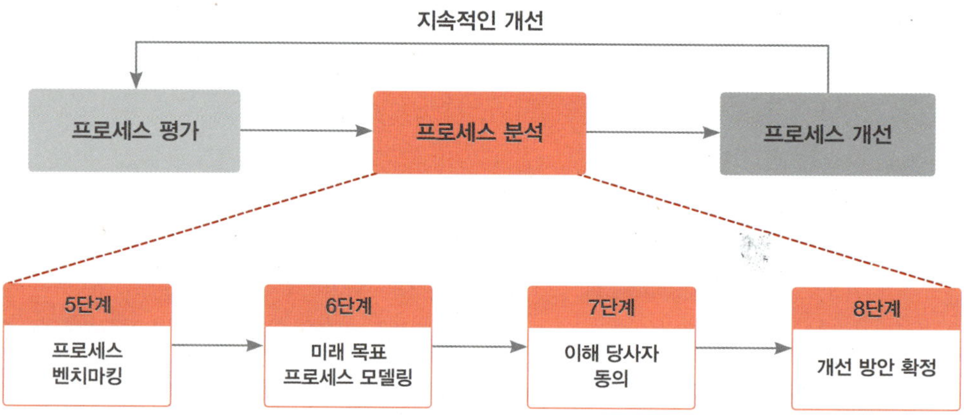

그림 11-6 프로세스 분석의 네 단계

01 5단계: 프로세스 벤치마킹

MDQ 프로세스의 5단계는 프로세스 벤치마킹process benchmarking이다. 벤치마킹은 상대적으로 월등한 성과를 내는 업계 최고의 방법을 찾는 행위이다. 프로세스 분석 사이클의 모든 단계에서는 이전의 평가 사이클에서 얻은 사전 정보를 활용한다. 5단계에서는 이 같은 정보를 활용하여 회사 내외의 롤 모델과 비교한다.

먼저 벤치마킹을 할 대상 업체와 프로세스를 선정한다. 이를 위해서는 비교 기준인 성과지표를 검토하고 벤치마킹 대상 조직의 값과 비교해야 한다. 회계 감사에는 재무 감사financial audit와 운영 감사operational audit가 있는데, 재무 감사는 결과의 정확성을 따지고 운영 감사는 과정의 충분성을 따진다. 마찬가지로 벤치마킹에도 성과 벤치마킹results benchmarking과 운영 벤치마킹operational benchmarking이 있다. 성과 벤치마킹은 다른 주체가 달성하고 있는 성과지표를 검토하고, 운영 벤치마킹은 월등한 다른 결과를 만들어내는 대안적 방안을 검토한다. 벤치마킹은 성과와 운영 측면을 모두 검토해야 한다.

프로세스 개선을 위해 벤치마킹을 수행하는 이유는 다음과 같다.

- 다른 주체가 이미 달성한 도전적인 성과지표를 지표로 설정하기 위함이다.
- 회사 규모, 업종, 사내·외를 불문하고 월등한 성과를 내는 더 나은 방법과 프로세스를 찾아내기 위함이다.
- 대안적 방법과 프로세스를 실행에 옮겨, 검토한 대안이 복제 및 확산 가능함을 회사 내의 다른 부서에 보여주기 위함이다.

특히 세 번째 이유는 특별히 시사하는 바가 있다. 다른 주체가 성취한 성과 달성과 비교당할 때 '우리 회사와 규모가 다르다', '업종이 다르다', '리더십이 다르다', '외국의 사례라 우리와 안 맞는다' 등 여러 가지 부정적 이유를 제기하기 때문이다. 이런 말은 혁신을 죽이는 코멘트killer phrase로 항상 경계해야 한다. 그러나 벤치마킹을 통해 기존의 패러다임에 도전하고, 의사결정의 주관적 편향을 극복하고, 창의성을 촉진하며, 실무자의 역량과 네트워킹을 넓힐 수 있다.

한편 브레인스토밍을 통해 벤치마킹 대상을 정할 수도 있다. 이 과정에서 외연을 넓히고, 생각지 못했던 또 다른 적절한 대상을 추천받을 수도 있다. 제안된 벤치마킹 대상 중에서 최종적으로 업체 또는 프로세스를 정할 때는 다음 사항을 고려해야 한다.

- **정보의 접근 가능성:** 벤치마킹 정보에 접근 가능한가? 아무리 좋은 성과를 내는 벤치마킹 대상이라도 활용할 수 있는 정보를 획득할 수 없다면 부적절하다.
- **성과지표의 도전적 의미:** 성과지표 달성의 의미가 큰가? 투자 대비 효익의 측면에서 의미 있는 성과지표가 아니라면 더 좋은 효과를 낼 수 있는 다른 대안을 찾아야 한다.
- **프로세스의 이식 가능성:** 벤치마킹 프로세스를 따라 할 수 있는가? 특별한 설비와 노하우가 내재되어 있어서 쉽게 복제할 수 없다면 벤치마킹 대상으로 부적절하다.

회사 조직이 크고 여러 대륙에 걸쳐 있다면 벤치마킹은 내부 벤치마킹internal benchmarking과 외부 벤치마킹external benchmarking으로도 구분할 수 있다. 경험에 비추어 보면 관리자는 내부 벤치마킹을 선호하지 않는다. 내부 조직이 멀리 떨어진 해외라면 모를까 회사 내의 동료와 비교당하는 것을 원치 않기 때문이다. 내부든 외부든 벤치마킹 대상 조직을 만나서 인터뷰할 수 있다면 다음 질문을 활용해본다.

- 프로세스의 흐름이 어떻게 수행되는지 자세히 설명해줄 수 있는가?
- 각 프로세스의 성과지표를 어떻게 측정하며, 현재의 수준은 어느 정도인가?
- 해당 활동을 수행하는 실무자는 어떤 경험이 필요하고, 어떻게 교육시켰는가?

- 프로세스 수행을 위한 지원 시스템은 무엇인가?
- 프로세스의 성공적 수행을 위한 주요 성공 요인CSF은 무엇인가?
- 프로세스를 어떻게 개선했는가?
- 미래에 더욱 개선할 수 있는 잠재적 대상을 어디서 찾는가?
- 처음부터 다시 할 수만 있다면 무엇을 다르게 시작할 것인가?

벤치마킹 대상이 외부에 있다면 정보를 수집하기 위해 공개적으로 활용 가능한 정보를 구하고 조사자가 개인적으로 노력을 기울여야 한다. 일반적으로 접근 가능한 벤치마킹 정보원은 다음과 같다.

- 연례 보고서, 제품 설명서, 제품 발표문, 영업 및 마케팅 문서, 광고
- 투자 전문 컨설턴트의 리포트
- 전문가 그룹의 리포트
- 세미나 및 관련 자료
- 내·외부 뉴스레터와 고객용 잡지
- 회사의 고객과 부품 공급자
- 업체 직원의 대학원 졸업 논문이나 키맨이 다닌 대학원의 지도교수
- 온라인 검색 정보와 신용 정보 데이터베이스
- 업체를 지원하는 하드웨어 및 소프트웨어 제공업체의 기술 담당과 영업 담당
- 해당 업체를 지원했던 컨설팅 회사의 컨설턴트와 전문가

위의 자료 외에 조사자가 열의를 가지고 있다면 대상 주체의 키맨에 접근하는 것이 바람직하다. 연락처를 구하여 접근할 수 있는 방법은 이메일, 전화, 대면 인터뷰이다. 불특정 다수를 대상으로 하는 논문 조사의 경우 이메일 설문 조사나 전화 인터뷰도 적설하다. 벤치마킹 대상자가 구면이라면 전화 인터뷰도 괜찮겠지만 초면이라면 대면 인터뷰가 가장 좋다. 대면 인터뷰를 한 뒤의 이메일이나 전화 인터뷰에는 거부감을 갖지 않는 경향이 있지만, 처음부터 이메일이나 전화로 인터뷰를 하면 성의가 없다고 느끼기 때문이다.

대상 업체가 경쟁 업종이 아니라면 선의를 가진 대상자는 대화에 응하고 의외로 자신의 경험을 쉽게 나누어줄 것이다. 진심 어린 접근으로 좋은 정보원을 찾을 수 있다. 정말 중요한 고급 정보는 활자로 제공되지 않는다는 것을 명심하라. 만날 약속은 직접 잡기보다는 조사자와 대상자를 모두 알고 있고 신뢰할 만한 중간 소개자를 통하는 것이 좋다. 중간 소개자가 인터뷰 내내 함께할 필요는 없더라도 대상자에게 신뢰감을 주는 차원에서 처음에는 배석하도록 한다. 인터뷰 대상자를 만나기 전 미리 질문서를 준비해 가면 효과적임은 두말할 것도 없다. 인터뷰를 할 때는 앞에 제시한 인터뷰 질문을

참조하되 담대함이 매우 중요하며 다음과 같은 사항을 유의해야 한다.

- 상대 회사에 대해 사전에 충분히 파악해야 한다. 인터뷰 대상자에 대해서도 파악할 필요가 있지만 너무 개인적인 정보를 아는 것처럼 언급하면 경계심을 불러일으킬 수 있으니 유의하라.
- 혼자 인터뷰하기보다는 2~3명의 조사자가 함께 인터뷰하면 주관적 편향에서 벗어나고 청취한 정보의 정확성을 기할 수 있으며 질문을 빠뜨리지 않을 것이다.
- 인터뷰 중에 방해받지 않고 대상자가 편하게 느낄 만한 장소를 물색한다. 회사 근처보다는 대상자의 집 근처가 좋다. 또한 수수한 차림새가 대화에 집중하기에 좋다.
- 녹음해도 되는지 물어보고, 허락하지 않는다면 청취 내용을 기록한다. 나중에 기록 내용을 다른 조사자의 것과 비교해본다.
- 인터뷰 대상자가 IT에 익숙지 않다면 전자 기기보다 수첩이나 노트에 기록하는 것이 좋다.
- 인터뷰의 목적과 소요 시간을 사전에 얘기하여 인터뷰 시간을 충분히 확보한다.
- 쉬운 질문부터 시작해서 점점 복잡하고 민감한 질문으로 나아간다.
- 민감한 질문에는 대답을 강요하지 말고 자발적으로 말하게 한다.
- 가능하면 공개된 질문을 던지되 확인해야 할 수치 정보는 확인을 한다.
- 질문 중 조사자가 놓친 것 같은 중요한 포인트를 말해달라고 부탁한다.
- 추후에 부가적인 질문을 할 수 있는 만남이 가능한지 문의한다.
- 연락 가능한 휴대전화와 메일 주소를 확인하되 회사 메일 주소보다는 개인 메일 주소를 요청한다.
- 마음이 담긴 작은 선물을 답례로 준비하는 것도 좋다.
- 인터뷰 대상자가 조사자의 회사에 대해 질문하면 성실하게 답해준다. 서로 오가는 것이 없다면 상대의 솔직한 답을 기대하기 어렵다.
- 인터뷰 대상자가 벤치마킹 대상 업체 전체의 조사 결과 정보를 요청하면 제공하는 것이 좋다. 정보를 공유할 때는 조사 대상 회사명을 숨기는 것이 적절하다.

02 6단계: 미래 목표 프로세스 모델링

MDQ 프로세스의 6단계는 미래 목표 프로세스 모델링to-be process modeling 또는 솔루션 개발develop solutions이다. 프로세스에 대한 깊이 있는 평가와 분석을 통해 미흡한 성과를 내는 원인을 찾아냈다면 성과를 개선하는 대안을 설계할 수 있는데 이를 미래 목표 프로세스 모델링이라고 한다. 솔루션 개발은 전체 단계 중에서 가장 핵심적인 단계로 다음과 같은 다섯 가지 서브 프로세스 활동을 포함한다.

1단계: 목표 성과지표 설정

주요 프로세스의 측정 가능한 성과 목표를 정한다. 고객의 기대치와 벤치마킹 업체의 성과지표 중에서 높은 것으로 설정해야 한다. 성과지표는 업의 성격에 따라 중요성이 다르다. 대표적인 성과지표는 Q·C·D Quality, Cost, Delivery 이다. 이를 우리말로 옮기면 '보다 좋게, 보다 싸게, 보다 빠르게'이며 상품 불량률, 에너지 소모량, 주문 납기 등을 예로 들 수 있다. 품질의 경우 매년 달성해야 할 표준편차의 목표를 보다 도전적인 시그마 값으로 높게 설정할 수도 있다. 성과 목표는 고객 관점customer driven 이어야 하며, 단순명료simple 하면서도 측정 가능measurable 하고 실무자의 합의agreed 가 선행되어야 하며, 도전적이지만 실현 가능realistic 하고 시간적 한계timelined 가 설정되어야 한다. 이를 약자로 C-SMART라고 한다.

업계에서 품질에 관한 표준지표로 사용되는 것은 편차 정도를 측정하는 시그마sigma 이다. 일반적으로 6시그마를 100만 개 제품 중 2~3개의 불량이라고 하지만 통계학적으로 정확히 말하면 10억 개 제품 중 2~3개의 불량을 의미한다. 그러므로 6시그마는 완벽성을 상징한다. [표 11-1]에 1~6시그마의 품질지표를 정리했다.

표 11-1 시그마 테이블

시그마	표준정규분포상 신뢰도	불량률	불량률(%)	100만 개 중 합격 제품 수	100만 개 중 불량 수	10억 개 중 불량 수
1시그마	0.682639492	0.317360508	31.7361%	682,639	317,361	317,360,508
2시그마	0.954499736	0.045500264	4.5500%	954,500	45,500	45,500,264
3시그마	0.997300204	0.002699796	0.2700%	997,300	2,700	2,699,796
4시그마	0.999936658	0.000063342	0.0063%	999,937	63	63,342
5시그마	0.999999427	0.000000573	0.0001%	999,999	1	573
6시그마	0.999999998	0.000000002	0.0000%	1,000,000	0	2

[표 11-1]에서 보듯이 100만 개 중 2~3개 수준의 불량은 4~5시그마이고, 6시그마는 10억 개에서 불량이 2개 정도로, 쉽게 말해 휴대전화를 중국 인구 전체에 판매했을 때 불량품이 고작 2개인 셈이다. 따라서 6시그마는 완벽한 품질을 상징하며 어떤 의미에서는 영원히 지향해야 할 절대적 품질 목표이다.

TIP 6시그마는 12장에서 자세히 설명할 것이다.

2단계: 프로세스 맵 분석

목표 성과지표를 설정하고 나면 개선이 필요한 분야의 프로세스 맵을 분석한다. 가장 시급히 다루어야 할 프로세스의 맵을 우선순위에 따라 선정하여 분석하는데, 이때 9장에서 설명한 갭 모델 다이어그램, 프로젝트 범위 설정 다이어그램, 프로세스 문제 체크리스트 등을 활용할 수 있다. [표 11-2]는 MDQ 방법론이 제시한 프로세스 분석 질의서process analysis questions로 폴 하먼의 체크리스트보다 추상화 레벨이 높지만 프로세스 분석에 대해 거시적으로 통찰할 수 있을 것이다.

표 11-2 프로세스 분석 질의서의 예(IBM MDQ)

프로세스의 고객 분석
• 고객은 누구인가?
• 고객은 어떤 산출물을 받기를 원하는가? 고객은 다른 산출물을 기대했는가?
• 생산한 산출물을 받는 내부와 외부 고객의 기대 수준과 요건은 무엇인가?
• 고객의 핵심 프로세스 성과지표 이슈는 무엇인가?
• 어떤 저부가가치 산출물이 존재하는가? 그것을 제거할 수는 없는가?
프로세스의 공급자 분석
• 공급자는 누구인가?
• 공급자는 어떤 산출물을 우리에게 제공하는가?
• 입력물에 관한 우리의 수용 요건은 무엇인가?
• 공급자는 우리의 요구 조건을 잘 이해하는가?
• 공급자로부터 올바른 입력을 받고 있는가?
• 표준 이하의 입력이 우리의 성과를 떨어뜨리는가? 그것을 제거할 수는 없는가?
프로세스 흐름
• 얼마나 많은 조직 프로세스에 참여하고 있는가? 너무 많은 교환이 일어나는 것은 아닌가?
• 업무 이관이 잘 정의되어 있고 적절한가?
• 불필요한 단계가 있지는 않은가? 불필요하지 않다는 근거는 무엇인가?
• 비슷한 일이 다른 곳에서는 없는가? 그들은 어떻게 하고 있는가?
• 절차가 누락되거나 단절되는 경우는 없는가?
• 병목이 발생하거나 비효율이 존재하는가?
• 모든 절차가 부가가치를 더하는가? 제거할 절차는 없는가?
• 현재의 자원이 최적화된다면 얼마나 더 나은 성과가 달성될 것인가?
프로세스 단계
• 어떤 절차가 핵심 프로세스 지표에 가장 큰 영향을 미치는가? (사이클타임, 불량률, 비용 등)
• 어떤 절차가 성과지표에 가장 나쁜 영향을 미치는가?
• 재작업을 가장 많이 하는 절차는 무엇인가?
지원 시스템
• 절차 사이에 공식적인 피드백 체계가 있는가?
• 어떤 프로세스 측정지표를 사용하고 있는가? 그것은 프로세스 전반에 걸쳐 일관성이 있는가?
• 다른 지원 시스템(MIS, 포상 및 인정, 교육, 기획 등)이 프로세스의 성과 향상을 지원하는가?

3단계: 근본 원인 분석

미흡한 성과를 보이는 문제의 근본 원인을 분석한다. 앞에서 설명한 프로세스 맵 분석을 통해 환부를 찾았다면 병이 생긴 근본 원인을 깊이 분석해야 근원적 조치가 가능하다. 이때 대표적인 툴은 브레인스토밍, 피시본 다이어그램, 흐름도, 5Why, 파레토 차트, 산포도를 포함한 SPC 7이다. 근본 원인 분석은 크게 문제 정의defining the problem 단계와 근본 원인 분석identifying root causes 단계로 나누어진다.

문제 정의 단계의 핵심 작업은 문제를 하나의 문장으로 정의하는 것이다. 이러한 문장을 문제 정의문이라고 한다. 문제 정의 시에는 문제의 영향을 받는 주체, 프로세스에 끼치는 문제의 영향도를 설명해야 한다. 지나치게 자세하거나 두루뭉술하지 않으며 일반인도 이해할 정도로 단순명료해야 한다. 또한 문제의 원인이나 해결책을 미리 추정하거나 기술해서도 안 된다. 다음은 문제 정의문의 예이다. 문제 정의문은 이후에 전개될 근본 원인 분석, 해결을 향한 프로세스 개선의 목표 가설과 직접적·논리적인 연관관계가 있어야 한다.

- "우리의 고객은 부서진 상품이 담긴 포장 상자를 자주 받는다."
- "우리의 고객은 원하는 시간에 상품을 받지 못한다."

이어지는 근본 원인 분석 단계에서는 문제 정의문에 기술된 문제에 직간접적으로 영향을 미치는 상황, 조직, 절차, 역할을 찾아내는 것이 핵심이다. 이와 함께 문제를 해결하는 방법을 만들어가야 한다. 이때 인터뷰, 포커스 그룹 미팅, 브레인스토밍, 피시본 다이어그램 워크숍, 플로차트를 사용할 수 있다. 수치로 측정 가능한 데이터가 있을 때는 가장 큰 영향을 미치는 변수 도출을 위해 체크리스트, 파레토 차트, 독립변수와 종속변수의 연관관계를 찾는 산포도와 같은 품질경영의 다양한 도구를 활용한다.

많이 사용되는 워크숍 도구인 피시본 다이어그램은 레벨 2, 3까지 자세하게 가지치기를 하면 5Why처럼 근본 원인을 찾아가는 형태로 활용할 수 있다. 하지만 가지가 많아지면 복잡한 모양이 되기 때문에 보통은 레벨 2 정도까지 표기하는 용도로 사용한다. 피시본 다이어그램으로 도출된 원인 분석 내용은 분석적 계층화 기법AHP 등으로 우선순위를 선정하기도 한다. 데이터에 의한 과학적 분석을 위해서는 AHP는 물론 회귀분석regression analysis, 실험계획법Design Of Experiment, DOE과 같은 통계 기법 전문가의 참여가 필요할 수도 있다.

TIP 프로세스 공학에 도움을 주는 핵심적인 품질경영 도구는 12장에서 다룰 것이다.

5Why도 근본 원인 분석 기법으로 자주 활용된다. 5Why는 도요타 생산 시스템의 창시자로 알려진 다이치 오노가 현장 경영 중에 개발한 방법론으로 알려져 있다. 5Why는 도요타의 가이젠改善 활동에서 가장 중요한 부분으로, 원인을 넘어서 근본 원인을 찾아내기 위한 기법이다. 5Why 툴은 단순한 대상이나 방법 찾기를 넘어서 철학적 사고인 '왜'의 영역으로 사고를 이끌어준다. '왜'는 5Why에

서 멈추는 것이 아니다. 근원적인 재발 방지 대책이 나올 때까지 '왜'를 반복할 수 있다. 유의할 점은 "홍길동이 잘못해서 그렇다"라고 사람에게 화살을 돌리는 것이 적절하지 않다는 것이다. 안전한 프로세스는 사람에 의존적이지 않아야 하기 때문이다.

[그림 11-7]은 5Why의 샘플 양식이다. 상단의 문제 정의문에 기술된 문제의 근본 원인을 찾아가는 템플릿으로, 각 열의 Why는 복수의 sub-why로 분화된다. 오른쪽 칸에 근본 원인과 함께 재발 방지 아이디어도 기재한다.

[5-why report]

⟨Title⟩

Date: YYYY-MM-DD

Writer: ⟨Name⟩ ⟨Position or Duty⟩/⟨Department⟩ (T.XXXX)

Problem	

Why 1	Why 2	Why 3	Why 4	Why 5	Root Cause	Recurrence Prevention

그림 11-7 5Why 양식의 예

피시본 다이어그램이나 5Why는 문제의 원인을 찾는 데 서로 다른 시각적 템플릿을 사용하여 접근하지만 그 개념은 동일하다. 혹자는 이러한 방법을 매킨지가 제시한 '이슈트리issue tree' 기법의 범주로 간주하기도 하지만 이슈트리는 구조화 기법의 유산을 물려받은 것이다. 형식은 단순하지만 이슈트리 분석의 MECE(상호 배제, 전체 포괄) 구조화 작업에는 훈련받은 퍼실리테이터가 필요하다.

4단계: 대안 설계

4단계는 프로세스 성과 향상을 위한 대안 설계이다. 제안할 대안은 크게 프로세스 향상을 위한 대안과 관리 시스템의 향상을 위한 대안으로 나누어진다. 대안 설계는 프로세스 개선 활동에 참여한 실무자들의 아이디어로 이루어질 수도 있고, 벤치마킹으로 학습된 내·외부의 모범 사례를 통해 이루어질 수도 있다. 창의적이고 혁신적인 사고의 발상을 위해 기존의 모델을 벤치마킹하기보다 타사의 사례를 무시하고 트리즈TRIZ와 같은 기법을 사용하기도 한다. 세상에 없던 제품을 만들어낼 때는 벤치마킹이 의미 없다고 믿는 기업이 있다. 애플과 허먼밀러퍼니처Herman Miller Furniture를 예로 들 수 있다.

소프트웨어 엔지니어링에서는 문제 해결 방식을 [그림 11-8]과 같이 순공학, 역공학, 재공학, 재구조화로 구분한다. 마찬가지로 프로세스를 최초로 설계하는 것은 순공학이 되겠지만 프로세스 개선은 역공학, 재공학, 재구조화로 설명할 수 있다.

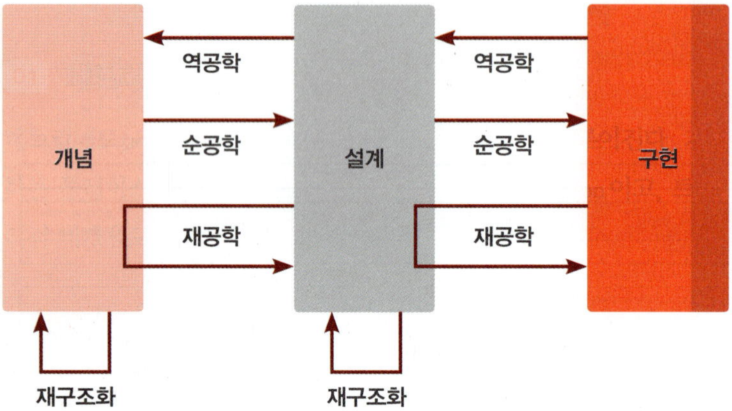

그림 11-8 소프트웨어 개발의 접근 방식

- **역공학적 접근(reverse engineering approach):** 초기에 설계된 프로세스와 다르게 구현된 프로세스에 주목하는 방식이다. 설계된 프로세스와 달리 예외 사항이 자주 발생하여 실무자들이 임의로 개정한 프로세스를 표준 프로세스로 수용한다.
- **재공학적 접근(reengineering approach):** 재공학은 기존의 프로세스를 리모델링하는 작업이다. 새로운 기술의 도입, 전문가의 참여, 법규와 외부 환경의 변화에 따라 새로운 조직이 생겨나거나 프로세스 재설계가 일어나게 된다.
- **재구조화 접근(restructuring approach):** 프로세스 개선의 재구조화에는 조직의 단순화가 포함된다. 조직이 줄어들면 프로세스가 단순해지고 조직 간의 교류도 줄어든다. 기계의 부품이 많으면 잠재적 고장이 많아지듯이 조직이 슬림해지면 프로세스가 개선된다.

이러한 프로세스 개선 과정이 합리적이고 과학적이라면 프로세스 개선을 위해 다음과 같은 가설을 만들 수 있다. 대안이 개선 가설을 충분히 증명한다면 프로세스 개선 작업이 성공적이라고 판단할 수 있을 것이다.

- "탄력이 두 배인 포장제를 사용하면 안전하게 고객 배송이 이루어질 것이다."
- "인기 상품의 재고를 두 배로 늘리면 고객의 정시 배송률이 두 배로 향상될 것이다."

5단계: 대안 평가

대안은 실현하기 전에는 가설일 뿐이다. 복수의 대안이 있을 때 각각의 대안을 실행에 옮기는 데 많은 비용과 시간이 들기 때문에 여러 대안 중에서 최초로 시도할 대안과 제안 사항을 평가해야 한다. 제안의 주체가 다를 때 투표 방식으로 대안을 선정하면 승자와 패자가 생겨서 조직의 갈등이 표출되기도 한다. 따라서 이해 당사자들이 참여한 합리적 의사결정 과정을 거쳐서 합의에 도달하는 것이 매우 중요하다. 자신의 의견을 충분히 전달하고 이해받았다고 느낀다면 합의에 의해 결정된 타인의 제안을 쉽게 수용할 수 있을 것이다.

평가지표로 효과지표와 효율지표를 모두 검토해야 한다. MDQ는 [표 11-3]과 같이 성과 항목performance criteria과 구현 항목implementation criteria으로 지표를 구분한다.

표 11-3 대안 평가 기준의 예

성과 항목	구현 항목
• 고객 만족의 영향도 • 프로세스 성과의 영향도 • 사이클타임 • 불량률 • 비용 절감/재작업 레벨 • 기타 측정지표 • 직원 만족도의 영향도	• 구현 비용과 난이도 • 프로젝트 추진 소요 시간 • 다른 프로세스와 조직의 영향 • 시스템 필요 사항 • 프로세스 참여 인력의 동의 정도

[표 11-4]는 3개 변수가 있는 경우 대안 A, B, C에 대한 의사결정 매트릭스 계산표의 예이다. 표에서 보듯이 3개 변수의 평균을 내는 계산 방식에 따라 대안의 최곳값이 다르다. 평가자가 중요도 척도, 가중 비율, 평균 계산식을 임의로 결정할 수 있다면 자신이 원하는 대안을 1위로 쉽게 조작할 수 있다. 그러므로 이해 당사자들은 계산식의 함의를 이해하고 어떤 평균값을 의사결정에 사용할지 사전에 충분히 협의해야 한다. 이렇게 해서 대안이 선정되면 9장의 '프로세스 개선을 위한 품의서 작성 요령'에 따라 비즈니스 계획을 작성해야 한다.

표 11-4 대안 선정을 위한 의사결정 매트릭스 테이블의 계산 예

구분	고객 영향도	프로세스 성과	직원 만족도	산술평균	가중 산술평균	기하평균
가중치	50%	30%	20%	해당 없음	100%	해당 없음
대안 A	0.5	4	5	3.2	2.6	2.2
대안 B	2	3	4	3.0	2.8	2.9
대안 C	4	3	1.5	2.8	3.1	2.6
선택안	최고 점수 기준 선택의 경우			대안 A	대안 C	대안 B

03 7단계: 이해 당사자 동의

MDQ 프로세스의 7단계에는 이해 당사자들의 동의get buy-in를 얻는다. 일단 품의서가 작성되었다면 주요한 이해 당사자들의 라인 관리자들과 일대일 대면 간담회를 갖는 것이 바람직하다. 여러분이 작성한 계획서를 그들이 임원 회의에서 처음 보게 해서는 절대로 안 된다. 그들은 사전에 의사소통을 하지 않은 데 불만을 가질 것이고, 제안된 사업 계획이 잘 안 될 것이라는 여러 가지 사유를 아주 쉽게 제시할 수 있기 때문이다. 회의 시간에 최고 의사결정권자가 강력하게 밀어붙인다고 하더라도, 사전에 의사소통을 하지 않았다면 프로세스 개선 팀의 입지가 약해지고 이해 당사자 라인의 굳건한 지원 약속을 받기가 어렵다. 반면에 프로세스 개선 팀이 이해 당사자 그룹의 구성원으로 구성되어 있고, 이 책에 제시된 합리적 추진 방법과 열린 의사소통으로 진행해왔다면 동의를 얻는 절차가 수월할 것이다.

프로젝트 추진의 가부를 정하는 미팅과 사전 대면 간담회에서는 다음과 같은 내용에 대해 라인 스폰서의 이해와 동의를 구해야 한다.

- 고객 요건의 이해와 합의 획득
- 주요한 산출물과 성과에 대한 동의
- 개선 우선순위의 선정에 대한 동의
- 프로세스의 변경 사항과 이에 따른 고객의 영향, 품질 보증의 절차 및 측정 방법의 변경
- 프로세스 개선안이 달성될 근거의 제시와 주요 고려 사항의 검토 여부 설명
- 장·단기적 성과 목표(측정지표, 측정 단위, 장·단기 지표)에 대한 합의와 사인
- 라인의 지원 약속과 책임 소재에 대한 동의

04 8단계: 개선 방안 확정

이렇게 완성된 내용을 모두 묶어 최종 프로세스 개선 계획서를 완성한다. 프로세스 평가 사이클에서 작성된 관련 문서는 모두 묶어두어야 한다. 문서는 실무자 작업 문서work file와 경영자를 위해 핵심 내용을 정리한 영구 보관 문서permanent file로 구분하는 것이 좋다. 문서는 사내 클라우드 서버에 보관하고 문서 보안 정책에 따라 공유하며 최신 버전을 유지해야 한다. 각각의 문서는 적절한 명명 규칙에 따라 파일명을 붙이며, 모든 문서에는 작성자, 작성일, 파일명을 기재해야 추적이 용이하다. 문서 전체를 일목요연하게 알아볼 수 있는 메타테이블도 같이 제공하면 더욱 좋다.

다음은 프로세스 개선 계획서에 들어가야 할 대표적인 정보 항목이다.

- 개선 대상 프로세스
- 성공 판단의 지표
- 개선 프로세스의 상세 설명(프로세스, 활동, 관리 시스템)
- 시범 사업의 추진 계획
- 각 단계별 역할과 책임
- 추진 일정
- 프로세스 측정과 통제 방법
- 데이터 수집 방법
- 데이터 수집 책임자
- 리포트 양식 및 배포 방안
- 예산 계획
- 교육 계획
- 지원 시스템과 장비 계획

SECTION 04

프로세스 개선 사이클

프로세스 개선 사이클process improvement cycle은 [그림 11-9]와 같이 시범 적용(9단계), 솔루션 확산(10단계)으로 구성된다.

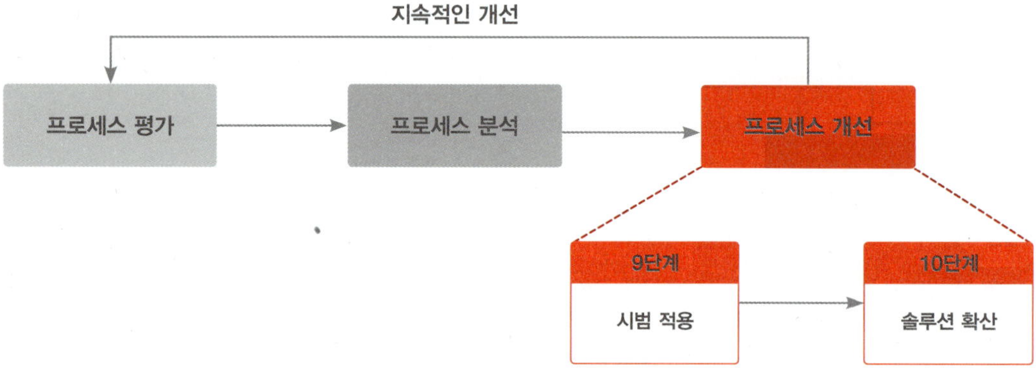

그림 11-9 프로세스 개선의 두 단계

01 9단계: 시범 적용

시범 적용pilot your solution은 시범 사업을 진행하면서 결과에 대한 고객의 피드백을 듣고 필요하다면 계획을 수정하는 단계이다. 학습된 경험은 참여자들과 그리고 조직 내에서 널리 공유한다. 이 단계에서의 유의 사항은 다음과 같다.

- 추진 일정을 철저히 준수한다. 일정의 변경 요인에 대해 원인을 분석하고 대응한다. 어떤 일도 계획된 일정대로 진행되지는 않는다. 특히 최초 시범 사업의 경우 일정 지연 요인은 학습의 순간이다.
- 진행 중 봉착한 난관을 철저히 기록하여 이후 타 조직의 확산 단계에서 발생할 문제에 대응할 정보를 축적한다.
- 학습된 내용에 따라 미래 목표 솔루션의 변경을 고려한다.
- 성과지표를 측정하여 개선의 정도를 판단한다. 기대치에 이르지 못했을 때는 근본 원인 분석을 통해 추진 계획의 변경 관리를 한다.

현업 경험에 비추어 보면 실무자들에게 성과지표를 시그마 값으로 제시하고 기억하라는 것은 바람직하지 않다. 올해의 불량률 목표가 '3.4시그마'라고 이야기하면 전문가는 바로 알아듣겠지만 일반 직장인은 잘 이해하지 못하기 때문이다. 그보다는 '100만 개 중 1,600개(1.6%) 미만의 불량'이라는 표현이 더 현실적일 것이다.

또한 수치보다는 시각적인 성과지표 개선도로 나타내면 더 직관적으로 이해할 수 있다. [그림 11-10]은 2차원으로 작도한 디지털 자료 제작업체 성과지표의 예이다. 독립변수와 종속변수의 인과관계를 보여주는 그래프는 아니며, 재변환 횟수(낮을수록 좋음, 목표 6회 이하)와 후공정 데이터베이스 오류 건수(낮을수록 좋음, 목표 20회 이하)라는 2개 성과지표를 동시에 보여준다. 현장 실무자라면 시각적 성과지표를 잘 활용할 것을 권고한다. 이와 같은 성과지표의 시각화 기법을 대시보드 혹은 인포그래픽 infographics 이라고 부른다.

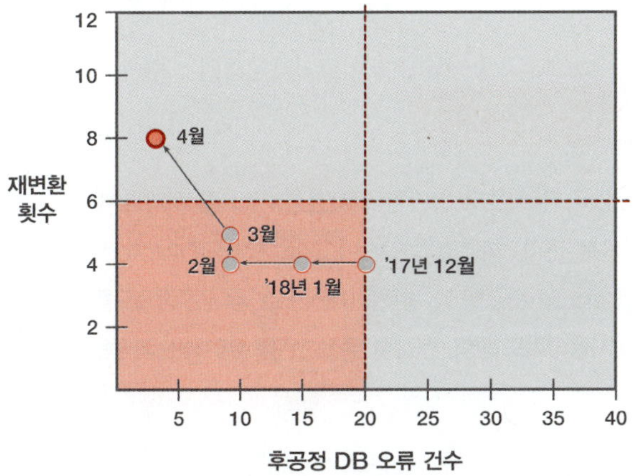

그림 11-10 프로세스 개선 성과지표 시각화의 예

02 10단계: 솔루션 확산

MDQ 프로세스의 10단계는 솔루션 확산 roll out your solution 으로, 시범 사업을 통해 개선 효과가 검증된 프로세스를 조직 전체에 확산시킨다. 프로세스 확산 계획에 포함될 내용은 다음과 같다.

- 확산 계획의 개요
- 적용 사이트
- 확산 프로젝트의 오너
- 확산 일정
- 주요 마일스톤과 성공 측정 방법
- 필요한 자원 계획

이러한 계획서와 아울러 표준 프로세스 매뉴얼, 참조 문서를 준비해야 한다. 표준 매뉴얼을 작성하는 데 프로세스 맵, 측정지표, 조직화 방법, 실행 방법, 모니터링 방법, 각종 양식 등의 문서가 제공되기도 한다. 준비된 문서는 상식을 가진 실무자가 이해할 수 있는 추상화 레벨로 작성하고, 도움이 필요할 때 연락 가능한 지원 조직과 추가적인 정보원을 제시해야 한다.

프로세스 평가 사이클의 네 단계, 프로세스 분석 사이클의 네 단계, 프로세스 개선 사이클의 두 단계, 총 10단계의 프로세스 개선 활동이 종료되었다고 모든 일이 끝난 것은 아니다. 프로세스 개선은 쉼이 없는 사이클이다. 프로세스 오너는 맡고 있는 프로세스를 지속적으로 관찰하고 발생하는 문제를 개선해야 한다. 프로세스 오너는 프로세스 팀이 지속적인 향상을 도모하는 조직 문화와 학습 문화를 조성하도록 촉진해야 한다. 고객의 기대는 끊임없이 바뀌고 경쟁자는 앞서가려 하며, 시장에는 새로운 기술이 등장하고 외부 환경은 변화무쌍하기 그지없다. 지구상에 안 바뀌는 것은 없고 변하지 않으면 사멸하고 만다. 그러므로 이 세상에 더 나아지지 않을 완벽한 프로세스는 존재하지 않는다.

경영학 강의 | 분석적 계층화 기법

분석적 계층화 기법은 토머스 사티(Thomas Satty)가 최초로 고안한 의사결정 기법 중 하나로서, 수학적 모델로 정성적인 요건을 정량화하는 데 도움을 준다. 제조업체에서는 고객 구매 요건(Voice Of Customer, VoC) 또는 설계 요건(engineering attributes)의 각 항목을 대상으로 상대적 중요도를 수리적으로 산정하여 전략적 우선순위를 결정하는 데 사용하기도 한다. 전략적 우선순위를 부여하는 과정은 다음과 같은 4단계로 진행된다.

❶ 문제를 구조화한다. 5~8개 평가 항목을 [그림 11-11]처럼 x, y축 대칭으로 배치한다.

❷ 평가 변수의 값을 정의하고 점수를 기재한다. [표 11-5]처럼 비교 변숫값은 홀수를 기본으로 한다.

❸ 기하평균을 이용하여 대안의 우선순위를 구한다. 다음 예는 '성능>가용성>확장성'의 순이다.

❹ 변수별로 what-if 분석을 실행하여 중요도를 재검토한다.

	카운트	확장성	프로토콜 커버리지	부가 기능	성능	가용성	사용의 편리성-설치 시	사용의 편리성-운영 시	콘텐츠 필터링	하드웨어 패키지(투명한 커버)	기하평균	중요도
카운트		1	2	3	4	5	6	7	8	9		
확장성	1	1	3	5	1	1/3	3	3	3	9	2.20	0.17
프로토콜 커버리지	2	1/3	1	7	1/5	1/5	3	3	3	9	1.41	0.11
부가 기능	3	1/5	1/7	1	1/7	1/5	1/3	1/3	1	9	0.45	0.03
성능	4	1	5	7	1	3	5	5	5	9	3.66	0.28
가용성	5	3	5	5	1/3	1	5	5	5	9	3.12	0.23
사용의 편리성-설치 시	6	1/3	1/3	3	1/5	1/5	1	1/3	1/5	9	0.56	0.04
사용의 편리성-운영 시	7	1/3	1/3	3	1/5	1/5	3	1	1	9	0.89	0.07
콘텐츠 필터링	8	1/3	1/3	1	1/5	1/5	5	1	1	9	0.84	0.06
하드웨어 패키지(투명한 커버)	9	1/9	1/9	1/9	1/9	1/9	1/9	1/9	1/9	1	0.14	0.01
합계											13.31	1.00

그림 11-11 AHP 계산의 예

표 11-5 비교 변숫값의 예

비교 변수	내용
1	세로/가로 항목(이하 1차/2차 항목)의 중요도가 같음
3	1차 항목이 2차 항목보다 약간 중요함
5	1차 항목이 2차 항목보다 중요함
7	1차 항복이 2차 항목보다 더욱 중요함
9	1차 항목이 2차 항목보다 절대적으로 중요함
2, 4, 6, 8	일반적으로 상기 수치 레벨에 기초하여 사용됨
1/N	상기 비교 방법의 역수 비교 시

경영학 강의 | 프로세스 개선 단계별 산출 문서의 데이터 사례

[표 11-6]에 프로세스 개선 단계별 산출 문서의 데이터 사례를 정리했다. 비즈니스 프로세스의 개선 방법에 참고하기 바란다.

표 11-6 프로세스 개선 단계별 산출 문서의 데이터 속성 사례

문서명	프로세스 오너십 양식	프로세스 요약	데이터 수집 계획서	프로세스 평가 계획서
1단계: 체계 준비	핵심 프로세스 리스트, 핵심 프로세스별 오너, 팀 리더, 프로세스 팀원	프로세스 명칭, 프로세스 설명, 프로세스 오너, 프로세스 범위, 고객명과 산출물, 공급자와 입력물	프로세스명, 프로세스 오너, 고객 데이터의 소스, 데이터 수집 책임자, 프로세스 관계자의 성명, 프로세스 인터뷰 담당자(개선 팀)	프로세스명, 프로세스 오너, 프로세스 평가 단계별(1, 2, 3, 4단계) 책임자, 평가 단계별 산출물 리스트
2단계: 고객 요건 정의	산출물 종류, 산출물 사용 방법, 산출물의 성과지표, 성과지표가 산출물에 주는 영향, 성과지표에 대한 평가, 우선순위가 높은 지표, 기대하는 성과 수준, 뛰어난 성과를 제공하는 경쟁대상	프로세스명, 고객명, 공급자명, 산출물별 성과지표 1·2·3·4, 성과지표별 측정 단위(시간, 누락, 불량 등), 성과지표별 중요도, 성과지표별 측정치, 개선 우선순위	성과지표별로 평가하여 공간상에 포지셔닝, 횡축: 중요도(1~10), 종축: 성과수준(1~10), 성과지표가 떨어지고 중요도가 높은 것의 우선순위가 높음	

문서명	프로세스 오너십 양식	프로세스 요약	데이터 수집 계획서	프로세스 평가 계획서
3단계: 현재 상태 프로세스 정의	레벨 1~2 정도의 프로세스 맵, 역할 활동 다이어그램 형식으로 작성, 피드백 사이클은 생략	고객지표(정확도, 납기, 접근성, 만족도 등)와 내부지표(원가 비율, 클레임 비용, OT 시간 등)와 성과지표의 측정 방법에 대한 성과지표 항목 선정	실무자 성명, 담당 프로세스 설명, 동일 프로세스 수행 부서, 프로세스 참여 공수, 입력 내용 및 입력자, 출력 내용 및 접수자, 입력·활동·출력의 성과지표와 현재 수준, 프로세스 지원 시스템, 프로세스 모니터링 주체, 프로세스의 고착된 문제점, 개선 항목 및 제언 사항, 계획된 변경 사항, 개선에 대한 장애 요인	핵심 프로세스(레벨 1) 전반의 성과지표 및 측정치, 단위 프로세스(레벨 2)별 성과지표 및 측정치, 체크리스트, 히스토그램, 런차트 등 SPC 7 툴 활용, 정량지표는 시그마 계산
4단계: 우선순위 설정	최고 수준, 강건 수준, 안정 수준, 적정 수준, 위험 수준의 다섯 가지 등급			
5단계: 프로세스 벤치마킹	내부 대상, 외부 대상	본문 질의서 참조		
6단계: 미래 목표 프로세스 모델링	레벨 1·2·3 정도의 프로세스 맵, 역할 활동 다이어그램 형식으로 작성, 피드백 사이클은 포함	본문 질의서 참조	피시본 다이어그램, 플로차트, 파레토, 산포도 등	의사결정 항목, 대안별 점수표, 평균 점수표
7단계: 이해 당사자 동의	프로세스명, 공급자 및 고객, 산출물 설명, 성과지표 항목/측정지표, 개선 우선순위와 이유, 장·단기 성과지표 목표, 공급자, 고객의 사인			

문서명	프로세스 오너십 양식	프로세스 요약	데이터 수집 계획서	프로세스 평가 계획서
8단계: 개선 방안 확정	개선 대상 프로세스, 성공 판단의 지표, 개선 프로세스의 상세 설명(프로세스, 활동, 관리 시스템), 시범 사업의 추진 계획, 각 단계별 역할 및 책임, 추진 일정, 프로세스 측정과 통제 방법, 데이터 수집 방법, 데이터 수집 책임자, 리포트 양식 및 배포 방안, 예산 계획, 교육 계획, 지원 시스템과 장비 계획			
9단계: 시범 적용	프로젝트 계획 대비 실적, 향후 계획, 지원 요청 사항			
10단계: 솔루션 확산	확산 계획의 개요, 적용 사이트, 확산 프로젝트의 오너, 확산 일정, 주요 마일스톤과 성공 측정 방법, 필요한 자원 계획			

요약

01 TQM과 6시그마는 프로세스 개선 방법론에 속한다. 프로세스 개선 방법론은 업계가 학계의 도움을 받아 다양한 모델로 발전시켰지만, 기본적 흐름은 현재 상태 평가, 미래 목표 설정, 갭 분석, 갭을 좁히는 실행이라는 4단계를 거친다.

02 MDQ 프로세스는 크게 세 가지 위상으로 구분되며 평가, 분석, 개선의 사이클로 수행된다. 각각은 10개의 서브 프로세스로 나누어지는데, 이 중 핵심적인 서브 프로세스 단계는 3단계, 6단계, 8단계, 9단계이다. 나머지 활동 단계는 이를 보완하는 보조적인 절차이며, 추상화 레벨을 높인다면 4개 핵심 활동 안에 통합될 수 있다.

03 프로세스 평가 사이클은 네 단계로 구성된다.

- 1단계는 체계 준비로, 회사 조직과 사업 목표에 맞게 방법론을 조정한다.
- 2단계는 고객 요건 정의로, 고객 데이터와 부가적인 정보를 수집한다.
- 3단계는 현재 상태 프로세스 정의로, 프로세스 워크스루라고 부르기도 한다. 이는 조사자가 직접 프로세스를 따라 옮겨 다니는 시뮬레이션을 통해 프로세스 실체에 대한 이해도를 높이는 단계이다.
- 4단계는 우선순위 설정으로, 이 단계에서 프로세스 팀은 프로세스 완벽성의 등급을 매긴다.

04 프로세스 분석 사이클은 네 단계로 구성된다.

- 5단계는 프로세스 벤치마킹으로, 벤치마킹은 상대적으로 월등한 성과를 내는 업계 최고의 방법을 찾는 행위이다.
- 6단계는 미래 목표 프로세스 모델링 또는 솔루션 개발이다. 프로세스에 대한 깊이 있는 평가와 분석을 통해 미흡한 성과를 내는 원인을 찾아냈다면 성과를 개선하는 대안을 설계할 수 있는데 이를 미래 목표 프로세스 모델링이라 한다.
- 7단계에는 이해 당사자들의 동의를 얻는다.
- 8단계는 개선 방안 확정으로, 이렇게 완성된 내용을 모두 묶어 최종 프로세스 개선 계획서를 완성한다.

05 프로세스 개선 사이클은 두 단계로 구성된다.

- 9단계는 시범 적용으로, 시범 사업을 진행하면서 결과에 대한 고객의 피드백을 듣고 필요하다면 계획을 수정한다.
- 10단계는 솔루션 확산으로, 시범 사업을 통해 개선 효과가 검증된 프로세스를 조직 전체에 확산시킨다.

연습문제

01 운영적 혁신은 현 상태를 단계적으로 개선하는 접근이고, 파괴적 혁신은 신기술을 통한 대약진을 의미한다. 업계에서 회자되는 두 가지 성공 사례를 조사하여 비교하시오. (접근 철학, 기업 문화, 접근 방법, 조직 측면, 평가지표 등을 고려하되 창의적으로 접근하시오.)

02 팀 과제 자신이 휴대전화 제조사의 엔지니어라고 가정하자. 새로 출시된 휴대전화의 액정 유리가 깨지는 문제가 자주 접수되어 이 문제를 해결하기 위해 관련 개발자가 모여 5Why 기법을 통해 근본적인 원인을 찾고 이를 해결하기로 했다. 팀을 5명으로 구성하여 5Why 문서를 작성하시오. ([그림 11-7]의 양식을 참조하되 창의적인 형식으로 만들어도 되며 이 경우 새로운 형식의 장점을 설명하시오.)

03 팀 과제 자신이 보온·보냉 텀블러 신상품을 디자인한다고 가정하자. 고객 조사를 통해 텀블러는 디자인, 가격, 기능 속성 A, 기능 속성 B 등이 가장 중요한 소구점(소비자 구매 포인트)임을 알게 되었다. 5명이 한 팀을 이루어 [그림 11-11], [표 11-5]를 참조하여 다음과 같은 워크숍을 실시하시오. 창의적으로 기능 속성 A와 기능 속성 B를 추가하시오(예: 경량성, 세척 용이성 등). 그리고 네 가지 기능에 관한 AHP 분석표를 만들고 상대적 중요도와 우선순위를 팀 의사결정으로 작성하시오. (옵션: 정해진 상대적 중요도에 따라 제품 개발에 반영할 텀블러의 설계 요건을 속성별로 두 가지 이상 제시하시오.)

04 A사의 전산실장 K 씨는 새로운 고가 컴퓨터 서버를 도입하기 위해 3개 제조사의 컴퓨터 X, Y, Z를 검토했다. 다음 표의 첫 번째 행은 3개 컴퓨터의 공인 성능치(가칭: TPC_g)를 보여준다. 성능치(TPC_g)는 M1(온라인), M2(저장소 업그레이드), M3(공학 계산) 세 벤치마킹 프로그램의 성능을 기하평균으로 계산한다.

A사는 실제 전산 환경에서의 성능을 검토하기 위해 자사의 응용 업무 프로그램을 X, Y, Z 컴퓨터에 설치하여 벤치마킹을 했다. A사의 업무 비중은 M1이 60%, M2가 40% 정도이고, M3 유형의 업무는 해당되지 않아 벤치마킹에 포함하지 않았다. 벤치마킹 결과 다음과 같은 기하평균과 가중 산술평균의 성능치(단위 초)를 얻었다. K 씨는 실무 엔지니어에게 공인 성능과 순위의 차이를 보이는 이유를 연구하여 보고서를 제출하라고 했다.

기하평균과 가중 산술평균의 계산을 검증하고, 2개 순위에 차이가 발생한 계산 로직의 이유를 설명하시오. 그리고 이 사례를 통해 컴퓨터 아키텍처의 특화, 벤치마크 구성 비율의 조정 등이 성능 값의 왜곡에 미치는 영향에 대해 설명하시오.

구분	TPC_g 순위	M1 성능	M2 성능	M3 성능	기하평균	가중 산술평균	판단
A사 가중치		60%	40%	해당 없음	해당 없음	100%	
컴퓨터 X	1등	8	1		2.0	3.02	기하평균은 Y가 1등, 가중 산술평균은 Z가 1등
컴퓨터 Y	2등	10	0.1		1	2.6	
컴퓨터 Z	3등	5	5		2.9	2.5	

CHAPTER

12

비즈니스 프로세스와 품질경영

학 | 습 | 목 | 표

- TQM과 6시그마에 대해 설명할 수 있다.
- 린 스타트업 사이클에 대해 설명할 수 있다.
- 동시공학과 연속공학의 차이를 이해할 수 있다.
- 품질 기능 전개 기법을 이해하고 문서를 작성할 수 있다.
- 고장 모드 영향 분석의 개념을 이해하고 RPN의 요소를 파악할 수 있다.
- 트리즈, PERT, 가노 모델에 대해 설명할 수 있다.

경영 이론에 관한 베스트셀러를 쓴 작가 짐 콜린스Jim Collins는 과학적 실증 연구를 하여 기업의 성공 요인에 대한 인과관계를 발견했다고 주장했다. 그는 27년간 《성공하는 기업들의 8가지 습관Built to Last》, 《좋은 기업을 넘어 위대한 조직으로Good to Great》, 《위대한 기업은 다 어디로 갔을까How the Mighty Fall》, 《위대한 기업의 선택Great by Choice》 등을 펴냈다. 그러나 성공하고 위대해지며 망하지 않는 논거로 그가 제시한 여러 모델 기업은 불행히도 대부분 어려움에 처했다.

한편 클레이턴 크리스텐슨은 《혁신 기업의 딜레마》에서 고착화된 성공 관행이 얼마나 생존에 해로운지를 설파했다. 파괴적 환경에 부딪히면 기존의 성공 관행은 순식간에 쓸모없어진다. 기업은 태어나고 성장하지만, 시간 차는 있을지언정 언제나 새로운 혁신 기업에게 자리를 빼앗긴다. 현명한 경영자는 어쩌면 영원히 달성 불가능한 목표, 즉 끊임없이 혁신을 유지하는 기업 문화를 지키는 사람이다. 이렇게 혁신을 유지하는 방법 중의 하나는 건강한 비즈니스 프로세스를 유지하고 발전시키는 것이다.

이 장에서는 프로세스 방법론의 발전 역사에 관한 주요 키워드에 대해 설명한다. 통계적 공정관리부터 최근 10여 년 동안 새로이 형성된 린 사이클 방법론까지 프로세스의 관점에서 다양한 경영 이론의 변화를 추적할 것이다. 각 방법론의 차이를 이해하면 현장에서 툴을 사용하는 분석적 시각의 폭이 더욱 넓어질 것이다. 시대에 앞선 선구자들이 학습하고 체화한 지식을 바탕으로 더욱 효과적이고 혁신적인 비즈니스 프로세스를 만들어가길 바란다.

SECTION 01

TQM

01 TQM의 중요성

인류의 제조 역사는 가내공업에서 시작되었다. 중세 서양에서는 가내공업이 길드 조합으로 성장했다. 길드는 뛰어난 장인 휘하에 견습생인 도제들로 구성된 생산 집단이었다. 봉건 시대의 생필품, 특히 봉건 지배층을 위한 상품 제작은 길드 조합이 담당했다. 당시에는 대부분 수작업이었고 에너지는 수력이나 풍력을 이용했다. 그러다 증기기관의 발명으로 촉발된 영국의 산업혁명은 분업화된 대량 생산의 세상을 만들었다. 그 후 근대적 생산 방식은 분업화된 프로세스 설계의 중요성을 더욱 부각했다.

그러나 현대의 비즈니스 프로세스에 대한 전략적 집중은 일본에서 시작되었다. 제2차 세계대전의 패전국 일본은 미 군정이 초대한 에드워드 데밍과 같은 품질경영의 대가에게 통계적 공정관리SPC를 배웠고, 일본에서 SPC는 품질관리QC, 총체적 품질관리TQC, 총체적 품질경영TQM으로 발전했다. 비즈니스 프로세스와 품질경영은 서로 뗄 수 없는 동전과 같은 관계이므로 TQM을 잘 이해하는 것은 비즈니스 프로세스에 대한 성찰을 높이는 셈이다.

02 TQM의 발전 과정

[그림 12-1]은 TQM의 발전 과정을 보여준다. 그러나 SPC의 출현 시점과 6시그마를 TQM의 다음 단계로 보는 시각에 대해서는 학계에서도 이견이 있다. SPC는 품질경영의 시발점이며, 6시그마는 TQM과 같이 발전하는 지속적 개선을 위한 미국식 접근법이다. 그리고 QC, QA, QE, QM, TQM으로 이어진다.

그림에는 표현되지 않았지만, 이후 TQM은 환경 보존 개념을 포괄한 총체적 품질환경관리Total Quality Environment Management, TQEM로 전개되었다. 그러므로 TQM은 TQEM의 하위 개념이라고 할 수 있다. 국제표준인 ISO 9000은 TQM과 대응되고 ISO 14000은 TQEM과 대응된다.

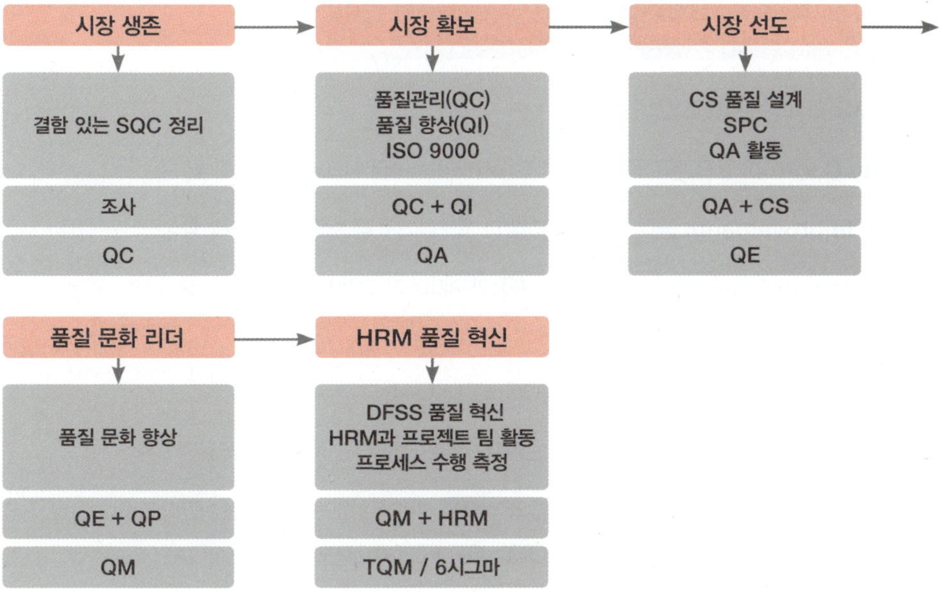

그림 12-1 TQM 발전 단계의 예(출처: 박성현 & Antony, 2008)

03 QC7, New QC7

품질관리의 핵심 툴은 QC7(Q7이라고도 함)이다. QC7은 가오루 이시가와가 정량적이고 시각적인 분석 도구인 SPC6에 자신이 고안한 피시본 다이어그램을 추가하여 제안한 통계적 품질관리 툴이다. New QC7(N7이라고도 함)도 제시되었는데, QC7은 대부분 정량적 데이터 분석 툴이지만 New QC7은 대부분 지식 구조화 툴이다. QC7은 다음과 같다.

- **체크리스트(checklist):** 구조화된 계층별 표본의 수량 측정에 사용한다.
- **계층화(stratification):** 표본의 구조적 분석을 위해 표본의 범위를 정하는 기법으로 체크리스트의 구조화에 사용한다.
- **산포도(scatter diagram):** 상관관계 분석에 사용한다.
- **히스토그램(histogram):** 시계열로 변화량을 분석할 때 사용한다.
- **파레토 차트(Pareto chart):** 가장 많은 영향을 미치는 요인 분석에 사용한다. 체크리스트의 수량을 계층별 표본 범위로 하여 막대그래프로 그리되 가장 많은 순서대로 작도한다.
- **관리도(control or run chart):** 허용 오차 내의 운영 상태를 검증하고 예외 관리를 위해 활용한다.
- **피시본 다이어그램(fishbone diagram):** 문제점의 원인 분석에 활용한다. 개념의 레벨 1, 2 분석에 적절하며 레벨 3 이상의 요인 도출에는 5Why가 더 많이 활용된다. 기본적으로 문제점과 원인의 분석에 사용하지만, 달성해야 할 과제와 실행 아이디어의 브레인스토밍에도 활용할 수 있다.

PLUS NOTE | TQM의 주요 키워드

TQM에 관한 주요 키워드는 다음과 같다.

- **QC(Quality Control):** 품질관리. 품질 요건을 만족시키려는 운영 테크닉과 품질 활동
- **QI(Quality Improvement):** 품질 개선. 연구개발과 제조상에서 품질을 효과적으로 향상하려는 활동
- **QA(Quality Assurance):** 품질 보증. 회사의 제품과 서비스가 고객의 품질 기대를 충족하는 적정한 확신을 주도록 설계된 체계적인 보증 활동
- **QE(Quality Engineering):** 품질공학(QE = QC + QI + QA)
- **QP(Quality Policy):** 품질 정책. 품질에 대해 관리자가 정한 전반적인 품질 정책과 운영 철학
- **QM(Quality Management):** 품질경영. TQC와 비슷한 개념을 일컫는 전사적 품질관리(Company Wide Quality Control, CWQC)라고도 한다(QM = QP + QE = QP + QC + QI + QA).
- **TQM(Total Quality Management):** 총체적 품질경영(TQM = QM + HRM)
- **SQC(Statistical Quality Control):** 통계적 품질관리
- **CS(Customer Satisfaction):** 고객 만족
- **SPC(Statistical Process Control):** 통계적 공정관리
- **DFSS(Design For Six Sigma):** 동시공학에서 파생된 Design for X(제조, 조립, 환경)를 6시그마로 확장한 용어
- **HRM(Human Resource Management):** 품질 향상에 관련된 인적 자원 관리. 선발, 교육, 학습 문화, 전문가 그룹 양성, 평가, 보상 활동을 포함한다.

기존의 QC7으로 부족했던 부분을 채우기 위해 도요타는 다음과 같은 New QC7으로 구체화했다.

TIP New QC7에는 고객의 구매 요건을 제품의 설계 요건과 매칭하는 품질 기능 전개 기법(QFD)의 작성에 필요한 사전 분석 툴이 포함되어 정리되었다.

- **친화도(affinity diagram):** 브레인스토밍에서 나온 복수의 아이디어를 유사한 개념으로 묶을 때 사용하는 그루핑 방법이다. 묶인 아이디어를 나타내는 말은 레벨 1의 명칭이 된다.
- **연관도(relation diagram):** Why-Why 분석을 위한 그림 툴이다. 특성 요인도의 개념이 상호 연관된 논리적 루프를 형성할 때 사용된다.
- **계통도(tree diagram):** 계획이나 방법의 모자母子 관계를 분석할 때 사용하는 트리 구조형 계층 구조도이다. 개념의 레벨 1, 2, 3의 관계를 설정한다. 제조업의 자재 부품표BOM와 유사하다.

- **매트릭스 다이어그램(matrix diagram):** 2개 축 특성 요소 사이 상관관계의 강도를 분석할 때 사용하는 테이블형 매칭 매트릭스이다. 품질 기능 전개 기법의 품질의 집house of quality 작업 시 What-How, How-How 분석에 사용할 수 있다. 특히 How-How 분석과 같이 동일한 속성 변수 사이의 인과관계 분석을 해석적 구조적 모형화Interpretive Structural Modeling, ISM 기법이라고 한다.
- **화살선도(arrow diagram):** PERT 차트 같은 것으로, 임계경로critical path와 같이 시간 제약을 분석할 때 사용한다.
- **프로세스 의사결정 프로그램 차트(Process Decision Program Chart, PDPC):** 플로차트보다 추상화 레벨이 높은 형식으로 의사결정의 분기점을 분석할 때 사용한다.
- **매트릭스 데이터 분석(matrix data analysis):** 주 성분 분석을 시각화하는 툴이다. x, y, 두 변수 축에 표본의 대푯값을 배치하는 시각적 기법이다.

04 G7, W7, M7

데쓰로 스기하라의 분류법은 전형적인 QC7의 분류법보다 체계적이다. 그는 분석 툴을 데이터 과학의 범주에 포함하면서 정량적 툴 G7, 정성적 툴 W7, 수리적 분석 툴 M7으로 구분하여 이전의 Q7, N7 분류에 비해 속성이 통일된 툴 모음으로 나누었다.

스기하라는 정량적 데이터를 그래프로 표현하는 툴graphs of numbers을 G7이라 명명하고 다음과 같이 분류했다. 이는 앞의 Q7과 유사하지만 파레토 차트와 관리도를 상위 개념인 막대그래프와 선 그래프로 교체했다. 또한 상자 그래프와 히트맵을 포함했는데, 이 둘은 계층화된 샘플링 기법을 이용하여 데이터를 정량적으로 구조화하는 것이다.

- **막대그래프(bar graph):** 크기를 분석할 때 사용한다. Q7의 파레토 차트는 막대그래프에 속한다.
- **선 그래프(line chart):** 표본의 시계열 분석에 활용한다. Q7의 관리도는 선 그래프에 속한다.
- **원 그래프(circle graph):** 표본의 비율 분석에 활용한다.
- **히스토그램(histogram):** 막대그래프의 일종으로 일변수 분포 분석에 활용하며 시계열 분석을 할 때 주로 사용한다.
- **상자 그래프(box plot):** 계층화된 히스토그램과 같으며 일변수 분포 분석에 활용한다. 표본 집단의 1/4, 2/4, 4/3, 4/4 분위 지점과 이상치outlier를 분석하게 해준다.
- **산포도(scatter diagram):** 두 변수의 상관관계를 분석할 때 활용한다. 분포 분석, 이상치, 작은 데이터 모수 등에 활용한다.
- **히트맵(heat map):** 산포도처럼 이상치를 찾아내고 작은 데이터 집단을 연구할 때도 활용하지만, 주로 대규모 데이터 모수를 연구할 때 활용한다.

'Analysis of Words'에서 머리글자를 따온 스기하라의 W7은 개념 분석 기법이다. 개념 분석의 기본은 Why-Why 분석이며, 개념의 구조를 파악하는 기법으로 개념 간의 모자 관계와 네트워크를 분석한다. 앞의 N7과 유사하지만 매트릭스 데이터 분석 툴이 빠지고 특성 요인도가 추가되었으며 프로세스 의사결정 프로그램 차트는 플로차트로 바뀌었다. W7 역시 고객의 구매 요건을 제품의 설계 요건과 매칭하는 품질 기능 전개 기법의 작성에 필요한 사전 분석 내용에 도움이 된다.

- **친화도(affinity diagram):** 아이디어의 분류 방법으로 브레인스토밍에서 생성된 정보를 취합한다. 품질 기능 전개 기법의 what을 구조화할 때 필요하다.
- **연관도(relation diagram):** 시스템 싱킹 방법의 핵심으로 정신 모델의 일종이다. 특성 요인도의 레벨 2 개념이 상호 연관된 논리적 루프를 형성할 때 사용된다.
- **계통도(tree diagram):** 주로 고장 모드 영향 분석FMEA 방법에 활용된다. 목표 달성을 위한 수단이나 방법의 계층 구조를 보여주며 결과물은 특성 요인도(피시본 다이어그램)에서 사용된다.
- **매트릭스도(matrix diagram):** 다차원 척도를 사용하여 두 변수 사이의 영향력을 평가한다. 품질 기능 전개 기법에서 사용되며 분석적 계층화 기법AHP 에서도 활용된다.
- **화살선도(arrow diagram):** PERT와 같은 프로세스 설계 툴이다.
- **특성 요인도(cause-and-effect diagram):** 원인과 결과를 분석하는 데 사용하며 피시본 다이어그램이라고도 부른다.
- **플로차트(flow chart):** 프로세스 의사결정 프로그램 차트보다 구체화된 프로세스 분석 툴이다.

PLUS NOTE | M7

스기하라의 M7은 수리적 분석 기법으로 통계 데이터 분석 기법의 범주에 포함된다.

- **에러 분석(error analysis):** 표본 데이터의 신뢰도 품질 분석이다.
- **평균/표준편차(average and standard deviation):** 표본의 평균값과 편차를 계산하는 통계량 분석 기법이다.
- **평균 검정(testing of difference of the average):** 모집단의 평균에 대한 가설 검증의 툴이다.
- **회귀분석(regression analysis):** 두 변수 간의 관계를 보여주는 기울기와 절편을 구하는 관계 분석이다.
- **주 성분 분석(principal component analysis):** N7의 매트릭스 데이터 분석과 유사하다. 변수들의 선형 관계를 보여주는 주 성분을 도출한다.
- **의사결정 트리(decision tree):** 개념의 계층별 샘플링을 적용하여 확률에 의한 의사결정을 분기하는 기법이다.
- **선형계획법(linear programming):** 제약 조건하에 목적함수를 일차식으로 표현하는 기법이다.

05 TQM과 경영철학

QC와 TQM은 접근 방식에 근본적인 차이가 있었다. QC 활동은 공정의 마지막에 불량을 측정하는 접근으로 시작했다. 하지만 이러한 접근은 이미 모든 비용 결정이 끝난 마지막 단계에서 벌어지는 일이기 때문에 오히려 누적된 품질 비용을 높인다. 품질 비용을 최대한 낮추려면 공정의 시작점인 초기 설계 단계에서부터 불량 발생 가능성을 제거하고 설계 변경이 필요 없는 제품을 만들어야 한다. QC가 QM이 되고 Total이라는 말이 붙은 것은 이러한 지각이 있었기 때문이다.

SPC에서 발전한 TQM을 이끌어가는 롤 모델은 도요타로, 도요타의 철학은 데밍에게서 비롯되었다. [표 12-1]의 데밍의 14훈, 도요타의 14조를 살펴보면 철학의 맥이 같다는 것을 알 수 있다. 그 철학의 키워드는 장기적 경영철학, 직원 자존감 고취, 현장 리더십, 유연성 있는 사고, 공동체적 파트너십, 학습 조직, 지속적인 개선으로 요약된다.

- **장기적 경영철학:** 단기적 경영 실적만을 도모하면 장기적 성장을 기대할 수 없다. 특히 주주 가치 증대와 같이 분기별 경영 실적만을 중시하면 비용 절감을 위해 귀중한 인적 자원을 줄이거나 설비 투자를 머뭇거리다 미래의 성장 기회를 놓치게 된다. 글로벌 기업의 어려움은 대개 장기적 경영철학의 결여에서 비롯된다.
- **직원 자존감 고취:** 경영 혁신을 방법론과 시스템에만 의존하는 경우는 실제 일을 수행하는 직원들의 마음을 헤아리지 못할 수 있다. 고용 불안정과 같은 두려움을 없애고 직원들의 자존감을 높여 회사와 더불어 끊임없이 성장하는 보람을 누리게 해야 한다.
- **현장 리더십:** 품질경영은 데이터에 기반한 품질 개선을 지향하며 책상머리에서 솔루션을 만들지 않는다. 경영자에게는 현장에 나가 눈으로 확인하고 해결하려는 자세가 필요하다. 실시간으로 라인을 멈출 수 있는 권한을 현장 실무자에게 부여하여 불량품이 하나도 출고되지 않도록 해야 한다.
- **유연성 있는 사고:** 오늘의 정답이 내일은 오답일 수도 있다. 새로운 시각과 접근 방법에 대해 항상 열린 마음을 가지고 최선의 대안을 찾는 자세는 품질경영의 기본이다. 내부인이든 외부인이든 지위고하를 막론하고 아이디어를 제안받고 경청해야 한다.
- **공동체적 파트너십:** 가장 낮은 가격을 공급자 선정 기준으로 삼는 것은 현명하지 못하다. 제품 라이프사이클 전반의 관점에서 비용과 효용을 비교해야 한다. 다수 파트너의 경쟁에 의한 비용 절감보다 소수 협력사와의 장기적 신뢰 관계가 품질 경쟁력을 높여준다.
- **학습 조직:** 끊임없이 배우고 학습하는 조직만큼 강한 조직은 없다. 특히 동료에게 배우는 학습 문화는 조직의 성장을 보장한다. 경영자는 직원들의 자발적 학습과 지식 교류를 촉진하는 제도와 문화를 조성해야 한다.
- **지속적인 개선:** 품질경영에 완성은 없다. 완벽한 프로세스도 없다. 고객과 시장이 바뀌고 기술과 제품이 바뀐다. 끊임없는 일신우일신의 개선 활동만이 기업의 생존을 보장한다.

표 12-1 데밍의 14훈, 도요타의 14조, 존슨의 14훈 경영철학

데밍의 14훈	도요타의 14조	존슨의 14훈(축약)
• 지속적인 개선을 위해 목표의 일관성을 유지하라. • 새로운 철학을 채택하라. • 대량 검사에 의존하는 것을 멈추고, 사전에 마련된 품질 척도의 통계적 근거를 제조 및 구매 부서에 요구하라. • 가격으로 납품업체를 결정하지 말고, 통계적 품질 기준에 따라 품목별로 단일 업체를 정하고 장기적인 신뢰 관계를 구축하라. • 시스템을 지속적으로 개선하라. • 관리자를 포함한 모든 직원의 업무에 대해 현대적인 교육법을 사용하라. • 품질 향상은 곧 생산성 증대를 가져온다. 리더십을 가르치고 함양하라. • 조직 전반의 불안 요인을 몰아내라. • 각 부서 간의 벽을 허물고 모든 사람이 팀으로 일하게 하라. • 수단 없이 생산성만을 올리도록 강요하는, 수치로 나타낸 목표와 슬로건을 제거하라. • 목표 할당량을 기술하는 작업 표준을 제거하라. • 전문가로서의 자부심을 저해하는 요인을 제거하라. • 자율 학습을 고무하고 적극적인 재교육 프로그램을 운용하라. • 최고경영자의 지속적인 실행 서약을 명백히 정의하라. 직접적인 실행이 필요하다.	• 단기적인 손해를 보더라도 장기적 철학에 따라 의사결정을 하라. • 문제가 노출되도록 일관된 공정 흐름을 만들라. • 과도한 생산을 줄이기 위해 풀(pull) 생산 방식을 만들라. • 표준 작업의 안정성을 도모하기 위해 과업 부하를 평탄하게 하라(토끼가 아닌 거북이처럼 일하라). • 불량이 생긴 즉시 라인을 정지하고 수정하여 바로잡아라. • 지속적인 개선을 가져올 수단으로 과업과 공정을 표준화하라. • 문제가 감춰지지 않도록 비주얼 통제를 사용하라. • 철저히 검증하고 테스트한 신뢰성 있는 기술을 사용하라. • 작업을 완벽히 이해하고 동료에게 열정적으로 가르치는 리더를 양성하라. • 회사의 철학을 따르는 특별한 사람과 팀을 조직하라. • 파트너와 공급업체 확장 네트워크가 개선되도록 하라. • 상황을 철저히 이해하기 위해 직접 가서 보라. • 가능한 한 모든 선택을 고려하여 합의점을 연구하고 여유 있게 결정하되 빠르게 실행하라. • 끊임없는 반성과 지속적인 개선을 통해 학습하는 조직을 만들라.	• 스컹크워크스의 관리자는 모든 범주에 걸쳐 개발 프로젝트의 전권을 실제적으로 위임받아야 한다. • 의사소통을 원활히 하기 위해 강하지만 적은 프로젝트 오피스가 제공되어야 한다. • 일반 프로젝트의 10~25% 인원으로 최정예 팀을 구성하라. • 아주 간단한 작도 및 설계 변경에 탄력성 있는 설계 이관 시스템을 제공하라. • 리포트는 최소한으로 하되 중요한 것은 철저히 정리해야 한다. • 예상되는 소요 비용을 매달 정기적으로 검토하라. • 계약자는 보통 이상의 책임 의식을 갖고 전권을 위임받아야 한다. • 똑같은 검사를 되풀이하지 말라. 연속적인 공정은 반복적인 과정을 부풀리는 원인이 된다. 동시적인 접근 방법은 불필요한 낭비를 줄인다. • 계약자가 직접 비행기를 공중에서 테스트하도록 위임받아야 한다. 아니면 설계 능력을 잃는다. • 하드웨어에 해당되는 사양은 계약 이전에 합의되어야 한다. • 프로젝트에 필요한 자원을 적시에 조달하라. • 군과 계약자 간에 신뢰가 있어야 하며, 매일 긴밀히 접촉하고 문서의 수는 최소한으로 줄인다. • 외부인에 의한 보안 장치를 철저히 감독해야 한다. • 밑에 얼마나 많은 직원을 두고 있는가가 아니라 얼마나 뛰어난 업적인가에 따라 보상이 이루어져야 한다.

TIP 존슨의 14훈은 4절의 '동시공학'과 13장에서 자세히 설명할 것이다.

[표 12-2]는 데밍과 함께 일한 라파엘 아과요Rafael Aguayo가 제시한 것으로, 미국의 일반적 기업

과 비교하여 데밍의 철학을 따르는 기업의 차이점을 극명하게 보여준다. 데밍 기업에서는 인간의 잠재적 능력에 한계를 두지 않고 자발적인 성장을 고취하는 철학을 볼 수 있다. 공급자 경쟁을 통한 낮은 납품 가격을 도모하지 말고 장기적 파트너십을 강조한다. 종업원의 자존심을 갉아먹는 채찍과 당근을 없애고 직업 안정감을 느끼도록 하며, 작업 표준량과 작업 할당으로 성장과 창의성을 억제하지 말라는 조언은 데밍의 품질경영 철학의 핵심이다. 데밍의 철학은 시스템보다 인간을 존중하는 철학이다. 그러나 기업들이 데밍의 철학 중에서 가장 수용하지 못하는 것이 인간 존중의 철학이기도 하다.

표 12-2 일반 기업과 데밍 기업 경영철학의 차이

일반 기업	데밍 기업
품질은 비용이 많이 든다.	품질은 비용을 보다 낮춘다.
검사는 품질의 핵심이다.	검사는 너무 늦다. 작업자가 결점 없는 제품을 생산할 수 있다면 검사가 필요 없다.
품질 통제 전문가와 검사자가 품질을 보증할 수 있다.	품질은 이사회실에서 만들어진다.
불량품은 작업자 때문에 발생한다.	대부분의 불량품은 시스템에서 비롯된다.
생산 공정은 외부 전문가에 의해 최적화될 수 있다.	공정은 최적화될 수 없다. 공정은 항상 향상될 수 있다.
작업 표준, 작업 할당, 목표의 활용은 생산성을 향상할 수 있다.	모든 작업 표준과 작업 할당을 제거할 필요가 있다.
공포와 보상은 동기를 부여하는 데 적절한 방법이다.	공포는 재앙이 된다.
종업원을 상품처럼 취급할 수 있다. 필요하면 더 고용하고, 덜 필요하면 해고한다.	종업원이 자신의 직무에 안전감을 느낄 수 있도록 해야 한다.
가장 뛰어난 성과자에게 보상하고 가장 낮은 성과자를 처벌하는 것은 보다 큰 생산성과 창의성을 이끌어낼 수 있다.	대부분의 변동은 시스템에서 기인한다. 평균 성과보다 높거나 낮은 사람을 평가·처벌·보상하는 감독 시스템은 팀워크와 기업을 파괴한다.
가장 낮은 비용으로 구매한다.	품질에 전념하는 공급자로부터 구매한다.
공급자들을 경쟁시켜 이득을 본다.	공급자와 협력한다.
가격에 따라 공급자를 자주 바꾼다.	공급자가 품질과 비용을 개선하도록 돕기 위해 시간과 지식을 투자한다. 공급자와의 장기적인 관계를 개발한다.

이 책에서 품질경영의 광범위한 주제인 TQM을 모두 설명하려는 것은 아니다. 비즈니스 프로세스를 이해하는 데 도움이 될 TQM의 요점을 설명하는 것이 이 장의 목적이다. 이 책에서는 비즈니스 프로세스에 관해 TQM이 주는 통찰력을 다음과 같이 분석한다.

- 작업자의 컨디션에 의존하지 않는 프로세스를 만들라.
- 사전 및 사후 검사가 필요 없는 완벽한 프로세스를 만들라.

- 통계적 품질관리 기준을 적용하고 지표를 시각화하라.
- 표준화된 공정을 만들되 표준 생산량 등의 목표를 할당하지 말라.
- 필요한 것을, 필요한 때, 필요한 만큼만 생산하는 프로세스를 만들라.
- 오류는 초기에 현장에서 수정하고 후공정으로 흘려보내지 말라.
- 종업원의 공포감을 제거하고 학습 문화를 고취하여 프로세스를 끊임없이 개선하라.

모토로라의 6시그마를 널리 전파한 GE의 CEO 잭 웰치Jack Welch는 매년 성과지표를 측정하여 전체의 5%에 해당하는 저성과 직원을 해고하는 정책을 견지했다. IBM을 포함한 미국의 500대 포춘 기업은 이러한 접근을 따라 했다. 이는 데밍의 경영철학에 반하는 접근이다. GE는 여전히 건재하지만 수익성은 직원 만족에 대해 좋은 평판을 듣는 3M이나 존슨앤드존슨에 훨씬 못 미친다. 이러한 사실은 데밍 기업이 내포한 철학적 시사점을 드러낸다.

SECTION 02

6시그마

01 린 생산 방식의 대두

미국에서 QC 활동은 1, 2차 오일쇼크 이후에 경영자들의 큰 주목을 받았다. 연비가 높은 일본 자동차가 미국 자동차를 앞지르기 시작했기 때문이다. 1980년대 초에 이르러 일본 자동차는 미국 소비자들에게 저급한 자동차가 아니라 고장이 잘 안 나고 기름도 적게 먹고 가격도 저렴한 품질 좋은 자동차로 평가받게 되었다. 고가의 독일 자동차와 비교해도 낮은 가격에 탁월한 안전성과 품질을 갖추었기 때문이다. 덕분에 1980년대부터 일본 자동차는 미국 시장의 20%를 차지하게 되었고 지금은 30%대를 유지하고 있다.

1980년대는 일본이 주도하는 품질경영의 시대였다. 도요타는 자사의 품질경영 방식을 린 생산 방식이라 불렀고, 최근에는 도요타 생산 방식이라 부르고 있다. 그들은 자동화와 JIT 방식으로 만든 저가의 품질 좋은 자동차로 미국 시장을 공략했다. 패전국이라고 깔보았던 일본 도요타의 침공에 놀란 미국 자동차 업계는 1980년대 중반에 일본으로 시찰단을 보냈다. 그들은 현장에서 데밍, SPC, TQM, JIT 등의 키워드를 발견했고 도요타의 린 생산 방식에 매료되었다.

02 6시그마의 등장

미국 제조 회사들은 부랴부랴 일본을 따라 하기 시작했다. 일본의 품질관리 대상인 데밍상Deming Award을 흉내 내어 1987년 맬컴볼드리지국가품질상Malcolm Baldrige National Quality Award을 만들었다. 일본의 TQM에 대비되는 미국 내의 사례를 찾았다. 포드 생산 시스템과 운용과학OR의 원조인 테일러 시스템을 다시 들추었다. 제2차 세계대전의 전투기 개발 프로젝트에서 동시공학의 아이디어를 일궈냈다. TQM의 미국식 접근 방법인 6시그마, 우월한 IT 혁신 기술을 채용한 BPR과 같은 일련의 프로세스 혁신 방법론을 개발하고 전파했다. 미국에서는 품질경영 용어로 TQM 대신 6시그마를 언급한다. 통계적 용어를 품질경영의 대명사로 채용한 것은 그들의 자존심이기도 하다.

모토로라의 미켈 해리Mikel Harry가 모토로라의 6시그마 연구소에서 6시그마 아키텍처를 설계했고, CEO인 로버트 갤빈Robert Galvin이 회사 전체에 전파한 것으로 알려져 있다. 이후 GE와 같은 대기업들이 이를 수용하여 1990년대 후반에는 미국 전역에 널리 퍼지게 되었다. 6시그마는 일본에서 발전한 TQM과 린 생산 방식을 이식하고 여기에 더해 미국식 노하우를 접목했다. 특히 이전의 품질경영이 제조업 생산 부문을 주 대상으로 한 데 반해 6시그마는 비즈니스 프로세스 전반으로 범위를 확장했다.

또한 1990년대 초 마이클 해머가 주창한 비즈니스 프로세스 리엔지니어링BPR의 개념도 수용했다. BPR은 해머가 독창적으로 만든 이론이지만 종업원의 완만한 학습 곡선 무시, 파괴적 프로세스 재설계, IT 기술의 과도한 투자, 성공 예측의 어려움, 50%가 넘는 실패 가능성으로 유행이 홍역처럼 지나갔다. 이러한 부정적인 요소에도 불구하고 BPR의 효과를 무시할 수는 없다. 경영진의 강력한 리더십으로 생산성의 대약진을 이룬 사례도 많기 때문이다.

6시그마에는 프로세스 관리, 프로세스 개선, 프로세스 재설계라는 세 가지 유형의 프로세스 변화 관리 방법이 있다.

- **프로세스 관리(Process Management, PM):** 6시그마에서 프로세스 관리는 회사 프로세스의 큰 그림을 개발하는 것, 즉 프로세스 아키텍처를 만드는 것을 의미한다. 다시 말해 조직의 전략과 연동된 프로세스의 틀을 개발하는 일이다. 6시그마에서 프로세스 관리는 프로세스 아키텍처를 넘어 관리자의 역할과 책임을 포괄하는 의미가 있다.
- **프로세스 개선(Process Improvement, PI):** 6시그마에서 프로세스 개선은 TQM의 철학인 '지속적인 프로세스 개선'을 의미하지 않고, 단기적으로 빠른 시간에 수행되는 프로세스 개선의 뜻으로 활용된다. 이는 QC7과 같은 통계적 기법을 비롯해 다양한 의사결정 툴과 개선 툴을 포함한다.
- **프로세스 재설계(Process Redesign, PR):** 6시그마에서 프로세스 개선은 단순한 활동 개선이 아니라 공정상의 큰 변화를 요구하는 재설계를 의미한다. 이는 BPR의 개념을 포괄한다.

03 6시그마의 통계적 의미와 방법론

[그림 12-2]는 종 모양의 정규분포 곡선이다. 정규분포 곡선은 19세기의 수학자 카를 프리드리히 가우스Carl Friedrich Gauss가 최초로 고안했다고 해서 가우시안 곡선이라고도 불린다. 쉽게 이해할 수 있도록 군 장갑차용 100mm 고강도 철판을 만드는 방위 산업체를 예로 살펴보자. 제조사가 정밀하게 100mm 강판을 제작하려 해도 실제 상황에서는 항상 오차가 발생한다. 전체 모집단의 오차를 정밀 측정해보니 대부분의 오차 범위가 95~105mm일 때, 그리고 샘플로 뽑은 표본의 수가 충분히 크다면 정상적인 표본의 분포는 [그림 12-2]와 같은 종 모양의 분포를 보일 것이다. 제조 경험이 부족한 초기에는 볼록렌즈 모양이지만 숙련도가 쌓이면서 표준값인 100mm에 가까이 모여 뾰족한 송곳 모양이 된다.

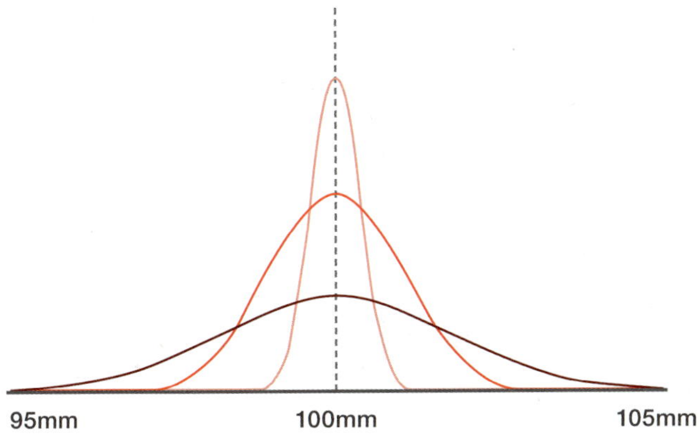

그림 12-2 정규분포 곡선의 예

석회동굴에서 종유석과 석순이 생기듯이 인위적으로 조정하지 않은 자연계의 모든 현상은 종 모양의 정규분포 형태를 보인다. 이때 평균값과 개별 표본의 차이를 표준편차라고 한다. 그리스 문자 시그마(σ)로 표기하는 표준편차를 구하는 공식은 다음과 같다.

모집단 N개의 평균 $\mu = \frac{1}{N}(x_1 + \cdots + x_N)$일 때, 표준편차 $\sigma = \sqrt{\frac{1}{N}[(x_1-\mu)^2+(x_2-\mu)^2+\cdots+(x_N-\mu)^2]}$

축약하면 $\mu = \frac{1}{N}\sum_{i=1}^{N} x_i$일 때, 표준편차 $\sigma = \sqrt{\frac{1}{N}\sum_{i=1}^{N}(x_i-\mu)^2}$

표본의 발생 빈도(확률 p)가 다를 경우, 표본 평균 $\mu = \sum_{i=1}^{N} p_i x_i$일 때, 표준편차 $\sigma = \sqrt{\sum_{i=1}^{N} p_i(x_i-\mu)^2}$

[그림 12-3]은 동일한 장갑차 철판을 제작하는 세 작업장의 정규분포 곡선이다. 3개의 곡선 중 가장 뾰족한 모양인 맨 아래쪽 그래프는 가장 품질이 좋은 기업의 것이다. 이렇게 수집 조건이 다른 3개 표본 집단의 정규분포 곡선을 매칭시킬 때, 서로 다른 표준편차(시그마) 값을 x축의 같은 눈금에 일치시킬 수는 없다. [그림 12-3]처럼 정밀도가 올라가면서 표준편차의 폭이 평균값에 더 다가가기 때문이다. 표준편차(σ) 값의 배수가 커짐에 따라 모집단에서 표본의 비중은 100%에 가까워진다. 제조사가 품질의 합격과 불합격 기준을 3σ로 정한다면 10,000개 중 27개가 불량일 것이다. 만약 6σ로 정한다면 10억 개 중 2개 정도가 불량으로 완벽에 가까운 품질 수준이다.

6시그마 방법론에서는 6시그마를 100만 개 중 3.4개의 불량이라고 한다. 그러나 100만 개 중 3.4개의 불량은 통계적으로 4.5시그마에 해당한다. 6시그마 방법론의 6시그마와 통계적인 6시그마의 차이는 프로세스 장기 표류process long-run drift라는 개념에서 비롯된 것이다. '6시그마 − 4.5시그마 = 1.5시그마'는 프로세스가 장기적으로 반복되는 시간 차를 고려할 때 발생 빈도가 적지만 얼마든지 달성될 수 있다는 주장을 반영한다. 메시지의 핵심은 4.5시그마가 6시그마와 거의 같은 수준의 관리적 지표라는 것이다.

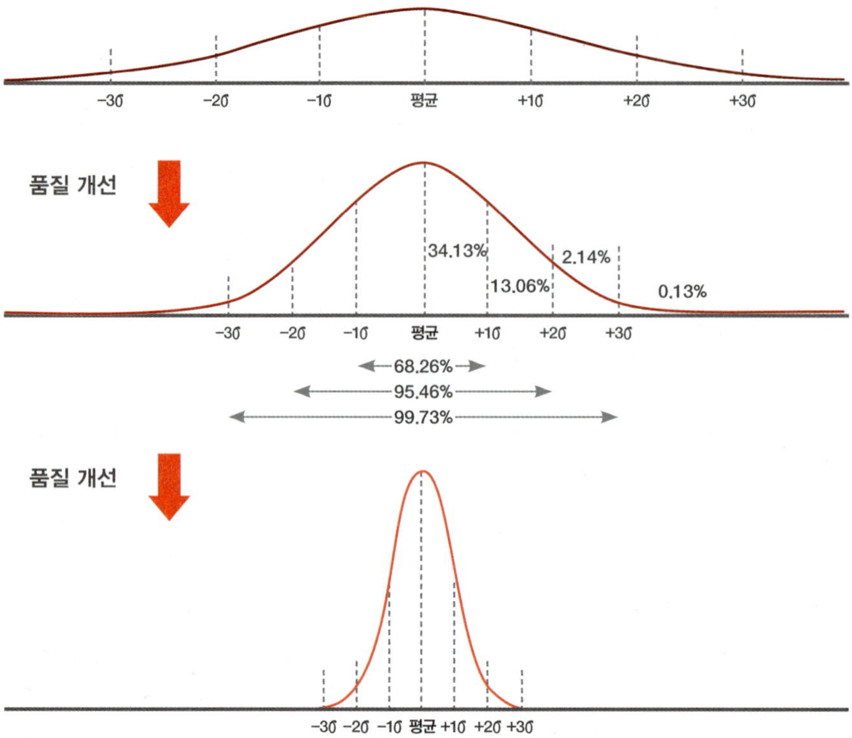

그림 12-3 품질 개선과 정규분포 곡선의 변화 추이

미국의 ASQ American Society for Quality의 6시그마 전문가 자격증은 동양 무술의 숙련품계 시스템을 빌려왔다. [표 12-3]과 같이 4개의 전문가 단계는 1개의 마스터 레벨과 3개의 하위 레벨이며 시험은 보통 그린벨트부터 시작한다.

표 12-3 6시그마 전문가 자격증 레벨(출처: ASQ)

레벨	설명
마스터블랙벨트 (master black belt)	현대 산업의 상황을 이해하고 특출한 경험과 지식을 가진 뛰어난 경력의 소유자를 대상으로 한다. 뛰어난 리더십 역량, 혁신과 품질 개선을 위한 실행과 도전에 대한 사명감을 가져야 한다. 기존 마스터의 자격 평가와 인정이 필요하다.
블랙벨트 (black belt)	• 6시그마의 철학과 원칙, 지원 시스템과 툴을 설명할 수 있는 능력이다. • 팀 리더십, 팀 다이내믹을 이해하고 팀 구성원에게 역할과 책임을 부여한다. • 6시그마의 철학에 따른 DMAIC의 모든 측면을 철저히 이해하고 린 기업에 대해 기본적으로 이해하며, 부가가치가 없는 요인과 활동을 찾아내고 특별한 분석 툴을 사용할 수 있어야 한다.
그린벨트 (green belt)	• 6시그마 블랙벨트의 지도하에 6시그마 업무 처리 역량을 평가한다. • 품질 문제를 분석하고 해결하는 품질 개선 프로젝트에 참여할 수 있는 역량을 지녀야 한다. • 현업에서 최소 3년의 경험이 있어야 자격시험에 응시할 수 있다.
옐로벨트 (yellow belt)	• 6시그마 초심자를 대상으로 한다. • 6시그마 툴과 방법론, DMAIC 사이클에 대한 기본적인 이해도를 평가한다.

6시그마 프로젝트의 사이클은 다음과 같은 5단계이며 DMAIC로 요약된다.

- **정의(Define):** 프로세스에 대한 고객의 요건을 정의하는 단계이다.
- **측정(Measure):** 현재의 성과지표를 고객의 요건과 비교하는 단계이다.
- **분석(Analyze):** 현재as-is 시스템을 분석하는 단계이다.
- **개선(Improve):** 목적to-be 시스템을 설계하고 구현하는 단계이다.
- **통제(Control):** 결과물을 통제하고 새로운 시스템을 유지하는 단계이다.

6시그마의 DMAIC 사이클은 [그림 12-4]에 제시한 데밍의 4단계 사이클과 비교하면 측정 단계를 강조한 것으로 볼 수도 있고, 목적 시스템 설계과 구현 단계를 하나로 합한 것으로 볼 수도 있다.

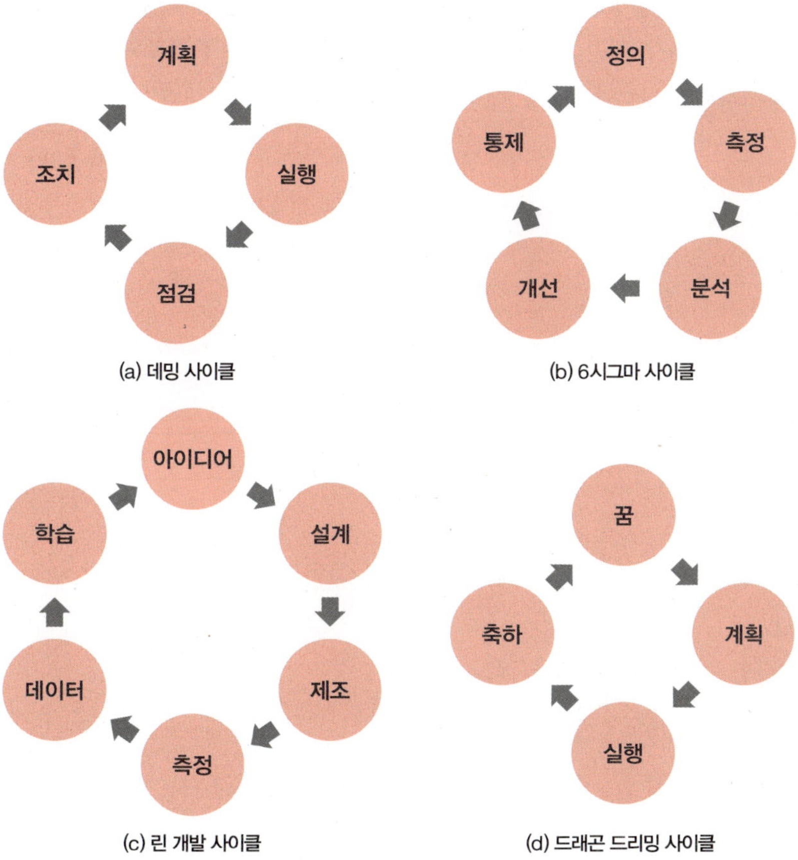

그림 12-4 여러 가지 비즈니스 프로세스 사이클

6시그마 방법론이든 TQM이든 MDQ든 단계의 명칭이 다를 수 있다. 하지만 각 방법론이 사용하는 주요 분석 툴은 QC7, 피시본 다이어그램과 동일한 방식을 사용한다. 그럼에도 6시그마에서 강조되는 두 가지 용어가 있다.

- **CTQ(Critical To Quality):** 고객의 구매 포인트를 소구점Customer Selling or Buying Point, CSP이라고 하며, CTQ는 이를 늘어놓은 목록이다. CTQ는 USP Unique Selling Point or Proposition라는 마케팅 용어와 유사하며, 친화도 분석을 통해 트리 구조의 계통도로 표현할 수 있다. 각 소구점의 우선순위는 설문 조사, 포커스 그룹을 통해 AHP 형태로 점수를 매길 수 있다. CTQ는 품질 기능 전개 기법QFD의 what 부분 작성에 활용된다.
- **가노 모델(Kano model):** 일본의 노리아키 가노가 만든 고객 요구 조건 분석표이다. 품질 속성과 고객 만족도라는 두 가지 변수로 고객 요구를 시각적으로 분석한다. 가노는 고객 요구 조건을 기본 요인, 만족 요인, 감동 요인으로 구분했다.

TIP 가노 모델은 5절에서 자세히 설명할 것이다.

[그림 12-4]에서 보듯이 품질 사이클에는 데밍 사이클, 6시그마 사이클, 린 개발 사이클 등이 있다. NGO 활동가들이 많이 사용하는 '드래곤 드리밍dragon dreaming' 사이클은 참고로 제시했다. 이는 합리적인 평가보다 꿈의 성취를 통해 지속적으로 에너지를 고양하는 것이 특징이다.

SECTION 03

린 스타트업 사이클

01 린 스타트업의 탄생

1848년 초 미국 캘리포니아에서 금광이 발견되자 소문을 들은 수많은 사람이 이듬해 일확천금의 꿈을 안고 몰려들었다. 이를 '골드러시 1849'라고 하며, 이렇게 해서 형성된 도시가 샌프란시스코이다. 샌프란시스코 아래 새너제이 지역은 1930년대까지 과수원과 농장이 대부분이었지만, 1940년대에 항공/방위 산업체가 들어서고 1970년대에 반도체와 미니컴 업체가 번창하면서 실리콘밸리라는 별명을 얻게 되었다. 실리콘밸리는 새로운 개발 프로세스인 린 스타트업Lean startup 방법론이 태동한 곳으로, 린 스타트업을 이해하려면 먼저 실리콘밸리의 사회적 환경을 이해해야 한다.

실리콘밸리는 1980년대에는 마이크로컴퓨터, 1990년대에는 인터넷, 2000년대 이후에는 소셜 미디어, 모바일, 바이오, 환경 기술의 벤처 기업이 번창한 지역으로 미국 스타트업 창업 자본의 30% 이상이 투자되고 있다. 이렇게 자본이 몰리는 현상을 제2의 골드러시에 비유하곤 한다. 실리콘밸리는 1960년대 반전 데모와 히피 정신의 자유로움이 여전히 살아 있는 곳이며, 인종차별이 상대적으로 적어 다양한 국가의 우수한 두뇌가 모여든다. 스탠퍼드대학이 조성한 산학연 생태계가 꾸준히 혁신 에너지를 공급하고 있으며, 미국 동부와 구별되는 개방적이고 다양한 문화 콘텐츠는 혁신의 생태계가 되어 세계에서 가장 경쟁력이 높은 도시로 평가받고 있다.

1990년대 중반 이후 6시그마 품질경영은 미국 제조업체의 경영 성과 향상을 위한 만병통치약처럼 확산되었지만 미국 제조업체의 품질 수준이 일본을 훨씬 앞질렀다는 증거는 아직 없다. 6시그마 개념을 만든 모토로라는 오히려 2011년 구글에 합병되었다. 기업이 아주 좋은 품질의 제품을 만들었다 하더라도 팔리지 않는 제품이라면 사업의 본질을 놓친 셈이다. 고장 없는 제품이 회사의 성장을 보장하지는 않는다. 실리콘밸리의 창업자들은 이러한 각성으로 린 스타트업 개발 사이클을 고안해냈다.

02 린 스타트업 사이클의 이해

품질 비용을 최대한 낮추려면 초기 설계 단계에서부터 불량 발생 가능성을 제거하고 설계를 변경할 필요가 없는 제품을 만들어야 한다. 이것은 6시그마의 정신이다. 하지만 더욱 중요한 일은 초기부터 빠른 시간 안에 팔리는 제품을 잘 기획하는 것인데 이것이 바로 린 스타트업의 정신이다.

잘 팔리는 상품 디자인 역시 전형적인 품질경영의 범주이다. 하지만 세상에 없던 혁신적인 제품의 경우 소비자가 쉽게 상상하거나 평가할 수 없다는 문제가 있다. 한편 최근의 모바일 앱은 인터넷을 통해 하루에도 몇 번씩 소프트웨어를 업그레이드하고 고객도 이에 관대하다. 다시 말해 기능 변경의 환경이 아주 자유롭기 때문에 저렴한 비용으로 시장 테스트가 가능하다. 그렇다 하더라도 고객이 무료로 사용하다가 기꺼이 돈을 지불할 중독성이 있는 제품 또는 서비스인지 검증하는 일은 스타트업 기업의 더 큰 도전이다.

따라서 스타트업 사업은 가치 가설과 성장 가설을 증명하는 과정이다. 가치 가설은 자사 제품 또는 서비스의 고객이 반드시 있다는 가설이고, 성장 가설은 그 고객이 지속적으로 증가할 것이라는 가설이다. 두 가설이 모두 증명되면 기업은 스타트업이라는 딱지를 떼고 고성장을 시작한다. 스타트업 100개 기업 중 10년 후에는 많아야 5개가 살아남는다. 살아남은 이들은 자사의 비즈니스 모델에 관한 가치 가설과 성장 가설을 증명하고 성공한 5%이다. 비즈니스 세계에서는 가치 가설과 성장 가설을 '가장 위험한 가설'이라고 일컫는다. 실패 확률이 95%나 되기 때문이다. 이러한 가설 증명 사이클을 실리콘밸리에서는 '린 스타트업 사이클Lean startup cycle'이라고 부른다.

전형적인 제조업체의 순차적인 R&D의 경우 완제품을 만들고 나서야 고객의 반응을 확인할 수 있다. 이를 연속 개발 사이클 또는 폭포수형 사이클이라고 한다. 한 번 흐르기 시작하면 피드백 없이 공정이 쭉 흘러가는 일반 제철소와 같다. 자동차 산업의 경우 기획, 디자인, 상세 설계, 시제품 제작의 전 과정에 3년이 걸린다. 이러한 접근은 R&D를 위한 모든 비용을 투입한 후 제품의 성패를 확인한다는 것이 문제이다. 제품 개발 비용이 막대한 산업에서는 잘못된 제품 개발로 회사의 생존이 위태로워질 수 있다. 이러한 문제를 해결하는 설계 방법이 프로세스를 중첩 진행하는 동시공학이다. 그러나 동시공학 역시 R&D 사이클을 단축시키기는 하지만 시장 확인은 마지막 단계에 실시한다.

실리콘밸리의 스타트업은 전형적인 비즈니스 프로세스를 감내할 자금, 인력, 시간이 부족한 신생기업이다. 이런 기업들이 폭포수 모델과 같은 개발 사이클을 따라 하는 것은 무모하고 비효율적이다. 린 스타트업 사이클은 이에 대한 대안이 된다. 린 생산 방식은 도요타에서 나온 개념이지만 스타트업 생태계에서 린 사이클은 산출물을 의미하는 IPD Idea, Product, Data와 산출물을 만드는 BML Build, Measure, Learn을 혼합하는 사이클로 설명한다. 그러나 주로 BML을 린 사이클로 설명한다.

실리콘밸리 린 사이클의 전도사 에릭 리스Eric Ries는 도요타의 린 프로세스와 스티브 블랭크Steve Blank, 클레이턴 크리스텐슨 등 여러 경영학자의 이론을 합하여 유명한 린 스타트업 사이클 모델을 제안했다. 그러므로 도요타의 린 프로세스와 린 스타트업 개발 프로세스는 개념이 조금 다르다. 도요타의 린 사이클에 비해 린 스타트업 사이클은 다음과 같은 특징이 있다.

- 재무제표나 품질에 관한 성과지표가 아니라 가설 검증의 학습이 목적이다.
- 완제품보다는 가설 검증을 위한 최소 사양 제품MVP을 만든다. 효과적이라면 종이 목업도 최소 사양 제품이 된다. 개념을 빠르게 최소 사양 제품화하는 작업은 신속 시제품화rapid prototyping 기술의 하나이다.
- 시장 조사에 시간을 많이 들이지 않고 현장에서 고객의 반응을 직접 확인한다.
- 고객의 반응을 빨리 검증하고, 반응이 없다면 신속히 방향 전환을 한다. 이러한 방향 전환 모델은 전통적인 프로세스(연속 개발과 동시병행 프로세스)와 린 개발 사이클의 가장 큰 차이점 중 하나이다.
- 사이클은 최대한 짧은 시간에 여러 번 돌리는 것이 중요하다. 보통 한 사이클이 1주일 이내이고 길어도 3개월을 넘지 않는다.
- A/B 테스트를 통해 복수의 대안을 비교하고 대안별 고객 전환 비율을 모니터링한다.
- 출시 이전부터 고객의 사전 계약을 도모하고 최소 사양 제품의 완성도를 지속적으로 올린다.

(a) 종이 목업(usabilitygeek.com)

(b) 디지털 목업(www.sharingame.org)

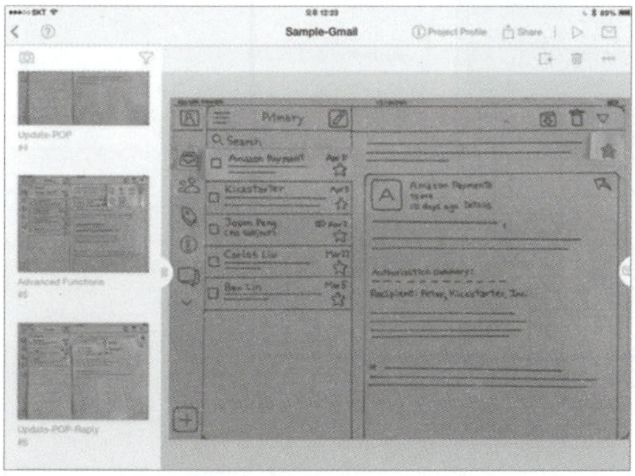

(c) 디지털 종이 목업(POP–Prototyping On Paper: Woomoo)

(d) 3D 프린트 목업(www.sharingame.org)

그림 12-5 신속 시제품화의 예

03 린 스타트업 사이클에서 개발된 방법

린 스타트업 사이클에서는 전통적인 QC 방법론 외에 새로이 개발된 방법을 제안했다. 비즈니스 모델링을 [그림 12-6]과 같은 A4 용지 1장으로 설계하는 린 캔버스Lean canvas와 이보다 먼저 제안된 비즈니스 모델 캔버스business model canvas가 대표적이다. 비즈니스 모델 캔버스는 알렉산더 오스터발더Alexander Osterwalder가 주도했고, 린 캔버스는 아시 마우리아Ash Maurya가 이를 개선하여 만든 것이다. 전자는 포괄적 개념 설계에 최적화되었고, 후자는 고객 요건에 맞춘 솔루션 설계에 최적화되어 있다.

린 스타트업 프로세스에서는 수십 쪽의 상품 기획서를 쓰지 않는다. 데이터 분석도 단순한 가입률, 이탈률 등의 지표가 아니라, 코호트라 불리는 복수 집단별로 A/B 마케팅 변수의 조작을 하고 이에 반응하는 거래 행동을 상호 비교하는 방법론으로 접근한다. 코호트 분석은 TQM에서 다양한 생산 변수 중 품질 수준에 영향이 큰 변수를 찾는 실험계획법DOE과 유사하다. 이러한 고도의 일을 수행하는 전문가를 그로스해커라 하는데, 그로스해커는 마케팅 역량, 코딩 능력, 통계 분석 능력을 갖추어야 한다.

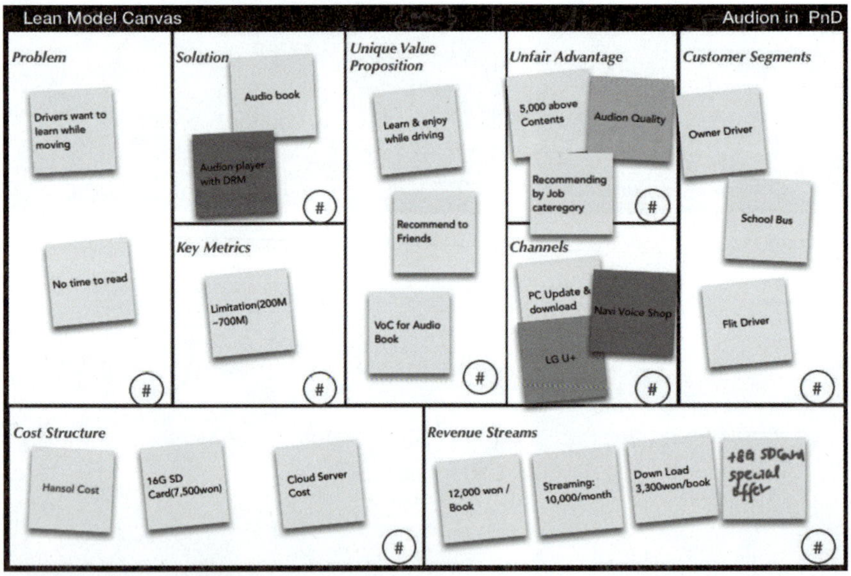

그림 12-6 린 캔버스 산출물의 예

실리콘밸리의 창업 문화는 기성 문화에 도전하여 스스로 해적이라 칭하기를 즐기며, 세상에 없던 아이디어를 때로는 훔쳐서 창조하는 작업을 해킹이라 부른다. 출신 배경을 중시하지 않고 실패를 두려워하지 않는 자세를 스스로 해적의 이미지로 상징화한 것이다. 500스타트업500 Startups이라는 엔젤 투자사를 설립한 데이브 매클루어Dave McClure는 창의적 해킹을 지향하는 린 스타트업의 성과지표를 해적지표pirate metrics라 일컫기도 했다.

학제 간 교류가 새로운 아이디어를 만들듯이 6시그마 이론가들도 린 스타트업 사이클을 적극적으로 자신의 방법론에 수용하려 노력하고 있다. 린 스타트업의 이론가들 역시 벤처 생태계에 적합한 린 스타트업 사이클 접근이 대기업에서도 효과를 보고 있다는 논증을 찾기 위해 노력한다. 그러나 6시그마 사이클과 린 스타트업 사이클은 진화론의 적응 이론과 돌연변이 이론처럼 근본적인 사상의 차이가 있다.

린 스타트업 사이클은 세상에 없는 새로운 제품과 서비스를 빠르게 검증하기 위한 방법론으로 시작했다. 규모가 있는 기업, 평판을 중시하는 기업 문화에서 린 스타트업 사이클을 적용하는 데에는 문화적 장벽이 존재한다. 대기업이지만 린 스타트업 사이클이 충분히 효과를 발휘하고 있다면 그 조직은 융통성이 있고 열린 기업 문화가 조성되어 있을 것이다. 린 스타트업은 관료주의적 통제를 받지 않는 별동대와 같은 분리된 개발 조직에서 효과를 발휘한다. 그러므로 대기업이 신규 사업 진출을 고려할 때 별도의 분리된 조직을 만들고 린 스타트업 문화를 수용하도록 한다면 성공률을 높일 수 있다.

실리콘밸리의 스타트업을 방문한다면 우리나라 회사에 비해 훨씬 개방된 공간에 놀랄 것이다. 책상 사이에 파티션이 없고 뻥 뚫린 사무 공간은 직원들의 대화로 에너지가 넘칠 것이다. 벽에는 얼룩덜룩 포스트잇이 붙어 있고 낙서 메모가 적힌 반투명 칠판에 에워싸인 사무실은 중세 유럽의 길드 작업장을 연상시킨다.

SECTION 04

동시공학, QFD, FMEA

01 동시공학

동시공학 개념의 원조는 중세 길드 제도에서 장인의 감독하에 수행되었던 협업 체제를 꼽을 수 있다. 현대적 동시공학의 개념은 1980년대 초 미국에서 태동했다. 그보다 역사가 오래된 QM, TQM과 같은 개념은 동시공학의 개념 정립에 절대적인 영향을 끼쳤다. 동시공학concurrent engineering이라는 용어는 미국에서 처음 만들고 주도했으나 일본으로부터 가장 많은 영향을 받았다고 해도 과언이 아니다. 동시공학의 가장 중요한 요건 가운데 하나인 '팀 공동체에 의한 설계 문화'는 바로 일본식 기업 문화에서 배워 온 것이기 때문이다.

미국 학자는 제2차 세계대전 당시 일부 미국 방위 산업체의 예를 들며 이러한 동시공학 설계 문화가 미국에도 엄연히 존재했다고 강조한다. 일본보다 앞섰다고 주장하는 미국의 동시공학 사례는 대개 제2차 세계대전 중 공군기 제조업체이다. 이러한 사례는 동시공학이라는 용어가 생기기 이전의 일로, 동시공학의 개념으로 새롭게 조명해본 결과 찾아낸 것이다. 대표적인 예는 록히드의 암호명 스컹크워크스이다. 스컹크워크스 팀은 SR-71 블랙버드, F-117A 스텔스 전투기를 만든 록히드 Advanced Development Company ADC의 전신으로, 실전에 투입된 미 공군 최초의 제트 전투기 P-80을 만든 것으로 유명하다. 스컹크워크스 팀을 이끌었던 클래런스 존슨Clarence Johnson은 지금의 동시공학 규칙과 맥이 닿는 14개 팀 규칙을 제정했다. 데밍의 14훈, 도요타의 14조, 존슨의 14훈은 모두 14개의 규칙으로 제정된 것은 결코 우연이 아닌 듯하다([표 12-1] 참조).

본격적인 현대적 동시공학의 모범 사례로 보잉의 B777 여객기 개발을 꼽을 수 있다. 1994년 4월 9일 미국 시애틀 소재 보잉 공장에서는 약 5년에 걸쳐 완성한 신형 여객기 B777 출고식이 있었다. B777은 보잉이 사운을 걸고 동시공학 기법을 100% 적용한 최초의 프로젝트로, 그 성공 여부에 업계의 관심이 집중되어 있었다. B777 프로젝트는 5년간 50억 달러 이상의 개발비를 투입하여 개발 기간을 예상보다 무려 1년이나 앞당겼다. 과거에 보잉은 비행기 무게만큼의 설계 도면을 그려야 제작에 착수할 정도였다. 하지만 B777 모델은 300만 개에 이르는 부품을 100% 디지털로 설계했으며 3차원 솔리드 모델을 이용, 견본 구조물을 제작하지 않고 그래픽 단말기를 통해 간섭도 및 작업성을 확인하고 자동화된 공작Numerical Control, NC 기계에 연결하여 시제품을 제작했다. 이러한 B777의 성공 사례를 다룬 책도 여럿 출간되었다.

[그림 12-7]은 동시공학 또는 동시병행 설계 프로세스와 전통적인 연속 설계 프로세스를 비교한 것으로, 린 스타트업 사이클도 같이 제시했다. 전통적인 연속 설계 프로세스는 실무자 간의 의사소통이 단절되어 있어, 공정이 끝나고 결과물을 벽 넘어 부서로 던져버리는 것과 같다. 만약 전달받은 산출물을 변경해야 하면 변경 권한이 있는 이전 부서에 변경을 요구한다. 이러한 사이클이 반복되면서 기간이 늘어지고 개발 비용이 증가한다.

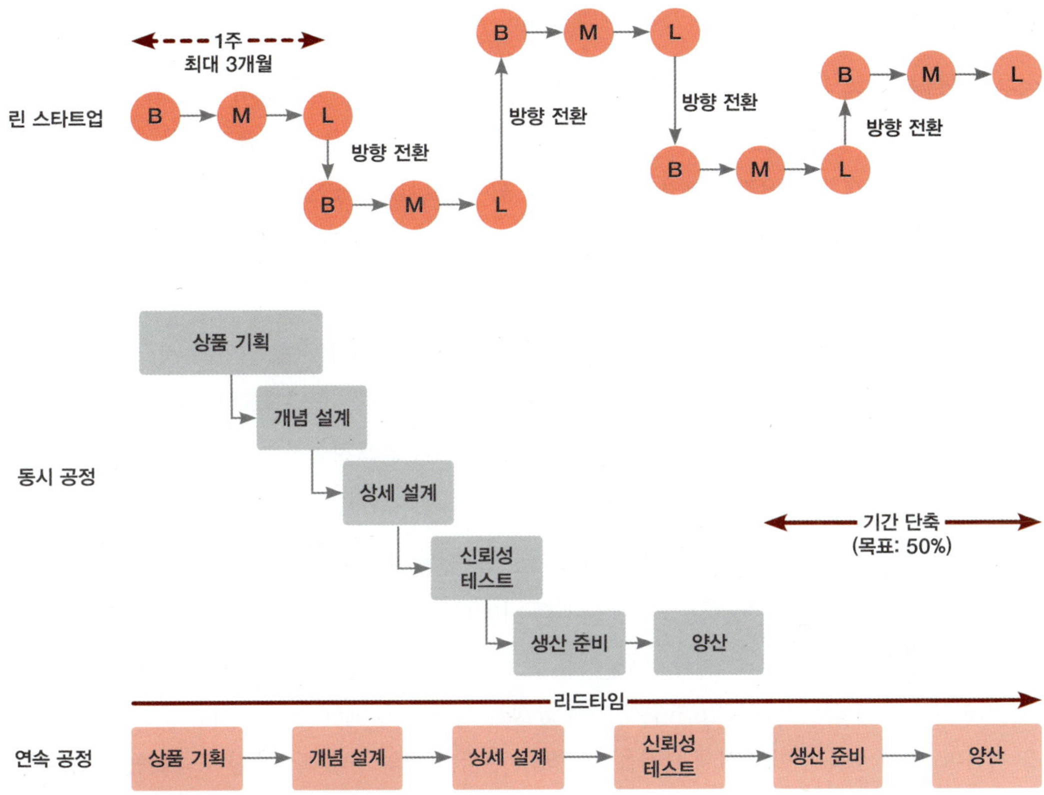

그림 12-7 연속 공정, 동시 공정, 린 스타트업 사이클의 개념

반면에 동시병행 설계 프로세스는 개발에 관련된 작은 규모의 핵심 담당자가 상대의 목소리가 들릴 정도의 공간에서 긴밀히 의사소통을 하면서 개발을 진행한다. 변경 사항은 순식간에 전파되며, 후공정 실무자는 선공정에 참여하여 이후에 벌어질 문제를 논의하고 사전에 해결한다. 이를 생산 담당자에 의한 초기 개발 참여early manufacturing involvement라고 한다. 설계를 하되 후공정에서 발생 가능한 제조 용이성과 조립성, 분해 용이성을 고려한다. 또한 환경보호, 인체공학, 안전 규정을 고려하여 초기부터 변경 없는 설계 보증에 노력한다. 이러한 프로세스 접근에 대해 Design for X를 도모한다고 일컫는다. 6시그마에서는 이 개념을 채용하여 DFSS Design For Six Sigma라는 용어를 만들어 냈다.

TQM이 제조 라인에서 태동했다면 동시공학은 R&D에서 시작된 프로세스이다. 동시공학은 회사의 개발 사이클이 매우 복잡해지더라도 중세의 길드 제도와 같은 의사소통 체제를 지향한다. 규모가 커진 조직은 동시공학의 환경을 조성하기 위해 필연적으로 CAD/CAM과 같은 IT 기술과 엔지니어링 데이터베이스, 프로젝트 관리 솔루션과 같은 협업 툴의 도입을 전제로 한다. 동시공학 역시 학문의 한 분야로 폭넓은 방법론을 내포하고 있지만 TQM과 많은 부분의 유산을 공유한다.

02 QFD

연구개발의 두 가지 목적은 초기 설계 보증을 통해 변경 없는 설계를 하는 것과 제품 기획력을 강화하여 잘 팔리는 제품을 만드는 것이다. 이러한 목적을 위한 최적의 툴은 바로 품질 기능 전개 기법QFD이다. QFD는 고객 구매 요건과 제품 설계 요건의 관계 정의를 이용한 상품 기획 기법이라 할 수 있다. 이러한 QFD의 적용을 위한 문서 및 의사소통 툴을 품질의 집House of Quality, HoQ이라고 한다. 완성된 문서의 모양이 집처럼 생겨서 이런 이름이 붙었다.

QFD는 1970년대 초에 일본 미쓰비시중공업의 고베 조선소에서 처음 고안된 것으로 알려졌다. 1970년대 말에 도요타자동차는 4년의 연구와 교육을 거쳐 QFD를 도입했으며, QFD는 1983년 미국품질관리학회지에 소개되고 가오루 이시가와를 통해 미국 포드자동차와 협력업체에 전파되었다. 우리나라에서도 삼성전자를 비롯한 대기업들이 이 방법론을 도입하여 지금도 교육을 실시하고 있다.

QFD는 [그림 12-8]과 같이 전개된다. 고객 요건과 설계 요건을 매칭하는 첫 번째 단계를 HoQ 단계라고 한다. 이후의 모든 단계는 HoQ 단계를 바탕으로 전개되기 때문에 첫 단추를 잘 끼워야 한다. 이렇게 확정된 설계 요건은 부품 요건, 주요 공정, 작업 요건으로 논리적 연관성을 가지고 전개된다. 역순으로 추적하면 어떤 작업 변수가 어떤 공정을 처리하고, 해당 공정이 어떤 부품의 품질 수준을 정하며, 어떤 부품이 어떤 설계 요건을 만족하여 결국 고객의 구매 포인트를 충족하는지 논리적으로 명확히 설명할 수 있다. QFD는 2단계부터는 해당 부서의 일에 따라 파생 전개가 가능하다. 예를 들어 3단계에서 부품과 개발 공정을 매칭하지 않고 외주에 맡길 경우 개발 공정 대신에 납품 사양으

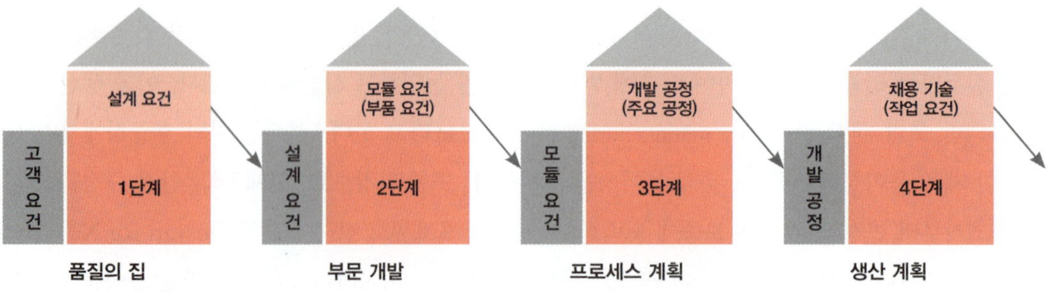

그림 12-8 QFD 4단계 전개의 예

로 정하며, 4단계에서 납품 사양에 맞는 외주 업체를 선정하는 매트릭스로 파생 변형이 가능하다.

[그림 12-9]는 HoQ 매트릭스의 구조를 나타낸 것이다. 각 번호는 매트릭스를 채우는 일반적인 순서이다. 이 중에서 가장 어려운 부분은 WHATs이다. WHATs 부분을 소비자의 목소리가 아닌 회사 내의 기술적 용어로 표현했다면 QFD를 잘못 작성한 것이다. 특히 ❽번 HOWs vs. HOWs는 설계 요건의 배타적 특성을 검토하는 부분으로 ISM 기법과 관련이 있다. 어떤 설계 요건을 우선하느냐는 WHYs(소비자 구매 요건)와 HOW MUCHes(구현 비용 등)를 매트릭스로 추적하여 종합적으로 검토하고 결정한다.

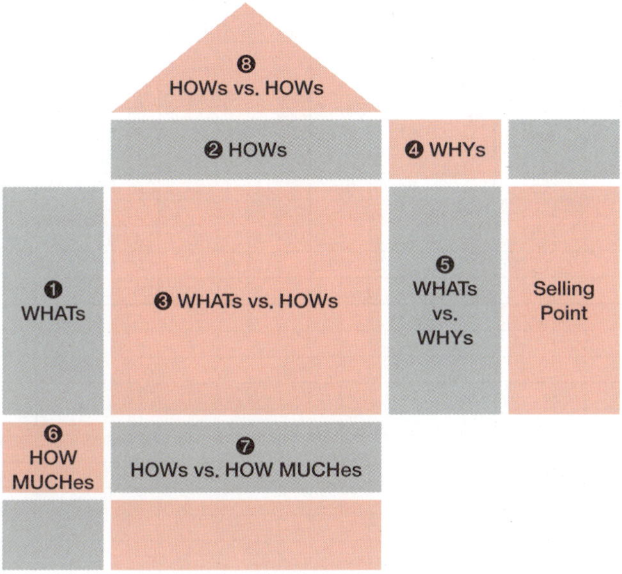

❶ **WHATS:** 소구점. 고객 구매 요건(VOC)

❷ **HOWs:** WHATs를 충족하기 위해 측정·조정되어야 하는 설계 사양(설계 특성)

❸ **WHATs vs. HOWs:** 고객 구매 요건과 설계 특성의 상관관계. 1, 3, 5, 7, 9 홀수 사용

❹ **WHYs:** 고객층 및 경쟁 제품 관련 평가 항목(시장 분석)

❺ **WHATs vs. WHYs:** 고객이 부여하는 중요도 가중치. AHP 기법을 많이 사용

❻ **HOW MUCHes:** 제품 특성에 관한 경쟁력 분석의 항목

❼ **HOWs vs. HOW MUCHes:** 고객 구매 요건을 만족시킬 수 있는 각 설계 특성의 목표 수치

❽ **HOWs vs. HOWs:** 각 제품 특성 상호 간의 연관성(+ 순방향 혹은 – 배타적)

그림 12-9 HoQ의 7개 방(출처: ITT의 QFD/CAPTURE)

현장에서 QFD 문서를 작성하는 것은 생각보다 단순한 작업이 아니다. 템플릿을 그리기도 쉽지 않다. 속성 항목을 8~12개 이내로 하지 않으면 글씨가 너무 작아지고, 가독성을 유지하려면 A4 용지로는 부족하다. 그래서 하나의 레벨 1 밑에 레벨 2 속성 5~8개 정도로 잘라서 작성하거나, 대형 도면을 그리는 플로터로 출력해서 넓게 펴놓고 논의하기도 한다. 최근에는 여러 가지 소프트웨어 툴이 활용되고 있지만 모니터의 제약으로 여전히 어려움이 있다. 친화도 분석을 통해 레벨 2 속성을 묶어서 레벨 1을 명명하고, 각 카테고리별로 구분하여 QFD를 전개하는 것이 현실적이다. 편의를 위해 레벨 2, 3 속성 평가를 스프레드시트로 작성하여 사용하기도 한다.

[그림 12-10]은 QFD를 엑셀 시트로 작성한 예이다. 엑셀로 작업할 경우 'HOWs vs. HOWs' 부분을 작도할 수 없고 분석 공란에 그래프를 넣기도 쉽지 않다. 하지만 공식을 입력하여 수리적인 분석을 하는 것은 어느 정도 활용이 가능하다.

HOWs vs. HOWs 범례	
●	Strong Positive
○	Positive
△	Negative
▼	Strong Negative

WHATs vs. HOWs 범례	
●	Strong
○	Moderate
△	Weak

	Agent 사이즈	Active X 이용	MSDE	실시간 모니터링	설치 S/W Log	패치 관리	RTM	원격 화면 제어	리포팅	IP별 사용자 접근 제어
가중치										
Direction of Improvement	−				+				+	
설치의 용이성										
기존 AV 제품 삭제 지원		○							○	
에이전트의 크기	●	○								
직관적 설치 UI				●	●	●			●	
부가 보안 기능										
비인가자 침입 시 알람				○					○	○
웜 공격, N/W 차단 시 알람				○					○	○
N/W 모니터링				○					○	○
윈도 패치 지원				○	●	●			○	
자산 관리 기능										
라이선스 관리					○	○			○	
불법 S/W 사용 통제, 제거					○	○		△	○	
사용자에게 자동 이메일 경고				○						
기술 비교										
측정 단위	mb									
H사 벤치마킹	3.0									
T사 벤치마킹	6.0									
S사 벤치마킹	6.0									
기술적 난이도	5	4	1	4	2	5	4	5	2	2
내재 중요성	5	3	1	4	2	5	4	2	3	3
예측 원가	20	10	5	10	5	10	5	15	5	15
IDEAL APC 목표	2.8									
IDEAL APC 비교우위 전략	H사보다 월등	T사보다 월등	H사와 동일	경쟁사와 동일	경쟁사와 동일	경쟁사와 동일		이전과 동일	S사보다 월등	경쟁사와 동일

	고객 중요성	교육 기관	공공 기관	대기업 고객	GMB 고객	고객 중요성(Avg)	경쟁사 분석	H사	T사	S사	IDEAL APC	영업 레버리지 효과	전체 중요성	퍼센티지 중요도	개발 우선순위
가중치		0.1	0.2	0.3	0.4								47.3		
Direction of Improvement															
설치의 용이성															
기존 AV 제품 삭제 지원		6	6	3	1	2.8		4	1	1	6	1.0	2.8	6.9%	8
에이전트의 크기		3	4	6	1	3.0		2	4	3	4	1.2	3.6	7.6%	7
직관적 설치 UI		3	3	4	2	2.9		4	2	2	4	1.8	6.2	11.0%	4
부가 보안 기능															
비인가자 침입 시 알람		4	4	4	3	3.6		1	2	2	2	1.6	6.8	12.2%	3
웜 공격, N/W 차단 시 알람		6	6	6	4	4.6		4	4	4	4	1.8	8.3	17.6%	2
N/W 모니터링		2	3	4	2	2.8		2	3	3	3	1.2	3.4	7.1%	6
윈도 패치 지원		6	6	6	6	6.0		1	1	2	2	2.0	10.0	21.1%	1
자산 관리 기능															
라이선스 관리		6	4	3	2	3.0		2	1	3	3	1.4	4.2	8.9%	5
불법 S/W 사용 통제, 제거		4	3	2	1	2.0		2	1	4	4	1.2	2.4	6.1%	9
사용자에게 자동 이메일 경고		2	2	1	2	1.7		3	3	3	3	1.0	1.7	3.6%	10

그림 12-10 HoQ 엑셀 작도의 예

QFD 도입 초기에는 엑셀로 어느 정도 가능하더라도 본격적으로 활용하려면 소프트웨어 툴을 사용하는 것이 좋다. [그림 12-11]은 우리나라에서 개발된 QFD 툴로 작도한 실례이다. 거의 모든 QFD 개념을 적용할 수 있고 꺾은선 그래프를 지원하며 속성의 레벨도 표시 가능하다. 데모 버전은 출력 시에 제약이 있지만 쉽게 내려받아 사용해볼 수 있다.

어느 업체가 TQM을 하고 있는지 아닌지는 QFD를 활용하는지 여부로 판단할 수 있다. 그만큼 QFD는 품질경영에서 차지하는 비중이 크다. QFD 전문가는 QFD를 기업의 문화로 안착시키는 데 보통 3~5년 걸린다고 얘기한다. 기법을 단순 도입하는 것으로 TQM이 운영되지는 않는다. QFD를 도입하는 것은 기업 문화를 총체적으로 변경하는 도전을 의미한다. 제품 기획, 연구개발, 생산, 판매 등에 관련된 모든 직원이 고객 지향적 제품 개발 문화를 수용하지 않는 한 QFD 문서는 완성되기 어렵다는 것이 우리의 경험이다. 이러한 이유로 도요타도 QFD 프로세스를 직원들이 수용하도록 하고 안정화하는 데 4년의 시간이 걸렸다.

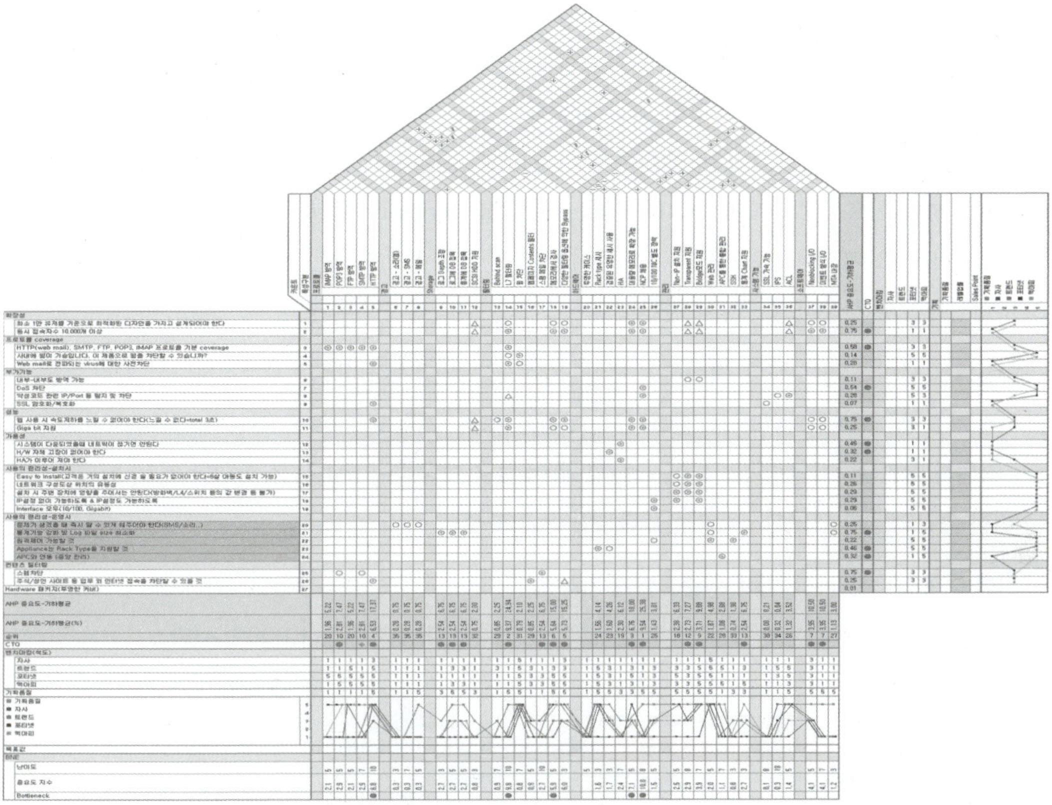

그림 12-11 CUPID4U 툴을 이용하여 HoQ를 작성한 예

03 FMEA

고장 모드 영향 분석FMEA은 1949년 미국 육군 표준 문서 MIL-P-1629에서 시작되었다고 알려져 있다. 나사NASA는 1960년대 초에 FMEA를 채용했으며, 1967년 미국 SAESociety for Automotive Engineers에서 ARP926으로 공표한 이후 ARP4761로 개편되었다. 포드자동차도 1970년대부터 활용하기 시작했고, 1993년 AIAGAutomotive Industry Action Group는 자동차 업계 표준으로 공표했다.

FMEA는 장애의 발생을 최소화하는 시스템을 개발하기 위해 고안되었다. 이는 장애를 축소하거나 발생 위험이 수용 가능한 수준임을 보증하는 설계를 위한 테스트 시스템을 만든다. 또한 고장 진단 시스템의 개발과 평가를 위해 설계 선택지를 고려하는 방안을 제시한다.

FMEA에서는 위험 순위도Risk Priority Number, RPN의 개념이 중요하다. 기업은 위험도를 산출하는 공식을 달리 정할 수 있는데, 한 예로 '고장 비용×고장 확률×발견 확률'로 위험도를 계산하기도 한다.

TIP 고장 비용 대신에 심각도를 넣을 수도 있다. 심각도는 고장 모드의 재무적 위험 수준으로 인적 상해, 재산 피해, 시스템 장애, 수리 시간 등을 고려하여 점수를 정한다.

FMEA를 활용하여 기업은 품질, 신뢰성, 제품/프로세스의 안정성 향상을 도모한다. 특히 설계 상류 공정상에서 보증 비용을 절감하고 생산 효율을 향상한다. FMEA는 하향식과 상향식이 모두 사용되지만 상향식이 일반적이다. 하향식 툴로 사용하는 경우에는 주요 고장 모드만을 확인할 수 있다. 업계에서는 고장 계통수 분석 또는 결함수 분석Fault Tree Analysis, FTA도 하향식 툴로 사용되고 있다. FTA는 논리 게이트 심벌인 OR, AND, Exclusive OR, Priority AND 게이트 등을 활용하여 결함의 논리적 요인을 시각적으로 표현하는 기법이다. 상향식 툴인 FMEA는 FTA를 보완하므로 FMEA와 FTA 기법을 모두 사용하면 고장의 원인과 고장 모드를 찾기가 수월하다.

FMEA는 단일 고장 모드에 적합하고 복합 고장 모드를 발견하기에는 부적절하다고 알려져 있다. FMEA는 TQM, 6시그마의 보조 활동이고, 부품표 트리 구조 및 테스트 케이스 목록Test Case List, TCL 작업과 연관된다. [그림 12-12]는 소프트웨어 툴을 이용하여 FMEA를 작성한 예이다. 그림에서는 위험 순위도를 다음 공식으로 계산했다(RPN = 120점).

위험 순위도 = 심각도 × 발생 수준 × 발견 가능성

→ 보통 세 가지 변수는 1~10점으로 정하고, 이 경우 최대 위험치는 1,000이 된다.

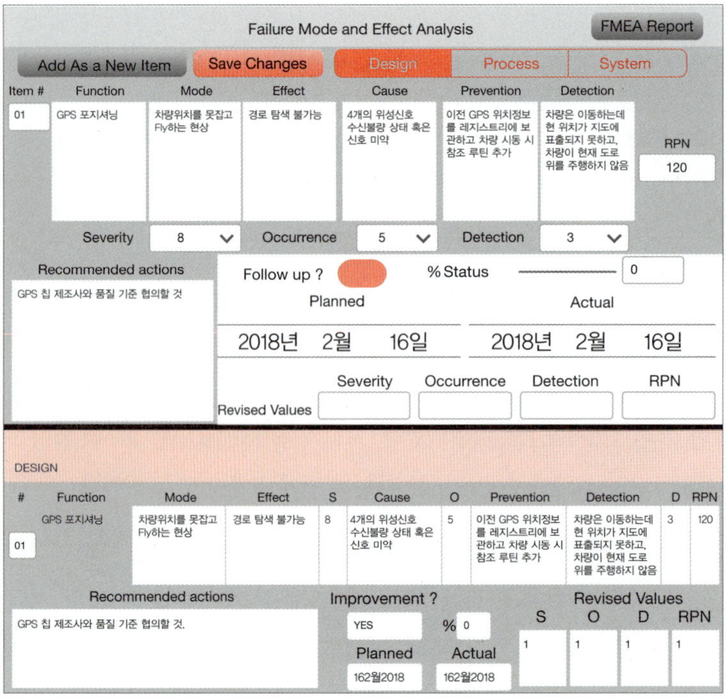

그림 12-12 FMEA 테이블의 예

TIP [그림 12-12]의 FMEA는 설계, 프로세스, 시스템 모드를 제공하고, 상단의 입력 창과 하단의 정리된 테이블 목록을 같이 표현했다. 입력 창을 통해 여러 개의 FMEA 목록을 만들 수 있다.

SECTION 05

트리즈, PERT 차트, 가노 모델

01 트리즈

트리즈TRIZ는 러시아의 겐리히 알츠슐러Genrich Altshuller가 주도하여 만든 혁신적 개발 방법론이다. 트리즈는 러시아 말로 'Teoriya Resheniya Izobretatelskikh Zadatch(발명적 문제 해결 이론)'의 약자이다. 알츠슐러는 전 세계 수백만 건의 혁신적 기술 발명을 전수 조사하여 혁신에는 일정한 패턴이 있음을 알아냈다고 주장했다. 그리고 이러한 패턴을 40가지의 발명 원리, 76가지의 표준 해결책, 39가지의 문제 해결 프로세스 변수로 구조화했다. 그는 설계가 기술적 모순과 물리적 모순을 해결하는 과정이라고 생각한다. 모순의 문제를 해결하고자 한다면 비형식적인 브레인스토밍을 하는 것보다도 패턴 모형을 좇아 시스템적으로 해결하는 것이 훨씬 효율적이라는 주장이다.

비즈니스 프로세스상에서 트리즈 기법은 프로세스의 개선과 혁신에 대한 아이디어를 제공할 수 있다. 문제가 있고, 머릿속으로 생각할 수 있는 모든 시도를 해보았지만 해결되지 않을 때, 트리즈가 제시하는 기법을 체크리스트와 같이 하나씩 채용해본다면 의외로 돌파구를 찾을 수 있을 것이다.

트리즈 기법을 처음 도입할 때는 책을 읽어서 접근하기보다 업계의 경험 있는 퍼실리테이터의 도움을 받는 것을 권고한다. 이들은 여러 회사의 기술적·경영적 과제에 대한 실례를 알고 있고 다양한 조직원이 참여한 트리즈 워크숍을 진행한 경험이 있기 때문에 트리즈 도입 초기에 감정 에너지를 덜 쓰고 접근하도록 도울 수 있을 것이다. 트리즈 기법은 특히 엔지니어링 문제에 효과를 본 사례가 많다. 특정 기술 분야에 익숙한 전문가는 사고의 패러다임이 고착되어 혁신적 아이디어의 발상이 어려울 때도 있다. 이들에게 트리즈 기법은 창의적인 아이디어 확산의 촉매가 된다.

[그림 12-13]은 트리즈의 모형 패턴을 제공하는 소프트웨어 툴의 화면이다. 트리즈를 다룬 책이 많이 나와 있으니 참고하기 바란다.

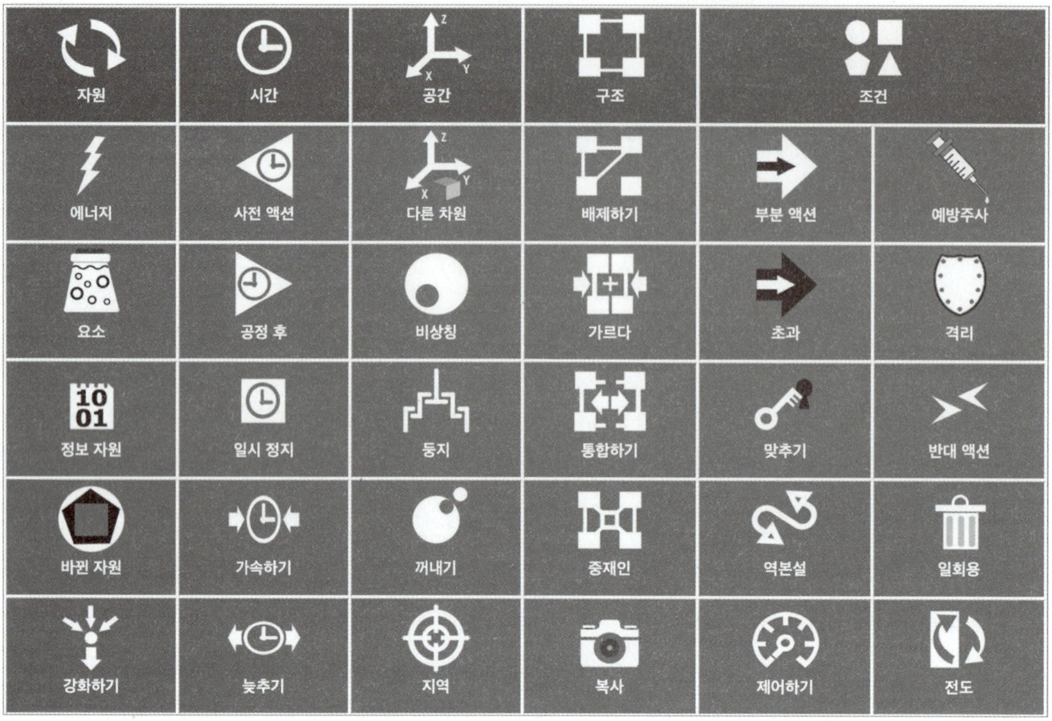

그림 12-13 TRIZ의 옵션 예

02 PERT 차트

PERT 차트는 1957년경 미국 해군 폴라리스 핵잠수함의 미사일 무기 체제 개발에 참여한 부즈 앨런 & 해밀턴Booz Allen and Hamilton의 연구원들이 고안한 것으로 알려져 있다. PERT 차트는 수행할 프로젝트를 구성하는 활동의 선후 관계와 과업 소요 시간 등의 제약 조건을 주고 목표를 예정 시간 내에 완료하기 위한 계획, 관리, 통제의 새로운 수법이다. 품실관리 프로세스에도 채용되었는데, 이후 비즈니스 프로세스 표기법의 모태가 되었고 여러 표기법에 그 유산을 전달했다. 특히 대단위 자원이 투입되고 오랜 시간과 수많은 활동으로 이루어진 건설 프로젝트나 대형 설비 제조 프로젝트에 유용하게 사용되며, 지금도 미군의 군납 건설 공사에는 필수적인 문서로 요구된다.

표기법은 [그림 12-14]와 같이 원과 화살표를 기본으로 하고 다양한 심벌이 사용된다. 원 안의 번호는 활동의 순서를 의미하며, 10과 20번 사이에는 11, 12와 같은 서브 프로세스를 끼울 수 있다. 화살표에 소요 기간을 표기할 때는 표준 시간most likely time, 최단 시간optimistic time, 최장 시간pessimistic time 속성을 부여하여 프로젝트의 완료 시간을 예측·평가한다. 이러한 시간 속성과 선후 관계는 숫자 테이블로 기록이 가능하며, 컴퓨터 프로그램의 경우 갠트 차트로 손쉽게 변환할 수 있다.

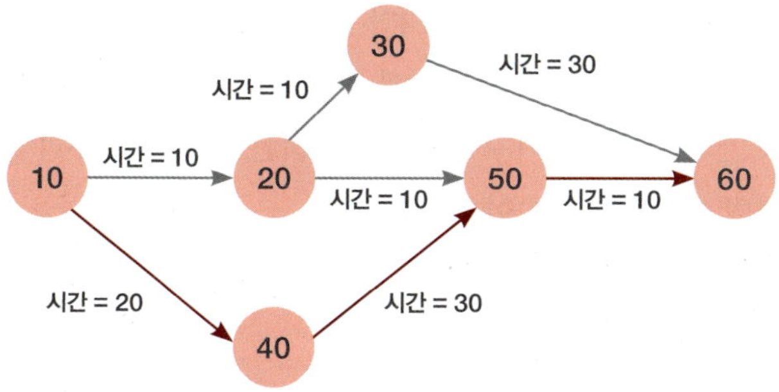

그림 12-14 PERT의 예

PERT 차트는 프로젝트의 임계경로를 찾는 데 유용하게 사용된다. 듀퐁에서 고안한 것으로 알려진 임계경로법Critical Path Method, CPM은 PERT 차트에 개념이 흡수되어 PERT-CPM으로 완성되었다. [그림 12-14]에서 임계경로는 '10→40→50→60'이며, 프로젝트는 '시간=60'보다 더 단축될 수 없다. 노드의 번호를 10단위로 부여한 것은 중간에 새로운 노드를 추가할 여유를 주기 위함이다.

03 가노 모델

[그림 12-15]의 가노 모델은 가노가 제안한 상품 기획 이론이다. 그는 고객 만족도satisfaction와 품질 만족도performance를 변수로 한 2차원 평면상에 그린 3개의 고객 품질 인지 곡선을 제시했다. 이 경우 [그림 12-15]와 같이 3개의 곡선을 가지고 상품의 품질 특성을 설명한다.

❶ **기본 요인(basic requirement):** 충족되지 않을 경우 불만을 일으키는 최소한의 요구 사항

❷ **만족 요인(satisfier):** 성능이 높은 경우 만족을, 낮은 경우 불만족을 야기하는 요인

❸ **감동 요인(delighter):** 고객에게 제공되면 만족이 높아지지만, 없어도 불만을 야기하지 않는 상품의 특성 요인

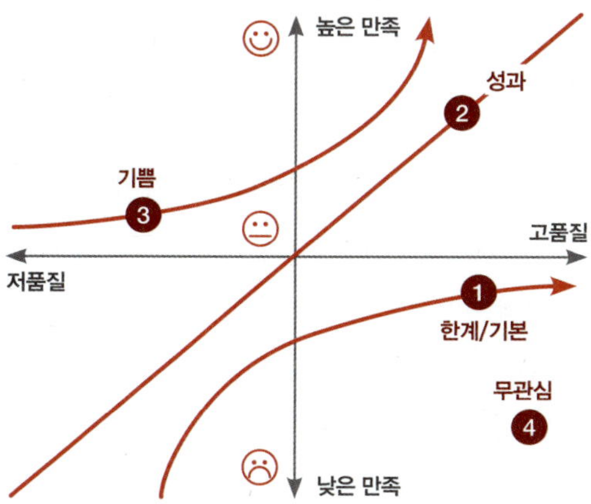

그림 12-15 가노 모델

가노 모델은 품질 속성에 대한 고객 반응의 세 가지 모델을 제시했지만 3개의 곡선과 변수의 관계를 이해하기 어려운 측면이 있다. 이에 대한 대안 모델로 [그림 12-16]과 같은 필수, 부가, 혁신 기능의 그림이 있다. 이는 고객의 기대와 고객의 만족이라는 두 가지 변수로 표현하는 방법이다. 우리의 경험상 이 모델은 가노 모델보다 현장 실무자의 이해에 더 도움이 되었다.

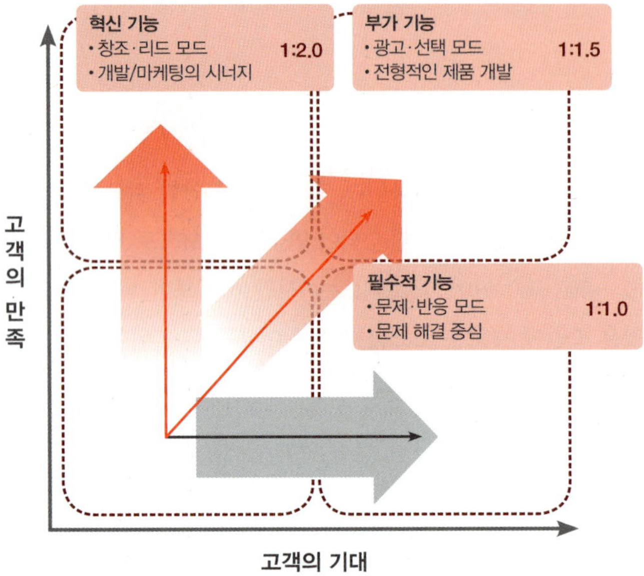

그림 12-16 만족-기대의 2차원 분석: 필수, 부가, 혁신 기능의 구분

필수, 부가, 혁신 기능의 차이는 다음과 같다.

- **필수 기능:** 경쟁사 제품에 유사한 기능이 있고 이 기능이 제공되지 않으면 고객이 구매를 주저하는 품질 속성으로, 가노 모델의 기본 요인과 유사하다.
- **부가 기능:** 경쟁사 제품에는 없거나 월등한 품질 속성으로 이 기능이 제공되면 매출 신장이 예상되며, 가노 모델의 기능 요인과 유사하다.
- **혁신 기능:** 고객이 전혀 기대하지 않지만 한 번 맛을 들이면 중독성이 강한 새롭고 혁신적인 기능으로, 가노 모델의 감동 요인과 유사하다.

우리는 [그림 12-16]이 가노 모델보다 훨씬 이해하기 쉬운 품질 속성 분류법이라고 생각한다. 제품 기획 단계에서 신제품의 기능 요인이 위의 세 가지 기능 분류 중 어디에 포함되는지 명확히 하면 개발 부서에서 최종적으로 만든 제품의 경쟁력을 쉽게 판단할 수 있다. 영업 부서에서는 이러한 분류 기준으로 개발 부서를 압박하기도 하고, 신제품 출시에 따른 매출 목표의 합리적 협상 도구로 사용할 수도 있다. 그림에서 혁신 기능의 1:2.0이라는 숫자는 혁신 기능으로 예상되는 기대 매출의 배수로 영업 부서와 합의된 지표의 예이다.

요약

01 통계적 공정관리SPC는 품질관리QC, 총체적 품질관리TQC, 총체적 품질경영TQM으로 발전했다.

02 품질관리의 핵심 툴인 QC7(Q7이라고도 함)은 가오루 이시가와가 정량적이고 시각적인 분석 도구인 SPC6에 자신이 고안한 피시본 다이어그램을 추가하여 제안한 통계적 품질관리 툴이다.

03 'Analysis of Words'에서 머리글자를 따온 W7은 개념 분석 기법이다. 개념 분석의 기본은 Why-Why 분석이며, 개념의 구조를 파악하는 기법으로 개념 간의 모자 관계와 네트워크를 분석한다.

04 도요타의 철학은 데밍에게서 비롯되었다. 데밍의 14훈, 도요타의 14조를 살펴보면 철학의 맥이 같다는 것을 알 수 있다. 그 철학의 키워드는 장기적 경영철학, 직원 자존감 고취, 현장 리더십, 유연성 있는 사고, 공동체적 파트너십, 학습 조직, 지속적인 개선으로 요약된다.

05 도요타는 자사의 품질경영 방식을 린 생산 방식이라 불렀고, 최근에는 도요타 생산 방식이라 부르고 있다.

06 6시그마는 일본에서 발전한 TQM과 린 생산 방식을 이식하고 여기에 더해 미국식 노하우를 접목했다. 특히 이전의 품질경영이 제조업 생산 부문을 주 대상으로 한 데 반해 6시그마는 비즈니스 프로세스 전반으로 범위를 확장했다.

07 6시그마에는 프로세스 관리, 프로세스 개선, 프로세스 재설계라는 세 가지 유형의 프로세스 변화 관리 방법이 있다.

08 6시그마 프로젝트의 사이클은 5단계이며 DMAIC로 요약된다. DMAIC 사이클은 정의Define, 측정Measure, 분석Analyze, 개선Improve, 통제Control이다.

09 스타트업 사업은 가치 가설과 성장 가설을 증명하는 과정이다. 가치 가설은 자사 제품 또는 서비스의 고객이 반드시 있다는 가설이고, 성장 가설은 그 고객이 지속적으로 증가할 것이라는 가설이다.

10 가치 가설과 성장 가설이 모두 증명되면 기업은 스타트업이라는 딱지를 떼고 고성장을 시작한다. 그러나 실패 확률이 95%나 되기 때문에 비즈니스 세

계에서는 가치 가설과 성장 가설을 가장 위험한 가설이라고 일컫는다. 이러한 가설 증명 사이클을 실리콘밸리에서는 린 스타트업 사이클이라고 부른다.

11 린 스타트업 사이클에서는 전통적인 QC 방법론 외에 새로이 개발된 방법을 제안했다. 비즈니스 모델링을 A4 용지 1장으로 설계하는 린 캔버스와 이보다 먼저 제안된 비즈니스 모델 캔버스가 대표적이다.

12 현대적 동시공학의 개념은 1980년대 초 미국에서 태동했으며 QM, TQM과 같은 개념은 동시공학의 개념 정립에 절대적인 영향을 끼쳤다. 동시공학이라는 용어는 미국에서 처음 만들고 주도했으나 일본으로부터 가장 많은 영향을 받았다. 동시공학의 가장 중요한 요건 가운데 하나인 '팀 공동체에 의한 설계 문화'는 바로 일본식 기업 문화에서 배워 온 것이기 때문이다.

13 연구개발의 두 가지 목적은 초기 설계 보증을 통해 변경 없는 설계를 하는 것과 제품 기획력을 강화하여 잘 팔리는 제품을 만드는 것이다. 이러한 목적을 위한 최적의 툴은 QFD이다. QFD는 고객 구매 요건과 제품 설계 요건의 관계 정의를 이용한 상품 기획 기법이라 할 수 있다.

14 FMEA는 장애의 발생을 최소화하는 시스템을 개발하기 위해 고안되었다. 이는 장애를 축소하거나 발생 위험이 수용 가능한 수준임을 보증하는 설계를 위한 테스트 시스템을 만든다.

15 트리즈 창안자인 겐리히 알츠슐러는 전 세계 수백만 건의 혁신적 기술 발명을 전수 조사하여 혁신에는 일정한 패턴이 있음을 알아냈다고 주장했다. 그리고 이러한 패턴을 40가지의 발명 원리, 76가지의 표준 해결책, 39가지의 문제 해결 프로세스 변수로 구조화했다.

16 PERT 차트는 수행할 프로젝트를 구성하는 활동의 선후 관계와 과업 소요 시간 등의 제약 조건을 주고 목표를 예정 시간 내에 완료하기 위한 계획, 관리, 통제의 새로운 수법이다.

17 가노 모델은 노리아키 가노가 제안한 상품 기획 이론이다. 그는 고객 만족도와 품질 만족도를 변수로 한 2차원 평면상에 그린 3개의 고객 품질 인지 곡선을 제시했다.

연습문제

01 [표 12-1]에 제시한 데밍의 14훈을 질의서로 작성하고 직장인과 대면 인터뷰를 해보시오. 인터뷰 대상자가 다니는 회사의 문화가 각 항목별로 얼마나 부합하는지 1~5점으로 점수를 매기고, 동의하지 않는 경우(1, 2점)와 동의하는 경우(4, 5점)의 이유를 조사하시오.

02 팀 과제 QFD 응용 프로그램인 CUPID(www.cupid4u.net) 프로그램을 내려받아 윈도 환경에 설치하시오. 11장 연습문제 3번에서 제시한 텀블러의 네 가지 소구점 속성을 바탕으로 QFD의 품질 기능 전개 1단계 설계 요건 전개를 작성하시오.

03 결함수 분석 기법에 대해 1쪽 분량으로 설명하시오.

04 새로 구입한 직수형 냉온 정수기에 '출수 안 됨' 장애가 발생했을 때 장애 해결을 위한 결함수 분석을 게이트 심벌(OR, AND 등)을 사용하여 설계하시오. 정수기의 장애 발생이 일어날 부품 요소는 펌프 모듈, 정수 필터 모듈, 냉수 생성부, 온수 생성부, 출수 조건 컨트롤 패널 장치, 출수 밸브, 전원 공급 장치, 폐수 파이프로 국한하시오. 이 정수기는 펌프식이라 전기가 나가면 출수가 안 되고 걸러진 폐수는 중력식으로 빠져나간다고 간주하시오.

CHAPTER
13

비즈니스 프로세스 리엔지니어링

학 | 습 | 목 | 표

- 마이클 해머의 BPR 이론의 특징을 설명할 수 있다.
- 시장의 변화가 조직의 변화에 미친 영향을 설명할 수 있다.
- 시장 변화의 세 가지 특징인 고객, 경쟁, 변화에 대해 이해할 수 있다.
- 계층 조직이 안고 있는 의사결정과 속도의 문제를 이해할 수 있다.
- BPR의 정의와 특징을 이해할 수 있다.
- BPR과 기존 경영 이론의 차이를 설명할 수 있다.
- 기존 접근과 BPR 접근의 차이를 프로세스, 조직 문화, 정보 시스템 측면에서 이해할 수 있다.
- BPR 프로젝트 추진 시 고려 사항과 실패 요인을 파악할 수 있다.

들 | 어 | 가 | 기

애덤 스미스Adam Smith는 《국부론The Wealth of Nations》에서 분업의 생산성에 대해 설파했고 헨리 포드와 프레더릭 테일러 같은 선구자는 프로세스 과학을 발전시켰다. 이들 덕분에 대량 생산 체제가 완성되어 미국의 제조업을 세계 최고 수준으로 이끌었다. 그러나 제2차 세계대전 이후 일본에서 발전한 총체적 품질경영TQM에 의해 일본 제품이 미국 시장을 주름잡게 되었다. 진주만 습격과 같은 1980년대 일본 제조업체의 미국 시장 공략은 미국 산업계의 각성을 불러일으켰다. 이러한 자극으로 1980년대 초 동시공학이 태동했고, IT 기술의 발전에 힘입어 1990년대 초 마이클 해머와 제임스 챔피는 BPR이라는 미국식 프로세스 혁신 기법을 발표했다.

이 장에서는 해머와 챔피의 저서 《리엔지니어링 기업 혁명》을 참고하여 BPR에 대해 전반적으로 설명하고 비즈니스 프로세스, TQM 등의 경영 기법과 특장점을 비교해본다.

SECTION 01

BPR의 발견

01 리엔지니어링 기업 혁명의 특징

해머와 챔피의 《리엔지니어링 기업 혁명》은 일반 경영 서적의 형식과 다른 두 가지 특징이 있다. 첫째, 참고 문헌이 없다. 이는 BPR의 이론적 토대가 전통 경영학과 맥을 같이하지 않는다는 메시지를 강하게 드러낸 것으로 해석된다. 두 사람의 창의적인 아이디어라면 물려받은 유전자가 없으니 밝힐 참고 문헌도 없을 것이다. 여기에 의문을 갖는 독자도 있을 것이다. 개정판 말미의 FAQ를 보면 "BPR을 당신들이 발명했나요?"라는 질문에 대해 그들은 "단연코 BPR을 발명하지는 않았지만 적어도 발견은 했다"고 답변했기 때문이다. 이는 BPR을 정의·분류하고 체계화하는 데 최초로 기여했다는 뜻일 것이다.

《리엔지니어링 기업 혁명》의 두 번째 특징은 그림이 거의 없다는 것이다. 그나마 있는 2장의 도표는 비즈니스 시스템 다이아몬드라는 단순한 순환 사이클을 묘사한 그림과 7개의 블록으로 이루어진 텍사스인스트루먼츠의 비즈니스 프로세스 맵이 전부이다. 피터 드러커의 책도 그림이 없기는 마찬가지이지만, 소설이 아닌 실용 경영 서적에 개념을 설명하는 그림이 없는 것은 의외이다.

참고할 그림도 문헌도 제시하지 않은 것은 해머와 챔피의 창의성을 반증하는 것일 수도 있겠지만, 책에서 언급한 바와 같이 '급진적이고 새로운 프로세스 혁신을 기계적으로 만들어내는 10단계 절차는 없다'는 생각에 주목해야 한다. BPR은 체크리스트나 템플릿을 세시하는 체계적인 방법론을 바탕으로 하기보다는 소크라테스식 대화법과 유사하다. "귀사의 고객은 누구인가?", "고객에게 어떤 제품을 어떤 방식으로 어떻게 제공하면 가장 만족할 것인가?"와 같은 질문에서 BPR이 시작된다. 기존의 프로세스나 체제를 분석할 필요도 없다. 기존 프레임을 유지하는 개선은 그들이 주창하는 BPR의 목적이 아니기 때문이다.

02 BPR의 목적

BPR은 맨땅에서 새로운 프레임을 짜는 혁신이 목적이다. BPR은 현재의 상황을 이해하고 "모든 것을 백지에서부터 다시 설계한다면 어떻게 프로세스를 만들어야 하는가?"라고 묻는다. 이러한 접근은

BPR을 학습하고 실천하려는 초심자들을 당혹스럽게 한다. 설계도 없이 집을 지으라는 명령처럼 황당하기 때문이다. 하지만 뉴욕 맨해튼의 주택이 아프리카의 원주민 마을에 걸맞지 않듯이 정글 마을의 주택 설계자에게 도시의 주택 설계도는 전혀 도움이 되지 않는다. "왜 집을 지으려 하는가?", "집을 누가 사용하는가?", "사용자는 집의 어떤 기능을 요구하는가?", "주변에 활용 가능한 자원은 무엇인가?", "지속 가능한 아프리카 마을 주택은 어떻게 만들어야 하는가?"라는 질문은 BPR이 던지는 시작 질문과 유사하다.

이어지는 내용은 해머와 챔피의 BPR 이론에 기반을 두고 있지만, 오랫동안 비즈니스 프로세스를 학습하고 현업에 적용해온 우리 나름의 이해와 경험도 담겨 있다. 어떤 부분에서는 해머와 챔피의 생각에 대해 이견을 제시함으로써 독자가 다른 관점을 가지는 데 도움을 줄 것이다.

SECTION 02

시장의 변화와 기업의 대응 전략

01 산업 사회의 변화

1980년대에 미국에서는 예년과 다른 시장 변화가 나타나기 시작했다. 이러한 변화의 동인을 해머와 챔피는 3C Customer, Competition, Change로 요약했다. 1980년대에는 고객, 경쟁, 변화가 과거와 전혀 다른 양상을 보이기 시작했다. 이러한 고객, 경쟁, 변화 동인에 의한 변화는 한 세대가 지나도록 현재진행형이며 그 변화가 더욱 확실하다.

보통 1차 산업혁명은 기계혁명, 2차 산업혁명은 전기전자혁명, 3차 산업혁명은 정보혁명으로 정의되고 4차 산업혁명은 여전히 정의 중이다. 4차 산업혁명 시대에는 어떠한 품질 요건보다 감성과 개인화가 핵심 키워드가 된다. 감성과 개인화를 충족하려면 물리적인 아키텍처보다도 정보 기술의 혁신이 필요하다. [그림 13-1]과 같이 산업 사회의 변화를 폭넓은 시간대로 확대하면 고객, 경쟁, 변화 동인의 트렌드를 더 잘 이해할 수 있다.

산업의 중심 (산업혁명)	1차 산업	2차 산업 (1, 2차 산업혁명)	3차 산업 (3차 산업혁명)	6차 산업 (4차 산업혁명)
시대 구분	중세 시대(길드)	산업혁명 이후	근현대 (1980년대 이후)	현대 이후 (2010년대 이후)
구매 패턴	적합성	가격	품질, 납기	감성, 개인화
핵심 조직	길드 조직	계층 조직	기능조직	프로세스 조직
조직 네트워크	장인, 도제	수직 분화	수직·수평 분화	네트워크화
생산 형태	소품종 소량	소품종 대량 (푸시 방식)	다품종 변량 (풀 방식)	변종 변량 (개인 사양 생산)
관리 패턴	신용 거래	생산성	시장 즉응성	시장 예측, 시장 창조
경제 논리	가족(생존) 경제	규모의 경제	시장의 경제	창의성의 경제
정보 기술		계층 구조	관계형	객체·주제 중심
IT 플랫폼		메인프레임, 더미 단말	클라이언트, 서버	클라우드, IoT 인텔리전트 단말

그림 13-1 산업 구조의 변화

02 고객 동인

중세의 산업은 장인이 운영하는 가내공업으로 운영되었다. 마을마다 연장, 가구, 신발, 옷 등을 제작하는 장인이 있었지만 서민은 항상 생필품이 부족했다. 그러다 1차 산업혁명으로 촉발된 높은 생산성은 상품의 대량 생산으로 이어졌다. 선택의 폭이 좁았지만 저렴한 상품이 대량으로 시장에 공급되었다.

포드자동차가 개척한 연속 조립 공정은 저렴한 자동차의 양산으로 이어져 미국의 중산층 가정도 자동차를 소유하게 되었다. 또한 소비 촉진을 위해 포드가 도입한 주 5일 근무제로 도로가 확장되고 삶의 질이 향상되었다. 대량 생산에 의한 규모의 경제로 상품의 가격이 저렴해졌지만, 수요가 생산을 앞지르는 추세였으니 제조업체는 '만들면 팔리는 상황'인 푸시push 방식의 생산 형태를 오랫동안 즐겼다. 단일한 모델로 만들어도 재고가 없어서 못 파는 지경이었다. 포드의 T형 자동차는 수십 년 동안 단일 사양에 단일 색상(검은색)으로만 제조되었다.

IBM도 수십 년간 수요 과잉을 누리긴 마찬가지였다. 1970년대 메인프레임의 처리 성능은 지금의 휴대전화에 미치지 못했다. 그럼에도 당시의 구매자는 최소 3~6개월은 기다려야 메인프레임을 인도받을 수 있었다.

사실 대량 생산은 분업으로 가능했다. 분업은 조직의 수직계층을 늘린다. 모든 의사결정은 위에서 내린다. 고객 접점의 직원은 판단하지 않고 시키는 일만 한다. 이 당시 고객 접점의 실무자가 쓰는 컴퓨터 단말기를 더미dummy(멍청이) 터미널이라고 부른 데에는 이유가 있다. 분업은 업무 프로세스를 여러 개의 분절화된 서브 프로세스로 나누고, 비숙련자도 할 수 있을 만큼 단순화하는 것을 말한다. 그러므로 고도 분업화 계층 조직에 걸맞은 컴퓨터 시스템은 중앙의 메인프레임과 고객 접점의 더미 터미널로 불리게 된 것이다.

1980년대에 접어들어 다른 양상이 나타났다. 시장에서의 공급 과잉은 수요자의 선택지를 넓혔다. 고객은 낮은 가격, 높은 품질, 신속한 배송과 만족스러운 서비스를 요구했다. 전통적인 기업의 세 가지 경영 목표는 원가 절감, 품질 향상, 납기 단축이었는데 여기에 더해 서비스의 중요성이 대두되기 시작한 것이다. 기업은 고객의 다양한 요구에 대응하기 위한 서비스 체제를 경쟁 전략의 하나로 포함하게 되었다. 시장의 요구에 부응하는 풀pull 생산 형태를 견지하고, 품종은 다양하면서 생산량은 수요에 딱 맞추어 제작하는 다품종 변량 체제로 변화되었다. 최근에는 고객 개개인의 선택 취향에 부응하는 개별 사양 생산 방식personalized production의 제조업체도 출현했다.

전통적인 계층 조직은 의사결정에 시간이 오래 걸리고 고객의 다양한 요구에 응하지 못해 경쟁력이 떨어진다. 의사결정 권한을 고객 접점에 주고 고객의 불만에 즉시 대응하는 것은 기업의 생존과 직결되는 문제가 되었다. 기업은 의사결정을 신속히 하기 위해 기능 조직을 프로세스 조직으로 변화시키고 계층을 평활화하기 시작했다. 이를 위한 정보 인프라로 메인프레임과 더미 단말은 한계가 있었다. 그래서 출현한 IT 플랫폼이 클라이언트/서버 시스템이다. 고객 접점의 단말은 이제 더미가 아니라 클라이언트(고객)라 불리고, 클라이언트의 요청에 부응하여 서비스하는 것은 서버 시스템이다. 이렇게 전산 시스템의 이름도 산업의 변화에 따라 바뀌었다.

이제는 저렴한 가격, 높은 품질은 기본인 데다 소비자가 자신만의 취향을 만족시키는 제품을 생산자에게 요구하기 시작했다. 개인에 맞춘 제품과 개인화된 서비스에 따라 구매 결정이 이루어지고 있다. 이러한 고객 접점의 변화에 즉시 대처하려면 고객 접점의 직원들이 권한을 가지고 바로 의사결정을 해야 한다. 이렇게 직원이 폭넓은 재량권을 가지는 것을 영어로는 '임파워되었다empowered'고 한다. 또한 임파워된 직원이 사용하는 단말은 지능형 PCintelligent PC라고 부른다. 결국 중앙의 통제, 서버의 서비스를 넘어 기계가 지능을 가지고 사람에게 서비스하는 사물인터넷IoT 시대가 도래했다. 클라우드, 머신러닝, 인공지능, 지능형 디바이스, 모바일 등 혁신 IT 기술의 가용성도 더욱 확대될 것이다.

기업 조직의 역할을 독립체가 아닌 커다란 산업 생태계의 단위체로 보는 시스템 시각이 전파되면서 조직은 그물처럼 연결된 네트워크로 표현되고 있다. 생태계 단위체들의 독립적인 다양성이 건강한 것으로 여겨지자 기업은 개인을 위한 생산과 상품의 개인화를 도모하고 새로운 시장을 창조하기 시작했다.

03 경쟁 동인

산업혁명 이후 기업의 경쟁력은 낮은 가격이었다. 일본 제조업체의 품질경영으로 인해 경쟁력은 가격이 저렴하면서 품질도 좋은 것으로 바뀌었다. 하지만 신제품 출시가 6개월만 지연되어도 개발비를 보전할 수 없게 되자 제품 납기가 또 다른 중요한 경쟁력으로 대두되었다. 납기에는 제품 납기뿐만 아니라 서비스 사이클타임도 포함된다. 이러한 문제를 해결하는 방법은 동시공학과 BPR이다. 고객은 도착하지 않는 제품, 응답 없는 서비스를 다시 주문하거나 이용하지 않는다. 적정한 가격, 뛰어난 품질, 신속한 납기가 경쟁력이다. 하지만 갈수록 이것만으로는 부족하다. 고객 감성에 어필하는 개별화와 더불어 지속 가능한 환경을 유지하는 사회적 책임도 요구되고 있다.

세계화의 추세로 국가 간의 비관세 장벽이 철폐되어 기업은 전 세계적인 경쟁에 노출되었다. 세계의 공장이라 불리는 중국의 값싼 제품을 인터넷 쇼핑으로 바로 구매할 수 있다. 고객은 오프라인으로 제품을 비교하고 온라인으로 저렴한 제품을 손쉽게 구매한다. 스타트업 기업은 세상에 없는 새로운 제품을 개발하고, 크라우드 펀딩crowd funding으로 양산 준비를 하여 전 세계로 배송을 한다. 이제는 규모의 경제를 가진 대기업 주도의 시장이 아니다. 빠른 스피드로 선도하지 못하면 제품의 라이프사이클이 오래 지속될 수 없는 세상이 되었다. 대기업처럼 덩치가 크면 빨리 달리지 못한다. 그래서 요즘에는 대기업이 스타트업의 발굴과 투자, 합병을 통한 신선한 피의 수혈을 도모하기도 한다.

시장에 나타난 파괴적 기술은 시장을 재편한다. 과거에 IBM 같은 다국적 기업은 매년 세계 최대의 특허출원을 자랑했다. 'IBM 안에 없으면 밖에도 없다'는 자만심을 가질 만했다. 수십만 권의 기술 서적을 사내 망으로 주문하면 바로 받을 수 있었고, 컴퓨터 관련 기술은 왓슨연구소가 모두 가지고 있다고 자만했다. 비단 IBM만이 아니라 어느 기업이든 세계 최고 수준이 되면 자만심에 빠진다. 그래서 위험하다. 외부의 새로운 기술 추세를 보지 못하고 시장 변화에 둔감해진다.

이러한 문제를 자각한 몇몇 대기업은 오픈 이노베이션 문화를 도입하기 시작했다. 자사의 기술이지만 상업화 계획이 없는 것은 외부에 매각하거나 라이선싱하고 외부의 기술을 적극 발굴하여 제품 개발에 활용한다. IBM도 1990년대 초반부터 이러한 자각으로 기술 개발을 외부 협력업체와 함께 진행하고 사용하지 않는 기술을 적극 오픈했다. 명령 축약형 파워 PC 칩을 애플, 모토로라와 제휴하여 개발한 것이 그러한 예이다. 경쟁력도 독립적인 경쟁력이 아니라 협업 경쟁력으로 판단하게 되었다.

04 변화 동인

"변화는 좋은 것일까, 나쁜 것일까?"는 가치에 대한 질문이다. 변화에 대한 가치 질문은 적절하지 않다. 우리는 홍수가 좋은지 나쁜지 알지 못한 채 재해를 줄이고 예방하는 방안을 마련한다. 자연재해처럼 원하든 원치 않든 시장 변화는 자연스러운 사회현상이다. 자연스러운 현상에 대해서는 대응의 문제를 고민해야지 가치를 논하는 것은 부질없다.

현대의 변화는 세 가지 면에서 과거와 다르다. 첫째, 변화가 다변화되었고, 둘째, 변화의 속도가 빨라졌으며, 셋째, 쉼 없이 변화가 지속된다는 것이다. 강둑에 구멍이 하나 뚫려서 물이 새더니 급기야 여러 곳에 구멍이 생겨 강둑이 무너지는 것과 마찬가지이다. 이러한 변화는 기업의 대응 수준을 과업 활동 수준의 개선이 아닌 전면적인 프로세스 혁신으로 바꾸게 만들었다. 특히 사업 범위가 수직적으로나 수평적으로 폭넓은 기업은 단계별 개선으로는 시장 변화에 대응할 수 없는 경우가 많다. 이는 빠른 변화에 대한 대응으로 BPR을 고려하는 이유이다.

05 시장 변화에 대한 기업의 대응 전략

3C의 변화에 대한 기업의 대응은 여러 가지로 접근할 수 있다. 문제는 어느 한 분야에 최적화된 솔루션이 다른 분야에서는 효과를 발휘하지 못하는 데 있다. 스피드스케이팅 부츠가 아이스하키에 맞지 않고, 아이스하키 부츠가 피겨스케이팅에 맞지 않는 것처럼 환경의 변화에 대한 대응의 방편에는 변화가 필요하다. 과거의 대량 생산 체제에 적응된 시스템이 현대의 시장 변화에 융통성 있게 대응하고

재빨리 처리하지 못하는 것은 당연하다. 그러므로 생존하기 위해서는 현실을 빠르게 이해하고 대응책을 학습해야 한다.

3C의 변화 요구에 대한 기업의 상투적인 대응 방법은 문제의 원인부터 찾는 것이다. 골프 경기가 잘 풀리지 않는 수백 개의 핑계를 댈 수 있듯이 검증을 배제하고 문제의 원인을 들이대는 손쉬운 방법도 많다. 내부적으로는 변화에 저항하는 노조, 높은 자본 비용, 직원들의 낮은 역량, 개발 사이클의 지연, 의사소통의 단절, 미흡한 전산 자원 등 많은 문제를 들춰낼 수 있다. 외부적으로는 해외 기업의 저가 덤핑, 외국 정부의 자국 업체 재정 지원과 이에 따른 경쟁사의 낮은 가격, 해외 시장의 비관세 장벽, 국내 업체에 대한 정부의 역차별, 인플레이션과 디플레이션, 높은 법인세율, 각종 규제 등 헤아릴 수 없이 많은 요인을 기업의 변화를 가로막는 원인으로 지목할 수 있다.

하지만 어려운 환경에서도 성공하는 기업은 항상 있다. 프랑스의 까르푸는 우리나라에서 철수했지만 코스트코는 여전히 운영되고 있다. 미국 GM은 파산하여 공기업이 되었지만 일본의 자동차 기업과 현대기아자동차는 지금도 좋은 성과를 내고 있다. 이렇게 어려운 환경에서도 성공하는 기업들의 존재는 위에서 언급한 문제 원인이 기업의 생존에 결정적이지 않다는 것을 반증한다.

한편 시장에 대한 대응 전략으로 좋은 제품을 적시에 출시하면 융통성과 즉응성에 도움이 될까? 해머와 챔피는 이견을 제시했다. 좋은 제품도 몇 개월이 지나면 구제품이 되고 적시의 유효 기간도 갈수록 짧아져서, 적시에 출시한 좋은 제품이 오래가지 못한다면 의미가 없다고 해머는 주장한다. 제품에 집중하기보다는 프로세스에 집중하는 것이 답이라는 것이다. 기업은 성공한 한두 개 제품으로 오래 존속할 수 없다. 꾸준히 좋은 제품을 적시에 출시하는 강건한 프로세스를 만들되 융통성 있게 구현해야 성장이 가능하다.

혹자는 비즈니스 전략이 답이라고 한다. 유망한 기업을 합병하거나 사업을 매각하거나 시장을 다변화하거나 새로운 시장을 개척하는 일, 자산 포트폴리오와 구조 조정 같은 방편을 고려하는 것이 비즈니스 전략의 범주에 들어간다. 하지만 기업의 자산은 설비 자본, 금융 자본만이 아니다. 설비를 돌리고 제품을 창조하고 생산하고 판매하는 일은 사람들이 한다. 이러한 인적 자본을 간과하는 것은 위험하다. 한때 최고를 달리던 기업이 인적 자본을 경시하여 한순간에 삼류가 된 경우를 많이 찾아볼 수 있다. 경쟁력 있고 지속 가능하며 성장할 수 있는 인적 자본의 활력은 기업 문화로 만들어진다. "신은 디테일 안에 있다"는 해머의 말처럼 기업의 혁신은 임원 회의실의 원탁에 놓인 전략 계획서에 있는 것이 아니다. 먼지를 뒤집어쓰면서 자기 집을 구석구석 손수 꾸미는 신혼부부처럼 땀을 쏟아내는 솔선수범의 열정에서 기업의 혁신이 시작된다.

어떤 이는 검증된 방법론이 답이라고 한다. 이러한 방법론을 관리자가 제대로 익히지 않고 섣부르게 접근하여 실패한 것이라고 말한다. 목표 관리, 블루오션 전략, 활동 기준 원가관리, 균형성과표,

가치사슬 분석, 분산화, 다운사이징, 업사이징, 라이트사이징, QC, TQC, 5Why, 실험계획법, 품질 기능 전개, 리스트럭처링, 포트폴리오 관리, MBWA Management By Walking Around, 매트릭스 관리, 사내 벤처링, 1분 코칭 등 검증된 경영 이론을 잘 도입하면 문제가 해결된다고 주장한다. 이러한 경영 기술을 모두 알면 좋겠지만 여러 가지 방법론의 잦은 실행은 오히려 해로울 수 있다. 이러한 시도는 아파서 누워 있는 어린아이에게 많은 주삿바늘을 찔러대는 것과 같다. 유기체적 시스템 사고와 적정한 단계적 치료법의 선택이 중요하다. 가장 단순한 말이 해답이다. 프로세스, TQM, BPR, 이 세 가지 키워드가 핵심이다.

또 어떤 사람은 자동화가 답이라고 한다. 1980년대 이후 제조 산업에 불어닥친 자동화 이슈는 분산된 자동화의 섬island of automation 문제를 들먹이며 중앙의 메인프레임으로 통합된 자동화 생산 라인 구축을 지향했다. FMS Flexible Manufacturing System, CAD Computer Aided Design/CAM Computer Aided Manufacturing/CAE Computer Aided Engineering/CAT Computer Aided Testing와 CIM Computer Integrated Manufacturing 기술이 제조업체의 생산성과 전사적 최적화에 크게 기여한 것은 사실이다. 하지만 프로세스를 지향하기보다 지나치게 기술에 의존하는 접근 방식은 또 다른 문제를 야기한다. 컴퓨터에 의한 자동화는 적절한 통제점을 관리하지 못하면 오히려 오류의 전파를 가속하기 때문이다.

잘 팔리지도 않을 제품, 오류가 내재된 제품을 신속하게 대량으로 조립 제작한다면 어떤 일이 벌어지겠는가? 일단 시장에 출시된 제품의 리콜 비용이 엄청나다. 필자가 경험한 일인데, 일괄적으로 현장에 도입된 CAD 시스템을 설계자가 종이 제도판처럼 사용했다. 제품의 치수를 자동으로 생성하는 기능을 끄고 임의의 수치를 적어넣은 설계도가 생산 부서에 이관되어 잘못된 치수의 금형을 제작함으로써 많은 재작업 비용이 발생했다.

훌륭한 성과를 내는 기업은 어떻게 일이 되어야 하는지를 알고 있다. 기술, 전략, 방법론, 자동화 등 그 무엇도 시장 변화에 대한 완벽한 대응책이 되지 못한다.

SECTION 03 계층 조직과 기업의 위기

01 프로세스 파편화의 문제

기존 조직의 문제를 이해하기 위해 전형적인 주문 이행 사이클을 살펴보자. [그림 13-2]는 고객을 포함한 6개의 기능 주체, 그리고 이들이 수행하는 12개의 활동을 보여준다.

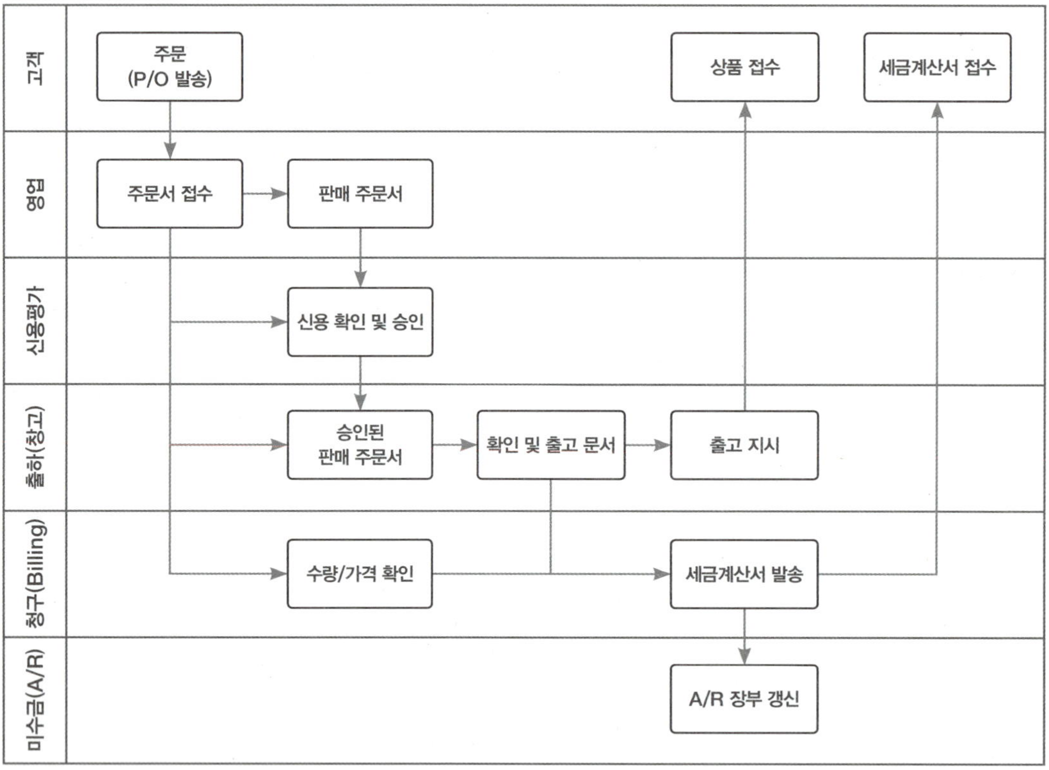

그림 13-2 판매 및 미수금 사이클

먼저 고객이 주문서를 발송하면 영업사원은 주문서를 접수하여 물품과 수량 등을 확인하고 판매 주문서를 별도로 작성한다. 판매 주문서에는 캠페인 기간에 따른 특별 할인율, 수량에 따른 물량 할인율 등의 정보가 담긴다. 영업사원은 주문서 사본과 판매 주문서를 신용평가 담당자에게 전달한다. 신용평가 담당자는 고객의 미수금 상황과 거래 이력, 외부 신용평가 정보를 활용하여 현금 거래를 할지, 신용 거래를 할지 판단한다. 분할 납부의 경우 이자율을 산출하기도 한다. 문제가 없다면 승인된 판매 주문서를 출하(창고)로 넘긴다.

물류를 맡은 출하 담당자는 재고를 확인하여 재고가 없으면 생산 주문을 하고 재고가 있으면 출고 문서를 작성한다. 그리고 증빙 서류를 청구 부서로 보내고 주문 상품을 출고하여 고객에게 인도한다. 청구 부서는 주문서, 승인된 판매 주문서, 출고 문서를 검토하여 청구서를 고객에게 발송한다. 신용 거래의 경우 발송된 청구서(세금계산서)가 회계팀의 미수금 담당에게 보내져 미수금 장부에 기재된다. 이러한 비즈니스 프로세스는 재고가 없어서 공장 주문을 하는 활동을 표시하거나 제품의 반품, 외주 유통업체, 현금 수납의 경우까지 그려넣을 경우 더욱 복잡한 프로세스 그림이 된다.

[그림 13-2]의 프로세스를 통해 애덤 스미스의 분업 원칙에 따라 나뉜 회사 내 5개 조직의 업무 분장과 활동 절차를 이해할 수 있다. 이 같은 프로세스는 두 가지 특징이 있다. 첫째, 각각의 업무는 고도의 전문성이 필요 없는 단순한 일로 잘게 나누어져 있다. 둘째, 활동을 맡은 사람은 자신의 일만 책임지고 처리한다.

하지만 이러한 프로세스에는 몇 가지 문제점도 있다. 첫째, 전체 프로세스를 관장하는 사람이 없다. 둘째, 어느 누구도 진행 상황을 묻는 고객의 질문에 답변할 수 없다. 프로세스에 걸쳐 관여하는 사람과 활동이 달라서 자신의 소관이 아닌 일이 얼마나 지연될지 장담할 수 없기 때문이다. 그러므로 주문한 제품이 언제 고객에도 도착할지 누구도 확인해줄 수 없다. 셋째, 각 활동 단계에서 잦은 실수와 불량이 발생할 가능성이 높다. 사람이 하는 일에는 항상 착오가 발생하기 때문이다. 넷째, 직원의 업무 역량이나 처리량에 따라 업무 이관 사이에 과부하가 걸려 지연이 발생하기 쉽다. 마치 블랙박스처럼 들어간 다음에 결과가 언제 나올지 모르는 상황이다.

[그림 13-2]에 표기된 영업사원은 영업본부장에게 보고한다. 신용평가, 청구, 미수금 담당 직원은 재무담당중역CFO에게 보고할 것이다. 출하 담당은 공장장의 관리 감독을 받을 것이다. 이처럼 담당 직원 누구도 자신의 고과에 대해 고객의 평가를 받지 않는다. 직원들의 관심은 조직 내부로 향한다. 자신이 속한 기능 조직의 상사에게 좋은 성과를 보여주는 것이 주된 고려 사항이다. 이는 기업의 조직이 기능별로 분화되어 있기 때문이다. 기능별 업무의 분업은 동일하고 반복적인 일의 생산성 향상에는 도움이 되겠지만 프로세스의 파편화 문제를 피할 수 없다.

02 조직의 기능별 수직계층 분화

[그림 13-3]은 프로세스의 파편화를 유발하는 조직의 기능별 수직계층 분화 개념을 나타낸 것이다. 조직이 성장하면 관리를 위한 수직계층이 갈수록 늘어난다. 최초의 조직은 레벨이 하나인 수평 조직이다. 그러나 직원이 늘어나면서 직원 간의 숙련도에 차이가 날 수밖에 없고, 신입 직원이 많아지면

이들을 관리하고 훈련할 만한 고참 직원에게 관리자의 임무가 부여될 것이다. 그렇게 레벨이 2개가 되고 보고 라인이 1개 생긴다. 직원이 더욱 늘어나면 한 사람이 담당할 수 있는 관리 범위의 한계로 인해 또 다른 관리자가 필요하게 된다. 관리자의 수가 늘어나면 관리자를 관리하는 또 다른 상위 관리자가 필요하다. 그래서 레벨 3이 만들어지고 보고 라인은 2개가 된다. 레벨 3의 관리자가 더욱 늘어나면 레벨 4의 관리자가 필요하고 보고 라인이 3개인 기능 조직이 된다. 글로벌 조직이 되면 레벨이 더욱 높아진다. 이러한 분화는 영업, 마케팅, 디자인, 생산, 유통, 서비스의 기능 조직 전체에 걸쳐 이루어진다. 계층 확장은 조직 성장의 측면에서 자연스러운 일이기도 하다. 이처럼 수직적으로 확장된 여러 기능 조직 형태를 굴뚝형 또는 사일로 조직이라고 부른다.

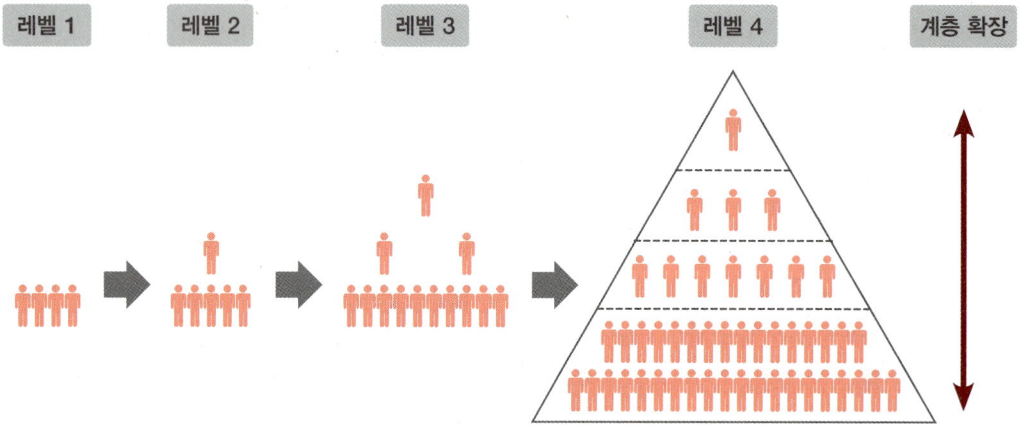

그림 13-3 기능 조직의 계층 확장

석회동굴의 종유석이 오랜 시간 동안 조금씩 성장하듯이 사업 규모의 성장과 함께 조직의 수직 계층 구조는 단단하게 굳어진다. 선후배 관계의 문화가 형성되고 수직 조직별로 기능 전문가의 지적 자산도 축적된다. 학습 문화를 잘 형성한다면 조직 내에서 전문 분야에 관한 콘텐츠 학습 효과도 발전한다. 이렇게 긍정적인 측면도 있지만 기능 조직은 고객 지향 관점을 가지기가 쉽지 않다는 치명적인 단점도 있다. 전문화된 콘텐츠 학습은 시스템 사고가 필요한 프로세스 학습과는 학문 분야가 다르다. 직원들이 기능 부서별 성과 향상을 지향할 경우 전사적 최적화보다는 부분별 최적화를 도모하게 된다. 문제는 이러한 수직 조직이 프로세스 지향 관점을 유지하기가 쉽지 않다는 것이다.

[그림 13-4]는 수직 기능 조직에서 주문 이행 프로세스가 어떻게 진행되는지 이해할 수 있도록 표현한 것이다. 영업 조직, 재무 조직, 생산 조직 사이에는 부서 간의 벽(골짜기)이 있다. 재무 조직은 언제 영업사원이 판매 주문서를 보내올지 모른다. 영업사원은 재무 조직 담당자가 생산 조직으로 언제 서류를 넘기고, 생산 조직 담당자가 언제 출고 지시를 내릴지 알 수가 없다. 각 단계에서 어떤 실무자가 그 일을 처리하는지 모르는 경우도 허다하다. 지연되었을 때 왜 그런지 사유를 알기도 어렵다. 서류가 반송될 경우 처음부터 일을 다시 해야 한다. 각 단계에서 실무자의 재량 범위를 넘어서는

문제가 발생했을 때 상사에게 보고하고 결정을 기다려야 한다. 부서 간의 이해관계가 상충하면 기능 조직 수장들의 협의가 필요한 경우도 비일비재하다.

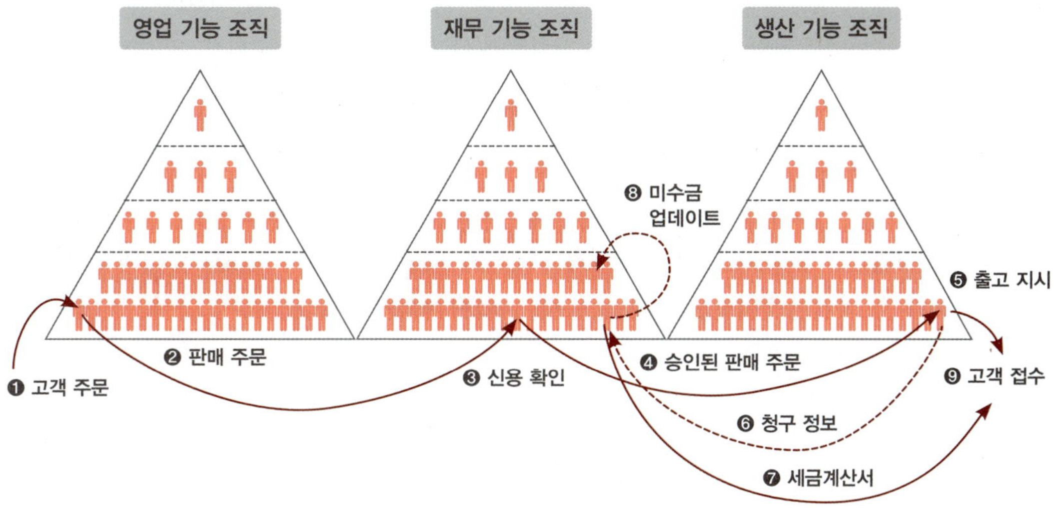

그림 13-4 계층 조직과 주문 이행 사이클

03 수직계층 확장의 문제점

예를 들어 CFO가 가격 체계를 10월 1일부로 변경한다고 9월 22일 공지했다고 가정하자. 공교롭게도 영업사원은 이러한 공지를 모르고 9월 29일 예전 가격으로 판매 주문서를 처리했다. 추석 연휴가 지난 10월 10일 신용평가 담당자가 그 문서를 확인하고 새로운 가격으로 변경하도록 문서를 반려한다. 영업대표는 10월 1일 이전에 올렸다고 처리를 요청하지만 신용평가 담당자에게는 처리 권한이 없다. 원칙대로라면 수용 불가능한 요청이다. 합의되지 않는 의사결정은 영업본부장에게 고충 처리로 보고되고, 영업본부장은 CFO에게 미팅을 요청하여 1주 이상 시간이 지연된다. 결국 9월 22일의 주문은 거의 한 달이 지난 10월 17일에 출고할 준비가 되었다. 그런데 기다리다 지친 고객은 10월 16일 오전 9시에 주문을 취소했다. 구성원 모두 자신의 역할을 열심히 했는데 왜 이런 일이 발생하는 것일까? 각 사람보다는 프로세스가 문제이다.

[그림 13-3]의 수직계층 확장에는 생산성이 선형적으로 늘지 않는 문제도 있다. 말단 직원이 늘어나면 오버헤드인 관리자와 지원 스태프가 추가로 필요하다. 이 때문에 인원이 늘수록 조직의 일인당 생산성은 허공에 던져진 돌처럼 포물선을 그리며 떨어진다. 기능별 인력이 많아지면 관료주의 문제가 발생한다. 관료주의는 오랫동안 대량 생산 체제의 효과적인 조직 문화였다. 하지만 지금은 솔루션이라기보다는 문제에 가깝다.

관료주의 체제하에서는 기능 부서의 권한을 침해하는 이슈가 발생하면 프로세스 개선이 장벽에 부딪힌다. 프로세스 혁신을 위해 기능 부서의 실무자가 개선 미팅을 주관한다고 해도 단 한 명의 부서장이라도 반대하면 진행할 수 없기 때문이다. 이러한 문제를 해결하기 위해 연락 책임자, 내부 감사, 혁신 팀과 같은 오버헤드가 더욱 늘어난다. 주문 이행 프로세스의 지연 이슈를 해결하려고 미팅을 소집하면 10명이 넘는 실무자와 팀장, 본부장이 참석해야 한다. 영업대표, 영업 팀장, 영업본부장, 신용평가 담당자, 신용평가 팀장, 원가관리 담당자, 비즈니스 프랙티스 팀장, 고문 변호사, CFO 등 문제 해결을 위해 이렇게 많은 인력이 참석해야 한다면 조직은 이미 관료주의 문제에 빠진 것이다.

영국의 행정학자 시릴 파킨슨Cyril Northcote Parkinson이 1955년에 주창한 법칙이 있다. "공무원의 수는 업무량과는 직접적인 관계없이 심리적 요인으로 꾸준히 증가한다"고 관료주의의 문제를 지적한 이론이다. 이 파킨슨의 법칙Parkinson's law은 기업도 예외가 아니다.

SECTION 04

BPR의 이해

01 BPR의 정의

해머와 챔피는 BPR을 2개의 영어 단어로 'start over(처음부터 다시 시작하는 것)'라 정의하고 이를 비공식 정의라고 이름 붙였다. 그들은 이 말이 BPR을 향한 대화를 여는 데 괜찮은 정의라고 언급했다. 그리고 수년간 자신들의 현장 경험을 통해 고객들과 함께 만든 이론을 'body of techniques(기술 체제)'라 칭하고 이야기를 풀어나갔다.

이 책에서는 해머와 챔피가 내린 BPR의 정의와 그들이 제시한 사례를 먼저 설명하고, 또한 그들과는 다른 관점을 제시할 것이다. 일부 내용은 해머와 챔피의 정의와 다른 접근을 보여줄 것이다. 이는 영어와 우리말의 차이에서 비롯된 것일 수도 있고, 그들이 제시한 업체를 우리가 직간접적으로 경험한 바에 따른 것이기도 하다. 이러한 관점이 독자에게 폭넓은 시사점을 던져주리라 믿는다.

해머와 챔피는 BPR을 '비즈니스 프로세스의 근본적인 재검토와 파괴적인 재설계로 원가, 품질, 서비스, 속도와 같은 중대하고 현대적인 성과지표의 탁월한 향상을 성취하는 것'이라고 정의했다. 여기서 언급된 원가, 품질, 속도, 서비스는 BPR만의 성과지표가 아니라 TQM을 포함한 현대 경영의 중요한 목표임에 유의하라.

02 BPR의 특징

BPR의 정의에 따라 해머와 챔피가 제시한 네 가지 특징은 근본적인 재검토fundamental rethinking, 파괴적인 재설계radical redesign, 탁월한 향상dramatic improvement, 프로세스 중점process driven이다. 그러나 이 네 가지 특징은 다소 모호하기도 하다. 특히 'fundamental(근본적인)', 'radical(파괴적인)', 'dramatic(탁월한)'이라는 영어 단어에는 서로 중복되는 개념이 있다. 우리는 이러한 표현이 BPR의 실행상 특징을 설명해준다기보다는 BPR의 결과적 현상을 묘사한다고 생각한다. 따라서 이러한 추상적인 단어보다 다음의 다섯 가지 특징을 통해 BRP의 실천 방법을 더 잘 이해할 수 있다.

TIP 물론 우리의 해석과 해머가 제시한 BPR의 특징에는 유사점도 있다. 특히 BPR이 과거의 과업 중심 사고에서 프로세스 중심 사고로의 전환을 전제한다는 관점은 동일하다.

- **하향식 접근:** BPR은 프로세스의 근본적인 재검토와 파괴적인 재설계를 도모한다. 이러한 일은 말단 또는 중간관리자의 리더십으로는 불가능한 일이다. BPR은 실무자들에게 익숙한 일들을 통으로 바꿔버려 불편하게 만들기 때문이다. 때에 따라서는 자신이 맡고 있는 일이나 동료의 일자리를 날려버릴 수도 있다. 누가 이러한 리스크를 책임지려 할까? 최고경영자가 추진해도 어려운 일이다. 그래서 BPR 프로젝트에서는 상향식 접근을 거의 찾아볼 수 없으며 최고경영자의 리더십으로 시작하는 하향식 접근이 대부분이다.
- **정보 기술 레버리지:** 프로세스를 파괴적으로 재설계하고 원만하게 업무에 바로 적용하는 것은 매우 어려운 일이다. 특히 새로운 프로세스를 전산화하는 작업의 경우 새롭게 개발하기보다는 이미 검증된 기술을 활용하는 것이 위험도를 낮출 수 있다. 그러므로 활용 가능한 표준적인 정보 기술 아키텍처와 템플릿의 가용성은 BPR의 추진을 원활하게 해준다. 표준화된 기술은 상대적으로 실패 위험도가 적을 것이기 때문이다. 한편 다른 회사보다 앞서가기 위해 남들이 주저하는 신기술을 과감히 테스트하고 현업에 적용하는 도전은 서비스 차별화의 방법이기도 하다. 표준적인 기술이든 차별화된 기술이든 정보 기술은 BPR의 성공에 필수적인 요건이다.
- **프로세스 중심:** BPR이 프로세스의 파괴적 개선을 도모하는 것은 기존의 프로세스가 기능 중심적 수직 조직 체계에 맞추어 있는 문제를 극복하기 위함이다. 기능 조직은 부서 간의 벽을 만들고 직원들은 고객보다 상사를 만족시키기 위해 일하게 된다. 또한 분업은 직원들의 역량을 단순한 여러 개의 파편화된 일로 분산한다. 이러한 기능 조직은 새로운 고객 요구에 부응하기도 어렵다. 조직을 대상으로 하기보다는 프로세스를 혁파하는 접근 방법인 BPR로 조직의 평탄화를 이룰 수는 있지만, 수직 조직의 파괴적 평탄화가 BPR 추진의 선행 조건은 아니다.
- **종업원에게 권한 부여:** 고객 가치 창조를 위한 프로세스 재설계는 결국 한 명의 종업원이 케이스 매니저 case manager처럼 고객의 모든 이슈를 처리할 능력을 가지도록 설계한다. 부족한 정보나 기술은 데이터베이스와 정보 기술, 전문가 시스템의 도움을 받아 처리한다. 고객의 이슈 제기를 다른 부서로 떠넘기지 않고 종업원이 모두 대응할 권한과 역량을 지닌 조직으로 바꾸는 것이다. 이를 직원 권한의 하부 이양empowerment이라고 한다. 이러한 변화는 생산 라인과 고객 접점의 자동화, 업무의 리엔지니어링 등으로 계층 조직이 붕괴되는 현상과 맞물려 있다.
- **동시 작업:** 제품의 품질을 높이고 개발 납기를 단축하려면 전형적인 연속 설계 공정, 연속 제조 공정, 연속 사무처리 공정의 한계를 극복해야 한다. 조직의 평탄화, 정보 기술의 활용, 직원에게 권한 위임으로 회사의 업무는 순차적(연속적) 형태를 버리고 동시병행적으로 처리된다. 이러한 업무 방식 덕분에 연구개발의 경우 최대 50% 정도의 개발 기간을 단축한 사례도 많다. 대표적인 것이 보잉 777 프로젝트이다. 동시 작업simultaneous operation은 일에 관련된 모든 사람이 정보를 공유하고, 프로세스의 초기부터 후행 프로세스를 고려하여 기획하고 작업하게 만든다.

03 BPR의 대표 사례

해머와 챔피는 IBM의 Credit 부문, 포드자동차의 기술구매부, 코닥의 연구개발 부문을 BPR의 대표적 성공 사례로 제시했다. 우리는 이러한 회사 혹은 이들이 속한 동일 산업군에서 영업대표, 사업부장, 연구개발 총괄, 경영자, 컨설턴트로 일한 바 있다. 그래서 이들의 BPR 활동은 물론 내부자의 관점을 잘 알고 있는 편이다. 해머와 챔피의 저서에는 시각화된 비즈니스 프로세스가 없지만, 여기서는 독자의 이해를 돕기 위해 사례 기업에 관한 경험을 반추하여 BPR 이전과 이후의 프로세스 모델을 시각화하여 보여준다.

IBM Credit 사례

IBM은 자사의 컴퓨터와 유관 소프트웨어의 판매를 촉진하기 위해 IBM Credit라는 부서를 만들었다. 이 부서는 수년 전 IGFIBM Global Financing로 이름을 바꾸고 분사했다. IGF는 영업사원이 판매한 컴퓨터 대금을 사내의 유보자금을 활용하여 영업 부문에 넘겨주고, 컴퓨터 자산을 담보로 고객이 할부로 리스 금액을 대납하도록 하는 금융 서비스를 주업으로 하고 있다. 보통은 하드웨어와 소프트웨어를 담보하지만 일정 비율의 서비스 부분까지 리스 금액에 포함하기도 한다. [그림 13-5]는 IBM Credit의 초기 비즈니스 프로세스를 나타낸 것이다.

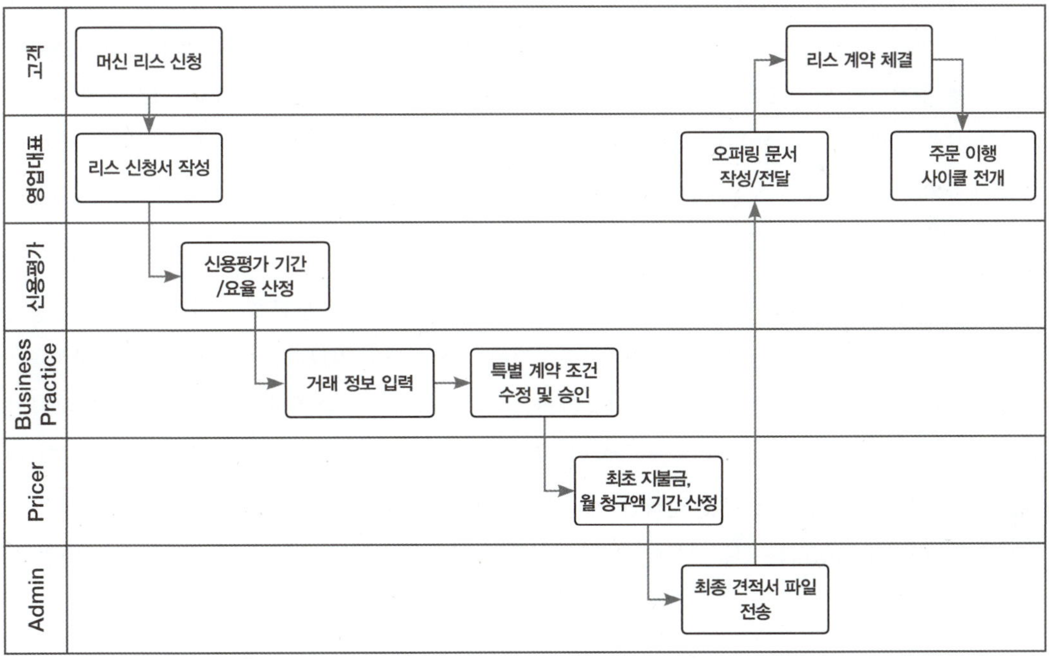

그림 13-5 IBM Credit의 업무 프로세스(BPR 이전)

처음의 업무 프로세스는 다음과 같이 진행되었다. 전산 자원을 사용하려는 고객이 구매보다는 리스로 컴퓨터를 활용하는 데는 여러 가지 재무적 이유가 있다. 회기 연도의 자본 비용과 현금 지출의 규모를 줄일 수 있고, 때에 따라서는 저렴하게 새로운 하드웨어로 교체할 수도 있다. 전산 자산을 취득하려는 고객의 리스 요구가 있으면 구매 의지를 알리고 융자 방안을 영업대표에게 요청한다. 영업대표는 시스템 사양(오퍼링 문서)과 리스 신청서를 작성하여 신용평가 담당자에게 리스 기간과 이자율 산정을 요청한다. 신용평가 담당자는 보통 스프레드시트와 계산 툴을 활용하여 고객의 신용도에 따라 리스 기간에 따른 이자율을 산정한다. 이러한 문서는 리스 계약서와 함께 BP Business Practice (영업 관행의 적정성을 평가하는 전문가)에게 인도된다. BP 담당자는 특별 계약 조건과 같은 다양한 계약 조건을 검토하여 리스 계약을 합의한다.

그림에는 나타내지 않았지만, 합의된 계약서는 때로 영업팀장, 부문장이나 각 부서 팀장의 승인을 거치게 된다. 이해 당사자의 합의(스태프 부서), 승인(라인)을 취득한 문서는 가격 결정 담당자에게 넘겨져서 매월 청구될 금액이 전산 입력된다. IBM Credit의 행정 담당은 영업대표에게 월별 청구 스케줄과 계약 문서를 전달하고 영업대표는 고객과 최종 계약을 체결한다. 리스 계약이 체결되면 주문 이행의 절차로 넘어간다. 이 경우 비즈니스 프로세스상의 신용평가가 생략된다.

문제는 이러한 절차에 평균 6일 이상의 기간이 소요되었다는 것이다. 영업사원은 올린 리스 품의서가 도대체 언제 결정날지 몰라 전전긍긍했다. 진행 기간 동안 고객의 마음이 언제 바뀔지 모르기 때문이다. 고객과 영업대표들의 불만을 해소하기 위해 IBM Credit의 중역은 실제 문서를 들고 프로세스 현장을 옮겨 다니는 워크스루를 해보았다. 담당자가 다른 일을 제쳐두고 오롯이 리스 품의서만을 처리할 경우 전체 소요 시간이 90분에 불과하다는 것을 알게 되었다. 6일이라는 처리 시간은 각 담당자의 책상에서 서류가 대기하는 시간이었다. 결국 IBM Credit는 [그림 13-5]의 비즈니스 프로세스를 일반 직원 한 명이 처리하도록 하여 대기 시간을 없앴다.

전투 현장에서 부상자의 치료나 후방 병원으로의 환자 후송 순위를 분류하는 일을 'triage(부상자 분류)'라고 한다. 이러한 등급 매기기는 모든 부상자를 선착순으로 치료하는 것보다도 전체 생존율을 높이는 것으로 밝혀졌다. IBM Credit는 그동안의 업무 처리 패턴을 분석하여 한 사람의 비전문가가 모든 일을 처리하되 등급 매기기 정책에 따라 권한 위임의 한계를 넘는 일에 한해서만 전문가의 의견을 묻도록 했다. 그 결과 6~7일 걸리던 처리 시간이 반나절(4시간) 이하로 단축되었다. 파괴적 재설계를 위해 IBM Credit는 전문가들이 리스 신청 프로세스를 모두 처리해야 한다는 가정을 버린 것이다.

"어떻게 신용평가를 빨리 처리할 것인가?", "월 리스 비용 산출을 어떻게 빨리 끝낼 수 있을까?"라는 질문은 BPR의 접근이 아니다. "왜 문서가 5개 부서를 넘나들어야 하는가?", "고객에게 피드백을 빨리 주기 위해 어떤 업무를 제거해야 하는가?"와 같은 질문이 BPR식 질문이다.

포드자동차 구매 사이클 사례

기업의 또 다른 핵심 프로세스는 물건을 주문하고 대금을 지불하는 구매 및 미지급금 관리 프로세스이다. [그림 13-6]은 과거 포드자동차와 같은 자동차 업계의 기술 부품 구매 및 지불 사이클을 보여 준다.

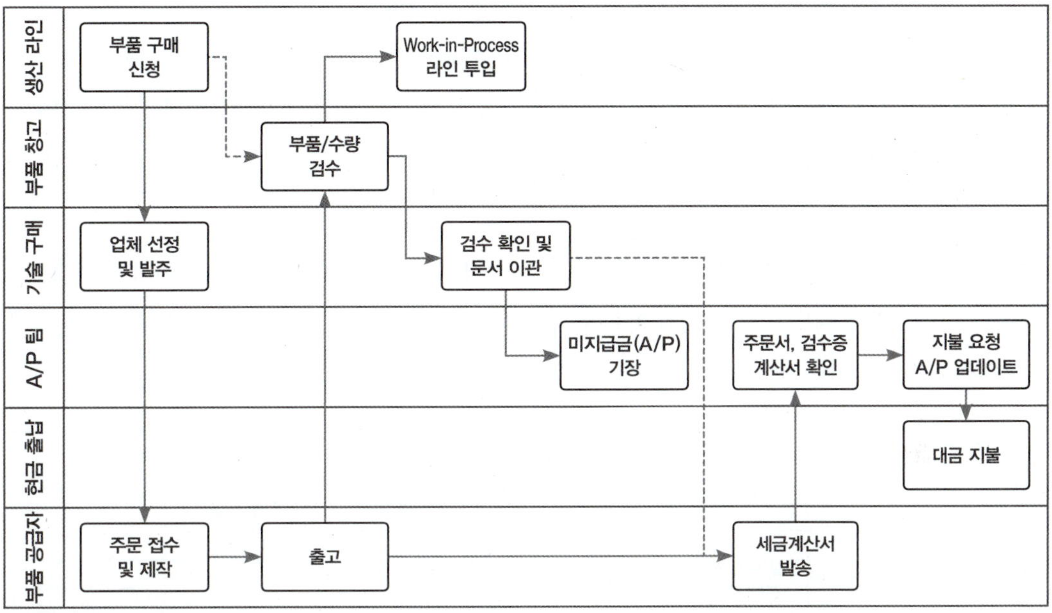

그림 13-6 포드자동차의 구매 및 지불 사이클(BPR 이전)

생산 라인에서 조립에 사용될 부품이 곧 바닥날 것으로 예측되어 해당 조립 공정의 관리자는 안정된 부품 재고를 유지하기 위해 부품 구매 신청서를 작성하여 기술 구매 팀에 전달한다. 기술 구매 담당자는 공급업체(대개의 경우 복수) 중 한 곳에 부품을 발주한다. 부품 공급자는 주문을 접수하고 재고가 있으면 납품을 준비한다. 완성된 부품은 자동차 업체의 부품 창고로 배송되고 세금계산서를 보낸다. 부품 창고 담당자는 부품 및 수량을 검수하고 검수 확인서를 기술 구매 팀에 전달한다. 기술 구매 팀은 발주서, 검수 확인서를 A/PAccount Payable 담당자에게 발송한다. A/P 담당자는 미지급금 대장에 이를 기록하고, 공급자가 보내온 세금계산서와 비교·검토하여 보통 1개월 단위로 현금 출납에게 대금 지불을 요청하고 A/P 계정을 갱신한다.

포드자동차는 이러한 구매 및 지불 사이클을 관리하는 직원이 약 500명에 육박했다. 문제를 인식한 포드의 경영진은 관리 직원을 20% 정도 축소하는 프로젝트를 기획했다. 하지만 경영진은 자신들이 투자한 마쓰다자동차를 견학한 뒤 생각이 달라졌다. 포드는 1974년 마쓰다에 7%의 지분을 투자한 이래로 1996년에는 최대 1/3의 지분을 가지고 있었다. 마쓰다의 생산 규모가 포드보다 작기는 했지만 구매 및 지불 사이클을 관리하는 직원은 단 5명에 불과했다. 100배의 생산성에 포드의 경영진은 크게 놀랐다.

포드는 마쓰다를 벤치마킹하여 구매 및 지불 사이클을 근본적으로 재검토하고 파괴적인 설계로 탁월한 향상을 도모했다. 프로세스 중심으로 기존의 가정을 재검토한 것이다. 기존의 구매 및 지불 사이클은 모든 절차에 오류가 존재할 수 있다고 가정했고 파트너사를 신뢰하지 않았다. 그래서 발주자는 부품 공급업체의 납품 단가를 낮추기 위해 복수 경쟁 체제를 만들어야 했다. 납품된 부품은 품질이 충족되지 않거나 수량을 속일 수도 있으니 매번 확인해야 했다. 대금 지급도 하자 보수를 담보하기 위해 완벽하게 문제가 없다고 확인한 후에 이루어졌다. 반면에 일본식 TQM 체제에서는 단일 부품 파트너와 오랜 관계를 유지하고, 부품 공급업체가 책임지고 간반 시스템을 확인하여 생산 라인에 즉시 부품을 공급했다.

포드가 마쓰다를 벤치마킹하여 BPR로 구현한 프로세스는 [그림 13-7]과 같다. 이러한 프로세스는 우리 자동차 업계에도 이미 구현되었다. 유의할 점은 포드의 BPR 과정이 어느 한 부서의 활동을 대상으로 하지 않았다는 것이다.

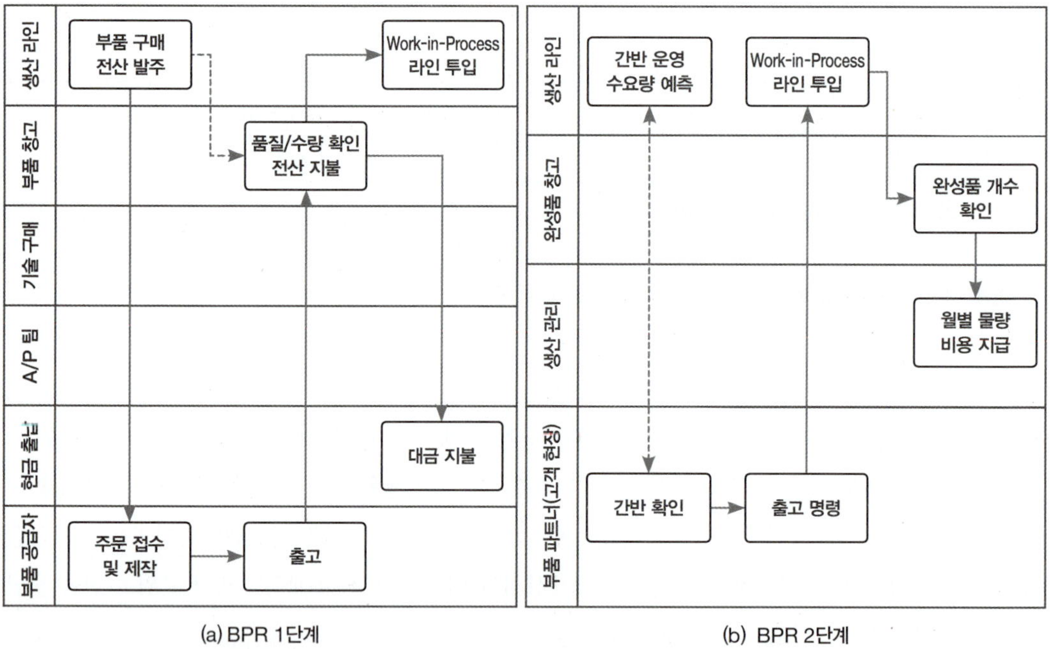

그림 13-7 포드자동차의 구매 및 지불 사이클(BPR 이후)

포드의 BPR은 두 단계로 진행되었다. 최초의 BPR은 전산 DB를 통해 생산 라인의 담당자가 필요한 부품을 바로 주문한다. 접수된 주문은 바로 공급자에게 전달되고 공급자는 부품을 납품한다. 부품 창고에서는 부품의 사양과 개수가 정합하면 접수하고 정합하지 않으면 수령을 거부한다. 접수된 부품에 대한 대금 지급은 부품 창고에서 직접 신청하여 처리한다. 대금 지불의 권한을 A/P 부서가 아닌 부품 창고 담당자에게 부여한 것이다. A/P 직원이 세금계산서를 받은 후 대금을 지불해야 한다는 가정을 파괴한 프로세스의 혁신이 일어난 것이다. 부품이 납품된 후 바로 대금을 지급함으로써 기술 구매와 A/P의 업무가 사라졌다. BPR의 효과로 포드는 2000년대 초반 구매 관리 인력을 1/4 이하로 줄일 수 있었다. [그림 13-7(a)]는 이러한 결과를 보여준다.

포드의 BPR 2단계는 더욱 파괴적이다. '발주처가 필요한 부품을 주문해야 한다'는 가정을 버리고, 공급업체가 필요한 부품을 알아서 미리 보내준다는 가정으로 바꾸었다. 현장에 상주하는 공급업체의 직원이 생산 라인의 간반 시스템을 보고 온라인으로 부품을 직접 주문하게 했다. 일일이 납품 내역을 검사하지 않고, 공장에서 나오는 완성품의 수량에 따라 부품 대금도 자동으로 지급했다. 부품의 품질 검사는 하지 않는 대신 공급업체에 부품의 품질을 엄격히 관리하도록 요구했다. 만약 적정 수준의 품질이 유지되지 않아 완성품에 불량이 발생하면 품질 비용을 공급업체가 부담했다. 비용 부담의 합리적 배분에 대한 결정은 사후에 공정하게 처리했다. 그 결과 사전에 고객 가치에 기여하지 않는 창고 비용, 대기 비용, 검수 비용, 모니터링 비용과 간접인력 비용이 최소화되었다. [그림 13-7(b)]가 이에 해당한다.

공급업체의 입장에서는 발주자가 경쟁업체와의 가격 경쟁을 도모하지 않고 장기간의 파트너십을 보장하기 때문에 기꺼이 직원을 발주자의 공장에 파견했다. 간반 모니터링을 통해 부품 생산의 스케줄을 적정하게 유지함과 아울러 납품 지연에 따른 라인 스톱을 예방하여 발주자를 만족시켰다.

동시공학 연구개발 사례

해머와 챔피는 BPR의 리엔지니어링 사례로 코닥의 제품 개발에 관계된 동시병행 설계(동시공학)를 제시했다. 1987년경 후지가 새롭게 선보인 일회용 카메라에 자극을 받은 코닥은 설계 사이클의 리엔지니어링 프로젝트에 착수했다. 원래 코닥의 제품 설계 기간은 1년 4개월(70주) 이상이었는데, 이는 빠르게 변하는 카메라의 취향을 따라가기에 버거운 기간이다. 코닥은 경영 악화로 2012년 파산 신청을 했으며, 카메라 사업에서 완전히 철수하고 이미지 솔루션 사업에 집중하고 있다. 카메라 기능이 내장된 휴대전화에 대응하지 못했기 때문이다. 하지만 이러한 사실이 코닥이 추진한 동시공학의 유효성을 부정하지는 못한다. 우리는 동시공학 기법이 연구개발 분야에 맞는 BPR 방법론의 또 다른 이름이라고 평가한다. 다음의 설명은 코닥에 국한된 것이 아니라 동시공학에 대한 포괄적 이해를 위한 것이다.

TIP 12장에서 동시공학을 잠깐 다루었는데 여기서는 BPR의 관점에서 동시공학에 대한 시각을 좀 더 넓혀줄 것이다.

동시공학은 1980년대 초반부터 구체화된 개념이다. 사실 이 개념은 제2차 세계대전의 급박한 상황에서 적보다 뛰어난 성능의 전투기를 설계하려는 국방 산업체의 설계 팀과 밀접한 관련이 있다.

12장의 [표 12-1]에 제시된 존슨의 14훈은 동시공학의 유명한 자산이기도 하다. 동시공학은 최소 50% 정도의 개발 기간 단축을 도모한다. 하지만 개발 기간 단축뿐만 아니라 오류 없는 설계 보증을 지향하여 설계 변경 요인을 제거하는 것도 동시공학의 중요한 목표이다. 그러면 제품의 품질이 높아지고 개발 비용도 절감된다. 팀으로 이루어진 설계 문화는 엔지니어들의 학습 효과를 가속화한다.

동시공학 역시 IT 기술 없이는 불가능하다. CAD/CAM/CAE의 도입은 물론 설계 정보의 체계적 관리를 통한 통합적인 엔지니어링 데이터베이스E-DB 및 설계 공정관리를 위한 PLMProduct Lifecycle Management 시스템도 필요하다. 하지만 IT 기술이 없더라도 동시공학이 불가능한 것은 아니다. 소리쳐서 의사소통할 수 있는 작업 공간에서 개발 공정 관계자들이 함께 일한다면 뛰어난 리더의 헌신과 팀워크로 동시공학을 구현할 수 있다. 이러한 접근은 실리콘밸리의 소프트웨어 개발업체의 표준이 되었다. 2000년대 초 실리콘밸리의 스타트업 개발업체들은 사무실에서 책상 사이의 파티션을 걷어냈다. 같은 기간에 우리나라 기업들이 사무실에 파티션을 설치하기 시작한 것과 대비된다.

[그림 13-8]을 보면 동시공학의 개발 기간 단축 효과를 쉽게 이해할 수 있다.

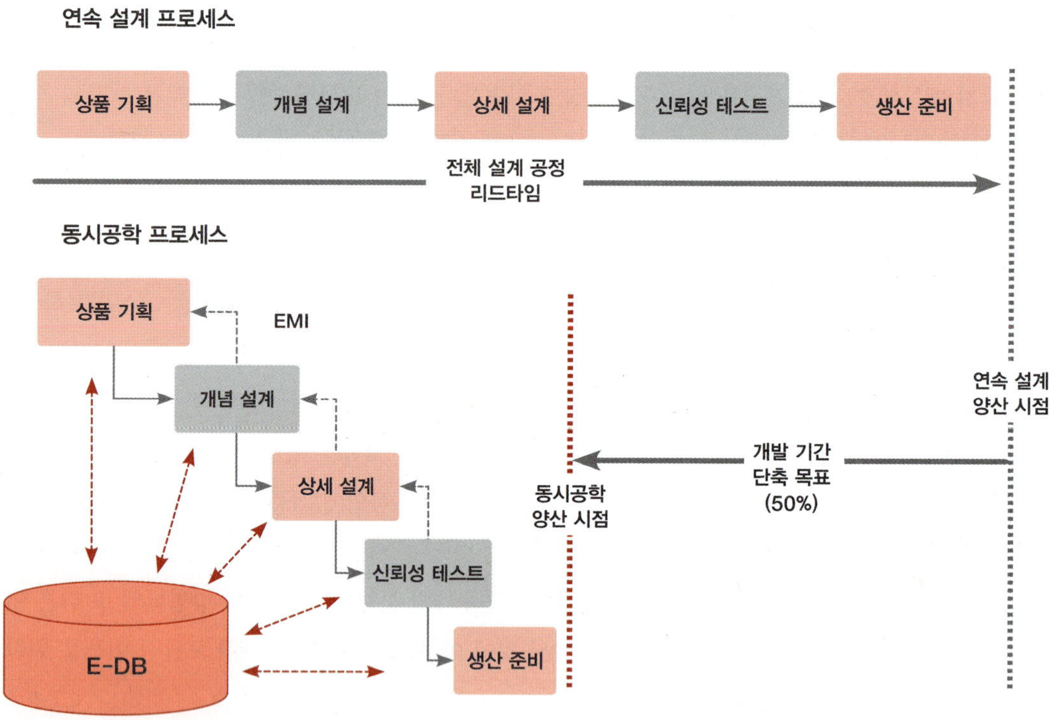

그림 13-8 연속 설계와 동시공학의 차이

전통적인 개발 프로세스는 연속 설계 공정이다. 한 단계가 완전히 끝날 때까지 다음 공정의 팀은 아무것도 할 수가 없다. 부서장의 승인을 받은 개념 설계 팀은 마치 담 넘어 휙 던지듯이 상세 설계 팀에 설계도를 이관한다. 상세 설계 팀은 그렇게 툭 떨어진 개념 설계도를 접수하여 비로소 일을 시작한다.

후공정 부서가 일을 진행하다가 오류를 발견하면 어떻게 될까? 문제점을 고칠 권한이 없으니 선공정에 반환하여 수정을 요구하고 다시 기다린다. 이렇게 부서 간의 벽을 넘어 진행되는 개발 프로세스는 시간이 늘어진다. 각 단계의 납기 일정을 압박하면 오류를 숨기고 넘기는 경우도 많다. 그 결과 잦은 재작업으로 개발 기간이 갈수록 길어진다. 고위층의 개인 취향으로 사양이 바뀌면 수정 작업으로 난리가 난다. 이렇게 순차적으로 진행되는 모습이 계단에서 떨어지는 폭포수와 같다고 해서 폭포수 개발 모델이라고 부른다.

반면에 동시공학은 IT 기술을 활용하여 선행 공정의 작업 내용을 후행 공정 팀이 언제든지 참조하고 의사소통을 할 수 있다. 약간의 수정이 있더라도 열람 가능한 정보를 이용하여 자신이 맡고 있는 일을 동시에 진행한다. [그림 13-8]의 아래쪽 그림은 이를 보여준다. 계단식이라고 폭포수 모델로 오해하면 안 된다. 폭포수 모델은 각 활동의 시간이 중첩되지 않지만 동시공학은 모든 활동이 중첩되어 진행된다.

생산 설계 전문가들이 초기의 기획 단계부터 참여하여 후공정에서 발생 가능한 문제를 도출하고 해결책을 제시한다. 이렇게 후공정 인력의 앞선 참여 활동을 EMI Early Manufacturing Involvement라고 한다. EMI를 통해 제품의 개념 설계 단계부터 관련 법규, 부품 성능 및 제조사 선정, 목표 가격, 한계 전력량, 조립 속도, 유지·보수 용이성, 재활용성 등의 이슈를 검토할 수 있다. 이러한 설계 방법론을 'Design for X'라고 하는데, X에 들어갈 말은 앞서 언급한 이슈이다. 예를 들어 Design for Assembly는 조립성을 고려한 디자인을 말한다.

동시공학은 상대적으로 상품 기획 단계에서 가장 많은 시간을 소요하는 것으로 알려져 있다. 발생 가능한 이슈를 초기에 충분히 검토하기 때문에 많은 에너지와 시간을 소비하지만, 후공정으로 이관된 후에는 설계 변경이 최소화되었기 때문에 빠른 속도로 일이 추진된다. 최근에는 컴퓨터 화면에서 실물과 같은 이미지를 만들 수 있는 디지털 목업과 3D 프린팅의 도움으로 상품 품평회를 효과적으로 수행하는 수준이 되었다. 린 사이클은 최소 사양의 시제품을 3개월 만에 만들어 고객의 반응을 확인하고 빠르게 제품 방향을 바꾸는 피버팅 pivoting 기법으로, 모바일 앱에서는 표준 개발 방법론으로 자리를 잡았다. 자동차처럼 안전을 담보로 하는 경우에는 적용하기 어렵지만 그 외의 제품 개발에는 널리 수용되고 있다.

04 BPR과 기존 경영 이론의 차이

해머와 챔피가 BPR 이론을 발명이라고 하지 않고 발견이라고 표현했듯이 BPR은 이전 경영 이론의 DNA를 상속받았다. 하지만 다른 경영 이론과 동일시할 수 없는 명확한 특징을 가지고 있다. 이러한 특징은 BPR을 수행할 때 드러나는 속성일 수도 있고, BPR을 지향하는 사람들이 지켜야 할 정신 모델일 수도 있다. 다음은 해머와 챔피가 제시한 차이점을 전향적으로 수정 및 평가한 것이다.

다운사이징, 구조 조정

다운사이징은 메인프레임을 중형 서버 또는 미니컴(부서용 소형 서버)으로 변경하는 것을 의미하기도 하고, 사업의 축소에 따라 조직의 규모를 줄이는 것을 일컫기도 한다. BPR은 프로세스에 관련된 것이므로 조직의 구조 조정이나 시스템의 구조 변경을 전제로 하지 않는다. BPR의 결과로 업사이징이 될 수도 있기 때문이다. 해머와 챔피는 다운사이징을 '작게 만들어 작게 거두는 것doing less with less', BPR을 '작게 만들어 많이 거두는 것doing more with less'이라고 설명했다.

자동화

컴퓨터를 이용하여 현재의 업무 흐름을 자동 처리하는 것이 자동화라면 이는 BPR과 거리가 멀다. 자동화는 기본적으로 현재의 프로세스를 바꾸지 않고 사람이 하던 일을 컴퓨터, 자동화 기기, 로봇으로 처리하고 통제하는 것을 의미한다. 그러나 BPR은 프로세스의 근본적 재검토와 파괴적 재설계를 전제로 한다. 프로세스 혁신이 없는 자동화는 효과적이지 않은 업무 절차를 더욱 나쁘게 가속할 수 있다.

소프트웨어 리엔지니어링

소프트웨어 리엔지니어링은 오래된 언어나 알고리즘으로 짜인 프로그램을 최신 기술과 언어로 재설계하는 것이다. 소프트웨어 리엔지니어링 작업 이전에 프로세스를 근본적으로 재검토하고 파괴적으로 재설계하지 않는다면, 소프트웨어를 새로운 장비나 가동 환경으로 옮기고 속도를 빠르게 했더라도 BPR이라 부를 수 없다.

조직 평활화

낡은 프로세스를 새로운 조직이 맡도록 하는 것은 식초가 다 된 와인을 새로운 병에 담는 것과 같다. BPR이 계층을 없애고 평활 조직을 생성할 수는 있지만, 기업의 문제는 조직 구조보다 프로세스에서 비롯된다. 조직 평활화가 BPR의 결과 중 하나일 수는 있지만 조직 평활화가 BPR의 목적이 아님에 유의하라. 한편 계층화된 관료주의는 200여 년 동안 대량 생산 체제의 효과적인 조직이었다. 근본적인 문제는 관료주의에서 발생하는 것이 아니라 서로 따로 일하는 조직 파편화에 있다.

TQM

해머와 챔피는 일본에서 시작된 TQM과 BPR이 DNA를 많이 공유하지만 서로 다르다고 말한다. 둘 다 프로세스를 중히 여기고 고객 가치 증진을 지향하지만 TQM은 기업의 현재 프로세스 틀 안에서 개선이라는 단계적이고 지속적인 활동을 지향하는 반면, BPR은 난제를 한순간에 돌파하는 방법으로 기존의 프로세스를 과감히 버리고 아주 새로운 프로세스로 교체하는 방법이라고 주장했다. TQM에 관한 그들의 의견에 대해서는 학계에 일부 이견이 있다.

일본의 TQM은 65년이 넘도록 생물처럼 진화하고 있는 방법론으로, 25년 된 BPR에 많은 영향을 주기도 하고 받기도 했다. 그러므로 BPR의 파괴적 재설계는 TQM의 선택지 중 하나이다. 하지만 TQM이 BPR과 근본적으로 다른 점은, 일을 수행하는 주체이자 대상인 직원들의 사고 모델 혁신을 BPR보다 앞에 둔다는 것이다. 새로이 도입된 시스템을 학습하고 직접 운영해야 할 조직 구성원의 학습 속도가 느리면 BPR의 효과가 발휘되지 않기 때문이다.

TQM의 단계별 접근의 철학은 '사람은 기계에 맞추어 새로운 환경에 쉽게 적응하지 못한다'는 가정을 근거로 한다. 만약 구성원이 충분히 성숙되어 변화 역량이 탁월하다면 BPR식 속도를 도모하는 방법 역시 TQM 실천 방법의 하나가 된다. 해머와 챔피가 언급했듯이 BPR의 실패율이 50~70%라는 비공식 데이터가 있다. 이에 비해 추진 속도에 융통성이 있는 TQM은 구성원의 저항이 적어서 성공 가능성이 더 높다. 해머와 챔피는 인간의 수용성을 배려하는 TQM의 철학을 아직 간파하지 못한 듯하다. BPR이 지금보다 높은 성공 가능성을 도모하려면 조직 구성원의 사고 모델과 학습 곡선을 유의하여 추진할 필요가 있다.

결론

결론적으로 BPR은 산업혁명이 만든 체제(분업화, 수직계층화, 규모의 경제, 직원 재량권 박탈)를 원래대로 돌려놓는 것이다. 산업혁명 이전에는 길드 제도하의 산업이었다. 그렇다면 단적으로 BPR은 중세의 길드형 산업 체제로 돌아가자는 것일까?

길드 시대의 장인은 사장이자 디자이너, 구매자, 생산자, 마케터, 세일즈맨으로서 제품의 라이프사이클에 걸쳐 모든 책임을 졌다. 장인의 제품은 공산품이라기보다 예술품에 가깝다. BPR로 중세의 길드형 산업 체제로 다시 돌아가는 것은 불가능한 일이다. 현대의 공산품은 복잡도가 갈수록 높아져서 제품의 라이프사이클을 꿰고 제대로 수행할 사람이 흔치 않다.

분업화로 촉발된 수직계층 조직이 문제이다. 지금은 수직계층 조직을 통해 얻을 수 있는 콘텐츠 전문화의 효익보다 의사소통 부재와 협력 경쟁력 상실이 유발하는 고객 가치 손실이 더 크다. 이를 극복하기 위해서는 여럿이지만 한 사람(사장)처럼 일하는 문화가 형성되어야 한다. 오늘날 인터넷, 클라우드, 멀티미디어 화상 회의 등의 IT 기술이 도입되어 부서 간의 장벽이 사라지고 바로 옆에서 일하는 것 같은 작업 환경이 조성되었다.

SECTION 05

BPR의 변화

01 BPR과 프로세스의 변화

BPR를 통해 구현된 프로세스와 전형적인 비즈니스 프로세스의 차이를 설명하기 위해 해머와 챔피는 자신들이 참여한 수십 개 BPR 프로젝트에서 건져낸 특징을 설명했다. 전형적인 비즈니스 프로세스와 BPR 접근을 [표 13-1]에 비교·정리했다. 표에서 붉은색으로 표시된 부분은 보충 설명이다.

표 13-1 전형적인 비즈니스 프로세스와 BPR 이후의 프로세스

전형적인 비즈니스 프로세스	BPR 이후의 프로세스
업무 절차를 단순하게 만들기 위해 일이 여러 단계로 나뉘고 담당자도 여러 명이다.	여러 일이 하나로 통합된다. → 대개 케이스 매니저 혼자 모두 처리하는 체제가 된다. 정보 시스템 기술의 지원이 필수이다.
상사가 결정한다.	직원이 결정한다. → 물론 등급 매기기 정책을 따른다.
프로세스가 순차적이고 병목이 많다.	프로세스의 순서가 자연스럽다. → 순차 설계를 제거하고 병렬로 처리하여 사전 작업과 지연을 축소한다.
표준화된 하나의 프로세스 버전으로 관리한다.	여러 개의 프로세스 버전이 있다. → 표준화된 프로세스는 소품종 대량 생산에 적합하다.
일을 정해진 규칙대로 처리한다.	일을 상식적으로 처리한다. → 비용 대비 효익이 없다면 쓸데없는 통제 인력과 간접 비용을 제거한다.
작업마다 확인과 통제 절차가 있다.	확인 작업과 통제가 축소된다. → 부가가치가 없는 확인 및 통제 비용을 줄이고 사후 통제로 규율을 관리한다.
기댓값과 결과를 매번 비교·검토한다.	정합성 비교·검토가 최소화된다. → 예를 들면 포드자동차처럼 대금 지불 시에 서류 정합성 검토 과정을 삭제한다.
영업사원 외에 고객의 질문에 답변할 책임 있는 소통 창구가 불분명하다.	케이스 매니저가 단일한 소통 창구가 된다. → 전반적인 프로세스 오너를 정하여 고객 이슈를 해결하는 권한과 책임을 부여한다.
중앙 운영이나 분산 운영 중 하나의 플랫폼으로 구현된다.	중앙 운영과 분산 운영이 혼재된다. → 클라우드 환경에서는 의미 없는 논점이다.

BPR 프로세스의 특징은 산업군에 따라 달라진다기보다 산업군을 관통한다. 해머와 챔피는 자동차 산업의 리엔지니어링 프로세스 원칙이 보험 회사에도 비슷하게 적용될 수 있다고 주장한다. 이러한 변화의 밑바탕에는 전형적인 프로세스가 분업의 원칙에 기반하여 직원들에게 고객의 요구에 부응하는 자율권이 없었다는 것, 대량 생산에 맞추어져 서비스 융통성이 없었다는 것, 순차적 개발 체제로 개발 납기가 지연될 수밖에 없었다는 것 등 과거 역사의 이해가 필요하다.

02 BPR과 조직 문화의 변화

BPR은 급진적인 프로세스를 재창조할 뿐만 아니라 조직에도 큰 영향을 미친다. 보통은 범위가 좁고 단일 활동 중심인 개인 과업이 BPR을 통과하면 다차원의 과업으로 바뀐다. 제조업의 경우 생산 라인이 자동화되어 조립 라인에서 사람이 사라지고 그 결과 수직 기능 조직이 붕괴된다. 이상적으로 프로세스 지향적 직원은 상사를 위해 일하지 않고 고객을 위해 일한다.

표 13-2 전형적인 조직 문화와 BPR 이후의 조직 문화

전형적인 조직 문화	BPR 이후의 조직 문화
작업 단위 팀이 수직계층 조직의 기능 팀으로 구성된다.	작업 단위 팀이 기능 부서에서 프로세스 팀으로 바뀐다.
복잡한 일이 여러 단계의 단순 작업으로 나뉘어 분업 처리된다.	단순 작업에서 다차원 작업으로 전환된다.
직원은 항상 실수한다는 가정하에 관리자의 통제를 받는다.	직원이 통제의 대상에서 자율 직원으로 변화한다. → 자동화가 지원된다 하더라도 숙련도에 따라 권한의 범위가 달라진다.
단순 작업을 숙달시키는 트레이닝 형식의 교육이다.	단순 트레이닝에서 문제 해결 역량으로 교육이 바뀐다.
얼마나 열심히 활동했는가로 직원의 고과와 보상을 평가한다.	직원의 고과와 보상이 활동 중심에서 결과 중심으로 바뀐다.
직원의 승진이 성과에 따라 결정된다. → 상사 충성도의 영향도 존재한다.	승진 조건이 성과 기준에서 역량 기준으로 결정된다. → 객관성을 담보하기 위해 외부 인사 위원의 도움이 필요할 수도 있다.
직원이 부서 이기주의적인 성향을 보일 수 있다. • 상사가 내 월급을 지급한다. • 나는 부품이다. • 부하가 많은 관리자가 더 가치 있다. • 내일도 오늘 같을 것이다.	손가락질하는 방어 모드에서 고객 가치 창출로 지향이 바뀐다. • 고객이 내 월급을 준다. • 내가 최후의 보루이다. 잘못은 내 책임이다. • 나는 팀에 속하고 함께 성공해야 한다. • 내일은 불확실하다. 항상 배워야 한다.
상사는 직원이 업무 처리를 잘하는지 모니터링하고 통제한다.	상사는 업무 관리자에서 코치로 역할이 바뀐다.
회사 규모가 커질수록 계층이 수직적으로 늘어난다.	조직이 계층형에서 평활한 형태로 전위된다.
사장이 숫자를 챙기고 부서를 평가한다.	사장이 성적 관리자에서 리더로 변화된다. → 전문 경영인과 오너 사장의 성향이 다를 수 있다.

03 BPR과 정보 시스템의 변화

정보 시스템 아키텍처는 시장, 프로세스, 조직 변화와 함께 진화한다. 컴퓨터 시스템도 생물처럼 유기체로 이해하는 것이 바람직하다. BPR에 성공하려면 정보 기술에 대한 생각도 바뀌어야 한다. 정보 기술이 없다면 BPR의 성공도 보장할 수 없기 때문이다. 하지만 적정한 프로세스 리엔지니어링이 선행되지 않은 상태에서 정보 기술을 도입하는 것은 안개 속에서 빙산을 향해 돌진하는 타이타닉호에서 왼쪽 갑판의 벤치를 오른쪽 갑판으로 옮기는 것과 마찬가지이다.

정보 시스템의 BPR 접근을 설명하기 전에 해머와 챔피는 생각하는 방법을 연역적 방법과 귀납적으로 구분하고 둘 중 귀납적 접근을 해야 한다고 주장했다. 두 가지 접근은 설명을 읽어도 이해하기 어려운데 간단히 '문제 중심인가?', '과제 중심인가?'라고 하면 이해가 될 것이다. 우리는 과제 중심 접근이 더 효과적이라고 생각한다. 연역적 접근의 경우 현장에서 문제의 원인으로 특정인을 지목하곤 하는데 이는 바람직하지 않다. 사람이 아니라 시스템의 문제로 풀어야 한다.

- **연역적 접근:** 문제 중심의 접근으로, 문제(결론)를 먼저 정의하고 그 원인(전제)을 찾는다. 즉 결론을 미리 확정한다. 원인(전제)이 문제(결론)의 프레임을 벗어날 수 없기 때문에 창의적인 해결책이 나오기가 쉽지 않다. 고장의 원인을 찾을 때 도움이 된다.
  예 처리 속도가 늦다. 그 이유는 무엇인가?
  예 신상품이 안 팔린다. 그 이유는 무엇인가?
- **귀납적 접근:** 과제 중심의 접근으로, 과제(전제)를 먼저 정의하고 솔루션(결론)을 만든다. 즉 결론을 미리 확정하지 않는다. 목표를 달성하기 위한 솔루션을 포괄적으로 검토하여 기상천외한 생각을 도출하기 쉽다.
  예 처리 속도를 반으로 줄이겠다. 어떻게 하면 되는가?
  예 고객이 처음 보는 신제품이다. 어떻게 팔 것인가?

표 13-3 전형적인 정보 시스템과 BPR 이후의 정보 시스템

전형적인 정보 시스템	BPR 이후의 정보 시스템
정보의 사용 장소가 한정되고 공유되지도 않는다.	공유된 DB에 정보가 저장되어 언제든지 원하는 장소에서 동시적으로 검색 및 활용된다.
전문가만이 복잡한 일을 처리한다.	전문가 시스템으로 일반 직원도 고도의 일을 처리한다. → 그래도 손기술은 숙련 시간이 필요하다.
중앙 처리와 분산 처리 중 하나의 플랫폼을 선택한다.	중앙 처리와 분산 처리를 인터넷으로 연결하여 융통성 있게 사용한다. → 클라우드 환경에서는 중앙 처리와 분산 처리의 의미가 없다.
관리자가 중요한 의사결정을 한다.	의사결정 툴과 정책 설정 툴로 모든 직원이 의사결정을 한다. → 관리 정책이 공유되어야 한다.
고객 접점의 직원은 정보를 접수·검색·저장·전송하는 사무 공간이 필요하다.	무선 정보통신과 휴대용 컴퓨터로 정보를 어디서든 주고받을 수 있다. → 보안 이슈에 대한 대비가 전제되어야 한다. 재택근무의 경우 업무 효율이 떨어진다는 최근 연구 결과도 있다.
잠재 고객과의 최선의 접촉은 대면 만남이다.	대화형 멀티미디어로 잠재 고객과 효과적인 접촉이 가능하다. → 고도화된 UX(사용자 경험) 평가 기법에 다양한 매체를 활용할 수 있다.
원하는 물건이 어디에 있는지 직접 찾아야 한다.	자동 색인과 추적 기술로 물건이 어디에 있는지 알려준다. → 프로토콜 전송 시 금속에 의한 통신 노이즈 문제를 극복해야 한다.
계획이 정기적으로 갱신된다.	고성능 컴퓨터가 계획을 즉각 수정한다. → 불확실성하의 의사결정은 사전 모델링이 필요하다.

경영학 강의 | BPR의 실패 요인

해머와 챔피는 BPR 시도의 50~70%가 실패한다는 비판을 언급하면서, 이러한 실패율이 BPR의 효용성이 없다는 논거가 되지 않는다고 주장했다. 아무리 완벽한 학습법이 있다고 해도 모든 학생이 명문대에 입학하지는 못한다. 해머와 챔피의 말처럼 BPR은 행운을 바라는 룰렛 게임이 아니라 실력과 노력이 필요한 체스 게임과 같다. 다음은 회고 형식으로 표현한 BPR의 실패 요인으로, 이를 염두에 두고 BPR에 접근한다면 보다 높은 성공률을 이룰 수 있을 것이다. 실패한 기업은 다음 중 하나 이상의 실수를 했다.

- 프로세서를 바꾸는 것이 아니라 기존 프로세스를 고쳐 썼다.
- 비즈니스 프로세스에 집중하지 않았다.
- 프로세스 재설계 이외에 모든 것을 무시했다.
- 사람들의 헌신 가치와 신념을 무시했다.
- 작은 성과에 자족하고 멈추었다.
- 너무 일찍 끝냈다.
- 문제 정의와 리엔지니어링 노력의 범위에 사전 제한을 두었다.
- 리엔지니어링에 착수하지 못하게 하는 기존의 기업 문화와 관리 태도를 허용했다.
- 아래로부터 리엔지니어링이 일어나도록 시도했다.
- 리엔지니어링을 이해하지 못하는 사람이 이끌도록 했다.
- 리엔지니어링에 몰입할 자원 투자에 인색했다.
- 리엔지니어링을 회사의 여러 이슈 속에 파묻었다.
- 너무 많은 리엔지니어링 프로젝트에 에너지를 분산했다.
- CEO의 퇴임 2년 전에 리엔지니어링을 시도했다.
- 리엔지니어링을 다른 비즈니스 개선 프로그램과 구별하지 못했다.
- 설계에만 오롯이 집중했다.
- 모든 사람을 불행하게 만들지 않으려고 하면서 리엔지니어링을 추진했다.
- 사람들이 리엔지니어링의 변화에 저항하면 뒤로 물러섰다.
- 지쳐서 포기했다.

TQM과 BPR은 쉼이 없는 프로세스 혁신 활동이다. 사안에 따라 어떤 프로세스는 BPR로 추진하고 어떤 프로세스는 TQM을 선택할 수 있다. 두 방법론의 유전자가 유사하니 역량은 공유 가능하다. 이 분야의 전문가는 BPR을 수행한 후 TQM으로 다지고 다시 BPR을 수행하는 순환형 접근이 좋다고 주장하지만 해머와 챔피는 아마 동의하지 않을 것이다. 그들은 어떠한 제한 없이 BPR에 접근해야 한다고 주장하기 때문이다.

경영학 강의 | BPR 프로젝트의 고려 사항

지금까지 프로세스 개론 차원에서 BPR에 대해 설명했는데 여기서는 BPR을 추진할 때 고려해야 할 사항을 간략히 정리했다. 다음 내용은 프로젝트를 추진할 때 관리 포인트를 놓치지 않도록 도와줄 것이다.

- 조직의 이름이 있듯이 프로세스에도 적정한 이름을 부여하라. 이름은 프로세스 시작과 끝의 활동명으로 표현하는 것이 좋다. 예를 들면 '판매'보다 '잠재 고객 발굴 및 주문'이 더 적절하다.
- 현재의 프로세스를 이해하는 학습에 과도한 시간을 투자하지 말라. 시스템의 절차를 도식화하고 성과지표를 분석하는 접근은 BPR이 아니라 프로세스 개선식 접근이다. 기존 모델을 너무 깊이 학습하는 것은 혁신을 방해한다. BPR은 해당 업무의 전문가가 아니더라도 프로세스 재설계가 가능하다고 간주한다.
- 리엔지니어링을 위한 대상은 고객에서 시작해서 고객으로 끝난다. 그 외의 요인(조직 간 관계 등)을 우선하면 실패로 향하는 지름길로 가는 것이다. 하지만 조직 변수는 주의 깊게 관찰하라. BPR 실패의 가장 큰 요인은 관리층의 저항이다.
- 벤치마킹은 BPR이 아니다. 부득이 해야 할 때는 국내가 아니라 업종을 떠나 세계 최고 업체를 벤치마킹하라. BPR의 목표를 선언할 때 '그게 가능해?'라는 피드백이 없다면 목표를 너무 낮게 잡은 것이다.
- 근거 없는 주장을 의심하는 과학적 회의주의를 견지하라. BPR은 사고를 구속하는 기존의 모든 가정을 무시하고 시작한다. 못 바꾸겠다는 실무자의 주장을 경청하되 의문을 제기하라.
- 과제 해결을 위한 가용한 정보 기술이 지구상에 이미 존재한다는 생각으로 새로운 기술을 꾸준히 학습하고, 모르면 전문가에게 도움을 청하라. 신기술 도입이 투자 대비 효익이 있다면 과감한 시도를 고려하라.
- BPR 추진 이전에 최고경영층이 전 직원을 대상으로 메시지(출사표)를 선언하라. 첫 내용은 당면 과제이다. 어떤 어려운 상황에 처해 있는지, 이대로 있으면 어떤 파국을 맞게 될지 분석한다. 다음은 함께 도달하고자 하는 기업의 모습을 제시하는 비전 선언문이다. 1~2쪽 분량으로 간결하고 단호하며 헌신을 유도하는 시각적인 스토리텔링 형식이 좋다. "우리는 다음 날 오전 10시 30분에 소포를 전달할 것입니다"라는 페덱스의 비전 선언문이 정답이다.

요약

01 시장 변화의 동인은 3C Customer, Competition, Change로 요약할 수 있다. 이러한 고객, 경쟁, 변화 동인에 의한 변화는 한 세대가 지나도록 현재진행형이며 그 변화가 더욱 확실하다.

02 기업은 의사결정을 신속히 하기 위해 기능 조직을 프로세스 조직으로 변화시키고 계층을 평활화하기 시작했다.

03 산업혁명 이후 기업의 경쟁력은 낮은 가격이었다. 일본 제조업체의 품질경영으로 인해 경쟁력은 가격이 저렴하면서 품질도 좋은 것으로 바뀌었다. 하지만 신제품 출시가 6개월만 지연되어도 개발비를 보전할 수 없게 되자 제품 납기가 또 다른 중요한 경쟁력으로 대두되었다. 납기에는 제품 납기뿐만 아니라 서비스 사이클타임도 포함된다. 이러한 문제를 해결하는 방법은 동시공학과 BPR이다.

04 현대의 변화는 세 가지 면에서 과거와 다르다. 첫째, 변화가 다변화되었고, 둘째, 변화의 속도가 빨라졌으며, 셋째, 쉼 없이 변화가 지속된다는 것이다.

05 조직이 성장하면 관리를 위한 수직계층이 갈수록 늘어난다. 계층 확장은 조직 성장의 측면에서 자연스러운 일이기도 하다. 이처럼 수직적으로 확장된 여러 기능 조직 형태를 굴뚝형 또는 사일로 조직이라고 부른다.

06 파킨슨은 공무원의 수가 업무량과는 직접적인 관계없이 심리적 요인으로 꾸준히 증가한다고 관료주의의 문제를 지적했다. 이 파킨슨의 법칙은 기업도 예외가 아니다.

07 BPR은 비즈니스 프로세스의 근본적인 재검토와 파괴적인 재설계로 원가, 품질, 서비스, 속도와 같은 중대하고 현대적인 성과지표의 탁월한 향상을 성취하는 것으로 정의된다.

08 BPR의 정의에 따라 해머와 챔피가 제시한 네 가지 특징은 근본적인 재검토, 파괴적인 재설계, 탁월한 향상, 프로세스 중점이다.

09 BRP의 실천 방법은 하향식 접근, 정보 기술 레버리지, 프로세스 중심, 종업원에게 권한 부여, 동시 작업 등이다.

10 BPR과 기존 경영 이론의 차이는 다운사이징과 구조 조정, 자동화, 소프트웨어 리엔지니어링, 조직 평활화, TQM에서 찾을 수 있다.

11 BPR은 급진적인 프로세스를 재창조할 뿐만 아니라 조직에도 큰 영향을 미친다. 보통은 범위가 좁고 단일 활동 중심인 개인 과업이 BPR을 통과하면 다차원의 과업으로 바뀐다. 제조업의 경우 생산 라인이 자동화되어 조립 라인에서 사람이 사라지고 그 결과 수직 기능 조직이 붕괴된다.

12 BPR에 성공하려면 정보 기술에 대한 생각도 바뀌어야 한다. 정보 기술이 없다면 BPR의 성공도 보장할 수 없기 때문이다.

연습문제

01 최근 회자되는 4차 산업혁명에 대해 조사하고 3차 산업혁명과 비교하여 설명하시오. 그리고 4차 산업혁명 시대에 각광받을 새로운 직종을 예측하시오.

02 고객이 경험하지 못한 신기술/신제품에 대해 미래의 시장을 예측할 수 있는 기획 방법과 마케팅 방법을 제시하시오. 제시한 기획 방법과 마케팅 방법이 기존 제품의 기능을 개선한 파생 제품에 대한 접근과 어떻게 달라야 하는지 설명하시오.

03 인터넷에서 우리나라의 BPR 사례를 조사하시오. 성공 사례와 실패 사례 중 택하여 1쪽 분량의 보고서를 작성하되, 특히 IT 기술의 기여 부분을 설명하시오.

04 해머는 자신의 책에서 BPR의 추진 프로세스를 명확히 제시하지 않았는데, 11장의 비즈니스 프로세스 개선 10단계를 참고하여 인과관계의 논리성을 가진 BPR 절차를 창의적으로 제시하시오. 해머의 철학에 구애받지 말고 자신만의 논리로 펼치되, 10단계를 넘지 않게 프로세스 다이어그램을 그리고 각 단계에 대한 설명과 성과지표를 쓰시오.

CHAPTER 14

프로세스 마이닝

학 | 습 | 목 | 표

- 데이터 마이닝과 프로세스 마이닝의 상관관계를 이해할 수 있다.
- 프로세스 마이닝의 세 분야인 발견, 정합, 개선의 내용을 이해할 수 있다.
- 플레이인, 플레이아웃, 리플레이의 프로세스 마이닝 기법에 대해 설명할 수 있다.
- 프로세스 마이닝에서 ETL의 거친 범위 설정과 세부 범위 설정 작업을 설명할 수 있다.
- 프로세스 발견에 관한 WF-NET의 특성과 알파 알고리즘의 8단계 개념을 이해할 수 있다.
- 프로세스 마이닝의 품질지표를 이해하고 네 가지 프로세스 모델 유형별 지표의 특징을 설명할 수 있다.
- 프로세스 마이닝의 라이프사이클에 대해 설명할 수 있다.
- 프로세스 모델의 적합도 개념 중에서 과적합과 부적합을 이해할 수 있다.

최근 인공지능과 데이터 마이닝이 화두에 오르고 있다. 컴퓨팅 파워가 커지면서 빅데이터의 처리가 가능해지자 인공지능과 데이터 마이닝의 모형인 분류, 군집화, 최적화, 가치평가, 전처리 등을 위한 알고리즘 활용이 더욱 용이해졌다. 머신러닝 또한 최적화된 해법을 찾는 인공지능의 하위 개념이다. 빅데이터 처리를 다루는 이러한 학문 분야를 데이터 사이언스data science라고 한다.

IT 논리 모델링의 커다란 두 축은 데이터 모델링과 프로세스 모델링이다. 데이터 모델링이 목적물을 다룬다면 프로세스 모델링은 방법을 대상으로 한다. 따라서 데이터 사이언스가 있다면 프로세스 사이언스process science가 있고, 데이터 마이닝처럼 프로세스 마이닝process mining이라는 학문 분야가 출현했다.

데이터 마이닝은 저장된 데이터를 대상으로 하지만, 프로세스는 다이내믹한 동적 활동이기 때문에 이에 대한 프로세스 마이닝은 각 프로세스의 중간 단계에서 추출된 이벤트 데이터를 이용한다. 그러므로 프로세스 마이닝은 프로세스의 작동 분석을 주 대상으로 한다. 이 장에서는 프로세스 마이닝을 주도하는 빌 판데르알스트의 연구를 바탕으로 우리의 통찰을 더하여 설명할 것이다.

SECTION 01

프로세스 마이닝의 개요

01 데이터 마이닝과 프로세스 마이닝

인텔 설립자 중 한 사람인 고든 무어Gordon Moore는 마이크로칩의 성능이 18개월마다 두 배로 성장할 것이라 예견했다. 그의 주장은 '무어의 법칙'으로 불리며 널리 회자되었다. 컴퓨터 요소 기술의 발전과 더불어 인터넷의 탄생은 데이터의 생성과 활용에 엄청난 변화를 가져왔다. 일반인도 손쉽게 텍스트, 이미지, 동영상을 생성하고 저장하면서 엄청난 양의 데이터가 클라우드에 축적되어 '디지털 우주digital universe'를 형성하고 있다. 대부분의 데이터가 비정형적인 포맷이라 기업들은 이러한 빅데이터를 다루는 데 큰 부담을 느끼게 되었다. 빅데이터의 활용은 석유나 금광을 캐는 일과 비슷하기 때문이다. 그래서 빅데이터 속에서 가치 있는 정보를 찾아내는 데이터 마이닝 기술이 각광받고 있다.

데이터 마이닝data mining은 데이터 사이언스의 하위 분야이다. 그리고 데이터 사이언스와 프로세스 사이언스를 연결하는 학문 분야는 프로세스 마이닝이다. 프로세스 마이닝process mining은 전통적인 모델 기반 프로세스 분석과 데이터 중심 분석 기법을 통합한다. [그림 14-1]에서 보듯이 프로세스 마이닝은 데이터 사이언스와 프로세스 사이언스라는 두 학문을 연결하는 개념이다.

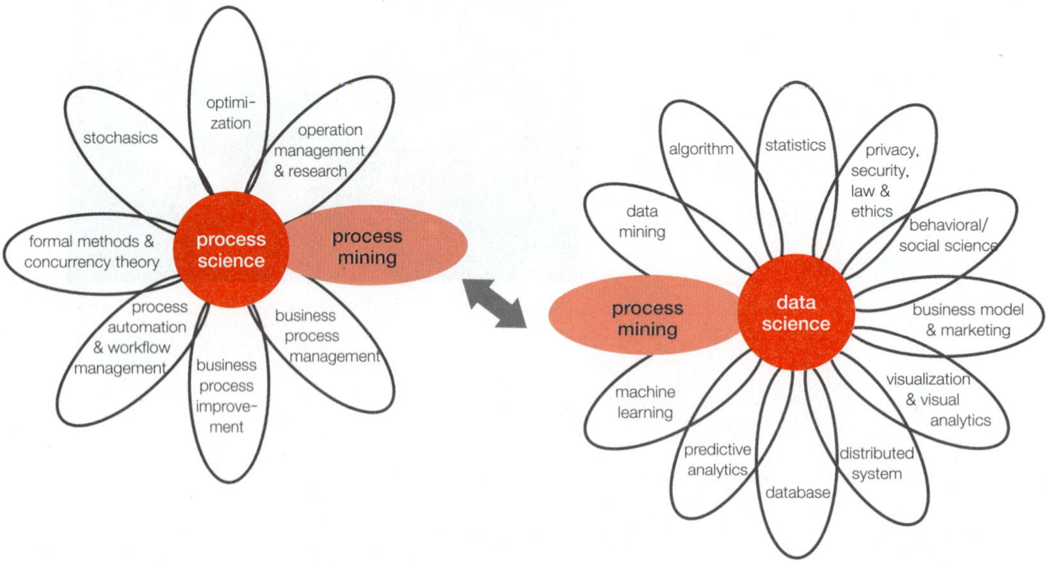

그림 14-1 데이터 사이언스와 프로세스 사이언스, 그리고 프로세스 마이닝

TIP 알스트가 제시한 [그림 14-1]의 개념은 학계에서 일반적으로 통용되는 개념은 아니며, 그는 저서에서 그림은 참고 사항이라고 여러 번 언급했다. 하지만 빅데이터를 포함한 데이터 사이언스 부문에는 프로세스 시각이 결여된 경우가 많기 때문에 이러한 개념도는 두 학문 도메인을 연결하는 의미 있는 시도로 보인다.

일반적으로 데이터 마이닝, 통계 기법, 머신러닝 테크닉은 엔드투엔드end to end 프로세스를 고려하지 않는다. 반면에 프로세스 사이언스의 접근 방법은 프로세스 중심이며, 데이터 마이닝처럼 이벤트 데이터의 학습보다는 엔드투엔드 프로세스 모델에 집중한다. 프로세스 모델에 집중한다 하더라도 프로세스 마이닝 역시 추출된 이벤트 데이터를 활용하기 때문에 알스트는 프로세스 마이닝을 활동형 데이터 사이언스data science in action라고 부른다. 이벤트 데이터가 보여주는 동적 행동을 프로세스 모델과 연결하여 해석하기 때문이다.

기업이 프로세스 모델에 관심을 가지고 있고, 충분한 이벤트 로그 데이터를 보유했으며, 손으로 그린 단순한 프로세스 모델이 있다면 프로세스 마이닝을 시작할 시점이다. 프로세스를 발견하여 기존의 프로세스 모델과 비교·평가하고 개선하는 것이 프로세스 마이닝이 지향하는 목표이기 때문이다.

02 프로세스 마이닝의 주요 기능

단일한 트랜잭션를 넘어 프로세스 기반의 경영 활동을 서비스하는 시스템을 프로세스 감지형 정보 시스템Process Aware Information System, PAIS이라고 한다. ERP, CRM, SCM, BPM, 워크플로 관리WorkFlow Management, WFM, 콜센터, 웹 애플리케이션 서버 시스템 등은 PAIS의 범주에 들어간다. PAIS 시스템은 시스템의 활동 이력에 대한 이벤트 데이터를 생성 및 저장하는 기능을 기본적으로 가지고 있다. 이벤트 저장 기능은 프로세스 처리 과정의 문제를 해결하기 위한 기초 데이터로도 활용되고, 프로세스 거버넌스를 위한 필수 요건이기도 하다. 대개 이러한 이벤트 데이터는 여러 저장장치에 분산되어 있고 형식도 구조화되지 않은 경우가 많다. 그러므로 프로세스 마이닝을 위한 데이터 추출, 변환, 적재의 준비 작업을 적정하게 수행하기 위한 ETLExtract, Transform, Load 과정은 빅데이터 분석 작업과 마찬가지로 프로세스 마이닝 업무의 필수적인 선행 작업이기도 하다.

[그림 14-2]는 프로세스 마이닝이 지향하는 세 가지 주요 기능을 보여주는 개념도이다. 그림에 표현된 소프트웨어 시스템은 PAIS와 같은 시스템이다. PAIS 시스템은 비즈니스 세계에서 벌어지는 다양한 업무를 처리한다. 그 결과로 비즈니스 트랜잭션 거래 데이터를 생성·변경·삭제하는 일을 처리하고 각 트랜잭션 이벤트의 처리 내용에 관한 로그를 저장한다. 이러한 이벤트 데이터의 내용은 해당 트랜잭션(사건) 번호, 이벤트 번호, 시작 시간(or/and 종료 시간), 활동 내용, 리소스(담당자, 실행 프로그램명)와 기타 속성 데이터(비용, 트랜잭션 처리 값 등)이다.

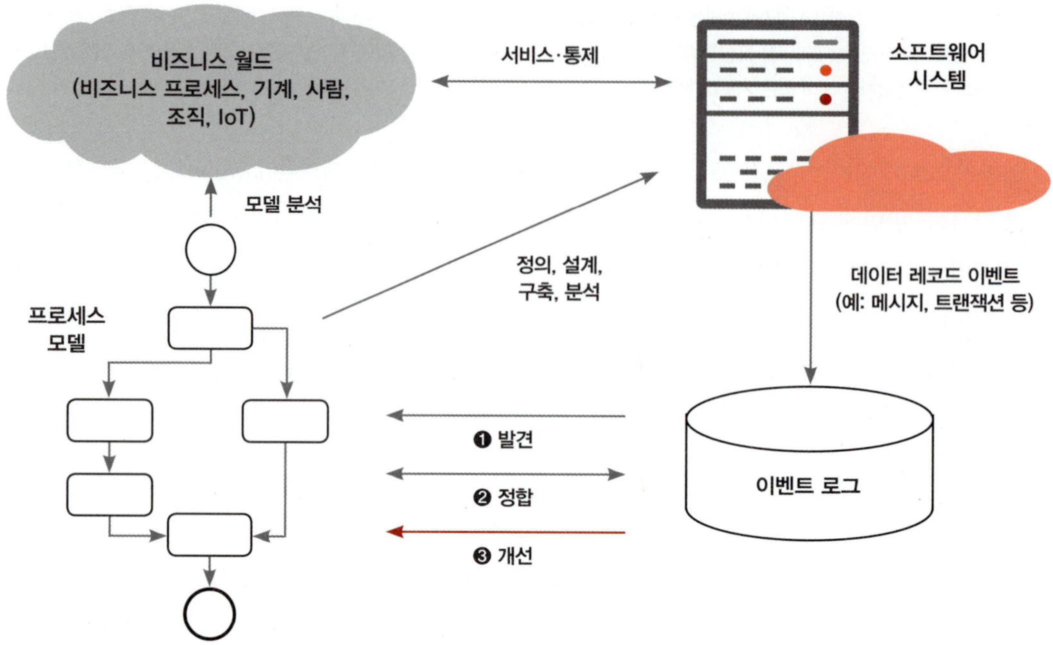

그림 14-2 프로세스 마이닝의 세 가지 유형

상용 PAIS 시스템의 경우 원활한 분석을 위해 정해진 로그 형식을 수정하여 활용해야 하고, 자체 개발한 경우에는 이벤트 로그의 형식과 저장 방식을 코딩해야 한다. 이렇게 저장된 이벤트 로그가 ETL 과정을 거치면 다음 세 가지 목적 유형으로 프로세스 마이닝을 수행할 수 있다.

- **프로세스 발견(process discovery):** 발견 기법은 이벤트 로그를 활용하여 사전 정보 없이 프로세스 모델을 생성한다. 한 예로 알파 알고리즘은 이벤트 데이터를 이용하여 페트리네트를 만들어준다. 이벤트 데이터에 리소스 정보가 있다면 알파 알고리즘은 직원 간의 소셜 네트워크 모델도 지원한다. 페트리네트의 주요 심벌은 검은 막대 또는 사각형 모양의 트랜지션 심벌, 프로세스 진행 상태를 보여주는 원형 모양의 플레이스 심벌, 화살표 모양의 아크이다. 트랜지션은 발포 활동을 통해 플레이스 위로 토큰을 이동한다. 토큰은 오로지 플레이스 위에만 위치할 수 있다. 페트리네트는 생성된 토큰의 정합성을 통해 프로세스 분석을 실시하는 표기법으로서 수학적 모델링에 적합한 방법으로 알려져 있다. 대부분의 페트리네트는 BPMN과 호환된다.
- **프로세스 정합(process conformance):** 설계된 프로세스 모델이 존재한다면 이벤트 로그 데이터와의 정합성을 확인할 수 있다. 정합성 확인은 실제 이벤트 정보가 프로세스 모델과 부합하는지 확인하는 일이고, 그 반대의 업무도 수행 가능하다. 예를 들면 회사 내 구매 신청에 1,000만 원 이상은 CFO의 합의가 있어야 한다는 프로세스 정책이 있을 경우, 실제로 1,000만 원 이상의 구매 신청 시에 CFO의 합의가 있었는지 확인하는 일이다. 이와 같은 정책을 영미권에서는 동일한 사안을 두 사람이 결정한다고 해서 '네 눈의 원칙four eyes principle'이라고 부른다. 회사는 프로세스 정합성 확인을 통해 정책

과 규칙이 어떻게 준수되는지 파악하고, 탈선이 있을 때는 그 심각성을 검토해볼 수 있다. 예컨대 실무자 레벨이 아닌, 권한이 많은 관리자의 탈선은 회계감사에서도 매우 심각한 일로 판단한다.

- **프로세스 개선(process enhancement):** 프로세스 정합성 확인의 다른 활용 방법이라고 할 수 있다. 프로세스 정합성을 확인하여 부정도 발견할 수 있지만, 표준 비즈니스 모델에 관한 특정 활동이 지속적으로 일탈이 있다면 두 가지 가능성이 존재한다. 첫째는 시장 상황이 변했기 때문에 프로세스가 달라졌다는 가정이고, 둘째는 기존 프로세스 모델보다 훨씬 효율적인 프로세스가 존재할 수 있다는 가정이다. 이러한 경우는 프로세스를 수리하는 접근으로 해결이 가능하다. 반면에 프로세스의 처리 시간이 지연되는 병목 현상이 발견되었을 때는 실무자의 역량이 부족하거나 업무 부하가 증가되었을 가능성이 있다. 이러한 경우는 프로세스를 확장하는 접근으로 해결한다. 추가 인력을 보강하거나 의사결정 기준을 완화하여 처리 시간을 단축하는 것이다.

이벤트 로그의 데이터 속성이 단순한 프로세스 컨트롤 정보뿐만 아니라 리소스(자원), 케이스(사건) 정보, 시간 데이터(시작, 종료)를 가지도록 구성되어 있다면 사용자는 프로세스 마이닝의 발견과 정합성 확인을 통해 보다 폭넓게 통찰할 수 있다. 이러한 통찰은 크게 네 부분으로 나뉜다.

- **컨트롤 흐름에 대한 통찰:** 프로세스 활동의 적정한 순서를 모니터링하는 기능이다. 프로세스 활동 간의 인과관계에 대한 통찰을 보여준다. 모델링된 선택 가능한 경로를 모두 활용하는지 확인하여 비즈니스 프로세스 개선의 기초 정보로 활용할 수 있다.
- **조직 모델에 대한 통찰:** 이벤트 데이터에서 활동자(사람, 시스템, 역할 종류, 부서 등)에 대한 로그 정보를 이용한다. 조직 내에서의 활동자 간 교류와 역할을 구조화하여 활동자 그룹을 군집화하고 소셜 네트워크 모델을 보여줄 수 있다.
- **케이스에 대한 통찰:** 이벤트 데이터의 속성 데이터에 주목한다. 케이스는 프로세스가 시작되어 프로세스가 종료되는 특정 이벤트의 집합이다. 그러므로 최초로 활동을 촉발한 사람(객체)에 종속된다. 충분한 케이스 데이터가 축적되어 있다면 사건별로 어떤 속성 혹은 어떤 속성의 집합이 어떤 활동으로 분기되는지 의사결정 규칙을 분류할 수 있다. 예를 들면 특정 고객군의 대출 신청에 대한 의사결정 프로세스로부터 대출 규칙에 관한 의사결정 트리를 학습할 수 있다.
- **시간에 대한 통찰:** 단위 활동의 시작 시간(종료 시간) 또는 기간 데이터와 빈도 정보를 이용한다. 이벤트 정보는 대개 시간 정보를 포함하기 때문에 해당 활동의 평균 처리 시간과 최대·최소 처리 시간을 뽑아낼 수 있다. 이러한 통찰은 어떤 프로세스에 병목 현상이 존재하는지, 서비스 수준은 어떤지를 알려준다. 또한 직원별 서비스 소요 시간도 알려주고, 해당 사안이 언제쯤 종료될 것인지 예측도 가능하게 한다. 일례로 내비게이션은 도착 시간을 예측하는 기법으로도 사용된다.

TIP 부록 B에서 내비게이션 솔루션과 프로세스 마이닝 기법을 비교할 것이다.

위의 네 부분은 동일한 이벤트 데이터를 사용한다는 이유로 상호 배타적인 개념이라기보다는 서로 중첩되어 분석 및 활용된다. 초기에는 프로세스 마이닝이 주로 오프라인으로 활용되어 이미 종료post mortem된 데이터를 사용했다. 하지만 최근에는 온라인상에서 활동 중pre mortem인 이벤트 데이터를 사용하여 프로세스 운영을 실시간으로 지원하는 기능으로 확장되고 있다. 그러므로 프로세스 정책을 따르지 않는 활동이 트리거되면 바로 관리자에게 알려주는 체계로도 활용 가능하다. 이러한 기능은 실시간 데이터 마이닝 프로그램을 통해 구현된다.

03 프로세스 모델

[그림 14-3]은 페트리네트로 표현된 프로세스 모델의 예로 영업 인센티브 신청을 처리하는 프로세스이다.

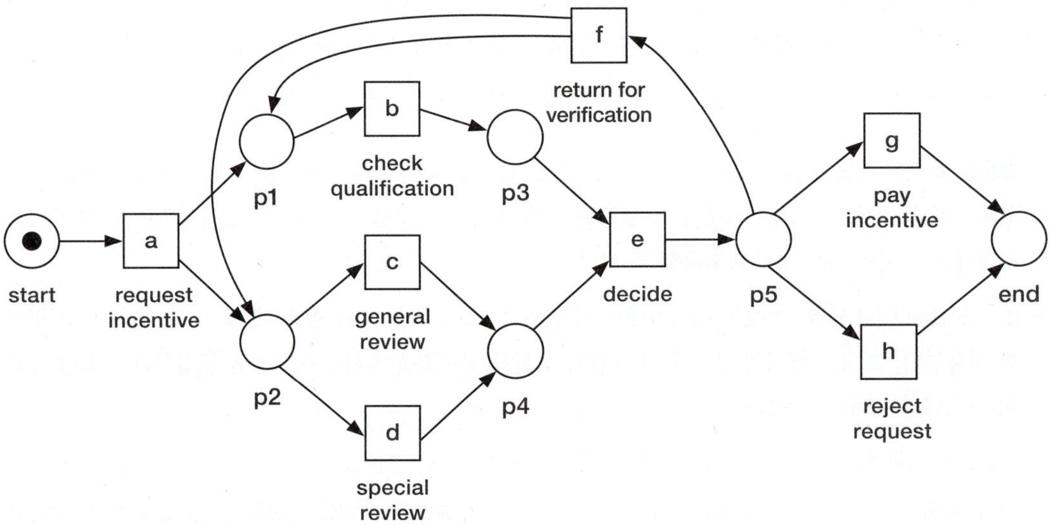

그림 14-3 페트리네트 모델의 예(영업 인센티브 프로세스)

트랜지션 a(request incentive)는 토큰 하나를 소비하고 p1과 p2 플레이스로 각각 1개씩 2개의 토큰을 출력한다. 이렇게 토큰의 위치가 단계별로 변하는 것을 마킹이라고 한다. p1에 위치한 토큰은 트랜지션 b(check qualification)를 활성화하여 인센티브 신청자가 신청 자격이 되는지 확인한다. p2에서는 일반 검토 c(general review)와 특별 검토 d(special review)를 거치며 상호 배타적으로 토큰을 소비한다. 예를 들어 d(special review)가 토큰을 가져오면 c(general review)가 비활성화된다.

p3와 p4에 토큰이 각각 발포되면 트랜지션 e(decide)가 활성화되고, 2개의 토큰을 소비하여 하나의 토큰을 p5에 출력한다. 이후에 있는 3개의 트랜지션(f, g, h)은 하나의 토큰만을 입력으로 한다. 요건이 충족되었을 경우 g(pay incentive)가 활성화되거나, 요건이 충족되지 않으면 h(reject request)로 종료될 것이다. 요건의 재확인이 필요할 경우 트랜지션 f(return for verification)는 1개의 토큰을 소비하고 2개의 토큰을 출력하여 p1, p2로 보낸다. 때에 따라 트랜지션 f는 수차례 반복되기도 한다. 프로세스의 종료는 g 또는 h 트랜지션이 활성화되고 토큰을 end 플레이스에 출력할 때 비로소 마감된다.

페트리네트의 트랜지션은 활동이고 시간을 소비한다. 반면 플레이스는 상태를 의미하며 시간을 소비하지 않는다. 그러므로 페트리네트상에서의 소요 시간, 확률 등 프로세스의 성과지표인 그래프나 수치를 표시하는 위치는 트랜지션이 아니라 플레이스 주변에 표시하는 것이 적절하다. 플레이스가 체크포인트이기 때문이다.

TIP [그림 14-3]은 페트리네트로 프로세스를 표현한 것이다. 페트리네트는 수학적 모델링을 하기가 쉽고 알파 알고리즘을 이용하여 모델을 생성하기가 용이하지만 표현상 단점이 있다. 시각적으로 플레이스의 and/or 분기가 잘 구별되지 않는다는 것이다. [그림 14-3]에서 트랜지션 a에서의 분기가 p1, p2 동시(and)에 발생하는 것인지, p1, p2 한 곳(or)에 발생하는 것인지는 프로세스 정책을 참고해야 한다. 마찬가지로 p3, p4에 모두 토큰이 모여야 트랜지션 e가 활성화되는 것인지, p3 또는 p4 한 곳에 토큰이 도착하면 e가 활성화되는 것인지 파악하기가 쉽지 않다.

[그림 14-4]는 [그림 14-3]을 BPMN으로 작도한 것이다. BPMN은 컨트롤 플로를 모델링하기 위해 플레이스 대신에 게이트웨이 심벌을 사용한다. 마름모 심벌 안의 × 표시는 XOR-split/join 게이트웨이를 나타내고, + 표시는 AND-split/join 게이트웨이를 나타낸다. 비교 시 유의할 사항은 request incentive 다음의 XOR-join 게이트웨이가 return for verification을 결정한 경우에 되돌아가는 위치로 필요하다는 것이다. XOR-join 게이트웨이 뒤의 AND-split 게이트는 이후 프로세스의 병렬 분기 흐름을 제어한다. 이 외에는 페트리네트 모델과 동일하다. 이처럼 BPMN 심벌은 페트리네트보다 분기점을 이해하기가 쉽다.

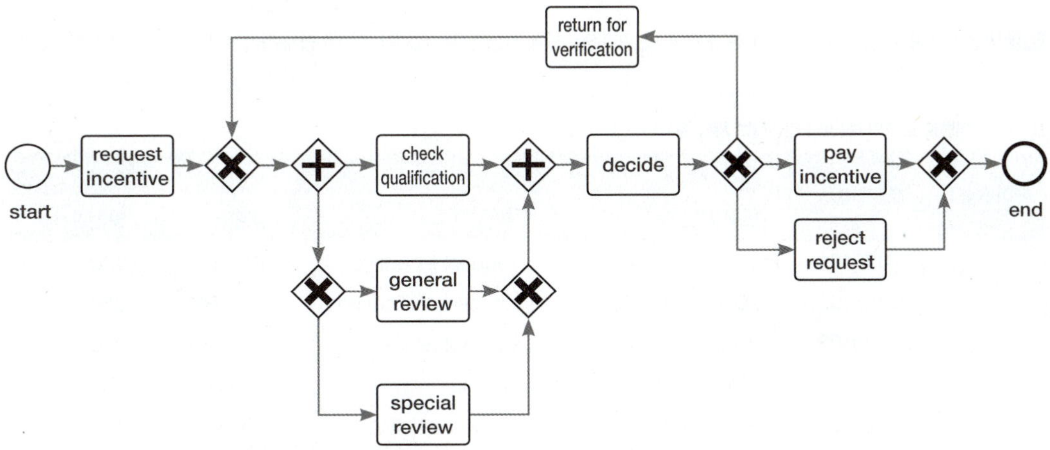

그림 14-4 BPMN 모델의 예(영업 인센티브 프로세스)

04 로그 분석

프로세스 이벤트 로그를 설명하기에 앞서 프로세스, 케이스, 이벤트, 활동과 속성 데이터의 상관관계를 살펴볼 필요가 있다. [그림 14-5]는 알스트가 제시한 클래스 다이어그램class diagram으로 개념을 이해하는 데 도움이 될 것이다. 하나의 프로세스 모델에서는 여러 건의 케이스가 실행되고 각 케이스에서는 여러 개의 이벤트가 발생한다. 각 이벤트에는 여러 개의 속성 데이터가 있을 수 있다. 유의할 점은 활동 인스턴스가 여러 이벤트에서 복수로 발생한다는 것이다. 따라서 활동의 이름을 구별할 수 있도록 정의해야 한다. 프로세스 A의 활동명을 start라 하고 프로세스 B도 활동명을 start로 명명하면 구별하기가 어렵기 때문이다. 활동명 앞에 프로세스 ID를 붙이는 것도 좋은 방법이다.

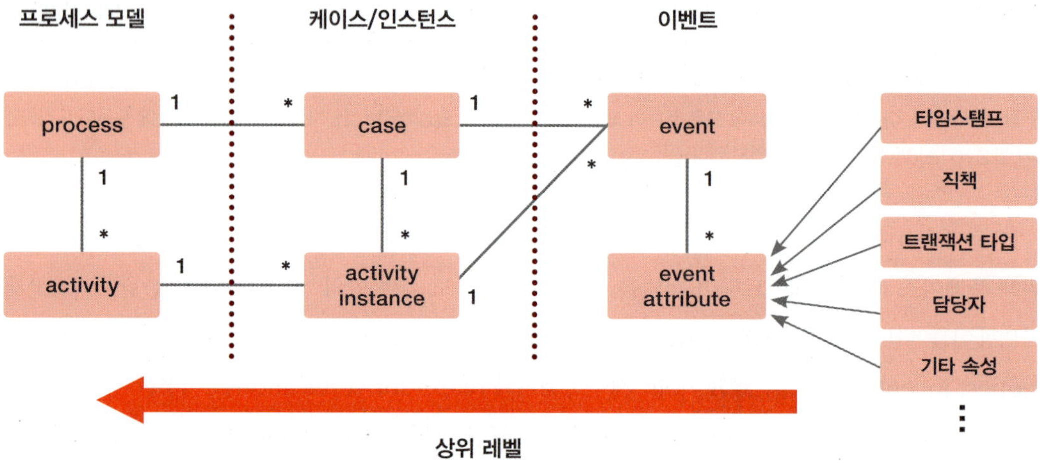

그림 14-5 프로세스 모델, 케이스/인스턴스, 이벤트 레벨의 상관관계

[표 14-1]은 [그림 14-3], [그림 14-4]의 프로세스에서 발생할 만한 이벤트 로깅 데이터의 예이다.

TIP 병렬 처리 프로세스에서 이벤트 ID는 순번이 1단위로 연속되게 발생하지는 않지만 계산을 쉽게 하기 위해 연속 순번으로 기재했다.

표 14-1 이벤트 로그의 예(영업 인센티브 처리 절차)

케이스 ID	이벤트 ID	속성 데이터			
		완료 시간	활동	담당자	활동원가
1	20123101	2017.07.18 11:02	request incentive	JGLEE	100
	20123102	2017.07.19 14:12	check qualification	JBPARK	350
	20123103	2017.07.20 07:00	general review	MSCHAE	250
	20123104	2017.07.21 10:30	decide	CSKIM	200
	20123105	2017.07.22 11:35	pay incentive	JSKIM	150
2	20123511	2017.08.01 09:35	request incentive	MLKIM	100
	20123512	2017.08.02 14:25	check qualification	JBPARK	350

케이스 ID	이벤트 ID	속성 데이터			
		완료 시간	활동	담당자	활동원가
2	20123513	2017.08.04 10:45	general review	HSRYU	200
	20123514	2017.08.05 15:21	decide	CSKIM	200
	20123515	2017.08.05 17:45	reject request	SKKANG	100
3	20123621	2017.08.22 10:21	request incentive	MHKIM	100
	20123622	2017.08.22 17:01	check qualification	JBPARK	350
	20123623	2017.08.25 09:50	special review	KHCHO	500
	20123624	2017.08.25 14:37	decide	CSKIM	200
	20123625	2017.08.25 15:30	return for verification	CSKIM	200
	20123626	2017.08.30 09:51	special review	KHCHO	700
	20123627	2017.08.30 13:30	check qualification	JBPARK	350
	20123628	2017.08.31 14:21	decide	CSKIM	200
	20123629	2017.08.31 17:35	pay incentive	JSKIM	150
4	20124141	2017.09.05 10:45	request incentive	SJCHO	100
	20124142	2017.09.06 14:35	general review	MSCHAE	350
	20124143	2017.09.06 15:13	check qualification	JBPARK	500
	20124144	2017.09.07 13:10	decide	CSKIM	200
	20124145	2017.09.07 15:21	reject request	SKKANG	100
5	20124611	2017.09.19 11:21	request incentive	SRKANG	100
	20124612	2017.09.20 11:35	check qualification	JBPARK	350
	20124613	2017.09.21 14:35	general review	MSCHAE	250
	20124614	2017.09.21 16:14	decide	CSKIM	200
	20124615	2017.09.22 09:10	return for verification	CSKIM	200
	20124616	2017.09.22 17:10	check qualification	JBPARK	450
	20124617	2017.09.26 09:45	general review	HSRYU	200
	20124618	2017.09.27 09:21	decide	CSKIM	200
	20124619	2017.09.27 11:10	return for verification	CSKIM	200
	20124620	2017.09.28 12:10	check qualification	JBPARK	450
	20124621	2017.09.29 13:55	special review	KHCHO	500
	20124622	2017.09.30 11:35	decide	CSKIM	200
	20124623	2017.09.30 13:10	pay incentive	JSKIM	150
6	20124871	2017.09.05 10:45	request incentive	SYPARK	100
	20124873	2017.09.06 14:35	check qualification	JBPARK	300
	20124874	2017.09.06 15:13	special review	KHCHO	500
	20124875	2017.09.07 13:10	decide	CSKIM	200
	20124877	2017.09.25 09:00	pay incentive	JSKIM	150
⋮	⋮	⋮	⋮	⋮	⋮

[그림 14-3]의 프로세스 케이스는 가장 빠른 경우 다섯 번째 이벤트로 종료된다. 이 경우에 속성 데이터는 시간(완료 시간), 활동명, 담당자(리소스), 기타 속성(활동원가, 인센티브 금액)으로 이루어진다. 시간은 단순히 날짜만 표기할 수도 있고, 시작 시간, 완료 시간, 저장장치 기록 시간, 다음 담당자 인도 시간 등 다양하게 설계할 수도 있다.

이벤트 로그는 결측값missing value도 발생할 수 있고 추상화 레벨이 너무 높을 수도 있으므로 특정한 정보를 원할 때는 사전에 이벤트 로그 형식을 목적에 맞게 잘 설계해야 한다. 그럼에도 프로세스 마이닝을 위한 최소한의 데이터 칼럼은 발생 순서대로 로깅된 케이스 ID와 활동 칼럼이다. 발생 순서대로 활동 내용이 로깅되어야 활동 간의 선후 관계를 파악하고 프로세스 모델을 구성할 수 있기 때문이다.

[표 14-1]의 이벤트 로그는 복잡해서 직관적으로 이해하기가 쉽지 않다. 프로세스 모델링을 위한 최소한의 데이터인 케이스 ID와 각 케이스별 활동 설명을 [그림 14-3]의 트랜지션 심벌(a, b, c, d, e, f, g, h)로 단순화하면 [표 14-2]와 같은 케이스별 경로 표가 만들어진다. 이처럼 단순화된 이벤트 로그를 알파 알고리즘에 입력하여 분석하면 [그림 14-3]의 페트리네트를 출력할 수 있다. [표 14-1]의 경로 데이터는 [그림 14-3]의 프로세스 모델과 완전히 정합한다.

표 14-2 [표 14-1]의 단순화된 이벤트 로그(a, b, c, d, e, f, g, h)

케이스 ID	경로
1	(a, b, c, e, g)
2	(a, b, c, e, h)
3	(a, b, d, e, f, d, b, e, g)
4	(a, c, b, e, h)
5	(a, b, c, e, f, b, c, e, f, b, d, e, h)
6	(a, b, d, e, g)
⋮	⋮

케이스 ID(1)의 경로 (a, b, c, e, g)를 [그림 14-3]에 대입해보자. start에 토큰이 놓이면 a(request incentive)가 활성화된다. a는 토큰 하나를 소비하고 2개의 토큰을 발포하여 p1, p2에 놓고 {b, (c or d)}를 활성화한다. 트랜지션 b는 토큰을 소비하고 p3에 토큰 1개를 출력한다. 이와 동시에 정책에 따라 결정된 트랜지션 c가 먼저 활성화되면 d를 비활성화하며 하나의 토큰을 소비하고 그 결과로 하나의 토큰을 p4에 놓는다. 트랜지션 e는 p3, p4 2개의 토큰을 소비하고 토큰 1개를 p5에 놓는다. 이때 (f, g, h)가 활성화된다. 규칙에 의해 g가 실행되어 토큰을 end에 출력하고 케이스가 완성된다.

이처럼 [표 14-1]의 케이스 1~6 모두 [그림 14-3]의 프로세스 모델과 정합함을 알 수 있다. 페트리네트를 출력하는 알파 알고리즘의 작동 원리는 이어지는 프로세스 발견 부분에서 설명할 것이다.

05 프로세스 마이닝 라이프사이클

데이터 분석 기법에서 대두되는 과적합overfitting과 부적합underfitting은 프로세스 마이닝에서도 예외가 아니다. 과적합은 모델이 특정 사항에만 최적화되어서 다른 프로세스 케이스를 설명할 수 없는 문제이고, 부적합은 모델이 너무 일반적이어서 관찰된 프로세스와 관련 없는 행동까지 설명하는 문제이다. 과적합과 부적합은 상반된 개념이라 균형이 중요하다. 프로세스 마이닝의 품질지표로 제기되는 네 가지 요소(일반화, 정밀화, 적합성, 단순성) 가운데 일반화는 과적합의 정도를 측정하고 정밀화는 부적합의 정도를 측정한다.

[표 14-2]에서 만약 케이스 ID 2(a, b, c, e, h)와 케이스 ID 4(a, c, b, e, h)의 경로만 사용 가능할 때 알파 알고리즘은 [그림 14-6]과 같은 프로세스 모형을 만들어낸다. 이벤트 (b, c)가 때로는 (c, b)로 발생한다는 것은 2개의 이벤트가 동시성을 가지고 있다는 의미이기 때문이다. 프로세스 발견 알고리즘에 동시성의 로직이 없다면 프로세스는 동일한 활동을 각기 달리 표현하여, 완성된 프로세스 그림이 스파게티처럼 복잡한 형태가 될 것이다.

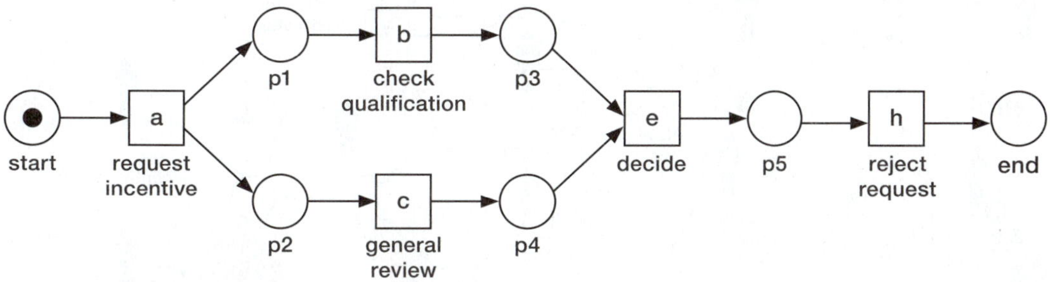

그림 14-6 부족한 로그로 알파 알고리즘이 발견한 프로세스 모델

프로세스 마이닝은 이벤트 로그로부터 프로세스 모델을 발견하는 것 외에 정합과 개선을 위한 목적으로도 사용된다. 이를 설명하기 위해 [표 14-1]의 이벤트 로그를 좀 더 확장한 [표 14-3]의 이벤트 로그를 보자. 볼드체로 표시된 케이스 ID 7, 8, 10은 [그림 14-3]의 모델과 비교해보면 가능한 경로가 아니다. 케이스 7은 동시 트랜지션 b가 누락되었고, 케이스 8은 g 또는 h가 빠져 있다. 케이스 10 역시 f로 반환된 이후에 e(decide) 결정 이벤트를 건너뛰고 인센티브를 지불했다. 프로세스 마이닝의 정합성 확인은 이처럼 모델이 실제 행동을 반영하지 못하는 서술적 관점과 실제 행동이 설계된 모델 절차를 따르지 않는 규범적 관점의 검증에 활용될 수 있다.

표 14-3 불가능한 프로세스가 첨가된 이벤트 로그([표 14-2] 참조)

케이스 ID	경로	케이스 ID	경로
1	(a, b, c, e, g)	6	(a, b, d, e, g)
2	(a, b, c, e, h)	7	**(a, d, e, g)**
3	(a, b, d, e, f, d, b, e, g)	8	**(a, b, d, e)**
4	(a, c, b, e, h)	9	(a, b, d, e, f, c, b, e, f, d, b, e, h)
5	(a, b, c, e, f, b, c, e, f, b, d, e, h)	10	**(a, b, d, e, f, b, c, g)**

[표 14-1]의 이벤트 로그는 이벤트 속성에 관한 여러 가지 정보를 가지고 있다. 프로세스 마이닝의 개요에서 설명했듯이 이러한 정보를 이용하면 프로세스에 대한 다양한 통찰을 얻을 수 있다. 즉 이벤트 정보로 프로세스 모델과의 정합을 검증하는 기본 기능은 물론, 일을 수행하는 조직 구성원 간의 소셜 네트워크 정보를 생성할 수 있다. 조직 네트워크에 밀도(빈도, 시간 등) 정보를 넣으면 구성원 간 관계의 강약(심도)까지 표현할 수 있다. [그림 14-7]은 이러한 통찰로 얻을 수 있는 정보의 유형을 맥락적으로 보여준다.

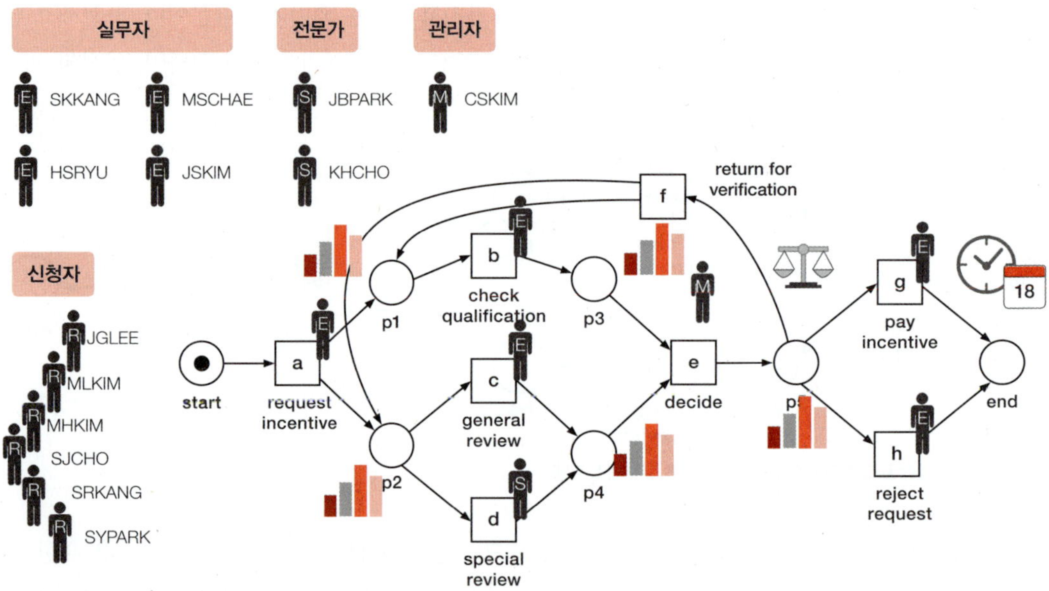

그림 14-7 조직과 성과에 대한 통찰을 주는 프로세스 모델

한편 [표 14-1]의 이벤트 로그로부터 트랜지션 e(decide)를 맡는 CSKIM은 관리자로 추정된다. 또한 특별 검토(special review)를 하는 사람은 전문가로, 기타 담당자는 실무자로 분류할 수 있다. 프로세스를 활성화하는 사람은 신청자로 표현했다. 이렇게 인적 자원의 정보를 통해 조직 구성에 대한 통찰을 얻을 수 있다.

마찬가지로 시간 정보로도 유용한 통찰을 얻을 수 있다. 전체 프로세스의 평균 소요 시간이나 최소·최대 소요 시간을 산출할 수도 있고, 각 단계별로 개인별 업무 처리 속도를 산출할 수도 있다. 또한 이벤트 로그가 프로세스의 케이스별로 구조화되어 있으므로 프로세스의 정책이나 의사결정 규칙을 분석할 수 있다. 이러한 규칙으로부터 의사결정 트리를 만들 수도 있다.

이 밖에 프로세스의 개인별 평균 완료 시간으로 누가 가장 일처리가 늦은지, 프로세스 재작업과 관련된 이벤트가 주로 누구에게 발생하는지도 분석할 수 있다. 이러한 정보는 직원들의 업무 능력 향상에 유용한 정보로 사용되거나 업무 평가에도 활용된다. 하지만 개인별 성과는 민감한 사적 정보이기 때문에 노출에 유의해야 한다. 잘못하면 조직 관리상의 큰 이슈로 번질 수 있다.

[그림 14-8]은 이상과 같이 프로세스 마이닝의 라이프사이클 전반을 도식화한 것으로, 지금까지 설명한 프로세스 마이닝의 전체 과정을 통합하고 주요 관점을 부각해서 표현했다.

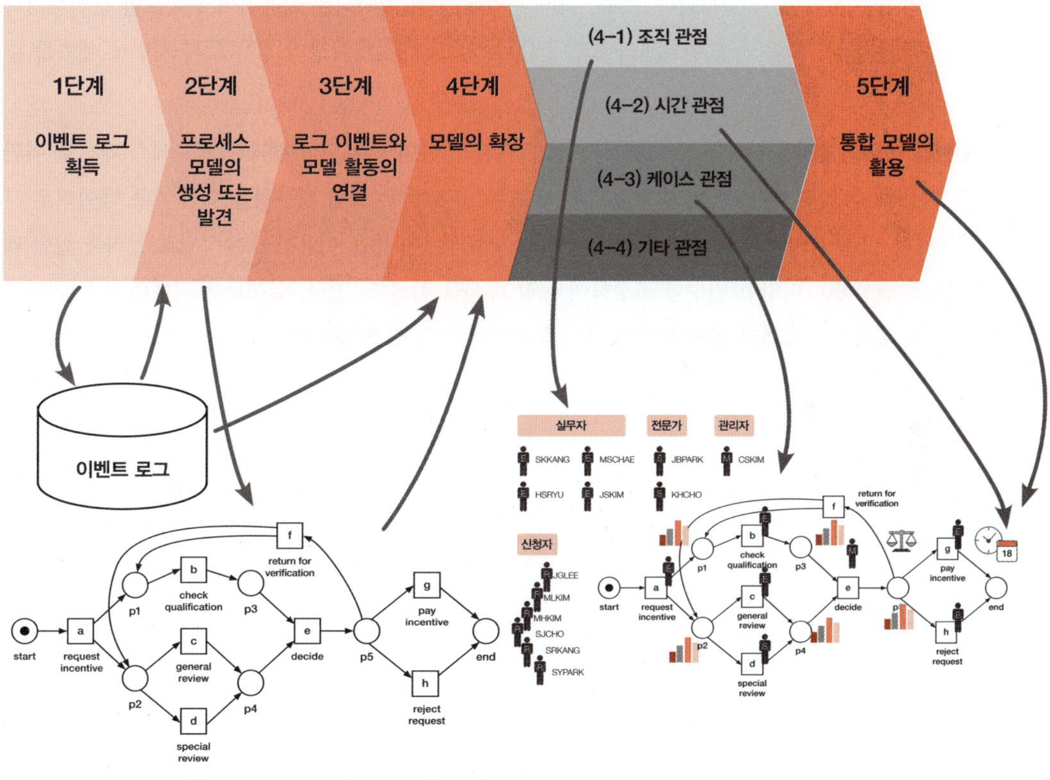

그림 14-8 알스트의 모델을 수정하여 만든 프로세스 마이닝 모델

프로세스 마이닝의 전체 과정은 5단계로 이루어져 있다. 이 5단계 중에서 프로세스 마이닝의 이해를 높이는 데 도움이 되는 핵심 주제를 살펴보자.

- **1단계(이벤트 로그 획득):** 시스템에서 이벤트 로그를 뽑아내는 단계이다. 유용한 정보화를 위해 다양한

필터링 방법이 필요하다. ETL과 같은 전처리가 중요하며, 분산되고 형식이 다른 테이블을 하나의 테이블로 통합하는 'DB 평탄화' 작업이 필요할 수도 있다.

- **2단계(프로세스 모델의 생성 또는 발견):** 알파 알고리즘을 활용하는 단계이다. 복잡한 로그의 경우 프로세스 모델을 얻는 데 귀납적 휴리스틱 마이닝과 유전자 마이닝 같은 기법이 사용된다. 공식적인 모델이라면 손으로 작도한 프로세스 모형도 유용하다.
- **3단계(로그 이벤트와 모델 활동의 연결):** 이 단계는 취득한 정보를 모델에 투영하여 통찰을 얻는 핵심적인 작업이다. 재작동 기법을 사용하여 로그의 이벤트와 모델의 활동을 연결한다.
- **4단계(모델의 확장):** 마이닝 모델을 확산하는 단계로 크게 네 가지로 나뉜다. 첫째, 조직 관점으로 조직 네트워크를 찾고 프로세스 활동과 조직의 자원을 연계하여 조직의 실체를 파악한다. 둘째, 시간 관점으로 갱신 일시와 발생 빈도를 활용하여 대기 시간, 서비스 시간, 경로 활용의 확률을 계산한다. 셋째, 케이스 관점으로 로그에 내포된 속성 데이터를 이용하여 의사결정 트리를 만들거나 이벤트 데이터의 적정성을 파악하는 분석 등을 실시한다. 넷째, 기타 관점은 속성 데이터를 이용하여 위험도를 분석하거나 비용 등을 계산한다. 활동 기준 원가관리에 활용할 수 있고, 내비게이션의 경우 도착 시간을 예측할 수 있다.
- **5단계(통합 모델의 활용):** 이렇게 네 단계를 거친 프로세스 마이닝의 분석 결과는 프로세스 개선을 위한 정보로 활용될 수 있다. 예를 들면 워크플로 관리 또는 BPM의 시스템 재구성을 위한 기초 데이터로 사용할 수 있다. 또한 CPN TOOLs와 같은 오픈소스 시뮬레이션 툴을 이용하여 속성별로 컬러를 입힌 페트리네트를 생성하고 다양한 변수를 조정하여 동작 해석을 할 수도 있다. 실제로 로그에서 얻은 이벤트 정보로 시뮬레이션한 모델과 실제 모델의 차이를 분석할 수도 있을 것이다.

SECTION 02

프로세스 마이닝의 이해

01 프로세스 마이닝의 기본 이론

프로세스 마이닝은 의도된 프로세스 모델과 이벤트 로그로 확인된 실제 프로세스 구조 사이의 상관관계에 주목한다. 데이비드 하렐David Harel은 LSC Live Sequence Chart에 관한 논문에서 플레이아웃play-out, 플레이인play-in, 리플레이replay라는 용어를 사용했는데, 알스트는 그의 아이디어를 채용하여 [그림 14-9]와 같이 프로세스 마이닝의 원리를 설명했다.

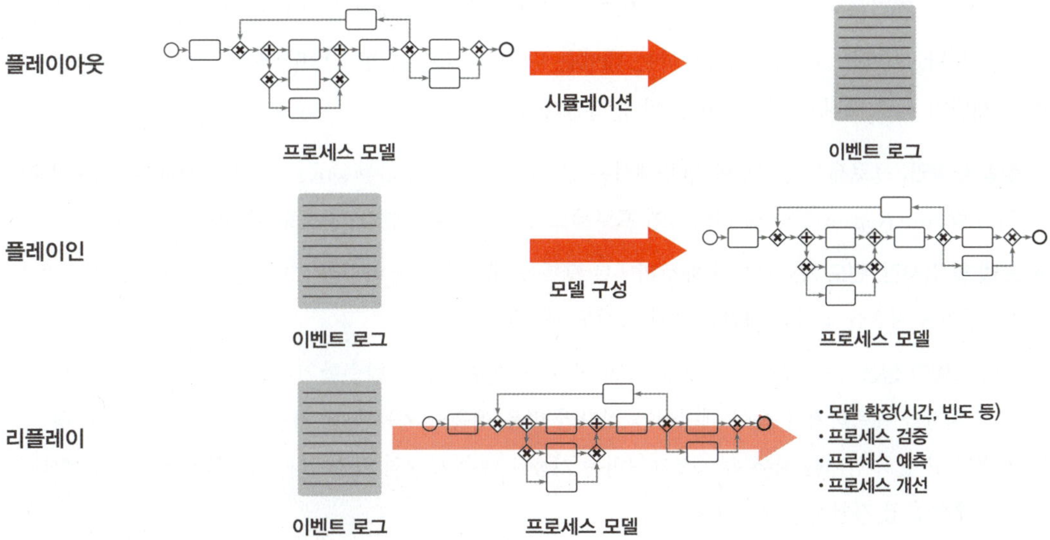

그림 14-9 플레이아웃, 플레이인, 리플레이의 개념

플레이아웃

플레이아웃은 모델로부터 이벤트 로그를 얻는 전통적인 프로세스 마이닝 기법이다. 프로세스 마이닝 분석가는 회사가 사용 중인 워크플로 관리 시스템이나 시뮬레이션 툴을 사용하여 이벤트 로그를 만들 수 있다. 워크플로 시스템은 실제 프로세스에서 이벤트 로그를 생성한다. 한편 시뮬레이션 툴을 사용하면 사전에 만들어진 프로세스 모델의 제한 조건에 따라 이벤트 로그를 생성할 수 있다. 상용 소프트웨어 솔루션이든 개발한 응용 프로그램이든 이벤트의 추출이 가능하다. [표 14-1]은 응용 업무 시스템의 플레이아웃 작업을 거쳐 만들 수 있는 이벤트 로그의 예이다. 플레이아웃 후에는 ETL 작업과 더불어 이벤트 로그를 하나의 데이터 테이블로 모으는 '평탄화 처리'와 같은 데이터 전처리 작업이 뒤따른다.

플레이인

플레이인은 플레이아웃의 반대 개념이다. 플레이인에서는 이벤트 로그 샘플을 입력하여 프로세스 모델을 만든다. 알파 알고리즘이나 다른 프로세스 발견 툴을 이용하여 페트리네트나 BPMN 모델을 생성한다. [표 14-2]와 같은 이벤트 로그로부터 [그림 14-3]의 페트리네트, [그림 14-4]의 BPMN과 같은 프로세스 모델을 생성하는 과정이 그 예이다.

리플레이

리플레이는 이벤트 로그와 프로세스 모델을 모두 사용한다. 이벤트 로그를 시뮬레이션 모델 위에 작동시켜서 그 결과를 예측값 또는 실제 값과 비교한다. 이는 프로세스 마이닝의 정합과 개선 작업의 로직이 된다. 이벤트 로그를 재작동하는 데에는 다음과 같은 목적이 있다. 아래 리플레이 작업의 목적은 개념이 서로 배타적이지 않고 많이 중첩된다.

- **정합성 확인:** 프로세스 경로상에 발생해서는 안 되는 이벤트False Positive, FP나 발생해야 하는 이벤트의 누락True Negative, TN을 파악하여 프로세스 정합성을 확인한다. 순응도 확인이라고도 한다.
- **모델 확장(시간, 빈도 등):** 단순히 페트리네트 모델을 생성할 뿐만 아니라 [그림 14-7]과 같은 통찰을 얻는다. 병목 지점을 찾거나 개인별 성과 측정도 가능하다.
- **예측 모델의 생성:** 프로세스를 시뮬레이션하면 평균 종료 시간을 학습할 수 있고, 특정 단계에서 종료까지의 시간을 예측하거나 속성 데이터가 있다면 비용 예측도 가능하다. 자동차 내비게이션에서 경로가 지정된 뒤 경로 안내를 빠른 속도로 재현하는 기능은 예측 모델의 일종이다. 이러한 예측 기능은 아래의 프로세스 운영 지원에도 활용된다.
- **운영 지원:** 리플레이는 과거의 이벤트 데이터에 국한되지 않는다. 적절히 설계되어 있다면 현재 진행 중인 프로세스의 일탈이 있을 경우 관리자에게 경고를 줄 수 있다. 또한 [그림 14-7]의 속성 데이터 분석이 완료되었다면 예측 모델을 이용하여 남은 시간과 케이스(이 경우에는 인센티브 신청)가 거절될 확률을 계산할 수도 있다. 이러한 예측을 통해 거절 비율을 낮추는 방안을 찾을 수도 있다.

02 프로세스 마이닝의 데이터 준비

프로세스 마이닝은 이벤트 데이터를 이용한다. 그러므로 적정한 포맷의 프로세스 마이닝 데이터를 취득하고 가공하는 과정은 데이터 마이닝과 마찬가지로 매우 중요하고 많은 작업 시간을 필요로 한다. 분석을 위한 원시 데이터는 포맷이 다양하고 물리적으로 분산되어 있기 때문이다. CSVComma Separated Values 파일, 엑셀 파일, 데이터베이스 테이블, 메타 데이터베이스 파일, ERP 애플리케이션 파일, 트랜잭션 파일, 메시지 로그 등과 같이 구문과 어의가 다른 파일을 추출·변환·적재하는 과정에는 심도 깊은 도메인 노하우와 다양한 생산성 툴이 필요하다. 따라서 데이터 품질을 보증하는 적정한 기법이 요구된다. [그림 14-10]은 프로세스 마이닝을 데이터 처리 관점에서 표현한 프로세스 개념도이다.

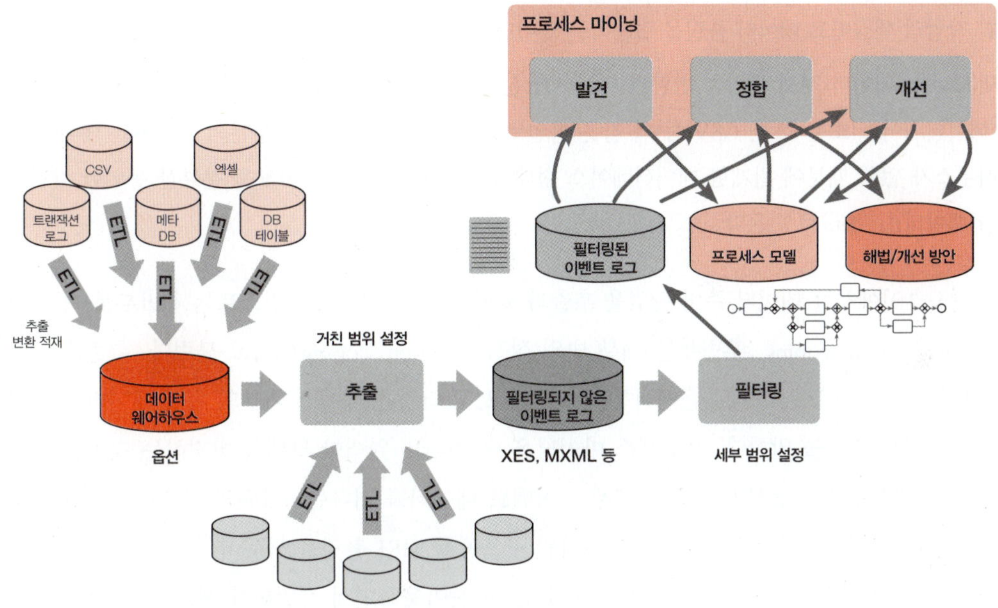

그림 14-10 다양한 원시 데이터 처리 과정과 프로세스 마이닝 라이프사이클

물리적으로 분산되고 형식도 다른 원시 데이터에서 의사결정을 위한 의미 있는 정보를 뽑아내는 작업을 데이터 마이닝에서는 ETL이라고 하는데 프로세스 마이닝도 이 같은 작업을 필요로 한다. 하지만 프로세스 마이닝을 위한 데이터 작업은 데이터 마이닝의 전처리 작업과 달리 이벤트 로그에 집중한다. 프로세스 마이닝의 ETL을 간략히 살펴보자.

- **추출(extract):** 데이터를 뽑아내는 추출은 얼마나 풍부한 데이터를 가지고 있는지보다는 분석가가 도메인에 대한 풍부한 지식을 기반으로 얼마나 적정한 질문을 던질 수 있는지로 결정된다. 도메인 지식이 없다면 분산된 데이터의 상관관계를 설정할 수도 없고, 이벤트 데이터의 대상 범위는 물론 추출 데이터의 추상화 수준을 정할 수도 없다. 다음은 [표 14-1]의 영업 인센티브 처리 절차에서 뽑은 질문의 예이다.
  - 이전에는 어떻게 영업 인센티브를 처리했는가?
  - 왜 그렇게 처리했는가?
  - 미래에는 어떻게 처리할 것인가?
  - 왜 그리고 언제 사람들이 규칙을 따르지 않는가?

- 프로세스를 더 잘 관리하는 방법은 무엇인가?
- 업무 처리 성과를 향상하려면 무엇을 고쳐야 하는가?

- **변환(transform):** 데이터 변환은 분석을 위한 데이터의 균질한 품질을 결정하는 작업으로, 구문과 어의를 통일하는 일이다. 예를 들면 시간 정보의 정밀도와 표현 형식 통일, 키 값 통일, 속성 데이터 값을 같은 단위와 자릿수로 만들기 등의 전처리 작업으로, 데이터 처리 시간 중에서 가장 많은 시간을 소요한다. [그림 14-5]의 클래스 다이어그램은 이벤트 데이터 간의 관계를 보여준다. 그림에서 보듯이 각 케이스는 하나의 프로세스에 속한다. 이러한 규칙에 따라 이벤트 로그를 분류하고 포맷을 통일하는 것은 변환 작업의 핵심이고 데이터 품질을 결정하는 일이다.
- **적재(load):** 데이터 적재 작업은 변환된 데이터를 분석 툴에 입력하기 전에 데이터 웨어하우스나 관계형 데이터베이스(또는 엑셀, CSV 등)와 같은 파일로 저장하는 과정이다. 대부분의 회사에는 데이터 웨어하우스가 없기 때문에 관계형 데이터베이스 형태나 탭 또는 쉼표로 레코드를 분류한 동일한 칼럼의 평활 데이터flat data로 만든다.

[그림 14-10]에서는 데이터 준비 작업을 추출과 필터링으로 구분했다. 알스트는 전반부를 거친 범위 설정coarse-grain scoping, 후반부를 세부 범위 설정fine-grain scoping이라고 불렀다. 추출은 이벤트 데이터를 크게 케이스 ID별로 군집화하는 과정이고, 필터링은 케이스 내부의 속성 데이터까지 상세하게 정의하는 과정을 말한다. 프로세스 마이닝은 단 하나의 완벽한 모델을 발견하는 것이 목적이 아니다. 프로세스로부터 생성되는 실제 세계의 이벤트 데이터를 커다란 3차원의 구조체로 볼 때, 분석가는 자신이 가진 질문의 답을 얻기 위해 3차원 구조체를 MRI 촬영을 하듯이 여러 각도로 잘라볼 것이다. 이렇게 2차원으로 만든 데이터의 구조를 줌인, 줌아웃하면서 정밀도가 서로 다른 분석 프레임을 이용하여 프로세스 관점을 파악하는 것이 프로세스 마이닝의 업무 흐름이다.

여기서 거친 범위 설정은 3차원 데이터 구조체를 2차원의 특정 프로세스 관점으로 커팅하는 작업이고, 세부 범위 설정은 주어진 프로세스 관점에서 분석 프레임을 좁히거나 넓히는 작업으로 이해하면 될 것이다. 세부 범위 설정의 사례를 들면 프로세스별, 고객별, 담당자별, 제품별로 분석해야 할 이벤트 데이터와 프로세스 관점도 달라진다. 이를 위한 전처리 과정이 서로 다름은 물론이다. 예를 들면 활동명이 'start'인 2개의 트랜잭션이 하나의 케이스 안에서 동시에 점화되었을 때 어떤 활동이 먼저 끝난 것인지 분별할 수가 없다. 이를 해결하기 위해 프로세스 ID들이 원자성을 갖도록 만드는 일처럼 세부 범위 설정 단계에서 필터링해야 하는 작업은 다양하다.

[그림 14-10]에는 반복 작업의 흐름을 표현하지 않았다. 하지만 프로세스 마이닝은 대개 초기에 테스트 런test run을 실행한 이후 반복 작업을 통해 데이터를 클렌징하면서 이벤트 데이터의 품질을 높여가며 오류를 줄인다. 데이터 마이닝 데이터와 본질적으로 가장 큰 차이를 보이는 프로세스 마이닝 데이터의 특징은 그것이 이벤트 중심적 데이터여야 한다는 것이다. 이벤트 중심적 데이터라는 말

은 최소한 프로세스 인스턴스(또는 케이스 ID)와 매칭된 이벤트 ID(또는 활동 데이터)가 복수로 존재해야 한다는 것이고, 이벤트 데이터 각각은 상대적 선후 관계(시간적 배열 순서)가 명확하여 인과 관계를 설명해주어야 한다는 것이다. 이벤트 간에 시간적 배열, 즉 선후 관계가 분명하지 않다면 프로세스 모델을 발견하고 만들 수 없다. 상대적 선후 관계와 더불어 이벤트의 명확한 시간 기록이 있다면 데이터 활용 범위는 더욱 확장된다.

TIP 데이터 클렌징은 데이터 테이블 또는 데이터베이스상의 오류나 부정확한 값을 정리하여 분석 처리를 용이하게 만드는 작업이다. 센티미터 단위를 미터 단위로 통일하거나 결측값에 평균값을 넣는 작업이 그 예이다. 클렌징은 정보의 왜곡이 없도록 해야 한다.

[그림 14-10]에서는 이벤트 로그의 교환 포맷으로 MXML Mining eXtensible Markup Language과 XES eXtensible Event Stream를 제시했다. XES는 MXML을 대체하는 최신 포맷으로 IEEE 표준 명칭은 'IEEE 1849-2016 XES'이다. 이는 XML eXtensible Markup Language 스키마 형식을 준용한다. 다음의 XES 코드는 [표 14-1]의 첫 번째 케이스 및 첫 번째 케이스의 첫 번째 이벤트 부분만을 XML 형태로 표현한 것이다.

```
<!-- XES version 1.0 -->
<!-- Created by deepsmart Org (http://deepsmart.org/ -->
<!-- (c) 2017 deepsmart org / http://deepsmart.org/ -->
<log xes.version="1.0" xmlns="http:// . . ./xes" xes.creator="Deep Smart">
<extension name="Concept" prefix="concept" uri="http:/ . . . /xes/concept.xesext"/>
<extension name="Time" prefix="time" uri="http:// . . . /xes/time.xesext"/>
<extension name="Organizational" prefix="org" uri="http:// . . . /xes/org.xesext"/>
<global scope="trace">
<string key="concept:name" value="name"/>
</global>
<global scope="event">
<string key="concept:name" value="name"/>
<string key="org:resource" value="resource"/>
<date key="time:timestamp" value="2017-07-13T14:02:31.199+02:00"/>
<string key="Activity" value="string"/>
<string key="Resource" value="string"/>
<string key="Costs" value="string"/>
</global>
<classifier name="Activity" keys="Activity"/>
<classifier name="activity classifier" keys="Activity"/>
<string key="creator" value="Deep Smart"/>
<trace>
```

```
<string key="concept:name" value="1"/>
<event>
<string key="concept:name" value="request incentive"/>
<string key="org:resource" value="JGLEE"/>
<date key="time:timestamp" value="2017-07-18 T11:02:00.000+01:00"/>
<string key="Activity" value="20123101"/>
<string key="Resource" value="JGLEE"/>
<string key="Costs" value="100"/>
</event>
<event>
    …
</event>
 …
</trace>
</log>
```

XES 파일 포맷은 프로세스 마이닝 툴인 ProM을 비롯해 여러 소프트웨어 툴이 지원하고 있다. 이벤트 로그나 데이터베이스 테이블을 XES 파일로 변환하는 다양한 툴이 시중에 나와 있는데, 그중 OpenXES는 오픈소스 자바 라이브러리를 제공하여 다른 툴에 쉽게 통합되며 XES 파일과 다른 파일 포맷 간의 변환을 지원한다.

프로세스 마이닝을 위한 데이터 준비에는 ETL뿐만 아니라 분산된 데이터 테이블을 하나로 통합하는 평활화 작업, 3차원 이벤트 데이터를 2차원 이벤트 데이터로 변환하는 작업(PROCLETS 참조), 이벤트 로그의 적정한 획득 테크닉 등 여러 가지 작업이 포함될 수 있다.

SECTION 03

프로세스 마이닝의 단계

01 프로세스 발견 단계

프로세스 발견의 대표적 소프트웨어는 알파 알고리즘이다. 먼저 알파 알고리즘의 작동 원리를 간단히 설명하겠다.

자동차의 리콜 수리를 위한 프로세스를 예로 살펴보자. 확보된 리콜 수리 프로세스의 샘플 로그의 집합(L1)이 아래와 같다고 가정한다. 이벤트 로그는 동일하게 여러 번 반복되는 경로인 멀티세트multi-set 형태이다. 윗첨자는 동일한 경로를 보여주는 이벤트 로그 세트의 개수를 의미한다. L1의 경로 집합은 (a, e, b, f)의 경로 2건, (a, b, e, f)의 경로 3건 등 총 15개의 케이스를 보여준다.

$$L1 = [(a, e, b, f)^2, (a, b, e, f)^3, (a, b, e, c, d, b, f)^4, (a, b, c, d, e, b, f)^3, (a, e, b, c, d, b, f)^3]$$

TIP a: request a recall repair, b: check parts, c: order parts, d: secure parts, e: check schedule, f: perform repair(고객 인도 트랜지션은 생략함)

이상의 이벤트 로그 파일로부터 [표 14-4]와 같은 트랜지션 경로의 풋프린트footprint 심벌을 가진 수직·수평 방향 동수의 정방형 매트릭스를 작성할 수 있다. 트랜지션 풋프린트를 표현하는 심벌은 직관성을 고려하여 세 가지로 정의한다.

표 14-4 풋프린트 심벌

풋프린트 심벌	의미
화살표(→ 또는 ←) 심벌	수직 방향 트랜지션이 발생하면 수평 방향 트랜지션이 따라서 발생하는 인과관계를 의미한다.
병행(||) 심벌	수직·수평 매트릭스의 2개 트랜지션이 동시에 발생하는 경우를 의미한다.
인과관계, 병행관계 없음(#) 심벌	수직·수평 매트릭스 사이에 인과관계도 없고 이 둘이 동시에 발생하지도 않는 경우를 의미한다.

이벤트 로그가 간단한 ID로 되어 구분이 쉬울 때는 수작업으로도 이벤트 로그를 풋프린트로 바꾸어 양식지에 그릴 수 있다. [표 14-5]는 이렇게 완성된 이벤트 로그(L1)의 풋프린트 매트릭스이다. 복잡한 이벤트 로그의 경우 알파 알고리즘이 매트릭스 분류를 자동으로 처리한다.

표 14-5 풋프린트 L1의 예

	a	b	c	d	e	f
a	#	→	#	#	→	#
b	←	#	→	←	‖	→
c	#	←	#	→	#	#
d	#	→	←	#	#	#
e	←	‖	#	#	#	→
f	#	←	#	#	←	#

우리의 목표는 위의 단순한 이벤트 로그를 이용하여 페트리네트를 모델링하는 것이다. 페트리네트 중에서 이상적인 형태를 WF-net라고 한다. WF-net에는 하나의 시작 플레이스와 하나의 종료 플레이스가 있으며, 모든 트랜지션은 시작 플레이스로 시작해서 종료 플레이스로 마감되어야 한다. 이 같은 세 가지 조건과 아울러 [표 14-6]의 네 가지 조건을 만족할 경우 WF-net는 강건 WF-net로 간주된다. 강건 WF-net는 프로세스 발견이 더욱 용이하다. 우리는 강건 WF-net를 약자 Ns로 부를 것이다.

표 14-6 WF-net의 네 가지 조건

조건	설명
안전(safe)	모든 플레이스는 단 하나의 토큰을 가져야 한다.
종료(proper completion)	토큰이 종료에 위치하면 다른 플레이스가 비어 있어야 한다.
종료 선택(option to complete)	모든 노드(트랜지션)를 통해 종료로 도달 가능해야 한다.
완전 전이 활성(no dead transition)	모든 트랜지션 경로가 활성 가능해야 한다.

알파 알고리즘은 여전히 기능이 발전 중인 알고리즘으로 페트리네트 표기법 전체를 완벽히 지원하지는 못하기 때문에 강건 WF-net를 기반으로 프로세스 모델링을 하게 된다. 최근에는 알파 알고리즘을 개선한 알파 플러스, 알파 더블플러스 알고리즘이 제안되어 보다 포괄적인 페트리네트 표기법을 지원한다.

[그림 14-11]은 프로세스 도형의 패턴 로직을 구성하는 이벤트 로그의 조합과 이를 통해 추정할 수 있는 프로세스 그림을 페트리네트와 BPMN 표기법으로 작도한 것이다. 알파 알고리즘은 패턴 로직의 요소와 이벤트 로그의 풋프린트를 비교·분석하여 트랜지션을 그루핑한다. 이렇게 만들어진 패턴에 맞는 프로세스 그림을 선택하고 각 연결점을 화살표로 연결하면 WF-net가 완성된다.

[그림 14-12]는 풋프린트에서 찾아낸 패턴 로직의 예이다. 한편 풋프린트는 로그-로그, 모델-로그, 로그-모델, 모델-모델의 패턴 비교에도 유용하게 쓰이는 기법이다.

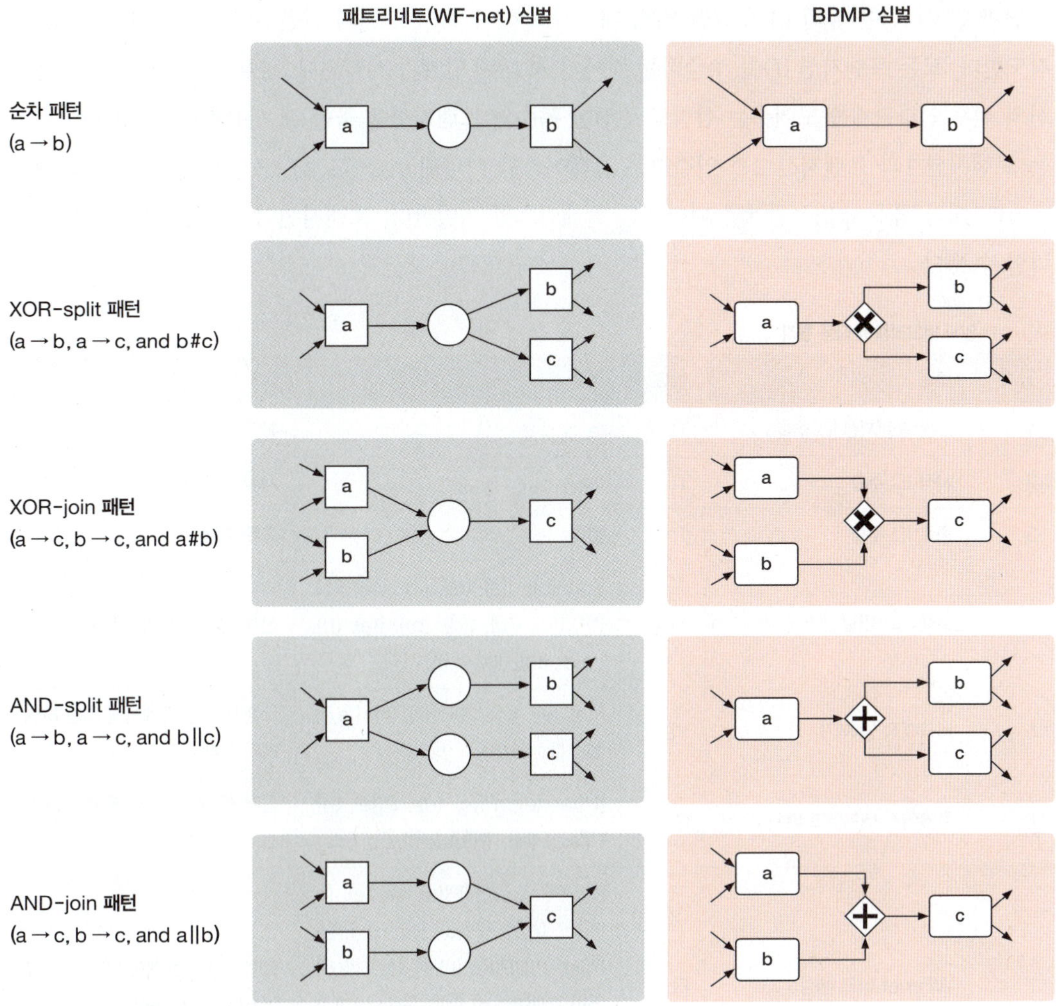

그림 14-11 풋프린트와 전형적인 프로세스 패턴(WF-net와 BPMN)의 매칭

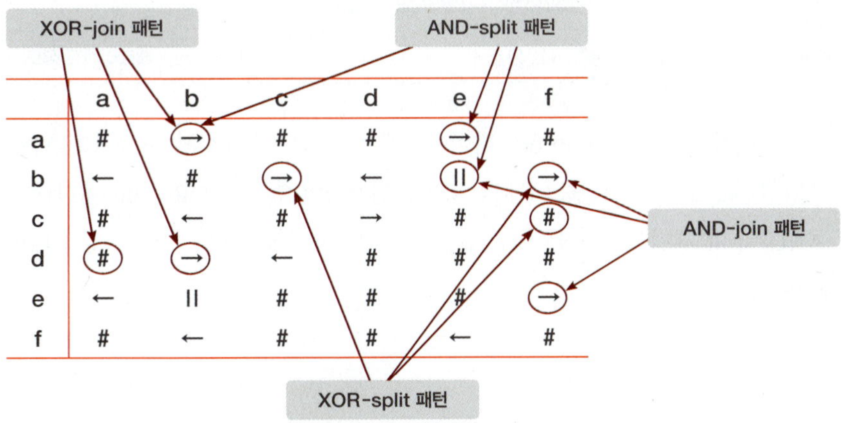

	a	b	c	d	e	f
a	#	→	#	#	→	#
b	←	#	→	←	||	→
c	#	←	#	→	#	#
d	#	→	←	#	#	#
e	←	||	#	#	#	→
f	#	←	#	#	←	#

그림 14- 12 풋프린트와 프로세스 패턴 매칭의 예

알파 알고리즘은 앞의 L1 로그를 입력 데이터로 하여 [표 14-7]과 같은 8단계를 거쳐 WF-net를 작도한다. 모든 트랜지션 ID를 추출하는 것에서 첫 번째 단계가 시작된다. 중괄호와 소괄호는 트랜지션의 선후 인과관계를 보여주는 심벌로 인접한 복수의 트랜지션을 묶을 때 사용한다. 즉 P{(1), (2)}는 트랜지션 1과 트랜지션 2를 연결하는 플레이스를 나타내고, P{(1,2), (3)}은 (1,2) 묶음과 3의 join(반대의 경우 split) 관계를 나타내는 플레이스를 의미한다. 트랜지션이 하나일 때는 괄호를 생략할 수 있다.

표 14-7 알파 알고리즘의 작동 원리

단계	설명	심벌	예	비고
1	모든 트랜지션 ID 추출	TL	(a, b, c, d, e, f)	활동 ID 6개
2	시작 ID 추출	Ti	(a)	시작 트랜지션
3	종료 ID 추출	To	(f)	종료 트랜지션
4	플레이스 연결 관계 추출	XL	[{(a), (b)}, {(a), (e)}, {(b), (c)}, {(b), (f)}, {(c), (d)}, {(d), (b)}, {(e), (f)}, {(a,d), (b)}, {(b), (c,f)}]	선후 인과관계 네트워크 설정
5	비극대적 쌍 제거	YL	[{(a), (e)}, {(c), (d)}, {(e), (f)}, {(a,d), (b)}, {(b), (c,f)}]	트랜지션 쌍 중에서 중복된 하위 벡터 삭제
6	플레이스 네트워크 배치	PL	[P{(a), (e)}, P{(c), (d)}, P{(e), (f)}, P{(a,d), (b)}, P{(b), (c,f)}, i, o]	입력 플레이스(i)와 출력 플레이스(o)
7	WF-net 아크 생성	FL	[{a, P{(a), (e)}},{P{(a), (e)}, e}, {c, P{(c), (d)}}, {P{(c), (d)}, d }, {e, P{(e), (f)}},{P{(e), (f)}, f}, {a, P{(a,d), (b)}}, {d, P{(a,d), (b)}}, {P{(a,d), (b)}, b}, {b, P{(b), (c,f)}}, {P{(b), (c,f)}, c}, {P{(b), (c,f)}, f}, (i,a), (f,o)]	트랜지션과 플레이스(P)의 아크 연결(총 14개 화살표)
8	워크플로 작도 완성	α(L)	(PL, TL, FL)	실제 WF-net 페트리네트 작도

이러한 8단계 처리 과정을 거쳐 완성된 WF-net 다이어그램은 [그림 14-13]과 같다. 그림에서 보듯이 6개의 트랜지션(a, b, c, d, e, f)이 총 14개의 아크로 연결되어 있고, XOR-split 패턴(b), XOR-join 패턴(b), AND-split 패턴(a), AND-join(f) 패턴 각 1개씩과 6개의 독립된 순차 패턴이 조합된 네트워크 패턴이다.

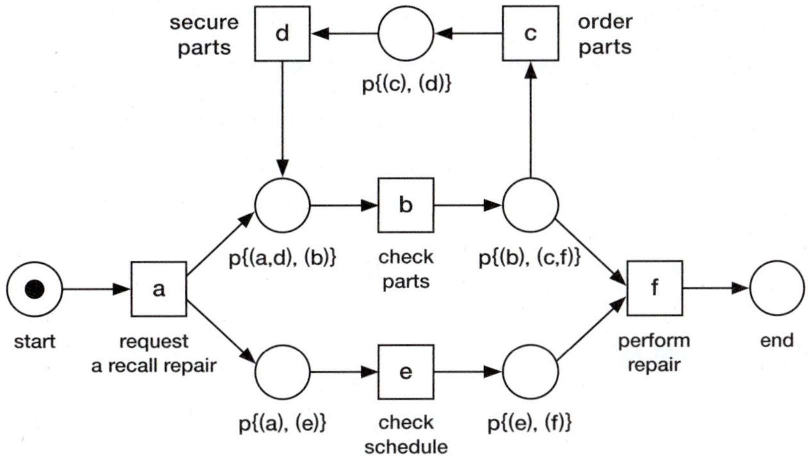

그림 14-13 자동차 리콜 수리 프로세스(N1)

여기서 설명한 프로세스 마이닝의 발견은 비교적 단순한 프로세스 마이닝 기법이다. 초기 알파 알고리즘의 경우 이벤트 로그의 완벽한 발견에 다음과 같은 몇 가지 제약이 있었다.

PLUS NOTE | 알파 알고리즘의 한계

알파 알고리즘은 연속(sequence), 분개(split), 합류(join), 루프(loop)와 아크 길이가 3개 이상인 경우는 프로세스 발견이 용이하다. 하지만 보이지 않는 트랜지션, 동일 활동 ID의 중복, 비자유선택(non-free choice) 등에는 어려움이 있다. 비자유선택은 선택과 동기화가 함께 충족되어야 하는 프로세스 상태를 말한다. 또한 트랜지션 (a)와 트랜지션 (b)의 아크 길이가 1~2개인 경우에는 프로세스 발견이 상대적으로 어렵다. 예를 들면 다음과 같은 경우이다.

- 트랜지션 (a)에서 트랜지션 (b)로 가는 상호 배타적인 2개의 플레이스 경로가 있을 때 그중 1개의 경로를 발견하기가 어렵다.
- 플레이스 (P1)에서 분기하여 동일한 플레이스 (P1)로 곧바로 되돌아가는 아크 길이 1개의 자체 루프 트랜지션 (k)는 경로를 찾아내기 어렵다.
- 트랜지션 (a)-(b)-(d)의 각 아크 중간에 2개의 플레이스가 있을 때, 새로운 트랜지션 (c)가 삽입되어 트랜지션 (b)의 전후 플레이스와 순환형 쇼트루프를 형성한 경우 루프의 경로를 찾기가 쉽지 않다.
- (a, b)가 AND-join 하여 중간의 트랜지션 (c)를 거쳐 (d, e)로 AND-split 하는 패턴에서 (a)에서 (d) 또는 (b)에서 (e)로 직접 건너가는 플레이스 경로를 찾기가 쉽지 않다.

앞에 언급된 문제는 알파 알고리즘의 향상된 버전인 '알파 플러스 알고리즘'으로 상당히 해결되었다. 결론적으로 알파 알고리즘은 트레이스의 발생 빈도를 고려하지 않는다. 또한 노이즈 데이터나 불완전한 이벤트 로그가 있을 때 8단계의 알파 알고리즘 발견은 제약 사항이 존재한다. 그러나 이벤트 로그상에서 트랜지션 ID의 중복성이 없고 감추어진 트랜지션도 없다면 알파 알고리즘은 강건 WF-net를 만들어준다.

02 품질지표와 프로세스 모델별 특징

질병 진단을 위한 시료약을 개발하여 그 효능을 검증할 때 많이 사용하는 통계적 기법 중에 [그림 14-14]와 같은 혼동 행렬confusion matrix이 있다. 혼동 행렬을 사용하면 실제 값과 예측값 사이의 유사성에 대한 정확도와 오류 정도를 계산할 수 있다. 직관적으로는 정확도만 중요해 보이지만 FP False Positive 비율 역시 중요하다. 플라시보 효과와 같은 FP 비율은 시료약 투입에 따른 효능과 명확한 차이가 있어야 하기 때문이다. 특히 컴퓨터 바이러스 산업에서는 FN False Negative 비율이 더욱 중요하다. 바이러스가 있음에도 없다고 진단하는 위험 때문이다.

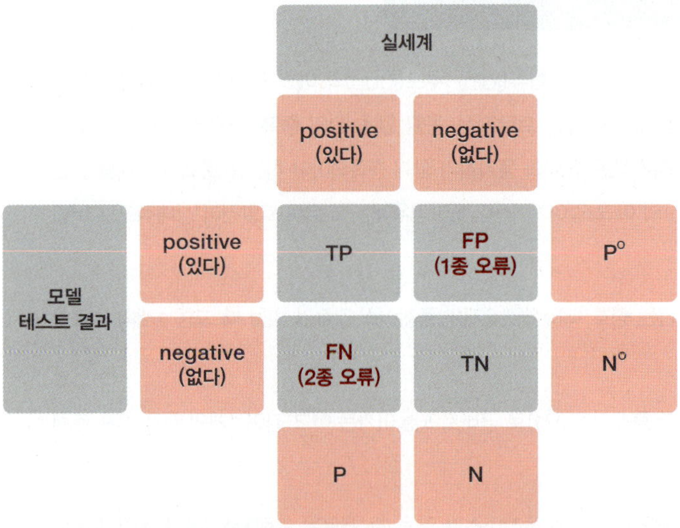

1 Error = (FP + FN)/N
2 Accuracy = (TP + TN)/N 3
3 False Positive (false alarm) rate = FP/N
4 True Positive (hit) Rate = TP/P
5 P = TP + FN, N = FP + TN
6 P^O = TP + FP, N^O = FN + TN
7 Precision = TP/P^O
8 Recall = TP/P
9 F1 = (2 × Precision × Recall)/(Precision + Recall)

그림 14-14 현실과 예측의 혼동 행렬 및 데이터 품질

실제 세계의 데이터와 테스트 데이터가 사용 가능하다면 혼동 행렬을 이용하여 관련 오류율, 정확도, 오·경보율, 적중률과 같은 데이터 품질지표를 손쉽게 계산할 수 있다. 특히 [그림 14-14]에서 정밀도Precision와 재현율Recall은 정보 검색 기술에서 도출된 지표이다. 그림에 제시된 F1 값은 정밀도와 재현율의 조화 평균을 이용하여 계산하는데, F1 값이 1에 가까울수록 정밀도와 재현율이 우수함을 의미한다.

혼동 매트릭스와 더불어 프로세스 마이닝의 품질 수준을 결정하는 요인에 대해 생각해보자. 대표적인 품질 결정 요인은 노이즈와 불충분성이다. 이러한 요인은 데이터의 품질을 떨어뜨려서 예측 정확도에 부정적 영향을 줄 수 있다. 노이즈는 에러 로그가 아니며, 분석에 도움이 안 되는 이벤트로 드물게 출현하는 이상치가 노이즈이다. 어느 수준부터 이상치로 판단할 것인가는 분석가의 통찰에 달려 있다. K 평균 클러스터링K-mean clustering과 같은 다양한 통계적 군집화 작업을 수행하면 임계치 설정을 시각적으로 판단하고 이상치를 단계별로 필터링할 수 있다. 실세계에서 이벤트가 너무 많을 때는 항상 노이즈가 발생한다. 반대로 이벤트가 너무 적을 때는 불충분성이 문제가 된다. 적은 이벤트 정보는 프로세스 모델을 제한적으로 만들어 실세계를 반영하는 프로세스 모델을 정교하게 생성할 수 없기 때문이다.

- **노이즈(noise):** 이벤트가 너무 많을 경우 발생하며, 노이즈 자체는 무의미한 정보이다. 휴리스틱 마이닝, 유전자 마이닝, 퍼지 마이닝 등으로 제거한다. 노이즈가 적으면 학습된 규칙의 신뢰도와 지지도가 정확해진다.

  TIP 지지도는 전체 거래(n)에서 X와 Y가 동시에 포함될 확률로, 계산식은 (X∪Y)count/n이다. 신뢰도는 X를 선택하고 또 Y도 선택할 확률로, 계산식은 (X∪Y)count/Xcount이다.

- **불충분성(incompleteness):** 이벤트가 너무 적을 경우 발생하는데, 트레이스 정보가 부족할 때 불충분성이 내재된다. 누락된 이벤트를 발견할 수 없어 FP, TN 등의 계산도 불가능하다.

노이즈와 불충분성은 이벤트 로그에 대한 품질에 관계되지만 프로세스 모델의 품질에 대해서는 설명해주지 못한다. 따라서 이벤트 데이터가 프로세스 모델의 품질을 보증하는지 판단하는 기법이 필요하다. 프로세스 마이닝의 품질 수준을 보증하기 위해 사용하는 대표적 방법은 이벤트 데이터를 '80%(트레이닝용):20%(테스트용)'로 분리하여 활용하는 것과 교차 검증cross-validation을 실시하는 것이다.

이벤트 데이터를 8:2로 나누는 것은 트레이닝을 통해 도출된 모델을 테스트 데이터로 검증하여 신뢰성을 확보하기 위함이다. 또한 교차 검증에는 k-fold 교차 검증이 있는데, 이는 이벤트 로그의 표본을 k개로 나눈 후 k−1개를 돌아가면서 트레이닝하고 나머지 1개의 집합으로 테스트하는 방법이다. 두 방법 모두 만들어진 프로세스 모델의 신뢰도를 검증하는 좋은 방법이다.

한편 학계에서는 프로세스 모델의 품질지표로 적합성, 단순성, 보편성, 정확성을 꼽는다. 각각의 품질지표를 산출하는 것은 만만치 않은 작업이다. 특히 이벤트 데이터가 실세계의 모든 케이스를 반영하지 못할 때 품질지표를 계산하는 데 어려움이 많다. 그러한 이유로 알스트 역시 프로세스의 품질지표에 관련된 초기 논문에서는 적합성과 적절성만 제시하기도 했다. [표 14-8]에 각 품질지표와 아래에서 설명할 네 가지 프로세스 모델의 유형별 품질 수준을 비교하여 정리했다.

표 14-8 프로세스 모델의 유형과 네 가지 품질지표의 관계

품질지표	설명	모델 유형			
		NS	NL	NF	NE
적합성 (fitness)	• 이벤트 로그의 모든 케이스가 모델에 그대로 적용 가능한 정도이다. • 강건 모델, 꽃 모양 모델, 열거 모델은 이 지표의 수치가 높다. • true positive 경로의 건수/전체 경로의 건수	↑	↓	↑	↑
단순성 (simplicity)	• 동작 행태를 표현하기 위해 만든 모델의 단순한 정도이다. • 강건 모델, 제약 모델, 꽃 모양 모델은 이 지표의 수치가 높다. • '정보 엔트로피' 개념을 활용한다.	↑	↑	↑	↓
보편성 (generalization)	• 과적합의 정도를 측정한다. • 강건 모델, 꽃 모양 모델은 이 지표의 수치가 높다. • 보편성이 낮은 모델은 과적합한 모델이다.	↑	↓	↑	↓
정확성 (precision)	• 부적합의 정도를 측정한다. • 강건 모델, 제약 모델, 열거 모델은 이 지표의 수치가 높다. • 정확성이 낮은 모델은 부적합한 모델이다.	↑	↑	↓	↑

이벤트 데이터를 이용하여 발견할 수 있는 프로세스 모델은 하나가 아니다. 사용하는 알고리즘에 따라 여러 가지 대안 모델이 생성될 수 있다. 알스트는 대표적인 네 가지 프로세스 모델 유형을 제시했는데 강건 모델sound model, NS, 제약 모델limited model, NL, 꽃 모양 모델flower model, NF, 열거 모델enumerated model, NE이 그것이다.

강건 모델은 가용한 이벤트 데이터를 이용하여 알파 알고리즘으로 최적화하여 생성한 강건 WF-net에 가까운 이상적인 프로세스 모델이다. 제약 모델은 부족한 이벤트 데이터로 작도되어 일부의 경로만 설명 가능한 모델이다. 꽃 모양 모델은 포함된 활동만을 고려하고 인과관계의 순서를 배제한 모델이다. 모든 트랜지션을 수용하려다 보니 여러 겹의 꽃잎처럼 생겨서 꽃 모양 모델이라고 부른다. 열거 모델은 유형별로 분류된 이벤트 경로를 모두 작도한 것이다. 따라서 시작과 함께 XOR-split으로 분기하고 종료 전에 XOR-join으로 모두 합치는 모델로 아크가 가장 많다.

네 가지 프로세스 모델을 설명하기 위해 [그림 14-13]과 동일한 자동차 리콜 수리 프로세스를 사용할 것이다. 실세계에서 수집된 이벤트 로그(L2)의 집합이 다음과 같다고 가정하자. 이벤트 로그의 데이터 집합을 동일한 유형으로 묶으니 총 여덟 가지 종류의 상이한 로그 케이스로 총 221건(58+55+28+25+20+18+15+2)의 인스턴스가 발생했다.

$$L2 = [(a, b, e, f)^{58}, (a, e, b, f)^{55}, (a, b, f)^{28}, (a, e, f)^{25}, (a, b, c, d, b, f)^{20}, (a, e, b, c, d, b, f)^{18}, (a, b, e, c, d, b, f)^{15}, (a, b, e, c, d, b, c, d, b, f)^{2}]$$

TIP a: request a recall repair, b: check parts, c: order parts, d: secure parts, e: check schedule, f: perform repair(고객 인도 트랜지션은 생략함)

앞의 이벤트 데이터를 입력으로 작도할 수 있는 프로세스 모델은 [그림 14-15]와 같이 강건 모델, 제약 모델, 꽃 모양 모델, 열거 모델이다. 유의할 점은 플레이스와 플레이스 사이에 반드시 트랜지션이 위치해야 한다는 것이다.

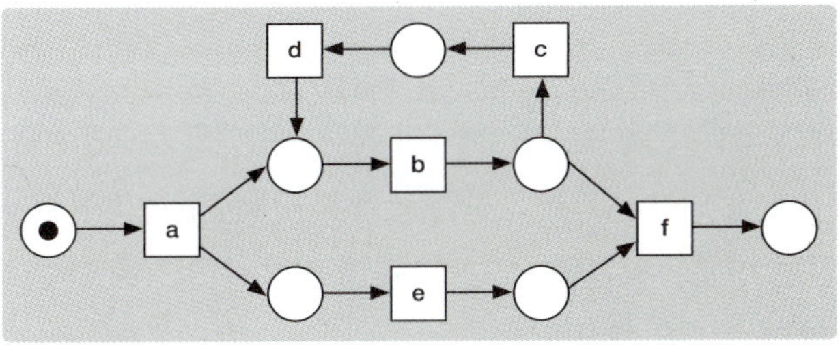

(a) 강건 모델(NS)

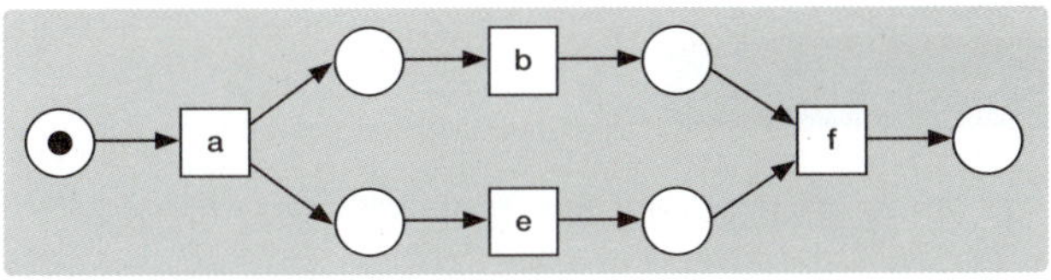

(b) 제약 모델(NL)

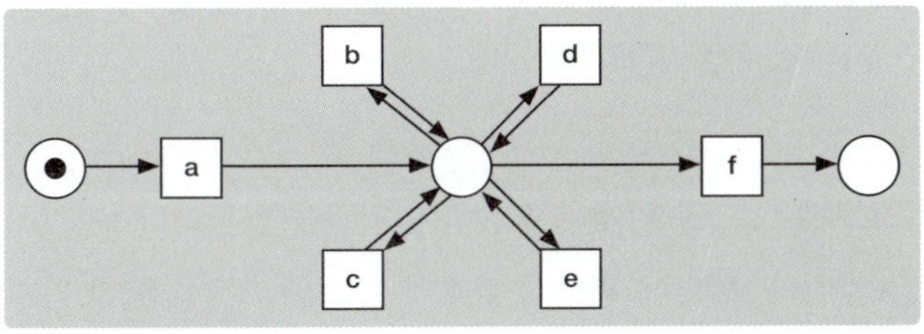

(c) 꽃 모양 모델(NF)

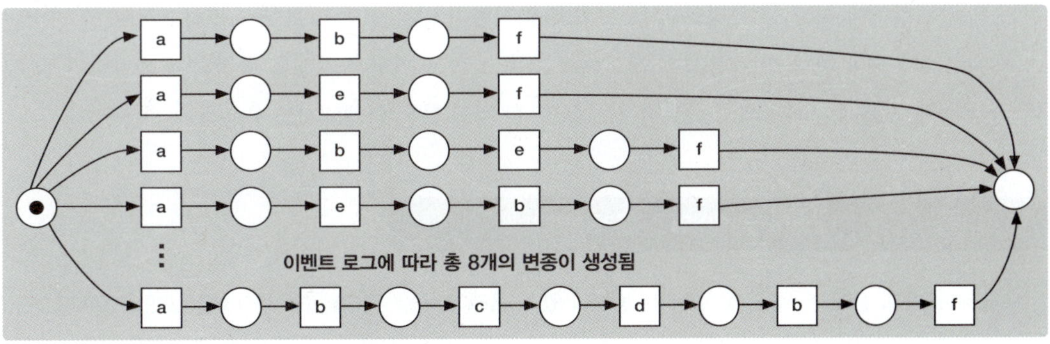

(d) 열거 모델(NE)

그림 14-15 강건 모델, 제약 모델, 꽃 모양 모델, 열거 모델의 예

네 가지 모델 유형이 지닌 품질 특성의 차이는 [표 14-8]에 화살표로 나타냈다. ↑는 품질지표가 높다는 의미이고 ↓는 그 반대이다. 강건 모델NS은 네 가지 품질 특성 전반에 걸쳐 가장 좋은 경향을 보인다. 불충분한 일부 이벤트 로그로 작도된 제한 모델NL은 적합성과 보편성이 떨어지고, 인과관계

를 배제하고 활동에만 집중한 꽃 모양 모델NF은 정확성에 문제가 있다. 유형별 이벤트 로그를 모두 작도한 열거 모델NE은 가장 복잡하여 단순성과 보편성이 상대적으로 떨어진다.

03 프로세스 정합 단계

앞에서 설명한 프로세스 발견 단계는 프로세스 모델이 없다는 가정하에서 획득한 이벤트 로그를 이용하여 프로세스 모델을 새롭게 만드는 작업이다. 반면에 프로세스 정합은 모델과 이벤트 로그가 주어져 있다고 가정한다. 즉 기존의 모델과 획득한 이벤트 로그를 서로 비교하여 일치·불일치를 확인하고 일치의 정도를 측정하며, 일치하지 않으면 그 이유를 감사한다.

PLUS NOTE | 운영 감사와 정합성 확인

일반적으로 회계사가 수행하는 감사는 회계 감사와 운영 감사로 나뉜다. 회계 감사는 재무제표의 적절성을 검증하여 투자자와 이해 당사자들에게 객관적 감사 보고서를 공표하는 것이며, 운영 감사는 기업 운영의 내부 통제 절차를 검증하고 프로세스의 효과성과 효율성을 보증할 개선책을 경영진에게 조언하는 것이다. 그러므로 프로세스 마이닝의 정합 단계는 회계사가 수행하는 운영 감사와 비슷하다.

즉 프로세스 정합 작업은 이벤트 로그를 프로세스 모델 위에서 작동하여 일탈을 탐지한다. 여기서 일탈은 부정 행위, 비효율, 병목 현상과 같은 것이다. 일탈에 관한 호불호의 기준은 고객을 향한 가치 지향의 측면에서 판단할 일이다. 보다 나은 고객 서비스를 도모하려다 발생한 일탈이라면 그에 맞추어 모델을 변경해야 하고, 부조리와 부정 등의 바람직하지 않은 일탈은 보다 적정하고 강력한 거버넌스 체계로 대응해야 한다. 비효율성은 개선해서 고치고 병목 현상은 자원을 확장하여 해결하면 될 것이다. 이렇게 리플레이 과정에서 획득한 정보는 이후 개선 활동 단계에서도 유용하게 사용된다.

PLUS NOTE | LP판과 플레이아웃, 플레이인

플레이아웃과 플레이인을 쉽게 이해하는 방법이 있다. 플레이아웃은 턴테이블에 올려놓은 LP판(프로세스 모델)으로 음악(이벤트 로그)을 듣는 상황에 빗대어 이해하면 된다. LP판에 바늘을 올려놓으면 홈을 따라 진동하면서 멜로디가 나오듯이 BPM 시스템이 가동되면 이벤트 로그가 생성된다. 그러므로 이벤트 로그를 생성하는 플레이아웃은 기업의 전산 시스템에서 항상 일어나는 일이다.

플레이인은 그 반대이다. 멜로디의 진동을 입력으로 LP판에 홈을 파듯이 이벤트 로그를 이용하여 비즈니스 프로세스 모델을 생성한다. 따라서 프로세스 발견은 플레이인 기법을 사용한다.

프로세스 정합 단계의 리플레이는 이벤트 로그와 프로세스 모델을 입력으로 사용한다. 이벤트 로그를 기준으로 하면 프로세스 모델의 일탈을 발견할 수 있고, 프로세스 모델을 기준으로 하면 이벤트의 일탈이 탐지된다. 리플레이 과정에서 발견된 일탈이 모두 나쁜 것만은 아니다. 이벤트의 일탈은 모델을 보는 관점에 따라 다음의 두 가지 방향으로 접근할 수 있다.

- **서술적 관점에서 모델에 접근하는 경우:** 이벤트의 일탈이 발생할 때 프로세스가 이벤트를 더 잘 설명할 수 있도록 모델의 적합성을 개선하는 노력이 필요하다.
- **규범적 관점에서 모델에 접근하는 경우:** 이벤트의 일탈은 바람직한 일탈과 바람직하지 않은 일탈이 있다. 빠른 길을 찾으려는 사람들이 만든 오솔길desire line과 같은 바람직한 일탈은 좀 더 좋은 모델을 만들 때 참고한다. 반면에 넘지 말아야 할 울타리를 넘어서 생긴 바람직하지 않은 일탈은 내부 통제 구조를 더욱 강화하여 통제해야 한다.

앞에서 설명한 프로세스 마이닝의 네 가지 품질지표 중에서 정합성과 가장 연관되는 것은 적합성이다. 프로세스에 관련한 이벤트의 적합성 산출은 페트리네트 표기법을 사용하면 이해하기 쉽다.

PLUS NOTE | 적합성 계산의 묶음 단위

적합성(적합도)을 계산할 때 유의할 점은 이벤트 에러 및 적합성의 측정 기준을 이벤트 레벨로 판단해야 한다는 것이다. 프로세스는 여러 트랜지션으로 구성되어 있기 때문에 엔드투엔드 케이스를 한 묶음으로 적합/비적합으로 통으로 판단하면 다음 표의 좌측처럼 단일 케이스 내의 여러 이벤트 중에서 1개의 이벤트가 일치하지 않아도 케이스 전체가 비적합으로 정의된다. 이보다는 이벤트 레벨로 적합성을 계산하여 케이스 ID #1은 85%, 케이스 ID #2는 100% 등으로 계산하여 합산하는 것이 논리적으로 적정하다(합산은 아래의 fitness(L, N) 식으로 계산함).

구분	계산 방식 A(케이스 레벨)	계산 방식 B(이벤트 레벨)
경로 1	0%	85%
경로 2	100%	100%
평가	추천되지 않는 방식	논리적 추천 방식

한편 이벤트 로그에는 있으나 프로세스 모델에는 해당 트랜지션 심벌이 없을 때는 트랜지션 심벌과 일치하는 이벤트만 남긴 경로로 프로세스 모델을 검증한다는 데 유의해야 한다. 트랜지션 심벌과 매칭되지 않는 이벤트 로그를 비교하여 프로세스의 적합도를 계산할 수는 없기 때문이다. 트랜지션 심벌은 있는데 이벤트 로그가 없는 이벤트 케이스도 있을 수 있다. 이런 경우에는 경로가 종료된 이후에 토큰이 증발되거나 잔존 토큰이 경로 중간의 플레이스상에 남게 된다.

적합성(적합도)은 다음과 같이 생성된 토큰 대비 남겨진 토큰의 비율, 소비된 토큰 대비 증발된 토큰의 비율로 계산한다. 남겨진 토큰도 없고(0이면) 증발된 토큰도 없다면 적합성의 값이 1(100%)인 강건 WF-net 모델이다.

$$\text{fitness}(\sigma, N) = \frac{1}{2}\left(1 - \frac{m}{c}\right) + \frac{1}{2}\left(1 - \frac{r}{p}\right)$$

TIP p: 생성 토큰(produced token) 개수, c: 소비 토큰(consumed token) 개수, m: 증발 토큰(missing token) 개수, r: 잔존 토큰(remaining token) 개수

적합성의 계산을 설명하기 위해 자동차 리콜 서비스 프로세스에서 얻은 L2 이벤트 로그를 다시 사용한다. L2 집합을 유형별로 분류하여 리스트를 만들면 [표 14-9]와 같다. 획득된 로그는 총 221개의 인스턴스로 8개의 경로 유형을 빈도 순으로 배열했는데, 이 중 경로 5를 사용하여 리플레이를 수행했다. [그림 14-15]의 네 가지 프로세스 모델 유형 중에서 강건 모델과 제약 모델을 활용하여 리플레이한 결과는 [표 14-10], [표 14-11]과 같다.

표 14-9 L2 이벤트 로그 전체 집합의 경로 유형별 목록

빈도	참조 심벌	경로
58	σ1	(a, b, e, f)
55	σ2	(a, e, b, f)
28	σ3	(a, b, f)
25	σ4	(a, e, f)
20	σ5	(a, b, c, d, b, f)
18	σ6	(a, e, b, c, d, b, f)
15	σ7	(a, b, e, c, d, b, f)
2	σ8	(a, b, e, c, d, b, c, d, b, f)

여기서 다루는 주제를 처음 접하는 경우, 제시된 리플레이 이벤트를 손으로 작도해보면 이해에 큰 도움이 된다. 하지만 이벤트 로그의 변화에 따른 토큰의 위치, 발포에 의해 결정되는 네 가지 토큰 유형(생성 토큰, 소비 토큰, 증발 토큰, 잔존 토큰)의 개수를 셈하는 일이 만만치 않다. 특히 대상 프로세스가 복잡할 때는 네 가지 토큰의 개수를 수작업으로 계산하는 데 집중력이 필요하다. 트랜지션 발포 전후의 마킹 패턴이 달라지기 때문에 토큰을 유형별로 분류하기가 어렵기 때문이다. 이해를 돕기 위해 [표 14-10]처럼 start부터 end까지의 마킹 패턴을 모두 예시하고, 발포 전을 기준 시점으로 네 가지 토큰 유형 p, c, m, r을 계산했다. 또한 트랜지션의 발포를 쉽게 구분할 수 있도록 십자 모양 심벌을 해당 트랜지션 위에 표시했다.

표 14-10 로그 σ5=(a, b, c, d, b, f)를 WF-net 위에 마킹한 정합성 확인

트랜지션	발포 포인트와 토큰 마킹	발포 전 p,c,m,r	트랜지션	발포 포인트와 토큰 마킹	발포 전 p,c,m,r
start	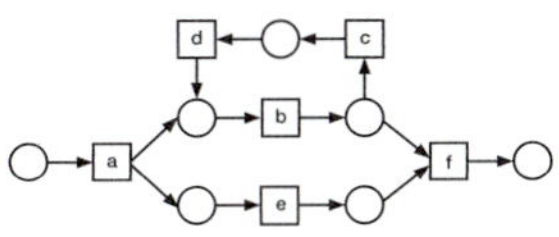	p=0 c=0 m=0 r=0	{d}	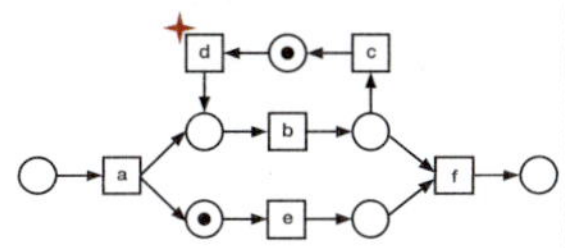	p=5 c=3 m=0 r=0
{a}	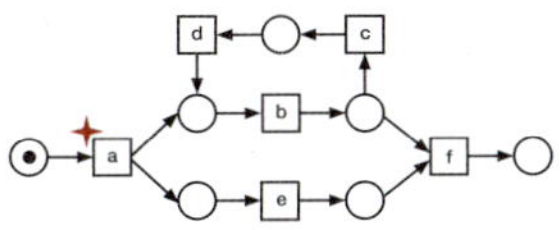	p=1 c=0 m=0 r=0	{b}	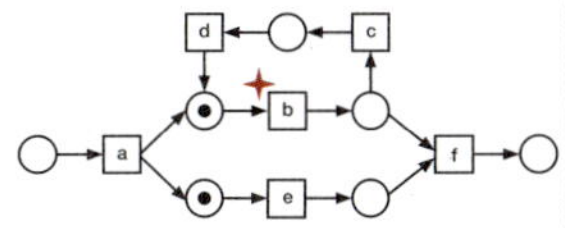	p=6 c=4 m=0 r=0
{b}	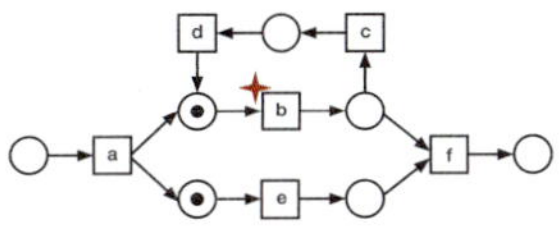	p=3 c=1 m=0 r=0	{f}	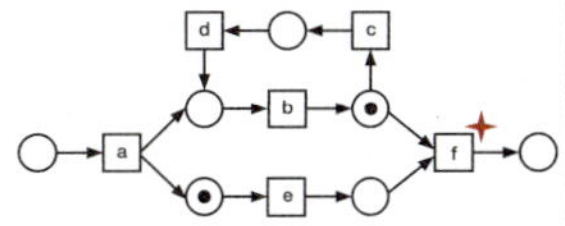	p=7 c=5 m=0 r=0
{c}	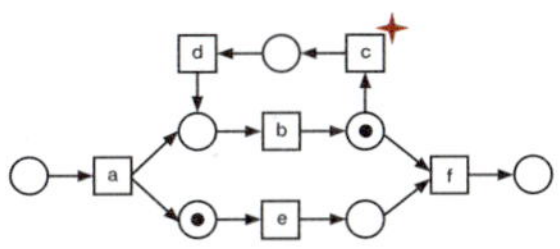	p=4 c=2 m=0 r=0	end	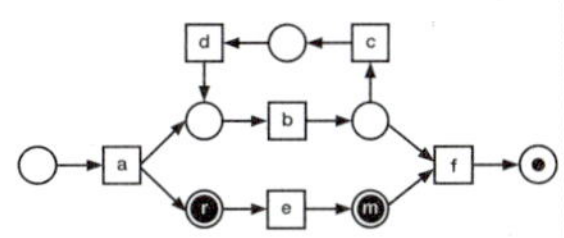	p=8 c=7 m=1 r=1

[표 14-10]을 보면 토큰 하나가 생성되어 start 플레이스에 올려지면 경로가 시작된다. 이벤트 로그의 순서에 따라 트랜지션 (a)는 하나의 토큰을 소비하고 2개의 토큰을 생성한다. 즉 3개의 토큰이 생성되고 1개의 토큰을 소비한 것이다. 이렇게 시작한 경로 5 는 (a, b, c, d, b, f)의 단계를 거치면서 생성 토큰 8개, 소비 토큰 7개, 증발 토큰 1개, 잔존 토큰 1개를 발생시킨다. 잔존 토큰이 발생한 것은 로그 (e)가 존재하지 않아 토큰이 이전 플레이스에 남아서 소비되지 않았기 때문이고, 증발 토큰은 트랜지션 (f)가 소비할 토큰이 위쪽 플레이스 한 곳에만 있기 때문에 발생한 것이다.

여기서는 강건 모델을 이용하여 경로 5를 리플레이했지만, 실세계에서 획득한 이벤트 로그가 불충분하여 [표 14-11]처럼 증발 토큰, 잔존 토큰이 발생했음에 유의하라. [표 14-10]의 케이스로 적합성을 계산하면 다음과 같다.

$$\text{fitness}(\sigma 5,\ \text{NS}) = \frac{1}{2}\left(1 - \frac{1}{7}\right) + \frac{1}{2}\left(1 - \frac{1}{8}\right) = 0.8660$$

TIP fitness(σ5, NS)는 이벤트 로그 케이스 5를 강건 프로세스 모델인 NS 위에 리플레이했을 때의 적합성을 계산한 것을 의미한다.

표 14-11 축약 로그 σ5=(a, b, b, f)를 제약 모델 위에 마킹한 정합성 확인

트랜지션	발포 포인트와 토큰 마킹	발포 전 p,c,m,r	트랜지션	발포 포인트와 토큰 마킹	발포 전 p,c,m,r
start	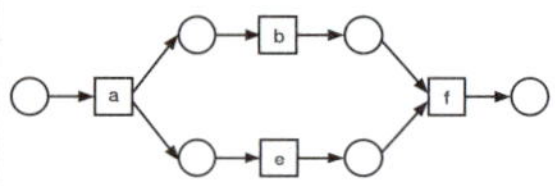	p=0 c=0 m=0 r=0	{d}	이벤트 로그에 해당하는 트랜지션이 존재하지 않으므로 반영하지 않아야 함	p=3 c=1 m=0 r=0
{a}	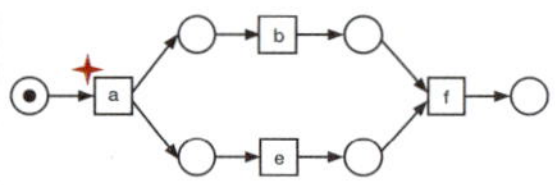	p=1 c=0 m=0 r=0	{b}	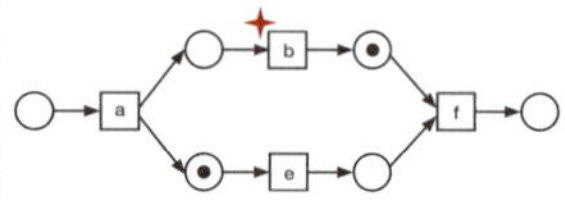	p=3 c=1 m=0 r=0
{b}	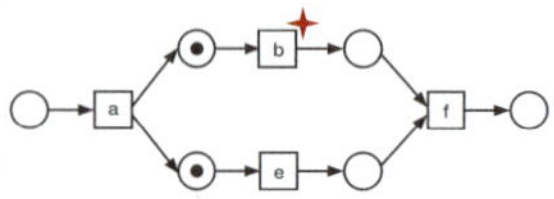	p=3 c=1 m=0 r=0	{f}	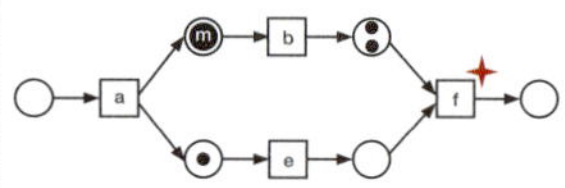	p=4 c=2 m=1 r=0
{c}	이벤트 로그에 해당되는 트랜지션이 존재하지 않으므로 마킹을 반영하지 않아야 함	p=3 c=1 m=0 r=0	end	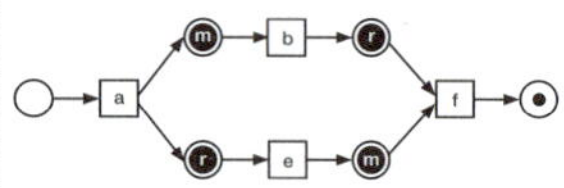	p=5 c=4 m=2 r=2

[표 14-11]은 동일한 이벤트 로그 케이스 5를 [그림 14-15]의 제약 모델에서 리플레이했을 때의 마킹 패턴을 보여준다. 유의할 점은 트랜지션 (c, d)가 모델에 존재하지 않는 숨은 활동(심벌 τ)이라는 것이다. 그러므로 5의 유효한 이벤트 로그는 (a, b, b, f)뿐이다. 이 경우 그림에서처럼 생성 토큰 5개, 소비 토큰 4개, 증발 토큰 2개, 잔존 토큰 2개가 발생했다. 5는 이벤트 로그의 충분성도 미흡하지만, 제약 모델의 경우 모든 이벤트를 수용할 수 없어 적합도가 더욱 떨어질 것이다.

확인된 토큰 정보로부터 이벤트 로그 케이스 5의 적합성을 계산하면 fitness(σ5, NL)=1/2(1−2/4)+1/2(1−2/5)=0.55에 불과하다. 한편 꽃 모양 모델과 열거 모델은 모든 이벤트 로그를 설명할 수 있으므로 네 프로세스 모델의 적합도는 다음과 같다.

fitness(σ5, NS) = 0.8660

fitness(σ5, NL) = 0.55

fitness(σ5, NF) = 1.0

fitness(σ5, NE) = 1.0

앞의 강건 모델 적합성 계산에서는 이벤트 로그 케이스 5의 충분성이 부족하여 값이 1에 미치지 못했으나 꽃 모양 모델보다 정확성이 뛰어나고, 보편성과 단순성 측면에서 열거 모델보다 탁월한 품질 수준이다.

이러한 계산 로직을 참조하여 이벤트 로그 전체(L)를 프로세스 모델 (N | N1, …, Nk) 전체에 걸쳐 리플레이할 경우의 총적합성total fitness 계산도 가능하다. 취득한 이벤트 로그 전체(L)로 대상 프로세스 모델(N) 전체를 고려한 적합성의 계산 공식은 다음과 같다.

$$\text{fitness}(L, N) = \frac{1}{2}\left(1 - \frac{\sum m}{\sum c}\right) + \frac{1}{2}\left(1 - \frac{\sum r}{\sum p}\right)$$

TIP 리플레이 기법은 2개의 하위 로그 집합, 즉 프로세스 모델에 적합한 이벤트 로그의 집합과 프로세스 모델에 적합하지 않은 이벤트 로그의 집합으로 분류할 수 있다. 이렇게 구분된 이벤트 로그는 또 다른 데이터 및 프로세스 마이닝 기법을 통해 프로세스 개선에 활용될 수 있다. 예를 들면 일탈을 반복하는 문제 프로세스와 그 프로세스의 담당자를 찾아내고, 일탈의 원인을 분석하여 적정한 거버넌스 활동을 도모할 수 있다.

프로세스 마이닝은 플레이아웃 기법을 통해 이벤트 로그를 획득하고, 이벤트 로그를 플레이인하여 프로세스 모델을 발견하며, 이벤트 로그와 프로세스 모델 모두를 리플레이하여 정합성을 분석한다. 그렇다면 프로세스 마이닝은 어떠한 비즈니스 통찰을 줄 것인가? 프로세스 마이닝을 활용하는 경영 관리적 주제는 프로세스 리모델링, 조직 재설계, 조직 네트워크 분석, 프로세스 성과 측정, 의사결정 트리 구조화, 감사 및 거버넌스 체계 관리, 프로세스 동작 분석을 위한 최적화 등 여러 분야에 활용될 수 있다.

혹자는 프로세스 리엔지니어링이 프로세스 마이닝의 주요 활용 분야라고 한다. 하지만 BPR은 기존 프로세스의 개선이 목적이 아니라, 프로세스를 파괴하고 원점부터 시작하여 프로세스를 새로 만드는 방법론이므로 접근 방법이 근본적으로 다르다. 그럼에도 프로세스 마이닝은 BPR의 타당성을 제시하는 데 참고 자료가 될 수 있을 것이다.

[그림 14-16]은 프로세스 정합성 확인을 통해 얻은 정보를 시간적 관점과 정합 판단의 관점에서 분류한 4 블록 매트릭스이다. 정합성 판단은 규범적 관점과 서술적 관점으로 나누고, 시간적 관점은 오프라인 데이터와 실시간 온라인 데이터 관점으로 나누었다.

[그림 14-16]의 4개 방 각각에 대표적인 응용 분야를 제시했는데 이는 참고 사항이다. 규범적 관점은 규칙을 제대로 지키는지 판단하는 분야일 것이고, 서술적 관점은 관리의 효율성을 도모하는 분야일 것이다. 실시간 분석에도 활동이 종료된 오프라인 데이터가 함께 사용된다는 데 유의하라. 오프라인 데이터가 비교 기준이 되어야 예외 관리가 가능하기 때문이다. 서술적 관점의 증거 수집 활동은 규범적 관점의 입력으로도 활용된다. 이처럼 4개 방의 업무 구분은 상호 배타적이지 않고 의존적이다.

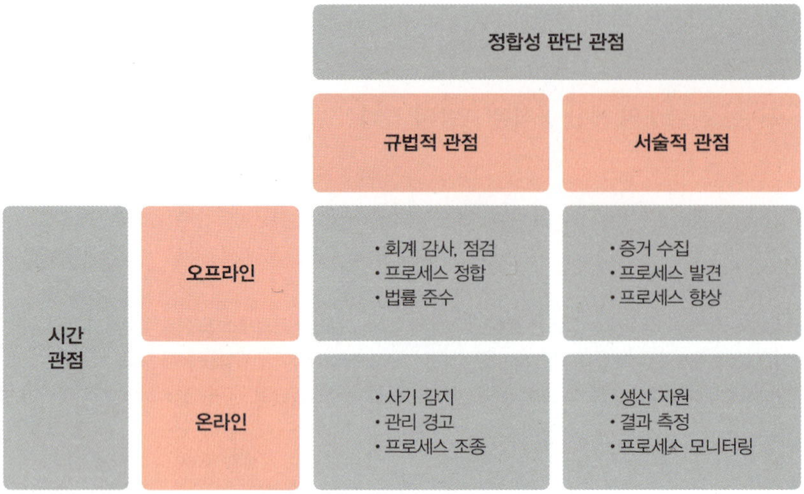

그림 14-16 프로세스 정합성의 판단 관점과 시제 관점의 4 블록 매트릭스

한편 프로세스 마이닝은 이벤트 로그는 물론 프로세스 모델을 주요 입력 데이터로 사용한다. 풋프린트 패턴은 이벤트 로그와 프로세스 모델에서 얻을 수 있는데, 풋프린트 패턴을 이용하여 프로세스 모델과 이벤트 로그를 비교 기준, 비교 대상으로 구분하면 [그림 14-17]과 같은 또 다른 4 블록 매트릭스도 만들 수 있다.

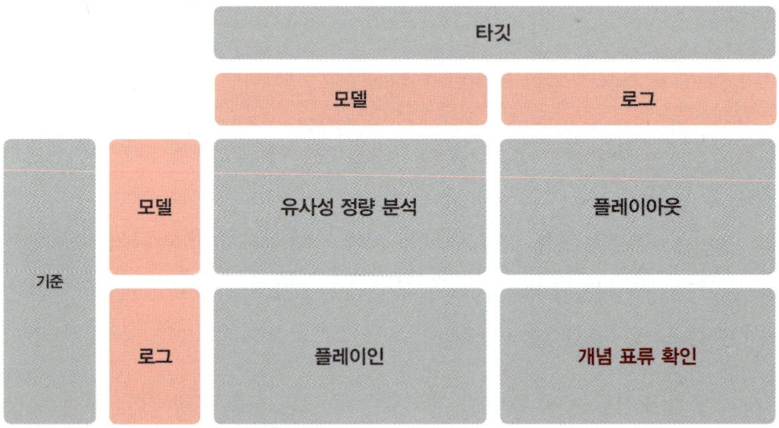

그림 14-17 풋프린트 4 블록 비교 매트릭스

정합성 확인은 모델-모델, 모델-로그, 로그-모델, 로그-로그의 네 가지 방법으로 비교해볼 수 있다. 특히 로그-로그 분석은 개념 표류concept drift와 같은 비즈니스 프로세스의 동적 변동을 확인하는 데 유용하다. 개념 표류는 발견된 프로세스 로그가 시간 차에 따라 자주 바뀌는 비일관성을 의미한다.

TIP 개념 표류는 비즈니스 프로세스가 시간 차를 두고 서로 달라지는 현상을 말한다. 개념 표류의 원인은 시장 환경의 변화, 직원의 업무 미숙·자율 처리·부정, 계절 변화에 따른 프로세스 변경, 회사 정책의 변화 등 여러 가지이다. 고려할 사항은 적정한 변경 관리 절차를 거쳤는가 하는 것이다. [그림 14-20]은 개념 표류의 예를 보여준다.

SECTION 04

프로세스 마이닝의 고급 기법

01 프로세스 발견 분야

[그림 14-18]은 프로세스 발견에서 맞닥뜨리는 분석의 어려움을 시각적으로 표현한 것이다. 적합성에 관한 개념인 아웃라이어, 과적합, 비적합, 부적합을 이해하는 데 도움이 될 것이다. 이벤트 로그의 예측 정확도를 높이기 위해 분석을 고도화할 경우, 예측 모델이 해당 샘플에서는 높은 신뢰도를 보이지만 다른 이벤트 데이터에는 부적합한 문제가 발생한다. 이러한 제약 현상을 사회과학에서는 표시편향representational bias이라고 한다.

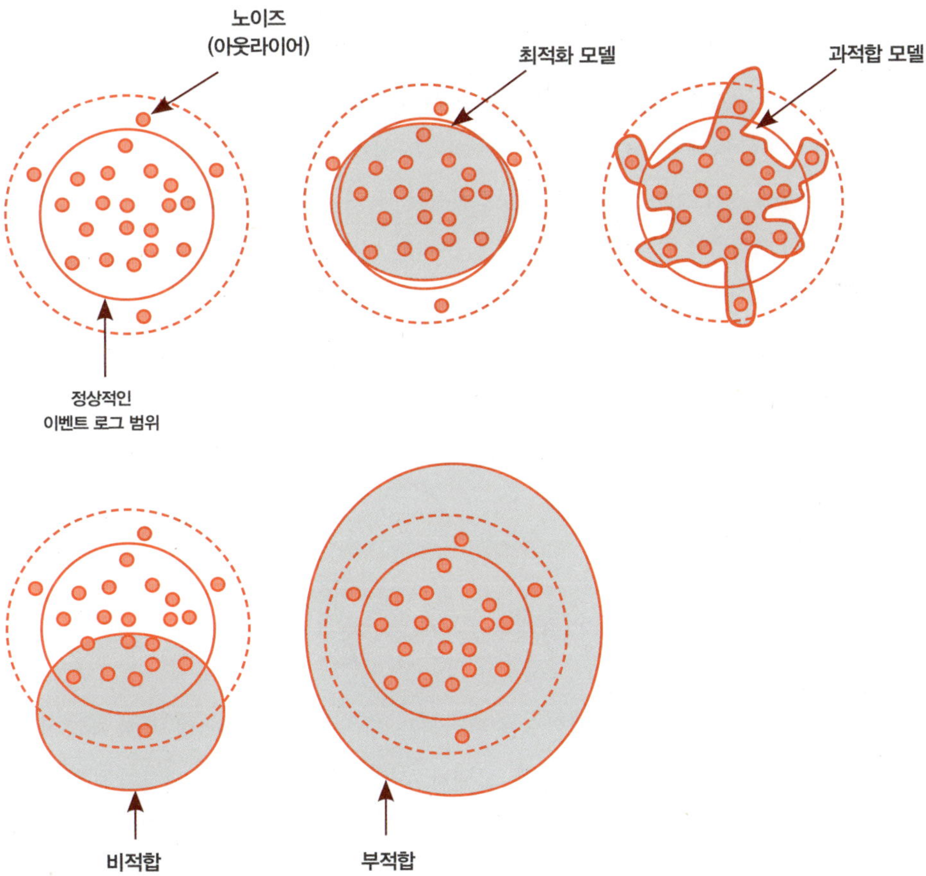

그림 14-18 모델의 적합도 개념

표시 편향은 동시 발생 활동 표현, 해당 활동으로 다시 돌아오는 아크 길이 1의 루프, 숨겨진 활동(τ)의 표현, 동일한 ID를 가진 활동의 중복 실행, OR-split/join, 표기법의 계층 지원, 비자유선택과 같은 경우의 표현 제약을 일컫는다. 특히 비자유선택은 선택과 동기화를 동시로 필요로 하는 암묵적 의존성에 관련한 제약을 말한다. 이처럼 발견 모델에 따라 데이터를 읽는 표현의 제약도 있고, 제공된 로그가 모든 경로를 포함한다는 지나친 가정 등의 문제가 상존한다. 그러므로 이를 극복하기 위해 다음과 같이 좀 더 복잡하고 다양한 프로세스 발견 기법이 제안되고 있다.

- **휴리스틱 마이닝(heuristic mining):** 이벤트 데이터로부터 인접한 트랜지션 (a)와 (b)의 인과관계 파악이 분명치 않을 때 빈도가 많은 트랜지션을 선택하는 마이닝 기법이다. 노이즈를 다룰 수 있고 강건한 모델을 만들어 표시 편향을 개선한다.
- **퍼지 마이닝(fuzzy mining):** 내비게이션용 지도를 줌인, 줌아웃하듯이 의미 있는 부분은 남기고 의미 없는 부분은 집합하거나 중요도 레벨에 따라 추출하는 마이닝 기법이다.
- **유전자 마이닝(genetic mining):** 적자생존의 유전자 행동을 모방한 마이닝 기법으로 프로세스를 나누어 자연 교배, 돌연변이, 우성 선택의 방법으로 바꿔가면서 최적해를 찾는다. 이는 데이터 마이닝에서도 활용되는 방법이다. 컴퓨팅 파워를 상대적으로 많이 소모하지만 노이즈와 빈도가 적은 활동, 중복 활동, 숨겨진 활동을 잘 다루는 것으로 알려져 있다.
- **영역 기반 마이닝(region based mining):** 상태 기반 영역과 언어 기반 영역의 두 가지 마이닝 이론이 있다. 상태 기반 영역 마이닝은 페트리네트의 플레이스 위치를 결정하기 위해 트랜지션 시스템을 먼저 생성하여 활용한다. 반면에 언어 기반 영역 마이닝은 트랜지션 시스템 대신 이벤트 로그에 직접 접근하여 수식 언어를 사용해서 분석하는 마이닝 기법이다.

  TIP 트랜지션 시스템 표기법은 10장을 참조한다.
- **귀납적 마이닝(inductive mining):** 프로세스 트리를 이용하는 마이닝 기법이다. 최초의 트랜지션과 마지막 트랜지션 이벤트 로그 사이에서 가장 발견하기 쉬운 OR/And-split부터 찾아내면서 트리를 완성한다.

02 프로세스 정합 분야

정렬 기법

토큰에 기반한 리플레이 방법은 프로세스의 적합도를 판단하는 데 도움이 되지만 몇 가지 제약이 있다. 첫째, 페트리네트의 표현 방식에 의존하고, 둘째, 모델과 부합하지 않는 활동을 제거한 이벤트 로그를 사용하기 때문에 사라진 활동 사이의 평균 대기 시간 같은 정보를 추정할 수 없으며, 셋째, 로그의 일탈이 많을 경우 페트리네트상에 토큰 홍수가 발생하여 어떤 행동이 발생할지 예측할 수 없다.

이러한 문제를 해결하기 위한 대안으로 제시된 것이 정렬 기법alignment technique이다. 정렬 기법은 페트리네트 이외의 프로세스 표기법도 지원하고 모델과 부합하지 않는 이벤트 로그도 활용한다는 장점이 있지만, 트랜지션의 수가 많아지면 트랜지션의 조합을 모두 도출하기가 다소 번거롭다.

정렬 기법은 [그림 14-19]와 같은 표기법을 이용한다. 하단에는 비교하려는 프로세스 모델의 최초 트랜지션 마킹으로부터 최종 트랜지션 마킹을 표현하되, 상단의 이벤트 로그 흐름에 동기화하여 마킹을 기재하는 것이 규칙이다.

a	b	≫	c	d	b	f
a	b	e	c	d	b	f

a	≫	b	c	d	b	f
a	e	b	c	d	b	f

그림 14-19 정렬 기법의 예

[그림 14-19]는 [그림 14-13]의 프로세스 모델 위에 이벤트 로그 $\sigma5$ = (a, b, c, d, b, f)를 비교한 것이다. $\sigma5$는 루프(b→c→d→b)를 한 번 도는 이벤트이고, 프로세스 모델상에 (b)와 (e)는 동시성이 있으므로 하단은 (a, b, e, c, d, b, f)와 (a, e, b, c, d, b, f), 2개의 트랜지션 마킹 조합만이 가능하다. 이에 맞추어 정렬한 $\sigma5$ 로그의 배열은 [그림 14-19]와 같다. 부등호(≫)는 정렬 기법의 유일한 심벌로, 상단과 하단의 정렬이 불가능한 위치를 의미한다.

부등호 심벌은 비용으로 환산하여 값을 계산할 수 있다. 정렬 기법에서는 가장 나쁜 상태의 비용과 최적 상태 비용의 비율을 가지고 적합성을 계산한다. [그림 14-19]에서는 상단과 하단이 완전히 어긋난 경우가 가장 나쁜 비용의 기준값인 상단 6+하단 7=13이다. 상단의 트랜지션이 6개이고 하단의 트랜지션이 7개이기 때문이다. 최적 비용의 값은 완전 정합할 때 0이지만, [그림 14-19]에서는 $\sigma5$가 부족한 이벤트 로그이므로 1개의 비정렬 칼럼이 존재한다. 따라서 이 상태가 $\sigma5$ 이벤트 조건상에서 최적이고 비용값은 1이다. 적합성은 다음과 같이 계산한다.

$$\text{fitness}(\sigma5, N) = 1 - (\text{최적 비용}/\text{최악 비용}) = 1-(1/13) = 0.9230$$

풋프린트 비교

풋프린트 기법을 이용하면 시간 차를 두고 얻은 2개의 이벤트 로그로부터 경로의 변화를 쉽게 파악할 수 있다. 유의할 점은 비교 대상의 프로세스가 동일한 활동 요소와 개수로 이루어져야 한다는 것이다. 그래야 패턴의 비교가 가능하기 때문이다. [그림 14-20]은 자동차 리콜 수리 프로세스의 최초 풋프린트 패턴과 일정한 시간이 지난 후 로그로부터 얻은 풋프린트 패턴을 비교한 것이다.

N1

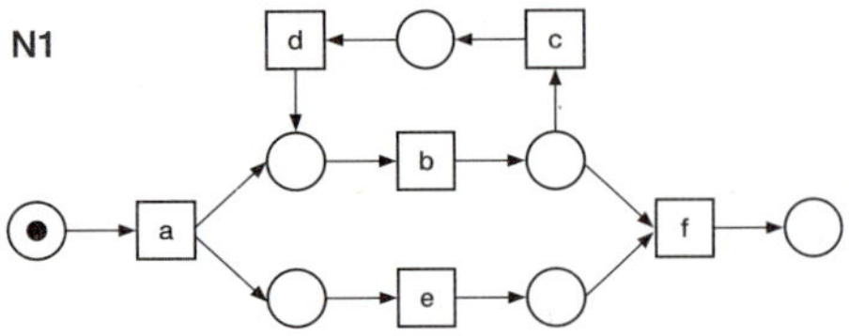

	a	b	c	d	e	f
a	#	→	#	#	→	#
b	←	#	→	←	∥	→
c	#	←	#	→	#	#
d	#	→	←	#	#	#
e	←	∥	#	#	#	→
f	#	←	#	#	←	#

N5

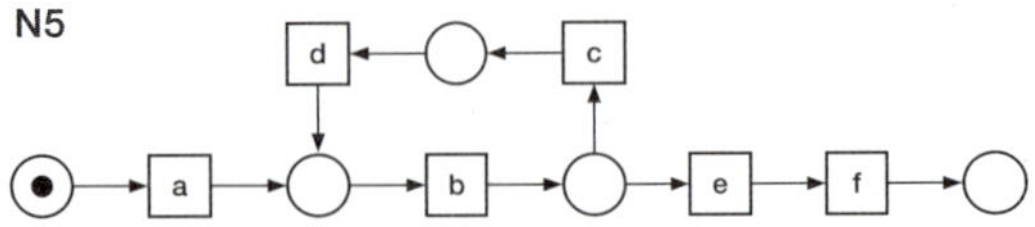

	a	b	c	d	e	f
a	#	→	#	#	#	#
b	←	#	→	←	→	#
c	#	←	#	→	#	#
d	#	→	←	#	#	#
e	#	←	#	#	#	→
f	#	#	#	#	←	#

그림 14-20 2개의 풋프린트를 이용한 개념 표류 확인

[그림 14-20]의 두 번째 풋프린트 패턴을 첫 번째 패턴과 비교해보면 여섯 곳에 패턴 변화가 있다. 두 번째 풋프린트 패턴에서 [그림 14-13]의 프로세스(N1)가 새로운 프로세스(N5)로 변화된 것을 감지할 수 있다. 이유는 알 수 없지만 자동차 리콜 프로세스가 바뀐 것이다. 이러한 프로세스 마이닝 기법으로 이전 프로세스와 이후 프로세스의 정합도를 계산할 수 있다. 변경된 풋프린트의 트랜지션이 6개이고 정방형 매트릭스의 전체 패턴이 36개이므로 정합도는 다음과 같이 계산한다.

정합도 = 1 − (변경된 패턴 수)/(전체 패턴 수) = 1 − 6/36 = 0.8333

[그림 14-20]을 통해 프로세스 N1에서 동시성을 가졌던 트랜지션 (b), (e)가 프로세스 N5에서는 순차적 트랜지션으로 변경된 것을 알 수 있다. 이처럼 이벤트의 패턴을 발견하는 과정 중에 프로세스가 변화되는 상황이 개념 표류이다. 개념 표류는 프로세스 목적물(서비스)의 시간 및 계절적 변화, 담당자 교체, 고객의 요구 변화, 프로세스 규정 위반 등이 있었다는 것을 반증한다. 관리자는 개념 표류의 원인을 분석하여 대응해야 한다.

03 프로세스 개선 분야

수리적인 분석 결과를 시각화하여 표현하면 의사결정을 위한 직관성과 이해도를 높일 수 있음은 잘 알려진 사실이다. 프로세스 마이닝의 측정지표를 대시보드 형태로 제공하는 그래픽 프레젠테이션 툴 등 프로세스 마이닝의 시각화를 지원하는 다양한 툴이 많이 나와 있다. 이러한 툴을 이용하여 프로세스 개선에 대한 통찰을 얻을 수 있는 대표적인 분야는 다음과 같다.

- **시각화(visualization):** 대시보드 솔루션을 이용하면 분석한 데이터베이스를 막대그래프, 파이 차트, 게이지 차트, 레이다 차트 등으로 한눈에 알아볼 수 있는 시각화가 가능하다. 긴급 대응의 위험 관리가 필요한 발전소, 유틸리티 산업의 통제실에는 필수적인 기능이다.
- **조직 마이닝(organization mining):** 마이닝 데이터의 인적 정보를 이용하여 사회 네트워크 분석을 할 수 있다. 조직 구성원 간의 업무 거래 빈도와 속성 데이터양을 가지고 관계의 밀도를 그래픽으로 표현할 수도 있다. UCINET과 같은 그래픽 분석 툴이 사용되기도 한다.
- **시계열 마이닝(temporal mining):** 프로세스상의 평균 소요 시간, 카테고리별(담당자, 지역별, 상품별 등) 소요 시간 등의 분석은 성과지표 측정 및 프로세스 개선을 위한 의사결정에 유용하게 사용된다.
- **의사결정 마이닝(decision mining):** 의사결정 분석이라고도 한다. 케이스별 경로의 구조화 분류를 통해 의사결정의 패턴에 대한 내용을 의사결정 트리 형태로 작도할 수 있다. 이를 학습 자산으로 활용하여 부가가치 활동을 촉진하거나 프로세스 통제 시 참고 자료로 활용할 수 있다.

04 운영 지원 분야

이상의 프로세스 마이닝 기법은 대개 오프라인으로 처리하는 작업이겠지만, 컴퓨팅 파워의 향상으로 당장 벌어지는 운영 업무에서도 온라인으로 프로세스 마이닝을 활용할 수 있게 되었다. 이러한 방법은 기존의 오프라인 정보를 기준으로 하여 비교 기준을 제시한다. 운영 지원의 활동은 탐지, 예측, 추천의 세 가지 공동 활동으로 요약된다. 즉 프로세스 일탈을 탐지하고, 예상 종료 시간이나 발생 비용을 예측하며, 과거의 정보 자산을 이용하여 가장 효율적인 방법을 제안하는 것 등을 말한다.

요약

01 데이터 마이닝은 데이터 사이언스의 하위 분야이다. 그리고 데이터 사이언스와 프로세스 사이언스를 연결하는 학문 분야는 프로세스 마이닝이다.

02 프로세스 마이닝은 전통적인 모델 기반 프로세스 분석과 데이터 중심 분석 기법을 통합한다.

03 사용자는 프로세스 마이닝의 발견과 정합성 확인을 통해 보다 폭넓게 통찰할 수 있다. 이러한 통찰은 크게 컨트롤 흐름에 대한 통찰, 조직 모델에 대한 통찰, 케이스에 대한 통찰, 시간에 대한 통찰로 나눌 수 있다.

04 프로세스 발견은 이벤트 로그를 활용하여 페트리네트나 BPMN 프로세스 모델을 생성한다. 대표적인 예는 알파 알고리즘이다.

05 이벤트 로그는 결측값도 발생할 수 있고 추상화 레벨이 너무 높을 수도 있으므로 특정한 정보를 원할 때는 사전에 이벤트 로그 형식을 목적에 맞게 잘 설계하고 ETL을 통해 데이터를 평활화해야 한다.

06 데이터 분석 기법에서 대두되는 과적합과 부적합은 프로세스 마이닝에서도 예외가 아니다. 과적합은 모델이 특정 사항에만 최적화되어서 다른 프로세스 케이스를 설명할 수 없는 문제이고, 부적합은 모델이 너무 일반적이어서 관찰된 프로세스와 관련 없는 행동까지 설명하는 문제이다. 과적합과 부적합은 상반된 개념이라 균형이 중요하다.

07 프로세스 마이닝의 전체 과정은 이벤트 로그 획득→프로세스 모델의 생성 또는 발견→로그 이벤트와 모델 활동의 연결→모델의 확장 →통합 모델의 활용으로 이루어진다.

08 플레이아웃은 모델로부터 이벤트 로그를 얻는 전통적인 프로세스 마이닝 기법이다. 플레이아웃의 반대 개념인 플레이인에서는 이벤트 로그 샘플을 입력하여 프로세스 모델을 만든다.

09 프로세스 마이닝은 이벤트 데이터를 이용한다. 그러므로 적정한 포맷의 프로세스 마이닝 데이터를 취득하고 가공하는 과정은 데이터 마이닝과 마찬가지로 매우 중요하고 많은 작업 시간을 필요로 한다.

10 이벤트 데이터가 프로세스 모델의 품질을 보증하는지 판단하는 기법이 필요하다. 프로세스 마이닝의 품질 수준을 보증하기 위해 사용하는 대표적 방법은 이벤트 데이터를 '80%(트레이닝용):20%(테스트용)'로 분리하여 활용하는 것과 교차 검증을 실시하는 것이다.

11 프로세스 발견 단계는 프로세스 모델이 없다는 가정하에서 획득한 이벤트 로그를 이용하여 프로세스 모델을 새롭게 만드는 작업이다. 반면에 프로세스 정합은 모델과 이벤트 로그가 주어져 있다고 가정한다.

12 이벤트 로그의 예측 정확도를 높이기 위해 분석을 고도화할 경우, 예측 모델이 해당 샘플에서는 높은 신뢰도를 보이지만 다른 이벤트 데이터에는 부적합한 문제가 발생한다. 이러한 제약 현상을 사회과학에서는 표시 편향이라고 한다.

13 발견 모델에 따라 데이터를 읽는 표현의 제약도 있고, 제공된 로그가 모든 경로를 포함한다는 지나친 가정 등의 문제가 상존한다. 그러므로 이를 극복하기 위해 휴리스틱 마이닝, 퍼지 마이닝, 유전자 마이닝, 영역 기반 마이닝, 귀납적 마이닝 등 좀 더 복잡하고 다양한 프로세스 발견 기법이 제안되고 있다.

14 풋프린트 기법을 이용하면 시간 차를 두고 얻은 2개의 이벤트 로그로부터 경로의 변화를 쉽게 파악할 수 있다. 유의할 점은 비교 대상의 프로세스가 동일한 활동 요소와 개수로 이루어져야 한다는 것이다. 그래야 패턴의 비교가 가능하기 때문이다.

연습문제

01 프로세스 마이닝과 데이터 마이닝의 차이를 항목별로 구분하여 설명하시오.

02 [표 14-2]의 이벤트 로그를 이용하여 a~h의 8개 활동으로 이루어진 방사형 매트릭스를 만들고 [표 14-5]와 같은 풋프린트 표를 작성하시오.

03 [그림 14-13]의 자동차 리콜 수리 프로세스 페트리네트상에서 [표 14-9]의 $\sigma 4$ 이벤트 로그를 이용하여 다음 과제를 수행하시오.

- 단계별 토큰 마킹을 시뮬레이션하시오.
- 전체 경로를 종료한 후 네 가지 토큰 유형 p, c, m, r의 숫자를 분석하시오.
- 얻은 정보로 fitness($\sigma 4$, N1)을 계산하시오.

04 자신이 경험한 개념 표류의 예를 들고, 그러한 일이 발생한 이유를 창의적으로 추정하시오.

CHAPTER

15

비즈니스 프로세스 소프트웨어

01. 비즈니스 프로세스 소프트웨어의 개요
02. 비즈니스 프로세스 모델링 툴 소프트웨어
03. 프로세스 마이닝 소프트웨어: ProM

학 | 습 | 목 | 표

- 비즈니스 프로세스의 기능 요건을 이해할 수 있다.
- 비즈니스 프로세스 표기법의 작도를 지원하는 솔루션의 기능을 설명할 수 있다.
- 비즈니스 워크플로 솔루션의 사례를 참조하여 업무 흐름을 설계하고 시뮬레이션 하는 기능을 설명할 수 있다.
- 프로세스 마이닝 툴의 대표적인 솔루션인 ProM의 주요 기능을 이해하고 실습할 수 있다.

멋진 집을 머릿속에 구상했다고 해도 이를 현실화하려면 설계 문서를 작성해야 한다. 설계 문서는 구상과 실체를 연결해주는 메타모델이다. 건물에 관련된 넓은 의미의 설계 문서는 건축, 전기, 통신, 기계설비, 소방, 조경과 같은 물리적 설계 도면, 재료의 품질 기준과 시공 방법을 기술한 시방서, 공정 계획표로 이루어진다. 집을 짓는 사람은 이러한 설계 문서를 이용하여 건물의 실체를 이해하고 작업 계획을 세운다. 비즈니스 프로세스 모델도 메타모델이다. 설계 문서가 건물을 짓는 메타모델이라면, 비즈니스 프로세스 모델은 기업이 자사의 핵심 가치사슬을 만드는 방법을 설명한 설계 도면과 마찬가지이다.

과거에는 손으로 설계도를 그렸다. 비즈니스 프로세스 모델링도 연필과 종이로 설계할 수 있겠지만, 툴을 이용하면 손쉽게 수정, 복제가 용이하고 협업을 위한 유용한 의사소통 도구가 된다. 프로세스 모델링 툴은 단순한 프로세스 표기에 머무르지 않고 데이터베이스 기술과 접목할 수 있다. 구성 요소를 상세하게 데이터베이스로 정의하여 개발자에게 넘기면 단절 없이 프로그램 코딩을 진행하도록 돕는 소프트웨어들이 있다. 최근에는 인터넷과 클라우드 기술의 발달로 장소, 시간, 장비의 제약 없이 프로그램 툴의 활용성이 더욱 높아졌다.

이 장에서는 그 가운데 몇 가지 툴을 살펴볼 것이다. 간략한 설명이지만 비즈니스 프로세스 소프트웨어의 기능에 대한 개략적인 이해를 돕고 소프트웨어 선정에 관한 통찰을 주고자 한다. 이제는 누구나 엑셀과 파워포인트를 사용할 줄 알듯이 비즈니스 프로세스 모델링 툴 사용 능력은 조만간 기업 관리자의 필수 역량으로 자리 잡을 것이다.

SECTION 01

비즈니스 프로세스 소프트웨어의 개요

01 비즈니스 프로세스가 제공하는 기능

어떤 목적물의 현재 상태를 있는 그대로 해석하는 것과 당위성을 강제하는 접근은 사뭇 다르다. 전자는 진화하는 현재를 설명하는 접근이고, 후자는 개념의 이상적인 틀에 다가가려는 노력이다. 비즈니스 프로세스 소프트웨어의 경우도 마찬가지이다. 비즈니스 프로세스 소프트웨어라고 부르려면 당연히 이러한 기능은 있어야 한다고 정의하기보다는 현실의 세계를 설명하는 것이 실용적일 것이다. 다음은 일반적인 비즈니스 프로세스가 제공하는 기능의 예이다.

- 프로세스 표기법(BPMN, UML 등)의 작도 기능
- 프로세스 요소의 속성 부여 기능(사용자 속성, 데이터 속성, SQL 연동, ID 연동)
- 프로세스 속성 요소의 DB 저장 또는 리포지터리repository(자체 DB, 범용 DB)
- 철자 오류 확인, 속성의 중복성 확인, 누락 속성 리포팅, 모델 강건성 확인
- 프로세스 모니터링과 흐름 통제(분기 조건, 규칙 관리, 이메일 메시지 전송 연계 등)
- 프로세스 분석(병목 지점) 및 시뮬레이션(몬테카를로, What-if 분석)
- 대시보드와 인포그래픽
- 활동 기준 원가관리 지원, 통계 분석, KPI 정의 및 측정
- EAI와 API 지원(XML, BPEL 등 코드 생성)
- 가져오기와 보내기import & export 기능(ERwin, UML Case & Class Diagram, BPEL, 비지오Visio, MS Excel, CSV 등)
- 화면 양식 정의 및 리포트 양식 설계(HTML, 워드, PDF 다운로드)
- 업종별 샘플 모델 제공(SCOR, Sarbanes-Oxley 프랙티스 등)
- 웹 브라우저 지원(read only 또는 full function)
- 협업 지원(check-in & check-out) 및 보안 관리
- 프로세스 아키텍처 관리 및 유지
- 프로세스 마이닝(발견, 정합, 개선 지원)

02 비즈니스 프로세스 소프트웨어의 분류

시장에서 가용한 비즈니스 프로세스 소프트웨어가 앞서 제시한 기능을 모두 지원하는 것은 아니다. 기능이 많을수록 구매 가격이나 사용료가 높고 사용법을 익히는 데 시간이 더 걸린다. 여기서는 비즈니스 프로세스 소프트웨어의 분류를 두 가지 변수로 설명하고자 한다.

[그림 15-1]의 y축은 서비스 접근성의 정도를 나타낸다. 접근성은 독립형보다 언제 어디서나 사용할 수 있는 인터넷 웹이 훨씬 좋다. 그러나 웹을 통한 리뷰는 가능하지만 편집이 안 되는 툴도 있고, 최근의 ASP 모델은 웹 편집을 지원하지만 축소 시 아크 이미지가 사라지거나 모델의 크기가 클 경우 응답 시간의 지연 문제가 있다.

x축은 분산 환경의 통합 정도를 나타낸다. 통합성은 개발 흐름의 이음매 없는 데이터 재활용성과 관련된다. 플랫파일(.csv, .txt)과 같은 파일로 정보를 저장하는 것보다 구조화된 데이터베이스 기반의 리포지터리 솔루션은 애플리케이션의 통합성이 뛰어나다. 바로 구매하기보다는 테스트를 충분히 해본 후 구매할 것을 권한다. 모델을 구축하고 나면 변경 비용 장벽이 생길 수 있기 때문이다.

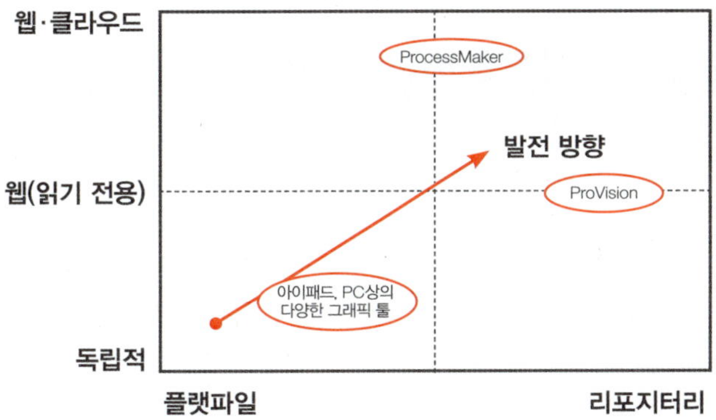

그림 15-1 비즈니스 프로세스 모델의 분류와 발전 방향

서로 다른 응용 도메인에서 시작한 소프트웨어들이 시장의 요구와 기술의 발전에 따라 제공되는 기능이 중첩되어 경쟁하다가 결국 통합되는 현상은 보편적인 생태이다. CAD 시스템의 경우도 2D 제도, 3D 곡면 가공, 솔리드 디자인으로 나뉘어 선도하던 솔루션들이 기능 확장으로 중첩되어 경쟁하다가 사멸하거나 병합된 사례가 있다. 지속적으로 기술 지원을 받을 수 있는 건실한 솔루션 업체를 선별하는 것은 어려운 일이지만, 시장의 충성 고객 수를 보고 계속 사업의 가능성을 어느 정도 판단할 수 있을 것이다.

TIP [그림 15-1]은 이 장에서 다룰 대표적 프로세스 모델링 소프트웨어군의 분류로, 우리가 얻은 평가 자료와 업체의 설명을 바탕으로 만든 것이다. 업계의 비즈니스 프로세스 소프트웨어는 이에 국한되지 않으며 ERP 패키지 역시 비즈니스 프로세스 소프트웨어의 범주에 넣을 수 있을 것이다. 하지만 ERP, SCM, CRM과 같은 애플리케이션 소프트웨어를 비즈니스 프로세스 소프트웨어의 범주에 포함하면 이 책에서 다루는 범위를 벗어나기 때문에, 이 장에서는 독자가 쉽게 접근할 수 있는 워크플로 디자인 솔루션과 프로세스 마이닝 솔루션에 한해 설명하겠다.

03 프로세스 표기 지원 소프트웨어

창의력을 높이기 위해 백지에 그리는 것을 선호하는 디자이너가 많다. 하지만 일단 모델을 확정한 뒤에는 공유하기 위해 컴퓨터에 입력하는 편이 낫다. 디지털 파일은 편집, 수정, 복사, 전송이 용이하기 때문이다. 이러한 작도 기능을 제공하는 다양한 툴이 있다. MS 파워포인트, 비지오, 애플의 키노트 Keynote로도 프로세스 모델 그림은 그릴 수 있다. 그러나 프로세스 모델을 그리는 전용 툴을 사용하면 훨씬 효율적인 작업이 가능하다. 그래픽 작업은 화면 크기가 어느 정도 되어야 하므로 스마트폰보다는 태블릿이나 PC에서 구동하는 솔루션이 적절하다.

[그림 15-2]는 아이패드에서 구동하는 Flowdia Lite의 화면이다. 개인 프로그래머가 만든 이 솔루션은 손가락 터치로도 작도가 가능하며, 화면에서 심벌 설정 메뉴를 바꾸면 게이트웨이 심벌이나 활동 심벌의 속성을 쉽게 변경할 수 있다. 그린 모델은 PNG, JPG, SVG, PDF 형태로 이미지를 저장하여 이메일과 애플리케이션으로 전송할 수 있다. 이 책의 프로세스 모델 그림 초안도 이 툴을 사용하여 작도했다. Flowdia Lite는 심벌을 여러 메뉴에서 쉽게 복사하여 작도할 수 있지만, 속성을 부여하거나 심벌 연계 로직의 오류를 확인할 수는 없는 그래픽 전용 툴이다.

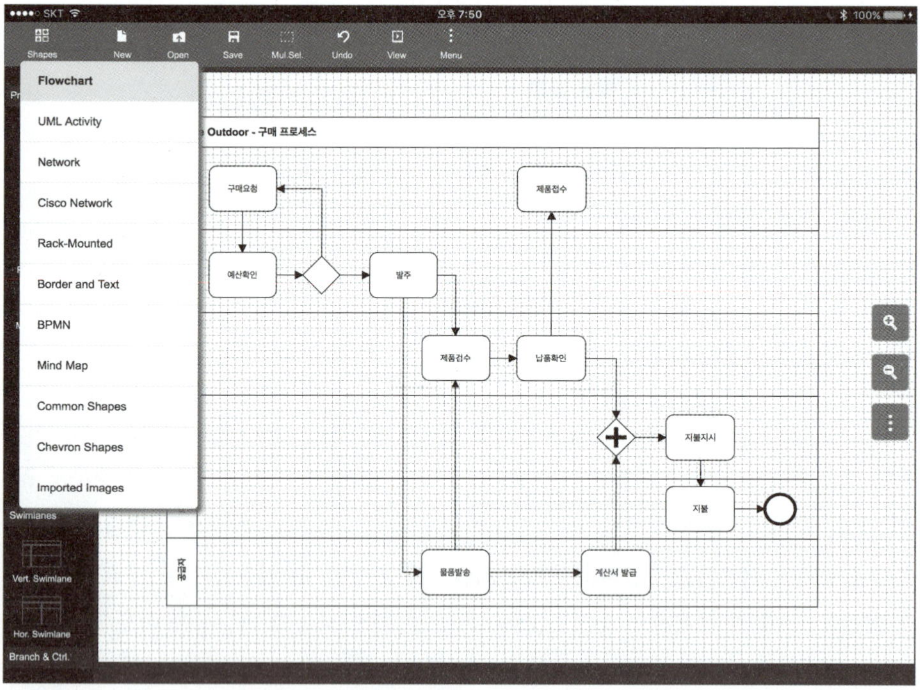

그림 15-2 Flowdia Lite의 그래픽 프로세스 모델 작도 툴

SECTION 02

비즈니스 프로세스 모델링 툴 소프트웨어

01 ProcessMaker의 개요

단순한 그림만이 아니라 로직을 포함한 비즈니스 프로세스 모델링 툴이 많이 출시되고 있다. 폴 하먼은 《비즈니스 프로세스 재설계를 위한 실천적 방법론》에서 미국 프로포마코퍼레이션의 ProVision이라는 툴을 예로 들었다. ProVision은 전략, 조직, 프로세스, 정보, 의사소통, 기술의 카테고리로 프로세스 아키텍처 모델링 기능을 제공한다. 하지만 ProVision은 프로그램 테스트를 위한 접근이 용이하지 않다.

여기서는 웹상에서 작동하는 ProcessMaker라는 솔루션을 통해 모델링 툴의 기능을 살펴보자. ProcessMaker는 간단히 이메일을 등록하고 한 달간 테스트 버전을 사용해볼 수 있다. 시스템 통합성과 인터페이스는 ProVision보다 떨어지지만 누구나 웹상에서 솔루션 테스트를 실시할 수 있어 기능 검증이 용이하다.

[그림 15-3]은 ProcessMaker로 작도한 BPMN 모델로, 앞서 사례로 제시한 영업 인센티브 프로세스이다.

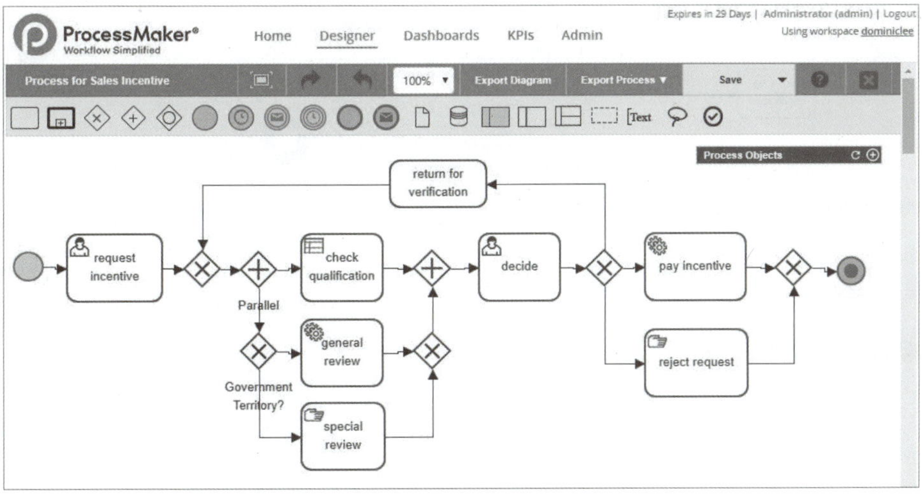

그림 15-3 ProcessMaker에서 프로세스 모델링 툴로 작도한 BPMN의 예

같은 프로세스를 Flowdia Lite로 작도한 [그림 10-13]과 [그림 15-13]을 비교해보면 두 그림이 거의 유사하다는 것을 알 수 있다. 다른 점은 활동 심벌에 속성 정보(사람, 룰, 자동 실행, 매뉴얼 처리)가 추가된 것이다. 이러한 속성 표기는 Flowdia Lite에서도 동일하게 할 수 있다. ProcessMaker는 마우스로 화살표의 수평을 맞추기가 불편한 것을 제외하고는 작도 방식이 Flowdia Lite처럼 매우 편리하다. ProcessMaker의 모델은 논리적 연계 규칙을 가진 워크플로 서버 모델로 실제와 같이 프로세스의 흐름을 시뮬레이션할 수 있다.

[그림 15-4]는 [그림 15-3]의 프로세스 모델을 스윔레인 안에 그린 것이다. 스윔레인은 담당자(또는 조직)를 같이 표현하기 때문에 PC 화면에 보이게 하려면 활동 심벌의 위치를 잡기가 다소 번거롭다. 일단 활동이 스윔레인 안에 자리를 잡으면 더 복잡해 보이지만, 스윔레인은 활동의 오너십을 확인하고 조직의 계층 구조를 표현할 수 있다는 것이 장점이다.

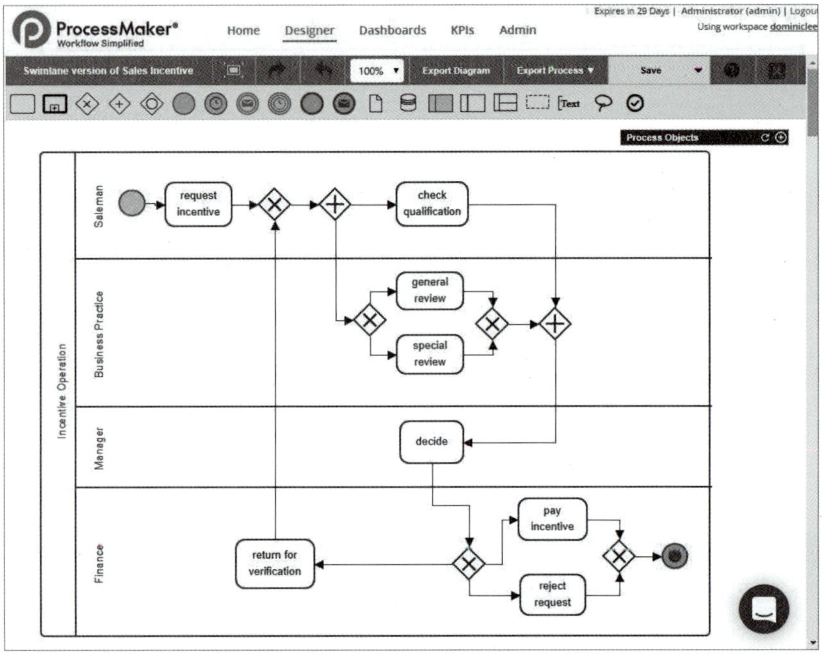

그림 15-4 ProcessMaker에서 스윔레인으로 작도한 BPMN의 예

02 ProcessMaker의 세부 기능

[그림 15-5]는 프로세스 활동에 참여하는 주체(리소스)를 정의하는 화면이다. 이처럼 ProcessMaker는 DB 형태로 속성 정보를 저장하는 기능을 제공한다. 프로세스에 관계하는 사용자의 패스워드를 정의하면 로그인 정보를 주체들에게 발송할 수도 있다. 사용자는 제공된 ID와 패스워드로 시스템에 로그인하여 자신에게 맡겨진 프로세스를 직접 조작하는 시뮬레이션을 시행할 수 있다.

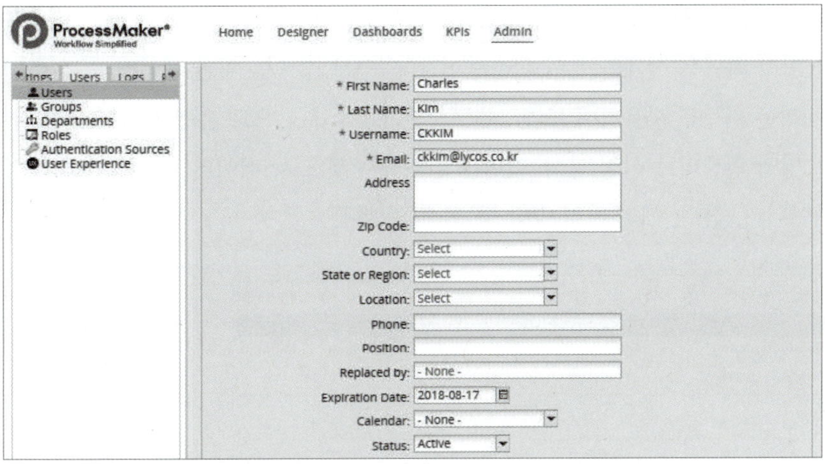

그림 15-5 ProcessMaker에서 데이터베이스에 사용자 정보를 입력하는 화면

[그림 15-6]은 정의된 주체 정보를 이용하여 동일한 과업을 수행하는 사람들의 그룹을 정의하는 화면이다. 사용자 그룹의 속성 정보는 스윔레인의 담당자(또는 담당 그룹) 계층 구조를 정의할 때 사용된다.

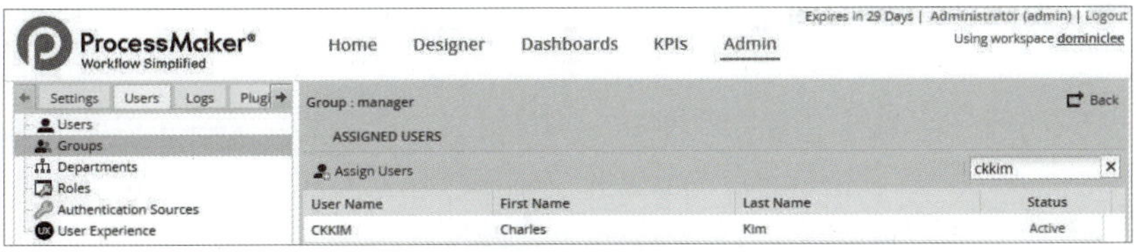

그림 15-6 ProcessMaker에서 사용자 그룹을 정의하는 화면

이렇게 정의된 주체(혹은 그룹)를 [그림 15-7]과 같이 활동에 할당할 수 있다. 상단의 'Case assignment method(케이스 활동 방법)'를 보면 업무를 부여하는 데 순환 할당, 수동 할당, 가치 기반 할당 등 여섯 가지 방법을 제공한다.

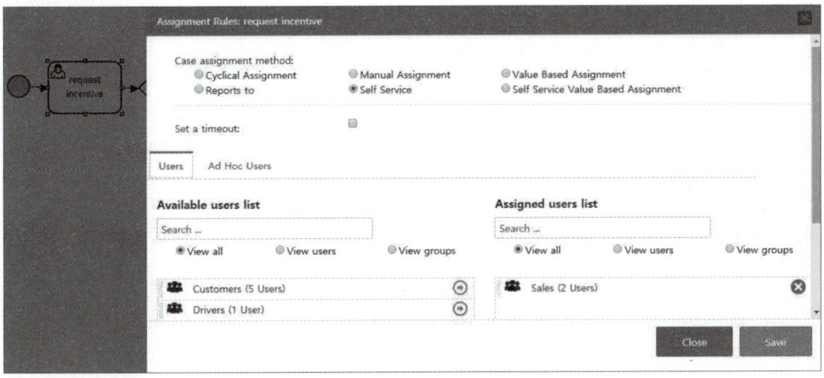

그림 15-7 ProcessMaker에서 활동(프로세스)에 리소스를 정의하는 화면

사람 등의 리소스를 활동에 할당했다면 프로세스 맵의 업무 흐름 모델을 완성한 것이다. 다음으로 활동을 수행할 전산 처리 화면을 설계하는 단계로 넘어간다. 업무 수행을 위한 데이터 입력 화면의 양식은 Dynaform이라는 기능을 사용하여 드래그앤드드롭drag & drop으로 손쉽게 만들 수 있다. [그림 15-8]은 웹상의 '영업 인센티브 신청 양식' 화면을 설계하는 것으로, 데이터 필드에 대한 속성(초기 설정값, 날짜, 바이너리, 정수, 에러 처리 방법 등)을 정의했다.

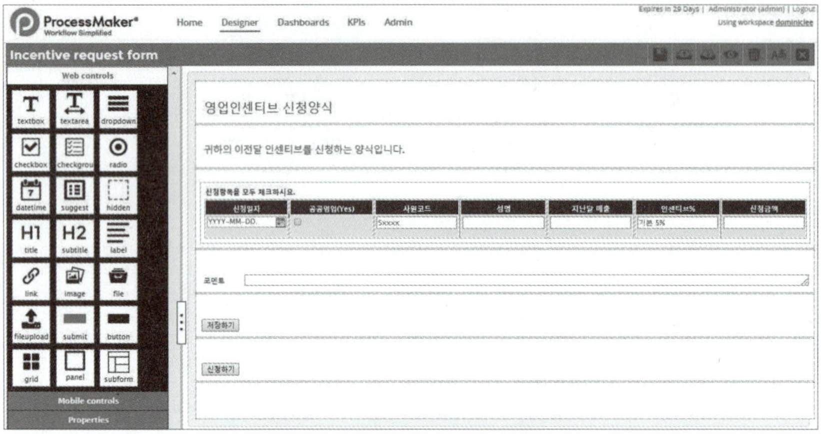

그림 15-8 ProcessMaker에서 프로세스 활동에 입력 양식을 정의하는 화면

[그림 15-9]는 [그림15-8]에서의 화면 설정이 실제 PC, 태블릿 PC, 스마트폰 등에서 어떻게 보이는지 분석하는 '미리보기' 기능으로, 화면상에서 사용자가 키보드와 마우스로 어떻게 입력 작업을 하는지 사전에 시뮬레이션할 수 있다.

그림 15-9 ProcessMaker에서 입력 양식(Dynaform)의 PC 화면 표출 모드

[그림 15-10]은 데이터 필드의 속성 정보를 정의하는 화면이다. 영업사원 코드(salesman_code)를 정수(integer)로 정의하고 외부의 데이터베이스 소스를 불러들이는 SQL 구문과 변수 옵션 등으로 정의했는데, 이러한 데이터 필드명은 UML Class Diagram에도 그대로 사용될 수 있다.

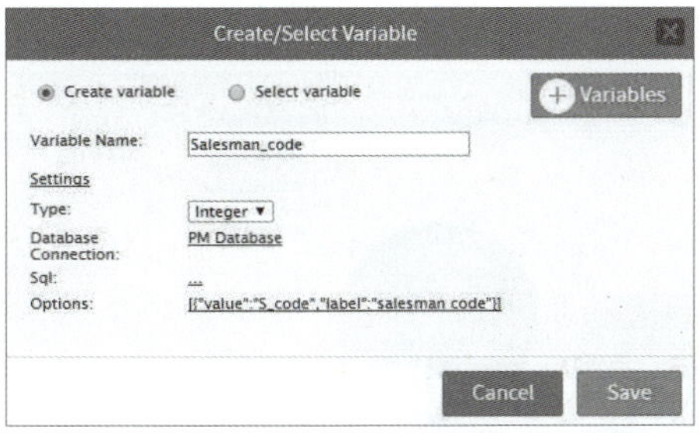

그림 15-10 ProcessMaker의 변수 입력 메뉴 화면

[그림 15-11]은 정의된 변수의 목록을 보여준다. 이를, 영업사원의 소속이 공공(public) 팀인지를 묻는 변수(Pub_YN), 영업사원 코드, 부서 코드(Territory_code), 날짜 속성을 정의한 화면이다.

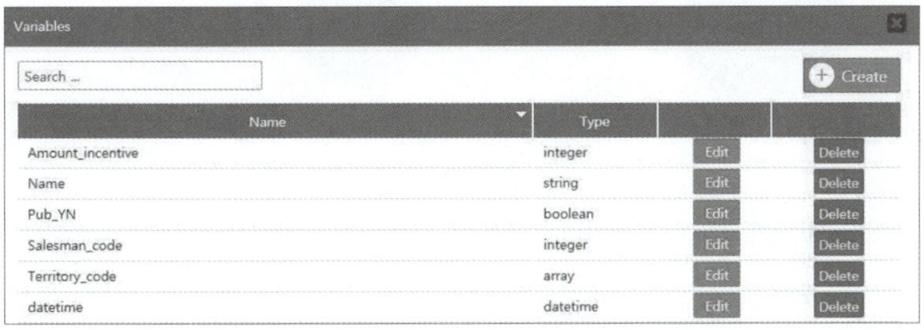

그림 15-11 ProcessMaker의 설정된 변수 목록

프로세스 모델에서 사용된 게이트웨이의 분기 조건은 [그림 15-12]와 같이 수식으로 정의할 수 있다. [그림 15-12]에서는 영업사원이 공공 팀인지 여부(Pub_YN)에 따라 일반 검토(general review)와 특별 검토(special review)의 활동을 분기하는 로직을 설정했다. 이러한 분기 로직이 제대로 준수되고 있는지는 이벤트 로그를 이용한 프로세스 마이닝의 정합 확인으로 검증된다. 분기의 조건이 많을 때는 의사결정 트리를 발견하는 프로세스 마이닝 기법과 연계하여 분석할 수도 있다.

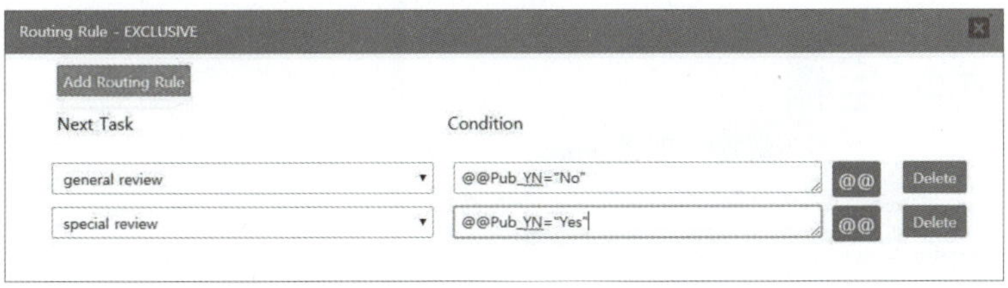

그림 15-12 ProcessMaker에서 XOR-Split 게이트웨이의 분기 조건 정의

[그림 15-13]은 ProcessMaker가 제공하는 대시보드(인포그래픽) 화면이다. 막대그래프, 누적 막대그래프, 파이 차트 등 여러 가지 시각화 그래프를 배치하여 다양한 대시보드 화면을 구성할 수 있다. 이러한 대시보드를 통해 기업 경영 흐름의 맥락을 이해할 수 있으므로 경영자 레벨에게는 필수적인 의사결정 도구이다.

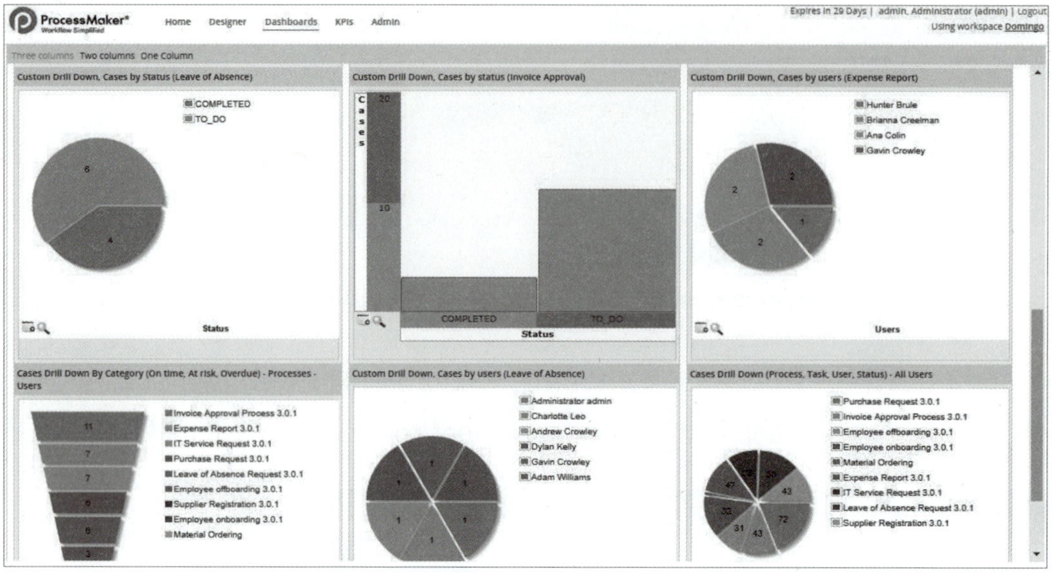

그림 15-13 ProcessMaker의 대시보드 화면

[그림 15-14]는 설정된 성과지표의 계획 대비 달성치와 더불어 전월, 전분기, 전년도 같은 시간대의 성과지표를 비교·검토할 수 있는 정보를 제공하는 KPI 화면이다. 성과지표는 개인별, 팀별, 부분별로 구분하여 비교할 수 있다. 기본적으로 제공되는 화면 템플릿은 표시 그리드 상자의 위치가 손쉽게 조정되어 원하는 위치에 원하는 관리 정보를 표현할 수 있다.

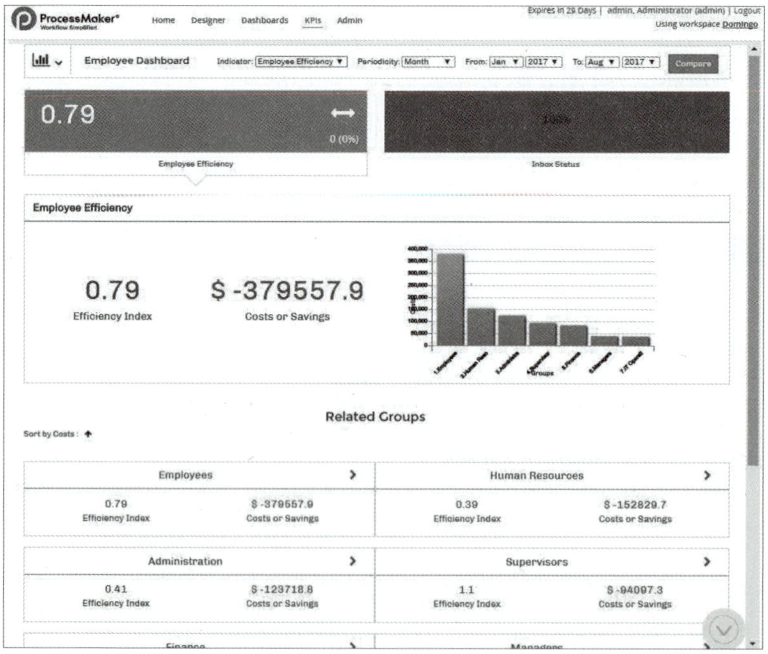

그림 15-14 ProcessMaker의 KPI 화면

이처럼 ProcessMaker는 프로세스 모델을 만들고, 활동 사이의 논리적 연계와 인적 자원, 문서 형식, 화면 형식 등의 리소스를 할당한다. 그리고 실제 프로세스를 설계했을 때 업무가 어떻게 처리되는지 직접 시뮬레이션할 수 있다. 프로세스를 검증한 후에는 그 산출물을 개발자에게 양도할 수 있다. 개발자는 시스템에서 추출된 프로세스 모델BPMN과 데이터베이스의 클래스 테이블을 받으면 좀 더 쉽게 프로그램 개발과 실제 DB 스키마 설계에 착수할 수 있을 것이다. 물론 이는 사전에 IT 전문가와 데이터 속성에 대한 표준을 설정하는 것이 전제되어야 한다. 이러한 표준화 작업은 실무자와 IT 전문가가 함께 ISP(정보 전략 회의)라는 협업 작업을 통해 결정하곤 한다.

SECTION 03

프로세스 마이닝 소프트웨어: ProM

01 ProM의 개요

14장에서 프로세스 마이닝의 개괄적인 내용을 살펴보았다. 여기서는 프로세스 마이닝의 세 가지 주요 기능인 발견, 정합, 개선을 위한 소프트웨어 툴을 소개한다. 프로세스 마이닝 소프트웨어로 학계에서 가장 많은 사랑을 받는 솔루션은 오픈소스 소프트웨어인 ProM(www.processmining.org)이다. 기타 가용한 상용 소프트웨어들은 ProM보다 직관적인 사용자 인터페이스가 월등하지만 기능성은 ProM을 앞서지 못한다. ProM의 경우 전 세계 연구자들이 수천 개의 플러그인 소프트웨어를 제공하고 있기 때문이다. ProM은 패키지매니저 소프트웨어를 통해 원하는 플러그인 솔루션을 선택하여 설치할 수 있다. 플러그인이 너무 많고 품질 수준이 천차만별이라 웹 사이트에서는 많이 활용되는 솔루션을 패키지로 묶어 설치하는 옵션을 제공한다. ProM은 정식 버전과 ProM Lite라는 약식 버전을 제공하는데 2018년 2월 현재 정식 버전은 6.6이다.

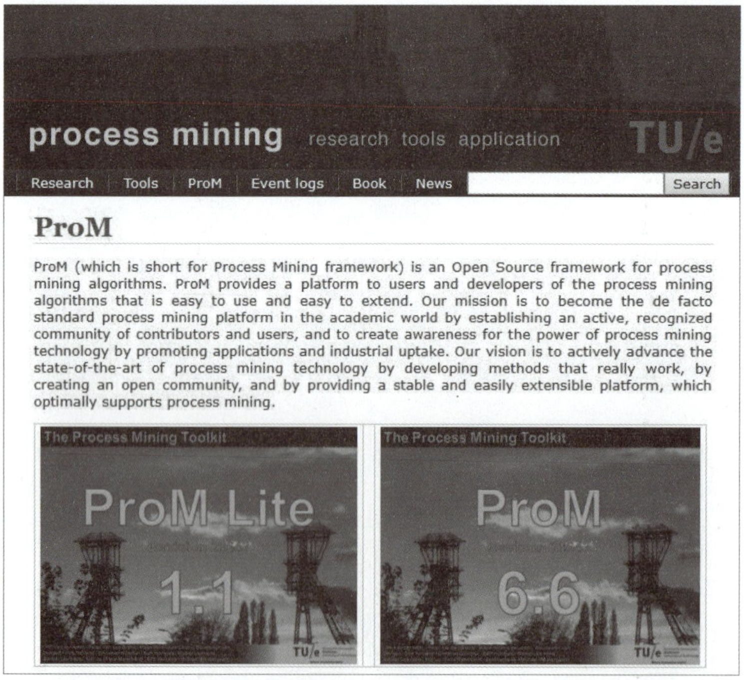

그림 15-15 ProM 웹 페이지

02 ProM의 설치와 기능

정식 버전의 다운로드 목록에서는 이전 버전의 소프트웨어도 제공한다. 이는 아카데믹 논문에 인용할 경우 동일한 버전으로 비교하기 위한 서비스이다. 그러므로 웹 사이트에서는 논문에 인용할 경우 ProM Lite보다는 정식 버전을 설치할 것을 권고한다. 여기서는 ProM의 기능을 보여주기 위해 콤팩트한 ProM Lite 1.1 버전을 사용할 것이다. 초심자는 ProM Lite로 시작하여 숙달되면 정식 버전으로 옮겨가기를 추천한다. ProM 정식 버전을 설치할 때는 화면을 띄우기까지 소소히 고려할 사항이 있고 대기 시간도 다소 길어 인내심이 필요하다. ProM Lite는 인기 있는 플러그인 60여 개 이상이 'Runner up package'로 제공되어 다양한 분석을 시행해볼 수 있다. 부팅 시간이 1분 이상 걸리는 것에 유의하라.

소프트웨어를 설치했다고 하더라도 이벤트 로그 데이터가 있어야 프로세스 마이닝 작업을 할 수 있다. 그래서 ProM 웹 사이트는 여러 가지 이벤트 로그 샘플을 제공한다. 실세계의 이벤트 로그는 대부분 노이즈가 섞여 있거나, 케이스가 완료되지 않고 진행 중인 로그가 있게 마련이다. 그러므로 해석의 목적에 따라 클렌징이 필수이다. 실무자는 분석 툴을 돌리기 전에 데이터 클렌징에 많은 시간을 할애해야 한다. 데이터 클렌징 방법은 이 책의 범위를 벗어나므로 설명을 생략한다. ProM에서도 이벤트 데이터를 편집하는 기능을 일부 제공한다. 실습을 위해 ProM Lite와 샘플 데이터(파일명: event-logs-process-mining-book.zip)를 내려받는다.

[그림 15-16]은 ProM Lite에서 데이터를 가져오는 화면이다. 우측의 [import] 버튼을 누르면 파일을 찾는 팝업 메뉴가 나타난다. PNML PetriNet Markup Language과 MXML, XLS, CSV 파일 포맷이 제시되는데, ProM은 CSV 파일 포맷을 먼저 XES 파일로 변환해야 프로세스 발견 작업이 가능하다. ProM Lite는 이를 위한 변환 툴(예: Convert CSV to XES)을 함께 제공한다.

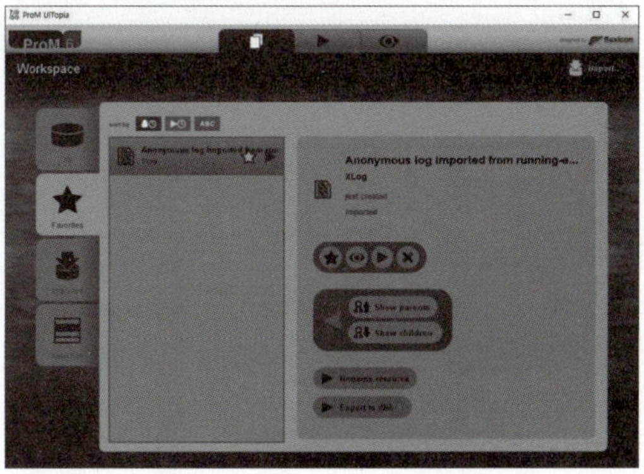

그림 15-16 ProM에서 XES 이벤트 파일 가져오기

예제를 시현하기 위해 XES 파일(파일명: running-example.xes)을 먼저 선택해보자. [열기]를

누르면 임포트 플러그인을 통해 오른쪽 그림처럼 이벤트 로그가 불러들여진다. 이 파일을 이용하여 속성을 분석하고 프로세스 마이닝 기능을 수행할 것이다.

파일은 화면 중앙에 있는 별 버튼 우측의 뷰 리소스 기능을 수행하면 [그림 15-17]과 같은 케이스별 이벤트의 개수와 이벤트 클래스의 개수를 막대그래프로 확인할 수 있다. 그래프의 좌측에는 전체 케이스와 총 이벤트의 개수, 이벤트 클래스의 개수와 주체(originators) 인원수가 나타난다.

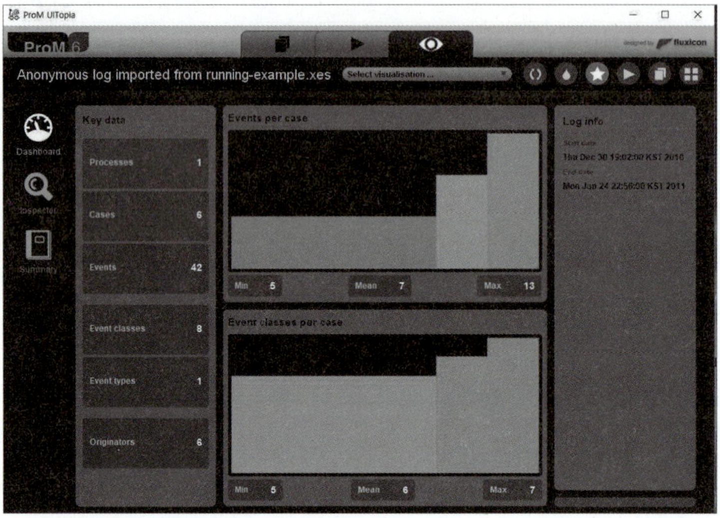

그림 15-17 ProM의 이벤트 로그 분석(요소별)

또한 [그림 15-18], [그림 15-19]와 같이 이벤트 트레이스의 유형과 발생률을 시각적으로 확인할 수 있으며, 시계열로 이벤트 발생량을 포인트 그래프와 곡선 그래프로 보여준다.

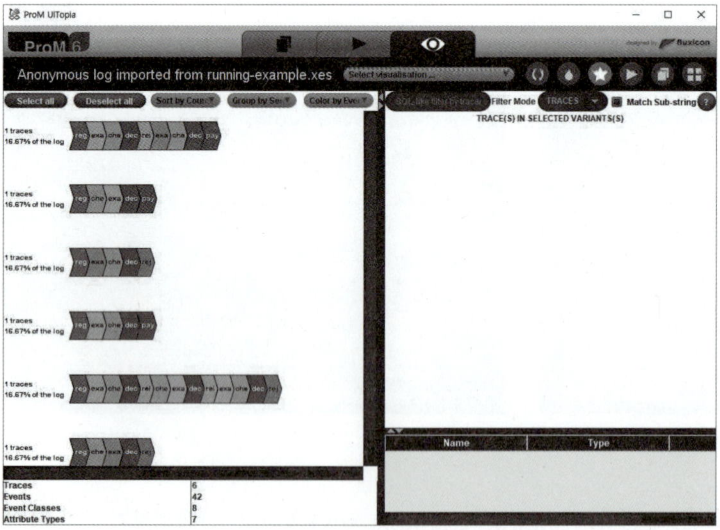

그림 15-18 ProM의 이벤트 로그 분석(트레이스)

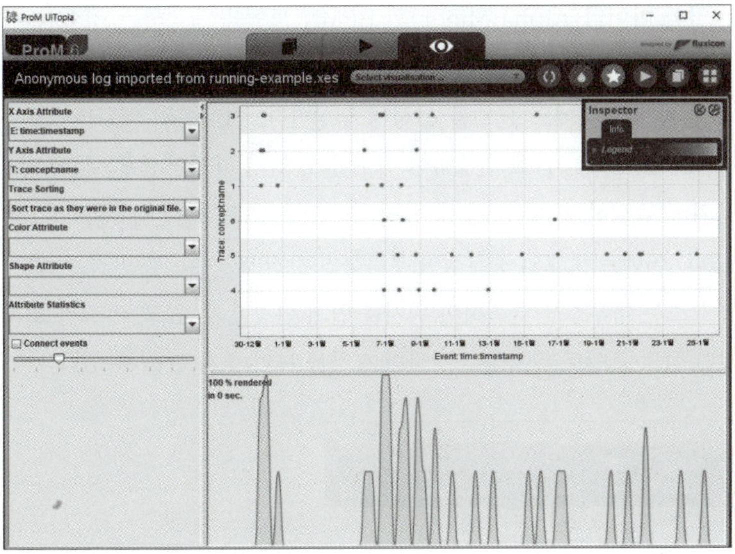

그림 15-19 ProM의 이벤트 로그 분석(시계열)

이제 이벤트 데이터를 이용하여 본격적으로 프로세스 마이닝을 작동하는 방법을 알아보자. [그림 15-20]은 프로세스 마이닝 작업의 처리 절차를 정의하는 화면이다. 상단 중앙의 삼각형 버튼을 누르면 이 모드로 전환된다. 입력 창을 눌러 입력 파일을 정의하면, 논리적으로 실행 가능한 플러그인 소프트웨어가 있는 경우 초록색으로 나타나고, 복수의 입력을 필요로 하는 소프트웨어 툴은 노란색으로 표시된다.

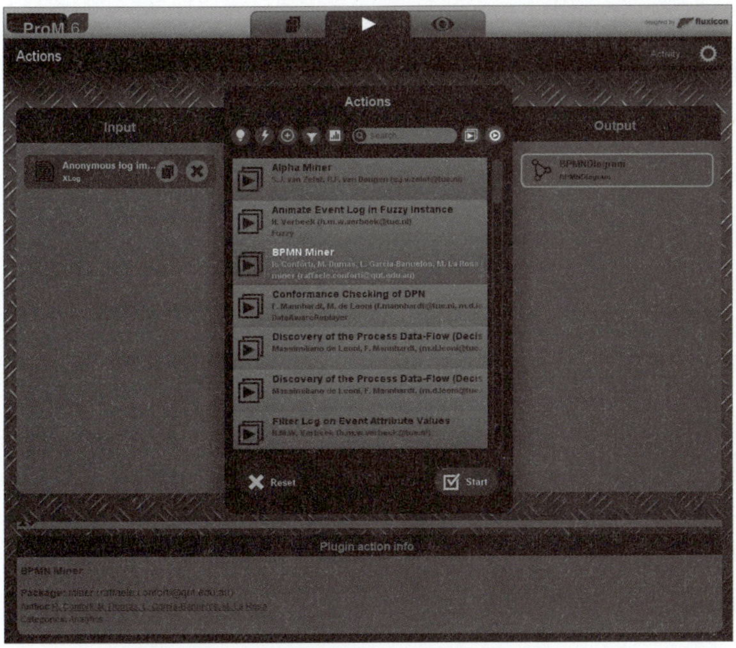

그림 15-20 ProM의 입력(이벤트 로그)과 출력 모드 정의 화면

이 중 페트리네트를 생성하는 알파 마이너(Alpha Miner)와 BPMN 모델을 생성하는 BPMN 마이너(BPMN Miner) 기능을 선택해보자. 하나의 입력 이벤트로 2개의 실행 파일을 선택했으므로 [그림 15-21]과 같이 BPMN 모델과 페트리네트 모델을 동시에 생성한다. 아래쪽의 페트리네트는 입력 파일의 활동 ID를 A, B, C, D, E, F, G, H로 변경하여 작도했다(입력 파일의 ID를 문장으로 쓴 것과 약자로 변경한 것을 두 차례 출력하여 제시했음에 유의하라). 출력된 그림은 14장의 [그림 14-3], [그림 14-4]와 차이가 있다. 이벤트 로그의 충분성이 부족하면 강건 WF-net를 만들 수 없기 때문이다. [그림 15-21]의 그림 요소는 마우스를 클릭하여 위치를 쉽게 변경할 수 있고, 아크는 조작이 다소 불편하기는 하지만 곡선의 설정 포인트 위치를 조정하여 모양을 보기 좋게 만들 수 있다.

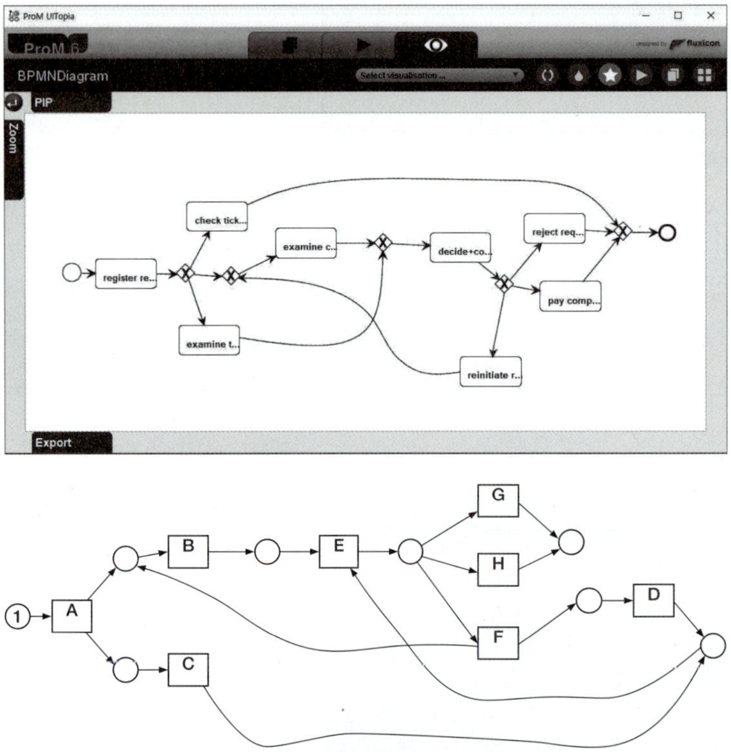

그림 15-21 ProM에서 생성된 BPMN 모델과 페트리네트 모델

[그림 15-22]는 페트리네트와 이벤트 로그를 모두 입력 파일로 정의하여 정합성을 확인하는 기능을 수행하는 메뉴이다. running-example.xes로 작도한 페트리네트와 running-example-just-two-cases.xes를 입력 파일로 정하고, 분석용 플러그인 소프트웨어 툴은 Conformance Checking of DPN을 사용했다. 아래쪽 그림은 툴을 작동하여 정합성에 관한 결과 데이터를 출력한 것이다. running-example-just-two-cases.xes에 존재하는 2개의 경로(케이스 ID)가 페트리네트 모델과 100% 정합한다고 분석된 결과이다. 이는 14장에서 설명한 정합성 확인을 ProM 툴로 실행한 예이다.

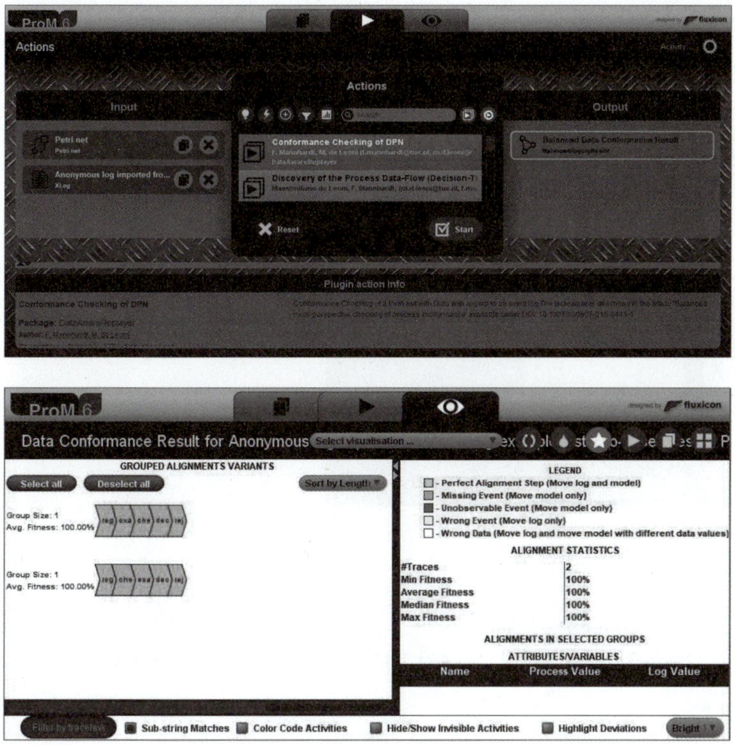

그림 15-22 ProM에서 2개의 입력을 이용한 정합성 확인

[그림 15-23]은 구성원 간의 소셜 네트워크 분석을 그림으로 표현한 것이다. 이벤트 거래(hand over)의 양적 분석이나 근접성 분석 등을 노드나 아크의 크기와 굵기로 표현하는 기능도 있다. [그림 15-23]은 우리나라 연구원이 올린 플러그인 소프트웨어로 작도한 소셜 네트워크 분석 결과이다. 이러한 소셜 네트워크는 UCINET과 같은 전용 오픈소스 프로그램을 활용하여 작도할 수도 있다. 전용 툴을 사용하면 보다 풍부한 분석이 가능하다.

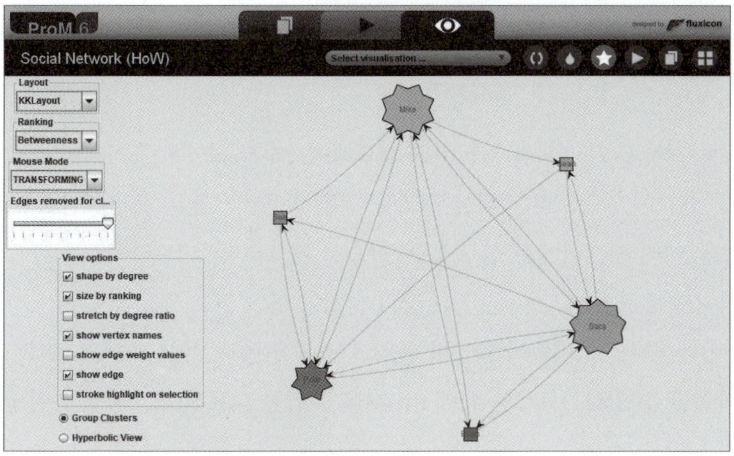

그림 15-23 ProM의 소셜 네트워크 분석 결과

ProM은 이렇게 생성된 산출물을 [그림 15-24]의 그리드 형태로 모으는 메뉴를 제공하여 산출물을 서로 비교하고 화면 전환을 용이하게 할 수 있다.

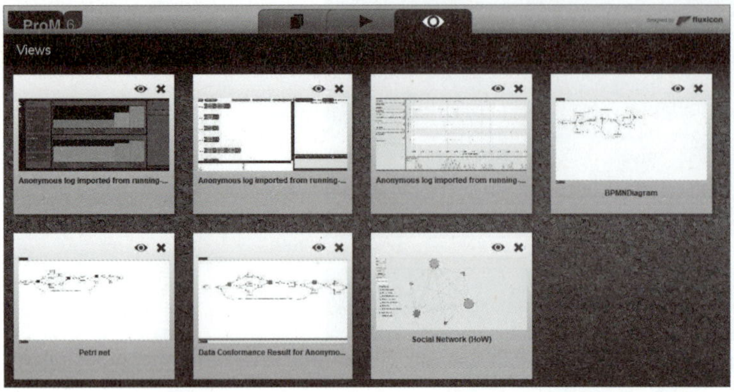

그림 15-24 ProM의 분석 결과 그리드 화면

ProM Lite에서는 프로세스 마이닝 작업 과정에서 생성된 워킹 파일의 목록을 [그림 15-25]처럼 한눈에 볼 수 있다. ProM Lite는 학습용이라 데이터 보내기 기능이 제한적이므로 본격적인 분석은 ProM 정식 버전을 사용해야 한다.

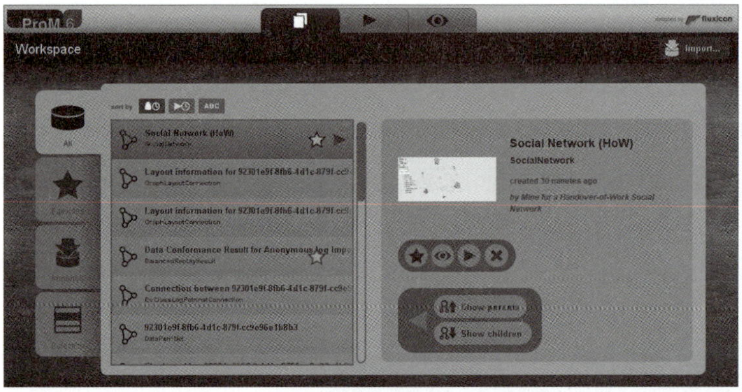

그림 15-25 ProM의 생성된 데이터 파일 목록

이처럼 ProM은 프로세스 발견, 정합 등의 결과를 분석하고 시뮬레이션하는 다양한 플러그인 소프트웨어를 제공한다. 사용자는 몇 시간의 연습으로 원하는 결과를 얻을 수 있다. 물론 플러그인 소프트웨어의 작동 원리와 알고리즘을 이해하는 데에는 심도 있는 학습이 필요하다. 페트리네트를 만드는 알파 알고리즘과 프로세스 마이닝에 관한 핵심 이론은 14장의 설명이 어느 정도 도움이 될 것이라 생각한다. 초심자라도 ProM에서 데이터를 읽어들여 다양한 플러그인 툴을 통해 여러 가지 프로세스 마이닝 기법의 결과를 눈으로 확인할 수 있다. [표 15-1]에 ProM을 포함한 대표적 프로세스 마이닝 툴의 기능을 비교·정리했다.

표 15-1 대표적 프로세스 마이닝 툴의 비교(출처: Musie Kebede, 2015)

구분	ProM(v. 6.4.1)	Disco(v. 1.8.2)	Celonis
임포트 타입 지원	mxml, xes	csv, xls, mxml, xes, fxl	csv, xls
임포트 로그 사이즈 용량	제한 없음	500만 이벤트까지	데이터베이스 한도에 기초
라이선스	오픈소스	평가판/상용 버전	평가판/상용 버전
산출물 모델 표기	BPMN, WF, 페트리네트, EPC, 트랜지션 시스템, 휴리스틱	퍼지 모델	퍼지 모델과 차트 지원
플랫폼 지원	독립형 데스크톱 버전	독립형 데스크톱 버전	사업장 한도 버전 SaaS 버전
필터링 데이터	✓	✓	✓
프로세스 발견	✓	✓	✓
정합성 확인	✓	×	×
소셜 네트워크 마이닝	✓	×	×
의사결정 룰 마이닝	✓	×	×
프로세스 시각화	✓	✓	✓
성능 리포팅	✓	✓	✓
차별적 룰 마이닝	✓	×	×
경로 클러스터링	✓	×	×
델타 분석	✓	✓	✓

PLUS NOTE | 워크플로 솔루션을 위한 개발 툴: Graphviz

1990년대에는 고객에게 제출할 제안서를 전문가가 종이에 그려주면 전문 디자이너가 애플의 맥으로 작성했지만 오늘날의 전문가들은 자신의 PC에서 파워포인트나 워드로 직접 제안서를 작성한다. ProcessMaker, ProM과 같은 툴은 단 몇 시간의 학습으로 비즈니스 프로세스를 모델링하거나 프로세스 이벤트 로그를 손쉽게 해석하는 기능을 제공한다. 이러한 솔루션이 파워포인트나 엑셀처럼 경영인이라면 반드시 익혀야 할 툴이 될 날이 머지않았다.

이 밖에 또 다른 프로세스 모델링 툴로 Graphviz가 있다. Graphviz는 AT&T가 개발한 그래프 작성 툴로, 'DOT'라는 간단한 스크립트 언어로 프로세스 네트워크 그래프를 작성할 뿐만 아니라 다양한 프로그래밍 언어를 지원하는 라이브러리와 API를 제공한다. ProcessMaker가 프로세스 모델링을 위한 토털 솔루션을 지향한다면, Graphviz는 레고 블록처럼 나만의 워크플로 프로그램을 새로 만들 수 있는 컴포넌트 프로그램이라고 생각하면 될 것이다. 자세한 내용은 부록 A를 참조하기 바란다.

요약

01 일반적인 비즈니스 프로세스가 제공하는 기능은 다음과 같다.

- 프로세스 표기법(BPMN, UML 등)의 작도 기능
- 프로세스 요소의 속성 부여 기능(사용자 속성, 데이터 속성, SQL 연동, ID 연동)
- 프로세스 속성 요소의 DB 저장 또는 리포지터리(자체 DB, 범용 DB)
- 철자 오류 확인, 속성의 중복성 확인, 누락 속성 리포팅, 모델 강건성 확인
- 프로세스 모니터링과 흐름 통제(분기 조건, 규칙 관리, 이메일 메시지 전송 연계 등)
- 프로세스 분석(병목 지점) 및 시뮬레이션(몬테카를로, What-if 분석)
- 대시보드와 인포그래픽
- 활동 기준 원가관리 지원, 통계 분석, KPI 정의 및 측정
- EAI와 API 지원(XML, BPEL 등 코드 생성)
- 가져오기와 보내기 기능(ERwin, UML Case & Class Diagram, BPEL, 비지오, MS 엑셀, CSV 등)
- 화면 양식 정의 및 리포트 양식 설계(HTML, 워드, PDF 다운로드)
- 업종별 샘플 모델 제공(SCOR, Sarbanes-Oxley 프랙티스 등)
- 웹 브라우저 지원(read only 또는 full function)
- 협업 지원(check-in & check-out) 및 보안 관리
- 프로세스 아키텍처 관리 및 유지
- 프로세스 마이닝(발견, 정합, 개선 지원)

02 프로세스 모델을 그리는 전용 툴을 사용하면 훨씬 효율적인 작업이 가능하다. 그래픽 작업은 화면 크기가 어느 정도 되어야 하므로 스마트폰보다는 태블릿이나 PC에서 구동하는 솔루션이 적절하다.

03 ProcessMaker는 시스템 통합성과 인터페이스가 ProVision보다 떨어지지만 누구나 웹상에서 솔루션 테스트를 실시할 수 있어 기능 검증이 용이하다.

04 프로세스 마이닝 상용 소프트웨어들은 ProM보다 직관적인 사용자 인터페이스는 월등하지만 기능성에서는 ProM을 앞서지 못한다. ProM의 경우 전 세계 연구자들이 수천 개의 플러그인 소프트웨어를 제공하고 있기 때문이다.

연습문제

01 **파워포인트, 비지오, 키노트를 이용하여 14장의 [그림 14-13]과 동일한 BPMN 프로세스 그림을 작도하시오.**

02 **ProcessMaker의 사용자 ID를 신청한 후 [그림 14-13]과 동일한 프로세스를 BPMN 형식으로 작도하시오. 작업의 결과는 연습문제 1의 툴과 비교하여 사용상 어떤 이점이 있는지 설명하시오.**

03 **팀 과제** **5인 1조로 팀을 구성하여 다음 작업을 ProcessMaker로 수행하고 이메일 통지 화면 등이 포함된 보고서를 제출하시오.**

- 특정한 비즈니스 프로세스를 설계한다(예: 온라인 도서 대출 신청 프로세스).
- 5명이 활동 주체(리소스)의 역할을 분장한다.
- 비즈니스 프로세스를 설계하되, 분기 조건에 따라 활동 주체에게 이메일로 작업 지시(검토 요청, 승인 요청 등)가 전송되는 시뮬레이션 화면을 설계한다.

04 **ProM Lite 'Runner up package'와 샘플 파일(event-logs-process-mining-book.zip)을 내려받고 다음 작업을 수행한 증적이 포함된 보고서를 제출하시오.**

- running-example.xes와 running-example.csv 파일 형식의 차이를 설명하시오.
- running-example.csv를 ProM Lite의 툴을 이용하여 running-example_new.xes로 변환하고, 기존의 running-example.xes와 형식을 비교하시오.
- running-example.csv의 칼럼상 활동명을 단순화한 심벌(a, b, c, d, e, g, h)로 변경하시오.
- 위의 csv 파일을 xes 파일로 변화하여 페트리네트를 생성하시오.
- 위의 페트리네트와 [그림 15-21]의 페트리네트를 분석하고, 차이가 있다면 그 이유를 설명하시오.
- ProM Lite의 소셜 네트워크 분석 툴을 이용하여 running-example_new.xes를 시각적으로 분석하시오.

APPENDIX

부록

APPENDIX

A

케이스 스터디 1: 표기법 응용

들 | 어 | 가 | 기

부록에서는 임베디스 시스템 제조 회사의 콘텐츠 제작 프로세스와 내비게이션 시스템의 프로세스 기술 적용 사례를 다룰 것이다. 전자는 프로세스 표기법과 오픈소스 워크플로 솔루션의 적용 사례로 필자가 발표한 논문을 토대로 한 것이며, 후자는 임베디드 내비게이션 시스템에 활용되는 프로세스 경로 탐색에 관한 사례이다. 내비게이션은 우리가 생활 환경에서 프로세스의 개념을 물리적으로 접하는 대표적인 제품이다.

두 사례를 통해 비즈니스 프로세스의 구현 기법과 프로세스 알고리즘이 어떻게 실생활에 활용되는지 설명할 것이다. 이 두 사례가 모든 프로세스 응용 사례를 대표하지는 않더라도 비즈니스 프로세스 개념의 확장성을 이해하는 데 도움이 될 것이라 생각한다. 내용 중 업체의 보안 사항은 유사한 의사 모델psuedo model로 대체했음을 밝힌다.

SECTION 01

프로젝트의 배경

A사에는 주요한 병렬 개발 사이클이 2개 있다. 첫 번째는 장치 산업의 순차적 생산 공정과 유사한 디지털 지도 제작 공정이고, 두 번째는 모듈 조립형의 임베디드 애플리케이션 개발로 전자의 디지털 지도를 활용하는 기능을 담당한다. 여기서 주목하고자 하는 것은 지도 제작 공정이다.

사례 연구의 결과 지도 제작 공정을 도식화한 Y 블록 표기법 모델이 제안되었다. 다른 도식화된 프로세스 모델로는 A사와 같은 변환 툴 기반의 디지털 지도 제작 프로세스 공정을 표현하는 데 어려움이 있다. 실무 소프트웨어 엔지니어들이 Y 블록 표기법이 효과가 있다고 평가하기도 했으며, 이후 Y 블록 표기법은 디지털 지도 제작 공정의 자동화 프로젝트 진행에 많은 도움이 되었다.

A사의 디지털 지도 변환 공정 요건으로 가장 중요한 것은 납기 준수와 작업상 오류가 없어야 한다는 것이다. 작업상 오류는 해당 공정이 만들어내는 디지털 지도의 속성에 맞는 변환 툴(실행 파일)을 올바르게 사용해야 방지할 수 있다. 그러나 이는 엔지니어의 잦은 변경에 따른 숙련 수준 미흡, 변환 툴의 파생 편린화로 개인 PC에 있는 변환 툴과 표준 변환 툴의 차이 발생, 수요처의 요구에 대한 신속 대응이라는 우선순위에 밀린 변환 툴의 변경 관리와 표준 툴 배포의 실질적인 한계로 어려움이 있다. 이러한 문제는 A사가 원가 절감을 위해 지도 제작 업무 과정의 일부를 아웃소싱하여 더욱 심화되었다.

따라서 A사는 납기 준수와 지도 품질의 향상을 위해 디지털 지도 변환 공정의 프로세스에 자동화된 시스템 도입을 고려하게 되었다. 자동화 시스템 도입 이전에 사전 작업으로 as-is 프로세스 모델을 문서화할 필요가 있었으며, 기존에 사용하던 플로차트 문서 형태가 적절치 않다는 판단에 새로운 프로세스 표기법으로 'Y 블록 다이어그램'을 고안했다. 계층적 추상화 레벨의 프로세스 표현이 가능하고, 각 공정의 입력·출력 파일의 명목적 표기가 정확하며, 해당 단위 프로세스에서 사용하는 변환 툴의 이름과 버전을 명확히 구별할 수 있는 도식화 모델이 필요했다. 또한 비즈니스 프로세스를 수행하는 작업자의 책임 소재가 분명해야 했다.

A사는 프로세스 자동화 시스템으로 AT&T가 공개한 그래프 기반의 공정 관리 툴인 Graphviz를 병렬 처리 아키텍처인 하둡Hadoop 상에서 구현하는 시스템 개발에 착수했다. 이때 Y 블록으로 사전에 정리한 표준 문서가 프로젝트 추진에 도움이 되었다. Graphviz를 선택한 것은 선진 레퍼런스 업

체의 성공 사례 때문이었다.

비즈니스 프로세스는 서술이나 대수적으로 표현하는 것보다 약속된 심벌을 이용하여 도표로 표현하는 것이 더욱 효과적이다. 일반적으로 비즈니스 프로세스를 정보 시스템으로 구현하는 도식적 모델로 데이터 플로 다이어그램DFD과 엔터티 관계 다이어그램ERD이 활용되고 있다. DFD는 데이터의 입력과 처리, 출력의 흐름을 모델링하고, ERD는 데이터베이스에서 사용자의 데이터 요구 사항을 반영하기 위한 개념적 데이터 모델 중 하나이다. 그러나 이러한 모델은 엔터티의 상관관계를 데이터 모델로 표현하기에는 적절하지만 작업의 순차적 처리 순서를 표현하는 데에는 적절치 않은 면이 있다. 또 다른 표기법인 UML ADUML Activity Diagram는 지도 변환 툴의 정렬에 최적화되지 않았고, 비즈니스 프로세스에 사용하기에는 표현력이 떨어진다는 문제가 있다.

작성하기 쉬운 비즈니스 모델은 이해하기도 좋고 IT 개발에도 유용하다. 아리치바이블리오윅스Arich Bibliowicz는 시스템의 개념적 모델에 필요한 것이 정확성과 이해성이라고 정의하면서 객체지향 도형 프레임워크로 OPDObject Process Diagram를 주창했다. 그러나 이러한 모델도 그래픽 심벌의 시맨틱이 복잡하기는 마찬가지이다. 마르코프 프로세스로 알려진 state 모델은 비교적 단순한 심벌을 사용하지만 장애율 예측 모델이므로, A사와 같이 지도 변환 툴의 선택 정확도를 표현하기에는 적절치 않다. 이러한 이유로 A사는 독창적인 Y 블록 표기법을 설계하게 되었다.

SECTION 02

대안 설계: Y 블록

A사가 디지털 맵 공정 및 변경 관리를 위해 고안한 비즈니스 프로세스 도형은 Y 블록Y Block으로, 이는 Y 블록과 화살표로만 구성된다. 표준 Y 블록에는 [그림 A-1]과 같이 5개의 속성, 즉 프로세스 ID, 입력 데이터 파일명, 출력 데이터 파일명, ID와 대응되는 활동 내역(복수 가능), 가장 중요한 변환 툴의 실행 파일명(또는 저장 파일명)이 있다. 심벌의 팔 모양은 데이터가 물리적으로 같은 서버에 존재하는지에 따라 왼팔, 오른팔, 양팔 모양이 된다.

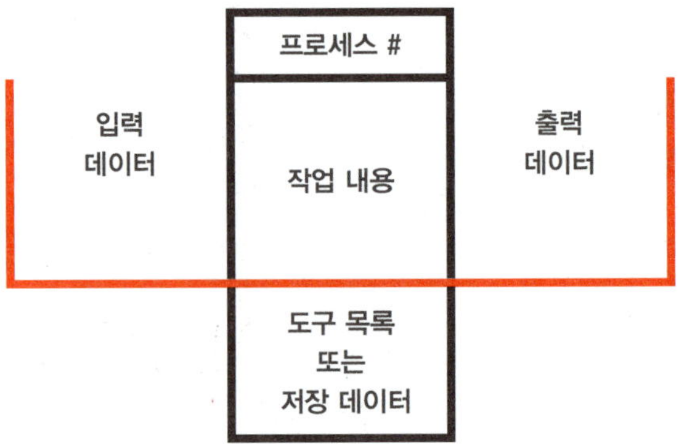

그림 A-1 Y 블록 유닛

Y 블록은 전형적인 IBM HIPO 다이어그램에서 아이디어를 채용했다. 하지만 입출력 파일명까지 기재하고 사용하는 변환 툴의 실행 파일명과 버전명을 구체적으로 표기함으로써 작업상 오류를 사전에 검토하는 효과가 있다.

[그림 A-2]는 연속된 지도 변환 프로세스의 일부를 도식화한 예이다. 역할 활동 다이어그램과 유사하게 각 Y 블록의 위치를 담당자와 수평 라인으로 정렬하여 책임 소재를 구별할 수 있도록 했다. Y 블록은 피드백 사이클이 없고, 장치 산업의 특성처럼 물이 흘러가듯 우측 방향으로만 진행한다. 오류가 발생하면 이전 단계부터 다시 시작한다.

Y 블록 공정표는 별도로 네 가지 문서 형식을 하나의 완성된 표준 문서 세트로 정의한다. 단위 공정을 설명하는 명세 테이블, 공정 툴을 관리하는 명세 테이블, 입력 템플릿, 출력 템플릿 양식이 그것이다.

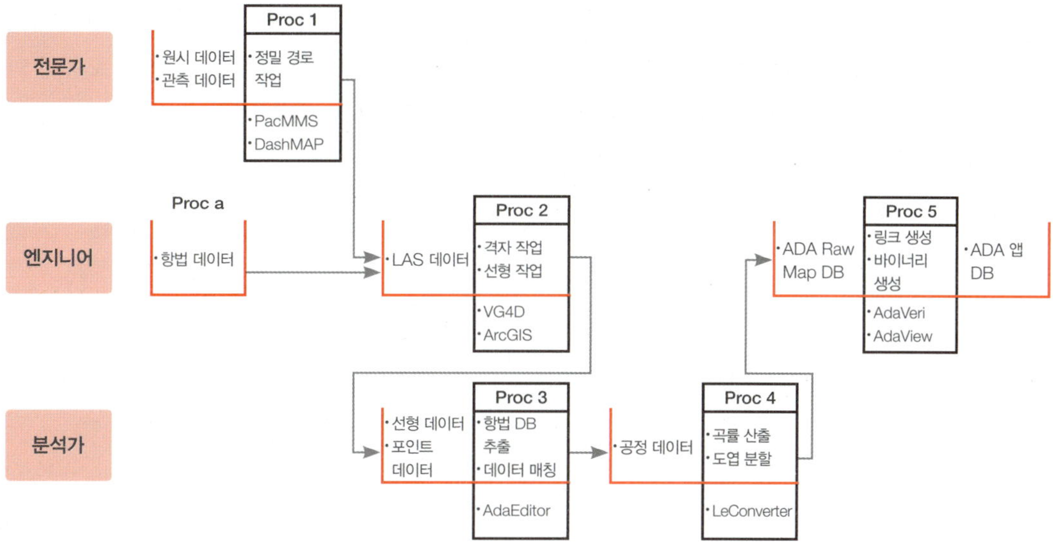

그림 A-2 Y 블록을 이용한 역할 활동 차트

[표 A-1]은 이 가운데 명세 테이블 2개의 예를 보여준다.

표 A-1 단위 공정 및 공정 툴 명세 테이블

(a) 단위 프로세스 명세 테이블

#	명칭	선행 공정명	후행 공정명	입력 데이터	출력 데이터	공정 오너	표준 공정 시간	표준 품질 수준 (시그마)	공정 툴
1	정밀 경로 작업	최초	#2	원시 데이터 관측 데이터	LAS 데이터	홍길동	16	3.5	PacMMS DashMAP
2	격자 & 선형 작업	#1, #a	#3	LAS 데이터 항법 데이터	선형 데이터 포인트 데이터	역도산	32	3.0	VG4D ArcGIS
3	항법 & 데이터 매칭	#3	#4	선형 데이터 포인트 데이터	공정 데이터	윤봉길	16	3.0	AdaEditor

(b) 공정 툴 명세 테이블

#	공정 툴	실행 파일	해당 공정 번호	해당 공정	최초 제작일	최근 수정일	최신 버전명	공정 툴 개발자	사용 환경
MT1	PacMMS	PacMMS-v19.exe	#1	정밀 경로 작업	10.4.1	13.2.1	V1.9	홍길동	최대 1G 데이터
MT2	DashMAP	DashMAP_v2.exe	#1	격자·선형 작업	10.5.1	13.2.2	V2.0	외주K	BG batch
MT3	VG4D	VG4Design.exe	#2	항법·데이터 매칭	11.6.2	12.12.1	V1.0	윤봉길	2D Space

A사는 Y 블록 모델과 뒤의 Graphviz UI를 사용하여 맵 공정 이관 시 부서 간 의사소통이 명확해졌고, 신규 프로세스 모델 설계 시에 기존 프로세스 모델의 재활용이 손쉬워졌다. 또한 툴 오용에 의한 오류 발생 지점을 명확히 파악하고 복잡도와 공정 시간에 관한 공정 개선 효과를 측정할 수 있어 공정 효율화 및 시간 단축을 도모하게 되었다.

SECTION

03 Graphviz

GraphvizGraph Visualization Software는 AT&T가 개발을 주도한 오픈소스 툴로서 DOT라는 그래픽 스크립트 언어를 사용한다. 스크립트 언어로 그래프를 작도하며, 다양한 API와 라이브러리를 제공하여 C#, .Net, 자바, 파이썬, 루비, R 등의 언어와 연동하여 활용할 수 있다. A사가 Graphviz를 채용한 이유는 200개가 넘는 지도 변환 툴을 향지location별로 체계화된 프로세스 멀티세트를 만들 수 있어서 관리가 용이하고, Graphviz의 그래픽 표현 기능을 활용하여 장시간 가동하는 배치batch 작업의 에러를 시각적으로 파악하기 쉬우며, 그 덕분에 에러 발생 포인트로부터 재작업을 진행하여 변환 시간을 대폭 줄일 수 있기 때문이다. 물론 선진 기업이 개발한 검증된 코드를 재활용한다는 이점도 있다. 결론적으로 통제의 용이성, 시간 단축, 지도 품질의 향상 효과를 도모했다.

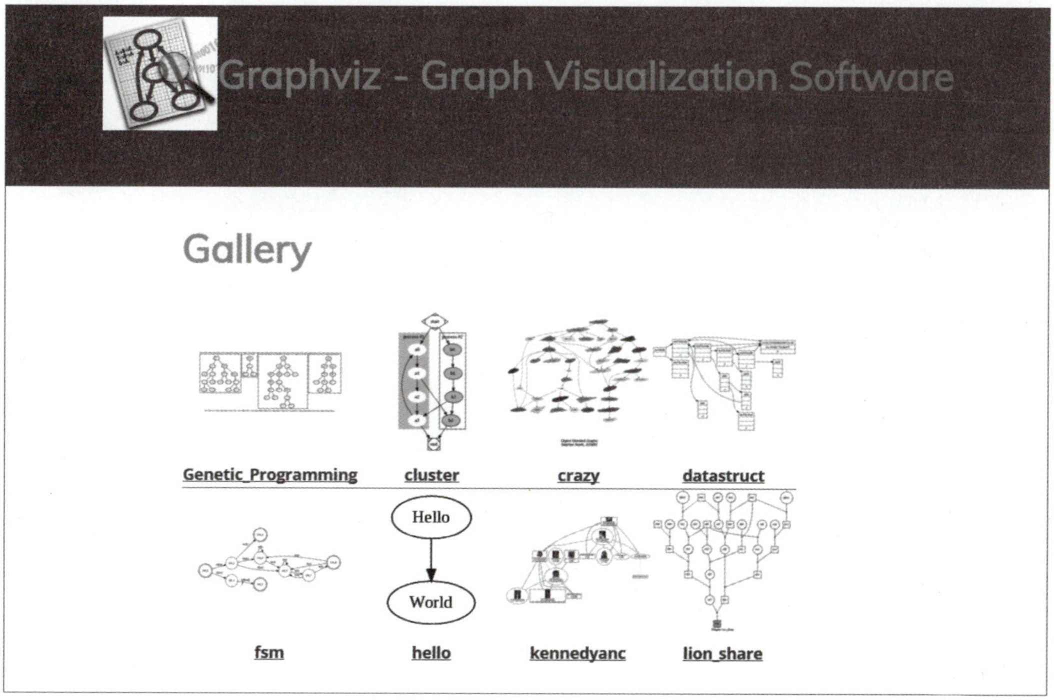

그림 A-3 Graphviz 랜딩 페이지

[그림 A-4]는 Graphviz 홈페이지에서 제공되는 프로세스 다이어그램의 샘플과 소스 코드를 보여준다. 'digraph'로 시작하는 코드는 에지가 방향성을 가진 링크임을 선언하는 문장이다. 대부분의 코드가 이해하기 쉬운 문법으로 되어 있으며 노드의 모양, 색깔, 레이블 명칭을 정의하고 에지edge, arc의 방향이 ->로 정의되었다.

```
digraph G {

    subgraph cluster_0 {
            style=filled;
            color=lightgrey;
            node [style=filled,color=white];
            a0 -> a1 -> a2 -> a3;
            label="process #1";
    }

    subgraph cluster_1 {
            node [style=filled];
            b0 -> b1 -> b2 -> b3;
            label="process #2";
            color=blue
    }
    start -> a0;
    start -> b0;
    a1 -> b3;
    b2 -> a3;
    a3  -> a0;
    a3 -> end;
    b3 -> end;

    start [shape=Mdiamond];
    end [shape=Msquare];
}
```

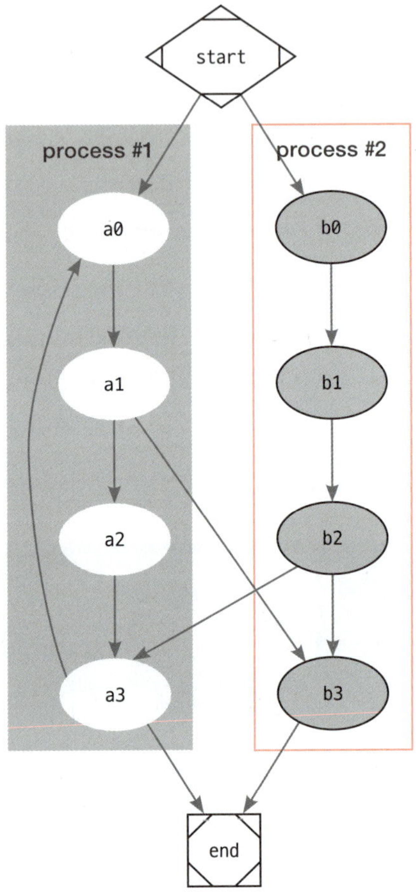

그림 A-4 그래프 작도 코드의 예(directed graph)

SECTION 04 디지털 지도 변환 프로세스 자동화

[그림 A-5]와 [그림 A-6]은 A사가 개발한 지도 변환 자동화 시스템 아키텍처 설계의 일부이다. 기본적인 사용자 인터페이스는 업계 표준인 HTML5를 기반으로 Graphviz의 그래픽 인터페이스를 통해 자바 로직과 지도 변환 툴을 통합하는 형태로 구현되었다. 지도 변환 속도를 단축하기 위해 리눅스 기반의 하둡 시스템으로 병렬 처리 시스템 환경을 구현했다.

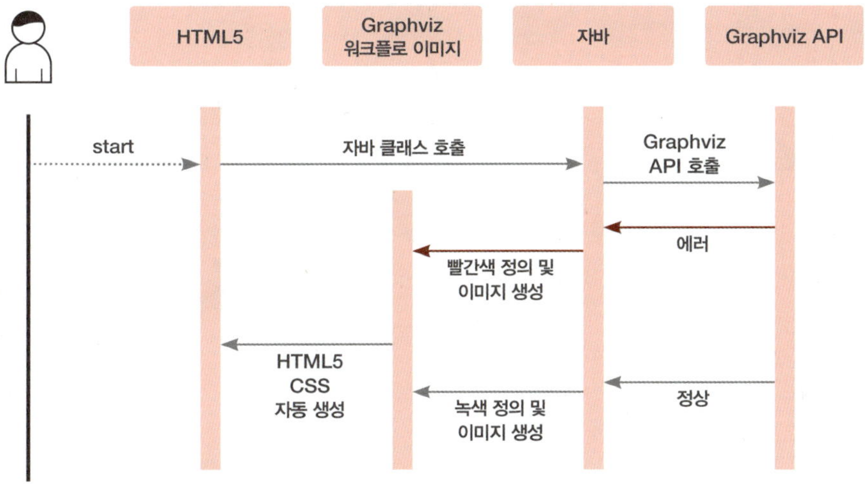

그림 A-5 지도 변환 모듈의 런타임 UI Sequence Diagram

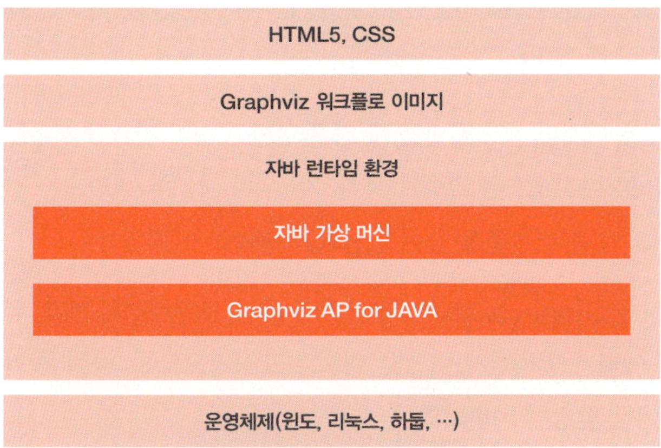

그림 A-6 지도 변환 런타임 아키텍처(블록 다이어그램)

최종 완성된 시스템의 UI 이미지는 대외비라 공개할 수 없지만 그 형태는 [그림 A-7]과 매우 흡사하다. A사는 이러한 일괄 처리형 프로세스 작업의 조합이 수십 개에 이른다. 지원해야 하는 임베디드 시스템이 수십 종이기 때문이다. 과거에는 PC의 변환 툴을 임의로 사용하여 지도 변환 시 에러가 생성되는 문제가 상존했으나 변환 툴을 Graphviz 워크플로로 통합하고 워크플로의 버전을 관리하여 해결했다. 변환 시 발생하는 장애를 UI가 시각적으로 알려주기 때문에 작업 조치를 보다 생산적으로 처리할 수 있게 되었다. 과거에는 작업자가 데스크톱 기계를 떠나지 못하고 밤을 새우는 일이 비일비재했지만 이제는 원격으로도 웹상에서 작업 내용을 쉽게 파악할 수 있다.

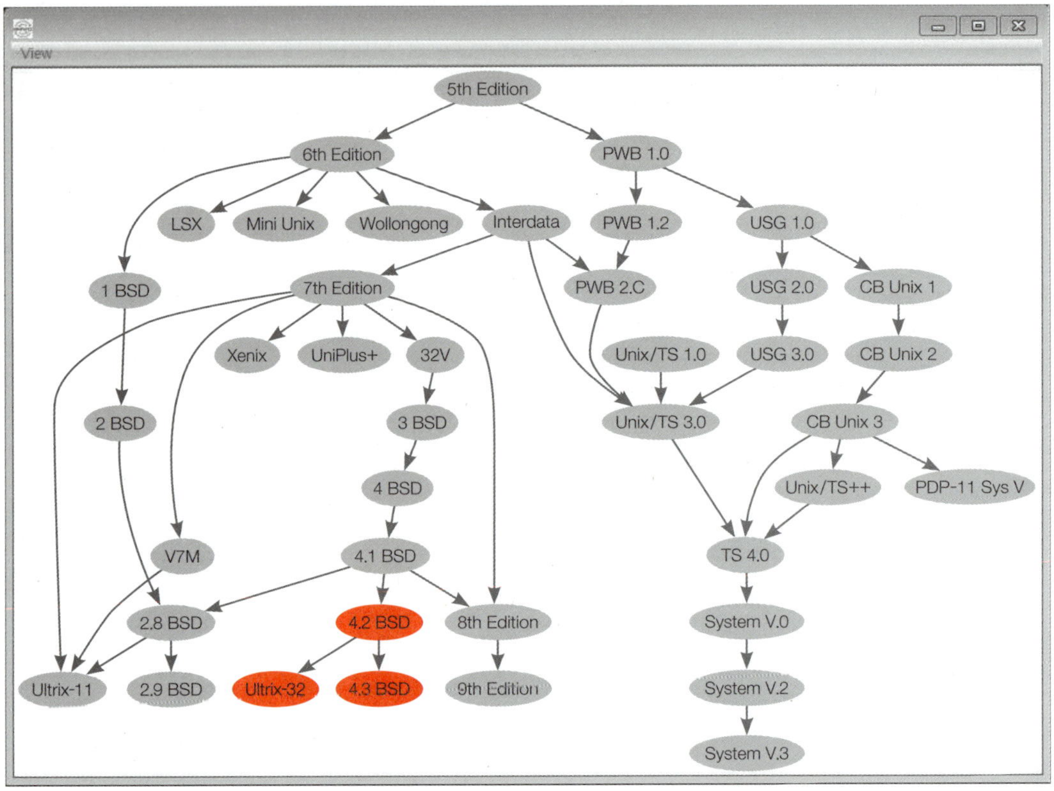

그림 A-7 지도 변환 런타임 워크플로 UI 화면(pseudo)

새로운 판매 지역 또는 신제품 내비게이션용 디지털 지도를 만들 또 다른 변환 공정이 필요한 경우를 생각해보자. 이때는 신뢰성이 검증된 Graphviz 프로세스를 그대로 복사하면 된다. A사는 변경되는 부분만을 수정하여 변환 툴을 매칭함으로써 지도의 품질 수준을 높이고 납기를 단축하게 되었다.

[그림 A-7]은 유닉스의 계통 분화를 묘사한 Graphviz 화면이지만 지도 제작 트랜지션과 매우 유사한 면이 있어 제시했다. 그림에서 보듯이 에러가 발생한 곳이 붉은색으로 표시됨으로써 '클릭 & 리뷰' 작업으로 로그를 분석하고 대응하기 용이한 환경이 마련되었다.

SECTION 05

결론 및 시사점

현장에서는 'one size fit all' 식의 접근이 최적화를 보장하지 않는다. 여기서는 Y 블록 사례를 통해 변형된 프로세스 도식화 툴의 사용이 여전히 유효하다는 것을 설명하고자 했다. 결론적으로 Y 블록은 실행 파일 기반의 기하학적 도형 변환이 필요한 지도 변환 공정을 표현하기에 유용한 툴이다. A사는 Y 블록 툴을 이용한 지도 변환 공정의 문서 표준화 작업이 선결되었기 때문에 이후에 Graphviz의 도입을 원활하게 지원할 수 있었다. Graphviz 없이는 작업자가 각 활동에 어떤 버전의 변환 툴을 매칭해야 하는지 판단하기가 매우 번거롭고 어려웠기 때문이다.

이처럼 업계 표준이 아니더라도 회사의 업무에 최적화된 적절한 표기법의 개발과 적용은 항상 고려할 선택지 중 하나이다. 소프트웨어 개발에 적합한 프로세스 표기법도 있고, 이처럼 변환 툴의 공정 사이클에도 최적화된 프로세스 표기법이 존재한다. 추진하려는 일에 표준 프로세스 표기법으로 담을 수 없는 속성 정보가 있다면, 보다 효과적인 프로세스 표기법을 개발하려는 실무자의 창의적 노력은 그 이유를 들어주고 존중하는 것이 마땅하다.

APPENDIX

B

케이스 스터디 2: 내비게이션

"길은 사람이 발로 밟아 다지기만 해도 생긴다. 인간이 사는 곳이라면 길은 반드시 존재한다." 시오노 나나미의 말처럼 오솔길이 실크로드, 차마고도, 아피아 가도와 같은 유명한 길이 되고 공동체와 공동체를 이어주는 네트워크를 형성했다. 로마 시대에는 제국의 도시를 연결하는 대로변에 천 걸음(약 1.485km)마다 이정표가 되는 밀리아리움 miliarium 이라는 원형 석주를 세워놓았는데 이는 1마일(1.609km)의 기원이 되었다. 로마의 재력 있는 귀족은 순서대로 이정표의 이름을 둘레에 음각한 은컵이나 길다란 두루마리 양피지에 그린 값비싼 포이팅거 지도 tabula peutingeriana 를 가지고 여행을 떠났다고 한다.

지도가 위치, 목적지, 관심 지역에 관한 유용한 지리적 정보를 주는 도구이듯이 기업의 프로세스 모델은 기업의 운영 상태와 미래(성과)를 보여주는 지도이다. 그런 이유로 기업의 프로세스 모델은 비즈니스 프로세스 맵이라 부를 만하다. 최신 내용으로 갱신되지 않은 지도를 따라 길을 떠나는 것은 비효율적이고 때로는 위험하기도 하다. 그러나 많은 기업은 자사의 운영 프로세스를 설명해주는 비즈니스 모델을 문서화하지도 않고, 문서화되어 있다고 하더라도 최신 상태가 아니어서 활용하는 데 어려움이 있다. 이러한 상황에서 프로세스 맵과 기술 요소를 공유하는 디지털 지도, 내비게이션 프로그램의 기술과 활용 현황을 살펴보는 것은 의미 있는 일이다. 여기서는 독자가 프로세스 모델의 활용성을 이해하고 발전시키는 통찰을 얻을 수 있도록 내비게이션 시스템(또는 GPS 시스템)을 설명하겠다.

SECTION 01

디지털 지도와 프로세스 모델

혹자는 지구상 애플리케이션의 80%는 지리 정보 시스템Geographic Information System, GIS 기반으로 구축할 수 있다고 주장한다. 지리 정보 시스템은 지도 위의 특정 목적물(점, 선, 면)을 데이터베이스 정보와 논리적으로 연결하여 인간에게 편익을 서비스하는 애플리케이션 분야이다. 지리 정보 시스템은 디지털 지도(수치 지도)를 기반으로 하는데, 수치 지도는 컴퓨터상에서 도로, 철도, 건물, 하천 등 다양한 인공 지물과 자연 지형을 도식(기호)과 3차원의 위치 좌표로 표현한 디지털 지리 정보 지도이다. 대부분의 국가는 정부에서 표준적인 수치 지도를 제작하여 일반에 공개하고 기업들은 이 지도를 목적에 맞게 가공하여 사업에 활용한다. 우리나라 수치 지도 체계는 V2.0으로 교통, 건물, 시설물, 주기註記, 경계의 인공 지형 지물과 식생, 수계, 지형의 자연 지형 지물이 표시된 지도를 제공한다. 교통에 제공되는 원도는 1:5000 축척의 연속된 지도이다.

교통용 지도를 사용하는 지리 정보 시스템의 대표적인 응용 프로그램은 내비게이션 시스템이다. 정부는 교통용 수치 지도의 통일성을 위해 노드 링크 체계를 표준화했다. 링크는 도로에 관련된 속성 정보를 저장하기 위한 색인부 역할을 한다. 이렇게 만들어진 링크 ID별로 제한 속도, 시간대별 평균 속도, 시간대별 링크 내 진입·진출 차량 대수 등의 정보를 일관되게 매핑할 수 있다. 내비게이션 업체는 표준 노드 링크 체계를 세분화하여 나누거나 취합하여 정의할 수는 있지만 링크의 시작과 종료 위상을 맞추도록 설계한다. 링크의 길이가 짧으면 보다 세밀한 정보 제공이 가능하지만 링크의 길이가 길면 교통 체증이 있어도 없다고 표시될 수 있다. 우리나라에는 네이버와 현대엠엔소프트 등이 PC 웹, 임베디드 시스템과 모바일 앱으로 내비게이션 솔루션을 제공하고 있다. 하지만 많은 비용이 드는 교통용 디지털 지도를 직접 제작하는 회사가 많지 않다. 수치 지도 원도를 참조하여 여러 계층의 추상화 레벨로 교통용 지도를 제작하고 유지·관리하는 데 매년 수십, 수백억 원이 들어가기 때문이다.

한편 정부가 제공하는 교통 정보는 글로벌 표준인 TPEG Transport Protocol Expert Group 프로토콜로 전송되는데, 우리나라는 KBS, MBC, SBS와 같은 지상파 DMB Digital Multimedia Broadcasting 방송 채널에 실어서 전송한다. 내비게이션 장비는 전송된 TPEG 정보를 이용하여 혼잡 지역, 사고 지역, 교통 뉴스 등을 표출할 수 있다. 내비게이션 시스템은 디지털 지도를 활용하여 목적지를 빠르게 찾아가는 편익을 제공하며, 다음과 같은 면에서 비즈니스 프로세스 모델과 유사한 활용 특징을 가지고 있다.

- 디지털 지도와 프로세스 모델은 노드와 아크의 그래프 속성을 이용한다. 디지털 지도는 공간상의 지점(노드)과 지점(노드) 사이의 거리 비율이 현실과 비슷하다. (도로의 구조에 따라 1개의 양방향 아크 또는 서로 다른 단방향 아크 2개로 노드를 연결한다. 중앙분리대 등이 있을 때는 주행 방향별로 단방향 아크를 각각 그리고, 그렇지 않을 때는 양방향 링크로 도로를 표현한다.) 반면에 프로세스 맵은 거리 개념 없이 논리적 인과관계가 중요하며, 루프가 아닌 경우 대개는 왼쪽에서 오른쪽으로 가는 단방향 아크이다. [그림 B-1]은 이러한 네트워크의 차이를 보여준다.

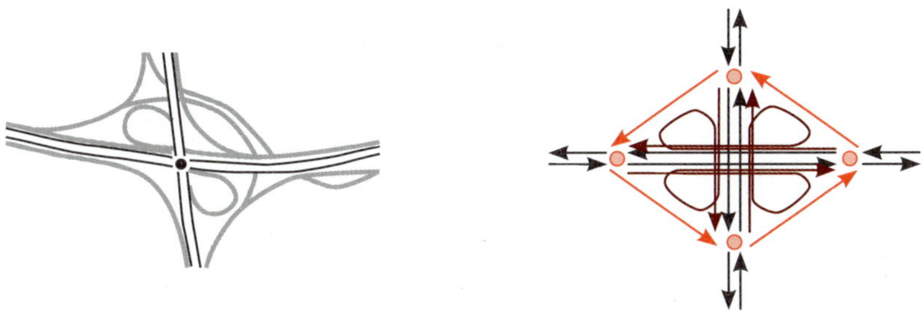

(a) 수치 지도의 네트워크 형태(nodelink.its.go.kr)

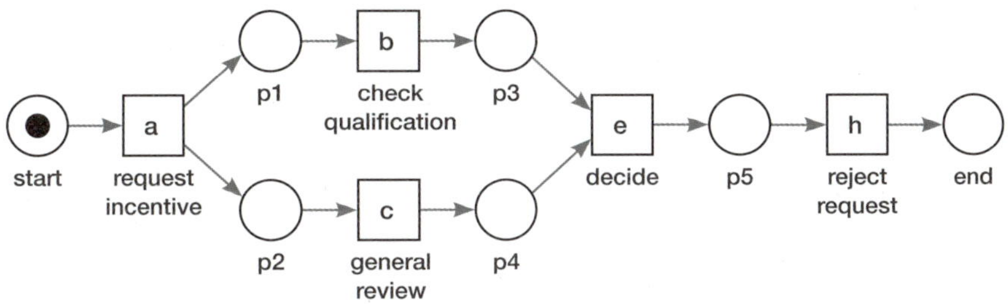

(b) 프로세스 모델의 네트워크 형태

그림 B-1 지도 네트워크와 프로세스 네트워크(페트리네트)의 비교 예

- 디지털 지도는 노드 또는 아크에 속성 정보를 붙여 시뮬레이션에 활용한다. 아크에는 거리 정보, 현재의 속도 정보, 연평균 속도 정보, 계절별/시간대별 속도 정보, 차선 개수와 양방 통행 여부 등을 부여할 수 있고, 노드에는 탐지 차량의 진입 타임스탬프, 진출 차량의 타임스탬프 정보를 저장하여 혼잡 시간 및 혼잡 구간의 빅데이터 분석에도 활용 가능하다. 뒷부분에서 빅데이터 분석에 관한 선진 사례의 일부를 설명할 것이다. 마찬가지로 프로세스 모델도 노드(또는 아크)로 표현되는 이벤트(활동)에서 출력된 타임스탬프나 리소스 정보가 태깅되어 있을 경우 작업 완료 시간 예측, 의사결정 룰의 검증, 네트워크 분석 등의 프로세스 마이닝 분석이 가능하다.

- 디지털 지도는 지도의 레벨별로 관심 지역에 대한 통찰을 얻기 위해 노드와 아크 등을 취합하거나 생략하는 기능을 제공하며, 프로세스 모델 역시 주요 프로세스 표기법(예: BPMN)이 유사한 기능을 지원한다. 이러한 기능을 위한 여러 가지 알고리즘이 활용되고 있는데 이 가운데 아프리오리 알고리즘a priori algorithm을 뒤에서 설명할 것이다.

- 지도의 최적 경로 탐색과 프로세스 모델의 최단 경로가 유사하다. 전통적으로 내비게이션에서 목적지까지의 최적 경로 탐색에는 데이크스트라Dijkstra 알고리즘과 이를 개선한 A*(에이스타) 알고리즘을 사용

한다. 하지만 실세계에서는 도로상의 여러 변수 때문에 알고리즘만으로는 최단 소요 시간 예측이 잘 맞지 않는다. 이러한 문제를 해결하기 위해 과거 경험 데이터를 반영하거나, 실시간 정보를 활용하거나 둘 사이의 가중치를 이용하기도 한다. 동일 시간대에 모든 차를 같은 경로로 안내하면 도착 예측 시간이 왜곡될 수 있으므로 일부 내비게이션 업체는 차량을 분산해서 안내하기도 한다. 한편 프로세스 모델은 경로 탐색보다는 경로의 이벤트 빈도와 속성 정보를 활용한 프로세스 종료 시간 예측, 프로세스 모델과 이벤트 로그의 정합성 확인(감사 및 거버넌스 확인), 프로세스 개선을 위한 검증이 주요한 작업 내용이다.

- 내비게이션의 경로 시뮬레이션은 차량이 목적지까지 가는 과정을 빠른 속도로 재현하는 기능으로 프로세스의 플레이인 이벤트 시뮬레이션과 유사하다.
- 내비게이션이 설치된 자동차는 자신의 이동 경로를 내비게이션 업체에 전송한다. 디지털 지도 제작업체는 탐지 차량으로부터 얻은 내비게이션 로그 분석을 통해 예전에는 없었던 새로운 경로를 찾아내기도 한다. 차도가 아닌 지역의 경로 이벤트가 반복되는 경우에는 현장을 확인하여 지도 갱신을 위한 정보로 활용하기도 한다. 또한 식당과 같은 관심 지역을 갱신하기 위해 인터넷 웹 크롤링web crawling으로 새로 개업한 업체명과 주소를 수집하기도 한다. 한편 프로세스 모델은 자주 발생하지 않는 아웃라이어 이벤트 데이터 분석을 통해 시장 변화나 프로세스 변경 관리의 타당성을 검증하기도 하고, 룰을 지키지 않는 이유를 검증하여 거버넌스 체계를 강화하기도 한다.
- 내비게이션의 도착 시간 예측은 프로세스 모델의 결과(비용, 시간) 예측 로직과 유사하다.
- 수치 지도나 프로세스 모델 모두 최신 맵을 유지하는 것이 품질과 정확도에 중요하다. 이러한 이유로 내비게이션 업체는 수년 동안의 자동차 흐름에 대한 정보를 축적하고 빅데이터 분석을 통해 어디에 사람이 많이 모이고 언제 어떤 도로가 붐비는지 예측한다. 이러한 정보는 상권 분석이나 마케팅에 유용하게 활용되기도 한다. 반면에 프로세스 이벤트 정보는 수년간 축적된 데이터보다 현재 상태에 관한 실시간 이벤트 정보와 현재 모델에 관한 정보가 더욱 유용하다.

목적물이 있는 지점을 인지하고 활용하는 기술을 위치 기반 서비스Location-Based Service, LBS라고 부른다. 전 세계적으로는 구글이 선도하는 분야로서 오픈 API를 이용하여 지도상의 위치에 따라 특정한 애플리케이션을 구동하거나 관심 지점Point Of Interest, POI에 사진, 스토리, 관광 정보, 음식 정보, 부동산 가격 등의 정보를 태깅하는 여러 가지 응용 프로그램이 많이 선보이고 있다. 디지털 지도에 기반한 LBS 서비스는 실내 측위indoor positioning 기술이 진보하면서 GPS 신호에 구애받지 않고 더욱 발전해나갈 것이다.

SECTION 02

내비게이션 시스템과 주요 알고리즘

서울과 대전의 거리를 산출할 때 서울의 기준점이 예전에는 광화문 네거리의 교보빌딩 앞 칭경기념비 전 안에 있었다. 하지만 지금은 광화문 사거리에서 코리아나호텔 방향의 우측 노변에 위치한 도로원표 표지가 기준점이다.

[그림 B-2]은 서울시 도로원표의 위치에 출발점을 마킹한 네이버 지도의 이미지이다. 네이버 지도를 유심히 관찰하면 모두 14개의 추상화 레벨로 지도가 제작되었다. 또 다른 디지털 지도인 매피 Mappy는 13개 레벨을 지원한다.

그림 B-2 **네이버의 레벨에 따른 지도 추상화 레벨(도로원표 기점을 중심으로)**

레벨 1 지도에는 한반도 주변의 주요한 도시만 표시될 뿐 도로망은 전혀 표시되지 않는다. 레벨 2에 주황색의 주요 고속도로가 표시되기 시작하고, 레벨 3에 국립공원과 고속도로의 번호가 나타난다. 레벨 4에는 공항과 주요 국도가 표시되고 시·군·구 이름이 표출되며, 레벨 5에는 도립공원과 분기점이 표출된다. 레벨 6에 나들목과 국도의 번호, 레벨 7에 지방도로의 번호, 레벨 8에 도시의 지하철역,

레벨 9에 읍·면·동, 지하철 노선 이름이 나타난다. 레벨 10에서는 동사무소 이름을 확인할 수 있고, 레벨 11에는 동사무소와 지하철 출구 번호가, 레벨 12에는 길거리의 이름이 나온다. 마지막 레벨 14에 이르면 건물의 번지수까지 표출된다.

이처럼 가장 자세한 레벨 14의 지도는 단계별로 추상화 레벨이 올라가면서 지도의 내용 중 중요한 부분만을 남기고 생략된다. 추상화 레벨을 정하는 규칙은 없으며 지도 제작업체의 내부 정책에 따른다. 도로의 경우 도로법에 따라 단계를 정할 수도 있고 차량의 통행량으로 정할 수도 있을 것이다. 도시 심벌의 표시 여부는 인구의 수로 임계치를 정할 수도 있다. 디지털 지도처럼 프로세스 모델도 빈번히 발생하지 않는 이벤트의 경우를 생략하고 주로 발생하는 이벤트의 트랜지션만을 포함하여 표현할 수 있다. 이러한 일련의 작업은 추상화 또는 생략 작업이라고 부른다. 생략을 위한 대표적 알고리즘으로는 아프리오리 알고리즘을 들 수 있다.

01 아프리오리 알고리즘

먹이를 찾는 개미를 관찰해보면 먹잇감의 위치부터 개미의 집까지 수많은 개미가 길을 내어 이동한다. 간혹 몇몇 개미는 주된 경로를 벗어나서 새로운 길을 탐색하곤 하는데, 더 좋은 길을 발견하면 동료 개미들을 그 길로 끌어들이려고 강력한 페로몬을 발산한다. 이렇게 개미들이 움직이는 길을 경로로 간주하면 개미들이 붐비는 정도를 가지고 경로의 활용 빈도를 계산할 수 있다.

내비게이션에서는 특정 경로를 추천할 때 빈도가 낮은 경로를 생략하는 기법이 필요하다. 덜 사용된 경로를 차례차례 생략해나가면 가장 많이 사용된 길을 찾아낼 수 있는데 이러한 기법을 선호도 기반 알고리즘이라고 한다. 선호도 정보를 보관하여 추천 경로를 계산하는 경우에는 계산량을 줄일 수도 있고 엉뚱한 길을 안내하는 위험도 피할 수 있다. 장거리 여행일 때는 고속도로가 선호도 높은 길이 된다. 내비게이션 업체는 대표적인 선호 도로를 미리 정해놓고 장거리 이동 시 시작 지역과 종착 지역은 섬세하게 탐색하지만 중간의 길은 대부분 추상화 레벨이 높은 고속도로를 포함하도록 프로그래밍하는 것이 일반적이다.

[그림 B-3]은 도로원표가 있는 광화문 네거리에서 제천시까지 가는 여러 경로를 단순하게 표시한 네트워크 그림이다.

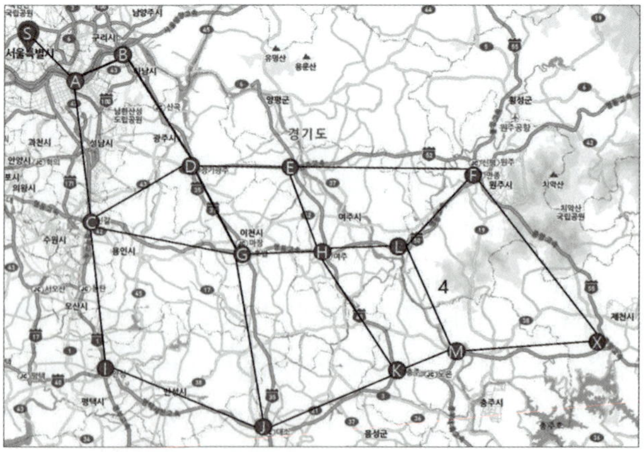

그림 B-3 샘플 디지털 지도(서울-제천)

그림에는 출발지(S)에서 목적지(X)까지 15개의 노드가 있다. 만약 출발지(S)에서 목적지(X)까지의 여러 경로를 이용한 차량을 셀 수 있다면 다음과 같은 경우의 사례가 발생할 것이다. 경로 옆의 숫자는 일정 기간 동안 해당 경로를 선택한 이동 차량의 빈도로, 설명을 위해 임의로 부여한 것이다.

- **경로 1:** (S, A, C, G, H, L, M, X) → 21.5%
- **경로 2:** (S, A, B, D, E, F, X) → 18.5%
- **경로 3:** (S, A, B, D, E, H, L, M, X) → 18.2%
- **경로 4:** (S, A, B, D, E, H, K, M, X) → 15.2%
- **경로 5:** (S, A, B, D, G, H, L, M, X) → 5.6%
- **경로 6:** (S, A, B, D, G, H, K, M ,X) → 4.8%
- **경로 7:** (S, A, B, D, G, J, K, M, X) → 4.2%
- **경로 8:** (S, A, C, G, H, K, M, X) → 3.8%
- **경로 9:** (S, A, C, G, J, K, M ,X) → 3.2%
- **경로 10:** (S, A, C, I, J, K, M, X) → 2.0%

그리고 아주 드물게 다음과 같은 차량 경로가 발견될 수도 있다. 아마도 운전자가 도로 정체를 참지 못하여 우회 도로를 선택한 경우일 것이다.

- **경로 11:** (S, A, B, D, C, I, J, K, M, X) → 0.5%
- **경로 12:** (S, A, C, D, G, J, K, M, X) → 0.4%
- **경로 13:** (S, A, C, D, E, H, L, M, X) → 0.3%
- **경로 14:** (S, A, C, D, E, H, K, M, X) → 0.2%
- **경로 15:** (S, A, C, D, E, F, X) → 0.1%
- **경로 16:** (S, A, B, D, G, H, L, F, X) → 0.1%
- **경로 17:** (S, A, B, D, E, F, L, M, X) → 0.1%
- **그 외 이상 경로:** 0.3%

위에서 빈도가 1% 미만인 경로를 분석해보면 (D, C), (C, D), (L, F), (F, L)의 트랜지션이 포함된 것을 알 수 있다. 제시된 경로 1~17 중에서 임계치를 2% 이상으로 높이기 위해서는 (I, J) 아크를 추가로 제거하면 될 것이다. 선호도가 떨어지는 이러한 이벤트가 포함된 경로를 제거하면 경로 계산에 사용되는 경우의 수를 많이 줄일 수 있을 것이다. 이처럼 아프리오리는 자주 선택되는 항목을 찾고 자주 선택되지 않는 항목을 제거하며 항목 간의 결합 관계를 학습하는 데이터 마이닝 알고리즘이다.

아프리오리 알고리즘은 IBM 알마덴연구소에 근무하던 라케시 아그라왈Rakesh Agrawal과 라마크리슈난 스리칸트Ramakrishnan Srikant가 1994년 제안한 알고리즘이다. 소비재 상품의 고객 선호도를 분석하는 장바구니 분석market basket analysis에 많이 사용되지만, 아프리오리 알고리즘을 경로 탐색에 활용하는 경우에는 선호 경로 탐색과 계산량 절감에 큰 도움이 된다. 선호도의 선택은 임계치의 수준을 높이고 낮춤으로써 빈도가 떨어지는 항목을 제거할 수 있다.

아프리오리 알고리즘의 개념적 이해를 돕기 위해 [그림 B-4]와 같은 단순한 네트워크를 예로 살펴보자.

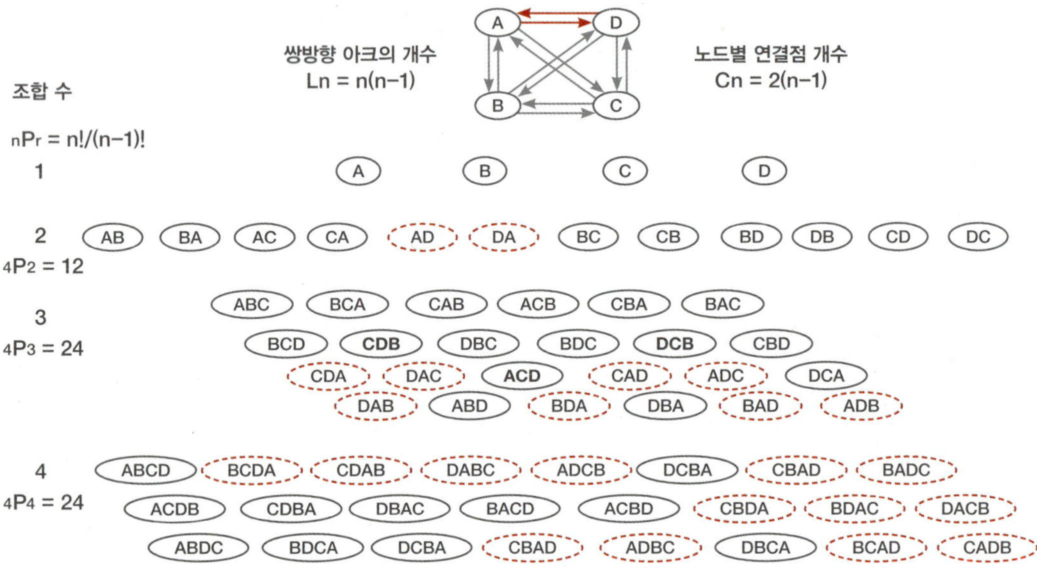

그림 B-4 아프리오리 알고리즘

도로는 방향성을 가진 아크이기 때문에 [그림 B-4]처럼 노드가 4개일 때는 '아크 수=n(n−1)=12개'의 양방향 아크가 존재한다. 방향성이 없는 단일 아크는 그 절반인 6개가 된다. 하나의 아크는 곧 차량의 단위 이동 경로이다. 선택할 수 있는 단위 경로는 노드와 노드를 연결하는 2개 노드의 순열로 표현 가능하며, 개수는 순열 공식 ${}_nP_r={}_4P_2=4!/(4-2)!$에 따라 12개가 된다. 경로가 2개의 아크로 연장될 때는 3개의 순열 노드가 필요하다. 이 경우 3개 노드의 순열 조합은 ${}_4P_3=4!/(4-3)!=24$개이다. 3개 경로의 합은 4개 노드의 순열 조합이 되고 $0!=1$이므로 ${}_4P_4=4!/0!=24$개라는 경우의 수가 존재한다. 그림에서 4개 경로 이상은 다시 제자리로 돌아오거나, 이미 지나온 노드로 이동하는 경우의 순열이므로 순열 조합에는 포함하지 않겠다.

[그림 B-4]의 순열 조합 중에서 4개의 노드(3개의 링크) 이하로 이루어진 순열 조합이 결국 차량의 선택 경로가 되는데 우리는 여기에 관심이 있다. 경로 (A, D)와 (D, A)가 운전자의 선호도가 떨어지는, 빈도가 적은 아크라고 가정하면, 아프리오리 알고리즘은 이러한 경로가 포함된 3개의 순열

조합을 검색하여 제거하고, 다음으로 4개의 순열 조합도 검색하여 제거한다. 이렇게 트리 구조의 레벨을 순서대로 탐색하는 무정보 탐색blind search 방식을 너비 우선 탐색breath-first search 이라고 한다.

[그림 B-4]에서 알 수 있듯이 선호도가 떨어지는 (A, D)와 (D, A)가 포함된 경로를 제거하면 4개 노드(3개 아크)로 이루어진 24개 경로 중에서 13개를 제거할 수 있다. 이는 50% 이상의 계산량이 절감된다는 의미이다. 이처럼 내비게이션 솔루션에는 도로의 선호도 분석을 미리 계산해두고 이를 이용하여 경로 탐색의 효율성을 도모하는 기법이 보편화되어 있다. 아프리오리 알고리즘은 프로세스 모델링을 개선할 때 활용하지 않은 경로를 제거하는 재설계 기법으로 활용할 수 있다.

02 데이크스트라 알고리즘

내비게이션에서 목적지까지의 경로를 찾는 기능을 사용하면 프로그램은 몇 가지 경로 선택 메뉴, 즉 가장 짧은 거리, 과거나 현재의 교통 정보를 고려하여 가장 빠른 길, 가중치를 계산한 추천 경로와 같은 메뉴를 제공한다. 장거리의 경우에는 고속도로를 우선으로 가는 경로, 통행료를 적게 내는 경로를 선택할 수 있다.

이러한 고려 변수를 디지털 지도에서는 비용이라고 통칭한다. 물리적 거리도 비용이 될 수 있고 평균 소요 시간도 비용이 될 수 있다. 관광지라면 좋은 경치를 비용값(높으면 좋은 값은 역수로 정의)으로 활용하여 추천하기도 한다. 속성이 다른 두 변수에 가중치를 부여한 값도 비용이 된다. 이렇게 정의된 비용 데이터에 따라 가장 적은 비용을 발생시키는 경로를 찾는 로직은 데이크스트라 알고리즘으로, 네덜란드의 컴퓨터 과학자 에츠허르 데이크스트라Edsger Dijkstra 가 제안했다.

[그림 B-5]는 [그림 B-3]의 지도에 노드와 노드를 잇는 아크마다 비용값을 표시한 것이다. 여기서 비용값은 상대적 거리를 감안하여 눈대중으로 부여한 정수이다.

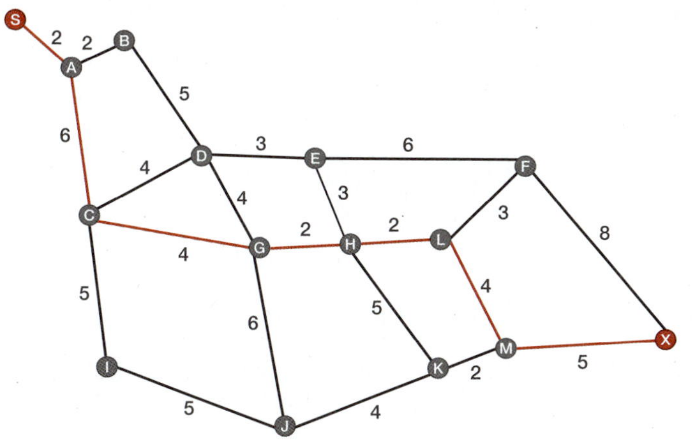

그림 B-5 비용값이 부여된 서울-제천의 노드와 링크

시각 인식이 가능한 인공지능이라면 척 보고 대강 가까운 경로를 바로 추천할 수 있겠지만, 디지털 정보를 분석하고 계산하는 알고리즘은 오로지 수치 매트릭스로 계산을 한다. 그러므로 데이크스트라 알고리즘은 단계별로 파문처럼 퍼지면서 목적지 노드의 반대 방향까지 모두 계산한다. 이러한 계산은 더 많은 비용이 발생하는 동일 노드가 출현하면 분기를 중지하고, 목적지에 도착한 누적 비용값(G)이 결정된 이후에도 계산이 계속되는데, 도달 가능한 모든 노드의 누적 비용값을 G 값과 비교해 보고 그 값보다 적다면 계산을 계속 진행한다. 그러므로 노드와 링크의 수가 복잡할수록 계산량이 많아질 수밖에 없다.

[그림 B-6]은 제시된 네트워크를 가지고 데이크스트라 알고리즘의 계산 방식을 단계별로 시각화한 것이다. 이해를 돕기 위해 3개의 상자로 이루어진 역기역 심벌을 사용했다. 역기역 심벌의 좌측 상단에는 현재 노드의 위치를, 좌측 하단에는 이전 노드의 위치를 기재하고, 우측 상단의 값은 시작(S)부터 현재 노드까지의 누적 비용이다.

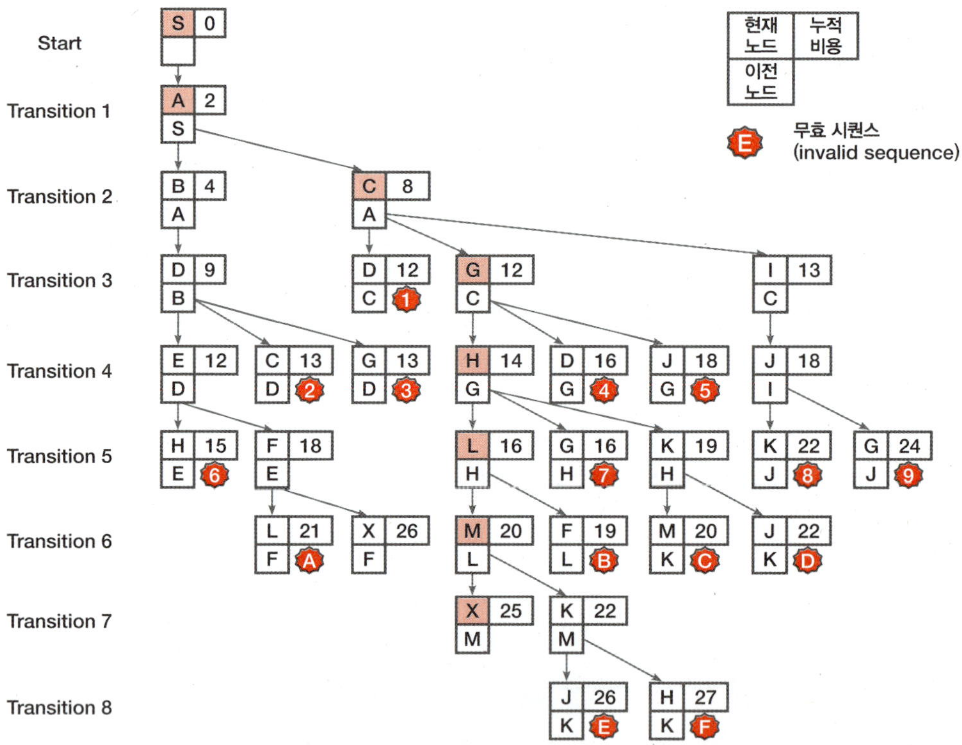

그림 B-6 데이크스트라 알고리즘의 계산 절차

데이크스트라 알고리즘은 연결된 모든 경로로 퍼져나가면서 계산을 한다. 시작점인 광화문(S)에서 (A)로 경로를 이동하면 링크 비용은 2가 된다. (A)에서는 다시 (A, B)와 (A, C)로 경로가 나누어진다.

[그림 B-6]에서는 8단계의 분화가 일어난 후 계산이 종료된다. 각 단계에서는 유효값이 나오지 않으면 분기가 종료된다. 더 계산해봐야 목적지까지 더 적은 비용을 기대할 수 없기 때문이다. 유효하지 않은 분기의 이유를 [표 B-1]에 간략히 설명했는데, 왼쪽 칸의 번호는 [그림 B-6]의 분기 중지 번호와 일치한다.

표 B-1 분기 중지의 이유

번호	분기 중지의 이유
1	앞의 (D)보다 값이 커서 분기 중지
2	2단계의 (C)보다 값이 커서 분기 중지
3	3단계의 (G)보다 값이 커서 분기 중지
4	3단계의 (D)보다 값이 커서 분기 중지
5	동일한 비용값을 가진 (J)가 2개여서 1개 분기 중지
6	4단계의 (H)보다 값이 커서 분기 중지
7	3단계의 (G)보다 값이 커서 분기 중지
8	앞의 (K)보다 값이 커서 분기 중지
9	3단계의 (G)보다 값이 커서 분기 중지
A	5단계의 (L)보다 값이 커서 분기 중지
B	5단계의 (F)보다 값이 커서 분기 중지
C	앞의 (M)보다 값이 커서 분기 중지
D	4단계의 (J)보다 값이 커서 분기 중지
E	(X) 도착 비용보다 값이 커서 분기 중지
F	(X) 도착 비용보다 값이 커서 분기 중지

계산 결과 경로 (S, A, C, G, H, L, M, X)가 선택되었으며, 이 경로는 누적 비용값이 25인 최단 경로이다. 최종 경로의 도착은 트랜지션 7단계에서 결정되었지만, (M, K)의 누적 비용이 임계치 25보다 적기 때문에 트랜지션 8단계까지 계산하고 종료되었다. 이렇게 결정된 최단 경로는 [그림 B-4]의 붉은색 경로이다. 이와 같이 최단 경로를 계산하는 절차를 내비게이션에서는 경로 계획Route Planning, RP이라고 하며, 계획된 경로로 운전자를 화면이나 목소리로 안내하는 기능은 경로 안내Route Guidance, RG라고 한다. 비즈니스 프로세스에서 데이크스트라 알고리즘을 사용하면 프로세스 경로상 가장 적은 비용을 기대할 수 있는 경로를 찾아주고, 이에 이르는 의사결정 트리를 도출해 낼 수 있다. 이러한 노하우는 회사의 귀중한 자산이 되고 지식 정보 시스템의 데이터베이스로 활용할 수 있다.

03 A* 알고리즘

데이크스트라 알고리즘은 최저 비용의 경로를 계산하는 유용한 알고리즘이기는 하지만 불필요한 경로도 모두 계산하므로 많은 컴퓨팅 자원을 소비하는 문제가 있다. 그래서 제안된 것이 A* 알고리즘이다. A* 알고리즘은 1968년 피터 하트Peter Hart와 동료들이 고안한 것으로, 데이크스트라 알고리즘을 기반으로 하지만 과거의 경험 정보를 활용하여 불필요한 계산을 획기적으로 줄인 알고리즘이다. 알고리즘에서 사용하는 비용은 데이크스트라에서 사용하는 지나온 경로의 누적 비용(G)값에 덧붙여서 목적지까지의 추정 경로 비용(H)값의 합으로 계산한다. 일반적으로 H 값은 현재 노드와 목적지 사이의 직선 거리 값을 노드에 부여한다. 그러므로 현재의 노드를 n이라고 할 때 평가 비용 F(n)은 다음과 같이 합산된다.

$$F(n) = G(n) + H(n)$$

경로가 크게 왜곡되지 않았다면 H 값이 가장 큰 노드는 출발점일 가능성이 높다. 그러므로 목적지 방향과 반대인 경로는 H 값이 더 커지기 때문에 A* 알고리즘은 이러한 경로를 배제한다는 것이 장점이다. 내비게이션 업체가 과거의 빅데이터를 활용할 수 있다면 이로부터 추출한 정보를 H 값으로 이용할 수도 있다. 일례로 특정한 기간 동안 어떤 노드부터 목적지까지 소요된 평균 주행 시간으로 H 값을 정할 수 있다.

[그림 B-7]은 [그림 B-5]와 동일한 네트워크 그림이다. 달라진 점은 개별 노드에서 목적지까지의 직선 거리를 H 값으로 정하고 타원 안에 표시한 것이다. 쉽게 계산하기 위해 H 값은 정수로 했다.

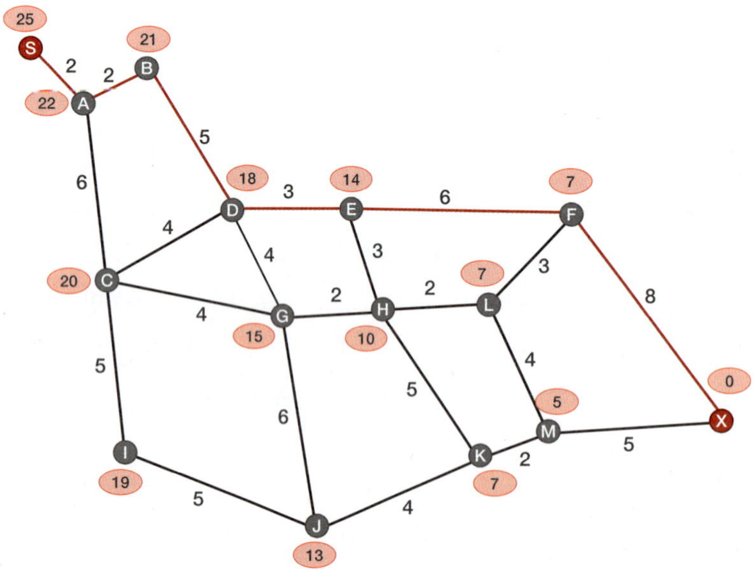

그림 B-7 H 값을 부여한 노드 네트워크

A* 알고리즘은 누적 경로 비용 G 값과 H 값을 합산하여 평가치 F 값이 가장 작은 경로를 우선적으로 탐색한다. 출발지의 H 값은 25로 정의되어 있고 목적지의 H 값은 당연히 0이다. H 값을 직선거리로 정했기 때문에 H 값이 가장 작은 경로를 선택할 경우 경로가 목적지 방향을 지향할 가능성이 높다. 그러나 H 값이 작은 경로를 계속 선택하다 보면 때에 따라서는 막다른 길에 도달할 수도 있다. 이런 경우에는 분기한 지점으로 되돌아와서 그다음으로 F 값이 작은 경로를 탐색한다.

[그림 B-8]은 A* 알고리즘의 분기 계산을 시각화한 것이다. 학습을 위해 고안된 심벌은 5개의 상자로 구성되었다. 좌측 상단에는 현재 노드의 번호, 좌측 하단에는 이전 노드의 번호, 가운데 상단에는 누적 비용(G), 가운데 하단에는 추정 비용(H)을 기재하고, 우측 상단의 값은 G와 H를 합한 평가치(F)이다. 그러므로 이 심벌에는 이전 노드에서 현재 노드로의 이벤트 트랜지션과 3개의 속성값이 같이 표현된다.

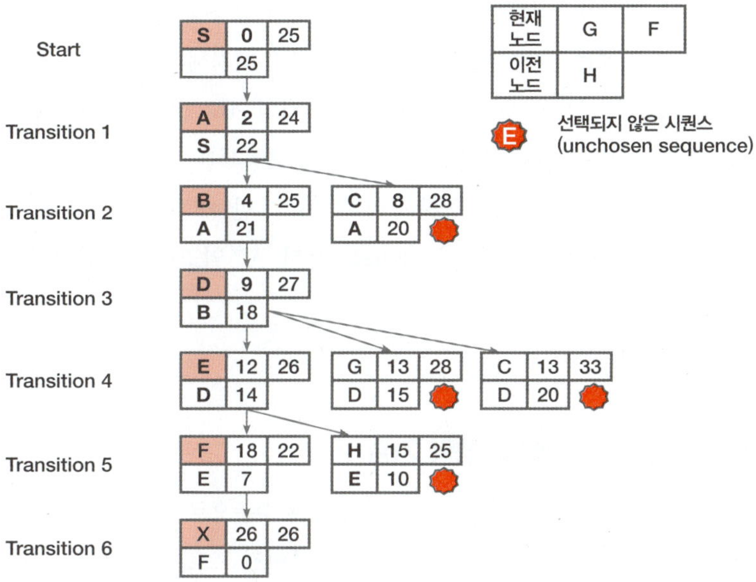

그림 B-8 A* 알고리즘의 계산 절차

첫 번째 트랜지션은 시작(S)에서 노드 A로 이동하는 (S, A) 트랜지션으로 G 값이 2, H 값이 22, F 값이 24이다. A는 다시 (A, B)와 (A, C)로 분기되는데, (A, B)의 F 값이 상대적으로 작기 때문에 경로는 B로 진행된다. 이렇게 가장 작은 비용값을 선택하여 분기하면 트랜지션 6단계에서 목적지(X)에 도착하게 된다. 계산 결과 경로 (S, A, B, D, E, F, X)가 선택되었으며 이 경로는 평가치(F)가 26인 선택 경로이다. 앞서 설명한 데이크스트라 알고리즘의 경로는 (S, A, C, G, H, L, M, X)이고 최종 비용값이 25였으니 다소 차이가 발생했다.

[그림 B-6]과 [그림 B-8]을 비교해보면 트랜지션 분기의 개수는 '데이크스트라 : A* = 30 : 9'로 3

배 이상 차이가 나고, 분기 레벨은 '데이크스트라 : A* = 8 : 6'이다. 만약 사방팔방으로 분산되는 네트워크라면 두 알고리즘의 계산량과 복잡도 차이가 더욱 벌어질 것이다.

이처럼 누적 경로 비용값만을 판단 기준으로 삼는 데이크스트라 알고리즘과 경험적 정보를 함께 계산하는 A* 알고리즘의 선택 경로가 다른 것은 당연한 결과이다. 데이크스트라 알고리즘처럼 물리적 거리만으로 경로를 선택하면 도착 예측 시간의 편차가 많이 발생할 수 있다. 반면에 A* 알고리즘은 실생활에서 더 효용성이 있다. 첫째, A* 알고리즘은 누적 경로 비용의 많고 적음으로 경로를 선택하는 것이 아니라 목적지와의 거리(또는 과거 비용 정보)를 합산하여 계산하기 때문에 목적지 방향의 경로 지향성이다. 둘째, 현재의 도로 상황을 고려한 H 값을 반영할 수도 있다. 이처럼 실시간 정보나 과거 동일 시간대의 비용 정보를 가지고 있다면 A* 알고리즘은 데이크스트라 알고리즘보다 더 최단 시간을 보장하는 경로를 추천할 가능성이 높을 것이다.

하지만 A* 알고리즘도 약점이 있다. A* 알고리즘은 H 값이 작은 목적지 방향을 초기부터 선택하기 때문에, 만약 반대 방향의 아크가 초기에는 우회하더라도 최적 경로라면 최적해를 발견하지 못할 가능성이 존재한다. 이러한 문제를 해결하는 여러 가지 대안이 있다. 초기의 20%에는 데이크스트라 알고리즘을 사용하고 나머지는 A* 알고리즘을 사용하면 최적해를 놓칠 가능성을 줄일 수 있다. 한편 출발지는 물론 목적지에서도 역으로 경로를 계산하여 중간에 양쪽 경로가 만나도록 연결하는 알고리즘 방식이 활용되기도 한다. 지금까지 설명한 아프리오리, 데이크스트라, A* 알고리즘은 인터넷을 검색해보면 여러 가지 의사 코드를 찾을 수 있다.

04 디지털 지도의 레벨에 따른 경로의 취합과 생략 기술

모든 노드와 링크를 같은 추상화 레벨로 그리되, 더 이상 나누어지지 않는 수준으로 작성된 프로세스 모델은 원자성을 가지고 있다고 한다. 원자성이 있는 노드와 링크로 이루어진 프로세스 모델은 평탄 모델flatten model이라 부른다. 앞에서 설명한 네이버 지도에서는 가장 상세한 레벨 14의 지도가 평탄한 노드 링크 모델일 것이다. 그러나 만약 150km 떨어진 목적지까지의 경로 탐색을 평탄 모델상에서 수행한다면 엄청난 노드와 링크로 인해 계산해야 할 경우의 수가 기하급수적으로 늘어나게 된다. 이러한 문제를 해결하는 방법이 취합과 생략 기법이다.

[그림 B-9]는 서울 광화문에서 제천시청까지 네이버의 길찾기 기능을 수행하여 얻은 지도를 두 가지 레벨로 배치한 것이다. 웹상에서 자동차의 경로는 레벨 5의 지도에서 표출된다.

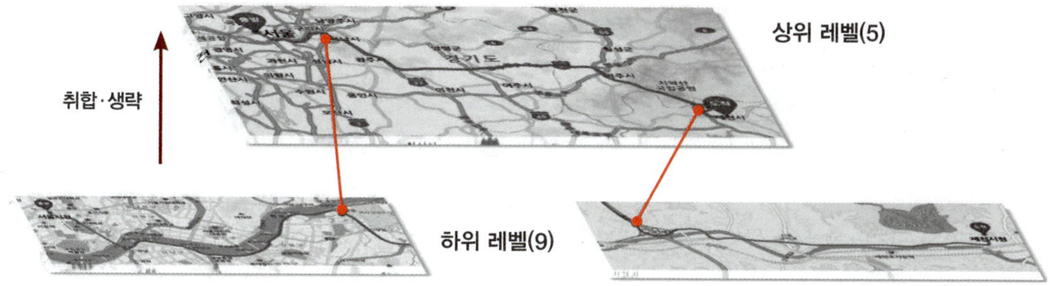

그림 B-9 네트워크의 취합과 생략

그림처럼 레벨 5의 경로선은 대표적인 국도와 고속도로만 표현되어 있다. 이처럼 광화문에서 올림픽대로를 거쳐 중부고속도로 접점까지는 레벨 9로 경로 탐색을 하고, 그다음은 레벨 5의 고속도로 경로를 선택하고, 중앙고속도로 제천 IC의 접속 포인트부터는 레벨 9 국도로 탐색 레벨을 바꾸는 방식을 쓰게 된다. 이러한 방식은 계산해야 할 경로에 관한 경우의 수를 확실히 줄일 수 있다.

프로세스 모델도 이와 같은 취합과 생략 기법을 활용하여 복잡한 비즈니스 프로세스를 몇 개의 도메인으로 단순하게 표현할 수 있다. 그런데 도표의 취합과 생략 기법에서 생략은 엄밀히 말해 상세함을 생략한다는 의미이지, 찾아가는 링크나 노드의 키값을 버리는 것이 아니다. x = (a, b, c, d), y = (e, f, g)처럼 보다 높은 추상화 레벨의 의사pseudo x, y 키값으로 대체하는 것이다. 유의할 점은, 비즈니스 프로세스는 x1 = (a, b, c), y1 = (a, d, e, c)와 같이 이벤트의 중복을 허용할 수 있지만, 수치 지도의 경우는 동일 추상화 레벨의 서로 다른 의사 키값이 하위 레벨의 링크를 공유하는 것이 물리적으로 불가능하다는 것이다.

이 밖에 수치 지도는 사용자에게 유용한 정보를 주기 위해 인공 지물에 부여한 심벌의 모양, 크기, 색상, 배치 형태를 다양하게 활용한다. 예를 들면 도로의 붉은색은 혼잡을, 초록색은 원활한 통행을 나타낸다. 그러나 프로세스 모델에서 표기법의 심벌은 크기와 색상이 통일된다. 또한 수치 지도는 경도와 위도 같은 x, y 좌표가 매우 중요하지만, 비즈니스 프로세스의 x, y 좌표는 활동의 선후 관계를 설정하는 정도의 정확성만을 가진다.

수치 지도에서 활용되는 다양한 표출 방식이 일반적으로 비즈니스 프로세스에는 활용되지 않지만, 비즈니스 프로세스의 분석에 수치 지도의 표출 개념을 적용한다면 모델의 유용성이 더욱 커질 것이다. 예를 들면 활동 심벌의 크기로 작업 부하를 표현하거나, 색상으로 평균 작업 시간 대비 소비 시간의 많고 적음을 구별하거나, 아크의 색상으로 업무의 병목 상황을 표시할 수 있다. 이러한 접근은 컬러로 표현되는 패트리네트에서 활용 가능하다.

SECTION 03

빅데이터 기술 적용 사례

내비게이션 업체는 시시각각 엄청난 양의 차량 이동 정보를 모으고 있다. 개인의 위치 정보를 모으는 것은 휴대전화 업체나 모바일 앱 업체도 예외는 아니다. 이러한 정보에는 아크 단위, 시간 단위, 날씨별(비 올 때, 눈 올 때, 평상시), 요일별(월~금, 토, 일)은 물론 특정 목적지의 검색 빈도와 이상 행동(아웃라이어) 정보가 포함된다. 아크 내의 진입과 진출 시간을 알고 있으므로 속도 정보(거리÷시간)는 아크의 거리 정보를 이용하여 쉽게 얻을 수 있다. 데이터 마이닝 정보는 일괄적batch 또는 실시간real-time으로 처리 가능하며 현재의 혼잡 지역을 즉각 알려준다.

[그림 B-10]은 빅데이터 정보로 특정 도로의 혼잡 시간을 분석하는 개념을 나타낸 것이다. x축은 연속된 아크(도로 링크)로 이동 거리를 의미한다. 링크는 원자성을 가진 평탄화된 경로로 분절할 수도 있고, 여러 링크를 합한 의사 링크를 취합하여 분석할 수도 있다. 보통 링크는 500미터~1킬로미터 단위로 분절한다. 도시의 교차로는 분절 단위가 더 짧아질 것이다. y축은 탐지 차량이 아크에 진입한 시간과 진출한 시간을 의미한다. 진출한 시간에서 진입한 시간을 빼면 아크상의 차량 진행 속도를 계산할 수 있다. 국도와 고속도로별로 혼잡 속도의 수준을 정한다면 현재 도로의 상태가 혼잡인지 원활한지 분류가 가능하다. [그림 B-10]에서는 곡선의 기울기가 크면 혼잡도가 높다는 의미일 것이다.

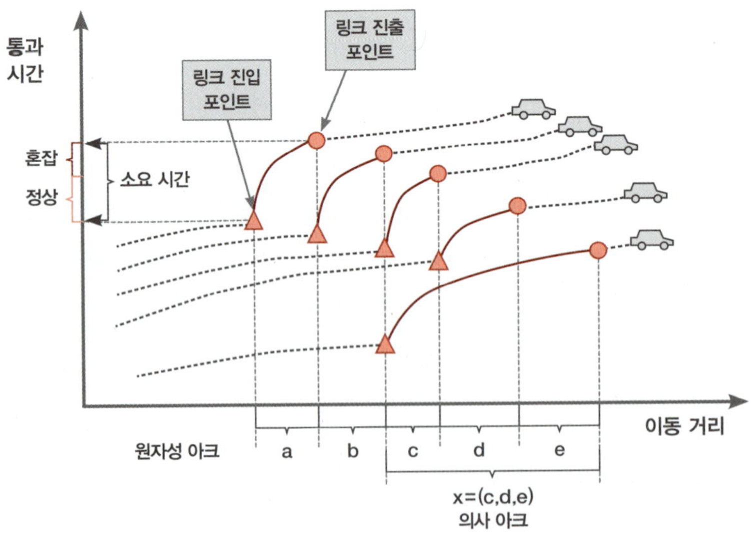

그림 B-10 빅데이터 교통 정보의 저장 속성

이렇게 구간별로 저장된 차량의 진입과 진출 타임스탬프 데이터를 이용하면 [그림 B-11]과 같이 구간의 평균 이동 속도 혼잡도를 색상별로 표현할 수 있다. 이러한 분석 데이터를 매년 저장한다면 A* 알고리즘에서 사용하는 최적화된 H 값(추정 경로 비용)을 구간별로 산정할 수도 있다.

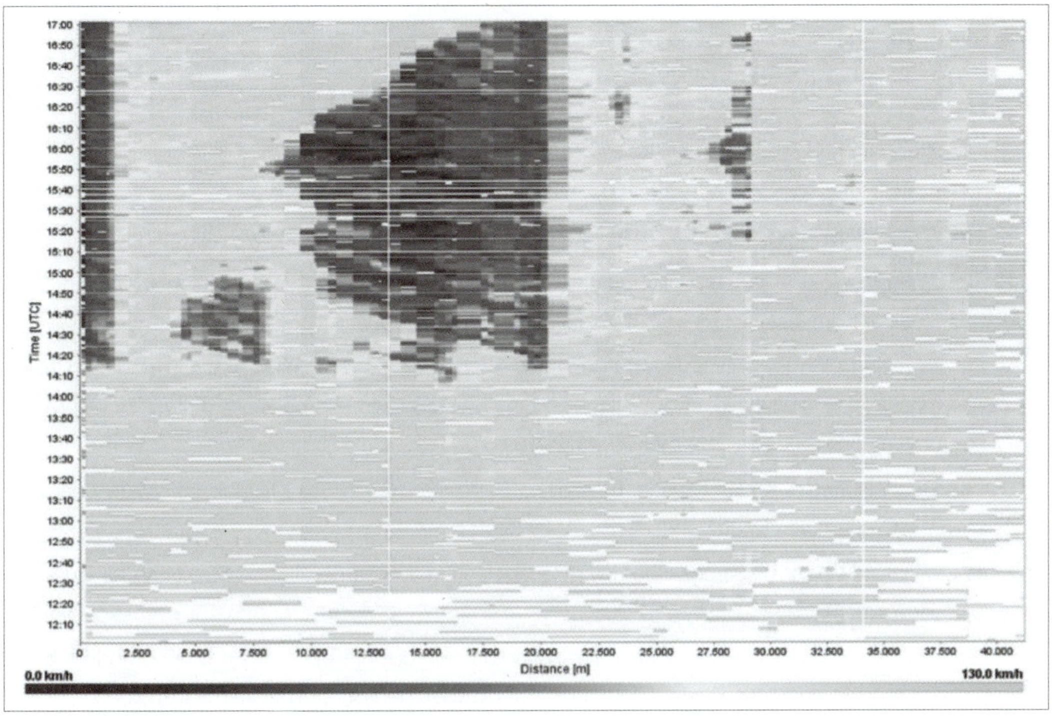

그림 B-11 혼잡 구간의 시간대 분석 결과 시각화의 예(출처: TomTom)

내비게이션의 이러한 활용 형태는 비즈니스 프로세스에도 그대로 적용할 수 있다. 이벤트에 붙어 있는 타임스탬프를 이용하여 해당 활동이나 평가할 서브 프로세스 도메인의 시작 시점과 종료 시점을 분석하고, 활동 기준 원가관리에서 정의된 표준 작업 시간을 초과하는 이벤트를 계산하여 이를 수치나 색상으로 시각화하는 것이다. 시각화된 정보로 관리자는 조직 관점, 시간 관점, 케이스 관점의 통찰을 얻게 된다. 예를 들면 직원 충원, 작업 부하 관리, 전문 교육 실시와 관련된 의사결정에 도움이 될 것이다. 이처럼 데이터에 기반한 의사결정은 직관에 의한 의사결정보다 합리적이며 프로세스 위험 관리에도 더 도움이 된다.

참고 문헌 및 참고 사이트

Chapter 01
기업과 비즈니스 프로세스

1 빔 판그렘베르겐, 《IT 거버넌스》, 네모북스, 2005.

2 사이먼 사이넥, 《나는 왜 이 일을 하는가?》, 타임비즈, 2013.

3 윤상필·권헌영·김동욱, 《건전한 인공지능 생태계 형성을 위한 규범적 전략과 법의 역할》, 홍익법학, 2017.

4 Ahmed Awad 외 2인, Visually specifying compliance rules and explaining their violations for business processes, 《Journal of Visual Languages and Computing》, V. 22, 2011.

5 Christian Vibe Scheller & Pavel Hruby, Business process and value delivery modelling using possession, ownership, and Availability(POA) in enterprises and business networks, 《Journal of Information Systems: Summer 2016》, 2016.

6 Geary Rummler & Alan Brache, 《Improving Performance: How to Manage the White Space on the Organization Chart》, Jossey-Bass, 1995.

7 Michael Hammer & James Champy, 《Reengineering the Corporation: A Manifesto for Business Revolution》, Harper Business, 1993.

8 Ned Kock 외 3인, Communication flow orientation in business process modeling and its effect on redesign success: Results from a field study, 《Decision Support Systems 46》, 2009.

9 Paolo Bocciarelli & Andrea D'Ambrogio, A model-driven method for enacting the design-time QoS analysis of business processes, 《Software and Systems Modeling》, 2014.

10 Peter Senge, 《The Fifth Discipline》, BantamDellPubGroup, 2006.

11 Thomas Davenport, 《Process Innovation: Reengineering work through information technology》, Harvard Business School Press, 1993.

Chapter 02
프로세스의 이론과 역사

1 마이클 포터, 《마이클 포터의 경쟁우위》, 21세기북스, 2008.

2 마이클 해머·제임스 챔피, 《리엔지니어링 기업 혁명》, 스마트비즈니스, 2008.

3 A. H. Van De Ven & M. S. Poole, Explaining development and change in organization, 《Academy of Management Review》, 1995.

4 Carol O'Rourke, Enterprise Architecture Using the Zachman Framework(MIS), 《Course Technology》, 2003.

5 ClydBank Technology, 《ITIL for Beginners: The Complete Beginner's Guide to ITIL》, Createspace, 2017.

6 Geary Rummler & Alan Brache, 《Improving Performance: How to Manage the White Space on the Organization Chart》, Jossey-Bass, 1995.

7 Jamie Monat & Thomas Gannon, What is system thinking? A review of selected literature plus recommendations, 《American Journal of System Science》, 2015.

Chapter 03
기업의 경영 활동과 비즈니스 프로세스

1 크리스 앤더슨, 《롱테일 경제학》, 알에이치코리아, 2006.

2 한국표준산업분류(kssc.kostat.go.kr)

3 헨리 체스브로, 《오픈 이노베이션》, 은행나무, 2009.

4 Joshua Boyde, 《Adaptive & Proactive S.D.L.C. Project Management: Agile meets PMBOK, meets PM you》, CreateSpace Independent Publishing Platform, 2015.

5 Marc Meyer, 《The Fast Path to Corporate Growth》, Oxford University, 2007.

Chapter 04
지속 가능성과 비즈니스 프로세스

1 클레이턴 크리스텐슨, 《혁신 기업의 딜레마》, 세종서적, 2009.

2 피터 센게, 《학습하는 조직》, 에이지21, 2014.

3 David Bohm, 《On Dialgue》, Routledge, 1996.

4 MIT 비어 게임 다운로드: downloads.ddmlab.com/?action=form&package_id=4

5 MIT 비어 게임 설명: web.mit.edu/jsterman/www/SDG/beergame.html

6 UN SDG 참조: sustainabledevelopment.un.org/

7 지속 가능 보고서: www.globalreporting.org/

8 SOX법: www.gpo.gov/fdsys/pkg/PLAW-107publ204/content-detail.html

Chapter 05
비즈니스 프로세스 아키텍처

1 ACORD(보험) 프레임워크: www.acord.org

2 SCOR 프레임워크: www.apics.org

3 BPTrends 참조: www.bptrendsassociates.com

4 TM(통신) 프레임워크 : www.tmforum.org

Chapter 06
비즈니스 프로세스의 관리

1 마거릿 쿨파·켄트 존슨, 《CMMI의 이해》, 피어슨에듀케이션코리아, 2010.

2 Kathy Schwalbe, 《Information Technology Project Management》, Course Technology, 2014.

3 SCOR 프레임워크: www.apics.org

4 COBIT 5 참조: www.isaca.org/COBIT/

5 PMBOK 참조: www.pmi.org

Chapter 07
비즈니스 프로세스의 성과지표 관리

1 도나 웡, 《월스트리트저널 인포그래픽 가이드》, 인사이트, 2014.

2 라이언 홀리데이, 《그로스 해킹》, 길벗, 2015.

3 www.apics.org

Chapter 08
비즈니스 프로세스의 조직

1 로버트 그린리프, 《서번트 리더십 원전》, 참솔, 2006.

2 이정규, 《딥 스마트》, 한빛비즈, 2011.

3 Dona Wong, Guide to information graphics, 《The Wall Street Journal》, 2010.

4 Paul Harmon, 《Business Process Change》, Morgan Kaufmann, 2007.

5 국가직무능력표준(NCS) 참조: www.ncs.go.kr/

Chapter 09
비즈니스 프로세스 분석

1 Ian MacMillan & Rita Gunther McGrath, 《Discovering New Points of Differentiation》, HBR, 1997.

2 Paul Harmon, 《Business Process Change》, Morgan Kaufmann, 2007.

Chapter 10
비즈니스 프로세스의 표기법

1 Anne Gross & Joerg Doerr, 〈EPC vs. UML Activity Diagram-Two Experiments Examining their Usefulness for Requirements Engineering〉, IEEE International Requirements Engineering Conference, 2009.

2 Dan Pilone, 《UML Pocket Reference》, O'Reilly, 2003.

3 David Harel, 《Statecharts: A Visual Formalism For Complex Systems》, Science of Computer Programming, 1987.

4 Geary Rummler & Alan P. Brache, 〈Improving Performance Improving Performance: How to Manage the White Space on the Organization Chart〉, 2012.

5 ibm.co/2wlEryU

6 James Martin & James Odell, 《Object-Oriented Methods: A Foundation, UML edition》, Prentice Hall PTR, 1997.

7 Jian Ping, 〈Research on business process simulation method of architecture based on IDEF3〉, 2011.

8 Michele Chinosi & Alberto Trombetta, BPMN: An introduction to the standard, 《Computer Standards & Interface》, 2012.

9 Paul Harmon & Mark Watson, 《Understanding UML: The Developer's Guide: with a Web based Application in Java》, Morgan Kaufmann Publishers, Inc, 1998.

10 Seungchul Ha & Hyo-Won Suh, 《A Timed Colored Petri Nets Modeling for Dynamic Workflow in Product Development Process》, Computers in Industry, 2008.

11 ARIS 참조: www.ariscommunity.com/

12 Graphviz 참조: www.graphviz.org

13 MARTE 참조: www.omg.org/omgmarte

14 BPMN V1.2 참조: www.omg.org/spec/BPMN/1.2

15 BPMN V2.0 참조: www.omg.org/spec/BPMN/2.0

16 ARIS 논문 참조: www.pera.net/Methodologies/ARIS/ARIS_Paper_by_Ted_Williams.html

17 Workflow 패턴 참조: www.workflowpatterns.com

18 XPDL 참조: www.xpdl.org

19 YAWL 표기법 참조: yawlfoundation.org

Chapter 11
비즈니스 프로세스의 개선

1 로버트 캠프, 《벤치마킹》, 명진출판사, 1993.

2 클레이턴 크리스텐슨, 《혁신 기업의 딜레마》, 세종서적, 2009.

3 Jeffrey Liker, 《Developing Leadership Skills 12: Root Cause－Using The 4 WHY'S》, Lean Leadership Institute Publications, 2017.

Chapter 12
비즈니스 프로세스와 품질경영

1 곽기영, 《통계 데이터 분석》, 경문사, 2014.

2 라파엘 아구아요, 《데밍의 질 경영 이야기》, 매일경제신문사, 1994.

3 송인식, 《퀄리티 바이블》, 이담북스, 2015.

4 신정호, 《트리즈씽킹》, 와우팩토리, 2017.

5 알렉산더 오스터왈더·예스 피그누어, 《비즈니스 모델의 탄생》, 타임비즈, 2011.

6 애쉬 모리아, 《린 스타트업》, 한빛미디어, 2012.

7 이정규, 《동시병행설계》, 대청문화사, 1994.

8 칼 사바, 《보잉 777》, 세종연구원, 1997.

9 6시그마 자격증 참조: asq.org/cert/catalog

10 Eric Ries, 《The Lean Startup》, Crown Business, 2011.

11 G7, W7, M7 참조: http://heartland.geocities.jp/ecodata222/ed-e/ede1-0.html

12 Lance Coleman, 《The Customer-Driven Organization: Employing the Kano Model》, Productivity Press, 2017.

13 Mark Anderson, Patrick Whitcomb, 《DOE Simplified: Practical Tools for Effective Experimentation》, Productivity Press, 2007.

14 Sung H. Park & Jiju Antony, 《Robust Design for Quality Engineering and Six Sigma》, World Scientific, 2008.

15 QFD 소프트웨어 다운로드: www.cupid4u.net

16 프로세스 장기 표류 참조: www.dmaictools.com/What-is-six-sigma/the-15-sigma-shift

Chapter 13
비즈니스 프로세스 리엔지니어링

1 마이클 해머·제임스 챔피, 《리엔지니어링 기업 혁명》, 스마트비즈니스, 2008.

2 Adam Smith, 《An Inquiry into the Nature and Causes of the Wealth of Nations》, LibertyFund, 2008.

3 Antti Saaksvuori & Anselmi Immonen, 《Product Lifecycle Management》, Springer, 2010.

4 Horst Tempelmeier, 《Flexible Manufacturing Systems: Decision Support for Design and Operation》, Wiley-Interscience, 1993.

5 James Rehg & Henry Kraebber, 《Computer Integrated Manufacturing》, Pearson, 2004.

6 Kunwoo Lee, 《Priciples of CAD/CAM/CAE》, Pearson, 1999.

7 Varun Grover & William Kettinger, 《Business Process Change: Reengineering Concepts, Methods, and Technologies》, IDEA Group Publishing, 1998.

Chapter 14
프로세스 마이닝

1 곽기영, 《소셜네트워크 분석》, 청람, 2017.

2 Dursun Delen, 《데이터마이닝》, 시그마프레스, 2016.

3 en.wikipedia.org/wiki/Cross-validation_(statistics)

4 Lijie Wen, 《Mining Process Models with Non-Free-Choice Constructs》, Data Mining&Knowledge Discovery, 2007.

5 Robert Gray, 《Entropy and Information Theory》, Springer-Verlag, 2013.

6 Wil van der Aalst, 《Process Mining》, Springer, 2016.

7 Wil van der Aalst, PROCLETS: A framework for lightweight interaction workflow processes, 《International Journal of Cooperative Information Systems》, 2001.

8 CPN 툴 참조: www.cpntools.org

9 OpenXES 참조: www.openxes.org

10 XES 표준 참조: www.xes-standard.org

Chapter 15
비즈니스 프로세스 소프트웨어

1 Felix Mannhardt, Balanced multi-perspective checking of process conformance, 《Computing》, V. 98, 2016.

2 Musie Kebede, 《Comparative Evaluation of Process Mining Tools(Master's Thesis)》, Univ. of Tartu, 2015.

3 ProcessMaker 테스트 참조: www.processmaker.com

4 ProM 다운로드: www.processmining.org/prom/start

5 ProVision 참조: www.proformacorp.com

부록 A

케이스 스터디 1: 표기법 응용

1 J. Lee 외, Action Research: Y Block Diagram for Managing the Digital Map Compilation & Change Management Process, 《KSII 학술 발표 논문집》, Vol. 2015, No. 5, 2015.

2 Graphviz 다운로드: www.graphviz.org

부록 B

케이스 스터디 2: 내비게이션

1 포이팅거 지도 참조: en.wikipedia.org/wiki/Tabula_Peutingeriana

2 Jesse Russell & Ronald Cohn, 《Dijkstra's Algorithm》, Book on Demand, 2012.

3 R. Agrawal & R. Srikant, 〈Fast Algorithms for Mining Association Rules〉, Proceeding of the 20th VLDB Conference Santiago, Chile, 1994.

4 Seungchul Ha & Hyo-Won Suh, A timed colored Petri nets modeling for dynamic workflow in product development process, 《Computers in Industry》, 2008.

5 도로법 참조: www.law.go.kr/법령/도로법

6 표준 노드링크 참조: www.nodelink.its.go.kr

찾아보기